德国物权法

（上）

【当代德国法学名著】

当 代 德 国 法 学 名 著

Repräsentative Deutsche Rechtsliteratur der Gegenwart

德国物权法

（上册）

Sachenrecht

I

[德] 鲍尔/施蒂尔纳 著

Baur/Stürner

张双根 译

法律出版社

—— 北京 ——

本书翻译得到德意志学术交流中心
和德国科学基金协会的支持

**Die Übersetzung erfolgte mit
Unterstützung des DAAD und
des Stifterverbandes der Deutschen Wissenschaft**

当代德国法学名著总序

当代德国法学名著译事之缘起，在乎“取法人际，天道归一”之理念。

天地渺渺，众生芸芸；然天地何以长存不灭，众生何以繁衍不息？此中必有亘古于今之一般法则。天地者，自然之谓；众生者，乃自然所赋生灵之长，人也。而人所以居万物之首而为生灵之长，概因其不仅是生于自然，而且还能领悟于自然，进而以理性和智慧的劳动创造受益于自然。由此而论，天地间至真至善至美，莫过于人与自然之和谐融合。正如庄子所说：“知天之所为，知人之所为者，至也。”而中国哲人所言“天人合一”，实际表明着人类的最高智慧和境界。但是，最高的智慧未必是功利的智慧，最高的境界往往不是现实的境界，此乃人类虽为万物灵长，但又归于万物的本性使然。尽管不无缺憾，但却理所当然。纵观古往今来，可知人类始终是在理想与现实、理性与物性的矛盾状态中存在发展。不过，人出于其自然本性但又以其理性确认的社会秩序，又使之在这种永远不会解消的矛盾状态中生存发展成为可能。

自古以来，食色之性、交往之需、名利之求、功德之义，无论国人洋人、权贵庶民，众生莫不有之;惟每人认取之价值,或此或彼因人因地因时而异。但基于人之本性所产生的社会,无论东方西方,必然有其共性。于是有老子的古训:“人法地,地法天,天法道,道法自然。”而希腊的斯多噶哲人也说:“按照自然而生活。”由此可知,同属自然之人类,本有其共同的理念与法则。以法律而言,中国、西方法律虽文化传统各异,然毕竟都是人类社会的法律,必然有其共同的人性内涵。所以,考察法律,应着眼超越地域、国度和民族,甚至超越时空的人际层面,努力发现本来属于整个人类的理念和规范,并在此基础上寻求并促进人与人、民族与民族、国家与国家之间越来越普遍深入的交往。吾人之规可为他人所取,他人之法可为吾人所用,概其皆出乎人之本性。所以“取法人际,天道归一”,当为人类社会法律进步之最高思想境界。以迄今历史度之,人类生存发展的必然趋势是越来越普遍深入地相互结合和依赖,经济的全球化和文化的世界化正在相辅相成地迅速演进。在人类发展进程中,产生于人类本性的共性愈多愈充分地为人所认识,则人与人之间、国家与国家之间的交往就愈可能有效和平地进行。作为人类社会的行为规范,任何国家的法律都是人与人之间实现交往、确定关系及秩序的最重要途径。就此而论,可断言未来人类的发展与和平,很大程度上将取决于全人类在法律法则上的沟通与趋同。

本着取法人际或取法自然的理念,当代德国法学名著译事拟系统全面地翻译当代德国法学具有代表性的学术成果。因为德国法不仅为可取之一方法律,而且还与当代中国法制有着特殊的关联。事实上,当代中国内地与台湾的法制是基于清末民初之际的法律改制发展而来。当时采纳了欧洲大陆法系法制模式,而其中又以汲取德国法律,特别是民法、刑法居多。不仅如此,20 世纪以来中国法制和法学的发展还颇受德国法制和法学的影响,现今中国法制和法学的不少思路实际都与后者有关联。因而,中国法制建设和法学进步自然更容易从德国法制与法学中获得启发。此外，由于近代德国历史法学派和学说汇纂学派对罗马法和罗马普通法的系统研究与整理，近现代德国法学形成并获得了其本身独有的特色，其丰富成熟的法律理论与教条，恰恰是目前乃至21世纪我国法学与法制建设所迫切需要的。

当代德国法学名著的选题范围包括法哲学和法的基本理论、国家法、法律史、民法和商法、经济法、刑法、国际私法等内容。选题标准是：德国乃至欧洲法律界已经普遍公认为经典的名著，或在德国普遍使用的有代表性的教科书。与此同时，亦根据我国的实际需要翻译介绍一些有关法律文化背景方面的工具书和著名法学家的传记。初步选题首先由德国学者提出，然后由编委会综合各方面意见，最后根据我国实际需要确定翻译选题。为保证翻译质量，翻译工作严格采取译、校和三审程序。每部译著由一责任编委审阅或校对。译稿一审通过后，编委会和编辑部就一审提出的问题召开由德国教授和有关译者参加的翻译工作会议；在此基础上，译者还专程前往德国与作者或有关学者探讨翻译的疑难和细节问题。在此方面，德意志学术交流中心（DAAD）提供了有力的支持。在赴德改稿基础上提出的第二稿通过二审后，由译者进一步修改、润色定稿，复经审阅后交付出版社。

系统翻译德国法学名著的想法由来已久，但正式酝酿于1997年秋，经过近一年的准备筹划，于1998年秋开始实施，拟于2005年完成全部选定书目的翻译。应该说，德意志学术交流中心的霍恩贝格尔先生（U. Hornberger）和法律出版社社长贾京平先生对促成此项翻译计划起了重要作用，黄闽总编亦助之鼎力。而此项翻译计划能够顺利实施，亦诚有赖编委会和编辑部各位同仁的共同志趣和辛勤工作。六位德国著名学者：考夫曼（A. Kaufmann）、克茨（H. Køtz）、克努特尔（R. Knütel）、何意志（R. Heuser）、孟文理（U. Manthe）和胜雅律（H. von Senger）教授在计划拟定、选题推荐和具体翻译工作中均给了我们以宝贵帮助。德国大使馆柯灵博士(T. Klinner)、李雅思先生(M. Licharz)和毕满天先生(M. Biermann)以多种方式推动此项翻译计划。德意志学术交流中心驻京办事处主任史翰功(H. Schmidt)博士、施密特-多尔(T. Schmidt-Dørr)博士和该中心波恩总部的比尔克(Klaus Birk)博士亦对此计划给予了热情和有力的支持。德国跨国基金会(Inter Nationes)对部分书目的出版提供了支持。特别要提及的是,江平、谢怀栻、潘汉典等法学界前辈对于此项工作始终给予着关注和支持,中国政法大学有关部门亦对我们的工作提供了帮助。法律出版社张波、卞学琪先生对出版工作兢兢业业、认真负责;朱宁女士和她的同事也一丝不苟、精益求精。在此,谨对上述所有法律界同仁和有关机构表示由衷的谢意。我之所愿,所有参与此项计划和给予该计划关注和支持的人,都能从此处呈献的工作成果中得到虽非物质的,但却真实诚恳并有长久价值的酬劳。因为,倘若这些成果能够在21世纪和中华崛起之际被赋予些微历史和现实意义的话,那么它将胜于所有致谢和嘉言。

米　健

2005年秋于京城蓟门

作者中译本序

一本本为本国法而作的法学教科书，得译成他国文字，使异域读者亲睹其内容，并非顺理成章之事。这在两国分属不同的文化与法律背景时，更可想见。职是之故，对续引弗里茨·鲍尔（Fritz Baur）所奠定之事业的德国作者来说，本《物权法教科书》受到中国同事青睐，并被选入“当代德国法学名著”译丛，诚为荣幸。

译事难为。在法学领域，翻译质量究其根本，乃在于译者不仅要把握所译法律之思想世界与体系运作，更要忖度所面对读者的理解力。本书译者的选择，首先应感谢翻译委员会主任、中国政法大学比较法研究所米健教授。其推荐的译者张双根先生，以全身心投入，使本书前 35 章的翻译得以完成。在校稿阶段，译著者之间就本书内容，又进行数周的深入讨论与交流；而这对德方讨论者来说，亦获益良多。

为使本书能与中国读者尽快见面，翻译委员会建议将其分成两册，前 35 章作为上册先行出版。对本书作者来说，此一内容划分，完全合理。倘本书上册能获得中国法学理论与实务界之肯认，则本书作者对中国的同事，感激备至。

J·F·鲍尔/R·施蒂尔纳
2003 年 7 月,科隆/弗莱堡

德文第十七版序

本物权法教科书自前版久已(1992年)售罄后,即急需新版面世。为便利读者,本次修订作有两项重要变动:其一,为方便浏览与阅读,全书采用标题方法;其二,为参引(本书)方便,全书在段落上采边码方法。书后之术语索引,亦有增加或调整,而在书前之内容提要后,增设更为详细的内容目录。本次修订,虽因标题以及便利阅读类的工作,在外观上使本书大幅增加(膨胀),但其内容量因增减大体相当,实际上并未增加多少。

本次修订以至1998年初的文献为准,而大量重要的新立法与判例,则顾及至1998年夏。法官对法实践中物权法构造所进行的控制,首先导致本书在不动产担保物权与动产担保物权领域中,需进行重大修订。而法律事实部分以及与公法之衔接内容,亦需进一步深化。此外,本次修订不仅要考虑支付不能法、强制执行法、土地登记法、德国商法典与德国一般交易条件法的修改与变动,还要考虑欧洲法的发展趋势,因为物权法亦愈加受到该趋势影响。而就新联邦州中的物权法,本次修订尝试在书末新设一章,对其予以概述。

恰恰针对大型教科书,人们发问:谁应该将它们从头到尾看完呢?本次修订亦努力保持弗里茨·鲍尔所践行的基本理念:力求系统阐述所有重要(关键)问题及其与相近制度之关联、揭示重要法律事实之内涵、详列例案以助理解、采用大小印刷字体以保持目次清晰、于各章前列明提要以明其内容结构。就物权法核心内容,本教科书试图促使读者进行更为原则性的思考,对相关重要章节予以深化理解。此外,对查阅性的读者,本教科书在物权法所有领域,均提供相应线索,使其不仅获得知识性内容,而且获得基本理解。而读者对本书前版的热情接受,也使我们希望本书能一如既往地满足法律学习、法律实务以及法律研究各方面的需求,而不仅仅是提供"快捷的"知识性内容。

处理物权法领域材料时,其陋误亦在所难免。批评并指出其不足,本书著者则感甚幸甚。本书之修订,感谢助手科隆的 Achim Schumacher(候补文官)、Verena Sautter(候补文官)以及弗莱堡的 Alexender Bruns 博士(法学硕士)、Robert Schumacher 博士(法学硕士)、Hans Jörg Städtler 博士收集整理资料,处理技术问题。弗莱堡的 Michael Breyer、Marc Heggen、Ilona Hölting、Tatjana Štruc、Jan Wacke 以及科隆的 Kartin Henk 诸君,感谢其校雠以及制作法律条文索引之劳。科隆的 Sandra Lubitz、Ulrich Mehler 以及弗莱堡的 Peter Allgayer、Thilo Rott 诸君,感谢其重新制作书后的术语索引表。著者的诸位秘书,亦感谢其所付出的辛劳。最后,科隆的 Anneliese Koch 与弗莱堡的 Ursula Sommermeyer 二君,感谢其书稿打印之劳。

科隆/弗莱堡,1998 年 7 月

J·F·鲍尔/R·施蒂尔纳

德文第一版序(摘录)

在许多人看来,品质优良的物权法教科书已为数众多,若再去添加一本,不仅多余,甚或是妄为之举。然而,著者对自己心怀已久的研究计划,往往并不因为此类适宜与否的考虑,而就此束手。除此之外,笔者相信本书之写作,亦有其合理理由:本教科书着重贯彻对不动产物权法与动产物权法的区分处理。对不动产物权法自成系统地予以阐述,笔者于1948年出版的《土地法》中,即曾尝试。彼时的构思,如今在更广泛地基础上得以继续,并扩及至动产物权法。与此同时,笔者不仅努力将所谓的物权法边缘领域纳入整体阐述之中,还致力于处处揭示私法制度与公法间的关联。所呈现给读者的,应是当今法律现实的“物权法”。为达此一目的,本书更着重强调对各种法律事实的评价。

本书主要是写给年轻的法学工作者;故而,所采用的阐述风格,其目的也在于使他们能“缓慢地”、“循序渐进地”熟悉并掌握物权法上的疑难问题。当然,因着此一教学目的,在叙述时也就势所难免地存在一些重复,以及先粗叙后简化的现象。而对物权法新问题的追踪,则形成一些内容重点,其例如相邻关系法、不动产担保物权法以及所谓非典型的担保交易行为。恰恰通过对这些新问题的阐述,笔者希望本书能对学说与可靠的实务操作有所助益。

图宾根,1960 年 10 月

弗里茨·鲍尔

翻译凡例

《当代德国法学名著》丛书的翻译工作依下述规范进行：

一、结构

以原著标题编码为基础，采取国内学术著作与译著通常采用的标题编码顺序，如：编、章、节、一、(一)、1、(1)、a(a)。

二、译名

1. 人名

外国人人名以音译为原则，依次参照商务印书馆的《德语姓名译名手册》、大百科全书出版社的《简明大不列颠百科全书》中文版、上海译文出版社的《德汉词典》所附的人名译名表和《外国人名词典》确定；上述工具书中没有的，参照商务印书馆的《德语姓名译名手册》所附的人名音译表确定译名。但上述工具书所确定的人名译名与学界通行的译法不一致时，以后者为准，如：T. Mommsen——蒙森；Kierkegaarde——克尔凯戈尔；Schopenhauer——叔本华；Justinianus——优士丁尼……按照上述方法仍然难以确定的译名，由"当代德国法学名著"编译委员会和编辑部讨论确定。

2. 地名

外国地名以音译为原则：一律根据中国地

名委员会编、商务印书馆出版的《联邦德国地名译名手册》和中国大百科全书出版社出版的《世界地名录》确定译名。

3. 其他译名

书名、学派名、机构和团体名称一律以意译为原则,并且参照《简明不列颠百科全书》中文版和有关工具书确定译名。依照工具书未能确定者,依照通行译名确定。如:Digesten——学说汇纂、usus modernus pandectarum——学说汇纂现代实用、Historische Rechtsschule——历史法学派、Pandenktenwissenschaft——学说汇纂法学……

所有人名、地名、书名、专用术语及机构名称第一次出现时,均在圆括号内注明原文,重复出现时不再标明原文;人名重复出现时,仅取其姓氏中译或附加其名字中译的首字,如:迪·克斯勒(Dirk Käsler)。

三、相关规范

1. 重要概念或原文提示词句

原文正文中采用斜体或其他特殊字体的重要概念或提示文字,译文一律使用楷体,并用圆括号注明原文。原文中说明性文字或阐释性文字一律用小一号宋体排出。

2. 注释

(1)原文注释一律采用脚注,按原著注释顺序编码。一般采用连续编码或以章为单位连续编码的方法。

(2)译者注亦采用脚注,以“ * ”号标出,如: * 、* * 、……凡译者注均列于原文脚注之后。

3. 补充性或说明性文字

原文中使用不同字体,具有注释、补充或说明性的字句或段落依据原文体例,或采用楷体,或提行采用小一号宋体,以示区别。

4. 争议名词和箴言或谚语

(1)有争议的名词在译文后用圆括号注明原文;

(2)箴言或谚语亦在译文后用圆括号注明原文;

(3)对争议名词、箴言和谚语附加必要的译者注并注明依据或来源。

5. 原文有边码者,译文按照原著标明边码。

四、标点符号

1. 书名号

著作、论文和期刊的名称均冠以书名号。

法律、法规名称使用全称的,使用书名号;使用简称的,不加书名号。

2. 引号

引号(包括单引号和双引号)的使用与原著一致。

3. 方括号

标明作者国籍,一般采用该国译名的第一个汉字,加方括号。

有必要重复使用括号时,方括号内使用圆括号。

4. 星号

仅在译者说明文字场合使用。

五、缩略语表

原著缩略语表均依原著体例译出以双语列于篇首。

六、索引和附录

1. 原著索引以双语形式保留,先外文后中文,并采用原著使用的顺序;索引文字所在页码以原著为线索,原则上按译文页码注明。

2. 原著的附录一般均作相应的译文附录。

本书德文缩略语表与中译名

AcP	Archiv für die civilistische Praxis	《民法实务档案》(法学刊物)
AG	Amtsgericht	地方法院,初级法院
AÖR	Archiv des öffentlichen Rechts	《公法档案》(法学刊物)
Arch. BürgR	Archiv für Bürgerliches Recht	《民法档案》(法学刊物)
BAG	Bundesarbeitsgericht	联邦劳动法院
Baumbach/Hopt	Handelsgesetzbuch, 29. Aufl. 1995	Baumbach/Hopt:(《德国商法典》,1995 年第25 版)
Baur, Beitr. I	Beiträge zur Gerichtsverfassung und zum Prozeärecht, 1983	Baur,《论文集》,卷 1(《关于法院组织法与诉讼法的论文集》,1983 年版)
Baur, Beitr. II	Beiträge zum materiellen Recht und Verfahrensrecht, 1986	Baur,《论文集》,卷 2(《关于实体法与程序法的论文集》,1986 年版)
Baur/Grunsky, ZPrR	Zivilprozeβrecht, 9. Aufl. 1997	Baur/Grunsky,《民事诉讼法》(《民事诉讼法》,1997 年 9 版)

Baur/Stürner I, ZVR	Zwangsvollstreckungs-, Konkurs-und Vergleichsrecht, Band I: Einzelvollstreckungsrecht, 12. Aufl. 1995	Baur/Stürner 卷 I,《特别强制执行法》(《强制执行法、破产法与和解法》,卷 I:《特别强制执行法》,1995 年 12 版)
Baur/Stürner II, InsolvenzR	Zwangsvollstreckungs-, Konkurs- und Vergleichsrecht, Band II: Insolvenzrecht, 12. Aufl. 1990	Baur/Stürner 卷 II,《支付不能法》(《强制执行法、破产法与和解法》,卷 II:《支付不能法》,1990 年 12 版)
Baur/Stürner, Fälle	Fälle und Lösungen aus dem Zwangsvollstreckungs-, Konkurs-und Vergleichsrecht, 6. Aufl. 1989	Baur/Stürner,《案例评析》(《强制执行法、破产法与和解法案例评析》,1989 年 6 版)
Baur, E. Slg.	Baur, Jürgen: Entscheidungssammlung für junge Juristen: Sachenrecht. Ausgewählte Entscheidungen mit erläuternden Anmerkungen, 3. Aufl. 1985	Baur, E. Slg. 案例…(比如第 17 章边码 17 处为案例 1)(Jürgen Baur《为法科学生准备的判决选:物权法——判决精选与评析》,1985 年 3 版)
BayObLG	Bayerisches Oberstes Landesgericht	巴伐利亚州最高法院
BayObLGZ	Entscheidungen des BayObLG in Zivilsachen	《巴伐利亚州最高法院民事判决集》
BayVerfGH	Bayerischer Verfassungsgerichtshof	巴伐利亚州宪法法院
BB	Der Betriebs-Berater	《企业顾问》(法学刊物)
Beitzke/Lüderitz	Familienrecht, 27. Aufl. 1992	Beitzke/Lüderitz:(《亲属法》,1992 年 27 版)
Benda/Maihofer/Vogel	Handbuch des Verfassungsrechts, 2. Aufl. 1994	Benda/Maihofer/Vogel:(《宪法手册》,1994 年 2 版)
BFH	Bundesfinanzhof	联邦财税法院

BGB	Bürgerliches Gesetzbuch	《德国民法典》
BGBl.	Bundesgesetzblatt	联邦法律公报
BGH	Bundesgerichtshof	联邦最高法院
BGHZ	Entscheidungen des Bundesgerichtshofs in Zivilsachen	《联邦最高法院民事判例集》
BlGBW	Blätter für Grundstücke-, Bau-und Wohnungsrecht	土地法、建筑法与住宅法公报
BRAK-Mitt.	Mitteilungen der Bundesrechtsanwaltskammer	联邦律师协会通讯
BR-Drucks	Drucksachen des Bundesrates	联邦参议院印刊
Brox	Erbrecht, 17. Aufl. 1998	Brox:(《继承法》,1998年17版)
Brox/Walker	Zwangsvollstreckungsrecht, 5. Aufl. 1996	Brox/Walker(《强制执行法》,1996年5版)
BT-Drucks	Bundestags-Drucksache	联邦议院印刊
Bülow	Recht der Kreditsicherheiten, 4. Aufl. 1997	Bülow(《信用担保法》,1997年4版)
BVerfG	Bundesverfassungsgericht	联邦宪法法院
BVerfGE	Entscheidungen des Bundesverfassungsgerichts	《联邦宪法法院判例集》
BVerwG	Bundesverwaltungsgericht	联邦行政法院
BVerwGE	Entscheidungen des Bundesverwaltungsgerichts	《联邦行政法院判例集》
BWNotZ	Zeitschrift für das Notariat in Baden-Württemberg	《巴登—符腾堡州公证杂志》(法学刊物)
CC	Code Civil	《法国民法典》
DB	Der Betrieb	《企业》(法学刊物)
Diederichsen	Die BGB-Klausur, 9. Aufl. 1998	Diederichsen:(《民法考试教程》,1998年9版)
Dilcher	Sachenrecht in programmierter Form, 5. Aufl. 1990	Dilcher:(《物权法循序教程》,1990年5版)

DJT	Deutscher Juristentag	德国法学工作者大会
DJT-Festschrift	Festschrift zum 100jährigen Bestehen des Deutschen Juristentags, Band I und Band II, 1960	《德国法学工作者大会纪念文集》(《德国法学工作者大会成立100周年纪念文集》,共2卷,1960年版)
DJZ	Deutsche Juristenzeitung	《德国法学者报》(法学刊物)
DNotZ	Deutsche Notar-Zeitung	《德国公证杂志》(法学刊物)
DÖV	Die Öffentliche Verwaltung	《公共管理》(法学刊物)
DRiZ	Deutsche Richterzeitung	《德国法官报》(法学刊物)
DRWiss.	Deutsche Rechtswissenschaft	《德国法律科学》(法学刊物)
DRZ	Deutsche Rechts-Zeitschrift	《德国法律杂志》(法学刊物)
DtZ	Deutsch-Deutsche Rechtszeitschrift	《两德法律杂志》(法学刊物)
DVBl.	Deutsches Verwaltungsblatt	德国行政公报
DWW	Deutsche Wohnungswirtschaft	《德国住宅经济》(法学刊物)
DZWi	Deutsche Zeitschrift für Wirtschaftsrecht	《德国经济法杂志》(法学刊物)
EGBGB	Einführungsgesetz zum BGB	《〈德国民法典〉施行法》
Eichler I; II, 1; II, 2	Institutionen des Sachenrechts, 1. Band, 1954; 2. Band, 1. Halbband, 1957; 2. Band, 2. Halbband, 1960	Eichler I; II, 1; II, 2:(《物权法制度论》,卷I,1954年版;卷II,第1分卷,1957年版;卷II,第2分卷,1960年版)

Emmerich, Schuldrecht	BGB-Schuldrecht, Besonderer Teil, 8. Aufl. 1996	Emmerich,《债法》(《民法债法分论》,1996 年 8 版)
Enneccerus/Nipperdey	Lehrbuch des bürgerlichen Rechts, Bd. I, Allg. Teil, 15. Aufl., 1. Halbbd. 1959, 2. Halbbd. 1960	Enneccerus/Nipperdey:(《民法教科书,卷 I:总论部分》,第 15 版,第 1 分卷,1959 年;第 2 分卷,1960 年)
Enneccerus/Lehmann:	Lehrbuch des bürgerlichen Rechts, Bd. II, Recht der Schuldverhältnisse, 15. Aufl. 1958	Enneccerus/Lehmann:(《民法教科书,卷 II:债务关系法》,第 15 版,1958 年)
Erichsen/Badura	Allg. Verw. Recht, 10. Aufl. 1995	Erichsen/Badura:(《行政法概论》,1995 年 10 版)
Ermann/Bearbeiter	Ermann, Handkommentar zum BGB, 9. Aufl. 1993	Ermann/(各撰写者人名):(《〈德国民法典〉评注》,1993 年 9 版)
Esser/Schmidt I/1, I/2	Schuldreht, Allg. Teil, Bd. I, 1. Halbbd., 8. Aufl. 1995; 2. Halbbd., 7. Aufl. 1993	Esser/Schmidt I/1, I/2:(《债法总论》,卷 I,第 1 分卷, 1995 年 8 版;第 2 分卷,1993 年 7 版)
Esser/Schmidt, BT II	Schuldrecht, Bes. Teil, Bd. II, 1. Halbbd., 8. Aufl. 1998	Esser/Schmidt, BT II:(《债法各论》,卷 2,第 1 分卷,1998 年 8 版)
Esser/Weyers	Schuldrecht, Bes. Teil, 7. Aufl. 1991	Esser/Weyers:(《债法各论》,1991 年 7 版)
EuZW	Europäische Zeitschrift für Wirtschaftsrecht	《欧洲经济法杂志》(法学刊物)
EWiR	Entscheidungen zum Wirtschaftsrecht	《经济法判决集》

FamRZ	Zeitschrift für das gesamte Familienrecht. Ehe und Familie im privaten und öffentlichen Recht	《泛亲属法杂志。公法与私法中的婚姻与家庭》(法学刊物)
FGPrax	Praxis der Freiwilligen Gerichtsbarkait	《非诉事件管辖实务》(法学刊物)
Fikentscher	Schuldrecht, 9. Aufl. 1997	Fikentscher:(《债法》,1997年9版)
Flume I 1	Allgemeiner Teil des Bürgerlichen Rechts, 1. Bd. 1. Teil. Die Personengesellschaft, 1977	Flume I 1:(《民法总论》,卷I,第1分卷:《合伙》,1977年版)
Flume I 2	Allgemeiner Teil des Bürgerlichen Rechts, 1. Bd. 2. Teil. Die jur. Person, 1983	Flume I 2:(《民法总论》,卷I,第2分卷:《法人》,1983年版)
Flume II	Allgemeiner Teil des Bürgerlichen Rechts, 2. Bd. Das Rechtsgeschäft, 3. Aufl. 1979	Flume II:(《民法总论》,卷II:《法律行为》,1979年3版)
Forsthoff	Lehrbuch des Verwaltungsrechts, 1. Bd. Allg. Teil, 10. Aufl. 1973	Forsthoff:(《行政法教科书》,卷I,总论部分,1973年10版)
GBl.	Gesetzblatt	法律公报
Gerhardt I	Mobiliarsachenrecht, 4. Aufl. 1995	Gerhardt I:(《动产物权法》,1995年4版)
Gerhardt II	Immobiliarsachenrecht, 4. Aufl. 1996	Gerhardt II:(《不动产物权法》,1996年4版)
Gernhuber, Bürgerl. R.	Bürgerliches Recht, 3. Aufl. 1991	Gernhuber,《民法》(1991年3版)
Gernhuber, Erfüllung	Die Erfüllung und ihre Surrogate, 2. Aufl. 1994	Gernhuber,《清偿》(《清偿以及代物清偿》,1994年2版)

Gernhuber/Coester-Waltjen, Familienrecht	Familienrecht, 4. Aufl. 1994	Gernhuber/Coester-Waltjen,《亲属法》(1994年4版)
v. Gierke/Sandrock	Handels-u. Wirtschaftsrecht, I., 9. Aufl. 1975	v. Gierke/Sandrock:(《商法与经济法》,卷I,1975年9版)
Otto v. Gierke	Deutsches Privatrecht, Bd. II, 1905	Otto v. Gierke:(《德国私法》,卷II,1905年版)
GmbH-Rdsch	GmbH-Rundschau	《有限责任公司法评论》(法学刊物)
Gruchot	Beiträge zur Erläuterung des Deutschen Rechts, begr. v. Gruchot	Gruchot:(氏编《德国法诠释文集》)
GRUR	Gewerblicher Rechtsschutz und Urheberrecht	《工业产权与著作权》(法学刊物)
Gursky	Sachenrecht (20 Probleme aus dem Sachenrecht), 4. Aufl. 1995	Gursky:(《物权法20问题》,1995年4版)
Gursky, Fälle und Lösungen	Fälle und Lösungen nach höchstrichterlichen Entscheidungen, BGB-Sachenrecht, 9. Aufl. 1996	Gursky,《案例评析》(《最高法院判决评析,民法物权法部分》,1996年9版)
GVBl.	Gesetz-und Verordnungsblatt	法律与行政法规公报
Harms	Sachenrecht (Wiederholungs-und Vertiefungskurs, Bd. 3, 5. Aufl. 1989)	Harms:(《物权法,复习与深化用书》,卷3,1989年5版)
HdStR	Handbuch des Staatsrechts der Bundesrepublik Deutschland, 1987 ff.	HdStR:(《德意志联邦共和国国家法手册》,1987年以后)

Heck	Grundriβ des Sachenrechts, 1930	Heck:(《物权法要义》,1930年版)
Heck, Schuldrecht	Schuldrecht, 1958	Heck,《债法》(1958年版)
Hedemann	Sachenrecht des Bürgerlichen Gesetzbuchs, 3. Aufl. 1960	Hedemann:(《德国民法物权法》,1960年3版)
HEZ	Höchstrichterliche Entscheidungen	最高法院民事判决(指州高等法院与联邦最高法院)
HGB	Handelsgesetzbuch	《德国商法典》
HRR	Höchstrichterliche Rechtsprechung	最高法院刑事判决(指州高等法院与联邦最高法院)
Hueck	Gesellschaftsrecht, 19. Aufl. 1996	Hueck:(《公司法》,1996年19版)
Hübner AT	Allgemeiner Teil des BGB, 2. Aufl. 1996	Hübner,《民法总论》(《德国民法总论》,1996年2版)
IPRax	Praxis des Internationalen Privat- und Verfahrensrecht	《国际私法与程序法实务》(法学刊物)
JA	Juristische Arbeitsblätter	《法学工作报》(法学刊物)
Jaeger/Bearbeiter	Kommentar zur Konkursordnung, 9. Aufl. 1971	Jaeger/(各撰写者人名):(《〈德国破产法〉评注》,1971年9版)
Jauernig/Bearbeiter	Bürgerliches Gesetzbuch mit Erläuterungen, 8. Auf. 1997	Jauernig/(各撰写者人名):(《〈德国民法典〉评注》,1997年8版)
Jauernig, ZVR	Zwangsvollstreckungs-und Konkurs-recht, 20. Aufl. 1996	Jauernig,《强制执行法》(《强制执行法与破产法》,1996年20版)

JFG	Jahrbuch für Entscheidungen in Angelegenheiten der freiwilligen Gerichtsbarkeit und des Grundbuchrechts	《非诉事件管辖与土地登记法上的判决年鉴》
JherJb	Jherings Jahrbücher der Dogmatik des bürgerlichen Rechts	《耶林民法学说年鉴》(法学刊物,1897 年前德语又简称为 DogmJ)
JMBl.	Justizministerialblatt	司法部公报
JR	Juristische Rundschau	《法学评论》(法学刊物)
Jura	Jur. Ausbildung	《法律学习》(法学刊物)
JurAn	Juristische Analysen	《法学分析》(法学刊物)
JuS	Juristische Schulung	《法学教育》(法学刊物)
JW	Juristische Wochenschrift	《法学周报》(法学刊物)
JZ	Juristenzeitung	《法学者报》(法学刊物)
KG	Kammergericht	(专指)柏林市高等法院
KGJ	Jahrbuch für Entscheidungen des Kammergerichts in Sachen der Freiw. Gerichtsbarkeit	《柏林市高等法院关于非诉事件管辖案件之裁决年鉴》
Kilger/Schmidt	Insolvenzgesetze, 17. Aufl. 1997	Kilger/Schmidt:(《支付不能法》, 1997 年 17 版)
Kipp/Coing	Erbrecht, 14. Aufl. 1990	Kipp/Coing: (《继承法》,1990 年 14 版)

Köhler	BGB, Allgemeiner Teil, 23. Aufl. 1996	Köhler:(《德国民法总论》,1996年23版)
Kopp, VwGO	Verwaltungsgerichtsordnung, 10. Aufl. 1994	Kopp,《行政法院法》(1994年10版)
Kopp, VwVfG	Verwaltungsverfahrensgesetz mit Erläuterungen, 5. Aufl. 1991	Kopp,《行政诉讼法及其诠释》(1991年5版)
Krit. VSchr.	Kritische Vieteljahresschrift für Gesetzgebung und Rechtswissenschaft	《立法与法律科学评论季刊》(法学刊物)
KritV	Kritische Vieteljahresschrift für Gesetzgebung und Rechtswissenschaft (Neubegründung seit 1986)	《立法与法律科学评论季刊》(法学刊物,1986年创刊)
KTS	Zeitschrift für Insolvenzrecht, Konkurs-Treuhand-Sanierung	《支付不能法杂志:破产——信托——重整》(法学刊物)
Lange, Hermann	Schadensersatz, 2. Aufl. 1990	Lange, Hermann:(《损害赔偿法》,1990年2版)
Lange, SachR	Sachenrecht, 1967	Lange,《物权法》(1967年版)
Lange/Kuchinke	Lehrbuch des Erbrechts, 4. Aufl. 1995	Lange/Kuchinke:(《继承法教科书》,1995年4版)
Lange/Scheyhing/Schiemann	Fälle zum Sachenrecht, 4. Aufl. 1998	Lange/Scheyhing/Schiemann:(《物权法案例选》,1998年4版)
Larenz I, II/1	Lehrbuch des Schuldrechts, I. Bd., Allg. Teil, 14. Aufl. 1987; II. Bd., Besonderer Teil, 1. Hbd., 13. Aufl. 1986	Larenz I, II/1:(《债法教科书,卷I,债法总论》,1987年14版;《卷II:债法各论》,第1分卷,1986年13版)

Larenz/Canaris II/2	Lehrbuch des Schuldrechts, II. Bd., Besonderer Teil, 2. Hbd., 13. Aufl. 1994	Larenz/Canaris II/2:(《债法教科书,卷 II:债法各论》,第 2 分卷,1994 年 13 版)
Larenz/Wolf, AT	Allgemeiner Teil des Bürgerlichen Rechts, 8. Aufl. 1997	Larenz/Wolf,《民法总论》(1997 年 8 版)
Lehmann/Hübner	Allg. Teil des BGB, 15. Aufl. 1966 (s. Jetzt Hübner)	Lehmann/Hübner:(《德国民法总论》,1966 年 15 版,现参 Hübner 氏,《民法总论》)
Lent/Schwab	Sachenrecht (s. Schwab/Prütting)	Lent/Schwab:(《物权法》,现参 Schwab/Prütting)
LG	Landgericht	州法院,州中等法院
LM	Nachschlagewerk des Bundesgerichtshofes, hgg. v. Lindenmaier und Möhring	LM:(Lindenmaier 与 Möhring 编《联邦最高法院裁判汇编》)
l. Sp.	die linke Spalte	(报刊一页中的)左栏(其例参见:本书第 5 章边 37 码处之《新法学周刊》1995 年第 1086 页左栏)
LZ	Leipziger Zeitschrift für Deutsches Recht	《德国法莱比锡杂志》(法学刊物)
Martinek	Moderne Vertragstypen, Bd. I (Leasing und Factoring), 1991	Martinek:(《现代契约类型》,卷 I:融资租赁与代理托收,1991 年版)

Maunz/ Bearbeiter	Maunz-Dürig Loseblatt-Kommentar zum Grundgesetz, bearbeitet von Herzog, Papier u. a., Stand: Nov. 1997	Maunz/(各撰写者人名):(《德国基本法活页本评注》,由 Herzog, Papier 等撰写,1997 年 11 月)
Maurer	Allg. VerwRecht, 11. Aufl. 1997	Maurer:(《行政法概论》,1997 年 11 版)
MDR	Monatsschrift für Deutsches Recht	《德国法月刊》(法学刊物)
Medicus, BR	Bürgerliches Recht, 17. Aufl. 1996	Medicus,《民法》(《德国民法总论》,1996 年 17 版)
Medicus, AT	Allg. Teil des BGB, 7. Aufl. 1997	Medicus,《民法总论》(1997 年 7 版)
Medicus, SchR I	Schuldrecht I, 10. Aufl. 1998	Medicus,《债法总论》(1998 年 10 版)
Medicus, SchRII	Schuldrecht II, 8. Aufl. 1997	Medicus,《债法各论》(1997 年 8 版)
MittRhNotK	Mittelungen. Rheinische Notar-Kammer	《莱茵河公证人协会通讯》(法学刊物)
Müller, Klaus	Sachenrecht, 4. Aufl. 1997	Müller, Klaus:(《物权法》,1997 年 4 版)
MünchKomm/ Bearbeiter	Münchener Kommentar zum BGB, 3. Aufl. Ab 1992	慕尼黑德国民法典评注/(各撰写者人名):(1992 年后第 3 版)
Münstermann/ Hannes	Verbraucherkreditgesetz, 1991	Münstermann/Hannes:(《消费者信贷法》,1991 年版)
Nds. Rpfl.	Niedersächsische Rechtspfleger	《下萨克森司法》(法学刊物)

NJW	Neue Juristische Wochenschrift	《新法学周刊》(法学刊物)
NJW-RR	NJW-Rechtsprechungs-Report Zivilrecht	《新法学周刊—司法判例报告,民法》(法学刊物)
Nörr/Scheyhing	Sukzessionen, 1993	Nörr/Scheyhing:(《权利继受》,1993年版)
Nüβgens/Boujong	Eigentum, Sozialbindung, Enteignung, 1987	Nüβgens/Boujong:(《所有权、社会约束与征收》,1987年版)
NVwZ	Neue Zeitschrift für Verwaltungsrecht	《新行政法杂志》(法学刊物)
NVwZ-RR	NVwZ-Rechtsprechungs-Report	《新行政法杂志—司法判例报告》(法学刊物)
NZA	Neue Zeitschrift für Arbeits-und Sozialrecht	《新劳动法与社会法杂志》(法学刊物)
OGH	Oberster Gerichtshof für die brit. Zone	英占区最高法院
OGHZ	Entscheidungen des Obersten Gerichtshofes für die brit. Zone in Zivilsachen	《英占区最高法院民事判决集》
OLG	Oberlandesgericht	州高等法院
OLGZ	Entscheidungen der Oberlandesgerichte in Zivilsachen (von 1965 bis 1994)	《州高等法院民事判决集》(1965年至1994年)
Ossenbühl, Staatshaftungsrecht	Staatshaftungsrecht, 4. Aufl. 1991	Ossenbühl,《国家责任法》(1991年4版)
OVG	Oberverwaltungsgericht	州高等行政法院
Palandt/Bearbeiter	Bürgerliches Gesetzbuch, Kommentar, 57. Aufl. 1998	Palandt/(各撰写者人名):(《〈德国民法典〉评注》,1998年57版)

Planck/ Bearbeiter	Kommentar zum BGB, III. Bd. 5. Aufl., 1. Häfte 1933, 2. Hälfte 1938	Planck/(各撰写者人名):(《〈德国民法典〉评注》,卷 III,第 5 版,1933 年第 1 分卷,1938 年第 2 分卷)
RabelsZ	Rabels Zeitschrift für ausländisches und internationales Privatrecht	《拉贝尔外国私法与国际私法杂志》(法学刊物)
RdL	Recht der Landwirtschaft	《农业法》(法学刊物)
Reinicke/ Tiedtke, KaufR	Kaufrecht, 6. Aufl. 1997	Reinicke/Tiedtke,《买卖法》(1997 年 6 版)
Reinicke/ Tiedtke	Kreditsicherung, 3. Aufl. 1994	Reinicke/Tiedtke:(《信用担保》,1994 年 3 版)
Reuter/ Martinek	Ungerechtfertigte Bereicherung, 1983	Reuter/Martinek:(《不当得利法》,1983 年版)
RG	Reichsgericht	帝国最高法院
RGBl.	Reichsgesetzblatt	帝国法律公报
RG FestG	Festgabe der jur. Fakultäten zum 50jährigen Bestehen des RG in 6 Bänden, 1929	《帝国最高法院纪念文集》(《法律院系纪念帝国最高法院成立 50 周年文集》,共 6 卷,1929 年版)
RGRK/ Bearbeiter	Bürgerliches Gesetzbuch, Kommentar hgg. von Mitgliedern des BGH, III. Bd. 13. Aufl. 1994 ff.	RGRK/(各撰写者人名):(《〈德国民法典〉评注》,由联邦最高法院法官编写,卷 III,第 13 版,1994 年以后)
RGZ	Entscheidungen des Reichsgerichts in Zivilsachen	《帝国最高法院民事判例集》

Richardi	Wertpapierrecht, 1987	Richardi:(《有价证券法》,1987年版)
Rimmelspacher	Kreditsicherungsrecht, 2. Aufl. 1987	Rimmelspacher:(《信用担保法》,1987年2版)
Rittner	Wirtschaftsrecht, 2. Aufl. 1987	Rittner:(《经济法》,1987年2版)
RMBl.	Reichsministerialblatt	帝国各部公报
Rpfleger	Der Deutsche Rechtspfleger	《德国司法》(法学刊物)
r. Sp.	die rechte Spalte	(报刊一页中的)右栏(与l. Sp.相对)
Rspr.	Rechtspechung	司法,司法判例
Rüthers AT	Allg. Teil des BGB, 10. Aufl. 1997	Rüthers,《民法总论》(《德国民法总论》,1997年10版)
Schapp	Sachenrecht, 2. Aufl. 1995	Schapp:(《物权法》,1995年2版)
Schlosser	Zivilprozeβrecht, I 1983, II 1984	Schlosser:(《民事诉讼法》,卷I,1983年版;卷II,1984年版)
Schlütter	Erbrecht, 12. Aufl. 1986	Schlütter:(《继承法》,1986年12版)
Schmidt, K., HandelsR	Handelsrecht, 4. Aufl. 1994	Schmidt, K.,《商法》:(1994年4版)
Schmidt, K., GesellschaftsR	Gesellschaftsrecht, 3. Aufl. 1997	Schmidt, K.,《公司法》:(1997年3版)
Schmidt-Aβmann/Bearbeiter	Besonderes Verwaltungsrecht, 10. Aufl. 1995	Schmidt-Aβmann/(各撰写者人名):(《特别行政法》,1995年10版)
Schmidt-Räntsch, InsO	Insolvenzordnung mit Einfü hrungsgesetz, 1995	Schmidt-Räntsch,《支付不能法》(《支付不能法及其诠释》,1995年版)

Scholz/Lwowski	Das Recht der Kreditsicherung, 7. Aufl. 1994	Scholz/Lwowski:(《信用担保法》,1994 年 7 版)
Schwab/Prütting	Sachenrecht, 27. Aufl. 1997	Schwab/Prütting:(《物权法》,1997 年 27 版)
Serick I	Eigentumsvorbehalt und Sicherungsübereignung, Band I: Der einfache Eigentumsvorbehalt, 1963	Serick I:(《所有权保留与担保让与,卷 I:简单的所有权保留》,1963 年版)
Serick II/1	Band II: Die einfache Sicherungsübertragung -1. Teil, 1965	Serick II/1:(《卷 II:简单的担保让与,第一部分》,1965 年版)
Serick III	Band III: Die einfache Sicherungsübertragung -2. Teil, 1970	Serick III:(《卷 III:简单的担保让与,第二部分》,1970 年版)
Serick IV/1	Band IV: Verlängerungs-und Erweiterungsformen des Eigentumsvorbehalts und der Sicherungsübereignung -1. Teil, 1976	Serick IV/1:(《卷 IV:所有权保留与担保让与之延长形式与扩展形式——第一部分》,1976 年版)
Serick V	2. und 3. Teil zu Band IV 1, 1982	Serick V:(本卷为卷 IV 之第二、三部分,1982 年版)
Serick VI	Sonstiges -Insolvenzrecht (Vergleich), Insolvenzrechtsreform, 1987	Serick VI:(《其他内容—支付不能法(和解),支付不能法改革》,1987 年版)
SeuffA	Seufferts Archiv für Entscheidungen der obersten Gerichte	《佐伊费特氏德意志国家最高法院判决档案》(1847 年第 1 卷起至 1944 年第 98 卷)
Slg.	Sammlung	集,汇编

Soergel/ Bearbeiter	Bürgerliches Gesetzbuch, Kommentar, 12. Aufl. ab 1987; Bd. 6 (Sachenrecht) 1990	Soergel/(各撰写者人名):(《〈德国民法典〉评注》,第 12 版,1987 年起;其中卷 6 为物权法,1990 年版)
Staudinger/ Bearbeiter	Bürgerliches Gesetzbuch, Kommentar, 13. Aufl. 1993ff.	Staudinger/(各撰写者人名):(《〈德国民法典〉评注》,第 13 版,1993 年起)
Stein-Jonas/ Bearbeiter	Kommentar zur Zivilprozeβordnung, 21. Aufl. 1993 ff.	Stein-Jonas/(各撰写者人名):(《〈民事诉讼法〉评注》,第 21 版,1993 年起)
Stern, Staatsrecht	Stern, Das Staatsrecht der Bundesrepublik Deutschland, Band III: Allgemeine Lehren der Grundrechte, 1. Hbd. 1988; 2. Hbd. 1994	Stern,《国家法》(《德意志联邦共和国国家法》,卷 III:《基本权利学说概论》,第 1 分卷,1988 年版;第 2 分卷,1994 年版)
Stoll	Grundriβ des Sachenrechts, 1983	Stoll:(《物权法概要》,1983 年版)
StudK/ Bearbeiter	Studienkommentar zum BGB, 2. Aufl. 1979	StudK/(各撰写者人名):(《〈德国民法典〉学习评注》,第 2 版,1979 年)
Tiedtke, Gutgl. Erwerb	Gutgläubiger Erwerb im bürgerl. Recht, im Handels-und Wertpapierrecht, 1985	Tiedtke,《善意取得》(《民法、商法与有价证券法中的善意取得》,1985 年版)

von Tuhr	Der Allgemeine Teil des Deutschen Bürgerlichen Rechts, Band I und II, 1910 – 1918	von Tuhr:(《德国民法总论》,卷 I 与卷 II, 1910 年—1918 年)
Ulmer/Brandner/Hensen	AGB-Gesetz: Kommentar zum Gesetz zur Regelung des Rechts der Allgemeinen Geschäftsbedingungen, 8. Aufl. 1997	Ulmer/Brandner/Hensen:(《〈一般交易条款法〉评注》1997 年 8 版)
UPR	Umwelt und Plannungsrecht	《环境与规划法》(法学刊物)
VBlBW	Verwaltungsblätter für Baden-Württemberg	巴登—符腾堡州行政公报
VerwRspr.	Verwaltungsrechtsprechung in Deutschland	德国行政司法判例
VG	Verwaltungsgericht	行政法院
VGH	Verwaltungsgerichtshof	州高等行政法院(在巴登—符腾堡州、巴伐利亚州以及黑森州的称呼)
VIZ	Zeitschrift für Vermögens-und Immobilienrecht (bis 6. 1996: Zeitschrift für Vermögens-und Investitionsrecht)	《财产法与不动产法》(法学刊物,1996 年 6 月以前称为:《财产法与投资法》)
Vortmann	Kommentar zum VerbrKrG, 1991	Vortmann:(《〈消费者信贷法〉评注》1991 年版)
VVDStRL	Veröffentlichungen der Vereinigung der Deutschen Staatsrechtslehrer	《德国国家法法学会会刊》(法学刊物)
Walter, G	Kaufrecht, 1987	Walter, G:(《买卖法》, 1987 年版)

Weber, Hj	Kreditsicherheiten, 5. Aufl. 1997	Weber, Hj:(《信用担保》,1997年5版)
Westermann	Lehrbuch des Sachenrechts, 5. Aufl. 1966	Westermann:(《物权法教科书》,1966年5版,1973年增补版)
Westermann, Schwerp.	BGB, Sachenrecht, 9. Aufl. 1994, Reihe Schwerpunkte	Westermann,《难点》(《民法物权法难点》,1994年9版)
Westermann/Bearbeiter	Sachenrecht, Bd. I, 6. Aufl. 1990, bearbeitet von H. P. Westermann, Gursky und Pinger; Bd. II, 6. Aufl. 1988, bearbeitet von Eickmann und Pinger	Westermann/(各撰写者人名):(《物权法》,卷I,1990年6版,由H. P. Westermann, Gursky与Pinger重新撰写;卷II, 1988年6版,由Eickmann与Pinger重新撰写)
Wieling I	Sachenrecht, Band I, Sachen, Besitz und Rechte an beweglichen Sachen, 1990	Wieling I:(《物权法,卷I,物、占有与动产物权》,1990年版)
Wieling, Sachenrecht	Sachenrecht, 3. Aufl. 1997	Wieling,《物权法》(1997年3版)
Wilhelm	Sachenrecht, 1993	Wilhelm:(《物权法》,1993年版)
Windscheid/Kipp	Lehrbuch des Pandektenrechts unter vergleichender Darstellung des bürgerlichen Rechts, 9. Aufl. 1906, Bd. I-III	Windscheid/Kipp:(《潘德克顿学说教科书——与德国民法典之比较》,1906年9版,卷I—III)
WM	Wertpapier-Mitteilungen	《有价证券法通讯》(法学刊物)

Wolf, Ernst	Lehrbuch des Sachenrechts, 2. Aufl. 1979	Wolf, Ernst:(《物权法教科书》,1979 年 2 版)
Wolf, Manfred	Sachenrecht, 14. Aufl. 1997	Wolf, Manfred:(《物权法》,1997 年 14 版)
Wolf/Horn/Lindacher	Komm. z. AGBG, 3. Aufl. 1994	Wolf/Horn/Lindacher:(《〈一般交易条件法〉评注》1994 年 3 版)
Wolff/Bachof	Verwaltungsrecht I, 10. Aufl. 1994; II, 5. Aufl. 1987 (neu bearbeitet von Stober); III, 4. Aufl. 1978	Wolff/Bachof:(《行政法》,卷 I,1994 年 10 版;卷 II,1987 年 5 版,并由 Stober 氏新修订;卷 III,1978 年 4 版)
Wolff/Raiser	Sachenrecht, 10. Aufl. 1957	Wolff/Raiser:(《物权法》,1957 年 10 版)
WuB	Entscheidungssammlung zum Wirtschafts-und Bankrecht	经济法与银行法判决集
WuW	Wirtschaft und Wettbewerb	《经济与竞争》(刊物)
ZGes. StW	Zeitschrift für die gesamte Staatswissenschaft	《泛国家学杂志》(刊物)
ZAkDR	Zeitschrift der Akademie für Deutsches Recht	《德国法学会杂志》(法学刊物)
ZfIR	Zeitschrift für Immobilienrecht	《不动产法杂志》(法学刊物)
ZGB	Zivilgesetzbuch der Deutschen Demokratischen Republik v. 19.6. 1975	1975 年 6 月 19 日之《民主德国民法典》
ZGR	Zeitschrift für Unternehmens-und Gesellschaftsrecht	《企业法与公司法杂志》(法学刊物)
ZHR	Zeitschrift für das gesamte Handelsrecht und Wirtschaftsrecht	《泛商法与经济法杂志》(法学刊物)

ZIP	Zeitschrift für Wirtschaftsrecht	《经济法杂志》(法学刊物)
ZMR	Zeitschrift für Miet-und Raumrecht	《租赁法杂志》(法学刊物)
Zöllner WPR	Wertpapierrecht, 14. Aufl. 1987	Zöllner,《有价证券法》(1987年14版)
ZRG Rom. Abt.	Zeitschrift für Savigny-Stiftuung für Rechtsgeschichte, Romanistische Abteilung	《萨维尼法律史基金会杂志,罗马法部》(法学刊物)
ZRP	Zeitschrift für Rechtspolitik	《法政策杂志》(法学刊物)
ZS	Zivilsenat	(联邦最高法院、巴伐利亚州最高法院以及州高等法院之)民事法庭,民庭
ZVglRWiss	Zeitschrift für Vergl. Rechtswissenschaft	《比较法学杂志》(法学刊物)
ZZP	Zeitschrift für Zivilprozeβ	《民事诉讼法杂志》(法学刊物)

内容简目

第二编　占　　有

第三编　私法与公法中对物权之保护

第三部分　不动产物权

第一编　土地登记簿

第二编　土地上的物权变动

第三编　土地所有权

第一分编　内容与约束

第二分编　土地所有权典型的特殊形式

第四编　土地上的用益物权

附录

目　　录

第二部分　共同适用于不动产物权和动产物权的理论与制度

第一编　结构原则

第二编　占　　有

第三部分　不动产物权

第一编　土地登记簿

第三编　土地所有权

第四编　土地上的用益物权

所有权乃一项根本性基本权利,并与人格自由之保障,具有内在关联。在全部基本权利中,所有权所担负的任务,乃于财产法范畴中,确保基本权利承担者享有一个自由空间,进而使其能构建自我负责的生活。作为法律器具之所有权保障,即服务于该项基本权利之保障。(职是之故,)单个主体所享有之基本权利,以作为法律制度之“所有权(制度)”为前提;倘若立法者于私法所有权(概念)中,塞进一些与“所有权”名实不符的东西,自然也就谈不上对基本权利进行有效地保障了。

——《联邦宪法法院判例集》
第24卷,页367、389

第一部分

导论

卷二 賦役

第一章　物权法对人类共同生活的意义

一、作为法律制度一部分的物权法，包含着人类对财物进行支配的根本规则。而该规则之构成，又取决于（一个国家）宪法制度所确立的基本决策。与此同时，国家的经济制度，也是建立在该基本决策之上，并将其予以具体化。依此而言，构建德国现行物权法的基本原则，乃是对有序化自由使用与处分财产之意义上的私人所有权的承认；而私人所有权自由，恰又与人格自由、契约自由、择业与职业培训自由以及营业自由等，紧密联系在一起。反之，在不承认这些自由原则，而是推行国家性计划与财产分配的法律制度与经济制度中，其“物权法”所包含的内容，也就与我们（德国）的物权法迥然不同。 1

不可混淆的是，在完全地否认与无条件地承认私人财产所有权之间，并无不可逾越的鸿沟。即使在承认私人所有权的宪法制度（如《基本法》）中，也不能不考虑到，所有权人利益与公共福祉间会产生冲突。故而，所有权人对其所有权使用与处分的自由，不可能是毫无限制的，所有权本身应内在着一定的约束。这种约束的产生，即基于对以国家形式所组成的社会公众需求的考虑，也源于对其他所有权人合法利益的尊重。故而,当代宪法均在规定所有权保障之后,紧接着强调其约束性内容;《基本法》第 14 条——以《魏玛宪法》第 153 条为蓝本——规定:“所有权受保障(gewährleistet),其内容与范围由法律决定之。所有权负有义务(verpflichtet)。其行使同时应服务于公众之福祉。”

与 19 世纪末深受自由国家观念影响时的状况相比较,这种内在于所有权的“自由与约束”之对立,在国家被赋予完全不同且更为全面性的职责时,体现得尤为明显。谁要是按照“生存供给保证”的说法,要求在自己处于任何生活危机时,从公众那里得到广泛的援助,那他就必须清楚地明白,国家所能给予他的,恰是国家自别人那里所能获得的。或许可以说,这种补偿一般是通过税捐或其他类似方式来实现,进而只是间接地触及到物的所有权;但确实也存在着那些不仅仅涉及作为某一个人的所有财产集合的“财产”,而且涉及单个“物”上权利的约束与没收情形。故此,我们在探讨“物权法”时,必须随时记住下面这个要点:

有关所有权以及所谓的限制物权内容构造的规范,不仅体现于民法中,而且还越来越多地体现于公法中。如果在阐述物权法时,忽视公法对所有权私法内容之入侵,则这种阐述就是不完整的,甚至是脱离实际生活的。

2 下面这个例子,或许可以帮助我们理解这段话:

E 打算在其土地上建造一幢房屋;这从私法角度(von der Privatrechtsseite her)——我们暂不考虑相邻权问题(参见下述边码 4、5)——看,自无疑问(民法典(BGB)第 903 条第 1 项*。但是,人人都知道,E 必需获得一个——公法上的——建筑许可,且该许可之获得,又需符合一定的,具体说就是联邦各州建筑法所规定的条件(对此参见本书下述第 25 章边码 44 以下)。

---

* 本书中的“民法典”,为《德国民法典》之简称。——译者注

无疑,判断是否给予该许可的决定标准,必须规定于某一(实体法意义上的)法律中。亦无疑者,该建筑法上的许可,首先必须服务于“危险防御(Gefahrenabwehr)”目的。但是在发给许可时,是否还应斟酌其他——比如建造方案设计人的、建筑美学风格上的——因素呢?假如这些斟酌仅是针对某一特定地段的建筑项目,甚或仅针对某几个甚至某一个建筑物建造方案,那又该如何呢?颁发许可的行政机关,能否同时要求无偿地划出该土地的一部分,以用于公路建设呢?

我们暂不回答这些问题(参见本书下述第24、26章)。提出这些问题的目的,仅在于唤起这样一种感觉,即作为私法制度一部分的“物权法”,逐渐逐渐地被诸多公法规范所伴随。但在本章可指出的是,这里所产生出的法律保护(Rechtsschutz)途径极为不同:私法上的争端——如两土地所有权人间关于土地界线之争议——属于普通民事法院(ordentliches Zivilgericht)管辖(《法院组织法》第13条);因申请内容或因不同意划出其土地一部分的不合法要求,而使建筑许可申请遭到拒绝时,则必须到行政法院(Verwaltungsgericht)去起诉(《行政法院法》第40条、第42条);E请求对被征收之土地部分予以赔偿,在对赔偿额发生争议时,该争议在性质上尽管属于公法范畴,但仍归普通民事法院管辖(《基本法》第14条第3款第4项)。因此对所有权之保护,既可以通过普通民事法院,又可以通过行政法院,实行的是“双轨制”。

二、经验也表明,对所有权毫无限制的使用与处分,将会破坏 3
有序的人类共同生活。假如所有的人都努力践行民法典第903条第1项之基本规则的话(“……物之所有权人得随意处分其物,并排除他人的任何干涉”),其结果将会出现群起争斗的局面。因此私法也必须致力于对所有权内容进行限制,并且这种努力应是多方面的:

(一)法律必须作出规定,各所有权人应如何和平地相处 4
(Nebeneinanderleben)。这种和平保护需求依其性质,在土地中必然要比动产中体现得更为强烈,并首先形成了所谓的相邻权制度(民法典第905－924条)。

例如："乡村别墅区"的各房屋所有权人，是否必须忍受在该区建造工厂（或迪斯科舞厅）呢？

5 这种"和平保护"，不能仅仅理解为对所有权的保护，而必须扩及于土地上（带有广泛的使用内容，如用益权）的限制物权，甚至包括非以"物权性权利"为基础的事实构成；故而法律不仅要规定所有权之保护及其范围，还要明确规定占有保护（Besitzschutz）及其内容。

如在上举之例中，若有一幢别墅是从所有权人那里使用租赁来的，则就使用承租人来说，其法律关系又该如何呢？

6 （二）"可分离性"为所有权的一项特点。由生活经验可得知，在同一个物（an ein - und derselben Sache）上，成立多个法律关系，不仅可能而且是经常的。如一幢房屋的所有权人，自己居住该房屋的一层，将另一层为其父母设定一项居住权（民法典第1093条），再将第三层使用出租，此外他还可以——为获得建造房屋所需要的资金——将该幢房屋，为银行与建筑储蓄银行设立多项抵押权。这样就必须要清楚地界定，所有权人与限制物权人之间、限制物权人相互间的权利义务。

例如：在一抵押权人通过强制拍卖的方式实现其抵押权时，是否会影响居住权人、承租人的权利呢？在居住权人所居住的房屋需要维修时，该费用由谁来承担呢？在房屋经拍卖所得价金，不足以清偿所有债权人之债权时，各抵押权人间应按什么顺序而受清偿呢？是按贷款提供之时间顺序，还是按土地登记簿中的登记顺序？

7 这种清楚界定的必要性，就要求立法者在立法中，作出类型化

的强制规定。这体现于两方面:

1. 物权法中所有可能的物权性权利,都必须在法律中固定下来,此即所谓的类型法定原则(numerus clausus der Sachenrechte; Typenzwang)。

2. 依第一项原则所可能成立的权利,其内容至少在轮廓上须由法律强制性地予以确定(内容法定原则,Typenfixierung)。

因此,在上述两方面,当事人的契约自由——确切地说,是契约内容形成自由[1]——,受到了限制。当事人虽然仍可自由地决定,是否要设立一项物权(设立自由!),但哪些类型的物权可供他们考虑,以及这些物权具有哪些内容,则是由法律——至少自类型上看是如此,并且大多是强制性——来规定的(没有或者说极有限的内容形成自由!)。

例如:对抵押权人的权限,法律已作强制规定(民法典第1120条以下,民事诉讼法第866条):他可以请求强制拍卖或强制管理的抵押权实现方式,或可以变价某些负"共同抵押责任的标的物"(如从物)。但他不能与所有权人将抵押权内容约定为,他也有权就该抵押土地收取收益(即所谓的用益担保物权,Antichrese);如果他想拥有此项收益权利,则必须另行设立一项用益权。

8 (三)所有权与限制物权,均为权利交易的客体。物权法的另一项任务,就是要对财产流转在法律上予以规范。这就必须要考虑到,对潜在取得人的利益进行保护。而这种保护,在根本上体现于两个方面:

9 1. 谁要是想取得某一标的物上的所有权,谁要是想受让或为自己设立一项抵押权,或者谁要是想在一土地上获得一项用益权,

---

〔1〕 对此参见弗卢梅(Flume),卷Ⅱ,12页以下;乌·胡贝尔(U. Huber),载《法学分析》(JurAn),1970年,784页;拉伦茨(Larenz),卷Ⅰ,§4Ⅱ,a;瓦尔茨(Walz),载《立法与法律科学评论季刊》(Krit. VSchr.),1988年,152页(及各氏所引资料)。

那他必须要知道，他“取得”的是什么。如果每次都要追寻至权利的“源泉”——比如抵押权设立契约——，以查明取得人、担保债权人等等所取得的权限范围，必会窒碍权利交易以及金融流通。故基于权利交易简便性与安全性考虑，也要求对物上权利的种类与内容进行强制性规定（Typenbeschränkung und typisierter Inhalt der Rechte an Sachgütern）。

10 人们不禁要问，为什么债法（Schuldrecht）不承认类型法定原则，而是——在原则上——不仅承认契约成立自由，还认可契约内容形成自由：债之关系是当事人间的法锁，依据该关系，债务人负有向债权人为一定给付的义务（民法典第 241 条）。债权人变更——如通过债权转让——或债务人变更——如通过债务承担——现象，虽不能排除其发生，但终不是常规；退一步说，即使发生了债权之转让，取得人也必须要清楚地知道，成立该债权的法律原因是什么，否则的话，他会因债务人对他行使为他所不知的诉讼抗辩（民法典第 404 条）而猝不及防。而法律创设物权性权利，就是要使其权利人适于发生变更——当然就各具体的物权而言，其可变更的程度，亦不相同——；故而法律也就必须要自始告诉取得人，他取得的是什么；否则的话，财产流转或财产之变价，即使不是完全失灵，至少也重受窒碍。

但须强调者，法律上规定类型法定原则与内容法定原则，还基于其他一些衡量因素：物权的标志是其绝对性效力，任何人对物权都负有尊重义务。而实现这一要求的前提，就是物权的内容能为其他当事人所认识，也就是说，物权的内容必须类型化。再者，对物权的这种绝对性保护，也仅在确实有此需求时，才能为法律所保障；〔2〕准此而言，也不能任由当事人自己来创设随意一种或随意内容的物权。最后，类型法定原则，也应保护所有权免受一些不可预见，甚或不可忍受的负担与限制的侵害。

11 2. 对取得人利益的考虑，还要求在法律上，对下述问题作出

〔2〕 对“简化原则”进行补充的“自由保护”［参黑克（Heck），§ 23，2a，b］

进一步的规定：

倘若所取得的物，根本就不曾属于让与人，则在权利人（比如所有权人）与取得人之间，谁更值得保护？

例如：E将一台打字机使用出租给M，而M却将它卖给了X，并进行了“所有权让与”。此时是E的法律地位不受M与X间法律行为的影响，亦即他有权自X处取回该打字机，还是X已成为所有权人，这样E只能去找M，并向他请求损害赔偿呢？

假如仅仅依据是非感对此进行判断，则人们或许会认为所有权人（E）应优先保护，因为这里看不出什么理由，X可以通过与这个完全不是所有权人的M所订立的法律行为，而取得所有权；人们或许会说，X与这个不是所有权人的M进行权利交易，是他自己的风险问题。但倘若我们再想一想，E本应能找到一个更值得信赖的人，作为他的使用承租人，那么这个判断就会动摇了。

如果仅仅只是就单个具体的所有权人与取得人之间的利益关系进行衡量，那么对该利益冲突的解决，是不可能获得一般性的答案。相反，我们还必须从整体上考虑法律行为方式财产交易的不可或缺性：假如苛求取得人每次都应去调查，出让人是否为真正的权利人，则会不会严重窒碍这种方式的权利交易呢？再者，由于取得人通常无法了解让与人方面的法律关系，那他又怎样去为自己创造一个安全的交易基础呢？ 12

这种对交易安全与简便，以及对所有潜在的权利取得人利益的考虑，也就导致了一个规范群的产生，简要地说就是：从无权利人处之善意取得制度（Gutgläubiger Erwerb vom Nichtberechtigten）。

可以适用该原则的情形，如民法典第932－936条（针对动产之所有权取得）、民法典第892、893条（针对土地所有权与土地物权）以及民法典第1207条（针对动产质权之善意取得）。虽然我们现行法律制度，对善意取得人赋予广泛的保护,但必须警惕一种看法,即好像随时随地都可以主张善意人之保护。实际上,对善意取得人之保护,仅适用于有法律规定之情形,并且在各具体情形中,法律所规定之保护条件,亦极为不同(请比较民法典第932条与第892条之规定!)。

第二章　现行法中的物权法规范——[1]不动产物权与动产物权之区分

第一节　物权法在法律制度中的地位

一、作为实体(私)法的物权法

《民法典》第三编的标题为“物权法(Sachenrecht)”。这就清楚地表明了,“物权法”在这里指的是客观法,且这一法域属于实体私法。具体地说: 1

(一)客观意义上的物权:物权法

顾名思义,“物权法”调整的是在物上所成立的法律关系,且不仅包括静态的关系(如所有权人的权利、用益权人的权限),还包括其变化的动态关系(如物上所有权之让与、抵押权之让与)。

〔1〕 关于物权法之发展,参阅维甘德(Wiegand),载《民法实务档案》(AcP),第190卷,112页;曼·沃尔夫(M. Wolf),载《新法学周刊》(NJW),1987年,2647页;弗·鲍尔(F. Baur),载《法学工作报》(JA),1987年,181页;关于最高法院之判例,参见古尔斯基(Gursky),载《德国法学者报》(JZ),1991年,496页以下与650页以下。

当然,“物权法”这一用语并非完全准确,因为它还调整一些在权利上所成立之权利(如在债权上所成立之用益权[民法典第 1068 - 1084 条],或在债权上所成立之质权[民法典第 1273 - 1296 条])。

(二)主观意义上的物权——物权

2 与客观意义上的物权法(Sachenrecht im objektiven Sinn)相区别者,为主观意义上的物权(Sachenrecht im subjektiven Sinn),即特定的人在特定的物上所享有的法律地位。[2] 这种——如上所述——已类型化的法律地位,被称之为物权(dingliches Recht),并与相对权(relative Rechte)相对立。主观权利的特征,为该权利是由法律所赋予的一项权力而构成;物权与相对权均属于主观权利范畴。与物权以对物的支配权力为内容不同,相对权仅产生针对某一完全特定的人的权限。物权的最大特征是其绝对性(Absolutheit):法律以一项可针对任何人而主张的效力来构造物权,并保护物权免受任何不法之侵害,任何人对物权均须负尊重义务。也就是说,主观意义上的物权或物权属于绝对权范畴,但绝对权还体现于其他法律制度中(如在夫妻财产权以及继承权中)。

3 所有权还未移转的物的买受人,仅只能向其出卖人请求物的所有权的让与,或者——在让与所有权已为不能时——请求损害赔偿(民法典第 440、433 条);而物之所有权人可向任何扣留其物的人请求物的返还(民法典第 985 条),并可针对任何侵害其所有权人地位的人采取法律措施(民法典第 1004

---

〔2〕 详参艾希勒(Eichler),卷 I,1 页以下;同氏著,《所有权的法律理念》,1994 年版,17 页以下;迪德里希森(Diederichsen),“基于债之关系的占有权”,1965 年版;法布里丘斯(Fabricius),载《民法实务档案》,第 162 卷,456、467 页以下;许布纳(Hübner),《民法总论》,边码 215 以下。

条)。但是,如果作深入考察的话,绝对权与相对权间的这种清晰区分,[3]在某些方面会变得非常模糊:

1. 对(绝对性的)物权的侵害会导致请求权的产生,而这种请求权只是针对侵害人,故而也就带有“相对性”特征。属于此种请求权的,如依民法典第985条所生之所有物返还请求权以及依民法典第1004条所生之防止妨害请求权。这些请求权均是相对权,但其特殊性在于,它们“自”物权中产生,并与物权紧密联系在一起;这也就是说,比如所有物返还请求权是不能脱离所有权而单独予以转让。[4] 4

2. 对物的直接占有,又与许多相对权联系在一起,如房屋或汽车之使用租赁即其适例。此种相对权权利人所拥有的直接占有,会导致相对权权利人地位的增强,从而在某些方面赋予他“物权性的”“绝对性的”权利人之权能。比如承租人可以以占有人之身份,享受与所有权保护非常近似的占有保护(参见民法典第859-864条、第1007条);其次,在土地中使用承租人与土地受让人间虽自始并无法律关系,但承租人可以其承租人之地位来对抗受让人(民法典第571条);最后,如果该使用租赁关系属于所谓使用承租人保护的范围,[5]则承租人甚至可以在使用出租人(所有权人)所提起的所有物返还之诉中,有效地进行抗辩。故此关于土地使用租赁权——尽管其体系地位处于相对权核心之债法中——,有人认为它至少是类似于物权性的权利(参见本书下述第3章边码47、第29章边码61以下),是不足为奇的! 5

〔3〕 关于其理论问题与怀疑,参阅梅迪库斯(Medicus),《民法总论》,边码61;卡纳里斯(Canaris),载“弗卢梅祝寿文集”,卷Ⅰ(1978年),371页;魏特瑙尔(Weitnauer),载“拉伦茨祝寿文集”(1983年),706页;许布纳,总论,边码218以下;哈丁(Hadding),载《德国法学者报》,1986年,926页;登克(Denk),载《法学教育》(JuS),1981年,9页及861页;杜比沙(Dubischar),“关于理论体系上绝对权与相对权二分法的基础”,蒂宾根,博士学位论文,1961年;亨克(Henke),“所谓的债之关系的相对性”,1989年版;马罗茨克(Marotzke),“作为绝对权之所有权”,载《法学教育》,1993年,916页以下。

〔4〕 但并非毫无争议!参见本书下述第11章边码44。

〔5〕 参见本书下述第29章边码64以下。

（三）作为私法一部分的物权法

6 物权法是私法的一部分，即是调整当事人间法律关系的法律的一部分。如前文所述（第1章边码1以下），民法上的物权法还广受公法规范之入侵。对于公法规范的这种影响，在本书以下各章节的阐述中我们时时都要提及。

7 在所谓的公共物（öffentliche Sachen）上存在特殊的公共所有权（öffentliches Eigentum）的学说，[6]广不为人们所接受。[7] 即使是那些服务于公共用途（如街道、道路、水路）或服务于真正的国家目的（如用于行政管理的建筑物、学校）的物，仍存在于公法团体（如国家、市镇）的私法所有权中。当然，在对该物之公法规定范围内，这类所有权的私法内容要受到排挤。例如对某一街道的所有权，仅只能在通过行政行为而废除其作为街道的用途时（公法用途之废除），才能转让给私人，以供其自由使用与处分。而公共物之所有权人，也不得禁止——不同于民法典第903、905、1004条之规定——因公共使用而产生的影响。对于公共物，除适用私法之物权法外，还适用属于行政法之法律；而在有疑问，且私法之效力范围并未完全丧失时，在适用上以行政法规范为准（参阅《联邦最高法院民事判例集》（BGHZ），第21卷，319、327页；第33卷，230页；联邦最高法院（BGH），《德国法月刊》（MDR），1961年，52页；《新法学周刊》，1965年，387页；以及深具启发意义的联邦最

〔6〕 帕皮尔（Papier），"公共物上的权利"，1984年2版。

〔7〕 沃尔夫（Wolff）/巴霍夫（Bachof），第9版，§57，I，b；帕佩尔曼（Pappermann）/勒尔（Löhr）/安德里斯克（Andriske），"公共物上的权利"，1987年版；泽格尔（Soergel）/米尔（Mühl），民法典第90条之前，边码36以下（以及前揭三著各自所引文献）；泽格尔/弗·鲍尔，民法典第903条，边码30以下。——但有时纯公共所有权之说，也会获得有力的支持，主要参见《联邦宪法法院判例集》，第24卷，367页＝鲍尔，E. Slg.，案例12（基于立法规定而成立的对堤坝土地之公共所有权）；《联邦行政法院判例集》（BverwGE），第27卷，131页；毛恩茨（Maunz）/帕皮尔，德国基本法第14条，边码78－82施密特·阿斯曼（Schmidt－Aβmann）/扎尔茨韦德尔（Salzwedel），766页以下；亦参韦内克（Wernecke），载《民法实务档案》，第195卷，445页以下（及其所引资料）。

高法院,《新法学周刊》,1990 年,899 页,与明斯特州高等行政法院(OVG),《新法学周刊》,1993 年,2635 页以下关于汉堡市用图章;其他文献参阅泽格尔/米尔,民法典第 90 条之前,边码 38 以下;派纳(Peine),载《德国法学者报》,1984 年,869 页)。

与上述应相区别的另一个问题是,公法法人的所有权是否具有《基本法》第 14 条第 1 款规定的基本权利的性质:《联邦宪法法院判例集》(BverfGE),第 61 卷,82、100 页)对此予以否定;详参巴杜拉(Badura),载《德国法学者报》,1984,14 页。

(四)作为实体法之物权法

物权法是实体法(materielles Recht),而非程序法。但如何实现对物权的保护,则由程序法,尤其是民事诉讼法来决定。 8

1. 但在"民法典"第三编中,也包含有某些程序性的或与程序有关的规定。大量关于举证责任负担的规定,即属于此,如民法典第 1006 条、第 891 条、第 932 条第 2 款关于推定的规定。这种推定的作用,体现在诉讼程序中。另外民法典第 863 条关于诉讼抗辩限制的规定,也是程序性的。 9

2. 另一方面,在程序法中,即在民诉法中,也有一些实体法内容的规定:如德国民诉法第 868 条规定,基于强制执行名义而产生的强制抵押权,在其强制执行名义被废除时,则由该强制抵押权产生一项所有权人土地债务;《民事诉讼法》第 898 条规定,即使在所有权让与之意思表示为法院判决所代替时(民事诉讼法第 894 条),有关善意取得之规定仍可适用。再者,所有权人依民诉法第 771 条之规定在其所有权遭不法扣押,以及(依《破产法》第 43 条/《支付不能法》第 47 条之规定)在他人破产程序中其所有权遭该破产财团之主张时,所享有之法律保护,亦与物权法上的所有权保护(民法典第 985 条、第 1004 条)密不可分。此外在(《破产法》第 47 条以下/《支付不能法》第 49 条以下所规定之)别除权情形,也与物权法(关于担保物权的规定)紧密相关。[8] 10

〔8〕 参见亨克尔(Henckel),载《法学教育》,1985 年,836 页。

二、"民法典"第三编之外的物权实体法规范

11 "民法典"第三编,并非包含了有关物权法的全部实体法规定,在民法典其他各编(下述1),尤其在物权特别法(下述2)中,还存在着大量的物权法规定。

12 1. 如在总则编中(第90条以下)、在亲属法编中(如第1362、1416、1424条等)就包含有物权法规定。

2. 属于物权特别法的,比如:

1951年3月15日的"住宅所有权法"、

1919年1月15日的"地上权条例"、

1940年11月15日的"关于在已登记的船舶以及建造中的船舶上的权利的法律"。

此外,还有诸多带有土地政策(bodenpolitischer)倾向的立法,如:

1919年8月11日的"帝国垦荒法以及各州的土地改革法"、

1985年11月8日的"农地用益租赁交易法",等等。

由此可以确定,虽然最初"民法典"物权编中的规范,有终局性规范之法典化倾向,但在现在看来,这种倾向是不可能实现的了。

13 与此相反,民法典中的规范相对于各州的州法(gegenüber dem Landesrecht)来说却是终局性的:州法仅只能在民法典明文将立法权准许给各州的领域中,才可以制订有关物权法的规定(参见《〈德国民法典〉施行法》第64-69条、第106-133条)。

但要注意的是,这种各州经由民法典施行法所获得的"保留领域",在其后却因联邦法性的特别法而深受限制,甚至完全被废除掉了。如依民法典施行法第113条有关土地合并(田亩重整)之立法权,最初归于州法,但该保留权因1953年7月14日(1976年3月16日之法律文本)之关于农地合并的《田亩重整法》而被废除。

因此,若对一物权法上的案例进行分析解决的话,人们必须明白,他在

《民法典》第三编中并不能找到所有“相关”的规定；或许他应当按下面的顺序进行检索：

首先看看民法典中物权法的规定；

其次查查那些因新出现之法律情况而对民法典在一定程度上予以补充的物权特别立法；

再次找找其他的，尤其是涉及土地法内容的帝国以及联邦法；

最后还要检索一下各州拥有保留权的州法。

而各法律间效力上的关系，则适用一般性的基本原则：

帝国（联邦）法优于各州法（《德国基本法》第31条）；

特别法优于一般法；

后法优于先法。

三、物权法性的国际私法

有关物权法性的国际私法，请参阅克格尔（Kegel），“国际私法”，1995年 14
7版，§19；泽格尔/吕德克茨（Lüderitz），《〈德国民法典〉施行法》（EGBGB）第38条之补充II；帕兰特（Palandt）/黑尔德里希（Heldrich），《〈德国民法典〉施行法》第38条之补充II；弗尔申格（Frrsching）/冯·霍夫曼（von Hoffmann），“国际私法”，1995年4版，§12；克罗普霍勒（Kropholler），“国际私法”，1997年3版，§54；冯·克默雷尔（v. Caemmerer），载“策波斯（Zepos）祝寿文集”，1973年，25页以下，及其所引资料；Stoll，载《拉贝尔外国私法与国际私法杂志》（RabelsZ），1973年，357页；1974年，450页，及氏著“国际物权法”（载《施陶丁格（Staudinger）德国民法典评注》，《〈德国民法典〉施行法》/国际私法），1996年；慕尼黑民法典评注/克罗伊策（Kreuzer），1998年3版，《〈德国民法典〉施行法》第38条后之补充I；德罗布尼希（Drobnig），载《拉贝尔外国私法与国际私法杂志》，1974年，468页，以及载“克格尔祝寿文集”，1977年，141页；详论者亦参威廉（Wilhelm），284页以下。

第二节 “民法典”第三编之内容：不动产物权与动产物权

一、区别

15 在学习一项新的法律制度时，其正确的方法应该是，想象一下假如自己是立法者，而要对那些法律材料进行立法，则哪一个视角会起决定性的作用。依照这种思考方法，无疑会发现，土地（Grundstücke，“不动产/Liegenschaften”）与动产（bewegliche Sachen，德语又称“Fahrnis”），在满足实际生活需求之功能上所存在的本质差异，对理解物权法来说，具有关键性意义。

土地是每个人生存之基础。它能为人类提供住房（“人人都要有个落脚的地方”），并能为人类提供食物与——间接地提供——衣着，它是“群居”意义上的人类共同生活的基础。这虽是一些陈词滥调，但或可使我们明白，与动产不同，立法者对土地自一开始就另眼看待：土地对于人类之个体与整体均是生存基础意义上的“财产”基础。因此，不动产的“市场流通性”较弱（离开自己的土地总是件不情愿的事）；若真的发生其所有权之变更，法律会以特殊的形式要求，来警示当事人这个行为给他所带来的意义。在土地相邻关系中会产生一些利益冲突，这需要立法者来加以调整。而对土地是否合乎目的地被加以利用，对公众来说亦至关重要，甚至在为了实现公众性事业时，会动用私人土地所有权。故此，在不动产权利中，个人保有其财产基础的利益，与公众的有时是具有同一内容的、有时则是——基于公共福祉之考虑——具有不同内容的利益，常常发生冲突。

与此相反，各个动产（bewegliche Sachen）的功能是相当不同的，以至于几乎无法对其予以概括地评价。只要想想“消费品”——“产品”——“金钱”这些不同的概念，人们就会清楚，立法者几乎不可能就处于不同经济流转阶段的财产的不同功能，进行归纳与概括。制定一个对所有这些财产来说大致差不多的技术性（technisch）规则，且主要是有关所有权保护及其转让的规定，这对立法者来说就已足够了。而因公共利益之缘故有加以协调与控制之必要时，则可让诸税捐法律制度，以达到立法者所预期的效果。

由此说来，对不动产与动产财产这种必要的原则性区别对待，本是件显而易见的事情。然而，我们在本书以后的阐述中，还会不时地指出另一种法律发展趋势，也就是“土地所有权的动产化”（das Grundeigentum zu mobilisieren）。比如土地所有权人以其土地全部可接受担保之价值，设定了一项无记名土地债务，则该土地所有权实际上（faktisch）已动产化：一经物权让与合意并交付土地债务证书，则自价值上看该土地之权利人已发生变更。类似的怪象也出现在商法中：假如 A 持有某一股份有限公司所有的股票，则随“控制性股票出售”行为，将导致土地所有权实际上（faktisch）发生变更，即使此时在法律上（rechtlich）看该股份有限公司自始至终仍为其所有权人。这类法律行为所导致的结果是，民法典第 313 条所设之警示功能（土地出卖的要式性！）会落空！〔9〕

二、立法之主导思想

“民法典”的制订者——不同于德国普通法——，已看到了不动产与动产财产间的功能差异，但同时又致力于以“提取公因式（vor die Klammer zu ziehen）”方式，尽可能归纳二者共同性：对二者统一（gemeinsam）予以规定的，有占有法、所有权内容、所有权种类以及所有权保护。而各自区分（getrennte Regelung）予以规定的，则体现为： 16

（一）一系列被法律所许可的特殊权利种类；

（二）所有权与限制物权之设立、转让以及废止。

即使是在区分规定的情形，“民法典”也努力维持其体系上的关联。比

〔9〕　在民法上的合伙有两人组成，而合伙财产又仅为土地时，也常会发生类似情况。随其中一个合伙人退出合伙，另一合伙人作出债务承担之意思表示，合伙财产就移转至该另一合伙人（对此参阅泽格尔/哈丁，民法典第 730 条，边码 18 以下；完全持批评意见者卡斯滕·施密特（Karsten Schmidt），载《民法实务档案》，第 182 卷，510 页以下）。

如对关于土地所有权之规定，尽管只有与“关于土地上权利的通则”（即物权编第二章，民法典第 873 - 902 条）紧密相联时，才能获得准确的理解，但该编“第三章”仍以相互衔接之顺序，集中规定土地所有权与动产所有权的取得丧失。

三、本书之阐述方法

17 本教科书对土地物权与动产物权采取区别讨论的方法。首先阐述贯穿于物权法的一般性原则与制度（第二编），其次将详细介绍不动产物权（第三编），接下来介绍动产物权（第四编）与权利上的物权（第五编）。这种不同于《民法典》体系的阐述方法，尤其将不动产物权予以特别处理的方法，其好处在于，使我们便于处理不动产物权的特殊性、土地所有权特殊形式之构成以及公法约束。在不损及对《民法典》所选择之体系性的理解的前提下，我们应使读者明白，《民法典》中的“物权法”，虽是财产法不可或缺之基石，但并非无所不包。

第三章　物权法基本概念——物权之种类结构

对任何一个法律材料的理解，均以对那些经常出现的概念的理解为前提。对这些概念的掌握，是运用法律必不可少的要求。它们是人造法律语言的辅助手段，也是法律人所必备的工具。故此，要想读懂民法典中的"物权法"，也就必须要掌握其基本概念。为能减少一点讲解这些概念时的枯燥乏味，我们将它们与物权的种类结构联系起来一起阐述。 1

第一节　基本概念

一、"物(Sache)"的概念[1]

(一)物的有体性

〔1〕 详参威灵，§ 2；艾希勒，"所有权的法律理念"，1994 年版，11 页以下、42 页以下以及恩内策努斯—尼佩代（Enneccenus - Nipperdey）之系列教科书，《民法总论》，§ 121 以下；许布纳，§ 16— § 20；朗格（Lange）/克勒（Köhler），§ 33— § 35；拉伦茨/沃尔夫，《民法总论》，§ 20；梅迪库斯，《民法总论》，边码 1173；施皮里达基斯（Spyridakis），"关于物之成分"，1966 年版；瓦尔茨，载《立法与法律科学评论季刊》，1986 年，131 页。

2 物为有形之客体(民法典第 90 条),也就是说,物是有形、可触觉并可支配的。依此标准,其他所有的财产形式,均被排除在物权法适用范围之外:各种表现形式的债权、无形财产权(专利权、商标权)属于债法(民法典第 413 条),或在特别法中适用专门规定。计算机程序因缺少有体性也不是物;但它们因储存于数据载体中而获得可把握的形式时,却成为物。〔2〕

(二)归类问题

3 1. 人作为权利主体,是人格权的承担者。人之身体——尽管它是物质——不是法律客体,也不是物。这在一种程度上,也适用于其上人格权还继续存在的死者的躯体。〔3〕

非常有争议的是,与人之身体相脱离(如为移植而摘取的器官或者精液),并可为处分行为客体的部分,是否为物。〔4〕依据《联邦最高法院民事判例集》第 124 卷第 54 页之判决,仅仅在这些被取出的部分,是为了保持被取出人的身体运行功能或是为了将来再植入其身体内时,才被继续视为受保护之“身体”,不是物。〔5〕

---

〔2〕《联邦最高法院民事判例集》,第 102 卷,135 页;关于此问题亦参:柯尼希(König),“计算机程序的法律问题”,1991 年版,71 页以下;同氏著,载《新法学周刊》,1993 年,3112 页以下;阿博·容克尔(Abbo Junker),载《新法学周刊》,1993 年,824 页;尼许斯(Niehues),载《德国法学者报》,1987 年,453 页;比德林斯基(Bydlinsky),载《民法实务档案》,第 198 卷(1998 年),287 页以下。

〔3〕许布纳,《民法总论》,边码 289;慕尼黑德国民法典评注/霍赫(Holch),第 90 条,边码 30 及其引注;现参《器官移植法》第 4 条。

〔4〕陶皮茨(Taupitz),载《民法实务档案》,第 191 卷,206 页。有关器官捐献、摘取以及转让,现在规定于 1997 年 11 月 5 日之器官移植法中(民法典 l. I,2631 页;对此参阅多伊奇(Deutsch),载《新法学周刊》,1998 年,777 页)。在死者身上摘取器官,仅在死者生前有书面之同意或死后死者最亲近之亲属表示同意时,方得许可。在活人身上摘取器官,除此之外还要求有(成年的且有许可能力的)捐献人的许可。器官买卖受刑法处罚。

〔5〕持批评见解者,陶皮茨,载《新法学周刊》,1995 年,745 页。

2. 动物依民法典第90a条之规定不是物。但有关物之规定，只要无另外规定，又可适用于动物。民法典第90a条是个什么也没说的规定，[6]它只是强调了这一不言自明的事实：即使在动物作为权利交易客体而臣服于物权法规则时，它作有生命之存在，仍应受动物保护法之特别保护。 4

(三)动产——土地

民法典经常提到“动产”(bewegliche Sachen，如民法典第929、937、946条)与“土地”(Grundstücke，如民法典第873、925、1113条)。很显然，这里指的是两个相互排斥的概念。在立法者看来，这两个概念的内容，人人熟知，故法典本身对其未给出定义解释。 5

理解这一对概念的出发点，是“土地”二字。此概念并不等同于土地与土壤在自然界中的清晰分类，而应自法技术的角度，依据土地登记簿内容来对其进行理解。故而，土地是指在被当作“土地”而登记于土地登记簿中的地表的一部分。

这样，一个相互联系在一起的（自经济角度来观察的）“土地”，可由多个法律意义上的土地组成；反过来，多个（一般语言习惯上所说的）土地，也可以在土地登记簿中作为一项土地来登记（参阅本书第15章边码20以下）。

所有其他不属于“土地”的有体物，均为“动产”。然而对这句话立即需要进行补充：因为所有的——曾一度为动产的——动产，在成为土地之重要成分(wesentlicher Bestandteil)时，也属于“土

[6] 亦参梅迪库斯，《民法总论》，边码1178a。

地”(民法典第93、94条)*。

二、物的功能整体性

6 在实际生活中,具体的物与物之间,常存在着或远或近、或紧或松的关系。这种具体的有体物之间的关系,就构成了对权利交易来说具有决定性意义的功能整体性规则,即所有权人所希望的是对物的整体性使用,而取得人对物的取得,恰也是基于其整体性功能。比如,谁要是购买一个农业企业,并受让其所有权的话,则他要为自己所购买的是其“全部”,而非各单个的建筑物、土地、牲口与机器。再有,谁要是买一辆汽车的话,则他所需要的不是汽车的各个零部件,而是由车身、车架、轮胎、马达等等组成的整车。

法律上也规定了这种物与物之间的关系,且其规范手段是“重要成分”“一般成分”“从物”这类的概念。

(一)重要成分(Wesentliche Bestandteile)[7]

7 这指的是物与物之间的关系是如此的紧密,以至于产生新的有形整体的情形。

1. 民法典第93条的基本规则

8 在民法典第93条所规定的基本规则中,物与物之间的关系是如此地紧密,要使它们分离的话,则会使一个部分遭到毁坏、损害或丧失效用。若发生此种情形,则所有的部分均成为该整体物的重要成分。相反,分离后整体物的命运如何,在这里不是判断标

---

〔7〕 参见威灵,“物权法”,§ 2,II,1;朗格/克勒,§ 34,II。

* 关于Grundstück,中文译法颇有不同。为符合《德国民法典》原意,本书译文采“土地”二字。故本书所用之“土地”概念,依民法典第94条,并不仅仅指通常意义上的“土地”,亦包括土地上的重要成分,尤其是地上建筑物。此为理解德国土地物权法之关键,且与我国现行法与学理中所使用之“土地”概念,截然不同。另本书中凡出现不同于“Grundstück”之德文概念,但其中文译文又绕不开“土地”二字者,均在其后括号内附注德文原文,以明区别。而本书中偶尔出现的“不动产(Liegenschaft)”“不动产物权(Liegenschaftsrecht)”概念,基本与德文“土地”“土地物权”概念同义。——译者注

准。故此，联邦最高法院之判决(《联邦最高法院民事判例集》，第61卷，81页)正确地认为，一个以批量方式生产并装入汽车的马达，不是小轿车的重要成分。当然，卸下马达后作为整物的汽车肯定是不能行驶的了。但无论是卸下来的马达，还是小轿车的其他部分，并不因马达的拆卸而受毁损，或在它们所预定之功能上丧失效用。

2. 民法典第94条之特别规定

对土地、建筑物、特定建造物以及出产物，民法典第94条又在 9
第93条之外，设特别规定。

(1)建筑物(除民法典第95条之特殊情形外)永远是土地的重要成分。

(2)为建造建筑物而附合的物，是建筑物的重要成分(并因民法典第94条第1款之规定，同时亦成为土地的重要成分)。这按今天的交易观念，主要指那些能赋予建筑物——依其所预定之使用目的——以特色的建筑设施。

比如取暖设施，即使是后安装上去的，也是建筑物的重要成分；此外还包括热泵(联邦最高法院，《新法学周刊》-RR，1990年，158页)、盥洗盆与浴缸(不伦瑞克州 州高等法院(OLG)，下萨克森州司法，1955年，193页)、煤气灶与电灶(联邦最高法院，《新法学周刊》，1953年，1180页)，还可能(按各地的交易观念不同而)包括嵌入式的厨房设施(联邦最高法院，《新法学周刊》-RR，1990年，587页)。再者，有些大旅社为其特色之缘故所安装的备用发电机，也是“为建造而附合的物”(联邦最高法院，《新法学周刊》，1987年，3187页)。

(3)土地的出产物只要还与土地紧密附着在一起，就是土地的重要成分，如生长于秆子上的谷物、树上的果实、未采伐之木材。

3. 法律效果

重要成分“不得为独立权利之客体”(民法典第93条)。故 10

而，土地上的建筑物，即使为他人所建造，仍归土地所有权人所有（民法典第946条）。

这意味着：

11 （1）物上的物权变动，其效力永远及于该物的重要成分。此乃强行法，当事人间的另外约定仅具有债法之效力。

V将其农业企业出卖并让与给K，则K亦成为还在田地里生长着的庄稼的所有权人。若他们约定，V仍可为自己收割该庄稼，则该约定仅是一个债法性的，也就是说仅在V与K间产生效力的获取许可；然而V在收割后，就成为该庄稼的所有权人（民法典第956条）。

即使是造法性的主权行为（如依民事诉讼法第825条），亦不能在物之某一重要成分上设立特别所有权（《联邦最高法院民事判例集》，第104卷，298页）。[8]

12 （2）限制物权的效力亦及于物的重要成分。

因此，民法典第1120条对抵押责任范围进行规定时，就不必提及抵押物的重要成分，而仅需提及与土地已分离之出产物与成分。

13 （3）民法典第93条以下仅包含"重要成分"的概念规定。若一个整体物中，多个物均构成其重要成分时，则其所有权关系应是如何，就不无疑问。民法典第946－951条对此作有规定。在这里我们首先只需获得这种认识，即土地所有权在与其相联系的重要成分之关系中，永远居支配地位（民法典第946条），且不必考虑它们间的价值关系。

例如：用益承租人P在E的土地上，建造了一座造价昂贵且其寿命会超过用益租赁期限的巨大贮藏库，则其所有权归E。而P在用益租赁关系终止

---

〔8〕 高尔（Gaul）对此持批评意见，载《新法学周刊》，1989年，2509页。

后能否请求补偿，则取决于 E 与 P 间的契约关系（亦参民法典第 581 条第 2 款及第 547 条第 2 款第 1 项），在必要时可依据不当得利之规定（民法典第 951 条）。

V 因 K 建造新居而按所有权保留方式运给 K 一批瓦。K 将瓦建造于屋顶，则该所有权保留归于消灭，K 成为其所有权人。若 K 陷入破产，则 V 对该瓦不能请求取回权（《破产法》第 43 条/《支付不能法》第 47 条），而仅只能获得与其价金债权相应的破产财产分配额。

（二）一般成分（Einfache Bestandteile）

一般成分的特征是，它们同属于一个经济上的整体，但还不能依第 93 条而成为重要成分。 14

最重要的例子如：一辆汽车中批量生产的马达、轮胎。不重要的成分在法律上常与主物同其命运。如汽车的买卖及其所有权让与行为，其效力当然地及于该车的马达、轮胎及轮辋。这可以说是很显然的事。但不重要成分仍可成为独立权利之客体，比如说马达的供货人就可以针对汽车生产商而保留对马达的所有权。

（三）表见成分（Scheinbestandteile）

法律还必须要考虑到这样一种事实情形，即某些动产常常仅是为了某一临时目的，或因在他人土地上行使某一物权，而附着于一土地上。这些成分的效力尽管在外表上就像重要成分，但其所有权人的利益，又优先于土地所有权人的利益（民法典第 95 条）。因此这些表见成分虽然仍紧密地附着于土地（Grund und Boden），但在法律上是独立的。 15

房屋使用承租人在其租赁期间（für die Dauer seiner Mietszeit），建造了一个车库，则该车库——尽管紧密附着于土地（Grund und Boden）——并不因此而成为土地的重要成分（民法典第 95 条第 1 款第 1 句；《联邦最高法院民事判例集》，第 8 卷，1、6 页；第 10 卷，171 页；联邦最高法院，《新法学周刊》，1959 年，1487

页;1960 年,1003 页;1984 年,2878 页;1985 年,789 页)。故而该车库之所有权让与,仍依有关动产(民法典第 929 – 931 条)之规定(《联邦最高法院民事判例集》,第 23 卷,57 页;联邦最高法院,《新法学周刊》,1976 年,1539 页;1987 年,774 页)! 在土地上所设立的抵押权,其效力不及于该车库,因为它不属于土地所有权人所有(民法典第 1120 条)。

供应管道(如煤气管道、自来水管)亦仅是其所位于的土地的表见成分;作为动产,它们是供应公司土地的从物(《联邦最高法院民事判例集》,第 37 卷,353、356 页;联邦最高法院,《新法学周刊》,1968 年,2331 页:对此进行区分;亦参本书第 34 章边码 8)。

(四)从物[9]

16 从物之概念规定于民法典第 97 条中。从物的根本标志是,它对主物具有服务性功能,并与主物处于某一特定的空间关系中,但不允许具备成分性质。而如何识别从物,则根本上取决于交易之观念(民法典第 97 条第 1 款第 2 项)。[10] 动产对于土地所具有的"服务性功能"的例子,可见于民法典第 98 条就工商业用地与农业用地之规定。

司法实践中具有教学意义的案例如:《联邦最高法院民事判例集》,第 87 卷,234 页,以及联邦最高法院,《新法学周刊》,1984 年,2277 页;对此可参迪尔歇尔(Dilcher),载《法学教育》,1986 年,185 页:"大钟之诉争案"。

---

〔9〕 参见西伯特(Siebert),载"Gieseke 祝寿文集",1958 年,59 页以下;科尔霍斯尔(Kollhosser),载《法学工作报》,1984 年,196 页;泽格尔/米尔,民法典第 97 条;许布纳,《民法总论》,边码 328。

〔10〕 参见联邦最高法院,《新法学周刊》– RR,1990 年,587 页;策勒州高等法院,《新法学周刊》– RR,1989 年,914 页;杜塞尔多夫州高等法院,《新法学周刊》,1994 年,1039 页——关于嵌入式厨房设施的从物性质,因地区不同,其看法也不同。

适用民法典第98条时,应须小心!与土地紧密附着的机器(如发电厂之发电机),或因建造而附合于建筑物的物(民法典第94条第2款,如旅馆之电梯),是重要成分,不是从物。收获前的谷物是农田的重要成分;而在收获后,仅于自己消费与为育种目的之情形,才为从物,故用于出卖的谷物就不是从物。

从物在法律上是独立的,比如属于土地的从物,就可以脱离土地而单独予以所有权让与。但法律也考虑到,从物处于主物之经济关联中,故在“有疑问时(im Zweifel)”时,亦使从物同其主物之法律命运:土地买卖契约之效力,在有疑问时,及于该土地之从物(民法典第314条);让与土地所有权时,属于出让人所有的该土地的从物,其所有权亦移转于取得人,而不必就各从物(依民法典第929-931条)进行特别的让与(民法典第926条);抵押权或土地债务之效力,亦及于从物(民法典第1120条)。此外,土地之从物仅只能与土地一起被拍卖,也就是说不能像动产那样,可为法院执行人所扣押(民事诉讼法第865条第2款)。 17

例如:砖瓦厂上设有一项抵押权负担,则该抵押权亦及于为运走砖瓦所使用的卡车。其他债权人不能对该卡车进行扣押(民事诉讼法第865条第2款),但砖瓦厂所有权人却可以——依民法典第929至931条之规定——将它予以转让(即使在对抵押权人之关系上,民法典第1121条也允许此项转让)。砖瓦厂所有权人在出卖其砖瓦厂时,则该买卖契约的效力,“在有疑问时”亦及于这台卡车。这就是说,出卖人在就契约效力范围产生争议时必须举证,这台卡车并不一同被出卖(民法典第314条)。因土地所有权让与合意与登记(民法典第925条),买受人亦成为该卡车的所有权人,而不需要进行民法典第929条所规定之交付。

其他的例子:《联邦最高法院民事判例集》,第62卷,49页(一个不是永久地为了某一建筑业目的而安装在土地上的机器,并不是该土地的从物),以及联邦最高法院,《经济法杂志》(ZIP),1994年,305页。

(五)可替代物——可消费物

18 可替代物(vertretbare Sachen)规定于民法典第 91 条,可消费物(verbrauchbare Sachen)规定于民法典第 92 条。

例如:在联邦最高法院,《新法学周刊》,1985 年,2403 页之判决中,葡萄酒是否为可替代物,为该案之关键;联邦最高法院对此予以肯定,但其条件为,该葡萄酒须生产于同一厂家、属同一种类并于同一年生产。

可消费物这个概念的意义,比如可参见民法典第 1067 条之规定。

三、收益(Nutzungen)——孳息(Früchte)

19 物权法在诸多规定中使用了这一对概念,如民法典第 1030 条规定,用益权人"有权收取物之收益";关于所有权人与(应返还物的)占有人间的关系,民法典第 987 条规定,自发生诉讼系属(=起诉)时起,收益应予返还。

(一)问题

自始清楚地区分开下列三个问题,对理解这对概念很有好处。

20 1. 收益-孳息指的是什么?对此民法典第 99、100 条作了回答。

2. 谁可以成为物或权利的收益与孳息的所有权人?就物之孳息来说,该问题的答案见于民法典第 953-957 条(见本书第 53 章边码 45 以下)。

3. 所有权人是可以保留其收益与孳息,还是必须将它们返还给另一人呢?那它们又"归属于"谁呢?对此民法典第 101 条只给出一项一般性的规定,且该规定又被许多特别规定所修正(如民法典第 593 条、第 1039 条第 1 款第 2 项)。

(二)概念[11]

1. 其上位概念为收益(Nutzungen)。依据民法典第100条之立法定义,收益包括孳息(Früchte)与所谓的使用利益(Gebrauchsvorteile)(参见联邦最高法院,《新法学周刊》,1987年,50页)。 21

2. 在理解孳息之概念内涵时,须把握的是,物(或权利)在许多情形下可成为收益之客体。

对一个物,比如说一个采石场,其所有权人可以自己来使用;他也可以以用益租赁方式将物出租,此时用益承租人享有收益,但所有权人同时也享有收益,因为他获得了用益租金。

由此就有了民法典第99条中人为化的术语。该术语区分: 22

(1)直接的物的孳息:民法典第99条第1款。

所有权人自己经营其农庄。

(2)直接的权利孳息:民法典第99条第2款。

用益承租人收取农庄之出产物——股东获取股息。

(3)间接的物的孳息与权利孳息:民法典第99条第3款。

农庄之所有权人获得用益租金——农庄的用益承租人将农庄的一部分再使用出租,进而获得使用租金。

上面这些有关孳息法的不同规定之间的关系,可用下面这个例子来说明:

在拥有一片森林的造纸厂上,其所有权人为N设定了一项为期10年的用益权。这片森林按通常之经营方式,平均年产木材2000立方。这一年因风灾而伐木5000立方,则所伐木材的所有权人是用益权人,且其所有权取得时间,以木材与土地分离时起为准(民法典第954条及1031条;树木是森林

〔11〕 详细内容请参阅本章第1节边码2前注1所引之民法总论教科书与基础知识教材;关于聚合物与权利聚合上的用益问题,参阅哈丁,载“巴托洛迈奇克(Bartholomeyczik)祝寿文集”,1973年,75、82页以下。

土地之“出产物”!)。他可将这些木材出卖,也可用于该造纸厂,或作其他用途。但他在债法上对所有权人E,负有偿还“过度孳息”之价值的义务(民法典第1039条第1款第2、3项)。

假如这里不是用益权人,而是用益承租人P,则P取得孳息所有权的法律依据是民法典第956条之规定,而他对所有权人E所负的补偿义务,又按民法典第581条来决定。其原因是,“属于”P所有的孳息,仅是那些“按通常之经营方法,而被视为收获(Ertrag)”的孳息。

若这里所涉及的是正常的经营伐木,且在这些木材被出卖或被造纸厂使用之前,用益租赁关系终止,则这些木材“属于”P,因为这些木材是在用益租赁关系期间所采伐的;也就是说,P不仅是这些木材的所有权人(民法典第956条),且在针对用益出租人的关系上他还有保有这些木材的权利,即他可以在用益租赁关系终止后将这些木材带走。

第二节　物权种类结构概要

23 法律将所有权视为完全物权。考察一下所有权人的地位,会发现它包含着两个重要的权能,即对物的使用权能与将物通过转让而予以变价的权能。所有权人对所有物的自己使用与自己变价,是其行使所有权的一种形式,但不是惟一的形式。所有权人可以让别人分享对物的使用,也可以将对物的变价权转让给别人,甚至还可赋予第三人取得属于自己所有之物的取得权。换言之,所有权人有可能为了他人的利益,自其完全权利中“分离”出去一部分权能,并且这种分离可以采取使该他人取得一项物权性权利的方式。当然——这一点我们已一再讨论过——这种分离并不是任意性的,而只能选择为立法所许可的权利类型;这些权利类型,就是所谓的一系列的限制物权。

下面我们就有必要简要地考察一下所有权(所有权之种类、所有权与占有)以及限制物权,但仅是概要而已,意在获得一个初步的印象。

一、所有权——占有——所有权种类——类于所有权之权利

(一)所有权与占有之区分

在日常生活用语中,对所有权(Eigentum)与占有(Besitz)是不加区分的。但法律却严格区别这对概念:所有权是完全物权,而占有是事实性的、不依赖于占有权源的、对物的有意识的持有,参见民法典第854条(就算是小偷,他也是占有人!)。 24

当然,这样的概念界定只是相当肤浅的。因为一方面——这在以后我们还会看到——在某些占有形式中,占有人与占有物之间的关系是非常"观念化"(vergeistigt)的(如民法典第868条所规定之间接占有);在另一方面,虽然存在事实上的持有关系,但法律不承认其为占有(如民法典第855条所规定之占有辅助人);最后,占有也能提供法律保护,且这种保护在许多方面是仿照对所有权之保护而构造的(参阅民法典第861-864条,第823条第1款)。当然,对于只是为了获得初步印象来说,这样的严格区分就没有必要了。

(二)单独所有权——共有

在现实生活中,常会发生这样的现象,即同一个物常由数个人共同所有。 25

如A与B以投资的方式共同取得一块土地,或者A与B"共同继承一幢房屋",或者A与B作为股东成立一个无限责任公司,而该公司财产中包含有一幢商业房。

1. 共同共有与一般共有之区别

由上面所举的例子可看出,共有之构成要件极为不同:在继承与成立无限责任公司之情形中,基于继承事实或公司成立契约而构成一项财产,该财产的各权利人也因继承事实或公司成立契约而紧密联系在一起,土地显然只是该财产中的一项;反之,在第一 26

个例子中,A 与 B 间只是为了共同取得这块且仅仅是这块土地的所有权才联系在一起,在其他方面他们之间并无联系。

基于此,我们必须对共同共有(Gesamthandseigentum)与一般共有(Miteigentum)(按份共有,单纯共有)[12]进行区分。

(1)共同共有

27 共同共有的特征是,某一物属于某一财产,而该财产又以共手(gesamten)之方式属于多个人(共同共有财产)。这样的共同共有财产,可产生于民法上的合伙(民法典第 718 条以下)、无限责任公司与两合责任公司(德商第 105 条以下、第 161 条以下)、(夫妻

---

〔12〕 关于数人共同享有一项权利的问题,参见:艾希勒,“所有权之结构”,载“普勒斯勒尔(Prösler)祝寿文集”,1953 年,220 页以下;法布里丘斯,“权利能力之相对性”,1963 年,117 页以下;弗卢梅,“民法总论”,第 1 卷第 1 册,“民法上的合伙”,1977 年,§4;亨内克(Hennecke),“共手之特殊财产”,1976 年,50 页以下;约翰(John),“组织化的法律上的人”,1977 年;慕尼黑德国民法典评注/ K·施密特(K. Schmidt),第 741 条,边码 5(及其所引资料);同氏著,“公司法”,203 页以下;孔茨(Kunz),“共手之共同体的法律性质”,1963 年(对此之书评参布雷歇尔(Brecher),载《民法实务档案》,第 166 卷,362 页以下);许内曼(Schünemann),“共同共有社团之基本问题”,1975 年;舒尔茨·奥斯特洛(Schulze – Osterloh),“共手关系之原则”,1972 年;埃·沃尔夫(E. Wolf),载《民法实务档案》,第 173 卷,97 页;曼弗雷德·沃尔夫(Manfred Wolf),“物权性的聚合权利”,蒂宾根,博士学位论文,1965 年;维丁格尔(Würdinger),“单纯的利益共同体的理论”,1939 年。

约定）共同财产[13]（民法典第1415条以下）以及共同继承财产（民法典第2032条以下）。某一“共同共有人”在属于共同共有财产之单个客体上所享有的份额，在物权法上是无法触觉的，故而也是不可能予以处分的。

如A与B、C为共同继承人，其份额如每人为1/3（或1/4、3/8等等）。该比例仅表示对共同共有财产的份额，也就是价值上的分配比例，且仅在财产分割时起作用。比如在遗产中有一幢房屋，则A就不可以将他对该房屋所享有的份额转让给K。

对共同共有财产的使用与变价权能，仅属于全体共同共有人，或属于代表他们全体的某一共有人。

仅只能由A、B、C三人作为共同继承人，才可以将该房屋的所有权让与给K。在由A和B所组成的无限责任公司之财产中有一幢房屋，虽然就该房屋每一个股东均有权处分（德商*第125条），但仅只能以该公司之名义。

---

〔13〕　在作为法定夫妻财产制的净益共同财产制（Zugewinngemeinschaft）中，不存在共同共有财产关系；该名称具有误导性（标签误导！）。关于婚姻对夫妻双方之占有与所有权的法律效果，参见艾兴霍费尔，载《德国法学者报》，1988年，326页。配偶双方通过——公证的——婚姻契约，约定夫妻共同财产制并成立共同共有财产的方式，并不排除他们还可成立一个民法合伙，如为建造房屋与维修房屋而成立合伙（联邦最高法院，《新法学周刊》，1982年，170页）。无疑，他们还可约定按份共有，并将其登记于土地登记簿中。在夫妻双方已按约定共同财产制生活时，则他们后来所取得的“每人1/2之按份共有所有权”，亦属于共同共有财产（《联邦最高法院民事判例集》，第82卷，346页；亦参巴伐利亚州最高法院（ObLG），《德国司法》（Rpfleger），1982年，18页，以及《德国公证杂志》（DNotZ），1983年，754页）；亦参劳舍尔（Rauscher），载《民法实务档案》，第186卷，529页（净益共同财产制）。——关于非婚同居之财产关系的分割，参见豪斯曼（Hausmann），“非婚同居关系与财产补偿”，1989年；施赖伯（Schreiber），“非婚同居关系”，1995年；格齐沃茨（Grziwotz），“非婚同居中的合伴契约”，1994年2版；有关该问题的大量参考文献，可见帕兰特/迪德里希森，民法典第1297条之前，边码16以下。

*　本书“德商”，为《德国商法典》之简称。——译者注

(2)一般共有

28 单纯共有之情形与上述不同:在这里每一个共有人在共有物上享有一个确定的份额;但这种份额并不是对共有物在空间上进行划分,亦即不是现实可看得见的,故而被称为"想象中的"份额(民法典第1008-1011条)。这种共有份额本身就是所有权,共有人对它可以像对单独所有权那样自由地处分,如可以将它出让、在其上设定负担;且这种处分的形式,同于法律对处分所有权所规定的形式。一般共有之产生可基于法律行为,亦可基于法律之规定(如民法典第947条、948条)。由于一般共有是按份共有共同体之一种情况,[14]故适用民法典第741条以下之规定,但在民法典第1008-1011条有特殊规定时除外。

如A与B共同取得一块土地,则——在他们无另外约定时——他们成为共同所有权人,且每人共有份额为1/2(民法典第742条)。无论是A还是B均可以将他们对该土地之份额,通过土地所有权让与合意与登入土地登记簿之方式予以转让,[15]而其取得人同样也成为共同所有权人。另外,A可以在其份额上设定一项抵押权,B也可以在其份额上设定一项用益权,如此等等。

对物之整体的处分,即使是为了共有人中一人之利益(民法典第1009条),也仅只能由A与B共同地进行(民法典第747条)。

比如仅只能由A与B,在此整块土地上设立一项抵押权;即使在为了A

〔14〕 参阅许布纳,"民法总论",边码116以下(及其所引资料);弗卢梅,"民法总论",第1卷第1册,1977年,§ 8。

〔15〕 对于该处分权限可否以法律行为之方式予以限制,参阅瓦尔特(Walter),载《德国公证杂志》,1975年,518页。

之利益而设立这项抵押权时,亦是如此。

对第三人之权利(Rechte gegen Dritte)(如民法典第985条所规定之所有物返还请求权或民法典第1004条所规定之防御请求权),若涉及整个共有物时,每个共有人均得享有(民法典第1011条);但其前提,须为为全体共有人之利益,而不能仅有利于该共有人自己。

如X侵占了A与B共有的土地,则A可单独–甚至可逆于B之意愿–起诉要求X返还,但只能返还于A与B两人。在损害赔偿请求权与不当得利返还请求权上亦是如此(例案:联邦最高法院,《联邦最高法院裁判汇编》(LM),民法典第812条,第15号;《联邦最高法院民事判例集》,第79卷,245页:一共有人败诉时,其法律效力不及于其他共有人)。

共有人A剥夺了另一共有人B之共同占有,则B可依民法典第985条之规定,请求共同占有之返还。若B之法律地位被A以其他方式侵害时,则其请求权基础为民法典第1004条。

一般共有虽不像共同共有,在其中存在着特殊的财产法上的纽带,但不可混淆的是,这里仍有特定的共同利益,尤其是涉及共有物的共同利益。

如共有人之间必须清楚,由谁来管理共有物,共有物该怎么使用等等(例案:《联邦最高法院民事判例集》,第34卷,367页;第62卷,243页:由共同关系推导不出损害赔偿请求权)。

关于对共有物之管理与使用(Verwaltung und Benutzung),民法典第743–746条仅就其必要处,作有规定。共有人对此所作之约定,对共有份额之取得人亦产生效力;但共有物为土地的,则该约定仅在已登入土地登记簿时,才对取得人产生效力(民法典第

1010 条;例案:《联邦最高法院民事判例集》,第 40 卷,326 页)。

如前述之案例中,所共有之房屋遭风暴袭击,致使屋顶急需翻修。共有人 A 在另一共有人 B 不知情时,请屋顶工人 D 来修理。此时 D 只能向 A 请求其费用债权,因为他只是与 A 签订了修建合同。但 A 有权向 B 请求一半费用的偿还(民法典第 748 条)。由于这里涉及的是为保存标的物所必要的措施,故 A 事先不必去征询 B 的意见(民法典第 744 条第 2 款)。其他的例子如:联邦最高法院,《新法学周刊》,1966 年,1707 页(共有人间收益与费用之补偿);《联邦最高法院民事判例集》,第 101 卷,24 页。

共有人间宽松的约束形式,使得每个共有人均有权"在任何时候请求解除共有关系"(民法典第 749 条;〔16〕但应注意第 750、751 条之规定!),其结果是——在共有物分割在性质上为不可能时(民法典第 752 条)——共有物被出卖,各共有人就其所得价金进行分配(民法典第 753 条)。

2. 作为按份共有的住宅所有权

29 在土地上所成立的按份共有的一个特殊形式,〔17〕就是住宅所有权(Wohnungseigentum)(详参本书第 29 章,边码 5 以下)。

这种特殊形式,以前曾在(德国)州法上以楼层所有权(Stockwerkeigentum)形式出现过,现在则为了能使在住宅上成立特别的所有权,重又获得承认。住宅所有权的法律特征,即为对土地的共有与对各住宅房屋的特别所有权,二者结合在一起。这样就突破了物权法上的一项基本原则,即"附着于土地之物构成土地之成分"(superficis solo cedit)(民法典第 94、946 条;本章上述边码 9 以下)。

---

〔16〕 参阅卡斯滕·施密特,载《法学评论》(JR),1979 年,317 页。

〔17〕 此与共同共有所有权非常接近,对此参阅本书第 29 章,边码 5 以下。

如在上例中，A 与 B 决定合建一幢房屋，则他们可约定，A 拥有该房屋第一层的住宅所有权，B 拥有第二层的住宅所有权。

3. 共同享有权利的其他情形

与共同共有权利（上述边码 27）以及按份共有权利（上述边码 28）应予以区分者，为： 30

（1）数权利人中的任何一个权利人，均有权要求对全体权利人共同予以清偿的共同权利形式（民法典第 432 条；其例如：上述边码 28 对民法典第 1010 条所举之例，以及本书下述第 59 章，边码 45）。它与共同共有权利（边码 27）之区别是，该共同权利不属于某一共同共有财产。

（2）连带权利之形式（可参照者为民法典第 428 条之规定），即数权利人中的每个权利人，均有一项请求对其自己进行清偿的独立权利，但对一权利人所作之清偿，其效力及于全体权利人；如农庄承受人为其父母以连带权利人之方式，设立一项居住权。这种连带权利的法律形式，在某些物权性的用益权与变价权中得到承认（《联邦最高法院民事判例集》，第 46 卷，253、255 页；联邦最高法院，《新法学周刊》，1981 年，176 页；哈姆州高等法院，《德国司法》，1980 年，21 页；对此持批评意见者赖尼克，载《德国法学者报》，1967 年，415 页；魏特瑙尔，载《德国公证杂志》，1968 年，706 页）。

（3）在同一顺序上（zu gleichem Rang）所设立的数个独立的限制物权，不属于任何形式的连带权利。虽然在这些独立的权利间存在事实上的相互限制，但这属于另一项问题（如在抵押权实现时，经强制拍卖所得之价金，不能同时满足两个第一顺序的抵押权！）。

（三）类所有权之权利：地上权

这种“类于土地所有权之”权利，主要体现为地上权（Erbbaurecht）。[18] 31

---

〔18〕 参阅本书第 29 章，边码 28 以下。

产生地上权制度的原因,仅是其所追求的住房政策目的:许多——尤其是那些经济上较弱阶层的——造房计划,会因高昂的地价而落空。故此法律(1919 年 1 月 15 日之《地上权条例》)允许,所有权人可以给予那些有造房意向的人一项权利,许可他们在自己的土地上建造房屋,但不使该房屋成为土地的重要成分。这样所有权人还保留有对土地的所有权,作为补偿他获得所谓的地上权租金;而建筑物的所有权人则是地上权人,且他可以像对土地所有权那样(故有"类于土地所有权"之说!),出让建筑物或在其上设定负担。

(四)相对的所有权

32 严格地说,所有权在多个人间进行分离,且每个人仍都是完全的(voller)所有权人的情形,是不可能的。但也存在两种可称得上是所有权相对性的情况:

1. 让与之禁止

33 第一种情形表现为,所有权人违反让与之禁止(民法典第 135、136 条),[19]而对其物仍予以处分。此时取得人针对其他任何人来讲是所有权人,但对让与禁止所保护者来说,出让人仍是所有权人。

A 针对 E 通过假处分而获得一项让与禁止之保护。尽管如此,E 仍将该物转让给 K。此时 K 虽成为所有权人,但针对 A 来讲他不是所有权人。故 A 仍可向 E 请求该物之所有权让与,并可向 K 请求物之返还(亦参本书第 5 章,边码 9)。

在土地物权中,这种相对性权利的主要情形,体现为违反预告登记之处分时取得人之法律地位(参见本书第 20 章)。

---

〔19〕 参阅登克(Denck),载《法学教育》,1981 年,9 与 861 页;鲁韦德尔(Ruhwedel),"所谓的相对的处分禁止之基础与法律效果",载《法学教育》,1980 年,161 页;威灵,载《德国法学者报》,1982 年,639 页(ius ad rem)。

ius ad rem(拉丁语),指一种具有物权效力之债权性对物权利。——译者注

2. 信托式的让与

第二种情形为，所有权以信托的方式被转让给他人（信托式的让与，fiduziarische übereignung）。这种情形，被称为“经济的”所有权与“法律的”所有权间的分离。 34

其特征是，受托人对外是完全的所有权人，但在对信托人之内部关系上，他负有仅只能能按照约定的方式，行使其受托人权利（即他的“信托所有权”）的债法义务。〔20〕 对此又可区分为：

（1）管理信托（Verwaltungstreuhand）（因受托人在行使其所有权人权利时，追求的不是他自己的利益，故又被称作“非自益的”或“他益的”信托）。

例如：E 要外出游学一年，就把他的股票以信托方式让与给他的朋友 F。毫无问题，此时 F 可以行使所有权人之权利。——E（一个中型企业主）为对他的企业进行清算，将其企业财产转让给 F，这样 F 就可以将这些企业财产予以变卖，清偿企业的债权人，与企业职工委员会达成职工福利计划等等。其他的例子：信托投资公司（本书第 50 章，边码 12），以及联邦最高法院，《德国法学者报》，1988 年，873 页。

（2）担保信托（Sicherungstreuhand）（又称“自益信托”，因为“受托人”［用“被担保人”概念较好］作为担保人的债权人，在信托行为中追求的是自己的利益，也就是担保他的［对担保人 = 债务人所提供的贷款］债权。担保信托的主要情形为动产所有权之担保让与、债权之担保让与以及所有权保留［参见本书第 57 - 59 章］）。

例如：E 为担保银行 B 的贷款债权，而将自己所有的一台机器的所有权转让给 B。此时 E 仍保有对该机器的占有，B（依民法典第 930 条）成为机器

---

〔20〕 参阅格恩胡贝尔（Gernhuber），“民法民法”，§ 20；同氏著，载《法学教育》，1988 年，355 页；朗格/沙伊欣（Scheyhing）/席曼（Schiemann），案例 6；亨克尔，载“科英（Coing）祝寿文集”，1982 年，卷 II，137 页；维甘德，亦载“科英祝寿文集”，1982 年，卷 II，565 页；同氏著，载《民法实务档案》，第 190 卷，113、126 页以下；蒂姆（Timm），载《德国法学者报》，1989 年，13、19 页（与民法典第 137 条之关联）；其他的参考文献，见慕尼黑德国民法典评注/施拉姆（Schramm），第 164 条之前，边码 30 以下；亦参联邦最高法院，《企业》（DB），1993 年，2378 页（关于受托人破产时，信托人之取回权与异议权）。

的所有权人。B 仅只能在 E 未履行其义务时才允许出让该机器。受托人(被担保人)是完全的所有权人,也就是说他能够对该所有权予以处分,即使是因该处分使他违反了对信托人所负的义务。虽是如此,受托人与信托人间的这种义务关系,在例外情形下也会产生物权法上的效果,特别是在受托人的债权人对信托财产予以执行或在受托人陷于破产时;此时信托人可实现"他的"所有权(详参鲍尔/施蒂尔纳,卷 I,"强制执行法",边码 46.7 以下;卷 II,"支付不能法",边码 14.19 以下;卡纳里斯氏对该问题作有精彩阐述,参见氏著,载"弗卢梅祝寿文集",1978 年,371、410 页以下)。

二、限制物权

35 参阅本章后的表 1。

在上面我们已提到所有权人之使用权能与变价权能分离的现象,现在我们仔细看看,这种分离可以表现为哪些法律形式。

(一)用益物权:役权

36 法律在"役权"——使物"役"于他人也——这个上位概念[21]之下,概括了全部的已分离的用益物权。因各自的内容差异,用益物权可体现为:

1. 用益权

37 最全面性的用益物权为*用益权*(Nießbrauch,民法典第 1030 条)。用益权人有权"收取物的收益"(民法典第 1030 条),并将所有权人排除在外。由于用益权的这种显著特征,导致它不具有可转让性(民法典第 1059 条;不能使所有权人突然面对一个陌生的用益权人[22]);且其存续期限最长至用益权人死亡(民法典第 1061 条),故亦不具有可继承性。

2. 地役权——限制的人役权

38 限制性的用益物权,体现为*地役权*(Grunddienstbarkeit,民法

---

〔21〕 参见民法典第 1018 条之前第五章之标题。

〔22〕 但注意民法典第 1059a 条之规定,以及本书第 32 章边码 19 之阐述。

典第 1018 条以下）与限制的人役权（beschränkte persönliche Dienstbarkeit，民法典第 1090 条以下）。二者共同之处在于，所有权人的某些权能，为了役权权利人之利益而受到限制。其中在地役权中，这种限制是为了另一块土地每个所有权人的利益，而在限制的人役权中，则是为了某一特定人的利益。

例如：A 要到达他的土地 a 的话，就必须要穿过 B 的土地 b，这样 B 为了便利于土地 a 每个所有权人，设立一项地役权（通行权）。

某 X 发电股份有限公司在不同的土地上架设高压线，这样，各土地的所有权人，就为该 X 公司设立了一项——当然为有偿的！——限制的人役权（管线导引权）。

限制的人役权的一种特殊形式就是*居住权*（Wohnungsrecht），即将一幢房屋或房屋的一部分当作住房来使用，并排除所有权人之权利（民法典第 1093 条）。居住权既不能与住宅所有权，也不能与使用承租人所享有的债权性地位相混淆。

（二）变价权（Verwertungsrechte）

所有权人还可以赋予他人这样一种权限，即在某种条件成就时，特别是在未履行某一给付时，该他人有将物予以变价之权利。 39

1. 担保物权（Pfandrecht）

对此法律区分动产担保物权（民法典第 1204 条以下）与土地担保物权，后者体现为抵押权、土地债务以及定期金债务（民法典第 111 条以下）。如果要找它们之间的联系的话，则会发现，这些权利都具有担保功能（所有权人为担保一项债权而提供一个担保物，如果他不清偿债权，则该担保物就会被拍卖、被变价处理）。而就各个担保物权来说，其所具有的担保功能，在结构上又是不同的。 40

（1）动产担保物权（质权）

动产上的担保物权（质权）（Pfandrecht an beweglichen

Sachen),旨在担保一项债权,即赋予债权人"自质物中受债权清偿"的权利(民法典第 1204 条)。

(2)土地担保物权

动产质权在土地物权中的对应物,是抵押权(Hypothek)。按其概念,抵押权之设立亦旨在担保一项债权(民法典第 1113 条)。相反在土地债务(Grundschuld)中,尽管在实践中常有被担保债权之存在,但在法律上土地债务不以被担保债权之存在为前提条件(民法典第 1191 条)。定期金债务(Rentenschuld)亦类似,只是以一定补偿费的方式由土地担保金钱定期金的支付(民法典第 1199 条)。

2. 实物负担(Reallast)

41 实物负担与上面所提的定期金债务非常类似,其不同处在于,在实物负担中,"继续性给付"不必体现为金钱形式,且也不必定期地予以清偿(民法典第 1105 条)。

"终老财产权"即其典型:老农将他的农庄转让给他的儿子,但老农通过约定所享有的实物给付与金钱给付请求权,则通过设立实物负担来予以担保。

(三)取得权(Erwerbsrechte)

42 许多功能有相当差异的权利,均可归到取得权之下。其共同点在于,权利人在满足一定的条件时,享有取得物上所有权(或其他某种权利)的权利。主要有:

1. 先占权

如在狩猎权中,就包含有对无主的可猎取的动物的先占权能(详参本书第 27 章边码 65 以下以及第 53 章边码第 67 以下)。

2. 物权性的先买权

即在土地出卖时,先买权权利人享有加入到所有权人与他人所签订的土地买卖契约中去的权能(民法典第1094条及第504条)。

3. 预告登记

预告登记(Vormerkung)亦具有取得权之作用(民法典第883条以下)。旨在设立(或废除)土地上一项权利的债权请求权,可以通过预告登记的方式获得担保,进而具有对抗第三人的效力。

E将他的土地卖给K,但还没有——通过土地所有权让与合意(民法典第925条)与登记(民法典第873条)而——让与土地所有权。若K办理了预告登记,则K可以针对在预告登记之后登入土地登记簿的第三取得人D,主张他基于民法典第433条而生的请求权(民法典第888条、第883条第2款)。

(四)补充:在自己的物上所成立之权利

如果我们不简要地——因此在这里也不必是完整地——看看 43
在自己物上所成立的限制物权的特性,则对限制物权种类之概括,就是不完全的。而且自经验上看,这种在自己的物上所成立的限制物权,对初学者来说是非常难以理解的。

这项法律制度的必要性,主要体现于同一物上存在数个物权的情形。也就是说,就同一个物会按一定的顺位关系(Rangordnung)成立数个限制物权,而该顺位关系主要在物被强制拍卖时,发挥其作用。拍卖自然会影响到所有权人的利益,故在满足一定的条件时,也应允许所有权人参与这种顺位关系。

在自己的物上所成立之物权,存在于下列情形下:

1. 在所有的土地限制物权与所有权发生混同(Vereinigung)时(民法典第889条);在动产物权中,限制物权与所有权发生混同时,仍成立自己物上限制物权的情形非常有限(参阅民法典第1063条第2款、第1256条第2款);

2. 在大量的土地担保物权中,尤其是在被担保的债权未成立或已消灭时(参阅民法典第1163条);

3. 在土地所有权人依民法典第 1196 条之规定,为自己设立一项土地债务时。

所有权人可以通过嗣后的让与,而对该土地债务予以利用。比如 E 现在还不清楚,谁愿意提供给他一项受第一顺位担保的贷款,但他已认识一些愿意接受次顺位抵押担保的贷款人,这样他可以在第一顺位为自己登记设立一项土地债务,将次顺位登记给其他抵押权人。若他后来找到了愿意接受第一顺位担保而贷款的某银行,则 E 可以将自己的所有权人土地债务转让给该银行,这样该银行就取得了第一顺位的他物上的土地债务(Fremdgrundschuld)。

而所有权人能否自己为自己设立一项——民法典第 1196 条之外的——其他的限制物权(所有权人役权?参阅本书第 33 章边码 34;所有权人用益权?参阅本书第 32 章边码 7),则不无疑问。

三、期待权[23]

44 在当今法律实践中,“物权性的期待”或者说——常于同一含义上所使用的——“物权性的期待权”,发挥着很重要的作用。这一概念指的是——

---

〔23〕 关于该问题有大量参考文献,其主要者参见:A · 布洛迈尔(A. Blomeyer),“条件学说研究”,1939 年;同氏著,载《民法实务档案》,第 153 卷,329 页,第 162 卷,193 页;艾兴霍费尔,载《民法实务档案》,第 185 卷,162 页;弗卢梅,“民法总论”,卷 II,42 页,以及载《民法实务档案》,第 161 卷,385 页;福克尔,“私法上期待权的基本问题”,1962 年;格恩胡贝尔,“民法”,§ 13(及其所引文献);库皮施(Kupisch),载《德国法学者报》,1976 年,417 页;莱姆彭奥(Lempenau),“将来权利转让时,是直接取得还是过渡取得”,1968 年;冯 · 吕布托(von Lübtow),载《法学教育》,1963 年,171 页;马罗茨克,“期待权——一个有意义的造法的例子?”,1977 年;梅迪库斯,载《法学教育》,1967 年,385 页,及氏著,“民法”,§ 20;赖泽尔(Raiser),“物权期待权”,1961 年;P · 施韦尔特纳(P. Schwerdtner),“期待权”,载《法律学习》(Jura),1980 年,609、661 页;泽里克(Serick),“所有权保留与担保性转让”,第 I – IV 卷,1963 – 1968 年;施波纳(Sponer),“期待权及其被扣押”,1965 年;威廉,“物权法”,边码 1225;维丁格尔,“作为法律概念之私法上的期待”,1928 年。

粗略地说——,取得物权的某些条件已经实现,而另一些条件还未成就的情形。

为有助于理解,兹举一例:

V将物以所有权保留方式出卖给K,依据民法典第455条这就意味着,“所有权之移转附有买卖价金全部支付之迟延条件”。故V在最后一笔价金支付之前,一直是所有权人。但K亦并非仅是占有人,而享有某种物权性的地位,因为所有权已经——即使说是附条件的——移转给他了。K的这种物权性的地位据被称之为期待。这种期待权——自经济角度来观察——在K还须支付的剩余价金越来越少时,其价值就会越来越大。一旦在K已“差不多”是完全的所有权人时,他当然就会有将他的“期待”转让给其他人的合理要求;而对K的债权人来讲,能在这样的期待权上实行扣押,或许也具有相当的吸引力。最后,在物(进而使K的期待权)遭他人有过错之侵害时,也有必要赋予K一项依据民法典第823条第1款所生的损害赔偿请求权。由此可看出期待权法律规则的三个主要实践问题:转让问题、扣押问题以及保护问题。

参阅本章后之表2。

期待权的主要情形体现为: 45

1. 民法典第455条所规定的所有权保留中买受人之地位(对此参阅本书第59章);

2. 土地物权(尤其是土地所有权)取得人在已作出有约束力的物权合意表示(土地所有权让与合意),且由取得人提起登记申请之后,而在登入土地登记簿之前的地位(参阅本书第19章边码15);

3. 在被担保债权成立之前的抵押权人之地位(参阅本书第46章边码27)。

上列所示,绝不表示已概括了所有的有关期待权的情形。而且使用“期待”这个概念所揭示之法律问题,也绝不仅限于物权法领域(比如后位继承人在后位继承发生前的期待!)。

46 倘要对期待权之特征作一暂时性的概括,则或许可以说,期待权强于某一单纯的取得期望,但又弱于完全权利。为取得完全权利所必须的部分要件已存在,但另一部分(如条件之成就、登入土地登记簿、被担保债权之成立)还欠缺。但这种概括并不能说明太多内容,因为必须要回答的问题是,在满足哪些取得完全权利之取得要件时,期待之本身才能获得法律上的"自有生命"。只有在解决这个问题之后才能进一步考察,哪些法律原则可适用于期待权之转让、期待权之保护等等。

对第一个问题不存在普遍有效的答案,尤其不能将它仅仅转化为期待权转让可能性问题,否则这会导致逻辑上的循环论证(petitio principii)。期待权获得法律上"自有生命"的最低要件应该是,所要取得之完全权利的结构及其权利人,已能为外部所认识。假如符合这一条件,则决定期待权是否存在的标准,说到底就是承认其为期待权的——大多数是经济上的——需求。但什么时候这项标准已经存在,则无一般性的结论,而只能就个案进行具体地考察。

在法律上对已获承认的期待权的处理,即期待权的转让、扣押以及保护诸问题,也不能建立一项普遍有效的规则。但无论如何,其发展趋势是,将期待权纳入到适用于所要取得之完全权利的规则中,比如在所有权保留买卖中,买受人期待权的转让应适用民法典第929条至第931条之规定。

须注意的是,对期待权法律制度,目前许多人提出了重要质疑(如库皮施、马罗茨克、艾兴霍费尔(Eichenhofer)上揭著;及埃·沃尔夫,§ 7,C),但他们还不能影响这一几乎在习惯法中所确定下来的法律实践。

表 1　物权种类——概览

<table>
<tr><td rowspan="2">完全物权</td><td colspan="3">限制物权
（物权类型法定原则）</td></tr>
<tr><td>用益物权</td><td>担保与变价权利
（担保物权）</td><td>取得权</td></tr>
<tr><td>所有权：完全的使用与变价（民法典第 903 条）

表现形式：
1. 单独所有权
2. 权利由数人享有：
a）“共同共有所有权”（如民法典第 705 条之合伙）
b）按份共有（参见民法典第 1008 条以下）
——特殊形式：住宅所有权（参见德住宅所有权法）

类于所有权之权利：
地上权（德地上权条例）</td><td>I. 用益权（民法典第 1030 条）（全面性的用益物权——不得让与，并不得继承）
II. 地役权（民法典第 1018 条）
为他土地之利益而成立于土地上的限制性的用益权利
III. 限制的人役权（民法典第 1090 条）
为某特定人之利益而成立于土地上的限制性的用益权利</td><td>I. 以土地为客体：土地担保物权
1. 抵押权（民法典第 1113 条）
通过对土地所享有之变价权，而对金钱之债债权人予以担保
2. 土地债务（民法典第 1191 条）
其担保目的同于抵押权
3. 实物负担（民法典第 1105 条）

II. 以动产为客体：
1. 法定种类：交付占有之质权：通过对动产所享有之变价权，而对债权人予以担保
2. “非典型种类”，但具有重要的实践意义
a）动产担保让与（取代占有质权）
b）债权担保让与（取代债权质权）
c）所有权保留（民法典第 455 条）在买卖价金完全支付前对动产出卖人进行担保</td><td>I. 物权性先买权
种类：
1. 以法律行为方式所约定者（民法典第 1094 条）
2. 法定者（例如德建筑法典所规定之乡镇先买权）
II. 购买权（认购权）
其目的类于先买权
III. 预告登记（民法典第 883 条）
对以土地上物权变动为内容之请求权进行担保，比如在土地所有权移转至买受人之前，针对出卖人之处分行为，即可通过预告登记来对买受人予以担保</td></tr>
</table>

四、"物权化的"相对权及其他法律地位

47 前面(本书第1章边码7)已谈过,仅只有那些在法律中所列举的物权种类,才被承认为物权(物权类型法定原则),并且我们也已明确,物权特征为其对物之直接的、"绝对的"支配。但在本书以后的许多地方我们会发现,法律会将物权的个别特性赋予给相对权,甚至赋予给某些法律地位;而且还会发现,一个相对权与某一特定的法律地位相结合,会赋予该权利之"持有人"一项特别的"准物权"地位。

房屋使用承租人之地位即其适例:作为*房屋占有人*(Besitzer),他享有类于所有权人的针对第三人的法律保护(参阅本书第9章、第29章边码62以下);而他作为*使用承租人*(Mieter)针对使用出租人所享有的法律地位,也不因使用出租人出让租赁物而受影响(民法典第986条第2款-第571条)。——另一有意思的例子,可见于民法典第746条:全体共有人(如动产的一般共有人)就共有物的管理与使用达成协议,则该协议所生之利益与不利益,在效力上均及于份额的取得人。

虽然一直有将这种"已强化的"债权性权利与其他法律地位,在理论上"提升"到物权序列的倾向,但并无效果,因为它们仅仅只是显露了物权的个别特性。事实亦是如此,它们只是具有"部分的"物权特征,再多一点,它们就没有了。〔24〕

---

〔24〕 对此问题系统阐述者,可参卡纳里斯,载"弗卢梅祝寿文集",1978年,371页,以及魏特瑙尔,载"拉伦茨祝寿文集",1983年,706页,该二氏均有大量的引证。联邦宪法法院载于《新法学周刊》,1993年,2035页以下之判决,对于本问题之意义,尤值注意;依该判决,使用承租人对其所租赁房屋的占有权,甚至应列入基本法之所有权保障中。对此案亦参埃梅里希(Emmerich),载《法学教育》,1993年,961页;德彭霍伊尔(Depenheuer),载《新法学周刊》,1993年,2561页以下;以及本书第29章边码64。

表2　期待权＝在延展性，亦即包含多行为之物权取得过程中，取得人所享有之法律地位

主要情形	已具备之取得行为	仍欠缺之取得行为
土地所有权让与合意之期待	土地所有权让与合意（民法典第925条）——登记申请	在土地登记簿中办理登记
所有权保留中买受人之期待权（民法典第455条）	物权合意与交付（民法典第929条）	条件成就（通常为最后一笔价金之支付）
抵押权人之期待权	物权合意与登记（民法典第873条）	被担保债权之成立

共同性问题：1. 转让问题：可否转让？如何转让？
2. 扣押问题：可否扣押？如何扣押？
3. 保护问题：应否保护？如何保护？

第二部分

共同适用于不动产物权和动产物权的理论与制度

第一编

结构原则

第四章　物权法的基本原则

前言：基本思想

1 对某一法律领域进行立法规范时，立法者——在所有的技术细节之先就——必须清楚地知道，对该领域法律材料之构造起准则作用的基本思想与原则。立法之始须明了其目的之所在。而这种法政策上的根本决定，来自于多种渊源：如世界观与政治观的、历史的、理性的、社会的与经济的以及纯立法技术的。各渊源间的强弱，又因法律领域不同而有差异；故在亲属法中，以世界观与政治观的思想为指导，而在商法与劳动法中，又以社会的与经济的思想为准则。

2 在物权法中，“奉行私有制”，为一项世界观与政治观上的决定。而其具体之构成，又受到历史、理性、经济诸因素同等的影响。立法者依据此项决定作为准则而选定的基本原则，则又构成全部——除去个别例外——法律规范的基础。这些基本原则对于法律人，尤其对于法官与律师来说，在他们浏览法律规定之前，是——且常常是无意识地——惯用的简便法则与记忆工具。任何一种物权法学习与研究，自一开始就必须弄清楚这些原则的含义。而对这些原则间所具有的先后顺序以及重要性上的差异，仅在作更深入地认识后，才能获得更细腻的体会。[1]

在物权法中所谈到的原则大体有："类型化原则"（物权种类法定原则）、[2]"绝对性原则"、"公示原则"、"特定原则"、"抽象（无因性）原则"。

参阅第五章后之表3。

一、"绝对性原则"

（一）针对任何人的全面性的法律保护

3 "绝对性"这个术语，首先揭示了物权的这一特性，即恰恰在权利人所享有的绝对支配权力之作用上，物权可以针对任何人而主张。该原则的实践意义，在于它所提供的全面的法律保护。这种法律保护——在立法技术上——，是为作为完全物权之所有权设计的，而就限制物权，则是参照适用这些所有权保护规范。先想象一下，所有权人的法律地位会受到什么样的侵害，然后就不难发现有下列可能的权利侵害形式：

4 1. *占有之侵夺*（Besitzentzug）——*占有之扣留*（Besitzvorenthaltung）：此时的保护方式，为民法典第985条所规定的所有物返还之诉（rei vindicatio）；

2. *侵夺占有（扣留占有）之外的其他侵害*（andere Beeinträchtigungen）：此时产生民法典第1004条所规定的除去侵

---

〔1〕 参见弗·鲍尔，"物权法的发展趋势"，载《法学工作报》，1987年，181页；关于各项物权法基本原则之历史渊源与发展，参见维甘德，载《民法实务档案》，第190卷，112页以下；就其全部问题，亦参威灵，卷I，§1，II，4；威廉，边码241以下；米勒（Müller），边码50以下；曼弗雷德·沃尔夫，边码21以下；施赖伯，边码19以下。

〔2〕 关于此项原则，已见本书上述第1章边码6以下；此外亦参施蒂尔纳，载《民法实务档案》，第194卷，265页以下；维甘德，载"克勒施内尔（Kroeschnell）祝寿文集"，1987年，623页以下。

害与防止侵害之诉(所有物保全请求权,actio negatoria);

3. 对物之损害(Beschädigung der Sache):此时的保护方式,为民法典第823条第1款所规定的侵权行为之诉,有时也产生基于责任减轻的特别法上(如《道路交通法》、《产品责任法》、《环境责任法等等》)的保护。

4. 因行政机关之主权行为(hoheitliches Handeln)而产生的权利侵害或权利侵夺:此时通过起诉于行政法院而受保护(参《行政法院法》第42条第2款);在该款所规定中,被保护之"权利"包含私权,因此也就包括了"各物权"。

上述情形1与2,涉及的是物权性的法律保护,其成立不考虑侵害人的主观过错;情形3为侵权法保护,其成立——除危险责任外——须以侵害人之主观过错为要件。

下例可说明这种绝对性的法律保护: 5

E是草地的所有权人。当他有一天闲逛到这块草地时,发现A已占据了该草地,并在上面盖了一幢周末度假小屋。此时E有权请求A返还该草地(民法典第985条),并有权请求A拆除该小屋(民法典第1004条);即使A完全是"善意"的(比如是因为一个土地居间人,将错误的土地用益出租给他),也不影响此请求权的成立。在A为了建造该小屋而砍伐草地上的一些果树时,则E虽有所伐树木的返还请求权(因为无论是民法典第955条第2款[为行使物"上"的用益权而…],还是第957条[居间人及其委托人将草地用益租赁给A时,对该块草地均无占有],均无适用余地),但其损害赔偿请求权,仅在A至少因轻过失而采取禁止之私力,并将树木伐倒时,才能成立(民法典第992、823条)。若A为建造该小屋用卡车运材料时,损害了草地边的栅栏时,则他即使无过错,也必须按《道路交通法》第7条之规定,对损害负赔偿责任。若A对该草地之占有,是基于县政府之安置,则E对此可提起行政诉讼(《行政法院法》第42条)。

对所有权人所提供之保护,只要限制物权人有同样的保护需 6

求,也扩及适用于限制物权人:

比如民法典第 985 条之规定(所有物返还请求权,rei vindicatio),依民法典第 1065 条适用于用益权人,依民法典第 1227 条适用于动产上的质权债权人。

此外,依民法典第 1027 条地役权人(且依民法典第 1090 条第 2 款也包括限制的人役权权利人)、依民法典第 1065 条用益权人以及依民法典第 1227 条质权债权人,均享有民法典第 1004 条所规定之所有物保全请求权(actio negatoria)。

而民法典第 823 条第 1 款之“其他权利”,恰恰也指的是限制物权,因此侵权法保护(Deliktsscutz)也适用于所有的限制物权。

须注意的是,在物上所有权人与限制物权人间的关系中,这种法律保护受到许多方面的修正,如民法典第 1133 – 1135 条关于抵押权(对此参见《联邦最高法院民事判例集》,第 65 卷,211 页)、民法典第 1217 – 1221 条关于动产质权之规定。故而必须随时审查,一般性的法律保护规定,是否以及在何程度上被这类特殊规定所排除。

(二)人的不可分性

7 “绝对性”还表示,由法律所赋予的法律地位,在人身上是不可分的。故不存在这样的相对权,如 A 作为所有权人只能行使某些由所有权而生的权利,而 B——同样作为所有权人——只能行使另一些权利,或者如 A 针对某些人是所有权人,而 B 针对其他人是所有权人(参见上述第 3 章边码 32 以下)。

8 但这项原则也有例外:

1. 如在预告登记以及相对的禁止让与中(参见上述第 3 章边码 33 与边码 42)。

2. 在信托式的权利转让中,即常说的形式所有权与经济所有权分离(参见上述第 3 章边码 34)。

例如：E 自银行 B 处获得一笔贷款，但他对该贷款无其他可供担保的手段，他就将他的全部机器设备（准确地说：将属于他的各机器）的所有权，以担保之目的让与给 B。这样银行 B 是“形式的”所有权人，但这仅在 E 无力支付时（如 E 陷入破产或他的其他债权人对机器实行扣押）方起实际效用，即 B 可通过别除权（《破产法》第 4 条；《支付不能法》第 50－52 条）或干预之诉（民诉法第 771 条），而主张其形式所有权。但在经济上看，E 仍是所有权人，也就是说他对机器，“如同他是所有权人一样”，继续保留占有与使用。

二、公示原则（**Publizität 或 Offenkundigkeit**）[3]

在实际生活关系中，物权在其外部常是可以认识的：汽车的所有权人常是自己来驾驶汽车，也就是自己“占有”汽车；谁要是在一块土地上建造一幢房屋的话，则多半是这块土地的所有权人。因此在一定的可能性上，可由——作为事实上持有的——占有状态而推导出所有权的存在。 9

法律就是以这些生活经验为其规范基础，当然对其也有所变化，并予以类型化：在动产物权中占有是公示之手段，而在土地中则由官方之记录，亦即土地登记簿，取代占有而充当公示手段。占有与土地登记簿之登记，均具有下列三项作用：

转让作用，下述（一）；

推定作用，下述（二）；

善意取得作用，下述（三）。

（一）转让作用（Übertragungswirkung）

在物权法中，法律行为方式的物权变动，在外部须可认识。故 10

〔3〕 关于物权公示原则、其法定化及其对实践与理论的意义，尤参马丁内克（Martinek），“动产交付原则与指示取得”，载《民法实务档案》，第 188 卷（1988 年），573 页；皮克尔（Picker），“间接占有、并存占有与所有权推定对善意取得之意义”，载《民法实务档案》，第 188 卷（1988 年），511 页；威灵，卷 I，§ 1，II，4，d；关于物权公示原则及其臆想的或真正的突破（交付之替代、信托），参见艾因泽勒（Einsele），载《德国法学者报》，1990 年，1005 页以下。

而法律要求：

在动产中，须有物之交付（参见民法典第 929 条之所有权让与、第 1032 条之用益权设立、第 1205 条之质权设立）；

在土地中，须将物权变动登入土地登记簿（参见适用于所有的土地物权的民法典第 873 条之规定，以及对土地所有权让与进行补充的民法典第 925 条之规定）。

此外，在所有这些情形中还须有当事人间就物权变动所达成的物权合意（Einigung）。

11 由此可看出，在物权法中，物权变动效力之产生具有双重构成要件：一个法律行为之要素与一个事实的且能为外部所认识的程序。这与债法中的权利转让不同：债权让与仅要求有原债权人与新债权人间的合意（民法典第 398 条），而不必要对债务人告知——这或许是一种公示的可能——让与之事实！

须明确者，该规则仅适用于以*法律行为方式*（rechtsgeschäftlich）而生的物权变动，而不适用于基于法定原因（尤其是因继承事实）而生的物权变动。比如说，有可能在土地登记簿中被继承人仍被登记为所有权人，而在事实上土地所有权早已移转至继承人，故此时土地登记簿之登记事项为不正确。——在本书下文之阐述中，我们还必须认识到，物权公示原则——在涉及其转让功能时——常被突破，这尤其体现在所有权保留与动产担保性让与中！

（二）推定作用（Vermutungswirkung）[4]

12 由于法律行为方式的物权变动，与占有之移转以及土地登记簿之变更紧密相联，则占有状态以及土地登记簿之登记状态，与实际权利关系相吻合的可能性就极大。故此民法典第 1006 条第 1 款第 1 项规定，为动产占有人之利益，推定占有人享有该物之所有

---

〔4〕 详参本书第 10 章。

权;以及民法典第 891 条规定,在土地登记簿中已登记者,推定其在事实上为权利人。

问题是,这种推定规范在何处发挥其作用呢?答案为:在诉讼程序中。在诉讼中常发生这样的事,即尽管付出了全部努力,法官往往还不能查明案件之全部事实,对某一事实他还不清楚;但另一方面,法官又必须就案件作出判决。此时法官所作出的判决,就会有利于被推定的一方当事人,而所谓的实体举证责任(=在案件事实无法查清时"败诉"之危险),则由对方当事人承担。

例如:A 在报上刊登广告,要出售一张价值昂贵的邮票。B 获悉后主张 13
他是邮票的所有权人,称他在一次出国旅游前将邮票交给了 A 保管。B 提起所有物返还之诉(民法典第 985 条)。但法官不能查明该案之事实,这样 B 之起诉会被驳回,因为民法典第 1006 条第 1 款第 1 项所规定之推定作用有利于 A。

如果 B 确能证明该邮票是他在一次旅行中失窃的(即使不是被 A 所偷),则该案之结果又不同。此时该推定不是有利于 A(民法典第 1006 条第 1 款第 1 项),而是有利于 B(民法典第 1006 条第 2 款)。

其他的例子如:联邦最高法院,《泛亲属法杂志。公法与私法中的婚姻与家庭》(FamRZ),1970 年,586 页(对此参见哈丁,载《法学教育》,1972 年,183 页);汉堡州高等法院,《德国法月刊》,1974 年,754 页;联邦最高法院,NJR-RR1989 年,651 页。

此外,仔细比较一下民法典第 1006 条与第 891 之规定,就会发现二者间 14
存在着一项重要区别:民法典第 1006 条所规定的,是仅有利于占有人之推定;而在土地登记簿中所体现的法律关系,任何人均得主张,故其推定作用完全有可能不利于被登记者。如 E 在土地登记簿中被登记为所有权人,实物负担权利人 R 向 E 主张权利并采取法律措施(民法典第 1108 条);若 E 辩称他根本就不是所有权人,则他就必须推翻这项不利于他的所有权推定。

(三)"善意取得作用(Gutglaubenswirkung)"[5]*

15 请允许笔者使用这一提示语!* 但作为记忆工具,这一表述或许是合适的。

按照法律逻辑,权利取得仅在让与人为有权利之人时,才允许发生("nemo plus iuris ad alium transferre potest quam ipse habet")。[6] 倘若真是这样,则会有碍权利交易与经济生活的运行。因为取得人必须每次都要去查明,他的交易对象是否真的是"权利人";这显然会带来巨大的有时甚至是无法克服的困难。

我在一家店铺,购买一台旧打字机。那我怎样才能弄清楚,这个出卖人就是真正的所有权人呢? 假如不要求我具备侦探般的能力,那我就只能相信这个出卖人所带给我的印象,即他就是所有权人,因为他占有这台打字机。

16 故此,我们(德国)的法律——并非所有的法律制度都是如此[7]——就承认自无权利人处善意取得的可能性。但是这种取得必须依据一个外部的标记,而这个标记在动产物权中就是占有(民法典第932条),在不动产物权中就是土地登记簿之登记状态(民法典第892、893条)。

由此可看出它与转让作用的紧密联系:由于法律对法律行为方式的物权变动,要求有占有之变更以及登入土地登记簿,这就存在这种极大的可能性,

---

〔5〕 对此之专著参见哈格尔(Hager),"通过善意取得的交易保护",1990年。

〔6〕 此段拉丁文意为:"无论何人,不得以大于自己所有之权利让与他人"。

〔7〕 对此予以清晰之阐述者,参见茨威格特(Zweigert),载《拉贝尔外国私法与国际私法杂志》,第23卷,1页;另参施塔德勒(Stadler),"形成自由与通过抽象原则之交易保护",1996年,249页以下、353页以下。

* 原文为拉丁文:"Sit venia verbo"。——译者注

即外部的标记所反映的是真实的法律关系。假如在例外情形下这种外部标记反映有误，则事态之发展就不应不利于那些信赖占有以及土地登记簿登记状态的人。而对真实权利人来说，由此所产生的巨大危险也是一目了然的：比如动产的所有权人就必须要慎重考虑，他把他的动产要托付给谁（当作承租人、借用人、管理人）；而土地上的权利人也必须证实，土地登记簿是否正确地显示着他的权利。如果他不如此谨慎从事的话，他就有失去他的权利的危险；此时他仅有可向无权处分人主张的损害赔偿请求权，如基于不当得利之规定（民法典第 816 条），在无权处分人有过错时，可基于侵权行为法之规定（民法典第 823 条），或基于违约责任以及假想的自己事务管理之责任。

三、“特定原则”（Spezialität，或称“确定性原则”，Bestimmtheitsgrundsatz）

该原则表示，物权仅能成立于特定的单个的物上，即物权必须指向特定的单个的物。该原则主要服务于物权之清晰性。 17

但按通常之语言习惯，对此是无法理解的。人们常说：“E 是一企业的所有权人。”或：“这个寡妇在她男人的财产上享有用益权。”但没有人想过要去称呼那些属于企业（财产）的一个个的物。只是在“自”其财产（企业、店铺）中取出一单个物予以出让时，普通的老百姓才会明白确定性原则的含义。也就是说此时他才会明白，他的财产在法律上是被肢解的，他所出让的是一块土地、是一台机器或是一项债权，各出让的方式也是不一样的。而现在对他说，对这些财产不能通过一项行为（uno actu）来予以出让，他才会表示理解。

物权特定原则仅适用于：

（一）权利人之主体地位

但这里不考虑所涉及的权利在体系上是归于物权法，还是其他法律领域。 18

如受债法调整的债权人地位，亦适用该原则。

(二)处分行为

19 这里亦不考虑该行为在体系上所处的位置。但不适用于负担行为。

故此,可以有效地使出让人负有将他的“营业”(企业、农庄、书店等等)出让给他人的义务,而不必在其中一一地列明各单个标的。对于负担行为来说,只要当事人间就负担行为之客体达成协议,就发生效力。但该“营业”之所有权移转,必须依据法律就各标的所规定的形式来进行,也就是说,在动产须依物权合意与交付(民法典第 929 条)、在土地须依土地所有权让与合意与登入土地登记簿(民法典第 873、925 条)、在债权须依债权让与(民法典第 398 条)以及在专利权须依让与合意(民法典第 413 条与第 398 条)来进行。

因此,比如“为担保一项贷款,而让与一台机器价值一半之所有权”,或设立一项在整个财产上所存在的所谓概括抵押权,是不可能的。其他的例子如:联邦最高法院,《新法学周刊》,1986 年,1985 页;1994 年,133 页;《德国法学者报》,1988 年,471 页。

在动产担保性让与和未来债权担保性让与之现代担保手段中(尤其在所谓的延长的所有权保留中,参阅本书第 57 - 59 章),物权特定原则有其特别的意义。这里同样也存在着这项基本原则因(臆想的与真实的!)经济需求而被牺牲的危险。

四、可转让性原则

(一)原则与例外

20 对财产权(与具有很强的人身性的权利相对立)一般均能转让。该原则亦适用于属于债权之财产权,故它不是典型的物权法基本原则。但该原则在物权法上的特点为,某些物权的可转让性被排除掉,如用益权(民法典第 1059 条第 1 项)与限制的人役权(民法典第 1092 条第 1 款第 1 项)原则上不具有可转让性——但在这些权利属于法人时,又有些不同(民法典第 1059a 条、第 1092 条第 2 款)。地役权属于“另一块土地每个所有权人”(民法典第

1018 条)，故它不能与所有权相分离，而只能与所有权一起，移转至该所有权之继受人。

（二）可否通过契约而附条件

麻烦的问题是，物权的可转让性，在何种程度上可通过契约而被排除，比如，抵押债权人能否通过与债务人约定而排除抵押权之转让。在此我们仅只能作一点提示。〔8〕 21

思考起点是民法典第 413 条。依据该条之规定，对于权利之让与，统统可以准用关于债权让与之规定，亦即民法典第 398－412 条之规定。〔9〕 那么是否也应参照民法典第 399 条第 2 项之规定呢？依据该项规定，在债权人与债务人约定排除债权之让与时，则债权就不具有可让与性。〔10〕 对该问题肯定回答之质疑，首先来自民法典第 137 条第 1 句之规定。因为要是适用民法典第 399 条第 2 种情形的话，则刚好会达到民法典第 137 条第 1 句意欲避免的结果。有人认为民法典第 399 条第 2 种情形涉及的，是权利内容之确定问题（弗卢梅即持此说，参见氏著“民法总论”，卷 II，17、7），相反民法典第 137 条第 2 句则是关于对权利附加一项让与禁止，而“此项让与禁止与债权之本质不相符”（如《帝国最高法院民事判例集》（RGZ），第 136 卷，第 395、399 页）。但这种看法并不能调和这两规定间的对立状态。较满意的答案只能是，凡是存在（最广义上所理解的）债权人－债务人关系，立法者均赋予当事

---

〔8〕 参见赖贝勒（Raible），《权利转让上的契约性限制》（1969）；施洛瑟（Schlosser），载《新法学周刊》，1970 年，681 页；利布斯（Liebs），载《民法实务档案》，第 175 卷，1 页（并参该文——以及泽格尔/黑费梅尔（Hefermehl）在民法典第 137 条之前——的其他引证）；蒂姆，载《德国法学者报》，1989 年，13 页。——关于（于银行帐户中）“限制性帐户的约定”，参见科尔霍斯尔，载《经济法杂志》，1984 年，389 页：不具有物权性效力。

〔9〕 参见沙伊欣，“权利继受”，230 页以下。

〔10〕 但新修订之《德国商法典》第 354a 条认为，在产生债权之法律行为为商行为，以及债务人为公法性的债务人之范畴中，禁止债权转让之约定可不予考虑，以便使延长的所有权保留与代理托收之成立为可能。但与允许不可让与之约定（民法典第 399 条第 2 种情形）应相区别者，为不允许约定在权利让与后，受让人对所受让之权利无处分权（联邦最高法院，《新法学周刊》，1993 年，1640、1641 页）。

人契约所约定之法律性约束(vinculum iuris)具有绝对效力,并相应地使民法典第137条第1句之规范效力退居其次。

22 依此而论,如在所有权或在所有权期待权(联邦最高法院,《新法学周刊》,1970年,699页)中,可依据民法典第137条第1句之基本规则,禁止以法律行为方式约定完全具有物权效力的处分权限制(其例外参见《居住所有权与继续居住权之法律》第12条),而只允许以信托(Treuhand)形式出现的仅具有"债法"约束力的约定(对此参阅本书第3章边码34)。反之,如在所有形式的担保物权中,具有物权效力的限制让与之约束,则是可能的;如在抵押权与土地债务中,可通过内容之变更(也就是通过物权合意与登记,民法典第877条),而排除其可转让性(柏林市高等法院,《德国法月刊》,1968年,768页;哈姆州高等法院,《德国公证杂志》,1968年,631页)。

与上述问题应予区别者,乃对债权(Forderung)之不可转让所做约定之效力,是否因从属性原则而扩及于对债权进行担保的抵押权。这在保全抵押权中,因其有很强的从属性,故可作肯定的回答(参阅本书第42章边码1以下);而在流通抵押权中则颇有疑问。

五、"无因性"*

23 这指的是,物权行为与作为其基础的原因性的法律过程,在法律上是分离的。关于这项原则,我们在下章对物权行为的阐述中再作细论。

---

* 德语"Abstraktheit",可直译为"抽象性",但本书多采传统译法"无因性"。——译者注

第五章 物权行为

参考文献提示:拜尔勒(*Beyerle*),“物权契约”,载“伯默尔(*Boehmer*)祝寿文集”,*1954* 年,*164* 页;勃兰特(*Brandt*),“所有权取得与互易行为”,*1940* 年;冯·克默雷尔(*von Caemmerer*),“动产所有权让与之法律比较与改革”,载《拉贝尔外国私法与国际私法杂志》,第 *12* 卷,*675* 页;科英,“生前行为与死因行为中的处分权力”,载“乌尔默(*Ulmer*)祝寿文集”,*1973* 年,*460* 页;黑克,“无因的物权行为”,*1937* 年;克劳泽(*Krause*)物权法的物权合意原则与新构造”,载《民法实务档案》,第 *146* 卷,*312* 页;朗格,“土地物权与动产物权中处分行为对法律原因的依赖”,载《民法实务档案》,第 *146* 卷,*28* 页,第 *148* 卷,*188* 页;施塔德勒,“形成自由与通过无因原则之交易保护”,*1996* 年;维甘德,“与债法相比较的物权法之发展”,载《民法实务档案》,第 *190* 卷,*113* 页以下。

教科书可参艾希勒,卷 *I*,*109* 页;许布纳,“民法总论”,边码 *358* 以下;拉伦茨,卷 *II*,§ *39*,*II*;拉伦茨,“民法总论”,§ *18*,*II*;梅迪库斯,§ *3*;韦斯特曼(*Westermann*),§ *4*;威灵(*Wieling*),卷 *I*,§ *1*,*III*;曼弗雷德·沃尔夫,

边码 *298* 以下;沃尔夫/赖泽尔,*§ 38,II,4*。

其他文献可参本章第 4 节注 1 以及本章正文之所引。

第一节 基 础

一、立法之规定

1 法律行为方式的权利归属之变动,以一个(或多个)当事人之意思表示行为,为其前提条件。这项基本原则体现于民法典第 413 条,即任何权利之转让,均要求出让人与受让人间就此签订一项契约。该原则同样适用于物权法中的物权变动,但在其中同时存在着——在下面我们将会看到——重大的修正。

我们先以立法规定为出发点,就会发现,土地所有权之转让,或在土地上设立与转让一项限制物权,均要求有当事人间就该物权变动所达成的物权合意,并将此项物权变动登入土地登记簿(民法典第 873 条)。若是废止一项土地物权,依民法典第 875 条须有权利人废止权利之意思表示,并在土地登记簿中注销该权利登记。动产所有权之转让,依民法典第 929 条之规定,要求有就所有权让与所达成之物权合意与物之交付。在动产上设立质权时,须有质权设立之物权合意与物之交付(民法典第 1205 条)。

二、物权行为学说的基本概念

对法律规定的浏览,在许多方面富有启发性。

(一)物权合意

2 在物权法中立法者所使用的是“物权合意”(Einigung)*,而

---

* 德语“Einigung”依其字面,可直译为“合意”,但该概念在物权法中,主要指物权变动中的物权合意,故本书依意译而采“物权合意”。——译者注,263 页[=鲍尔,E. Slg. 案例 46a]及其所引资料;其意义可见于本书第 37 章边码 44。

不是“契约”(Vertrag)。这种概念术语之选择,虽令人生疑,但其用意亦很显然:虽与契约一样,要求当事人间意思表示之一致,但这里所涉及的是一项特殊种类的“合意性”,即关于物权变动的“合意性”。这样它与债法上的契约就应有严格之界线:在物权合意中,显然欠缺任何使负义务的要素,即它是物权法上的法律行为。由此马上就产生下列两大问题:

1. 这种物权合意之成立与生效,所依据的规则是什么?它能否适用民法总则编(以及债编)中,关于法律行为与契约之规定呢?对此见下述边码5以下。

2. 既然物权合意欠缺任何义务性的内容,则它的法律原因又在哪里呢?因为不基于某一原因,任何人是不会让与他的物上所有权的。由此又产生出债权原因性行为与物权无因性行为间的联系(或分离?)问题。对此见下述第四节。

(二)外部之公示

另外值得注意的是,仅仅是物权合意——不同于民法典第398条所规定之债权让与——,尚不足以引起物权之变动。此外还需要有一个可认识的外部程序,即登入土地登记簿或物(动产)之交付。我们在上章讨论物权公示原则时已提到,这里所要求的是一个双重要件:只有物权合意与外部的公示结合起来,才能引起物权的变动。由此产生出物权合意与物权公示间的关系问题,比如出让人在为物权合意时具有行为能力,但在交付时却没有行为能力,此时的法律关系又该任何处理呢?对此见下述第三节。 3

(三)双方与单方法律行为

我们还不难发现,物权法显然也承认双方法律行为与单方法律行为。在单方法律行为中,具有法律意义的问题充其量为,谁是意思表示受领人:这在废止一项土地物权时,土地登记局或受益人为受领人(民法典第875条第1款第2项);在废止动产质权时,出质人或所有权人为受领人(民法典第1255条第1款)。抛弃土地 4

所有权时,须向土地登记局为意思表示(民法典第 928 条);反之,动产所有权之抛弃,为不需受领之意思表示(民法典第 959 条)。

第二节 可适用之法律规定

一、"总则"之可适用性

5 物权合意为物权契约。[1] 由此可推出,民法"总则"关于法律行为之规定,适用于物权契约(下述(一)),但以"物权法"未以特别规定进行修正者为限(下述(二))。

(一)可适用之基本规定

6 如关于权利能力与行为能力、[2] 意思表示瑕疵、法律行为之形式、意思表示之完成、契约之成立、契约之解释[3] 以及违法行为之效果[4] 等事项上的基本原则,均可适用于物权合意。

此外,由于物权行为旨在引起一项权利变动,即体现为一个处分行为,故总则中关于相对的处分限制(民法典第 135、136 条)、关于对无权利人处分行为之同意(民法典第 185 条)之规定,对其亦有适用之余地。

7 例如:未成年人 E,将他的集邮册让与给一集邮商,则(不仅买卖契约而且)该所有权让与行为,在效力上亦为未定。但处分行为得因其法定代理人之追认,而得到补正(民法典第 107、108 条)。富有教学意义之案例,如《联邦最高法院民事判例集》,第 78 卷,28、35 页(对此案参见尧尔尼希

---

[1] 物权合意与物权公示(占有之移转、登入土地登记簿)间处于何种关系,这里暂搁置不论;详参本章下述边码 30 以下。

[2] 有趣例案可参:联邦最高法院,《新法学周刊》,1988 年,3260 页(对此案见本书第 55 章边码 8)。

[3] 联邦最高法院,《有价证券法通讯》(WM),1978 年,194 页。

[4] 《联邦最高法院民事判例集》,第 11 卷,59、61 页;《新法学周刊》,1983 年,636 页;概括阐述者见卡纳里斯,"法律禁止与法律行为",1983 年。

(Jauernig),载《新法学周刊》,1982年,576页,及其引证),在该案中对未成年人所作之赠与行为和所有权让与行为,均不生效力。

法律禁止麻醉剂之买卖,故违反该规定之所有权让与,也是无效的(民法典第134条);同样,作为对待给付之金钱支付,亦为无效(联邦最高法院,《新法学周刊》,1983年,636页)。根据一项禁止性法律,仅是负担行为为无效,还是——例外地——作为违法后果之履行行为也不生效力,则依该禁止性规范之意旨而定(《联邦最高法院民事判例集》,第115卷,123、130页;《新法学周刊》,1992年,2349、2350页)。最后,还可能有专门针对履行行为所作之禁止——如依《德国刑法典》第203条第1款第1项,禁止病人卡片索引之让与(《联邦最高法院民事判例集》,第116卷,268、276页以下);一般来说,此时亦导致负担行为之无效。

民法典第1154条规定,证书抵押权之让与,除交付抵押权证书外,还须"以书面方式发出让与之意思表示"。这就意味着,让与意思表示"须由文书制作人以签名方式来亲自签署"(民法典第126条第1款)。

E卖给古董商A一件极富价值的巴罗克式柜子,并进行了所有权让与。8
由于A故意隐瞒了实情,而只告诉E,这件家具别无他用,"顶多用来烧烧火",故此买卖价格很低廉。此时E有权撤销(买卖契约与)所有权让与行为(民法典第123条),从而导致A的所有权溯及地归于消灭。如果A在E行使撤销权之前,已将该柜子转卖给家具收集人D,则D可成为所有权人,除非D已知或因重大过失而不知E-A间法律行为的可撤销性(民法典第142条第2款并第932条第2款)。D为善意时,则他所取得的所有权是不受攻击的;此时E只能去找A,即可向A请求返还其因出卖给D而获得的价金(民法典第816条第1款第1项),或依民法典第823条第2款、第992条以及刑法第263条请求更高的损害赔偿。若A将该柜子已赠与给他的女儿,则她——在她为善意时——虽已成为所有权人,但自不当得利之规定看,她必须将该柜子返还给E(民法典第816条第1款第2项)。通说认为,在负担行为具有民法典第123条第1款之情形时,则该款规定之效力,通常也会"影响到"物权履行行为。与此不同者,是民法典第119条所规定之情形:在这里对履行行为来说,错误的因果性需要有特别的原因构成(如行为客体错误(error in objecto(仅存在于履行行为中,而在主体错误(error in persona(等错误中会存在瑕疵同一性)。[5] 这种法律效果上区别对待的理由,最终在于:受诈欺人或受胁迫人,应尽可能地享有物权性地回复原状的权利(民法典第985条!),而自己的错误一般只能产生不当得利法上的回复请求权(民法典第812条以下、第818条第3款)。

9 A将他旅馆营业中的设施出卖给B。当B获悉A打算将这些设施再出卖给C并对C为所有权让与时,B在州法院获得一项假处分,以禁止A"处分尤其是出让这些设施"(民事诉讼法第938条第2款)。尽管如此,A仍将该设施出让并交付给C,而此时C已获B之律师所送达之假处分文书。其后法院作出一项A应向B让与所有权的有效判决。依民法典第985条之规定,B此时可向C请求所有物之返还。在该项生效判决拟制A向B所为之所有权让与意思表示时(民事诉讼法第894条),由于C已明知该让与之禁止(民法典第136条、第135条第2款、第932条),A对C所为之让与不生效力(民法典第136条、第135条第1款),故在对B之关系上,A仍是所有权人。此时的A为非直接占有物的、且无债法上占有媒介请求权的所有权人,因此仅这一所拟制的所有权让与意思表示,就可以起到所有权由A移转至B的效力(该案例采自《联邦最高法院民事判例集》,第111卷,364页以下之判决;对此案亦参克勒(Kohler),载《法律学习》,1991年,349页;关于所有权让与,见本书第51章,边码37)。[6]

10 土地出卖人V授权买受人K,在K登记为所有权人之前,K可以在V的这块土地上设立土地债务负担(民法典第873、1191条),但仅"在为买卖价金而融资之范围内"(《联邦最高法院民事判例集》,第107卷,1页以下)。现K为H设立土地债务,但"所担保者为H在与K的业务关系中所生的一切请求权"。由于V的授权(民法典第185条第1款)不包含有这样的土地债务设立权限,故K的处分行为无相应处分权限,K是无权处分人。若V想

---

〔5〕 关于该问题,参见尧尔尼希,民法典第123条,评注4;泽格尔/黑费梅尔,民法典第142条,边码5;韦斯特曼,§ 4,IV,1;格伦德曼(Grundmann),载《法学工作报》,1985年,80页;亦参本书本章关于无因性原则的意义,以及关于民法典第138条的讨论!

〔6〕 关于处分行为限制之概说,可参伯切尔(Böttcher),载《德国司法》,1983年,49、187页;1984年,377页;1985年,1、381页。

有溯及地追认该土地债务设立行为(民法典第185条第2款第1项),则仅在他在为该——有溯及力的——追认时,仍为所有权人时才有可能,也就是说,他在其间未将该土地出让给第二个买受人Z(对此可参《联邦最高法院民事判例集》,第107卷,340页以下)。

(二)修正

11 民法总则编之规定,在法有明文或因某一物权法规定之特性而排除时,不适用于物权契约。比如物权行为之成立,在原则上可附条件(民法典第158条以下),但在土地所有权让与中,民法典第925条第2款就排除这一可能性(原因无他:谁是土地所有权人,应清楚无疑!)。再者:民法典第145条规定,向他人发出订立契约之要约者,受该要约之约束。该规则在物权法中有所修正。如依民法典第873条第2款,在法律行为方式的土地物权交易中,物权合意仅在依特定形式作成时,才具有约束力,即它不能被随意撤回;换言之,与民法典第145条相反,不要式的要约在此情形中,也就不能产生拘束力。

特别有疑问者,民法典第138条第1款与第139条之规定,是否可适用于物权行为:物权行为本身是价值中立的?债权行为与物权行为二者在效力上能否相互影响?对此见下文边码51以下与55以下之详论。

12 代理(Stellvertretung)制度可适用于物权行为,故而所有权让与行为,可由或针对代理人作出。值得注意的是,在动产所有权让与时,通常还要求有交付行为,即对物的直接占有之移转;对此是否也可以适用代理呢?

例如:V将汽车出卖给K的代理权人B,并对其为所有权让与,则B是以K的名义受领V的所有权让与之意思表示,并以K的名义为所有权让与之合意。但就物的直接占有来说,仅在B为K的"占有辅助人"时(民法典第

855 条),K 才能立即取得。假如不是这样——如 B 是一个独立的媒介人——,则还需要成立某种对 K 的占有媒介关系(对此参见本书第 51 章边码 41 以下)。故对占有取得之事实行为来说,占有辅助关系与占有媒介关系,就"取代"了代理制度。

在将民法典第 181 条之规定适用于物权行为时,会产生一些有趣的情况:比如父母以赠与之方式,送给他们 14 岁的儿子一块很昂贵的波斯地毯,那么儿子是依民法典第 107 条之规定,通过自己的意思表示而直接取得所有权呢,还是通过他父母的自己代理行为呢(民法典 1629 条第 2 款第 1 项、第 1795 条第 2 款、第 181 条):应根据民法典第 107 条之法律思想,对民法典第 181 条进行目的限缩解释(《联邦最高法院民事判例集》,第 94 卷,232 页)。土地所有权人以其抵押债权人之代理人的身份,对土地登记局作出抛弃该抵押权之意思表示(民法典第 875 条第 1 款),则民法典第 181 条——例外地!——有类推适用之余地(《联邦最高法院民事判例集》,第 77 卷,7 页以下)。

(三)物权法中的归责

13 与代理制度能否适用于物权行为相联系的另一项一般性问题是:在物权人生活范围内从事活动的人,就其所发生之事项,在物权法律关系上,可否以及在多大程度上须归于物权人承受。[7] 比如说土地所有权人所延请之建筑师,在建造房屋时损害了邻居房屋的稳固性,则所有权人应依什么规则而承担责任呢?在不是取得人自己,而是为他进行法律行为之代理人,明知出让人之无权利时,取得人是否具有民法典第 932 条所规定之恶意呢?

---

〔7〕 对此参见基夫纳(Kiefner),载《法学工作报》,1984 年,189 页;席尔肯(Schilken),"民法中明知事项之归责",1983 年;韦策尔(Wetzel),"侵害所有权之构成要件中第三人行为之归责",1971 年,及其所引资料;鲍尔,载保险法(VersR),1962 年,亦参"卡尔斯鲁厄论坛",14(=鲍尔,"论文集",卷 II,180 页);洛伦茨(Lorenz),载《德国法学者报》,1994 年,549 页;梅迪库斯与陶皮茨,"明知事项归责之问题",载"卡尔斯鲁厄论坛",1994 年。

下列所举的案例群,有助于理解这些问题:

1. 自无权利人处之取得

某人在为一项属于物权法之法律行为时,使用一代理人。在对某一情事之明知或应知,具有决定性作用时(如民法典第892条第1款第1项或第932条之情形),则毋庸置疑,民法典第166条有适用之余地(联邦最高法院,《新法学周刊》,1982年,38、39页;巴伐利亚州最高法院,《新法学周刊》-RR,1989年,907、910页;并参本书下述第23章边码35以下;第52章边码32)。 14

2. 恶意占有人之责任

无权占有人在取得占有时,非为善意或在事后知悉其无权占有之事实,则对所有权人负损害赔偿责任(民法典第990条)。若占有人使用了占有辅助人,则占有人之责任是适用民法典第166条(持此说者,如《联邦最高法院民事判例集》,第32卷,53页;第41卷,17、21页;第83卷,293、295页——认为还适用民法典第819条——;基夫纳,席尔肯上揭著;里夏迪(Richardi),载《民法实务档案》,第169卷,385、393页以下;韦斯特曼/平格(Pinger),§32.II,2.c——但在具体论证上,上揭各氏又有差异),还是说民法典第990条所涉及的是一项——已弱化的——准侵权规则,从而应适用民法典第831条之规定(在结果上同此说者如《联邦最高法院民事判例集》,第16卷,259页;此外黑克,§68;梅迪库斯,"民法总论",边码903;比尔克,载《德国法学者报》,1963年,354页)呢?后说值得赞同,且基于两点理由: 15

(1)民法典第990条所包含的,是一个类似于侵权责任的扩展性构成要件;该构成要件之一项要素为占有人之恶意,另一项要素要件则是对物之有过错的损害(民法典第989条)。

(2)若占有人是通过有过错的禁止之私力或者犯罪行为而获取占有,则依民法典第992条之规定,占有人对所有权人负侵权法上的责任。故相对于民法典第990条来说,民法典第992条所规定的应是更严格的占有人责任。倘若在民法典第990条之范畴中,将民法典第166条之规定适用于占有人责任的话,则占有人无免责之可能性;这也就意味着,占有人在原本负"较轻"责任的民法典第990条情形中,甚至比原本负"更重"责任之民法典第992条情形,所负的责任还重,因为在民法典第992条中必会适用民法典第831条,进而也就适用第831条所规定之免责可能性。

基于这两点理由,必然会导出适用民法典第831条规定的结论。占有主人——一旦他自己不是恶意的或他自己没有组织上的过错——对他的辅助人的过错,在民法典第990条之范围内也可主张自己之免责。——与此应区别的另一问题是,在存在恶意之构成要件后,是应适用民法典第278条(主张此说者如泽格尔/米尔,民法典第987条之前,边码4. 以及通说),还是同样适用民法典第831条(更为正确)。

3. 因相邻共同关系而生之责任[8]

16 兹举一例,来说明这个问题(此例采自《联邦最高法院民事判例集》,第42卷,374页=鲍尔,E. Slg.,案例17):两个建筑物之间,有一共同的但各人有一半的山墙。其中一个建筑物在战争中遭到毁坏。凭借还保存着的山墙,被毁掉的建筑物又得以重建。但由于建筑师的过错-土地所有权人自身没有任何过错-山墙负担过重,从而损及相邻建筑物的稳固性。

这里是适用民法典第831条(相应地对建筑师之过错土地所有权人有免责之可能),还是适用不承认这种可能性的民法典第278条呢?联邦最高法院在其非常值得一读的、同时也是引起巨大理论争议的判决中采纳了第一种观点。我们认为这是不正确的。虽然联邦最高法院正确地指出,自两个建筑物之相互毗邻,还产生不出"共同关系";也就是说,还产生不出这样性质的债法义务,即因对其之违反,会导致适用民法典第278条规定之可能;因此,比如在民法典第909条(土地开掘)之范畴中,民法典第278条无适用余地(同说亦参联邦最高法院,《新法学周刊》,1960年,335页)。但是,在法律自己已指引参照关于共有之规定(民法典第741条以下),并进而参照相邻土地所有权人间存在的一项债法关系时,其情形就与前者不同。依据民法典第

〔8〕 对此亦参本书第25章边码36以下。

922 条第 4 项之规定，上述条文之参照，不仅适用于共有（例如：为相邻人所共有的山墙），还适用于界线设施（即使该设施仅为一相邻人所有）；因此在这些情形中应适用民法典第 278 条之规定，而不是民法典第 831 条（另说者，见《联邦最高法院民事判例集》，第 62 卷，243 页）。[9] 在联邦最高法院民事判例集第 95 卷，144 页之判决中，联邦最高法院甚至还认为在地役权中，所有权人与地役权人间成立一项法定的债权关系。

4. 越界建筑

对此亦举一例来说明（该例采自《联邦最高法院民事判例集》，第 42 卷，63 页，以及联邦最高法院，《新法学周刊》，1977 年，375 页）：被告土地所有权人在新建房屋时，因使通道变窄，而损害了原告享有的汽车通行地役权。被告自身并无过错，但他的建筑师对此有过错。联邦最高法院拒绝适用民法典第 278 条以及第 831 条，而是援引民法典第 166 条之规定。此说不应苟同。民法典第 166 条之规定属于法律行为之范畴，而第 912 条为侵权行为法规范。因为若无民法典第 912 条之设，则“越界建筑人”即使是轻过失，也必须（依民法典第 823 条第 1 款、第 249 条之规定）拆除该越界建筑。故民法典第 912 条之作用，在于将拆除义务限定在故意与重大过失之情形。民法典第 912 条与侵权法规范间的这种联系，使得本案应适用民法典第 831 条之规定。 17

回过头来再看看 1－4 这些案例群，就会发现，本人对其所使用的人所承担的责任义务，在物权法中很难找到一项简便规则予以概括。在大体上可以这么说：民法典第 166 条仅限于法律行为方式之交易；若一物权法上的规定，体现有类似侵权法之性格，则应援引民法典第 831 条之规定；两所有权人间若存在一共同关系，则适用民法典第 278 条。 18

（四）一般交易条件法之适用

《一般交易条件法》，旨在铲除使用一般交易条件（AGB）时， 19

---

[9] 关于各观点之介绍，参见布罗克斯（Brox），载《法学工作报》，1984 年，182、185 页以下。

所产生的弊端。该法一方面确认了司法判例以民法典第138条、第242条为基础,在对一般交易条件内容进行控制的过程中所发展起来的一些基本原则,另一方面又越出这些基本原则。一般交易条件法同样也适用于物权法领域(而绝不仅限于债法领域),只是其适用范围在某些案例中有些疑问,因此常常引起争议。[10]

1. 通过一般交易条件法的实质控制

20 这里的问题是,在违反一般交易条件法时,是影响到物权行为的实体法上有效性,还是影响到程序行为的实体法上有效性。

21 例如:(1)出卖人未向——不是商人的——买受人指明包含有所有权保留内容的一般交易条款,故所有权保留内容,就不能有效地成为债权买卖契约的构成部分(《一般交易条件法》第2条、第24条),依《一般交易条件法》第6条所成立的买卖契约就不带有所有权保留条件。且依同法第6条第1款,物权让与合意之达成,同样也不带有一般交易条件——也就是不附条件——,故其所有权让与,为依民法典第929条所发生的通常的让与。假如一般交易条件之引入契约,虽部分地欠缺该法第2条所规定的条件,但取得人可以认识到,出让人仅在满足其一般交易条款时才会让与所有权,则其情形又不同。此时并未作成无条件让与所有权之意思表示;尽管买受人对此可能有一项债法请求权,但出让人仍是所有权人。这项原则也适用于事后写在送货单上但被取得人拒绝接受的一般交易条件,或适用于取得人/买受人的抗议性的一般交易条件("防御条款",详参本书第59章,边码12)。

22 (2)银行A提供给商人B一笔超过100,000马克的商业贷款。为了担保这笔款项,A在一格式契约中,使B将"B在供货营业中所生的所有债权"

〔10〕 参阅泽格尔/施蒂尔纳,民法典第873条,边码4,以及泽格尔/康岑(Konzen),第1113条之前,边码22;曼弗雷德·沃尔夫,边码302以下;还可参本书第16章边码61以下、第40章边码43以下、第56章边码8以及格恩胡贝尔,"民法",§3;Hj·韦伯(Hj. Weber),§2,IV;沃尔夫/霍恩(Horn)/林德阿赫尔(Lindacher),§9 E 23以下;曼·沃尔夫,"一般交易条件法与信贷经济",载"银行法、金融法、证券交易法与资本市场法的工作与资料",第1卷,1991年,73页。

让与给 A。但在该格式契约中,没有规定债权让与的最高界线,或者包含一项超出一定担保额,A 就放弃担保的债法性放弃条款。由于该格式契约许可任意额度的过度担保,联邦最高法院以前的判例,认为它违反了《一般交易条件法》第 9 条之规定。依此,不仅债权性的担保协议,而且作为物权行为的债权让与本身,均不生效力;但除去所附加的该格式契约外,贷款契约继续有效(《一般交易条件法》第 6 条第 1 款;《联邦最高法院民事判例集》,第 125 卷,83 页;第 120 卷,300 页以下;第 117 卷,374 页以下;第 109 卷,240 页;第 108 卷,98 页以下、106 页以下;第 98 卷,303 页;第 94 卷,105 页)。虽然在开始时联邦最高法院民事各庭所作的判例之间也有分歧,但后来对该类判例最终有了转变。仅仅在总括担保之不确定性(Unbestimmtheit der Globalsicherheiten)会导致可能的过度担保时,上述很严厉的判例规则才应适用(《联邦最高法院民事判例集》,第 124 卷,380 页以下;第 124 卷,371 页以下),而在确定的担保标的上所设立的担保就不生此项问题。不生效力之效果,不应再及于物权行为;取代所欠缺的或“失效的”返还请求权的,则是一项法定请求权(民法典第 133 条、第 157 条、第 242 条),由该法定请求权按照在具体细节上还仍有争议的标准,保障过度担保时的放弃请求权(联邦最高法院,《新法学周刊》,1996 年,2786、2790 页;2952 - LS =《经济法杂志》,1996 年,957 页;《经济法杂志》,1996 年,542、543 页;此外亦参《新法学周刊》,1994 年,1798、1799 页;《联邦最高法院民事判例集》,第 128 卷,295 页;第 130 卷,115 页;对此系统阐述者可参卡纳里斯,载《经济法杂志》,1996 年,1577 页以下、1109 页以下;泽里克,载 BB,1996 年,1777 页以下;甘特尔(Ganter),载《经济法杂志》,1994 年,257 页以下)。民事总庭之决定(草案决议,联邦最高法院,《经济法杂志》,1997 年,632、1185 页),现在确认了这项在契约规定欠缺或失效时可予以适用的法定过度担保放弃请求权,并确认尽管过度担保约定有瑕疵,但物权性的权利让与仍有效力(联邦最高法院,《新法学周刊》,1998 年,671 页 =《联邦最高法院裁判汇编》,民法典第 138 条(Bb),第 86 号,并有施蒂尔纳对此之评论)。这种发展趋势所揭示的,并不仅仅是法院对格式契约内容之控制问题,而且还恰恰是在物权法领域这种控制所引起的长期无法忍受的交易不安全性;其结果则是在解决问题上,又有回到物权行为独立性与无因性理论上来的趋势(其他的参见本章边码 51,以及本书第 59 章边码 7,并可参本书第 57 章边码 18 以下,以及新近的联邦最高法院,《新法学周刊》,1998 年,2206 页)。

23 (3)一项由土地债务所担保贷款的债务人,因贷款机构之申请而作出受立即被强制执行约束之表示(民事诉讼法第 794 条第 1 款第 5 项);而该强制执行之名义,一方面为物权,即土地债务(应登入土地登记簿,民诉法第 800 条),另一方面是债权,且该债权非为贷款债权,而是基于债务人以格式契约方式所表示的无因性债务约束而产生的债权(民法典第 780、781 条)。土地登记局拒绝给予登记,因为这违反了《一般交易条件法》第 11 条第 15 项 b 目、第 9 条、第 3 条之规定。问题是,债务承认、债权性的与物权性的受强制执行约束表示之三者结合,是否就违反了《一般交易条件法》第 3 条、第 9 条之规定,或者是在债权性的受强制执行约束表示中,还是在物权的受强制执行约束表示中,未遵守《一般交易条件法》第 11 条第 15 项之规定。这要考察《一般交易条件法》第 8 条之规定。如认为物权的受强制执行约束表示,违反了该法第 11 条第 15 项之规定,则该受约束之表示即为无效(民诉法第 800 条)。作为债权人之贷款机构,就不能以该受约束表示来申请强制执行,而必须另行诉请作为所有权人之债务人受强制执行之容忍(参见本书第 40 章边码 29 以下)。但理论与实践均认为,这种结合形式是与《一般交易条件法》第 3 条、第 9 条、第 11 条第 15 项之规定相符合的(本书第 40 章边码 43 以下及其引证;第 45 章边码 15)。但可以确定的是,在契约已被作成公证文书时(《一般交易条件法》第 1 条第 1 款第 2 句),并不表示就不适用一般交易条件法之规定;这即使是在一方当事人既未要求,也未“提供”一般交易条件,而公证人却使用一份自有的且是常用的“契约标本”或“表格”或其他类似形式时,〔11〕亦是如此。

2. 土地登记法官的审查

这里要问的是,土地登记法官享有何种权利并负有何种义务,就一项法律行为方式的土地物权变动所提起的登记申请,审查是否存在违反一般交易条件法之情形,并在确有违反之情形时,对登记予以拒绝。或者是他可以说:“我只是看看土地登记条例为登记所确立的形式条件(参见本书第16章)。至于审查是否有违反一般交易条件法的情形,我甩给诉讼法官在后来的诉讼程序中去做”(参见本书第16章,边码61以下)。〔12〕 24

〔11〕 关于公证人的契约标本,是否亦受《一般交易条件法》上的内容控制,参见亨恩(Hönn),载《德国法学者报》,1983年,677页;乌尔默,载《德国公证杂志》,1981年,84页及1982年,587页;利布(Lieb),载《德国公证杂志》,1989年,274页以下;坎茨莱特(Kanzleiter),载《德国公证杂志》,1989年,301页以下及其所引资料;哈伯扎克(Habersack),载《民法实务档案》,第189卷,403页。司法判例(《联邦最高法院民事判例集》,第74卷,204页及施蒂尔纳对该案之评论,载《德国法学者报》,1979,758页;联邦最高法院,《新法学周刊》,1982年,1035与2243页;《德国公证杂志》,1984年,760页及施蒂尔纳对此之评论;《德国公证杂志》,1990年,96页以下及巴姆布林(Bambring)对此之评论)以前对这个问题,至少在一方当事人为自己之利益,而利用该格式契约中所包含的条款时,倾向于持肯定意见(亦参《联邦最高法院民事判例集》,第118卷,229、238页)。主要是因梅迪库斯氏著作(“关于法官对公证契约的内容控制”,1989年版;对此著之评论,可参施蒂尔纳,载《德国公证杂志》,1991年,162页)的影响,联邦最高法院才开始有不同之考虑动向(联邦最高法院,《新法学周刊》,1991年,843页;1992年,2817页)。自此以后,《一般交易条件法》第24a条,结合1993年4月5日欧盟关于消费者契约中滥用条款的指令(1993年4月29日之L95/96号公报),不考虑其“提供”情况,而将大量的这类格式契约置于《一般交易条件法》调整之下;对此之批评参见布劳恩费尔斯(Braunfels),载《德国公证杂志》,1997年,356页。

〔12〕 关于“上门交易撤回法”与“消费者信贷法”,对土地担保物权设立时的债权行为的影响,参见本书第37章边码52、第45章边码17-23。

二、债法的适用

(一)原则上的不适用性及其例外

25 物权行为欠缺任何使负义务的要素,其作用旨在产生权利之变动,而不使当事人负有为一定行为或不为一定行为的义务(民法典第241条)。故此,债法规范原则上不适用于物权行为(对此参见《联邦最高法院民事判例集》,第49卷,263、264页以下)。

26 但必须清楚,物权法中也体现有债法类型的法律关系。[13] 其首要者,即为所谓的物权请求权(如依民法典第985条以下所生之所有物返还请求权、依民法典第894条所生之更正请求权),此外也包括完全权利权利人与限制权利权利人间的法律关系(如所有权人与用益权人间存在民法典第1037条以下所谓的法定债权关系;在地役权中亦是如此:《联邦最高法院民事判例集》,第95卷,144页)。在这些关系中,只要没有特别规定或因物权关系之特性而受排斥,债法规定均可适用;尤其在诚实信用原则(Grundsatz von Treu und Glauben,民法典第242条)之适用上,更是如此。[14]

27 例如(采自《英占区最高法院民事判决集》(OGHZ),第1卷,279页):原告的父亲1926年在原告的母亲死后,未征得依法所必要的原告同意,将一属于共有财产的土地让与给被告(原告的一个兄弟),故原告诉请土地登记簿之更正(民法典第894条)。但该项土地登记簿更正请求权已失权,因为原告在20多年的时间里,并未有异议,由此已产生他已同意之表象(相同看法者,帝国最高法院(RG),《法学周报》(JW),1934年,3054页;亦参最近的《联邦最高法院民事判例集》,第122卷,308页 =《新法学周刊》,1993年,2178页,及其引证)。其他的例案如:《帝国最高法院民事判例集》,第167卷,14页("相邻间的共同关系";对此见本书第25章,边码36以下);《联邦最高法院民事判例集》,第10卷,69、75页(针对民法典第985条请求权之恶意抗辩);《联邦最高法院民事判例集》,第49卷,263页:在预告登记中,预告登记

〔13〕 对此参阅格恩胡贝尔,"民法",§ 23;梅迪库斯,边码436以下。

〔14〕 对此参阅泽格尔/泰希曼(Teichmann),民法典第242条,边码70以下;梅迪库斯,边码445以下;威灵,卷I,§ 1,I,3;米尔,载《新法学周刊》,1956年,1657页。

受保护人之登入土地登记簿,因取得人拒绝(民法典第 888 条所要求的)同意而发生迟延时,能否产生迟延之损害赔偿?对此参见本书第 20 章,边码 37;《联邦最高法院民事判例集》,第 68 卷,299 页:离婚后为废除共有权关系而提起强制拍卖之申请,为不允许之权利行使?关于民法典第 985 条以下参阅本书第 11 章,边码 43 以下,关于民法典第 894 条,参阅本书第 18 章,边码 18 以下。

(二)为第三人利益之物权契约?

极具争议的是,能否成立"为第三人利益之物权契约"(民法典第 328 条以下)呢? 28

兹举一司法实例,来说明这个问题(巴伐利亚州最高法院,载《德国公证杂志》,1958 年,639 页;另可参《联邦最高法院民事判例集》,第 41 卷,95 页):V 与 K 在土地买卖契约中约定,K 应对 V 的一个孩子为金钱给付。为担保该金钱债权,在孩子未参与契约订立的情况下,双方约定设立一项有利于该孩子的抵押权。也就是说,抵押权设立合意不是在债权人(孩子)与新所有权人(K)间,而是在 V 与 K 间为孩子之利益而达成。那么孩子是否(在登记后)已取得抵押权呢?

关于为第三人利益之契约可否适用于物权契约,其学说观点极不一致。有持完全否定意见者(《帝国最高法院民事判例集》,第 66 卷,99 页;第 124 卷,221 页;《联邦最高法院民事判例集》,第 41 卷,95 页;联邦最高法院,《德国法学者报》,1965 年,361 页;《新法学周刊》-RR,1986 年,849 页;《新法学周刊》,1993 年,2617 页;米勒,边码 2380a 以下);有持折衷看法者(在基于所涉及的物权"应自土地中履行其给付时",则对该物权之设立,民法典第 328 条可予适用,[15] 如沃尔夫/赖泽尔,§ 38,II,3);有原则上肯定者(如韦斯特

〔15〕 或成立一项旨在让与土地所有权之权利(先买权)。

曼，§ 3,II,4 与黑克，§ 10,7；此外还有曼弗雷德·沃尔夫，边码 306）。[16]就上述例案来说，依第 2 种与第 3 种观点，抵押权已成立。

在将使用权（如物权性的居住权）或变价权（如上例中的抵押权）转给第三人时，为第三人利益之契约，具有其实践意义。在这两种情形中，准用民法典第 328、331、333 条之规定，至少应无疑问；但须注意的是，必须遵守有关物权公示之规定（如在上例中，孩子仅在作为抵押权人登入土地登记簿时，才能取得抵押权）。而在土地所有权让与中，民法典第 925 条第 1 款所规定之形式，是一项障碍；相反，在动产所有权让与中，只要已遵守物权公示之规定（即占有之移转！），则为第三人利益之所有权让与就有可能。

（三）不当得利法上的返还请求之禁止

29 不赞成通说观点，而应肯定民法典第 817 条第 2 项之规定，能适用于民法典第 985 条以下之情形（对此参见本章第四节，边码 52）。

第三节　物权行为与物权公示

一、物权行为与物权公示之间的基本关系

30 我们已多次提到过，法律对物权变动效果之产生，并不仅仅满足于当事人单纯的法律行为上的意思表示，而是还要求有一项公示行为（登记—交付）。那么这二者间的关系又是如何呢？

首先可确定的是，只有意思表示与物权公示结合在一起，才能引起物权之变动。至于这两个构成要素之发生，在时间顺序上谁

[16] 对这个问题还可参 Kaduk，载“拉伦茨祝寿文集”，1983 年，303 页；里梅尔施帕赫尔，“实体法上的请求权与民事诉讼中的诉讼标的问题”，1970 年，129 页以下；慕尼黑德国民法典评注/戈特瓦尔德（Gottwald），第 328 条，边码 108 以下（及其所引资料）；福格尔（Vogel），“在何种范围内可成立具有物权效力的为第三人利益之契约？”（蒂宾根，博士学位论文，1933 年）；以及本书第 20 章边码 19 以下、第 37 章边码 12、第 51 章边码 13－17。

先谁后，则在所不问；故此，比如依据民法典第 879 条第 2 款之规定，登记在实体法上，可先于土地所有权让与合意而完成。

K 仅在已对他表示了土地所有权让与意思表示，并被登入土地登记簿后，才能成为所购买之土地的所有权人。

其次可明确的是，处分权限在这两个构成要素完成之时，仍须存在。 31

V 为 H 设立抵押权，但在办理登记之前 V 陷入破产，进而也就失去了处分权限，这样 H 就不能取得这项抵押权。但民法典第 878 条对该原则设有重要例外，而这项例外的实质也很显然：权利之取得，不应取决于土地登记局的时快时慢的工作程序（参阅本书第 19 章，边码 35 以下）。

最后还可明确的是，意思表示要素与物权之公示，必须相互一致。 32

V 已对 K 就土地 a 为所有权让与合意，但因疏忽，K 被登记为土地 b 之取得人。此时 K 既没有成为土地 a 的所有权人（欠缺登记），也未成为土地 b 的所有权人（欠缺土地所有权让与合意）。就土地 b 来说，V 可向 K 请求土地登记簿更正之同意（民法典第 894 条）；而就土地 a 来说，土地登记局须将 K 登记为所有权人，因为就此块土地所提出的登记申请并未办理结束。〔17〕

但除此已明确的认识外，还存在两个疑问：

---

〔17〕 关于在什么条件下，尽管存在因疏忽而导致的错误陈述（falsa demonstratio），仍可确认符合（民法典第 313 条、第 925 条之）形式，参阅《联邦最高法院民事判例集》，第 74 卷，11 页；第 87 卷，150 页；联邦最高法院，《新法学周刊》，1986 年，1867 页；《新法学周刊》- RR，1988 年，265 页；威灵，载《民法实务档案》，第 172 卷，297 页；科布尔（Köbl），载《德国公证杂志》，1983 年，598 页；弗卢梅，载《新法学周刊》，1983 年，2007 页，以及本书第 21 章边码 8；有趣例案，可见杜塞尔多夫州高等法院，《新法学周刊》- RR，1995 年，784 页（无代理权中的错误陈述！）。

物权合意之本身是否已具有拘束力?(见下述:二)

对法律行为方面的条件,尤其对当事人的行为能力来说,哪一个时间点最为重要?(见下述:三)

二、物权合意之约束效力

(一)不动产物权(Immobiliarrecht)

33 在土地与土地物权上所发生的物权变动,民法典第 873 条第 2 款明确规定,仅在满足该款所规定的其中一项条件时,物权合意才有约束力。而这些条件的共同之处在于,法律行为之意思内容,已存在于某一特定的外部表现形式中。再者,这种约束效力仅仅意味着撤回权之排除。

34 依经验,该款规定对初学者来说非常难以理解:

1. 当事人一方撤回无约束力(nicht bindend)的物权合意时,该合意当然就作废了。但此时会存在对义务负担行为之违反,这样撤回人会因契约相对人之起诉(民法典第 433 条第 1 款第 1 项),并在法院之介入下,而被强制作出物权合意之意思表示(民事诉讼法第 894 条)。

2. 而有约束效力(bindend)之物权合意,也不意味着对处分的限制(keine Verfügungsbeschränkung)。也就是说,受物权合意约束的当事人,在实体法上仍可为了另一人的利益而再行处分(巴伐利亚州最高法院,《德国公证杂志》,1984 年,379 页及其所引文献),而该另一人之取得,仍为自权利人处之取得。处分人因其处分行为而违反债权原因行为中的义务时,对契约相对人仅负损害赔偿义务。

35 例如:E 负有为担保贷款债权,而给 H 设立一项第一顺位抵押权的义务。E 与 H 就抵押权之设立,已达成物权合意,且 E 已交给 H 一份作成公证书的登记同意。这样该物权合意已具有约束效力(民法典第 873 条第 2 款),E 单方面不能予以撤回。尽管如此,E 仍以非要式的物权合意,给 G 设立一项土地债务,并将 G 登入不动产登记簿,这样 G 就取得了第一顺位的权利。后登记的 H 就成为第二顺位的抵押权人。但 E 违反了他所负的义务,H 可不必发放贷款(民法典第 320 条)。

（二）动产物权

动产所有权让与中的物权合意是否具有约束力，极具争议。主流观点（《联邦最高法院民事判例集》，第 7 卷，111、115 页；第 14 卷，114、119 页；《新法学周刊》，1979 年，214 页）对此持否定意见，其依据为民法典第 929 条规定之文义（“…交付于受让人，…并就此达成合意。”），以及与土地物权中民法典第 873 条规定之对比——物权合意仅在该条第 2 款所规定之情形中，才例外地具有约束效力——。本书从此说，因为并无理由将动产物权与土地物权，予以区别对待。[18] 36

例如：V 卖给 K 一辆旧车，但该车正在 R 处修理。V 与 K 已就所有权让与达成合意，并约定，由 V 安排 R 直接将汽车送交给 K。后来 V 对这桩交易产生犹豫，他就“解除了买卖契约”（至于他有无权利予以解除，对所有权移转问题，首先并不生意义）。故 K 不能成为所有权人；即使在 V 的一个雇员不知 V 思想的转变，而仍指示 R 将汽车交付给 K 时，亦是如此。而物权合意之终止，始终以撤回之意思表示，到达物权合意之相对人为条件（联邦最高法院，《新法学周刊》，1979 年，213 页；韦斯特曼，§ 38，4）。 37

若既无明示也无默示的撤回表示，则视物权合意继续存在。尤其在交付时，不必有“法律效果意识（Rechtsfolgenbewuβtsein）”之存在（联邦最高法院，《新法学周刊》，1995 年，1085、1086 页 1. Sp.；以及本书第 51 章，边码 11）。

三、决定物权合意的法律行为条件上的时间点

在物权合意与物权公示行为（登记—交付）之间，所出现的死亡（或者行为能力丧失或有照管之需要），会产生何种法律效果， 38

---

〔18〕 有争议，参阅黑克，§ 55，7；V·吕布托（v. Lübtow），载 ZHR，第 112 卷，257 页；肖德迈尔（Schödermeier）与沃彭（Woopen），载《法学工作报》，1985 年，622 页；另参格恩胡贝尔，载“鲍尔祝寿文集”，1981 年，31、37 页；韦斯特曼，§ 38，4；米勒，边码 2379 以下；威廉，边码 402。

则依民法典第130条第2款(结合民法典第153条)而定。准此而言,意思表示人在发出意思表示后死亡或丧失行为能力,对意思表示之效力不生影响。[19] 这意味着:

(一)在物权合意无约束力地作成时,继承人或法定代理人均可将其撤回。如未撤回,则在物权合意之外,又作成物权公示行为时,物权变动生其效果。

(二)若物权合意已有约束力(民法典第873条第2款),则该合意对继承人(《联邦最高法院民事判例集》,第32卷,367、369页)以及无行为能力人之照管人(民法典第1896条以下、1903条),亦生约束力。

39 例如:《联邦最高法院民事判例集》;第48卷,351页(=鲍尔,E. Slg.,案例3):M在1906年(!)对A为土地所有权让与合意,并同意A登入土地登记簿。但因国家许可上的错误,该登记申请被拒绝。1965年(!)G作为M的继承人,在土地登记簿中登记为所有权人。1966年A又提出登记申请。A是有此项权利的!该土地所有权让与合意仍有效,继承人G不能——因为它是有约束地作成的——将其撤回。即使是在这其间因继承而发生了所有权变更,也不影响其效力(参见本书第19章,边码32之末)。——类似的案例:巴伐利亚州最高法院,《德国司法》,1973年,296页。

V将他的汽车卖给K,与K达成了所有权让与合意,但还没有交付。若在此期间V因患精神病而被置于照管之下,则V的照管人就有撤回物权合意之可能。

对此参见本书第19章之表11。

---

〔19〕 关于这类问题,可参本书第19章边码32以下与第51章边码11。

第四节　物权行为与其法律原因
——物权行为的“无因性”[20]

一、分离原则与无因性原则

在日常生活之语言习惯中，对买卖与所有权让与往往不加区分。 40

顾客在书店买一本书，通常是当场付款并当场取走书。此时若一法律人告诉他，他的行为在法律上涉及到一项买卖契约与两项（金钱与书）所有权让与行为，他肯定认为，这纯属脱离实际生活之谈。

---

〔20〕 其文献可谓汗牛冲栋，重要者有：弗卢梅，“民法总论”，卷Ⅱ，§ 12，Ⅰ、Ⅲ；黑克，§ 30；雅尔（Jahr），载《民法实务档案》，第168卷，1、14页以下；拉伦茨，卷Ⅱ，§ 39，Ⅱ；弗·鲍尔，载《法学工作报》，1987年，164页；斯特梵（Stephan），“无因性原则与不动产物权”，1978年（法律史的说明）；韦斯特曼，§ 4；威灵，卷Ⅰ，§ 1，Ⅲ，4，c；格恩胡贝尔，“民法”，§ 4（关于无因行为与原因行为之概说）；H. P. 韦斯特曼，“法国民法与德国民法中的原因”，1964年；曼·沃尔夫，载《新法学周刊》，1987年，2651页；林登曼（Lindemann），“1900年以来最高法院之司法判例对无因性原则之突破”，1989年；施赖伯/克罗伊茨（Kreutz），“无因性原则”，载《法律学习》，1989年，617页。关于对无因性原则之批判与改革，除本章标题下所列之参考文献提示外，亦参：杜尔凯特（Dulckeit），“债权之物权化”，1951年；埃曼（Ehmann），“连带债务”，1972年，130页以下；克格尔，载“Mann祝寿文集”，1977年，57页；库皮施，载《德国法学者报》，1985年，101页（对此文之评论，魏特瑙尔，载《德国法学者报》，1985年，55页；二文均有讨论之引证）；Buchholz，载《拉贝尔外国私法与国际私法杂志》，第50卷，1986年，92页；维甘德，“与债法相比较的物权法的发展”，载《民法实务档案》，第190卷，112、119、122、135页；艾森哈特（Eisenhardt），“法律行为的整体性与无因性原则之克服”，载《德国法学者报》，1991年，271页以下；尧尔尼希，“分离原则与无因性原则”，载《法学教育》，1994年，721页；哈伯迈尔（Habermeier），“分离原则思想”，载《民法实务档案》，第195卷，283页；施塔德勒，“形成自由与通过无因性原则之交易保护”，1996年；施蒂尔纳，“贺德国民法典百寿——已年迈的民族法典?”，载《德国法学者报》，1996年，741页以下、747页。

但在买卖与交付之间，间隔较长时间时，则法律外行人对此的反应又不一样。

比如书店对顾客所需要的书，必须要先去订购，一周后才能寄给顾客。

这种义务负担行为（买卖）与物权变动行为（所有权让与合意）之间体系上的分离，被称之为分离原则（Trennungsprinzip）*。

须注意的是，负担行为并非总是买卖，而可以是任何一个产生物权变动义务的法律行为（如互易、合伙契约、遗产分割契约）。同样，所有权让与合意也仅是物权行为之一例（其他的还有地上权之设立行为、役权之设立行为等等）。

41 与分离原则相区别的是无因性原则（Abstraktionsprinzip）。无因性原则所要解决的问题是，物权行为是否需要一个原因性的目的规定（"内容无因性"问题），以及物权行为之效力，是否取决于义务负担行为之效力（"外部的无因性"）。[21]

42 德国现行法对这两个问题，无疑均予以否定回答，也就是说，处分行为不具有目的性，也不依赖于原因行为。德国法律——在萨维尼（Savigny）氏学说影响下[22]——以采取无因性原则而著称，因为它认为，这有助于法律安全与法律清晰。对"原因"（"causa"）及其存续的疑虑，不应影响至权利归属之效力。物权行为为"非目的性"（"zweckfrei"）行为，其成立以及存续，不依赖于原因法律行为。

---

〔21〕 雅尔，前揭氏著；及同氏著，载 ZRG，Rom. Abt.，第 80 卷，141 页。

〔22〕 参阅费尔根特雷尔（Felgentraeger），"萨维尼对所有权让与学说之影响"，1927 年；弗卢梅，"民法总论"，卷 II，§ 12，III，2。

* 又译为"独立性原则"，台湾学理中通常采此译法。——译者注。

无因性原则在法政策上是否有坚强之理由，则是例外一个问题。在比较法上所探讨的，大多是动产所有权让与问题（参见本书第 51 章边码 1 以下、边码 44）。当然有人指出，假如没有无因性原则，对交易利益至少可通过善意取得制度，而部分地加以保护；而且动产所有权可无因性地进行让与，与“实际生活相脱节”（lebensfremd）。这两点无疑是正确的。但是在无因性原则中，即使是非善意的取得，也有对债权人更好地予以保护的优点；而自身就有疑问的善意与否之区分标准，在无因性原则之下，也就丧失其重要作用。再者，即使在不采取无因性原则的法律制度中，也常常倾向于维持有瑕疵的义务负担行为的效力，以保护物权的归属效力，因为他们要是对有瑕疵的债权行为同时予以回复原状的话，就欠缺维持这种物权取得效果的可能性。此外，所有权保留与动产担保性让与等现代担保方式，在无因性原则之下更容易合理地予以构造；无因性的土地物权担保，相较于有从属性的担保手段来说，在满足债权人与顾客的利益方面更有优点，因而也符合担保之一般交易条件实践（kautelarjuristische Praxis）与欧洲法的未来设计（对此参见本书第 36 章，边码 129）。最后，无因性原则的最大优点，还在于其更高的也是更优越的精确性上，且相对于物权变动上的统一性结构原则来说，这种精确性更能切合多方面的生活要求与经济需要。这一点——尽管无因性原则在法律体系协调方面有其独特层面（对其系统之阐述可参施塔德勒，“形成自由与通过无因性的交易保护”，1996 年）——在今后的讨论中不容忽视。就突破来讲，不仅仅是无因性原则有突破，原因原则或合意原则（Konsensprinzip），恰恰在其适用范围中也遭受着突破。故而，萨维尼氏的基本思想，在许多方面因其精确性潜能，或许仍有其生命力。 43

但无因性并不表示必须要忍受无法律原因的物权变动。使无法律原因的处分行为得以返还（即所谓的给付不当得利），是不当得利法律制度（民法典第 812 条）的任务。而这种返还又会——必要时借助于法院——引发反向的物权性行为。 44

如在上例中，若买卖契约无效，则此时 K 虽已成为书的所有权人，但他负有依请求，将书的所有权返还让与给 V 的义务（这在结果上，可能会是物之返还，但不是民法典第 985 条意义上的“所有物返还”；所有物返还，仅在买卖契约之无效效力亦及于所有权让与行为时，才会产生）。

二、无因性的效果

45 依上述得出以下几点结论：

（一）依负担行为不产生物权关系之变动

成立使负有引起物权变动义务的法律行为，不影响债务人之物权法律地位。债权人所取得的，仅是一项请求履行能导致物权变动之物权行为的债权请求权。这即使在债权人一方已完全履行其对待给付时，亦是如此。

46 例如：V 在将一物出卖给 K 后，仍可再行出卖给 D，并对 D 为所有权之让与。D 之取得，为自有权人处之取得，故与 D 主观上是善意还是恶意无关。K 仅能向 V 请求损害赔偿（民法典第 433、440 条），而不能向 D 请求物之返还（仅只能在 D 是为了损害 K 而购买该物时，D 才依民法典第 826 条、249 条之规定，对 K 负有让与该物所有权之义务；此时第二个买卖契约为无效，参见民法典第 138 条第 1 款之规定；但对这项条件之举证，极为困难）。[23]

由于该物在所有权让与之前仍归 V 所有，则 V 的债权人对其可予以扣押，K 对此不能依民事诉讼法第 771 条之规定提起异议之诉。若 V 陷入支付不能状态，则该物就归入破产财产；K 的让与所有权之请求权或返还已给付价金的请求权，只能作为破产债权。

47 不用说也很显然，债权人在此情形下有很强的担保需求（Sicherungsbedürfnis）。但这种担保需求，在法政策上并不能通过

---

〔23〕 对此参见杜比舍尔（Dubischer），“双重买卖与债权性对物权（ius ad rem）”，载《法学教育》，1970 年，6 页。来自司法实践的案例：联邦最高法院，《新法学周刊》，1974 年，36 页；联邦最高法院，《新法学周刊》，1981 年，2184 页；《新法学周刊》，1988 年，1716、1717 页 r. Sp.（故意损害之证据：出高价、免除补偿义务等等）。

宣布 K 在买卖契约一经成立，就成为所有权人的方法——这在理论上曾有人努力过——而得以周全，因为这样一来，土地登记簿以及占有的公示功能就会落空。法律对此提供了另外两种担保手段，其一是预告登记，其二是通过假处分而设置的让与禁止（民法典第 136、135 条）。

土地物权中的预告登记，给债权人提供了针对任何损害其利益的权利变动的担保。这种预告登记清楚地记载于土地登记簿中，故第三人在就该土地为权利交易时，就必须要考虑到他人旨在引起一项物权变动的债权的存在。而在动产中，通过法院的让与禁止所提供的担保作用要弱一些，因为第三人可以以其善意来主张抗辩（民法典第 136 条、第 135 条第 2 款）。因此在上例中，对 K 来说最好的办法是，一旦他知道 D 的存在，就将让与禁止令送达给 D。

（二）物权变动不依赖于负担行为之效力

物权变动之完成，不取决于一项原因行为是否存在，或是否有 48
效。故取得人通过物权行为就已成为权利人，他可以就物进行再处分，且第二取得人是否知道第一取得行为欠缺法律原因，对该再处分行为之效力不生影响。

例如：V 以电话方式，发出以 170 马克的价格出卖一台机器的要约，K 以 117 马克表示承诺；V 将这台机器的所有权——因为双方认为他们已达成合意——让与给 K。此时买卖契约虽因意思表示不合意而不成立，但所有权让与仍有效。K——在 V 请求时——虽依民法典第 812 条负有将买卖标的物所有权返还让与给 V 的义务，但在此期间他是标的物的所有权人，故他可将它再行出让给 D，他的债权人也可以对它采取扣押措施，在 K 限于支付不能时它归入破产财产。

此时产生出卖人的担保需求。与上述（一）中的例子一样，出卖人可通过让与禁止或——在所涉及的标的物为土地时——预告登记方式，来担保他对 K 所享有的不当得利请求权。此外，在 D 是通过无偿方式取得标的物时，法律（民法典第 822 条）还赋予出卖人一项针对 D 的直接追诉权（这是内在于受赠人地位之弱点；这一弱点在民法典第 528 条、第 530 条、816 条第 1 款第 2 句中均有体现）。

（三）物权法律关系不受负担行为丧失之影响

49 物权变动之存续，不依赖于——开始是有效的——原因行为嗣后之丧失；而且也不问原因行为之丧失，是否具有溯及之效力。有溯及力之丧失者，其例如原因行为被撤销（民法典第 142 条）；无溯及力之丧失者，其例如因法定或约定解除权之行使。

假如上例中的买卖契约初为有效，但嗣后被 V 依据民法典第 326 条而解除。在这种情况下，K 开始时仍为机器的所有权人；依民法典第 327 条并第 346 条他仅负有“将所受领之给付予以返还”的义务，即将机器的所有权返还让与给 V。假如 V（比如依据民法典第 119 条）将买卖契约有效地予以撤销，则适用民法典第 812 条之规定，但结果相同（故有趣的是，法律规定有多种形式的返还，而在具体案件中，它们所导致的结果又是一样的！）。

三、无因性原则之突破

50 我们在前面已讨论过，民法总则中关于法律行为与契约之规定，原则上亦适用于物权行为。但由于这种适用，在具体之个案中也使无因性的物权行为归于消灭，故而会导致对无因性原则的突破。

这种突破情形可概括为“瑕疵同一性”“条件关联性”以及“法律行为整体性”。

（一）“瑕疵同一性（Fehleridentität）”

51 原因行为上所存在的瑕疵，也会损及物权行为之效力。这可体现为：行为能力之欠缺、依民法典第 134 条之无效、依民法典第 119、123 条之可撤销、违反《一般交易条件法》第 2、3、9 条。

民法典第119、123、134条之构成要件问题,上面我们已举例讨论过(本章边码7-10)。但尤为困难的,是如何适用民法典第138条。虽然一致认为,依民法典第138条第2款之文义("…为给予者,…","…gewähren läβst,…"),该款所规定之暴利行为构成要件,亦包括契约受损害方——不是暴利行为人——的物权行为(参见联邦最高法院,《新法学周刊》,1982年,2767页;1990年,384页;1994年,1275、1470页)。但民法典第138条第1款可否适用于物权行为,则颇有疑问,因为物权行为——如人们所说——"在伦理上为中性(sittlich neutral)"。在事实上也很难想象,一个关于所有权转让的单纯合意,会是违反善良风俗的(联邦最高法院,《新法学周刊》,1973年,613、615页;1990年,385页)。而另一方面,自物权行为之目的与作用中,也会——尽管仅是例外地——产生违反善良风俗之瑕疵。〔24〕由此,司法判例越来越多地认为,对物权行为之价值内容也要予以审查,比如对过度限制债务人经济活动自由或未考虑其他债权人利益的动产担保让与和债权担保让与(如损害其他债权人利益与拖延破产程序之开始〔25〕、过度担保、〔26〕总括让与时的违约引诱〔27〕),或对使另一方的自由意思决定受制于财产法上给予的给予行为〔28〕的审查。违反《一般交易条件法》,不仅会损及债权行为,也会损及物权行为的效力,这在上述已讨论过(本章边码20以下及所举

---

〔24〕 许布纳,"民法总论",边码503及其所引资料。但在具体实践中,这常为司法判例所摒弃:联邦最高法院,《新法学周刊》,1985年,3007页;1988年,2364页;《新法学周刊》-RR,1989年,519页;1992年,593、594页。

〔25〕 联邦最高法院,《新法学周刊》,1995年,1668页(债权让与行为之无效)。

〔26〕 对此参见本书第57章边码18以下、第58章边码9、第59章边码8;《联邦最高法院民事判例集》,第7卷,111页;第10卷,228页;第26卷,185页;《新法学周刊》,1998年,671页;此外参见被联邦最高法院,《新法学周刊》,1998年,671页之判决部分修正的联邦最高法院,《新法学周刊》,1991年,354页之判决及其引证(汽车所有权担保让与之无效);《新法学周刊》,1991年,2147页(过度的总括让与之无效),以及《新法学周刊》,1996年,2786页(债权与库存货物担保让与中的过度担保)。

〔27〕 对此参阅本书第59章边码50以下;《联邦最高法院民事判例集》,第72卷,308、310页(作为物权行为之让与的无效);新近判例参见联邦最高法院,《新法学周刊》,1991年,2147页;1995年,1668、1669页(r. Sp.)。

〔28〕 参见洪泽尔(Honsell),"违反善良风俗的或违反法律禁止的法律行为之回复",1974;道纳(Dauner),载《德国法学者报》,1980,495、502及其所引资料。

的例子)。尤值注意者,在担保交易中,将旋回性总括担保中所生的过度担保,作为物权行为无效原因(民法典第 138 条第 1 款、《一般交易条件法》第 9 条)的司法判例意见,将继续被废弃(联邦最高法院,《新法学周刊》,1998 年,671 页 =《联邦最高法院裁判汇编》,关于民法典第 138 条(Bb)第 86 号,并附施蒂尔纳对此之评论)——这完全是正确的做法(本章边码 22)。值得庆幸的是,联邦最高法院在卡特尔法上对役权进行审查时,到目前为止还未受到突破无因性原则的诱惑。[29]

52 例如:处于照管之下且照管人享有允许保留权(民法典第 1896 条以下、1903 条)的被照管人 V,将他的金表在废品商人 K 处,只兑换成金表价值一半的价钱。由于该行为未得照管人之允许,故买卖与所有权让与行为均无效(民法典第 1903 条、108 条),K 须依民法典第 985 条之规定返还金表。对 K 所支付的价金,V 已取得其所有权(民法典第 1903 条第 3 款第 1 句、第 107 条);但他负有返还现存不当得利之义务(民法典第 812 条、第 818 条第 3 款)。

M 作为银行的出纳员,多年来一直侵吞款项。F 作为审计员发现了这一情节,于是 M 赠与给他一块土地,让他不要告发。所有权让与行为在这里肯定是无效的。但若允许 M 可向 F 请求土地登记簿之更正(民法典第 894 条),并请求土地之返还(民法典第 985 条),当然使人有不舒服的感觉。这一感觉所体现的法律问题就是,民法典第 817 条第 2 句之规定是否也准用于

---

〔29〕 联邦最高法院,《新法学周刊》,1988 年,2362 页;《新法学周刊》-RR,1992 年,593、594 页;持赞同意见者施蒂尔纳,载《民法实务档案》,第 194 卷,265 页以下、286 页以下;另见本书第 33 章边码 14 以下。

物权请求权。与通说不同，我们认为这一问题应予以肯定回答。[30] 假如不这样的话，则意味着在返还上，会因仅是债权行为无效抑或物权行为也无效，而产生不同的处理结果。

当然肯定回答的处理结果，自法律清晰的角度看，也不是完全令人满意：M 在实体法上是所有权人，但既不能登入土地登记簿，也不能迫使 F 返还土地；F 不是土地的所有权人，但他在土地登记簿中却被登记为所有权人，故土地登记簿是不正确的。

（二）“条件关联性（Bedingungszusammenhang）”

物权变动之合意可附——迟延的或解除的——条件；只是民法典第 925 条，禁止对土地所有权让与合意附条件。由此，物权合意也可以以原因行为之有效为其条件，且这种条件亦得以默示方式达成。但是不能由此而认为，当事人永远以原因行为之生效，作为物权行为效力之条件，否则物权行为无因性原则，将会成为天大的闹剧。相反，附原因行为作为条件，必须有其前提，即当事人对原因行为是否生效还处于无把握之中。[31] 53

例如：在一份遗嘱中，被继承人 E 已将一册集邮遗赠给他的侄子 N。但该遗嘱是否以及在多大程度上与先前已订立的继承契约相矛盾，继承关系参与人对此还不能确定。继承人为暂时履行该遗赠，就将集邮的所有权让与给 N。此时就应认为，该所有权之让与，应以遗赠之生效为条件。 54

---

〔30〕 对此参见弗卢梅，“民法总论”，卷 II，§ 18，8－10；梅迪库斯，“民法”，边码 696、697 及其所引资料。——联邦最高法院将民法典第 817 条第 2 句的适用范围，原则上限定在不当得利法中（《联邦最高法院民事判例集》，第 35 卷，103、109 页；第 36 卷，395、399 页；第 39 卷，87、91 页；第 41 卷，341、343 页；第 63 卷，365、368 页；联邦最高法院，《有价证券法通讯》，1983 年，393 页：妓院之用益租赁）；对此参见洪泽尔，载《德国法学者报》，1975 年，439 页；米哈尔斯基（Michalski），载《法律学习》，1994 年，113 页以下、232 页以下。有关暴利给付中报酬义务问题，参见联邦最高法院，《新法学周刊》，1962 年，1148 页；《联邦最高法院民事判例集》，第 63 卷，365、368 页；梅迪库斯，上揭氏著，边码 700。

〔31〕 韦斯特曼，§ 4，IV，2；对此亦很谨慎者，参见联邦最高法院，《新法学周刊》－RR，1992 年，593、594 页 r. Sp.

出卖人 V 与买受人 K 就出卖一辆汽车时达成协议,V 保留解除权(参见《帝国最高法院民事判例集》第 54 卷,340 页)。此时是否存在一项附解除条件的汽车所有权之让与(民法典第 929 条第 1 句、第 158 条第 2 款),仅应依特别之证据而断定。

借款人 S 以担保之目的,将他对第三人之债权让与给他的债权人银行 G(民法典第 398 条),或者 S 对 G 为动产担保让与(民法典第 930 条),则该债权让与和动产物权让与,并不附有借贷债权成立的迟延条件(联邦最高法院,《新法学周刊》,1991 年,354 页,此项判决反对联邦卫生部(BGA),《新法学周刊》,1967 年,751 页以下以及联邦最高法院,《新法学周刊》,1982 年,275、276 页以下判决中的看法;参见格哈德(Gerhard),《德国法学者报》,1991 年,726 页以下;尧尔尼希,载《新法学周刊》,1982 年,268 页以下);而对附此种条件的默示约定的推定,须有特别之理由(见本书第 57 章边码 10)。相反,对附有以被担保债权之履行为默示解除条件这个问题,司法判例(对此参见联邦最高法院,《新法学周刊》,1986 年,977 页)与理论界(对此参阅本书第 57 章边码 10、45 以及第 58 章边码 5)却表现出巨大的慷慨而予以肯定(极具争议性!)。然而——被许可的(联邦最高法院,《新法学周刊》,1984 年,1184 页以下)——格式契约实践,却以不附条件的担保行为为其出发点。

(三)"法律行为整体性"

55 有疑问也是有争议[32]的,是无因性的物权行为与原因行为,能否构成民法典第 139 条意义上的整体,从而原因行为的无效,亦能引起物权行为的无效。由于"瑕疵同一性"或"条件关联性"理论,在许多方面已导致物权行为无因性问题的解决,故而"法律行为整体性"问题的理论意义重于实践意义。当然也确实存在一些这两个理论不能予以解决的情形,这尤其体现在——不可附条件的——土地所有权让与合意中,或者当事人对原因行为之生效已确定无疑之情形。

---

〔32〕 参见本节标题注释所提示之参考文献。

56 例如(摘自《帝国最高法院民事判例集》,第104卷,102页):E以公证证书方式,将土地出卖给K,并同时对K为土地所有权让与之意思表示。其后发现该买卖契约为虚假行为,故而无效(民法典第117条第1款)。那么土地所有权让与合意,在这里是否亦为无效呢?自民法典第139条文义上看,对此或许看不出有反对之见解;而且依据早已获得认同的看法,该条所指的虽是一个整体法律行为的多个部分,但它亦可适用于多个内容有关联的法律行为;再者,若K的债权人此时就可以对土地采取法律措施,甚至在K破产时使该土地归入破产财产,也不具有完全的说服力。但另一方面又必须明确的是,基于无因性原则所保护的交易利益,恰恰应优先于民法典第139条所体现的结果利益。只要在我们(德国)的法律制度中,仍奉行物权行为无因性这项基本原则的话,就必须在上述情形中,对民法典第139条之适用予以否定(持相同意见者,如巴伐利亚州最高法院,《德国司法》,1969年,48页;联邦最高法院,《新法学周刊》,1979年,1496页;1985年,3007页;1988年,2364页;《新法学周刊》-RR,1992年,593、954r. Sp.)

57 那些被司法判例在例外情形下所采纳的法律行为整体性的案例,到目前为止非常少见——这是正确的——,其例如联邦最高法院,《新法学周刊》,1967年,1130页(继承中应继份额之出卖与应继份额之转让间的整体性)。与债权行为和物权行为之法律行为整体性应相区别的,则是在动产担保性让与中,债权行为与担保约定契约间的法律行为整体性问题(联邦最高法院,《新法学周刊》,1994年,2885页)。

四、债法中的处分行为

58 至目前为止我们谈的都是物权法基本原则与物权行为。这或许会造成这样一种印象,即处分行为只存在于物权法中,而债法所规范的仅是负担行为。然而——大量的例子,尤其是债权担保性让与,均表明——这种印象是错误的,因为债法也规定有比如债权之让与、抵销等处分行为。对债法中的处分行为,特定原则(本书第4章边码17以下)以及无因性原则(本章边码40以下)均有适用之余地,但公示原则(本书第4章边码9以下)例外,因为在这里权利人处分行为所涉及的,并不是某个“物”。

表 3　物权法基本原则——物权行为

物权法基本原则	效　果
I. 绝对性原则	针对任何人而主张的全面性的法律保护 1. 民法典第 985 条； 2. 民法典第 1004 条； 3. 民法典第 823 条； 4. 民法典第 812 条：侵害型不当得利； 5. 公法上的保护：如《德国基本法》第 14 条——《行政法院法》第 42 条
II. 公示原则 公示手段： 1. 占有（就动产物权） 2. 土地登记簿（就土地物权）	1. 转让作用：民法典第 929 条——民法典第 873、925 条 2. 推定作用：民法典第 1006 条——民法典第 891 条 3. 善意取得作用：民法典第 932－935 条——民法典第 892、893 条
III. 特定原则	（与负担行为相反）处分行为之内容，须永远指向特定具体之财产客体（如某块土地、某一动产、某项债权等等），且财产客体不同，其转让方式亦不同（如动产依民法典第 929 条，不动产依民法典第 873、925 条，债权等依民法典第 398 条）
IV. 可转让性原则	1. 所有的物权均可转让（例外：民法典第 1059 条第 1 款、第 1092 条第 1 款第 1 句；但注意例外之例外：民法典第 1059a 条以下、第 1092 条第 2 款） 2. 物权转让须通过物权行为，仅有物权行为之基础契约行为之达成，尚不足以引起物权之转让。对物权行为，可适用民法总则有关法律行为之规定（亦即得适用关于行为能力、意思表示等等之规定）
V. 无因性原则	规则：即使原因法律行为（比如买卖契约）欠缺、无效或丧失，物权行为（比如物权让与）仍为有效。但此时发生回复原状问题：给付型不当得利（民法典第 812 条） 例外：1. 瑕疵同一性 2. 有时成立条件关联性或——但极为少见——法律行为整体性（民法典第 139 条）

第二编

占有

第六章　占有之功能

1 在谈“所有权”与“占有”概念之区分时(本书第3章边码24),我们已看到,占有显现出许多异质性功能。对这些功能,人们以提示词“保护功能、维持功能与公示功能”,简要地,当然也就不可能是完全准确地予以概括。

若作更深入地考察,就会发现这些功能发端于同一根源,也就是说基于这一认识:占有在任何时候都是一定权利或利益的外在体现。对占有进行保护,也就对站立于占有“背后”的利益进行了保护。而依生活经验看,占有通常体现着一物属于某一人财产的归属秩序;因此,法律就将权利推定,与一定的占有状态联系起来,并要求物权的变动,须以占有关系之变动为条件。但是在土地与土地物权中,占有的公示功能现在已被土地登记簿所取代,因为土地登记簿能为土地物权关系的准确描述,提供更大的可靠性。

参见本书第9章末之表4。

一、保护功能(概说)

2 对占有之保护,在法律上体现于诸多不同的法律制度中:

(一)首先体现在占有自身之法律制度中,

即民法典第 858 条至 867 条。在这里,占有之本体——不考虑其权利基础关系——,通过法律上所赋予的自力防御权以及占有保护之诉而受保障(详见本书第 9 章边码 1 - 26)。

(二)其次见于民法典第 1007 条——但该条仅适用于动产。依据该条规定,在前占有人比现占有人在对物的占有上有更优的权利时,则前占有人享有一项针对现占有人的请求权(详见本书第 9 章边码 27 以下)。

(三)再次见于民法典第 823 条第 1 款,即在占有遭有过错之侵害时,得受侵权法之保护。虽然民法典第 823 条第 1 款未明定占有为其保护之客体,但按通说占有在一定的条件下,可视为该款所规定的"其他权利"(详见本书第 9 章边码 31 - 37)。

(四)最后为民法典第 812 条,即在符合给付型不当得利或侵害型不当得利之构成要件时,占有也受不当得利法之保护(详见本书第 9 章边码 38 以下)。

例如(针对第 4 点):给付型不当得利:非所有权人 V 将物出卖给 K,并进行了交付,但还未达成所有权让与合意。假如买卖契约因某种原因而归于无效,则 V 不能请求所有物返还(vindizieren,民法典第 985 条),因为他不是所有权人;但他能够请求占有之不当得利返还(kondizieren),也就是说他能够请求占有物之返还。

二、维持功能(持续性功能)(Erhaltungsfunktion /Kontinuitätsfunktion)

3 即使是对物无物权性法律关系的占有人,对能否尽可能长地保持对物的占有,有时也有重大的利益。

比如说,房屋使用承租人自己花了一大笔费用,将房屋装修一新。其后使用出租人出卖掉房屋,取得人要求使用承租人搬出去(其理由是:使用租赁契约是与原所有权人签订的,与他——新所有权人——无关),则使用承租人的反应，肯定是非常不乐意的。

法律就在不同的制度中，并以不同的方式确认了这种利益：

（一）债权性法律地位之强化

1. 针对权利继受人的占有权

若所有权人已将动产交付给他人占有使用，则在针对新所有权人的关系上，占有人——在交与其使用的期间内——仍有权为占有（民法典第986条第2款）。 4

例如：E将一台打字机使用出租给M，租金每月5马克，租期1年。其后E将这台打字机出卖给K，则在使用租赁契约期间内，即使K觉得租金太低，他也不能向M请求返还打字机。

2. 让与不破租赁

就土地而言，在所有权人将已使用出租（或已用益出租），且已交付给使用承租人（用益承租人）占有的土地转让给他人时，则在土地使用承租人（用益承租人）的利益保护上，民法典第571条创设了一个与上述功能相近，但法律构造不同的规则，即在这里取得人依法直接进入到使用租赁法律关系。 5

故在上述边码3之案例中，新所有权人必须将使用租赁契约，"坚持"至所约定的租期或者可能出现的契约终止。

《强制拍卖法》第57条、第57a条、第57c条、第57d条关于土地强制拍卖之规定，《破产法》第21条以及《支付不能法》第108条、第110条、第111条关于使用出租人破产之规定，[1]均以该思

〔1〕 对此参见鲍尔/施蒂尔纳，卷Ⅱ，"支付不能法"，边码9.58以下。

想为其规范基础。

3. 使用承租人保护

6 最后，占有人地位受到巨大强化的例子，体现于使用承租人保护法：针对住宅使用承租人所行使的契约终止权，不管是普通终止权还是特别终止权，均受到重大限制（参见本书第29章边码65以下）。

占有使债权性权利得以强化，在理论上所引起的思考就是，[2]“债权权利物权化”能有多大的理论成效。实事求是地说，通过占有移转而增强的债权性的占有权，在许多方面的确享受了准物权之保护。但这一点，还绝不能导致放弃作为法律基石的对债权与物权的区分。

(二)(占有人之)销除权(Ablösungsrecht)

7 在所有权人之债权人就占有物进行强制执行时，占有人的法律地位将会受到损害。故民法典第268条第1款第2项赋予占有人一项销除权(即为清偿的权利)。在通常情况下债权人与债务人之共同异议，会排除由第三人为给付之可能(民法典第267条)；而在占有中，若占有人对物之占有，会因强制执行而有丧失之危险，则他就有为给付之权利。占有人履行了给付，则债权人之债权移转至占有人。

抵押债权人或土地债务债权人要求自土地中受清偿时，即使强制执行程序还未开始，或者——因为《强制拍卖法》第57条、57a、57c、57d条之规定——土地占有人还没有丧失其占有的危险(民法典第1150条)，土地占有人也享有同样之权利。

---

〔2〕 尤其参见杜尔凯特，“债权权利之物权化”，1951年；卡纳里斯，载“弗卢梅祝寿文集”，1978年，371、392页以下、403页；魏特瑙尔，载“拉伦茨祝寿文集”，1983年，705页；科赫，“动产使用租赁——一项物权”，载《租赁法杂志》(ZMR)，1985年，187页。

例如:E将他的商业用房用益租赁给公司B。因为E拖欠支付抵押利息以及分期款项,E的抵押债权人H就威胁要对该土地实行强制拍卖。此时B可以清偿该抵押;其结果是,依民法典第1150、268条之规定,受抵押权担保的债权与抵押权,一同移转至B(民法典第412、401条)。B就成为E的抵押债权人,并得以土地登记更正之方式(民法典第894条),向H请求同意B作为抵押权人登入土地登记簿。 8

(三)占有作为时效取得之基础

与占有相联系的持续性利益,能因时间之经过而增强,从而使占有成为完全权利,这就是时效制度(Ersitzung)。时效取得之要件,因“登记取得时效(Buchersitzung)”(民法典第900条)〔3〕与“动产取得时效(Fahrnisersitzung)”(民法典第937－945条)而不同。但在这两种情形中均要求,占有人已在很长时间里(土地:30年;动产:10年)以“自主占有”的方式对物实行了占有,也就是说,他是将物“作为自己所有”(民法典第872条),即像所有权人那样对物予以占有(详见本书第53章边码85以下)。 9

此外,在登记取得时效中,还要求有30年无异议的(民法典第899条)土地登记簿之登记;在动产取得时效中,还要求取得人对其所有权享有之善意(民法典第937条第2款)。详参本书第53章边码85以下。

时效取得制度在今天已不再具有特别意义。只是在物权变动之合意,因某种原因而受挫,或在因标的物为丧失物而不适用善意取得时(民法典第935条),时效取得才会有实际意义:E的一幅珍贵的古老版画遭窃;古玩商V将它出卖给K,并对K为“所有权之让与”。K虽是善意但不能取得所有权(民法典第935条),然而他可以对版画进行时效取得(民法典第937条)。

三、公示功能(简说)

关于占有的公示功能,我们在本书第4章边码9以下,讨论物 10

〔3〕　其他情形参见民法典第1036条第1款、第1027条、第1090条第2款;“居住所有权法”第31条并民法典第900条第2款。

权法公示原则时已作概括,并分析了它的转让作用、推定作用与善意取得作用。下面在对占有构成要件以及占有种类的介绍时,我们只要记住占有具有公示功能就够了。

第七章　占有之种类——占有之构成要件——占有之取得与丧失

第一节　概　　说

以占有意味着“事实上的对物支配”(tatsächliche Sachherrschaft),为理解占有之起点,则民法典第854-872条关于占有之规则,显得有点眼花缭乱。因为在这里,有些占有之构成与“直接的对物支配”这一标准并不相符(参民法典第868条),而有些事实构成虽有事实上的对物关系,但不成立占有(民法典第855条)。此外,占有人是以什么样的意思内容来进行占有(民法典第872条),以及他是单独一个人,还是与其他人一起来占有(民法典第866条),也显得很有意义。 1

要想消除这种理解上的偏差,就必须一直要清楚地认识到,法律是按占有所具有的不同功能,而对其构成要件予以不同的构造。换句话说,占有的种类不同,法律上所追求的目的也不相同。 2

通过一个简单的事实,我们可看清这一点:农民雇请农工为其耕地。显然农工对耕地所用的犁,有事实上的管领力。但法律不认为他是占有人,而只是所谓的“占有辅助人”。其理由是:农工针对农民不享有占有保护权利,他也无权将占有转让给他人(但在民法典第 860 条赋予占有辅助人针对第三人享有自力救济权时,法律又必须马上掉换成另一种姿态!)。

3 对占有之种类,可依下列不同视角进行区分:

一、依据对物关系之程度:直接占有与间接占有(见本章边码 4 以下);

二、依据事实管领力实施人的社会从属关系:占有人——占有辅助人(见本章边码 61 以下);

三、依据是单独还是与他人一起实施事实管领力(tatsächliche Gewalt)的可能性:单独占有——共同占有(见本章边码 76 以下);

四、依据占有人进行占有时所具有的意思内容:自主占有——他主占有(见本章边码 88 以下)。

在探讨这些占有种类时我们会发现,各占有种类间完全有可能存在“交叉”现象。

比如所有权人 E 将他的物使用出租给 M,则 M 是直接的他主占有人,而 E 是间接的自主占有人(即存在上述分类一与分类四之间的“交叉”)。

第二节 依对物关系之程度对占有的区分（直接占有与间接占有）

参见本书第 9 章末之表 4。

一、概念

4 按诸常情,只有事实上持据(innehaben)物的人,才应算作占有人。这也就意味着，仅只有这些人，才能享有占有保护权利，并能够将占有继续转让给他人。但另一方面我们也应看到，那些将事实的对物支配力转让给他人行使的人，或许也有这样一种强烈的合理利益，即针对“侵害人”行使占有保护权利，或者将自己还余有的对物关系转让给他人。再者对所有权人来说也存在这样的需求，即将其所有权转让给他人，而自己并不放弃对物的直接占有。法律上满足这一需求的构造方式，就是在将对物的事实持据当作直接占有之外，另承认间接的对物关系，也就是通过直接占有人（＝占有媒介人）所媒介的对物关系为占有。

故直接占有人就是指对物实施事实管领力的人，而间接占有人就是指通过他人——直接占有人——的媒介而行使占有的人。

这也就看得很清楚，间接占有人已不再有真正的对物支配，他对物的关系——就像人们所说的那样——已被“观念化”（vergeistigt）。

二、直接占有（**unmittelbarer Besitz**）

（一）占有之构成要件

1. 事实的对物支配（tatsächliche Sachherrschaft）

占有的标志——如我们一再所言——是事实的对物支配。何 5
时存在这样的事实的对物支配，则依生活观念而定。[1] 而这种生活观念又要兼顾不同的因素：

（1）要有一定的对物的空间关系（räumliche Beziehung）之存 6
在。而这种空间关系的强烈程度，在具体个案中也极不一样。

---

〔1〕 约斯特（Joost）（载“舒尔茨（Schultz）纪念文集”）就民法典第 854 条第 1 款、第 2 款以及第 856 条，统一地将占有定义为：“不损及他人占有范围下的行使管领力之可能性”；克格尔（载“V·克默雷尔（v. Caemmerer）祝寿文集”，1978 年，149 页）则称：“占有为支配。而支配就是将自己对一物之意思予以贯彻的绝大可能性。”然而：又按什么标准来判断这一“绝大可能性”之存在呢？

例如:即使我的花园相距我的住处有好几公里远,我也是它的占有人——即使我把我的汽车停放在一个公共停车场,我仍是它的占有人。

7 (2)这种对物的关系,在时间上要有一定的持续(Dauer)。

例如:谁在公园里的椅子上坐下,并不是椅子的占有人。[2]

反之,占有之构成不考虑是否有进行占有之权利。故在与占有权利基础之关系上,占有之构成要件是中性的。

即使小偷也是占有人。谁要是在使用租赁关系终止后,未将租赁物返还给使用出租人,则他还是占有人。由此所生之结果,则一方面使用出租人不能以强力自使用承租人处将物取走,而另一方面(原)占有人在占有物遭窃时,则依民法典第859条之规定,至少可以在失窃当场或追踪地以强力自小偷处将物取回。

2. 物作为占有之标的

8 占有仅可能成立于一个物之上,但也可以成立于可隔开的物的一部分(一部占有,民法典第865条)。在此点上,民法典并未遵循它就重要成分之权利关系所发展起来的基本原则。[3]

对一部占有之承认,也体现了实际生活需求:比如对一个已隔开的住房的使用承租人,没有理由要剥夺他享有占有之保护。

9 占有只能成立于物上这个命题,与役权中所谓的权利占有(Rechtsbesitz)显得自相矛盾(民法典第1029、1090条)

例如:E享有一项可通行B的土地的地役权,并已登记。则在B将道路

---

〔2〕 持另说者黑克,§ 6,5;韦斯特曼/古尔斯基,§ 9,II,7;威灵,卷I,§ 4,I,1,a。

〔3〕 对此参见本书上述第3章,边码7以下。

封住时,不仅 E,而且 E 的使用承租人 M,也享有占有保护权利。[4] M 就被视为地役权的“占有人”。[5]

3. 占有与持有

《民法典》未使用“持有”(Gewahrsam)这个概念,但它对区分盗窃与侵占有意义(《德国刑法典》第 242 条所规定之取走,表示废除他人之持有并创设新持有;参见 RGSt,第 48 卷,58 页)。此外,民事诉讼法第 808、809 条关于动产扣押之规定中,也提到“持有”这个概念。要对占有与持有这两个概念进行区分,就必须明了上述这些规范所蕴涵的不同功能: 10

(1)《德国刑法典》第 242 条、第 246 条规定的,是对所有权制度的刑法保护。但对盗窃之刑罚,除保护所有权外,也要保护对物之直接关系免受他人之侵害。[6] 故持有可与直接占有(但绝不能与间接占有)同一,但不是必然的:占有辅助人也可持有,但他依民法典第 855 条不是占有人。属于遗产的物,若被继承人是其直接占有人的话,则依民法典第 857 条之规定,即使继承人不在当场,也能取得该物之直接占有;反之,自刑法上看死亡人的女管家有对该物之持有。故而在刑法上,持有仅以且永远以直接的对物关系为判断依据。 11

(2)民事诉讼法第 808 条仅许可法院执行人在动产为债务人所持有时,才能对该动产实行扣押。若要问如此规定之理由,则很显然,即这里将“持有”与物上权利归属之推定联系在一起:谁持有物,在大多数情况下就是物的所有权人,这样对该物所实施的扣押,一般“不会出错”。故此处之持有, 12

〔4〕 黑克在上揭氏著 § 16 正确地指出,此时大多存在着对物之占有(共同占有)。

〔5〕 关于权利占有尤参帕夫罗夫斯基(Pawlowsky),“现行物权法与无形财产权法中的权利占有”,1961 年。

〔6〕 但并非无争议!(参见舍恩克/施罗德(Schröder)/埃泽尔(Eser),“刑法”,1997 年 25 版,刑法典第 242 条边码 1)。

就是民法中的直接占有(但不能是还未现实化的继承人占有!)。[7] 由此亦可见其与民法典第1006条在主导思想上的近似性。

(二)直接占有之取得

13 若将直接占有等同于事实上的对物支配,则对民法典第854条第1款之规定:"物之占有,因取得对物事实上的管领力而取得",就不难理解。由此可马上得出,直接占有之取得,不以原占有人之转让意思为准。占有之取得,可以无此意思("原始取得"),也可以有此意思("继受取得")。因此,我们要区分开原始的占有取得(下述1)与继受的占有取得(下述2)。

14 这一区分的意义,并非存在于已取得之占有的品质中,而是体现在动产所有权善意取得之可能性中:某人在违反其意思的情况下,丧失对物的直接占有,则他不必担心第三人对该物所有权的善意取得,因为在丧失物上,不适用所有权善意取得之规定(民法典第935条)。

如果说对民法典第854条第1款的理解,并无太大困难,那么看看该条第2款,就有点令人犯疑了:依该款之规定,在一定之条件下,原占有人与取得人间所达成的单纯的合意,就足以引起占有的取得!对这一构成要件,需要予以深入讨论(见下述3)。

1. 直接占有的原始取得

15 对此要求有事实上管领力的获得。有争议的是——这在继受取得中(下述2)也一样——,除此之外是否还需要有取得人创设占有之意思。通说[8]对此持肯定意见,而依另说只要物进入到取得人之组织范围(Organisationsbereich)内,就可以引起占有之取

[7] 参阅鲍尔/施蒂尔纳,卷I,"特别强制执行法",边码28.5以下;布罗克斯/瓦尔克(Walker),边码235以下;罗森贝格(Rosenberg)/高尔/席尔肯,§51,I,1。

[8] 参见泽格尔/米尔,民法典第854条边码7-9及其所引资料。

得。但此项争议问题——如同某些法学争议——并无太大意义，因为即使是通说所要求的意思，也仅是一项概括性的且是自然的(即在法律上并无特别品质要求的，juristisch nicht qualifiziert)占有创设意思。[9]

例如：如六岁的孩子在大街上拾起一钱包，则他就成为直接占有人。反之，一个追求者将一束玫瑰花塞在睡美人的手里，则睡美人仅在醒来后决定不扔掉玫瑰花时，才成为玫瑰花的占有人。

非常重要的，也是获得一致认识的是：占有之获得(Besitzerlangung)相较于占有之保持(Besitzerhaltung)，对“事实管领力有更强”的要求。占有之获得在其外部必须为可认识。[10] 16

例如：农民即使晚上将犁放在田地里不拿回家，他仍保持有直接占有。而别人的母牛跑进他的牧场，则仅在他对母牛进行照管时，他才成为直接占有人。

超市所有人指示他的员工，对顾客“丢失”在超市里的物件要登记造册，并加以保管，则他就将对顾客所“丢失”物件的一般占有意思公示于外部；若一顾客将千元马克大钞遗忘在超市的货架上，则超市所有人就成为该千元大钞的直接占有人(类似的案例如《联邦最高法院民事判例集》，第101卷，186页；对此持批评意见者韦斯特曼/古尔斯基，§ 13. I，2；恩斯特(Ernst)，载《德国法学者报》，1988年，360页)。关于一般占有意思的其他例案：策勒州高等法院，《新法学周刊》，1992年，2576页(墓地小教堂的邻室)；科不伦次州高等法院，《新法学周刊》-RR，1994年，1351页(对夫妻睡房中物件，需要有配偶的占有意思?)。

---

〔9〕《联邦最高法院民事判例集》，第101卷，186页。

〔10〕此为一致的看法，如参泽格尔/米尔，民法典第854条，边码5；慕尼黑德国民法典评注/约斯特，第854条边码13。关于支配关系之外部可认识性，亦参《联邦最高法院民事判例集》，第44卷，27、32页。

2. 直接占有的继受取得

17 这种形式的占有取得,亦归民法典第 854 条第 1 款调整。此时,除事实管领力之获得外,还需要有原占有人之“交付意思”(Abgabewille)及取得人之“取得意思”(Erwerbswille)(《联邦最高法院民事判例集》,第 67 卷,209 页)。[11] 此外,原占有人必须放弃他原有的对物的管领力(《联邦最高法院民事判例集》,第 27 卷,360、362 页 = 鲍尔,E. Slg.,案例 1;联邦最高法院,《新法学周刊》,1979 年,713 页)。但这里所涉及的并非是法律行为,其占有创设意思也仅要求是一般的意思。甚至在欠缺这种自然的占有转让意思时,仍可成立占有之原始取得。

18 例如:未婚夫住在父母的房子里。未婚妻(原告)将她的嫁妆放置在他房间里,而“未来的公公”(被告)对此不知情。在解除婚约后,未婚妻诉请被告返还嫁妆。帝国法院(《帝国最高法院民事判例集》,第 106 卷,135 页)驳回该诉求,理由是:被告因无取得意思而并未获得占有。——

谁要是把钱匣塞进银行的夜间保险柜里,就是把直接占有转让给了银行(一般的取得意思);故银行也就已取得在其一般交易条款中所规定的质权。——

钥匙之交付 = 占有之转让? 参见联邦最高法院,《企业》,1973 年,913 页,及《新法学周刊》,1979 年,713 页;杜塞尔多夫州高等法院,《新法学周刊》-RR,1996 年,839、841 页(仍保留有另一把钥匙);泽格尔/米尔,民法典第 854 条,边码 17;另参本章边码 78 以下。

3. 通过单纯合意之继受取得

19 由于我们至目前为止一再强调,直接占有之创设,必须要获得事实的对物支配,因此民法典第 854 条第 2 款所规定的这种可能性,就有点使人困惑。若我们考察一下下面这个例子,则立法者于

〔11〕 对此参见达姆劳(Damrau),载《法学教育》,1978 年,519 页。

该规定中所追求的目的就会一目了然：

E是一堆木材的所有权人，而这堆木材堆放在森林里"第三棵橡树边上"。他打算把这堆木材出卖给K，并对K为所有权之让与。那么E与K是否应——顶风冒雨地——在森林里步行至木材堆放处，以完成E对K之木材交付呢？显然法律是不指望他们会这么做的！

故而，民法典第854条第2款所追求的是简便功效（Vereinfachungseffekt）。这个例子也清楚地表明了这种占有取得所须具备的条件，即： 20

（1）出让人之占有；

（2）对取得人来说，拥有"对物——单独地[12]——行使管领力"之可能性。故这里的占有，必须是所谓的"开放占有"（offener Besitz），也就是说，不须另有原占有人或第三人之许可行为，取得人就应能够行使所取得的占有，并将所取得的占有予以现实化。 21

（3）双方当事人之合意。该合意具有法律行为之性质，[13]完全受民法总则关于法律行为规定的调整，比如因意思表示瑕疵而可撤销、可由代理人来实施等等。占有转让之合意，当然也可以以默示方式作成。它在法律上应区别于所有权让与之合意，但在具体之个案中，二者之发生可能结合在一起（联邦最高法院，《新法学周刊》，1979年，714页）。 22

---

〔12〕这在所转让者为单独占有时，意味着出让人要完全抛弃其占有（对此参见联邦最高法院，《新法学周刊》，1979年，715页；古尔斯基，载《德国法学者报》，1984年，604页）。若依民法典第854条第2款，所转让的仅是共同占有时，则其条件不一样；正确阐述者参见韦斯特曼/古尔斯基，§ 13，Ⅲ，1。

〔13〕《联邦最高法院民事判例集》，第16卷，263页；韦斯特曼/古尔斯基，§ 13，Ⅲ，2及其所引资料；威廉，边码325；另说者见埃·沃尔夫，§ 2，E，I，b，2，bb，83页；威灵，卷I，§ 4，II，2，b（认为是事实行为）。

23 在上述例子中,在E同意K立即运走木材,并将“木材清单”交付给K时,则在所有权让与合意中,也存在着占有移转之合意。

占有移转合意无效或因撤销而归于无效,是否意味着原占有人丧失了对物的占有,从而对物的善意取得就成为不可能呢(民法典第935条)?若自纯法律构造上观察,则对这个问题应予以肯定回答,但这与民法典第935条之精神不符:

如在上例中,E依民法典第119条(如因买卖契约与所有权让与合意存在客体错误,参见本书第5章边码8)撤销了契约,则占有转让合意溯及地自始归于无效,占有也就是违反E的意思而移转至K。这样在K将木材运走时,K之占有取得为原始取得。但是对第三人来说,仅须以E事实上已许可K运走木材,也就是说只要E已给予K以信赖,就可以成立民法典第932条之善意取得。因此该撤销之溯及效力,须止于E自己所造成的构成要件(同说者韦斯特曼/古尔斯基,§ 13. III,2)。

4. 通过概括继受与代理人而取得占有

24 由于其中所存在的特殊问题,故置于本书第8章边码1以下以及边码5以下予以详论。

(三)直接占有之丧失

25 占有丧失之法律规定见于民法典第856条。该条规定明确区分事实管领力之“*抛弃*”(Aufgabe)与“*其他方式的*”(in anderer Weise)占有丧失。

1. 事实管领力之抛弃

26 事实管领力之抛弃,须——除外部可认识的*抛弃行为*(Aufgabehandlung)外(联邦最高法院,《新法学周刊》,1979年,714页)——以占有人具有相应的*意思*(Wille)为前提;且如同占有之创设,该意思仅须为自然意思。在交付情形下所为之直接占有抛弃,导致他人——继受——占有的成立;在单方抛弃时,物成为无占有之物,他人对物之占有取得,即为原始取得。

依民法典第 854 条第 2 款所为之占有抛弃，具有法律行为之性质，对此可参本章上述边码 22。

2. 其他方式的占有丧失

“其他方式的”占有丧失，是非自愿的（unfreiwillig）占有丧失，如占有被他人所侵夺（如盗窃），或者如占有人无意识地失去对物的事实管领力。 27

在非自愿的丧失时，物为“非基于占有人之意思而丧失”（abhanden gekommen）；对该物，不适用善意取得之规定（民法典第 935 条）。

在占有抛弃受意思表示瑕疵之影响时，占有之丧失是否为非自愿的呢？在联邦最高法院民事判例集第 4 卷第 10 页之判例中，在对所有权人出示一项——在效力上很可疑的——扣押处分令，且该处分令受益人在一警察陪同下以强力取走汽车对他进行威胁时，所有权人交出了汽车。那么此项汽车之交出行为（占有之抛弃），是否为可撤销（民法典第 123 条）？如果是，则该撤销能否使汽车成为民法典第 935 条所规定的非基于占有人意思之丧失物，从而不能予以善意取得呢？联邦最高法院（上揭第 33 页以下）对此予以否定，但认为“占有抛弃之意思，在本质上是因不堪忍受的胁迫而作出时”（无法抗拒的肉体或精神暴力），就应排除有——自然的——占有抛弃意思之存在。然而在受到民法典第 123 条意义上的不法胁迫时，占有人在大多情况下就抛弃与不抛弃占有，不可能有真正的选择，故应成立非基于占有人意思的占有物丧失。〔14〕 28

最后须指出者，为民法典第 856 条第 2 款之规定。依该条规定，在行使事实管领力时，出现暂时性的障碍，不使占有终止。 29

---

〔14〕 对此参见本书下述第 52 章边码 43 以下。

例如:E 的司机背着 E 不知,星期天驾着 E 的车出去郊游。这并不改变 E 对汽车的直接占有(《帝国最高法院民事判例集》,第 52 卷,117、118 页),此外也不影响 E 作为车主所承担的责任(《道路交通法》第 7 条第 1 款与第 3 款)。

三、间接占有(mittelbarer Besitz)[15]

(一)间接占有之构成要件

1. 概念与基础

30 在前面已一再提过,在通常之语言习惯中,占有人仅指那些对物行使事实管领力的人。然而,法律(民法典第 868 条)也将那些将事实的对物支配交给他人行使的人,当作占有人来处理,因为在法律看来,这些人要把自己当作占有人来对待的利益,是值得保护的。他们对物的关系虽仅是间接的,也就是通过直接占有人(=占有媒介人)而媒介的,但这种间接的对物的关系,应是具有同等价值的占有。

31 这种同等价值性,体现于——但在具体中有突破——占有所具有的全部功能中:保护功能、交付功能与维持功能。间接占有最重要的实践意义,表现为占有媒介关系之成立与物的实际交付,在法律上受同等之对待(民法典第 930 条),而这又体现于动产担保让与制度中。

32 例如:V 打算将所有权让与给 K,但他有先保持对物之直接占有的需求,而这亦为 K 所认可,这样物的(实际)交付可通过如此方式来替代进行,即双方协商成立一个创设 K 的上级占有(间接占有)的法律关系,比如可以约定 V 将来成为现在已属于 K 的物的使用承租人。

E 须举贷;银行 B 愿意为他提供贷款,但条件是他必须对此提供担保。E

〔15〕 对此参阅瓦克(Wacke),“在法律史与法理论中作为交付替代之占有改定”,1974 年;威灵,卷 I,§ 6;同氏著,载《民法实务档案》,第 184 卷,439 页;皮克尔,载《民法实务档案》,第 188 卷,522 页(并有对其立法史的叙述)。

可以将一台昂贵的机器作为担保物,但他在经营中当然需要继续使用这台机器,故他不能在这台机器上设立动产质权(民法典第1205条第1款!)。此时设立动产质权之效果,可以通过另外一种方式达到,即E"以担保之目的"将机器所有权让与给B,而依民法典第929条所要求的交付,则可通过E与B间所约定的占有媒介关系来完成(*占有改定*:Besitzkonstitut, constitutum possessorium),如订立借用契约。

对这种占有媒介关系之成立条件,在具体方面极有争议,其原因是对民法典第868条之理解。民法典第868条列举了一些占有媒介关系的种类,但此仅为例举,因为该条还规定"其他类似的关系"亦可产生间接占有。 33

为获得对间接占有制度的清晰认识,必须先尽可能地自法律规定本身出发。分析民法典第868条之规定,则会产生两项条件:

其一、一人的直接占有;

其二、该人对另一人之关系,且按照这种关系,直接占有人对他人仅是"有期限的"享有对物进行占有之权利或负有占有之义务。

而在具体考察上,我们以民法典第868条所列举的,且为人人所熟知的使用租赁法律关系为分析对象。使用出租人与使用承租人间的法律关系,具有什么样的特征呢? 34

首先可明确的是,使用承租人是直接占有人,且为他主占有人,因为他对物不是"以物属于自己而为占有"(民法典第872条);

其次,使用承租人之占有人地位,来源于使用出租人之法律地位;

再次,使用承租人占有之创设,仅是有期限的,也就是以使用租赁关系存续期间为限;

最后,在租赁关系终止后,出租人享有返还租赁物之请求权。

35 总的印象是：直接占有人（占有媒介人）之地位虽是独立的，但针对间接占有人来说，在法律上却是下级的。

直接占有人因这种独立地位，而区别于占有辅助人（Besitzdiener）（民法典第855条）：只要使用承租人在契约所约定之权限内为行为，他就不需要听从使用出租人就物之使用所发出的指示。在占有辅助人（民法典第855条；典型的例子如工人、雇员）中则相反：就物之使用，因他所处的——社会从属性的——地位，他必须受约束于他的“主人”，即占有人的安排。

2. 间接占有的具体条件

（1）一人之直接的他主占有

36 直接占有人必须具备以用益权人、使用承租人等等之身份，而为占有之意思（《帝国最高法院民事判例集》，第135卷，75、78页）。

但该意思亦仅为自然意思。只要占有媒介人承认他人为其“上级占有人”，就符合此种意思。

（2）占有权之引导

37 直接占有人必须自间接占有人之法律地位中，引导出自己的占有；比如使用承租人自使用出租人之法律地位中、质权债权人自出质人之法律地位中，引导出自己之占有。故在买卖中，在物交付给买受人之前，出卖人并不是买受人之占有媒介人（但注意本书第51章边码33）！

38 占有权之继受并不表示，直接占有必须首先存在于——后来的——上级占有人处，然后再移转至——后来的——直接占有人处。占有媒介人先自第三人处取得物，并立即根据事先已约定的占有媒介关系，而使其契约相对人（如委托中的本人）取得间接占有（所谓的“预期的占有改定”，antizipiertes

Besitzkonstitut)，或者占有媒介人先是直接的自主占有人，然后通过占有改定之约定，承认他人为上级占有人（如房屋的所有权人将房屋出卖给 K，但作为 K 的使用承租人仍住在房屋里），均完全有可能。如果直接占有人得到许可，可以一方面以自己的名义，另一方面以将来的上级占有人的名义，订立一项此种占有意思之改定，则该占有改定的成立是通过自己代理行为（民法典第 181 条）。

例如：K 想在一次油画拍卖中，买下其中的一幅画。由于 K 不熟悉这类拍卖业的规矩，他就委托艺术商人 H 为他竞买这幅画，并给 H 一张空白支票，用以支付买价（隐名代理类型：买入行纪）。此时画的所有权首先让与给 H，然后 H 必须按照与 K 间的事务处理关系，将所有权继续移转给 K。后一所有权之让与，可依民法典第 929 条规定意义上的“交货”（ = 所有权让与合意和动产交付）来实现。但经常会存在所有权立即移转至 K 的需求（因为只要 H 还是所有权人，就存在着 H 的债权人对这幅画实行扣押的危险）。而这可按照民法典第 930 条所规定的所有权让与方式来实现，而且所有权让与合意与占有改定合意现在就达成，也就是——相对于实际的占有取得来说——事先完成，即“预期地”作成（联邦最高法院，《新法学周刊》，1964 年，398 页）。同样的结果也可依民法典第 181 条之自己代理行为来达到，且由于 H 对“立在后面的人”K 所为的画的所有权让与行为，只是履行其（基于民法典第 675 条、667 条的）义务的行为，故对此不需另有特别的许可。但这种自己代理行为是否必须为外部所认识，比如 H 在 K 来取画之前，要将 K 的名字贴在画上并储放在储藏室里，则颇有疑问（对此参见本书第 51 章边码 30）。 39

所谓的占有权之继受，意味着上级占有人之法律地位，比占有媒介人的法律地位更为广泛（即常说的上级占有人之上级地位）；也就是说，占有媒介人之占有法律地位，是上级占有人全部法律地位的一部分。 40

所有权人只是自他所有权之全部内容中，将用益权能转让给用益权人，将变价权能转让给质权债权人，将对他的物的照管交给保管人。所有权保留买卖中的出卖人，则将对物的使用许可给买受人（联邦最高法院，《新法学周刊》,1953 年,217 页 = 鲍尔,E. Slg.,案例 23)。

41 但不能基于上述而认为,享有全面性权利之权利人,不可能是直接的他主占有人。比如所有权人 E 先将他的房屋使用出租给 M,其后自己又作为 M 的转使用承租人,住在这幢房子的一间房中,这样就这间房来讲,E 是直接的他主占有人,M 是第一级的间接的他主占有人,然后 E——就整个房子来说——是第二级的间接的自主占有人。

多个占有媒介关系间可相互“叠建”(民法典第 871 条)。黑克氏形象地称之为“占有大厦”(Besitzgebäude)。比如法院执行人扣押了 E 的某一动产,但他将该动产盖上扣押封印后,又留在 E 的持有之下(民事诉讼法第 808 条第 2 款),此时同样形成“占有大厦”:E 是直接的他主占有人,法院执行人——基于其持有义务——是第一级的间接的他主占有人,债权人 G——基于他因扣押而获得的担保权与变价权(= 质权)——是第二级的间接的他主占有人,最后 E——作为所有权人——第三级的间接的自主占有人。〔16〕 E 清偿对 G 的债务,法院执行人取消扣押时,则该占有大厦就毁塌,E 重新成为直接的自主占有人!——其他例子可参:联邦最高法院,《德国法学者报》,1964 年,130 页 =《新法学周刊》,1964 年,398 页;《新法学周刊》,1997 年,2110、2111 页(亦参本章边码 55 以及第 51 章边码 39(二)以下)。

(3)时间上的限制

42 直接占有人地位之时间上的限制(《联邦最高法院民事判例集》,第 85 卷,265 页),明确地产生于民法典第 868 条规定之文义(“有期限的”,auf Zeit)。但在所约定期限届至时,物并非必须要返还给间接占有人;占有媒介关系之结束,完全有可能因为直接占

---

〔16〕 见鲍尔/施蒂尔纳,卷 I,“特别强制执行法”,边码 28.22;罗森贝格/高尔/席尔肯,§ 51,III。

有人取得了所有权。

这在所有权保留买卖中通常如此。在这种情形中，随买卖价金之全部支付，占有媒介关系自动归于消灭。

(4)间接占有人之返还请求权

由其时间要素就已产生出，上级占有人必须拥有一项针对占有媒介人的——哪怕仅是附条件或附期限或者依赖于某一形成权(如终止权、解除权)之行使的——返还请求权(《联邦最高法院民事判例集》，第85卷，265页)；如出租人在租赁期限届至时(民法典第556条第1款)、所有权保留买卖之出卖人在行使其解除权后(民法典第346条第1句、第455条)，就享有返还请求权。 43

该项返还请求权，并不一定要产生于作为占有媒介基础的法律关系：无行为能力人E，将他的房屋使用出租给M，则该使用租赁关系无效，因而也就产生不出返还请求权。但E享有基于民法典第985条所生的这样一项请求权，而这就够了。此时的条件仅是：依据法律制度存在一项返还请求权。 44

与此相区别的另一争议性[17]问题，为占有媒介关系本身，在法律上是否必须有效(rechtsgültig)。如在上例中，是否因为使用租赁契约无效，而否认无行为能力人E的间接占有，进而在对第三人之关系上，拒绝对他的占有保护权利呢？[18]在对这个问题的回答上，如以创设“间接占有”这个法律制度所追求之目的为出发点的话，则间接占有之最低构成要件须仅为，占有媒介 45

[17] 就该问题之全面阐述者，参见舍恩菲尔德(Schönfeld)，载《德国法学者报》，1959年，301、302页；威灵，载《民法实务档案》，第184卷，439、442页；以及泽格尔/米尔，民法典第868条，边码10；韦斯特曼/古尔斯基，§ 17,5及其引证。

[18] 否认观点者如《帝国最高法院民事判例集》，第86卷，265页；第98卷，133页；这主要体现于早期学说中。

人基于一项哪怕仅是假想有效的法律关系,而"为"上级占有人行使占有。[19] 否则的话,恰恰在上级占有人需要特别保护时,而他的地位常常——如在本例中就是如此——又是不牢靠的。当然,这里的返还请求权必须——民法典第 868 条所要求的"时间要素"已导致这一点——永远是有执行力的。若返还请求权无执行力,则在事实上就不可能谈得上有占有媒介关系之存在,通常也就没有理由要对——假想的——上级占有人进行保护。[20]

46 例如:D 对一辆使用承租来的汽车实施侵占。在将这辆车运到国外转卖之前,他把它交给知情的 R 进行"改装"。该承揽契约无效(民法典第 134 条、第 138 条)。但 D 也不享有有效的返还请求权;他既不能依据民法典第 985 条(因为他不是所有权人),也不能依据民法典第 812 条(参见民法典第 817 条第 2 句),请求汽车之返还。D 将汽车通过返还请求权让与之方式,出卖给善意之 K,则 K 依民法典第 934 条第 1 种情况不能成为所有权人(因为 D 不是间接占有人!)。只有在 K 自 R 处取得占有,并在取得该占有时仍为善意时,K 才有可能取得所有权(民法典第 934 条第 2 种情况)。

3. 民法典第 868 条所规定之类似的法律关系

47 在详细讨论完间接占有之条件后,现在我们可以来看看,在民法典第 868 条中,哪些"类似的法律关系"可作为间接占有之基础。首先,这种关系仅只能是某一特定(bestimmt)的法律关系

---

〔19〕 在结论上同此者,如联邦最高法院,《新法学周刊》,1955 年,499 页;《有价证券法通讯》,1985 年,1433 页;《联邦最高法院民事判例集》,第 85 卷,265 页;尧尔尼希,民法典第 868 条,评注 3b;此为通说。对此参见《立法理由书》,第 3 卷,99 页:"此外须注意者,…占有问题与…使用租赁是否有效之权利问题无关。"此外请参阅本书第 51 章,边码 23。

〔20〕 对此予以拒绝者,威灵,上揭氏著,448、449 页(该氏否认返还请求权之必要性)。对此态度不明朗者,联邦最高法院,《新法学周刊》,1955 年,499 页;《联邦最高法院民事判例集》,第 85 卷,265 页,但后者更可能只要求有自愿的予以返还之准备。同本书观点者尧尔尼希,民法典第 868 条,评论 3b;施瓦布(Schwab)/普吕廷,§ 10,II,2;泽格尔/米尔,民法典第 868 条,边码 10;韦斯特曼/古尔斯基,§ 17,6;曼弗雷德·沃尔夫,边码 138。

(《联邦最高法院民事判例集》,第73卷,257页)——基于该条示范性列举的各种法律关系,即可得出这一结论——,一项为他人进行占有的一般性约定,不能作为间接占有之基础(具体化的占有改定,而无抽象的占有改定)。

这一尤其对动产担保性让与具有重要意义的要求,一直为司法判例所着重坚持(参见本书之51章边码22、第57章边码9)。但在担保实践中,这种对占有改定之约定的具体性要求,常常已流于口头上的空话,因为担保提供人只须号称,他自现在起对因担保而让与的机器,是以借用人或管理人之身份而为被担保人(如银行)进行占有,就可以达到占有改定之目的。 48

“类似”法律关系可产生于契约、法律或依据法律的国家主权行为。 49

(1)契约:如承揽契约、货物运输契约、仓储契约、运输代理契约、卖出委托(=行纪)、所有权保留买卖(《联邦最高法院民事判例集》,第10卷,69、71页;第28卷,27、28页)。

(2)法律:亲权(民法典第1626条;联邦最高法院,《新法学周刊》,1989年,2544页)或婚姻共同生活关系(民法典第1353条;《联邦最高法院民事判例集》,第73卷,257页)、无因管理(《帝国最高法院民事判例集》,第98卷,131页;有争议!)。

(3)依据法律的国家主权行为:破产与遗产管理、遗产保佐、强制管理、扣押(联邦最高法院,《新法学周刊》,1993年,935、936页。r. Sp.)。

4. 间接占有人是真正的占有人

依立法之意旨(民法典第868条),间接占有人亦是真正的占有人。只要法律提到“占有”或“占有人”,在理解上均应包括间接占有。当然这只是一项不很精确的法则。比如在民法典第935条中(在民法典第858条、第869条亦是如此),指的显然仅是直接占有,因为只有在直接占有人处,才会发生物被盗窃或其他丧失之情形。民法典使用“占有”概念时,是否有这样的例外存在,只有在对所涉及的各规定进行解释时才能确定。 50

（二）间接占有之取得

51 在民法典第 868 条所规定之构成要件新产生时（下述 1），或者在已成立之间接占有转让给他人时（下述 2），可成立间接占有。

1. 间接占有之新产生

只要符合民法典第 868 条所规定之构成要件，就产生间接占有。其主要情形有：

（1）原直接占有人通过约定一个占有媒介关系，将直接占有转让给他人，而自己成为间接占有人（如所有权人将物使用出租）。

（2）原直接占有人仍保留有事实的对物支配，但通过约定一个占有媒介关系而使他人取得间接占有。[21]

其主要情形为动产担保性让与：作为原所有权人与直接占有人的 E，将机器所有权以担保之目的让与给他的银行 B，并以约定一项占有媒介关系而替代交付（民法典第 930 条）。

52 下列情形，视同为间接占有之新产生：

（1）在直接占有人取得占有之前，已达成占有媒介关系之约定（所谓预期的占有改定，参见本章上述边码 38 以下）。

如在上例中可约定，E 以后购置的替代老机器之新机器，其担保所有权亦属于银行。

53 （2）依法成立占有媒介关系，如就全部或部分财产照管，设立照管人（民法典第 1896 条第 2 款、第 1901 条第 1 款），或命令进行

---

〔21〕 这也可以通过——如前所述（本章边码 38 以下）——外部可认识的自己代理行为（民法典第 181 条）而发生。

保佐(民法典第1909条、1911条)。依此,在占有媒介人(如照管人)取得属于被照管人财产之物的占有,或为被照管人受领该物时,他就使他人(被照管人)取得间接占有。在破产管理人与遗产管理人中亦是如此。

2. 间接占有之转让

其转让方式,可为民法典第870条所规定之返还请求权让与 54
(民法典第398条),且对占有媒介人不必为让与事项之通知。

对让与处于第三人占有中的物的所有权(民法典第931条),返还请求权让与具有特别重要的意义。而让与基于占有媒介关系而生的请求权,即使在让与人为无权利人时,受让人也能取得所有权(民法典第934条第1种情况;详参本书第52章边码20以下)。

与间接占有之转让(Übertragung)应相区别者,为创设(Begründung)"更 55
高一级的"间接占有。比如所有权人E将已使用出租给M的汽车,为担保之目的,通过约定占有媒介关系而让与给G,此时成立多级间接占有(对此参见联邦最高法院,《新法学周刊》,1959年,1537页;1964年,398页;还可参本章边码41以及第51章边码39,第2点以下)。

(三)间接占有之丧失

在缺失某一成立要件时,间接占有消灭。 56

1. 直接占有人之占有丧失

首先,在直接占有人丧失其直接占有时,间接占有即归消灭。直接占有人之丧失占有,可为自愿抛弃(如转让给他人),也可为违背其意思之被侵夺,亦即非基于其意思的占有丧失。在第一种情形中,间接占有之存续,不取决于间接占有人是否同意占有之抛弃。

例如:借用人背着出借人不知(违背其意思),将物出卖给D。此时出借 57

人之间接占有消灭。而该物并非为非基于意思的占有丧失，故 D 可依民法典第 932 条而取得所有权。

在原直接占有人成为间接占有人时（如借用人自己又将物出借给他人，但在出借时并不号称自己是所有权人），原间接占有人（＝第一出借人）并不丧失其占有，而是获得更高一级的间接占有。

2. 公然抛弃占有媒介意思

58 其次，在直接占有人以外部可认识之方式，不再承认上级占有人为其上级占有人时，则间接占有亦归消灭。故这里发生一项在外部可认识的意思改变，且该意思改变之表示，不必直接针对间接占有人作出。[22] 此外，直接占有人是否因此而违约甚或其行为为犯罪行为，对于间接占有之丧失不生影响。

例如：E 的有价证券放在 B 处保管（如放在保管箱里），B 将它出卖给 D——其原因可能是 B 将其与自己的有价证券搞混了，或者 B 故意要侵占它——，则即使在 B 为担保之目的，通过设立占有改定而将有价证券让与给 D，也就是说以与 D 新约定的占有媒介关系取代原来与 E 的占有媒介关系时，E 也丧失其间接占有。

59 有疑问者，新约定的占有媒介关系（B－D），是永远使原有的占有媒介关系（B－E）归于消灭，还是有这样的可能，即 B 既可以为 E，又可以为 D 媒介占有？后一种情形被称之为“间接的并存占有”（mittelbarer Nebenbesitz）。司法判例（《帝国最高法院民事判例集》，第 135 卷，75 页；第 138 卷，265 页；《联邦最高法院民事判例集》，第 28 卷，16、27 页；第 50 卷，50 页以下）拒采这一学说。[23] 该问题之意义，主要体现在：

---

〔22〕 联邦最高法院，《德国法学者报》，1966 年，234 页；《新法学周刊》，1979 年，2038 页；《新法学周刊》，1993 年，535、536 页 r. Sp. 。

〔23〕 其论证参见泽格尔/米尔，民法典第 868 条，边码 26，以及皮克尔，载《民法实务档案》，第 188 卷，511、533 页；并参韦斯特曼/古尔斯基，§ 19，II，4；尧尔尼希，民法典第 868 条，评注 7；梅迪库斯，“民法”，边码 558 以下。

(1)依据民法典第934条之善意取得(详见本书第52章边码24),以及

(2)所有权保留买卖中买受人期待权之担保让与(详见本书第59章边码35)之中。

3. 返还请求权之消灭

最后,在返还请求权比如因时间之经过、解除条件之成就等而归于消灭时,则间接占有亦消灭。 60

例如:E将物以担保之目的,依据民法典第930条让与给银行B,则在与银行之信贷关系结束时,银行之间接占有也归于消灭。

第三节　依当事人社会从属关系而生之占有法律关系的规则:占有人与占有辅助人[24]

一、占有辅助(Besitzdienerschaft)之构成要件

(一)意义与功能

如前所述,直接占有之特征为事实的对物支配。假如只是从字面上来理解占有的这项基本特征,则任何一个处于他人企业、商店或家政中——也就是处于从属性地位——的人,由于对交给其使用的物可以行使事实管领力,从而也就成为占有人。这样他就应该有权针对任何人(甚至针对他的“主人”!),行使占有保护权利,有权将占有转让给第三人;而本针对占有人之请求权(如民法典第985条),也应针对他而提起。这种思考方式,显然与通常之生活观念不相吻合;通常之生活观念——尽管对所有权与占有未 61

〔24〕 霍克(Hoche)/H·韦斯特曼,“通过占有辅助人之占有取得与占有丧失”,载《法学教育》,1961年,73页以下。

进行严格区分——,对这种社会从属关系及于财产秩序世界的影响,还是有着一个准确的感觉。

没有人会说,女佣是住宅的占有人;即使在"主人"外出旅游时,也不会这么说。同样,工人之于机器与工具、银行出纳员之于钱箱中的钱、公务员之于外出公务所驾驶的公务车等等,也没有人会说这些人就是这些物的占有人。

62 法律考虑到这种观念,拒绝这些在从属关系中从事活动的人,享有占有人资格;再者,只要立法想要达到合乎实际之结论,也必须要拒绝这些人的占有人资格。假如一方面给予这些人那些与占有相联系的权利(比如——甚至可针对主人的——占有保护权利、占有人所拥有的转让可能性、有利于占有人之公示功能),另一方面又使他们负担自占有中所产生的义务(这只要看看民法典第836条所规定之责任就够了!),则必然与实际生活不相符。

63 民法典解决这个问题的技巧是:在民法典第855条中,这些处于从属地位的人,尽管对物有直接的关系,但民法典不视他们为占有人,而仅把他们当作占有辅助人来对待;相反,仅是那些享有指示权而处于上级地位的人,才被视为占有人。

(二)指示之服从(Weisungsunterworfenheit)

64 若要对上述很概括的占有辅助之构成要件,予以具体化的话,民法典第855条规定之自身,就是极其重要的出发点。通过使用"为他人""在他人之家政或营业或其他类似关系中"这些话语,民法典显然将指示之服从,作为占有辅助的特征标志。指示服从的对立面,也就是"主人"在任何时候均有发出指示之权限。主人可在任何时候,将其下属所负有的一般性义务(如作为泥瓦匠的工作),确定为具体特定的给付,也可以变更其雇员与提供给该雇员予以支配的物之间的关系。

故在指示之服从中,可看出所谓占有辅助的本质性构成要件标志65《联邦最高法院民事判例集》,第16卷,259页;第27卷,363页;另说者,威灵,卷I,§ 4,IV,1. a,bb:"依交易观念所期待的意思上的隶属")。另一些学者称其为——与上述并无本质区别——"命令与服从"(Befehl und Gehorsam)(沃尔夫/赖泽尔,§ 6,III),或"社会从属性"(soziale Abhängigkeit)(黑克,§ 7,3)。如前所述,恰在这里存在着与占有媒介关系之区别。虽然在占有媒介关系中也有上、下级关系,但占有媒介人地位,为所选择的契约类型(如使用借贷契约)的内容所决定。占有媒介人只要在所约定的或为法律所规定的范围内为行为,则他就不需要接受间接占有人之指示。

某人租用一辆卡车,为期一周。若使用出租人嗣后"命令"他,车子晚上10点必须进车库,则使用承租人对此可不必理会。要使这样的命令具有法律约束力,则必须约定进契约中。但在营业主将汽车提供给雇员性质的司机或者驻外商务代表支配时,这二人对汽车之法律地位,又与前者不同! 66

(三)从属关系

从属关系之产生,是基于私法还是公法,是基于契约还是直接基于法律,其存续是长期还是临时,均在所不问。占有辅助人是否具有为占有主进行占有之意思,亦不重要(《联邦最高法院民事判例集》,第8卷,133页)。再者,该从属性亦不必为外部所认识;[25]当然在欠缺其外部可认识性时,占有人享受着极其广泛的好处,并因对公示原则之突破而极有害于权利交易。 67

例如:如工人与雇员(法律基础:雇佣契约)、公务员(法律基础:公法上的公务员关系,即所谓特别的权力关系)、孩子对于由父母交给他们的 68

〔25〕 另说者参见《联邦最高法院民事判例集》,第27卷,363页;泽格尔/米尔,民法典第855条,边码3及其他;韦斯特曼/古尔斯基则认为在物权取得范畴中,通过占有辅助人而创设占有时,应要求具备外部可认识性。

物——即使孩子自己是物的所有权人——(法律基础:亲权)、[26]妻子对于因丈夫突遭被捕而由她继续经营的营业(联邦最高法院,《联邦最高法院裁判汇编》,民法典第855条,第3号)[27],等等均是占有辅助人。

69 由于劳动法律关系(基于私法规范或者公法规范)的从属特性是显而易见的,故而可以毫不夸张地说,我们这些人越来越多地成为占有辅助人大军中的一员。其结果就是,我们这些人所创造的劳动成果,其所有权——与民法典第950条之规则相反——自始就属于我们的老板,我们为他工作,我们为他加工!

70 *法人之机关*(Organe juristischer Personen),不是占有辅助人。由法人机关所行使的事实的对物支配,归为法人自己之行为,故而法人是占有人(《联邦最高法院民事判例集》,第56卷,77页;第57卷,166、167页;此为普遍的看法,如韦斯特曼/古尔斯基,§ 20,II,2;威灵,卷I,§ 4,I,3,a。持另说者如埃·沃尔夫,§ 2,E,II,b,2,第86页)。如若机关执行人公然表示不再为法人,而是为自己行使占有,则法人丧失直接占有,机关执行人——通过禁止之私力(下述本书第9章边码2以下)而——取得自主占有。关于共同共有性的共同占有,参见本章边码79以下。

二、法律效果

(一)占有辅助人无占有人资格

71 占有辅助的法律效果——自占有辅助人之角度看——首先是消极的:尽管占有辅助人——单独或与“主人”一起——行使着事

---

〔26〕 父母为孩子管理其物(民法典第1626条)并占有其物时,则父母本身又是孩子的占有媒介人!对此参见本章上述边码49中(2)之下。此时的占有阶梯是:孩子的所有权与间接占有、父母的直接占有、孩子的占有辅助。孩子在年龄较大时,有时反而可为直接占有人。

〔27〕 值得一读的案例,参见波恩州法院,州中等法院(LG),《泛亲属法杂志。公法与私法中的婚姻与家庭》,1967年,678页及博施(Bosch)对此之评论:妻子受领寄给丈夫的信件。相反,对婚姻家用器具通常成立共同占有(本章下述边码81以下),与此同时,行使占有之配偶,为所有权人之配偶媒介其间接占有(《联邦最高法院民事判例集》,第73卷,257页;本章边码49(2)之下)。

实管领力，但“仅以该他人为占有人”。这意味着：占有辅助人不享有占有保护请求权、不能针对占有人行使自力防御权（但对外却有可能，见下述（二））、无占有转让之权限（占有辅助人违背占有人之意思将物交给第三人时，则该物就是法律意义上的非基于占有人意思之丧失，这对适用民法典第 935 条极为重要！）、[28]也不享有民法典第 1006 条之推定效果。

由于“仅以该他人为占有人”，这样占有辅助人在从属关系范围内获得对物的事实管领力时，就是为其“主人”取得了占有。 72

这具有非常重要的意义，因为通过占有辅助方式，虽不能自法律构造上，但在实际结果上，可实现占有取得上的代理（参见本书第 8 章边码 7 以下）。

例如：独立的生活品零售商比尔克（Birk）将他的店铺卖给一个连锁店，同时自己仍保留为该分店负责人。在店铺转让几天后，比尔克未经授权将一货架卖给——对转让不知情的——K，则 K 不能取得所有权，因为该货架为非基于（现）占有人意思之丧失物（民法典第 935 条）：（外部不可认知的）指示之服从（“社会从属性”），要强于直接占有之外部表象（对此有争议）。

《联邦最高法院民事判例集》，第 8 卷，130 页：电影院的引座员在电影院里拾到一枚钻戒。依照电影院的营业规定，她应将拾得物交给值班经理；也就是说依该院营业规定，她为雇主所获得的，不仅是民法典第 854 条意义上的，而且还是民法典第 965 条意义上的事实管领力，故她仅是占有辅助人，也就不能依民法典第 973 条取得所有权。——另参慕尼黑州高等法院，《新法学周刊》，1987 年，1830 页：“将军剑之嗣后争端”。

（二）占有辅助人针对第三人之自力防御权

如果将占有辅助人针对第三人之自力防御权也予以剥夺，那 73
就脱离生活实际了。故此民法典第 860 条规定，占有辅助人得“行使”自力防御权，且即使在这种自力防御权超出一般的正当防

---

〔28〕　对此参见有启发性的案例：班贝克州高等法院，《新法学周刊》，1949 年，716 页。

卫权时,亦不妨碍其行使。

如在我们上面所举的例子中,分店负责人看见一个顾客偷偷将一听罐头塞进包里,则他可以在出口处将这个顾客拦住,并将罐头——必要时可使用强力——取回来(民法典第859条第2款)。商店里的售货员,即使是盗窃事件不是发生在她所负责的部门,也显然享有同样之权利。由此可看出,自力防御权之享有,不以委托给占有辅助人之物为限。

相反,在连锁店所有人违背分店负责人之意思,取走收款记录机时(因为分店用一个更小的机器就够了),则分店负责人对此不能予以抗拒。若因此发生扭打——我们假设,如此充满激情者,大有人在——,则分店负责人为不法。这表明,劳动法上工作岗位权(ein Recht am Arbeitsplatz)是否应受承认的问题,在占有法上是无法解决的;在占有法上,占有辅助人对占有人永远为不法。

此外,假如所有权人不是以强力取走钱箱,而是借助于法院,则其诉求基础就不是民法典第985条(因为分店负责人不是占有人),而是劳动契约。依据劳动契约,雇员应遵从雇主之指示。就该争端作出判决者,也不是民事法院,而是劳动法院(《劳动法院法》第2条第1款第3项)。

(三)占有辅助之终止

74 一旦占有辅助人终止指示之服从,则占有辅助人之地位亦告终止。但占有辅助人单纯之意思变动,尚不足以引起其地位之终止,该意思变动必须公示于外。

例如:原经理人买下企业,则因此而成为其占有人。——在上例中若引座员没有交出钻戒,而是带回家中,则她成为占有人;但该钻戒对电影院所有权人来说,为非基于其意思之丧失。

(四)占有辅助人对占有人所负之责任

75 占有辅助人对占有人所负之责任,产生于指示法律关系,如产生于对雇员责任进行限制的劳动契约关系（对此可参非常值得一读的联邦劳动法院之判例，载《泛亲属法杂志》《公法与私法中的婚姻与家庭》，1975 年，90 页，及芬（Fenn）对此案之评论；以及联邦劳动法院——总庭——《新法学周刊》，1995 年，210 页及其引证）。

第四节　依占有权利是否受他人之限制而区分的占有种类：单独占有——共同占有

一、单独占有（Alleinbesitz）

在单独占有中，占有人排除其他所有的人，而完全由自己一人行使事实的对物支配；换句话说，其占有人地位不受其他人的限制。 76

我们在前面（本章边码 8）已提及的部分占有（Teilbesitz）（民法典第 865 条），也是单独占有。

单独占有人：一幢房屋、一辆汽车等等的所有权人或使用承租人。

一部占有人：一间房间的使用承租人、作广告用的房屋一扇墙的使用承租人。〔29〕

即使是一部占有，也拥有占有上所存在的所有功能，如占有保护（亦可针对其他一部占有人！），或交付作用（如使用承租人将占有转让给转使用承租人，转使用承租人所获得的也是一部占有；即使在转租为使用租赁契约所不许可时，亦不影响转使用承租人一部占有之取得）。

二、共同占有

共同占有中的占有法律关系要比单独占有复杂得多，下面的 77

---

〔29〕 对此参见泽格尔/米尔，民法典第 865 条，边码 5。

例子可说明这一点：

(1)一幢房屋的所有使用承租人仅有一间洗衣房、仅有一个自行车棚可供使用。

(2)A与B共同购置一辆汽车；由于他们彼此不信任，A掌管汽车钥匙，B掌管车库钥匙。

显然共同占有有不同的形式。共同占有人之地位问题，一方面体现于共同占有人彼此间的关系中，另一方面体现于“对外关系”中。

(一)共同占有之种类

1. 简单的共同占有(Schlichter Mitbesitz)

78 简单的共同占有，是指每一个共同占有人，均可以独立地行使事实的对物支配，只是同时须顾及其他共同占有人之利益。

案例：如上举例(1)。多个使用承租人共同使用花园，且未对花园在平面上予以划分(如有划分的话，则是一部占有！)；带膳宿的小旅社仅有一个洗澡间可供使用承租人使用；多单元住房的使用承租人仅有一个电梯可供乘坐(《联邦最高法院民事判例集》，第62卷，244页)；进入一房间或打开一保险箱，数人各有一把钥匙(联邦最高法院，《新法学周刊》，1979年，714、715页l. Sp.；《新法学周刊》，1993年，935、936页r. Sp.；但在“应急用的”钥匙保管中，不成立共同占有：杜塞尔多夫州高等法院，《新法学周刊》-RR，1996年，839、841页l. Sp.)；多个住房所有权人仅有有限的杂物堆放地可供使用(柏林市高等法院，《新法学周刊》-RR，1994年，912、912页l. Sp.)。

2. 共同共有性的共同占有(Gesamthänderischer Mitbesitz)

79 数人只能以共同共有之方式来行使占有的，则成立共同共有性的共同占有。

案例:如上举例(2)。A 与 B 以银行仅只能对他们二人共同为交还之方式,将有价证券储存在一个银行(即共同共有性的间接共同占有;对此参见依民法典第 1206 条第 1 种与第 2 种情况设定质权时的可能性)。

不能自“共同共有性的共同占有”这一——非常流行的——表述,而推导出这种占有形式仅只能(而且永远)存在于共同共有关系中:A 与 B 是一块土地的一般共有人,份额一人一半;他们按使用范围对土地予以平面划分,则他们是一部占有人;若每个人都可以使用整块土地,则成立单纯的共同共有;若他们仅只能共同踏入这块土地(双重加锁!),则他们是共同共有性的共同占有人。涉及到银行保险柜时,银行与顾客间共同共有性的共同占有,只成立于保险柜之本身,但不成立于保险柜之内容(Inhalt),因为银行对此无占有意思(杜塞尔多夫州州高等法院,《新法学周刊》- RR,1996 年,839、840 页 r. Sp. ;另参本书第 55 章边码 17,(4)之下)。

有争议的[30]是无限责任公司(OHG)与两合公司(KG)中的占有关系问题。司法判例(联邦最高法院,《德国法学者报》,1968 年,69 页;《联邦最高法院民事判例集》,第 57 卷,166 页)认为,公司本身——与法人类似(本章上述边码 70)——是占有人,而业务执行股东所实施之对物支配,则“归为”公司之行为。就这两种公司形式与法人性质之接近(商法典第 124 条)来看,这一点或有其理由。但在民法之合伙中,则又仅视实施直接对物支配之合伙人为直接占有人(在结果上同此者《联邦最高法院民事判例集》,第 86 卷,300、307 页;同卷 340、343 页;另说者弗卢梅,上揭氏著,99 页以下),其他的合伙人通常是间接占有人。 80

占有人间处于不同的占有级别时,也可能成立共同占有(形成占有阶梯的共同占有,参鲍尔,载《新法学周刊》,1967 年,22 页;不同意见者,《联邦最高法院民事判例集》,第 85 卷

例如:A 与 B 以共同共有方式购置一辆汽车。A 应将汽车放置在他自己

〔30〕 对此亦参柏林市高等法院,《新法学周刊》,1977 年,1160 页;泽格尔/米尔,民法典第 866 条,边码 2;施泰因多夫(Steindorff),载“克龙施泰因(Kronstein)祝寿文集”,1967 年,151 页;同氏著,载《德国法学者报》,1968 年,70 页;弗卢梅,卷 I,1,§ 6 及其所引资料;库兴克(Kuchinke),载“保利克(Paulick)祝寿文集”,1973 年,45 页;朗格/沙伊欣/席曼,案例 2,II,1,b。

所有的车库里,并单独保管汽车与车库钥匙。但二人对汽车之使用仅为共同共有之方式。此时A享有对汽车的直接占有,但同时他又为B媒介间接占有。作为直接占有人之A,一部分是自主占有人,另一部分为他主占有人。而在共同占有中,也一部分是直接占有(A),一部分是间接占有(B)。

3. 对婚姻住房之占有关系

81 与男女平权原则相应,对婚姻住房与动产通常成立夫妻双方简单的共同占有。[31] 若对某一动产仅配偶一方享有所有权,则为共同占有之配偶另一方,是所有权人一方的占有媒介人(民法典第1353条)。[32] 而对只为其所专用的物,配偶各方均有单独占有。这不仅适用于法定的净益共同财产制,也适用于分别财产制。而在(夫妻约定)共同财产制中,配偶一方受委托管理共同财产时,则他/她通常是整个财产的直接单独占有人,而配偶双方则又是间接的共同共有性的共同占有人。[33]

须注意者,民法典第1006条所规定的推定作用,部分地被民法典第1362条所排斥(理由是:在动产之婚姻财产中,其所有权关系与占有关系常常是不清晰的,故也不应有害于债权人之利益)。

82 例如:法院执行人受丈夫M的债权人G的委托,在婚姻住房中扣押一台

〔31〕 策勒州高等法院,《泛亲属法杂志。公法与私法中的婚姻与家庭》,1971年,28页及其引证;对此有争议,参见格恩胡贝尔/克斯特尔·瓦尔特伊恩(Coester - Waltjien),“亲属法”,1994年4版,§ 34,II,3;帕夫罗夫斯基,“作为组织的民法上的婚姻”,1983年,24页;斯米德(Smid),载《法学教育》,1984年,101、104页。关于离婚诉讼中的占有关系,见联邦最高法院,《新法学周刊》,1977年,43页。

〔32〕 《联邦最高法院民事判例集》,第73卷,257页,以及本章上述边码49(2)之下;关于依据民法典第1357条处理事务时,夫妻所有权之取得,现参《联邦最高法院民事判例集》,第114卷,74页,以及本书下述第51章边码27。

〔33〕 关于此项—在细节上有争议之—问题,参见:泽格尔/米尔,民法典第866条,边码6;帕兰特/巴森格(Bassenge),民法典第866条,边码3以下、5;《联邦最高法院民事判例集》,第12卷,380、398页;哈姆州高等法院,《新法学周刊》,1956年,1681页。

钢琴(法院执行人为此项扣押之权限,基于民诉法第739条之规定)。若妻子F以她是这台钢琴单独所有权人之主张而进行干预时(民诉法第771条),则尽管有民法典第1006条第1款第1句之规定,F仍需对其主张负举证责任(民法典第1362条第1款)。而F能证明这台钢琴为其所专用,则证明M为其单独所有权人之举证负担转归G(民法典第1362条第2款)。[34]

其他的例子:联邦最高法院,《新法学周刊》,1976年,238页:妻子仅须证明她所有权之取得,而不必证明她所有权之存续;联邦最高法院,《新法学周刊》,1992年,1162页;1993年,935、936页:结婚之前配偶一方之占有所建立的民法典第1006条之推定作用,在结婚以后不因民法典第1362条第1款之规定而受影响(亦参鲍尔/施蒂尔纳,I,"特别强制执行法",边码19.1以下、19.4)。[35]

(二)共同占有在法律上的处理

1. 内部关系

法律关于共同占有仅设一条规定,即民法典第866条。该条 83
所规定的,是共同占有人彼此间的关系,并"在涉及各占有人所享有的使用范围时",限制占有保护权利之主张。这就是说:在一共同占有人完全排除其他共同占有人对物之使用时,则被排除的共同占有人得享有通常的占有保护权利;[36]若仅就使用范围发生争议,则各共同占有人不得主张占有保护权利,而必须求诸于成立共同占有之法律关系。该规定之目的,在于防止出现——有时是使用暴力的(民法典第859条!)——相互斗殴的局面。

---

〔34〕 对此参见本书下述第51章边码25。

〔35〕 对非婚同居占有关系之研究,参见利普(Lipp)氏,载《法学教育》,1982年,18页;对非婚同居关系,不能类推适用民法典第1362条之规定(有争议,参见鲍尔/施蒂尔纳,卷I,"特别强制执行法",边码19.9;另说者,坦(Than),载《新法学周刊》,1995年,1458页及其引证)。

〔36〕 《联邦最高法院民事判例集》,第29卷,377页;科隆州高等法院,《德国法月刊》,1978年,405页。

84 例如:其“典范”就是使用承租同一房屋时,共同使用同一洗衣房!若使用承租人A在门上安装新锁,不让其他使用承租人使用洗衣房,则其他每一使用承租人均享有民法典第859条以下所规定的占有保护权利(也包括自力防御权!)。若A或B声称,他“洗衣服时间”为每星期一、则对此不存在占有保护。他们的争端应依使用租赁契约(房屋管理规章或其他类似者)来解决(但这里有法律构造上的困难,因为各使用承租人彼此间并无法律关系!对此参见梅迪库斯,载《民法实务档案》,第165卷,115、138、139页)。为克服此项困难,一方面法律试图将造法任务转让给法官,参阅《住宅所有权法》第43条;另一方面在必要时,司法实践也借助假处分所具有的保护法律和平之功能(民事诉讼法第938条、940条;参见鲍尔/格伦斯基(Grunsky),“民事诉讼法”,§ 19及其所引资料)。

85 M在与其同居女伴F闹翻之后,将其新女友带进由F单独使用承租但由二人共同居住的屋子。F不能对M主张民法典第862条第1款之请求权。而针对M的新女友,源于民法典第862条第1款原则上有可能的(见下述2)请求权亦不成立,因为有另一简单共同占有人M之同意,故该新女友之行为并非禁止之私力行为(民法典第858条第1款;对此参见本书第9章边码3)。相反,F只能依据民法典第812条第1款第2句第2种情形(有争议),诉请M返还共同占有,从而可以将M以及他带来的人赶出屋子。若F与M均为使用承租人,则适用民法典第741条以下尤其是民法典第745条第2款之规定。在采取假处分措施时,即使F与M二人已动手相向,也不能命令M搬出去(民事诉讼法第940a条)(有争议;对此参见波鸿州法院,州中等法院,《新法学周刊》-RR,1990年,896页,以及Helle,载《新法学周刊》,1991年,212页)。但依民事诉讼法第940条之规定,或可考虑采取一项规定假处分(Regelungsverfügung)措施(如禁止携带女友同住)。在配偶关系中,为保护配偶间之空间活动范围,可适用民法典第1361b条、民诉法第620条第1款第7项之规定,有时亦可借助于民法典第1004条、第823条第1款并民诉法第938条、940条之规定(参见梅迪库斯,“民法”,边码616及其引证)。有人认为民法典第1361b条可类推适用于非婚同居者(慕尼黑第一州法院,州中等法院,《新法学周刊》-RR,1991年,834页;对此参见施赖伯,载《新法学周刊》,1993年,625页)——但此观点颇有疑问,因为这里欠缺同居生活义务,故也就不存在“分居”(哈根州法院,州中等法院,《泛亲属法杂志。公法与私法中的婚姻与家庭》,1993年,187页;另参布鲁德米勒(Brudermüller),载《泛亲属法杂志。公法与私法中的婚姻与家庭》,1993年,207、210、213页)。

民法典第866条既适用于简单的共同占有,又可适用于共同共有性的共同占有。仅须注意者,就后者而言,看起来好像是使用排除的争端,实际上却是关于使用范围的争议。 86

如在上例(第(一)点之前)中,这两个汽车占有人间的争议,只能依据他们所达成的协议来解决。

但民法典第866条并不排除共同占有人依据民法典第823条而生的损害赔偿请求权(《联邦最高法院民事判例集》,第62卷,243页:M1弄坏了归M2所使用的货物升降机,致使M2长期无法使用)。[37]

2. 外部关系

(1)在对外关系上,每个共同占有人均享有包括自力防御权在内的占有保护权利(Besitzschutzrechte)。但在占有被侵夺时,则仅只能请求对全体共同占有人,为共同占有之回复或占有物之返还。 87

(2)关于占有之交付作用(Traditionswirkung),须注意的是,各共同占有人仅只能转让他自己的占有地位,亦即他的共同占有。在法律所要求的为单独占有之转让时(如民法典第929条),则必须由全体共同占有人作为一方共同为之。

如在我们所举的"汽车案例"中,仅只能在A与B一起共同转让共同占有时,才能使取得人K获得单独占有。

若A与B在法律上为各有一半份额的一般共同所有权人时,则A可以

---

〔37〕 详参本书第9章边码31以下。

依据民法典第 929 条第 1 项将其共同所有权份额转让给 K,其方式就是 A 使 K——在所有权让与合意之外——获得共同占有,如在本例中就是交给 K 汽车钥匙。

(3)在共同占有中,占有之推定作用(民法典第 1006 条)为按份共有之共同所有权推定(民法典第 741 条)。

例如:联邦最高法院,《新法学周刊》,1993 年,935、936 页。

第五节 依当事人之意思内容而区分的占有种类:自主占有[38]——他主占有

一、构成要件

88 民法典第 937 条就取得时效,规定所有权因时效而取得,须以 10 年之“自主占有”为条件。

同样的表述亦见于民法典第 955 条(善意自主占有人之孳息取得)、民法典第 988 条(收益之返还)、民法典第 836 条第 3 款(建筑物倒塌时建筑物占有人之责任)。自这些规定中可看出,“自主占有”概念与真实的权利关系并无联系,故不能说,只有所有权人才是自主占有人。民法典第 872 条对此予以明确,即通过“自主占有”概念,使占有人为占有时之意思内容具有共同性:

89 自主占有人(Eigenbesitzer),指的是——其占有是否有权利以及何种权利,均在所不问——“以物属于自己所有而为占有”的人

〔38〕 关于自主占有之基本阐述,见恩斯特,“自主占有与动产所有权取得”,1992 年;对此之评论参见威灵,载《新法学周刊》,1993 年,510 页。

（民法典第 872 条）。[39] 依此，他主占有人（Fremdbesitzer）就是指，对物不是以所有权人之意思内容，而是以限制物权人、债权人或其他权利人之意思内容为占有的人。

故而，自主占有人，可以是窃盗、将所委托的物予以侵占的原占有辅助人、开始以他主占有意思后改为为乡镇实施自主占有并将此意思变动公示于外的乡镇之机关（联邦最高法院，《德国法月刊》，1971 年，915 页关于依民法典第 900 条登记取得时效之情形）。他主占有人如使用承租人、借用人、管理人、遗失物拾得人。所有权保留买卖之买受人为他主占有人，动产担保性让与中担保人亦为他主占有人（联邦最高法院，《联邦最高法院裁判汇编》，民法典第 1006 条，第 11 号）。 90

这种“按颜色而作的划分”（黑克氏语），会与直接占有与间接占有之区分产生交叉，而“最高级的”间接占有人总是自主占有人。 91

例如：E 将他的房屋使用出租给 M，而自己又在 M 处租住其中一个房间，这就产生如下的占有关系：就该房间来说 E 是直接的他主占有人，M 是第一级的间接的他主占有人，E 又是第二级的间接的自主占有人。——其例外情形体现于遗失物拾得中，此时最高级间接占有人可能是他主占有人，比如因拾得人将拾得物交给银行保管。

---

〔39〕 联邦最高法院，《新法学周刊》，1996 年，1890、1893 页 l. Sp.；1981 年，1518 页：“自主占有人者，是指以与支配属于自己的物相同的意思，而对物实施事实管领力的人”。而对物上他人所有权是否知情，对自主占有之成立不生影响！

二、自主占有与他主占有之意义

92 在自主占有与他主占有之区分上具有重要意义的一系列情形,我们在上述边码 88 以下已有列举。

但同时需注意者,在动产之时效取得(民法典第 937 条)与孳息取得(民法典第 955 条)中,除自主占有外,还要求有善意(Gutgläubigkeit)之存在;相反在登记时效取得(民法典第 900 条;联邦最高法院,《德国法月刊》,1971 年,915 页)与建筑物占有人之责任(民法典第 836 条)中,对善意对无要求。有意思的例案:联邦最高法院,《新法学周刊》,1996 年,1890、1893 页(已登记的前东德的全民所有权,不适用登记时效取得,因为自主占有与全民所有权互不相容)。

93 此外,这种区分对民法典第 1006 条之所有权推定作用,也有重要意义:该推定仅适用于动产之自主占有人。

例如(采自联邦最高法院,《联邦最高法院裁判汇编》,民法典第 1006 条,第 2 号):原告依民法典第 985 条向被告诉请返还一台牵引车。被告辩称,他起先虽只是牵引车的管理人(亦即他主占有人),但后来因一项行政处分行为,使牵引车所有权已移转给他。在此不适用民法典第 1006 条,因为该条之推定仅为在取得占有时就是自主占有人之人的利益而成立(对此参见联邦最高法院,《新法学周刊》,1984 年,1456 页;米尔,载《法学教育》,1964 年,238、240 页)。[40] 更新的例案:联邦最高法院,《新法学周刊》,1994 年,939、940 页(以自主占有意思取得无记名股票时的所有权推定)。

94 对占有之保护,此项区分并无意义。他主占有人与自主占有人以同样之方式,享有占有保护权利,有时他主占有人甚至还可针

---

〔40〕 对此亦参本书第 10 章边码 6。

对自主占有人主张这种保护。

例如:在使用承租人之占有期限已届至时,所有权人不得以强力取回租赁物,否则使用承租人就享有民法典第859条以下之占有保护权利。

第八章　占有取得之特殊形式

1 在以上阐述中,我们——为易于理解——将占有取得的两种特殊形式暂放一边。现在我们来看看这两种形式,亦即因概括继受,尤其因继承(民法典第857条)而取得占有(下述一),以及通过代理人之占有取得(下述二)。

一、因概括继受而取得占有[1]

(一)继承人占有之目的与功能

2 在一般情况下,直接占有之取得,要求有事实管领力之获得;而间接占有之取得,要求有民法典第868条所规定的法律关系之成立,或返还请求权之让与(民法典第870条)。而民法典第857条对此项规则,作了一个非常重要的例外:"占有移转于继承人"。这就是说,任何占有,不管它是什么种类的占有,依继承之发生而移转于继承人。故占有之取得,此与继承权紧密相联。

---

〔1〕 对此参见朗格,载《费尔根特雷尔祝寿文集》,1969年,295页以下;威灵,卷Ⅰ,§ 4,Ⅴ,1;埃本罗特(Ebenroth)/弗兰克(Frank),载《法学教育》,1996年,794页;关于依民法典第937条以下时效取得中的继承人占有问题,见本书第53章,边码89及其引证。

这项规定放弃了——如同民法典第854条第2款之——公示要求。而对此之解释，只能源于对继承人保护之思想：即使继承人还未获得对物的事实管领力，他的“占有无事实的对物支配”，他所享有的“观念化的对物支配”还未强化到现实的对物支配，他应照样能行使占有保护权利；物被他人取走时，对他来讲就是非基于其意思的占有丧失（民法典第935条！）。

（二）继承中的适用情形

民法典第857条之主要意义，可体现于下列案例： 3

1. 被继承人E——一孤独的单身汉——与他的女佣H，共同居住在一个租来的住宅里。在E死后，发现有一份他指定H为单独继承人的遗嘱。H就依此处理他的家产，将一台昂贵的钢琴卖给K，其余的留归自己。后来发现这份遗嘱是伪造的，事实上E的一个侄子N——其因出国旅游而对继承发生一无所知——是惟一的法定继承人。显然N可向H请求返还遗产（民法典第985条及第2018条：遗产请求权，或民法典第861条、第858条：因占有被侵夺而生的请求权），且也可以向K请求返还钢琴，因为K尽管为善意但未取得所有权（民法典第935条）。但就后者来说，假如H为自己成功地弄到一份继承证书，则其法律结果又不一样（民法典第2366条）。

若H确实已成为继承人，只是后来拒绝接受继承，则本案结果，又另当别论（对此参见泽格尔/米尔，民法典第857条，边码4及其所引资料）。

2. 被继承人是一幢房屋的自主占有人，但房屋所有权归属尚不清楚。其共同继承人生活在国外。原告被该房屋上掉下来的砖块砸伤。依民法典第836条，即使这些继承人对继承事实一无所知，他们也应对此负责，因为他们已因继承开始而成为直接的自主占有人（此案采自联邦最高法院，《新法学周刊》，1953年，706页）。

3. 被继承人E于1994年取得金条的自主占有。他将金条交给X保管。1995年E死亡。若X的债权人在X处要扣押该金条，则E的继承人D可依民诉法第771条提出异议，并得援引民法典第857条、第1006条（此案见联邦最高法院，《新法学周刊》，1993年，935、937页l. Sp.）。

概言之,民法典第 857 条之规定,一方面对继承人予以保护,另一方面又要求继承人对遗产负责任。

(三)概括继受之其他情形

4 对概括继受之其他情形(如后位继承、公司之合并),民法典第 857 条亦得准用。相反,在所谓的官署管理人之占有取得情形(如破产管理人与支付不能程序管理人[2]、遗产管理人、遗嘱执行人),[3]该条无适用之余地。

二、通过代理人之占有取得[4]

(一)法律行为方式的占有取得

5 民法典第 164 条以下所规定之代理,仅能适用于法律行为。故而通过代理人之占有取得,仅在占有取得行为——例外地——具有法律行为之特征时才有可能。这体现于:

1. 民法典第 854 条第 2 款(以单纯之合意转让直接的“开放”占有)。

2. 民法典第 868 条(通过占有媒介关系之约定而创设间接占有)。

3. 民法典第 870 条(通过让与返还请求权而转让间接占有)。

(二)事实对物支配力之获得不适用代理

6 在因获得事实的对物支配而取得占有——此为常例——时

---

〔2〕 对此参见鲍尔/施蒂尔纳,卷Ⅱ,《支付不能法》,边码 10.26;《破产法》第 117 条、《支付不能法》第 148 条第 1 款;尧尔尼希/施蒂尔纳,民法典第 2205 条,评论 2。

〔3〕 与此应相区别者,乃官署管理人之继承人对被管理物之占有取得。依通说,此时适用民法典第 857 条之规定(泽格尔/米尔,民法典第 857 条,边码 3;韦斯特曼/古尔斯基,§ 15,Ⅲ;本书第 15 版曾持另说)。在民法上合伙(其占有关系见本书第 7 章边码 80)之一合伙人死亡时,若合伙继续存在,则对于其共同占有,依通说不适用民法典第 857 条,而适用其他合伙人原有权益扩大原则(泽格尔/米尔,民法典第 857 条,边码 3);但在死亡之合伙人为单独占有人时应作另论。

〔4〕 参阅霍克与韦斯特曼,载《法学教育》,1961 年,73、79 页;基夫纳,载《法学工作报》,1984 年,189 页;泽格尔/米尔,民法典第 854 条,边码 10、11。

（民法典第 854 条第 1 款），即使其中物权取得之法律行为性要件（物权合意！）存在着代理，该占有之取得也不适用代理。取得人此时仅只能通过与代理人达成占有媒介关系之约定——如预先达成占有媒介关系之约定，或依民法典第 181 条通过代理人之自己代理行为——，而取得间接占有（参见本书上述第 7 章边码 38 以下）。

（三）通过占有辅助人之占有取得

仅在代理人为取得人之占有辅助人时，可因自己获得的事实管领力，而为其“主人”取得直接占有。但该结果之产生，并非基于代理之法律规则，而是基于民法典第 855 条之规定。 7

例如：K 派他的——具有代办权（Handlungsvollmacht，《德国商法典》第 54 条）的——办公室主任 H，到 V 处购买一台办公机器。其法律行为之法律效力（民法典第 433 条之买卖契约以及民法典第 929 条第 1 句之物权合意）直接发生于 K，而 V 对 H 所为之机器交付行为，亦使 K 取得直接占有。 8

占有取得中，若某一法律效果之产生取决于取得人之善意（den guten Glauben）时（如民法典第 932 条或民法典第 990 条！），则其法律关系应是如何呢？此时若是一项法律行为上的取得行为，则显然必须适用民法典第 166 条之规定。如在上例中，V 不是该办公机器的所有权人，则在 H 为善意，且无民法典第 166 条第 2 款之例外情形时，K 取得所有权。

关于民法典第 166 条在民法典第 990 条之范畴中，可否予以适用之争议问题，我们已于第 5 章边码 15 处作有深入探讨；在那里我们认为应优先考虑民法典第 831 条之规定，故对此项问题予以否定。

取得人为法人或商法上的人合公司（无限责任公司、两合公司），而其机关为代理人时，则由法人以及商法公司取得占有（见本书上述第 7 章边码 70、80）。其结果与通过占有辅助人之取得相同。

第九章　占有之保护

参考文献提示：迪德里希森，《依债法关系所生的占有权》，*1965* 年；梅迪库斯，《通过损害赔偿请求权对占有的保护》，载《民法实务档案》，第 *165* 卷，*115* 页；皮珀（*Pieper*），《以禁止之私力取走担保物时的占有权与损害赔偿》，载《茨魏布吕肯高等法院成立 *150* 周年纪念文集》，*1969* 年，*231* 页以下；希克（*Schick*），《依据民法典第 *823* 条之占有保护？》（蒂宾根，博士学位论文，*1967* 年）；里梅尔施帕赫尔（*Rimmelspacher*），《实体法上的请求权与民事诉讼之诉讼标的问题》，*1970* 年，*147* 页以下；劳珀（*Lopau*），《对占有之法律保护》，载《法学教育》，*1980* 年，*501* 页；威灵，《占有保护之基础与范围》，载《*V*·吕布托祝寿文集》，*1980* 年，*565* 页；许内曼，《法律体系中的自助》，*1985* 年；哈格尔，《因占有本权而使基于占有之请求权消灭》，载《支付不能法杂志：破产——信托——重整》（*KTS*），*1989* 年，*515* 页；科尔霍斯尔，《占有与占有保护之基本形态》，载《法学教育》，*1992* 年，*215*、*393*、*567* 页；施赖伯，《基于占有的与基于本权的占有保护》，载《法律学习》，*1993* 年，*440* 页；克林克哈默（*Klinkhammer*），《作为不当得利请求权客体之占有》,*1997* 年。

一、概说

关于占有之保护功能,我们在上述第 6 章边码 2 之讨论中已有初步印象。本章我们将对此予以具体阐述。首先我们要探讨的,是在实践中具有重要意义的占有人依民法典第 859 条、第 860 条、第 869 条所享有的自力防御权(见下述边码 10 以下);其次要介绍的是以占有为基础依民法典第 861 条至第 867 条所生的占有保护请求权(下述边码 16 以下),其中民法典第 862 条所规定之占有妨害除去请求权,在实践中尤为重要;再次讨论依民法典第 1007 条所生的基于本权之占有保护(下述边码 27 以下);最后介绍依一般之法律规定,如依民法典第 823 条或民法典第 812 条之规定,对占有所进行的保护(下述边码 31 以下)。 1

(一)禁止私力(verbotene Eigenmacht)之概念

无论在占有人之自力防御权中,还是在其占有保护请求权中, 2
禁止之私力这个概念均有重要意义。只有存在禁止之私力时,占有之保护功能才会显现(请参民法典第 859 条、第 861 条、862 条之规定)。故此有必要先对这个概念予以讨论。

1. 占有之侵夺(Besitzentziehung)与占有之妨害(Besitzstörung)

民法典第 858 条第 1 款给出一项法律定义:非基于(ohne)直 3
接占有人之意思,而为占有之侵夺或占有之妨害的,除法律许可这类占有之侵害外,其行为永远为违法。

有趣的是,法律一方面将意思要素("非基于其意思")作为该概念之构成要件,另一方面又将法定干预权限规定为排除该意思的合法理由!

还有趣的是,民法典第 858 条第 1 款可视为对所有权的保护在占有法上的缩影(民法典第 985 条:侵夺;民法典第 1004 条:其他之侵害)。

4 占有侵夺与占有妨害间往往不易分清。但这一区分并无极其重要的意义,因为在两种情形下,其主要的法律效果均为该侵害之排除——如占有之回复(民法典第861条),或其他(非以占有侵夺方式体现的)侵害之排除(民法典第862条)。重要的是,直接占有人的对物支配以及其中所寓含的对物利用可能性,进而也就是占有人的利益受到了侵害。而侵害人实施侵害行为是否具有过错,则在所不问。所必需者,仅为该行为乃非基于直接占有人之意思。

5 但在自力防御权中,占有之侵夺与占有之妨害的区分有其意义:占有物取回权之行使,在时间上有其限制(民法典第859条第2、3款;对此参见下述边码10以下;反之,占有防卫权中无此限制(正确意见者见,韦斯特曼/古尔斯基,§ 22,I,2)。这在停错车之案例中,会导致特有的差异(见下述边码15)。

有争议的是,对侵害行为之同意,是否具有法律行为之性质。可以确定的是,事先所表示之同意,在侵害行为实施之前是可以撤回的;此外,法律行为能力——因为这涉及到权利之放弃——也是必须的。[1] 占有辅助人若无为占有人为行为之代理权,则其所表示之同意不生效力。

2. 为法律所允许的占有侵害

6 在侵害占有行为为法律所许可时,则该行为缺失违法性。但同时须注意者,可以侵夺占有或者使占有人容忍侵害的物权性或债权性权利,并不包含不借助于法院即可独立实施权利实现行为

---

〔1〕 有争议,通说者为另一观点;对此参见韦斯特曼/古尔斯基,§ 22,II,以及泽格尔/米尔,民法典第858条,边码5;威廉,边码343;米勒,边码130以下;威灵,卷I,§ 5,II,1,b。

的权限。[2]

7 例如：K基于买卖契约而向V要求物之交付时，他不能径自以强力自V处取走该物，而必须要获得一项给付判决。之后法院执行人依民事诉讼法第883条自V处取走该物时，则其行为非为禁止之私力。

属于民法典第858条所规定之干预权者，如法律所规定之官署行为（如法院执行人、警察、法院等之行为），此外亦包括民法典第227条、第229条、第859条、第904条所规定之正当防卫权与自助行为权。

3. 有瑕疵之占有

8 因禁止之私力而获取之占有，法律称之为“有瑕疵”（fehlerhaft）。该瑕疵在权利继受之情形，仍继续存在于占有上。其中在概括继受时，该瑕疵无条件地继续存在；而在特别继受时，则以继受人于取得占有时明知该瑕疵者为限（民法典第858条第2款）。

（二）占有保护之基本思想

9 对占有予以保护，乃基于何种基本思想，为长久之争议。[3]大部分学者认为是基于“法律和平思想”（Rechtsfriedensfunktion），惟黑克氏（上揭氏著§ 3,7）认为应以法律所承认之持续性利益为准：“所保护之法益者，为占有之组织价值（Organisationswert）。”此项观点应予赞同：在占有中蕴涵有一种为法律所欲保护之价值；而这种保护所生之结果（Ergebnis）——如同任何一种法律保护所生之结果——，则是法律和平之保障。

二、直接占有人之自力防御权（Gewaltrecht）

10 民法典第859条所规定之直接占有人——亦包括占有辅助人

---

〔2〕 卡尔斯鲁厄州高等法院，《法学教育》，1993年，420页之判决就此称：“直接许可性规范”，而该规范之存在，对侵害行为之允许性来说是必须的。

〔3〕 帕夫洛夫斯基（Pawlowski），“在现行物权法与无形财产权法中的权利占有”，1961年；迪德里希森，上揭氏著。

（民法典第860条）——的自力防御权，是对禁止私力之自发反应。这在正受侵害之威胁或侵害正在持续时，该权利通常被称为**占有防卫权**（Besitzwehr）（民法典第859条第1款）；而在侵害人通过创设自己的直接占有使其占有侵夺行为已结束时，占有人的权利被称为**占有物取回权**（Besitzkehr）（民法典第859条第2、3款）。

11 占有防卫权，不外为**正当防卫权**（Notwehr）（民法典第227条）的一种特殊形式；而占有物取回权，亦为**自助行为权**（Selbsthife）的一种特别构造情形，由此对民法典第859条第2、3款就占有物取回权之行使应受时间限制之规定，亦不难理解。

例如：1. 当我看到窃盗一跃而上靠在院栅栏的我的自行车时，我就可以用强力把自行车夺回来（问题是：我可以开枪把他打死吗？在这里也仅只能允许选择“必要的”手段，参见巴伐利亚州最高法院，《新法学周刊》，1965年，163页；并参科不伦次州高等法院，《德国法月刊》，1978年，141页）。但如同民法典第227条，在受危险之法益与使用防卫手段所生之后果间，原则上不需要进行价值之权衡；这即使在二法益间存在极度之不对称，从而会产生滥用问题时，亦是如此（对此参见克赖（Krey），载《德国法学者报》，1979年，702页；迪尔歇尔，载“许布纳祝寿文集”，1984年，443页；关于刑法上的正当防卫中欠缺避免实施防卫行为之义务的问题，参见联邦最高法院，《新法学周刊》，1989年，3027页）。

12 2. 当我遭窃后四个星期，发现窃盗悠哉犹哉地在大街上骑着我的自行车时，则我不再享有民法典第859条第2款所规定之占有物取回权（亦参石勒苏益格州高等法院，载《石勒苏益格－荷尔斯泰因州通讯》1987年，12页）。我要是打算自窃盗处强力取回自行车，则可依据民法典第229条之规定，但其前提是：“来不及请求官署援助”，且正受权利丧失之威胁（民法典第229条）。此亦适用于现时占有人乃自窃盗处购得自行车之情形，因为作为自助行为基础之民法典第985条所规定的返还请求权，亦得针对他而提起（民法典第935条）。反之，因善意购买人之占有不再具有瑕疵（民法典第859条第4款并民法典第858条第2款第2句），故民法典第859条第2款之占有物取回权，无适用之余地。

3. 两个广告公司对一建筑物之外侧墙面均有一部占有,则一个公司可除去另一公司置于其广告墙面上的广告画。由于该侵害为占有之侵夺,故该占有物取回权之行使,须遵守民法典第 859 条第 3 款所规定之时间限制,以免自身沦为不法之占有侵夺行为(对此参见联邦最高法院,《新法学周刊》,1967 年,46、48 页)。凡占有物取回权在依当时之情势能够行使时,就必须尽快行使。 13

4. 顾客 B 有偷窃嫌疑但拒受检查,零售商人 A 因此禁止 B 再次进入商店(关于是否允许宣布禁止入内,参见《联邦最高法院民事判例集》,第 124 卷,39 页以下;对此案参见格拉夫·冯·威斯特法伦(Graf von Westphalen),载《新法学周刊》,1994 年,367 页;克利斯滕森(Christensen),载《法学教育》,1996 年,873 页;法兰克福州高等法院,《新法学周刊》-RR,1995 年,1330 页)。尽管如此,B 又进入商店,并拒不退让,A 就抓住 B 的手强行拖出门外。B 的手臂因此受轻微伤害,故要求损害赔偿并精神慰抚金(民法典第 823 条第 1 款、第 847 条)。此时对 B 之侵害,因民法典第 859 条第 1 款之规定而为合法(反对法兰克福州高等法院,《新法学周刊》,1994 年,946 页之判决意见而为正确之阐述者,勒维斯(Löwisch)/里贝尔(Rieble),载《新法学周刊》,1994 年,2596 页),故无论如何不成立赔偿请求权。此外对于宣布"禁止入内"(民法典第 862 条、第 858 条第 1 款),原则上不应需要有特别的合法理由。故在这一点上联邦最高法院的观点不妥,其原因在于通过营业开张行为而推断出商店对占有侵害之许可,商店在任何时候均可以撤回;至于 A 是否在其一般交易条款中以合法方式规定了禁止入内之内容,并非为判断标准(正确见解参阅勒维斯/里贝尔,载《新法学周刊》,1994 年,2596 页。过于宽泛地通过商店开张而推断出有约束力的对占有权之"放弃"者,见《联邦最高法院民事判例集》,第 124 卷,39、43 页;与联邦最高法院意见相同者,参见施瓦布/普律廷(Prütting),§ 13,II,1)。 14

5. A 将汽车停在 B 的私人停车位上,则为占有之侵夺,而非为其他的占有之妨害,故必须适用民法典第 859 条第 3 款所规定之时间限制(科不伦次州高等行政法院,《新法学周刊》,1988 年,929、930 页;法兰克福州高等法院,《新法学周刊》,1984 年,183 页,及 K·施密特对该案之评论,载《法学教育》,1984 年,223 页;卡尔斯鲁厄,《州高等法院民事判决集》(OLGZ),1978 年,206、207 页)。但不应过分地要求 B"立即"作出反应,故经过了四个小时 15

才行使取回权，仍应容许。但另一方面不经等候，哪怕仅是很短的等候，迅速将停错的车拖走，则为占有物取回权之滥用（有趣例案，参见法兰克福地方法院，初级法院（AG），《新法学周刊》-RR，1989年，83、84页；另参慕尼黑地方法院，初级法院，《新法学周刊》，1996年，853页：长达7个小时）。反之，在只是"因停车而堵塞"出入口之情形中，应成立单纯的占有之妨害（正确意见者，韦斯特曼/古尔斯基，§ 22. I,2），此时占有防卫权之行使无时间限制。被侵害人通过自己的行为将车拖走而支出之费用，在合法防卫时，得依无因管理、民法典第823条第1款或民法典第823条第2款并民法典第859条之规定请求偿还（参见本章下述边码31以下；部分地有争议）。有疑问者，是仅能向司机，还是依事务处理规则亦得向车主为请求（采后说者，如法兰克福地方法院，初级法院，《新法学周刊》，1990年，917页）。〔4〕

三、依民法典第861条至第867条所生之占有保护请求权

（一）对直接占有之保护

16 如同所有权，占有亦需要有可诉诸法院之保护。在所有权保护上主要的民法请求权，为民法典第985条之所有物返还请求权以及民法典第1004条之妨害排除请求权与妨害防止请求权。与此相对应，民法典亦赋予占有人因占有被侵夺而生的请求权（民法典第861条，*占有物返还请求权*，Besitzentziehungsanspruch），与因占有被妨害而生的请求权（民法典第862条，*占有妨害请求权*，Besitzstörungsanspruch）。这两种权利均能以诉之方式而获实现，并在紧急情况下可通过假处分措施而获保障。这两种权利在一定程度上，是对不能以所有权或一项物权为支撑的"弱小地位者的法律保护"（如使用承租人、用益承租人等）。其中占有妨害请求

---

〔4〕 关于停错车案例之其他文献：凡·芬诺伊（van Venrooy），载《新法学周刊》，1977年，1926页；同氏著，载《法学教育》，1979年，102页；霍夫斯泰特尔（Hoffstetter），载《新法学周刊》，1978年，256页；德尔纳 Dörner），载《法学教育》，1978年，666页；措伊纳（Zeuner），载"弗卢梅祝寿文集"，卷I，775页；施瓦布/普吕廷，§ 13，II，2。

权(民法典第862条)尤为重要,比如房屋使用承租人要想对邻居的噪音妨害进行防卫,即可主张此项请求权。

1. 基于占有的占有保护与基于本权之诉讼抗辩

依民法典第861条、862条所生的占有保护请求权,被称为——并非十分精确——基于占有的(possessorisch)请求权,因为它们直接产生于占有,也就是说,不问作为原告之占有人有无占有之权利。故在该诉讼程序中,被告不得主张有占有之权利或有实施该侵害行为之权利[民法典第863条:排除所谓基于本权(petitorisch)的诉讼抗辩]。但这并不排除在占有之诉之后,再行提起关于占有权或有为侵害行为之权利的诉讼。这样一来,占有之诉中的"胜诉者",在后诉中会再次受到质疑。 17

占有之诉之过程,可由下面的例子来说明: 18

M向V使用承租了一块果园及园中小屋。当M度假回来时,吃惊地发现E自己又占据了该果园。此时M可诉请E回复其占有(民法典第861条);E则不能以由于M未交一个子儿的租金,他已行使立即终止权而使使用租赁契约终止来予以抗辩(民法典第863条)。但M并不能永远维持占有之诉之胜利,因为在E方面仍可基于上述理由诉请物之返还(民法典第556条第1款)(实践中类似的例案可参:柏林市高等法院(KG),《州高等法院民事判决集》,1968年,19页=鲍尔,E. Slg.,案例2)。再者,在M提起占有之诉时,E也可以立即提起请求返还的同步诉讼,或在占有之诉中提起对M的请求返还之反诉(Widerklage)。故而,只要符合反诉之诉讼程序条件(尤其是本诉与反诉间有关联,民诉法第33条),则民法典第863条并不排除一项基于本权的反诉(《联邦最高法院民事判例集》,第53卷,166页;第73卷,355页;联邦最高法院,《新法学周刊》,1979年,1359页,对此案参见施皮斯(Spiess),载《德国法学者报》,1979年,717页;哈根(Hagen),载《法学教育》,1972年,124页;关于反诉,参见鲍尔/格伦斯基,"民事诉讼法",边码117以下)。但基于本权之反诉,不应使对占有之保护"落空"。故而联邦最高法院的观点并不完全正确,而应认为通过对民法典第863条、第864条第2款补充解释之方法,基于本权之反诉,仅于强制执行上为终局地可执行时,才能挫败占有之诉。在所作出的判决为可上诉之判决时,则意味着占有之诉判决,而不是本权反诉判决,为暂时可得执行之判决;仅在就本权之反诉作出有形式既判力且在强制执行上为可得实行之判决时,才能驳回占有之诉(正确意见者,哈格尔,载《支付不能法杂志:破产——信托——重整》,1989 年,515 页以下;对联邦最高法院同样提出批评者尧尔尼希,民法典第 861 - 864 条,边码 7;而过于宽泛者韦斯特曼/格伦斯基,§ 24,II,4 及其引证)。[5]

若不是 E,而是第三人 D 侵占果园的话,则 M 通过假处分亦能达其目的。但 D 对此表示不服时,则 M 还须对 D 提起"占有"之诉;此时在假处分诉讼程序之后,发生主诉讼程序(参见民诉法第 936 条及第 926 条)。——

19 民法典第 864 条第 1 款对所有的占有保护请求权,规定了一年的除斥期间(Präklusion)。该期间在重复性的或持续性的妨害中,自最后的妨害行为完成之时起算(联邦最高法院,《新法学周刊》,1995 年,132 页)。而民法典第 864 条第 2 款之条文表述,按诸通说并不准确。该款规定适用于有既判力的基于本权的给付判决与确定判决,以及——为避免在诉讼程序上毫无意义的来回反复——在禁止之私力行为之后以及之前所作出的判决(代表文献,可参见韦斯特曼/古尔斯基,§ 24,II,6 及其引证)。而另一问题则为,是否除此既判力之外,本权执行名义通常不需要具备强制执行上的可执行性,也就是说是否要确定,此时不予适用民诉法第 721 条、第 765a 条之规定(正确意见者,哈格尔,载《支付不能法杂志:破产——信托——重整》,1989 年,515、516 页以下)。

---

〔5〕 反之,在分居配偶就占有发生争议时,许多人指出民法典第 1361a 条、1361b 条的特殊性,认为这两条规定也能保护前占有人,并可通过暂时性措施而达到尽快的和平目的(法兰克福州高等法院,《泛亲属法杂志。公法与私法中的婚姻与家庭》,1988 年,399 页;杜塞尔多夫州高等法院,《泛亲属法杂志。公法与私法中的婚姻与家庭》,1994 年,390 页;奥尔登堡州高等法院,《泛亲属法杂志。公法与私法中的婚姻与家庭》,1994 年,1254 页;亦参联邦最高法院,《泛亲属法杂志。公法与私法中的婚姻与家庭》,1982 年,1200 页;尧尔尼希,民法典第 861 - 864 条,评论 2c,1994 年 7 版。另说者,达姆施塔特地方法院,初级法院,《泛亲属法杂志。公法与私法中的婚姻与家庭》,1994 年,109 页,及 Kobusch 对该案之评论,935 页;汉比策(Hambitzer),载《泛亲属法杂志。公法与私法中的婚姻与家庭》,1989 年,236 页以下及其引证)。

2. 非占有侵夺之占有妨害

非占有侵夺之占有妨害，通常体现为无形侵害（Immission）（对此参见本书第25章边码25以下）。司法判例虽也将占有人所遭受的内心不安宁（如对其占有之否认、禁止、胁迫），视为妨害行为（《联邦最高法院民事判例集》，第20卷，171页），但如同对所有权之保护，很少承认精神上的（ideell）不可量物之侵入为占有妨害（《联邦最高法院民事判例集》，第54卷，56、60页，该判决不同于鲍尔之观点，见氏文载《德国法学者报》，1969年，432页）。 20

例如：位于乡村别墅区的房屋使用承租人，受一协会酒馆噪音之侵扰，则他可依民法典第862条诉请妨害之排除。他对此是否负有容忍义务，则依——准用方式——民法典第906条而定（《帝国最高法院民事判例集》，第105卷，213、216页），原因是：占有人不应享有比所有权人更为强大的防卫权。这在工业不可量物之侵入中，适用《联邦不可量物侵入防治法》第14条之规定时，亦是如此（对此参见联邦最高法院，《新法学周刊》，1995年，132、133页）。 21

住房使用承租人M在他的信箱上贴上标签："请勿投递广告、传单之类物品"。但公司A仍照投不误，M提起妨害防止之诉（Unterlassungsklage）（民法典第862条第1款第2句）。在这类案例中，联邦最高法院认有妨害防止请求权之成立（《联邦最高法院民事判例集》，第106卷，229页；对此案之评论参见K·施密特，载《法学教育》，1989年，495页；类似者，斯图加特州高等法院，《新法学周刊》-RR，1996年，1516页）。对政治党派及其所散发之宣传品，是否亦有这类请求权之成立，颇有争议，但我们认为应同样成立（对此参见不来梅州高等法院，《新法学周刊》，1990年，2140页；不来梅州法院，州中等法院，《新法学周刊》，1990年，456页；勒维斯，载《新法学周刊》，1990年，437页以下；富克斯（Fuchs）/西曼斯凯（Simansky），载《新法学周刊》，1990年，2983页；联邦宪法法院（BverfG），《新法学周刊》，1991年，910页及其引证）。再者，对挨户往信箱里投递大量印刷品之行为，亦得视为占有之妨害，并可予以防卫（法兰克福州高等法院，《新法学周刊》，1996年，934、935页l. Sp.；但在原《邮政条例》第59条中有部分之不一致：曼海姆州高等行政法院（VGH），《新法学周刊》，1990年，2145页；联邦行政法院（BverwG），《新法学周刊》，1991年，2920页；斯图加特州高等法院，《新法学周刊》，1991年， 22

2912 页，以及凯泽（Kaiser）对此案之评论，载《新法学周刊》，1991 年，2870 页）。其他例案：科隆州高等法院，《新法学周刊》－RR，1994 年，557 页（骗取执行警察之协助，而对占有予以扣留）。

（二）对间接占有之保护

23 依民法典第 869 条，间接占有人亦得享有占有保护请求权。其前提条件为，第三人针对直接占有人实施了禁止之私力行为。另外，在满足这一条件时，间接占有人还可以享有民法典第 859 条所规定之自力防御权；对此法律虽无明文，但基于对占有全面保护之要求，应准用民法典第 859 条之规定。[6]

例如：E 将自行车借给朋友 F。E 看到一窃盗正骑上他的自行车要跑，则他可强力夺回自行车。

24 间接占有人针对直接占有人不享有占有保护权利，[7] 他的权利被限定在作为占有媒介基础之法律关系范围内。反之，直接占有人针对间接占有人之禁止私力行为，得以全部的占有保护权利予以防卫。

25 例如：E 将其果园用益租赁给 P。E 获悉，P 将果树用作柴火。对此 E 既不能以强力（民法典第 859 条），也不能依民法典第 862 条之诉权来采取措施。但他可以根据其用益出租人之法律地位（民法典第 581 条并第 550 条），获得假处分措施。

---

〔6〕 正确意见者，如黑克，§ 8，3；沃尔夫/赖泽尔，§ 20，I，2；韦斯特曼/古尔斯基，§ 26，Ⅲ，2；米勒，边码 233 以下。另说者如泽格尔/米尔，民法典第 869 条，边码 4 及其所引资料；威灵，卷 I，§ 6，Ⅳ，1；威廉，边码 359。

〔7〕 且也不因损害间接占有而产生民法典第 823 条第 1 款上的损害赔偿请求权（《联邦最高法院民事判例集》，第 32 卷，194、203 页；联邦劳动法院（BAG），《泛亲属法杂志。公法与私法中的婚姻与家庭》，1975 年，90 页以及芬对此案之评论）；就整个问题，参见本章下述边码 36。

若E针对P采取强力措施，则其行为为禁止之私力行为。对此P反而享有民法典第859条之自力防御权及民法典第862条之诉权。

若P正打算砍伐果树时，E进到果园里，则E可以用强力予以制止（民法典第229条/第227条）。

（三）对共同占有之保护

关于对一共同占有人之保护，可参阅本书第7章边码83以下之阐述。 26

四、民法典第1007条上所谓基于本权的占有保护请求权〔8〕

（一）目的与功能

谁要是向他人请求一物之返还时，则他要么以一项实体法上的权利为其请求基础（如所有权人依据民法典第985条、物之使用出租人在使用租赁契约届期后依据民法典第556条），要么声明，因他人针对自己实施禁止之私力行为，故他享有占有保护请求权。但还有一些——尽管非常少见——不存在这两种可能性的情形，也就是说，原告与被告双方有可能均没有，或者双方均不能证明有占有之权利。此时则由民法典第1007条予以救济，且其方法为：若现占有人在取得占有时为恶意，或者物系非基于前占有人意思之丧失物，则前（合法的或善意的）占有人，享有针对现占有人之占有物返还请求权。而该规定所贯彻之思想，就是在上述之前提条件下，为了前占有人之利益，使民法典第1006条所规定之权利推定继续发挥作用。故此人们称之为基于前占有，或基于“更优的占有权”而产生的占有物返还请求权。〔9〕 须注意的是，民法 27

---

〔8〕 卡纳里斯，载“弗卢梅祝寿文集”，1978年，371、398页；赫雷尔（Hörer），“占有权之诉”，1974年；科赫，“民法典第1007条——旧法新解”，1986年；韦伯（Weber），“民法典第1007条——披着实体法外衣的程序法规范”，1988年；此外参见威廉，边码344以下；米勒，边码第183以下。

〔9〕 泽格尔/米尔，民法典第1007条边码1。

典第1007条之规定,仅适用于动产。[10]

28 关于这项规定之具体内容,最好举例来说明:

E在长期国外逗留期间,将他的小汽车交给车行R保管。R的修理工M偷偷将该车据为己有,并将它卖给G。

此时无疑E可向G请求小汽车之返还(民法典第985条并第935条);且只要车子还在M处,R也可以向M请求返还(民法典第859条、861条)。那么R能否向G主张车子的返还呢(这对R来说极为重要,因为只有在向G要回车子后,他才能对E交还车子并进而被免除契约上的损害赔偿义务)?

民法典第861条对此无适用之余地,因为G没有为禁止之私力行为,且民法典第858条第2款第2句之情形亦不存在。但此时可适用民法典第1007条之规定。即使在G于买车时为善意,从而不能适用民法典第1007条第1款时,仍可因该车为非基于R之意思之丧失,而适用该条第2款之规定。

假如不是所有权人E,而是窃盗D将小汽车放置在R处,则其法律关系又是如何呢?这里缺失可有效针对所有权人E的占有权。但R在善意地认为有这项占有权之存在时(民法典第1007条第3款),则该法律关系仍同上述一样。

(二)请求权之成立条件

29 该请求权之成立条件,[11]在原告方面为:

1. 以前的占有权,或善意地认为有这样的权利(民法典第1007条第3款);

2. 非自愿的占有丧失。

在被告方面:

1. 占有取得时之恶意(民法典第1007条第1款),或

2. 动产为非基于意思之占有丧失物(民法典第1007条第2款)。

---

〔10〕 联邦最高法院民事判例集第7卷第208页之判决,所涉及的是一项例外情形。

〔11〕 关于对此之疑虑,参见泽格尔/米尔,民法典第1007条,边码2以下。

与基于占有的占有保护请求权不同,此时被告可主张所有的源于占有权之诉讼抗辩,而其判决亦为该法律争端的终局判决。故而,人们称其为基于本权之占有保护(petitorischer Besitzschutz)(参见联邦最高法院,《新法学周刊》,1991 年,2420、2421 页)。 30

如在上例中,G 可辩称,这辆车他不是自 M 处购买的,而是在通过法院执行人之质物拍卖中——也就是原始地——取得其所有权(民法典第 1007 条第 2 款;关于公开拍卖中民法典第 935 条第 2 款所规定之善意拍卖取得,参见联邦最高法院,《新法学周刊》,1990 年,899、900 页)。此外,G 还可抗辩,他已与所有权人 E 取得联系,且 E 已写信对他说,在 E 旅游回来之前,他先可以保留对车子的占有(民法典第 1007 条第 3 款第 2 句并第 986 条)。

五、基于其他私法规范而对占有之保护

(一)侵权法上的保护[12]

1. 通说观点

民法典第 823 条第 1 款规定,因过失而侵害"其他权利",也就是侵害一项绝对权时,受害人享有损害赔偿请求权。占有非为绝对权。但是在占有因一项占有权而获强化时,则占有在本款规定之意义上,至少可同视为一项绝对权。[13] 故在有过失(schuldhaft)地侵害合法占有时,亦会导致损害赔偿义务的产生。 31

例如:(1)采自联邦最高法院,《新法学周刊》,1954 年,61 页: 32

---

〔12〕 梅迪库斯,载《民法实务档案》,第 165 卷,115 页;冯·克默雷尔,载"德国法学工作者日纪念刊",1960 年,卷 II,49、81 页以下;赖泽尔,载"极端严格之法律亦即极端之不法(Summum ius summa iniuria)",1963 年,145、154 页以下;维泽尔(Wieser),载《法学教育》,1970 年,557 页;同氏著,载《新法学周刊》,1971 年,597 页;洪泽尔,载《德国法学者报》,1983 年,531 页以下;韦斯特曼/古尔斯基,§ 8,4;米勒,边码 180 以下;格哈德 t,"动产物权法",§ 6,3。

〔13〕 司法判例即持此意见(《联邦最高法院民事判例集》,第 73 卷,355、362 页;第 79 卷,232、237 页以下;第 114 卷,305、312 页 =《新法学周刊》,1991 年,2420、2421 页),并在此点上得到理论界绝大多数的赞成;持另说者,如米勒,边码 180 以下。

原告在房屋第一层开有诊所。住在房屋底层的被告进行装修施工，制造出很大的噪音，自然使原告的诊所收入一落千丈。因该噪音侵扰很大，超出民法典第906条所规定之忍受程度——此容忍义务之界限亦得依该条而定！——，且被告之行为存在过错——因为未尽所要求之照顾义务——，故原告可依民法典第823条第1款之规定，请求损害赔偿（民法典第862条所规定的占有妨害之诉，虽不以过错为条件，但它仅只能要求施工工作之停止，且以该施工超出民法典第906条之容忍限度时为限。再者，以民法典第862条为依据之假处分措施——并附以后续之诉讼——，亦不失为一种可达目的之法律救济手段）。

33 （2）采自《联邦最高法院民事判例集》，第73卷，355页，以及第79卷，232页：

V将一工厂生产车间使用出租给M，M又将它转租给U。V对M——有效地——行使立即终止权。V自U处取回生产车间。U请求收益之损害赔偿。联邦最高法院认为：由于终止权之效力亦得及于U（民法典第556条第3款），U也就不再享有使用之权利，故即使在V以禁止之私力行为取回物时，U亦不得因使用之消灭而主张损害赔偿。

2. 更为激进的学说

34 部分学者更激进地认为，凡在法律规范赋予无权占有人以收益权（如民法典第987条以下、民诉法第721条、765a条）时，其占有均可视为（民法典823条第1款之）“其他权利”。此说虽在司法判例中尚受到怀疑（《联邦最高法院民事判例集》，第79卷，238页），但本书认为应值得推崇。〔14〕

例如：使用出租人V对使用承租人M终止住房使用租赁契约，并以禁止

〔14〕 同说者如皮珀与梅迪库斯，上揭氏著；梅迪库斯，“民法”，边码607；埃塞尔（Esser）/迈尔斯（Meyers），§ 55，I，2，b；泽格尔/措伊纳，民法典第823条，边码53。持另说者，如本书第15版；威廉，边码365。而对此未表态者，《联邦最高法院民事判例集》，第114卷，305、312页＝《新法学周刊》，1991年，2420、2421页。

之私力行为将 M 赶到大街上。若 M 对此能申请执行保护(民诉法第 721 条、765a 条),则就执行保护期间所生之损害(如因找临时住房而多付之费用),有损害赔偿请求权(梅迪库斯,“民法”,边码 607;这一界限亦与占有之诉与基于本权之反诉间的关系相吻合,参见本章上述边码 17 以下)。

3. 可赔偿之损害

35 可赔偿之损害,可体现为占有人因占有之侵夺或妨害,而遭受之收益丧失、价值减损(联邦最高法院,《新法学周刊》,1979 年,2035 页:因妨害人开采砾石),或体现为占有人为排除占有妨害后果而多支出之费用(联邦最高法院,《新法学周刊》,1984 年,2570 页:占有之承揽人为修理被损害的工作成果而支出之修理费)。所有权人与占有人之请求权发生竞合时,在动产中民法典第 851 条可予救济;而在其他情形,侵害人要么在标的物修复后才为支付,要么类推民法典第 1281 条之规定,对所有权人与占有人共同为支付,从而可保护自己之利益(梅迪库斯,“民法”,边码 609;关于所有权保留买卖中的类似问题参见本书第 59 章,边码 45)。如果返还请求权人以强力自占有人处取回占有物,则占有人可向返还请求权人进行请求的收益损害赔偿,当然仅是其在法律上仍有使用权限之时间内的收益(联邦最高法院,《新法学周刊》,1979 年,1359 页)。

4. 作为其他权利之间接占有与共同占有

36 有权之间接占有,乃其他权利。但在对直接占有人之关系中,间接占有不能被视为其他权利,因为针对直接占有人,即便民法典第 861 条、第 862 条之规定,亦不得适用(《联邦最高法院民事判例集》,第 32 卷,194、203 页;对此参见本章上述边码 23 以下):预防性的以及返还性的权利保护,均依据占有媒介关系而予以确定。反之,在共同占有人之间,尽管广泛地排除了占有保护权利之主张(民法典第 866 条;参见本书上述第 7 章边码 83 以下),但侵权法上的占有保护仍有适用之余地(《联邦最高法院民事判例集》,第 62 卷,243 页)。其原因在于,与占有媒介关系不同,在共同占有人之间通常不存在协调其利益关系的债法关系,故而采取与间接占有不同的处理方法,亦合乎实际。

5. 民法典第858条作为保护性法律

若依通说将民法典第858条视为保护性法律(民法典第823条第2款),则其赔偿法上的保护范围,须依在民法典第823条第1款中所发展起来的标准予以限定(类似者梅迪库斯,“民法”,边码621及其引证;《联邦最高法院民事判例集》,第114卷,305、313页以下=《新法学周刊》,1991年,2420、2422页)。

6. 请求权竞合

37 若赔偿请求权之内容,为赔偿因排除占有侵害后果所支出的费用,则有时会与基于无因管理的请求权产生竞合。该无因管理请求权,是指在成立民法典第862条第1款之请求权时,因占有人自行排除妨害而产生的赔偿请求权,其情形与民法典第1004条相同(对此参见本书第12章边码22)。

(二)占有作为不当得利请求权之客体

1. 给付型不当得利

38 无法律上的原因,因他人之给付而获得占有时,则占有可为给付型不当得利之客体。

对此之例举,可参见本书上述第6章边码2之4下(其他的例子如:《帝国最高法院民事判例集》,第129卷,307、311页)。

2. 侵害型不当得利

39 占有亦得为侵害型不当得利[15](“以其他方式”:民法典第

〔15〕 对此参见伊斯德·库尔茨(Isode Kurz),“占有作为侵害型不当得利之可能的客体”,1969年;与本书同说者,格哈德t, § 6,3,c。

812 条第 1 款）之客体，但仅以占有通过——物权性的或债权性的——占有权，而获得特定之“归属性收益”时为限。

例如：M 自 E 使用承租一商业房屋。D 未经授权使用该房屋的一扇墙作广告。M 在不除去广告之限度内（民法典第 862 条！），可依民法典第 812 条向 D 请求补偿。其他的例子：联邦最高法院，《新法学周刊》，1979 年，2034 页。

（三）作为民事诉讼法第 771 条异议之诉（干预之诉）基础的占有

40 若对非属于债务人之标的实施强制执行，则其法律地位受损害者，得针对强制执行债权人提起所谓的异议之诉。异议之诉的目的，在于宣告强制执行程序为不法。该诉之法律基础，大多为所有权或其他的物权。但在符合一定条件时，占有权也可成为异议之诉的基础。但须注意者，在直接占有处于非债务人之下时，民诉法第 808 条即已阻却强制执行程序之进行；若为间接占有，则作为间接占有基础之请求权，充当民事诉讼法第 771 条干预之诉的法律基础。[16]

41 例如：受 G 之委托，法院执行人依据一项针对 S 的执行名义，扣押处于 B 持有之下的物，则该扣押违反了民诉法第 808 条之规定。B 可针对该扣押提出异议，以达到取消该强制执行程序之目的（民诉法第 766 条、第 793 条）。

E 将他的打字机使用出租给 M，M 又将它借给 L。若打字机在 L 处遭扣押时，则 M 可依据民诉法第 771 条，以他所享有的返还请求权为理由对扣押予以干预。

42 故而，对基于占有权的直接诉因来说，很少有遗漏之情形：如 V 将物出卖给 K，并为交付，但物之所有权还未移转。此时若因 V 对 G 所负之债务，使物在 K 处遭扣押，则该扣押违反民诉法第 808 条。即使 K 因法律错误而已表示将物交给法院执行人（民诉法第 809 条），仍不能阻却 K 嗣后可依据

---

〔16〕 详参鲍尔/施蒂尔纳，卷 I，“特别强制执行法”，边码 46. 11；罗森贝格/高尔/席尔肯，§ 41，VI，6；迪德里希森，144 页；以及卡纳里斯，396 页。

民诉法第 771 条予以干预。此时，K 所享有的期待权，同样甚至是更佳地充当着干预之诉的法律基础（参见本书第 59 章，边码 48）。

表 4　占有——功能——占有种类

<table>
<tr><th colspan="4">A. 占有之一般功能</th></tr>
<tr><td colspan="2">1. 保护功能与维持功能：
民法典第 858 - 867 条——民法典第 1007 条
民法典第 986 条第 2 款——民法典第 571 条
——民法典第 286 条第 1 款第 2 句</td><td colspan="2">2. 转让功能（在动产中）：
民法典第 854 条——民法典第 929 条
3. 推定功能（在动产中）：
民法典第 1006 条</td></tr>
<tr><th colspan="4">B. 占有种类</th></tr>
<tr><td>依据对物关系之程度：
直接占有人：
保护功能：享有
转让功能：享有
推定功能（在自主占有）：享有

间接占有人：
保护功能：民法典第 869 条
转让功能：民法典第 870 条——第 930 条、第 931 条并第 933 条、第 934 条
推定功能：民法典第 1006 条</td><td>依据社会从属关系：
直接占有人：
（比如企业主）享有所有功能

占有辅助人：
（比如雇员）
针对占有主人不享有占有保护功能，但“对外”享有：民法典第 860 条
不享有转让权能（但注意：民法典第 935 条！）
不享有推定功能</td><td>依据因他人而受之限制：
单独占有人：
（比如住宅之使用承租人）

共同占有：
（比如一幢住宅之共同使用承租人）
保护功能：在对外关系上享有，但对内关系上受有限制：民法典第 866 条
转让功能：享有，但仅就共同占有部分
推定功能：享有，但仅以共同占有为推定基础</td><td>依据占有人之占有意思内容：
自主占有：
（比如汽车之所有权人）该占有对民法典第 937 条、第 955 条、第 988 条以及推定功能具有重要意义
他主占有：
（比如汽车之使用承租人）</td></tr>
</table>

第三编

私法与公法中对物权之保护

第十章　概说——权利之推定

一、法律保护之基础

参阅第10章末之表5。

物权—绝对权之一标志为,物权之效力得针对任何人而主张。故我们在本书第4章边码3以下已说明,物权得针对任何形式的侵害——不管它是由私人实施的,还是由公权力实施的——而受全面的保护。这种保护的可能的形式,我们也已概括地介绍过(见本书上述第4章边码3以下)。在这里我们将对这种保护予以具体阐述。而首先须注意以下几点: 1

(一)在对物权私法保护之构造上,立法者并未选择民法典所惯用的方法,也就是说并未就所有的物权种类,统一规范其各种请求权。相反,他只详细规定了因侵害所有权(Eigentum)而生的各项请求权,亦即在民法典第985条以下,规定所有物返还请求权,在民法典第1004条中规定中妨害防止请求权与妨害排除请求权。但法典又宣布关于所有权的这些规范,可准用于限制性物权(如民法典第985条与第1004条之规定,经由民法典第1065条可适用于用益权,经由民法典第1227条可适用于动产质权;民法典第1004条之规定,经由民 2

法典第1027条与民法典第1090条第2款可适用于地役权与限制的人役权)。这种法律条文间的相互参引,也使得我们完全有理由,在探讨各种具体的物权特性之前,先对物权之保护,以"提取公因式"方式予以阐述。这种论述方法的合理性,也更体现在不当得利法与侵权法中(民法典第812条、第823条),以及一般来讲在公法性法律保护中,所有权与限制物权在其保护上并不存在差异。

3 (二)因损害或妨害物权而生的各种请求权,均已被规范化,也就是说已概括了所有可能之情形。但这并不表示对个案之具体情况就不予考虑:就一般情形所规定之请求权,在具体之个案中,有可能被排除或有修正;比如法律允许侵害行为之实施,或因当事人间的特别法律关系,许可侵害行为之发生。

谁要是已将物使用出租,则就不能提起返还之诉(民法典第985条、第986条)。——为其邻居设定一项通行权之所有权人,在此范围内就不再享有妨害防止之诉权(民法典第1004条第2款)。

准此而言,关于物权保护规定之适用,总是以具体个案之特别法律构造为条件。

4 (三)对物权之保护,自然以证明物权之存在为前提条件:比如只有证明所有权之存在,才能实现所有物返还请求权。而这种证明在具体个案中往往非常困难,故而法律对此设有减轻之措施,即在(动产之)占有与(土地物权之)登记簿登记上,附着以某种权利之推定。这在物权公示原则中已有涉及(参见本书第4章边码12以下),下面则对此予以进一步阐述。

二、为动产占有人之利益而为之权利推定[1]

(一)受利益之占有人

依民法典第 1006 条第 1 款第 1 句,为动产占有人之利益,推 5
定其为物之所有权人。该推定之效力,依民法典第 1065 条扩及于用益权,依民法典第 1227 条扩及于质权,但绝不能扩及于因行使一项债权,而对物实施占有之占有人。由此可得出:推定仅为那些以自主占有人或以用益权占有人、质权占有人身份,对物实施占有之占有人的利益而作出。对于因行使某一债权,而占有物的他主占有人来说,不存在一项关于其债权存在的相应推定(黑克氏持反对说,但并未获得认同,参见氏著 § 34,4)。此类他主占有人,自然也不能为自己而主张民法典第 1006 条第 1 款之所有权推定,否则会产生本质上的矛盾(杜塞尔多夫州高等法院,《新法学周刊》-RR,1994 年,862 页)。

存在占有媒介关系时(直接他主占有人为间接占有人媒介占有),则依民法典第 1006 条第 3 款,所有权推定仅对作为自主占有人之间接占有人作出(联邦最高法院,《德国法学者报》,1969 年,433 页);如为多级间接占有,则为最高级别的间接占有人作出。

(二)推定之限制

依民法典第 1006 条第 1 款第 2 句之规定,该款第 1 句之推 6
定,不适用于物非基于其意思而丧失之前占有人;但物为金钱或无记名证券者,又不在此限。由这一规定可清楚地看出,民法典第 1006 条之推定,以民法典第 929 条、第 932 条、第 935 条为其规范背景:通常情形下随占有之取得,就发生所有权之取得(民法典第

[1] 参考文献:皮克尔,“间接占有、并存占有与所有权推定及其对善意保护之意义”,载《民法实务档案》,1988 年,588 页;韦尔纳,“民法典第 1006 条之基本问题”,载《德国法学者报》,1983 年,61 页;曼弗雷德·沃尔夫,“民法典第 1006 条之所有权推定”,载《法学教育》,1995 年,941 页;梅迪库斯,载“弗里茨·鲍尔祝寿文集”,1981 年,62 页。

929—932 条);但这不适用于非基于占有人意思而丧失的物(民法典第 935 条第 1 款),除非所涉及的物为金钱或无记名证券(民法典第 935 条第 2 款)。由此还可得出,权利推定仅对取得占有时(beim Erwerb des Besitzes)之权利取得而作出,而不适用于占有人自称在占有取得之前或之后,已取得所有权之情形(联邦最高法院,《新法学周刊》,1984 年,1456 页;亦参联邦最高法院,《新法学周刊》-RR,1989 年,651 页;同年,1453 页)。

对此之例案,参见本书上述第 7 章边码 93。

(三)前占有人

7 为动产前占有人之利益,推定其随占有之取得也已取得其权利,且其权利仍存续至今(民法典第 1006 条第 2 款;对此参见联邦最高法院,《新法学周刊》,1995 年,1292、1293 页)。

这种推定之效果,多在民法典第 1006 条第 1 款为现占有人利益之推定被推翻时,才显现出来。但在现占有人为他主占有人,从而民法典第 1006 条第 1 款不能为现占有人之利益而推定时,第 2 款之推定也会立即显现。但须注意的是,他主占有人若为占有媒介人,则民法典第 1006 条第 3 款并结合第 1 款有适用之余地;此时之推定,是为间接占有人之利益而作出。但在对第三人之关系中,直接占有人亦得援引为其上级占有人之利益所作出的推定效果(泽格尔/米尔,民法典第 1006 条,边码 12;联邦最高法院,《新法学周刊》,1961 年,777 页)。

(四)民法典第 1006 条规定之适用范围

8 须注意者,民法典第 1006 条之规定,其适用并不仅仅限于物权法领域,而是只要以动产所有权为决定标准时,该条规定均有适用之余地。比如在依民法典第 823 条主张损害赔偿请求权时,就受损害动产上的所有权,即可依该条为其占有人之利益而进行推定(联邦最高法院,《德国法学者报》,1977 年,178 页;联邦最高法院,BB,1995 年,276 页)。

（五）例举

1. 原告与被告均主张为一珍贵的钻石项链的所有权人。该案之实体法法律关系已无法查清，所能确定的事实仅为：原告直至1945年自主占有该项链，之后她将项链交给被告保管，以确保项链在战后骚乱中的安全。被告辩称，原告在1950年写信给她说，她可以由项链支付她为此所付出之辛劳；但此项辩称，被告无法证明。判决是：被告虽为直接的自主占有人，但民法典第1006条第1款不为其利益而推定，因为她自己不能证明，她在占有取得时已取得所有权。而被告后来之所有权取得亦无法证明。由于民法典第1006条第1款为被告之推定不能适用，则适用同条第2款为原告利益之推定，也就是说，推定原告过去是所有权人，且至现在还是所有权人（就此而言，民法典第1006条第2款之条文表述："在其占有持续期间"，具有误导性！）。故原告之返还请求之诉成立（该案采自OGH，《新法学周刊》，1949年，143页；其他的例子如：联邦最高法院，《新法学周刊》，1961年，777页 = 鲍尔，E. Slg.，案例38）。 9

2. 原告向被告请求返还50股无记名股票。被告——原告之前妻——辩称，原告已为她在这些股票上设定用益权，以使她自收益（即股利）中支付她将来的生活费。此时依民法典第1065条并民法典第1006条第1款，成立为被告利益之推定。故原告必须举证，被告在取得占有时，他并未为被告设立用益权（此外亦参联邦最高法院，《新法学周刊》，1960年，1517页）。

3. E将他的自行车借给L。L被P的小汽车撞倒，自行车受损。双方达成损害赔偿之协议：P付给L赔偿金30马克。该赔偿金之支付，亦对所有权人E为有效（民法典第851条）。故而，民法典第1006条所规定之推定，仅是为占有人之利益；而民法典第851条则为第三人（ = 损害人）之利益，使占有人为合法之受领权利人。关于所有权人与占有人之请求权竞合问题，参见本书上述第9章边码31以下；关于所有权保留，则参本书第59章，边码45。

4. 联邦最高法院，《新法学周刊》，1975年，1296页：V称，他只是以所有权保留方式，将物交付给K，也就是说他还是所有权人。K辩称：所有权已无条件地让与给他。V负举证责任！（见本书下述第59章边码12.（4））。其他例子如:联邦最高法院,《新法学周刊》-RR,1989 年,651 页:就物之交付,是仅为借用抑是所有权让与发生争议时,民法典第 1006 条为占有人之利益而推定;杜塞尔多夫州高等法院,《新法学周刊》-RR,1994 年,886 页:对某一共同占有人成立单独所有权之推定,并参卡斯滕·施密特对此案之评论,载《法学教育》,1994 年,889 页以下。

10 关于民法典第 1006 条之推定与民法典第 1362 条之推定两者间的关系,参见本书上述第 7 章边码 81 以下。

三、与土地登记簿相联系的权利推定〔2〕

11 土地物权之成立、转让以及废止,须登入土地登记簿(民法典第 873 条、第 875 条)。此种登记,具有在相应的动产物权变动中,其占有转让所具有的类似作用。由此,民法典第 891 条也作出与民法典第 1006 条极近似的推定性规定,只是在其推定构造上,更为全面。

(一)民法典第 891 条推定之效力与内容

12 1. 该推定之效力,得为由土地登记簿内容而被证明者之利益与不利益(für und gegen)而产生(不同于民法典第 1006 条)。

2. 该推定适用于已登记权利之存在,与被注销权利之不存在。同时它还推定被登记为权利人之人,享有该权利。

3. 该推定适用于土地所有权以及所有的土地限制物权。但它不适用于已登记的或已注销的处分权限制,也不适用于土地登记簿中所包含的事实性陈述事项。〔3〕

4. 值得注意的是,民法典第 891 条第 2 款仅仅提及被注销

---

〔2〕 对此参见梅迪库斯,载"弗·鲍尔祝寿文集",1981 年,63 页;皮克尔,载《民法实务档案》,第 188 卷,558 页;施陶丁格/古尔斯基,民法典第 1006 条,边码 20 以下;慕尼黑德国民法典评注/瓦克,民法典第 891 条,及其所引资料;维甘德,"土地登记簿之公信力",载《法学教育》,1975 年,205 页。

〔3〕 关于推定之客体,详参尧尔尼希/尧尔尼希,民法典第 891 条,边码 2 以下。

(gelöscht)的权利。若一权利根本就未登记,则不得因此而推定出,该权利不存在。

民法典第891条未明文规定与民法典第1006条第2款相应的推定,即被注销之权利,直至注销之前,属于该被登记者享有。但若能确定注销权利之目的,乃是为了废止权利,而不是为了更正土地登记簿,则这种推定应予肯定。

例如(《联邦最高法院民事判例集》,第52卷,355页):原、被告以各有1/3份额之一般共有人,登记于土地登记簿。他们将土地出卖给K,现就卖得价金之分配发生争议。如被告称,她在事实上是拥有6/8份额之共有人,则她对此负举证责任。

5. 民法典第891条之推定作用,较之民法典第1006条更为全面,其原因是,立法就土地登记簿之登记状态与实体权利关系间的一致性所规定之担保(Garantien),在法律构造上要比动产中占有与实体权利间的一致性关系更为强化:比如在法律行为方式之土地所有权取得中,仅在取得人以所有权人身份登入土地登记簿时,他才能取得土地所有权(民法典第873条、第925条)——而在动产中,虽无外部占有关系之变动,仍可发生所有权之取得(如依民法典第930条通过所有权让与合意与占有改定)。

(二)推定之可推翻性

上述之推定,为可推翻(widerlegbar)之推定。在积极推定(权 13
利存在之推定)之情形下,为推翻该推定,须证明已登记之权利在事实上不存在,且须证明该权利除了在土地登记簿中被宣示外,也不能以其他方式获得其成立(《帝国最高法院民事判例集》,第127卷,251、261页;联邦最高法院,《德国法月刊》,1956年,542页,以及1977年,661页;联邦最高法院,《新法学周刊》,1979年,1656页)。

四、民法典第1006条、第891条之规定可否适用于公法?

14 1. 民法典第891条、第1006条为——如同我们在本书第4章边码12以下所指出的——举证负担规范(Beweislastnormen),换言之,其效力体现于,在法官对一案件事实无法全部查明时,则他就该诉讼程序将为为法律所推定者之利益而作出判决。该规定——以及其他的举证负担规范——在公法中,尤其在所有形式的行政诉讼程序中,[4]是否亦得适用,则首先取决于该行政诉讼程序,是否如同民事诉讼程序,认可实体法上的举证负担规定。这一问题在今天——经过最初之摇摆不定态度后——已正确地广获肯定回答。[5]法官依职权调查原则,对实体法上举证负担规范之必要性,并不生影响,因为该原则仅要求法官在诉讼程序中,负责查明案件之事实,而并未涉及,在案件无法查明时由谁承担其不利益。

15 2. 第二个问题是,民法典第1006条、第891条之规定,是否因其位置处于私法中,而被排除其在公法范畴中的适用。对此问题应予以否定回答:公法规范若与"所有权""用益权""质权债权人"等私法概念相联系时,则在具体个案中,对这些权利之条件是否存在之回答,应以民法规定为准。由此亦可得出,民法典第1006条(第1065条、第1227条)、第891条之规定同样亦得适用。[6]

最后要提及的是,民法典第1006条、第891条在刑法(刑事诉讼程序)中适用时,仅得为犯罪嫌疑人之利益而推定。

---

〔4〕 行政诉讼管辖、财税诉讼管辖、社会事件诉讼管辖之程序以及行政行为程序。

〔5〕 参见《联邦行政法院判例集》,第3卷,308页;第5卷,31页;第19卷,87、94页;第45卷,132页;鲍尔,载"巴霍夫祝寿文集",1984年,285页(及其所引资料)。

〔6〕 同说者,莱波尔德(Leipold),"举证负担规范与法律推定",1966年,191页以下。

表5　对绝对权与绝对性法益之私法保护*

保护客体	保护形式			
	绝对性的法律保护		侵权法上的法律保护	不当得利法上的法律保护
1. 绝对权 a)所有权	民法典第985条**	民法典第1004条(民法典第894条、民事诉讼法第771条、德破产法第43条/德支付不能法第47条)	民法典第823条	民法典第812条
类权利者: aa)姓名、商号、营业标志		德商第12条、第37条第2款,德商标法第15条	民法典第823条	民法典第812条?(对姓名权,为肯定回答;对商号,有争议)
bb)一般人格权		准保全请求权(=准用民法典第1004条)	民法典第823条第1款	民法典第812条?(参见《联邦最高法院民事判例集》,第20卷,345、354页)***
cc)企业		准保全请求权	民法典第823条第1款(司法判例对其有限制)	民法典第812条?
b)限制物权(对其之法律保护,因权利内容不同而有差异),以动产质权为例	民法典第1227条并第985条	民法典第1227条并第1004条(民事诉讼第805条、德破产法第48条/德支付不能法第50条)	民法典第823条	民法典第812条

* 对此亦参格恩胡贝尔,《民法》,§ 23。宪法上的保护(《基本法》第14条——征收——具有征收效果之干预),以及行政法上的保护(《基本法》第19条第4款,《行政法院法》第40条),本表暂不包括(对此参见本书第13章末表8)。

** 关于各种不同的返还请求权,参见梅迪库斯,载《法学教育》,1985年,657页。

*** 对此参见施勒斯希特里姆(Schlechteriem),载《黑费梅尔祝寿文集》,1976年,445页;林德阿赫尔,载GRUR,1985年,423页。

续表

保护客体	保护形式			
2. 绝对性法益 a)占有	民法典第861条	民法典第862条（在返还请求权中，民事诉讼法第771条与德破产法第43条/德支付不能法第47条）	民法典第823条第1款（仅就占有之权利；有争议*）	民法典第812条（就占有之权利）
b)生命、健康等		所谓侵权法上的妨害防止请求权（不同于预防性的妨害防止请求权）	民法典第823条第1款	
3. 基于民法典第823条第2款、第824条至第826条等在法律上获得承认的其他私的法益		所谓侵权法上的妨害防止请求权（就民法典第823条第2款之情形），或准保全性的妨害防止请求权	民法典第823条第2款	

* 关于其目前的争议状况，参见本书第9章第5点，以及梅迪库斯，《民法》，边码607。

第十一章 所有物返还请求权

第一节 法律规定之概况

一、所要规范之具体问题

民法典第985条规定:“所有权人得向占有人请求返还其物。”而为了用益权人(民法典第1065条)、质权债权人(民法典第1227条)以及地上权人(“地上权条例”第11条第1款)之利益,该规定亦得适用。一句话,只要某种物权之内容包含有对物之占有,则该规定均有适用之余地(反之,对土地担保物权就不能适用!)。 1

这项民法典第985条所规定的基本公式,一方面看起来就这么简单,而另一方面该规定之具体构造,确实又给初学者——实际上远不只他们! ——造成极大的理解困难。其原因可归结为两种:

1. 在通常情况下,将物返还给所有权人(用益权人等等),并不能了事。须返还的物,可能在占有人处已被损坏,而占有人也有可能自物中获取了收益,或因物而支出了费用:谁要是在隔年隔月后又找到了失窃的汽车,则不会只仅仅请求返还汽车,而更多地还要求对汽车价值减损之赔偿,甚或要求占有人返还其所获 2

得的汽车使用之利益;另一方面,占有人有时也会主张,他将汽车"整个翻修"了一遍。故而,法律除了规范所有物之返还请求权外,还要规范所有权人的损害赔偿请求权、收益返还请求权以及占有人的费用偿还请求权。

3 2. 第二个困难在于,其他——如基于契约的或基于侵权行为而产生的——请求权,可能会与所有物返还请求权及其上述之"附件",产生竞合。在各请求权之构成要件,于法律上受不同之规范时,如何来解决这一竞合问题呢? 如在上例中,占有人是基于轻过失而自一窝主那里买得这辆被窃的汽车,后又损坏了它。若依据民法典第 823 条第 1 款并用民法典第 249 条之规定,则占有人须负全部赔偿之义务;反过来依民法典第 990 条第 1 款第 1 句的话,则损害赔偿义务以恶意,也就是——至少以——重大过失为条件。

这一理解上的困难,使我们觉得较好的阐述方法,应先尽可能简单地介绍该规定之基本原则,嗣后才讨论复杂的具体问题。但其缺点就是在有些地方要不可避免地做些重复。

参见本书第 11 章末之表 6、7;并可详参古尔斯基,"所有权人与占有人之关系",1996 年 5 版;施赖伯,载《法律学习》,1992 年,356 页;此外对表 7 之理解,可参哈瑙 Hanau,载《法学工作报》,1987 年,113 页。

二、所有权人——占有人关系,基本原则

(一)所有物返还请求权(Herausgabeanspruch)*

4 所有物返还请求权之目的,在于使所有权人(用益权人等等)获得对物之占有。其中该物为动产或为不动产,则在所不问。但在占有人针对所有权人为有权占有时,该请求不获法律之支持

* "Herausgabeanspruch"依其字面仅为"返还请求权",但本章所讨论者,为民法典第 985 条以下之规定,故该请求权为"所有物返还请求权",至为显然。本书德文原文有时虽未用"Eigentumsherausgabeanspruch"(所有物返还请求权),而径称"Herausgabeanspruch",但依其上下文,并不生歧义。中文译文为精确计,采意译"所有物返还请求权"。——译者注

(民法典第986条);并且不问该占有之权利,为一项物权还是为一项债权;其情形例如所有权人将物作为质物交给占有人,或出租给占有人,或占有人对婚姻住房享有占有权(《联邦最高法院民事判例集》,第71卷,216页)。[1] 假如允许所有权人此时可仍主张所有物返还请求权,则会违反其在具体法律关系中所承担的,使占有人获得并保持占有的义务;而且在许多情形下,人们觉得这也恰恰违反了诚实信用原则。

(二)占有人种类

在对(因物之毁损或灭失而生的)损害赔偿请求权、收益返还 5
请求权以及费用补偿请求权进行规范时,在立法者看来,有必要对"善意的"("gutgläubig","redlich")占有人与"非善意的"("unredlich")甚或通过有过错之禁止私力行为或犯罪行为获取占有之占有人,进行适当区分,换言之,前者在法律上应比后者受到优待。

在一个有公众信誉、并交付汽车执有证之汽车行购车——后来确证该车为被盗车——的人,相较于另一个在出卖人不出示汽车执有证之二手车市场以廉价购车的人,在法律上必须受到不同的对待。

1. 非善意的占有人

非善意者,即谓在占有取得时,明知或因重大过失而不知其无 6

---

[1] 依《联邦最高法院民事判例集》,第64卷,122、125页,以及联邦最高法院,《新法学周刊》,1995年,2627、2628页判决之观点,留置权亦可成立民法典第986条意义上的占有权。对该观点不应赞同(参阅梅迪库斯,载《德国法学者报》,1996年,153页;同氏著,载慕尼黑德国民法典评注,民法典第986条,边码17;施陶丁格/古尔斯基,民法典第986条,边码23)。留置权为抗辩权,反之民法典第986条之规定为诉讼抗辩;留置权之效力,在于促使同时履行判决之作出,而占有权之存在,则导致驳回诉讼。正因为如此,本书也放弃在前一版中所持的赞同判例的观点。

占有之权利(民法典第990条第1款第1句并民法典第932条第2款)。此外,嗣后也就是占有取得后,获悉其无占有之权利者,亦为非善意(民法典第990条第1款第2句;《联邦最高法院民事判例集》,第26卷,256页;第32卷,76、92页;联邦最高法院,《德国法学者报》,1963年,255页,以及伊泽勒(Isele)对此之评论)。[2]

2. 诉讼占有人

7 诉讼占有人者,为就物之返还而被提起返还之诉的占有人(民法典第989条)。诉讼占有人与非善意占有人同视。

这是因为,自返还之诉提起后,因诉状之送达,使得占有人——即使其此前为善意——须重新审视其法律地位,也就是说他必须要考虑到,对他可能会作出返还物之判决!——如占有人为未成年人,则准用民法典第828条、第829条之规定(有争议,参见克特尔·鲁赫茨(Koether - Ruchatz),载《新法学周刊》,1973年,1444页;埃贝尔(Ebel),载《法学工作报》,1983年,296页;梅迪库斯,"民法",边码602)。

在这点上,民法典之立法技术并不可取:它先在第987条、第989条中规定诉讼占有人之法律地位,而后在第990条中就非善意占有人,又规定对上两条予以参引。

3. 侵权占有人

8 其法律地位更为不利者,为有过错地[3]通过禁止私力行为或犯罪行为,而获取占有的占有人。这些人的行为无可宽宥,完全依侵权行为法负其责任(民法典第992条)。

---

〔2〕 关于占有辅助人之非善意而由占有人承担责任者,参见本书上述第5章边码15;第8章,边码7、8;以及洛伦茨,载《德国法学者报》,1994年,549页以下。

〔3〕 此点与法律条文文句不同(民法典第992条未写明"有过错地"字样!),对此请参泽格尔/米尔,民法典第992条,边码4及其引证。

(三)因物之灭失或毁损而生之所有权人请求权

1. 善意占有人不负责任

善意的(以及未受起诉的)占有人不负任何责任:民法典第993条第1款后半句。 9

如在上举的"汽车案例"中,该车在一起车祸中变成废铁。即使该起车祸完全由占有人一人肇起,但只要他是善意占有人,则他对所有权人就不负责任。

2. 非善意占有人与诉讼占有人之责任

非善意占有人与诉讼占有人,对有过错的物之毁损或有过错的物之返还不能,负其责任:民法典第990条并第989条。 10

如在前例之第二种情况(非善意)中,占有人应对因其过错所导致汽车之损坏负责任。若他对车祸之发生无责任时,则他对所有权人亦不负责任:故而意外事故风险,应由所有权人承担,除非占有人在履行其物之返还义务时已陷于迟延(Verzug):民法典第990条第2款并民法典第287条。

关于占有人为其使用人所负之责任,参见上述第5章边码13以下,以及泽格尔/米尔,民法典第990条,边码19及其所引资料。

还可能发生这种情况,即占有人虽因重大过失(infolge grober Fahrlässigkeit)而不知他无占有之权利,但他内心确信他有此项权利。如果占有人因过失而损坏"他的"物,那么在何种程度上可称他有过错呢?此时是事实上的"自己过错"("Verschulden gegen sich selbst")(如埃·沃尔夫持如是说,参见氏著§6.A,I,c,5.250页)呢,还是拟制适用过错责任原则(黑克氏持该说,氏著§68,注7)呢?我们认为,在占有取得时之重大过失,已使占有人对物负有一定的行为义务,而对这种义务有过失地违反,就可使非善意占有人负担损害赔偿义务。

3. 侵权占有人之责任[4]

11 （有过错地）为禁止私力行为与“犯罪行为（poenal）”之占有人，对任何损害，包括意外事故，均须负责任：民法典第992条、第823条、第249条、第848条。

由此我们可清楚地看到占有人之责任，由（善意占有人之）无责任经（非善意占有人之）过错责任而至（有过错之禁止私力行为人之）意外事故责任之上升趋势，亦即形成“阶梯”。而在下述收益返还与费用补偿之规范中，亦会看到这一“阶梯”现象。

（四）所有权人之收益偿还请求权

1. 善意占有人不负返还义务

12 善意（与未受起诉之）占有人，对已收取之收益，不须返还。但在占有人无偿取得其占有（民法典第988条）或收取过度孳息（民法典第993条第1款前半句）时，则他负有依不当得利之规定，将孳息返还给所有权人之义务。

在第一种例外情形中，我们再次看到已多次遇见的（如参见民法典第816条第1款第2句、民法典第822条）无偿取得之弱点。而第二种例外情形之产生，是基于公平之衡量，也就是说即使为善意占有人，也仅只能保留通常之收益。

例如：B基于一份遗嘱，以遗赠方式受让对森林之占有。该遗嘱嗣后被确认为无效。真正继承人E请求返还森林，则B就通常砍伐之树木，仅以该得利仍存在时为限，负返还责任（民法典第988条、第818条第3款）。B自己已支出之费用，即使不是民法典第994条以下所规定之可补偿费用，却仍可体现为B得利之灭失（持此说者如联邦最高法院，《新法学周刊》，1998年，

---

〔4〕 对此参见克劳斯·米勒，载《法学教育》，1983年，516页；另参威灵，“物权法”，§ 12，Ⅲ，5。

989、990 页;对此有争议！另参本章下述边码 22 关于差额理论适用的说明)。

B 之森林是自非所有权人 NE 处购得。但在购买时,B 并未通过查看土地登记簿,而确认 NE 根本就未被登记为所有权人(如 NE 给 B 看了一下一份伪造的土地登记簿复印件)。此时就通常砍伐之树木,B 完全不必返还;而就特别之砍伐,如因风灾引起,B 仅就仍存在之得利予以返还(民法典第 993 条第 1 款前半句)。

2. 非善意占有人与诉讼占有人之返还义务

13 非善意占有人与诉讼占有人,须返还全部已收取之收益(包括使用利益),补偿已不存在孳息之价值[5],并补偿因其过错而未收取之收益(民法典第 990 条并民法典第 987 条、第 100 条;《联邦最高法院民事判例集》,第 39 卷,186 页)。

如在上例中,B——作为一名出色的法律人——一眼就看出了遗嘱之无效,或 B——作为一名马马虎虎的法律人——因重大过失而未看出遗嘱之无效,则他须对真正继承人返还仍存在的木材,补偿他已出卖的或已使用的木材之价值,并补偿因其过错而未砍伐但现已无用的木材之价值。若 B 对木材之返还陷于迟延,则他还须对意外事故负责(民法典第 990 条第 2 款并民法典第 287 条),比如说,即使他无过错,他仍须就违背通常经营方法而未砍伐之木材,负补偿其价值之责任。

其他例案:联邦最高法院,《德国法月刊》,1963 年,587 页。

3. 侵权占有人之损害赔偿义务

14 而(有过错地)为禁止私力行为与犯罪行为之占有人,仍是依民法典第 823 条之规定,对所有权人就任何损害负赔偿责任。这

---

〔5〕 民法典第 987 条表述仅提及“返还(Herausgabe)”,过于狭窄(《帝国最高法院民事判例集》,第 93 卷,280、283 页)。

意味着——按照回复原状(Naturalrestitution)之基本原则——,他应使所有权人,回复到如同“在使其负赔偿义务之事由未发生时之状态”(民法典第249条第1句)。即他须赔偿所有的——属于所有权收益归属内容的——为所有权人可能收取之收益,同时他还须返还那些对所有权人来说可能无法收取,而他却已收取的收益——因为侵权占有人之地位,不应优于非善意占有人之地位——。

(五)占有人之费用偿还请求权

1. 费用之种类

民法典对下列费用,作了非常精细地区分:

15 (1)必要费用(notwendige Verwendungen)。又可区分为通常的与特别的必要费用:

通常必要费用(gewöhnliche notwendige Verwendungen),如在上举例中在通常之树木砍伐后进行幼苗续栽;

特别必要费用(auβerordentliche notwendige Verwendungen),如为能砍伐树木而铺设运道;

仅为占有人自己之特殊利益而支出者,则非为必要费用(《联邦最高法院民事判例集》,第64卷,333、339页)。

16 (2)其他使价值增加之(sonstige wertsteigernde)费用。此费用不是必要费用,而是体现为在所有权人重新获得物时,使物的价值有所增加之费用:

如对已存在运道之改善。

17 (3)其他不使物的价值增加之(sonstige nicht wertsteigernde)费用:

例如:现已——因虫蛀——全无价值之猎棚与周末度假小屋。

2. 善意占有人之费用偿还请求权

善意占有人可得要求偿还: 18

(1)必要费用;但有例外,即不得请求偿还通常之维持费用(对该费用,因他所保留之收益而已被冲抵!):民法典第994条第1款、第995条第2句;

(2)其他使价值增加之费用(民法典第996条);

(3)反之,他不得请求偿还其他不使物之价值增加之费用;对此他仅有民法典第997条之取回权。

如在上例中,善意之B在通常之砍伐后续栽幼苗,则他对此不得请求偿还,因为他已获得已砍伐之木材(民法典第994条第1款第2句)。对新铺设运道而支出之费用,他可以请求偿还;同样,对已存在运道之改善,若其仍有增值时,亦得请求偿还。而他所建造之猎棚,则他可拆除。

3. 非善意占有人与诉讼占有人之费用偿还请求权

该类占有人可请求偿还必要费用,但仅以成立为所有权人利益之无因管理时为限(民法典第994条第2款并民法典第683条、第684条)。 19

非善意之B须返还作为收益的已砍伐木材,或补偿其价值;而就幼苗续栽,仅在该行为符合所有权人真实的或可推知的意思,且符合其利益(民法典第683条)或者所有权人对此仍有得利(民法典第684条)时,方得请求偿还。

对于其他所支出之费用,不管是使物增值的还是不增值的,均不得请求偿还。

故非善意之B就运道改善所支出之费用(尽管仍有增值),不得请求偿还(民法典第996条,以及《联邦最高法院民事判例集》,第38卷,186页)。

4. 侵权占有人之费用偿还请求权

20 (有过错地)为禁止私力行为与“犯罪行为”之占有人,其费用偿还请求权,依与对非善意占有人费用偿还请求权之同一标准而决定(民法典第850条并民法典第994条以下,民法典第994条第2款)。

5. 取回权(Wegnahmerecht)

21 在上述所有情形中(2-4),占有人均有取回权(民法典第997条第1款),但有例外,亦即民法典第997条第2款所规定之情形(对此参见本书第53章,边码35)。

(六)费用偿还请求权之主张

22 1. 占有人享有费用偿还请求权时,则他仅在以同时履行之方式获得该费用偿还时,才须履行物之返还义务,亦即他对物享有留置权(Zurückbehaltungsrecht)(民法典第1000条)。

2. 另一方面,所有权人亦仅在获得对物之占有或者他对费用已作认可时,才须对费用进行偿还(民法典第1001条第1句)。

3. 最后有可能的是,物之返还对所有权人来说已毫无意义,比如因他对占有人所要偿还之费用,远高于物本身之价值。此时,占有人可自物中受其费用之清偿(民法典第1003条)。

4. 联邦最高法院还提出这种观点,即差额理论可准用于占有人之费用偿还请求权与所有权人之收益返还请求权(联邦最高法院,《新法学周刊》,1995年,2627页=《德国法学者报》,1996年,151页以下,及梅迪库斯对此案之评论;对此参见K·施密特,载《法学教育》,1996年,169页;并参本书第21章边码13)。

第二节　适用范围问题[6]

在上述边码1以下，就适用范围界定上的困难，我们已稍作提 23

〔6〕 对此参见布罗克斯，载《德国法学者报》，1965年，516页；迪德里希森，“基于债法关系所生的占有权”，1965年；菲肯切尔（Fikentscher），§ 102，V；菲尔兴（Firsching），载《民法实务档案》，第162卷，440页；格哈德t，卷I，65页；哈斯（Haas），载《民法实务档案》，第176卷，1页（费用偿还请求权与强迫得利）；乔吉阿德斯（Georgiades），“请求权竞合…”，1967年；古尔斯基，“所有权人－占有人关系”，1996年5版；哈格尔，载《法学教育》，1987年，877页（基础案例）；雅各布斯（Jacobs），载《民法实务档案》，第167卷，351页；雅尔，载《民法实务档案》，第183卷，725页（侵权性使用侵夺时的损害赔偿）；克勒（Kaehler），“不当得利请求权与所有物返还请求权”，1972年；凯泽斯（Kaysers），“在契约给付中占有人之费用偿还请求权”，1968年；科布尔，“民法典请求权体系中的所有权人－占有人关系”，1971年；克勒，“效力未定的所有物返还请求之诉”，载《新法学周刊》，1988年，1054页；Kraft，载《新法学周刊》，1963年，1849年；克劳泽尔（Klauser），载《新法学周刊》，1965年，513页；W. E. 克劳泽，“民法典第989条至993条所规定之占有人责任”，1965年；梅迪库斯，边码582以下；米哈尔斯基，“所有权人－占有人关系之适用范围、功能与理论地位”，载“吉特（Gitter）祝寿文集，1994年，577页以下；米尔，载《民法实务档案》，176卷，396页（所有物返还请求权与不当得利返还请求权）；克劳斯·米勒，载《德国法学者报》，1968年，769页；同氏著，“所有权人－占有人关系中的侵权法责任”，载《法学教育》，1983年，516页；F·彼得斯（F. Peters），“作为占有权之质权”，载《德国法学者报》，1995年，390页；平格，“所有权人－占有人关系之功能及其理论地位”，1973年；平格/沙尔曼（Scharrelmann）/蒂森（Thissen），“所有权人－占有人关系”，1988年4版；赖泽尔，载“沃尔夫祝寿文集”，1952年，123页；同氏著，载《德国法学者报》，1958年，681页，以及1961年，529页；舍恩菲尔德，载《德国法学者报》，1959年，301页；施赖伯，“所有权人－占有人关系”，载《法律学习》，1992年，533页以下、356页以下；塞德尔（Seidel），“留置权作为民法典第986条意义上的占有权”，载《德国法学者报》，1993年，180页以下；西贝尔（Siber），载《耶林民法学说年鉴》（DogmJ）.，第89卷，1页；瓦尔特延（Waltjen），载《民法实务档案》，第175卷，109页（与不当得利之关系）；韦斯特曼/平格，卷I，§ 31，II；威灵，“善意占有人之收益…”，载《民法实务档案》，第169卷，137页；同氏著，载《德国法月刊》，1972年，645页；同氏著，“物权法”，§ 12，I，3，II；曼弗雷德·沃尔夫，载《民法实务档案》，第166卷，188页（费用偿还请求权）；措伊纳，载“费尔根特雷格（Felgenträger）祝寿文集”，1969年，423页以下。

示。而作为所有权人—占有人关系基础之法律关系，在具体个案中，其差异性是如此之大，以至于我们不得不对民法典第985条以下规定之适用范围，作一番检讨：

E的物被B偷走：B是无权的自主占有人。

E将他的土地出卖给B，并进行了土地所有权让与合意与交付，但B还未被登入土地登记簿：B为有权的自主占有人。

E将物使用出租给B：B是有权的他主占有人。

E——无行为能力人——将物使用出租给B：B为无权的他主占有人。

我们要回答的第一个问题是：是否在上述所有情形中，民法典第985条以下之规定均可适用，换言之，是否均存在“所有物返还请求权之基础”（Vindikationslage）。

在对民法典第985条以下规定之适用范围予以界定后，其第二个问题就是，上述规定与契约法、侵权行为法以及不当得利法间的关系又是如何。

比如使用出租人依民法典第556条（使用租赁关系终止后）所享有的返还请求权，与民法典第985条以下之所有物返还请求权（rei vindicatio）之关系如何？

对这些问题，司法判例与学术界所勾绘的，是一幅斑驳陆离间或令人眼花缭乱的图画。而能够理解这些问题的，也常常仅是那些对此十分精通之人士。故而我们的任务就是，对此尽可能清晰地描出其线条。

一、关于所有权人——占有人关系规定之适用范围

（一）限于无权占有

24 依条文文句，民法典第985条既指有权占有人，也指无权占有人。但若作深入考察，则发现所有物返还请求权之基础，显然仅成立于无权占有中。这是因为，在民法典第990条以下规定中，区分

了善意占有人与非善意占有人；而占有之分为善意或非善意，永远只能就无权占有而言；就有权占有人，既不能称其为善意，也不能称其为非善意。

这一界限以前虽有人提出过，但在西贝尔氏之后，对其在理论上予以确定并进而予以完善者，却为赖泽尔氏之贡献（参见上揭氏著）。联邦最高法院在其基础性判决（《联邦最高法院民事判例集》，第27卷，317页）中，亦采纳此项观点（自该判决后即为固定判例，如《联邦最高法院民事判例集》，第34卷，122、128页＝鲍尔，E. Slg.，案例32；《联邦最高法院民事判例集》，第100卷，95页）：

E将他的拖拉机使用出租给M。在租赁期间，M将它交给R修理。对E来说，M是有权利甚至有义务将机器交付给他人修理。由于M陷入破产，R就转向E请求修理费。若按民法典第994条之文义，则R针对E之费用偿还请求权可成立，因为R作为“占有人”已“为”拖拉机支出了必要费用。但联邦最高法院——正确地——拒绝了此项请求权之成立，[7]且其理由为，R是有权占有人：R针对M——基于承揽契约——为有权占有，而M针对所有权人E——基于使用租赁契约——亦为有权占有。故“所有物返还请求权之

〔7〕 此中所涉及的R之承揽人质权之善意取得问题，暂搁置不论（参见本书下述第55章，边码40）。——在民法典第677条以下之规定（正当之无因管理）可得适用时，则所有物返还请求权之基础亦不存在，其原因在于管理人被视为有占有之权利（参见泽格尔/米尔，民法典第986条，边码4；以及民法典第987条之前之边码11）。

基础”不成立(参阅民法典第986条第1款第1句)。[8] R之权利仅限于针对M之工作报酬请求权。

25 有权之(rechtmässig)占有,不仅指该占有被占有人与所有权人间直接成立之法律关系所包含之情形(所谓的两方当事人关系),而且在占有人之占有权源于他人,而该他人针对所有权人,又有将占有予以转让之权利的所有情形中(所谓的三方当事人关系),占有人之占有亦均为有权占有。

26 由此可得出一项对民法典第986条之解释非常重要的结论:民法典第986条之规定,究为一项诉讼上的抗辩(Einwendung)——在诉讼程序中存在该抗辩之事实基础时,法官即须依职权对该抗辩予以援引——或仅为一项抗辩权(Einrede)(此项抗辩权之援引,须由被告之占有人自为主张),长久以来即存争议。

此项争议在司法实践中——鉴于民诉法第139条所规定之法官讯问义务与查明义务——,仅对被告缺席时之缺席审判有其意义。

若将民法典第986条视为确定所有物返还请求权基础之规

---

〔8〕 在司法判例(联邦最高法院,《新法学周刊》,1955年,340、341页r. Sp.;联邦最高法院,《泛亲属法杂志。公法与私法中的婚姻与家庭》,1970,641页;联邦最高法院,《新法学周刊》,1979年,716页)中,有时出现将民法典第987条以下之规定,适用于——即使仅是“替代方式地”——有权占有人的值得注意的苗头。这点应予以摒弃,否则的话,就是拿上述所获得的对民法典第987条以下规定在体系中地位的认识,毫无根据地开玩笑(舍恩菲尔德,载《德国法学者报》,1959年,304页)。而且,即使是辅助性地适用,亦无此必要(慕尼黑德国民法典评注/梅迪库斯,民法典第987条至第1003条之前,边码12;施陶丁格/古尔斯基,民法典第987条之前,边码30以下,并反对埃尔曼(Erman)/黑费梅尔,民法典第987条之前,边码8之观点;帕兰特/巴森格,民法典第994条至第1003条之前,边码3)。

定，且该基础又仅限于无权占有之情形，则必然会得出，有权占有之事实，具有诉讼上抗辩之性质。[9]

（二）有权他主占有人之超越占有权

27 由上述还可得出，在有权之他主占有人超越占有权时，则除违约外，亦符合民法典第823条第1款所规定之构成要件；且该责任之成立，与民法典第993条第1款后半句并第992条之规定，并不生矛盾。[10]

E将房屋使用出租给M。M有过错地损坏了住房，或M未经许可将房屋转租给他人，而该他人毁坏了房屋，或M违反契约之约定将房屋开成餐馆等等。

在一则有趣案例中，最初是有权的他主占有人，嗣后无权地实施自主占有，并将物予以出让。联邦最高法院（《联邦最高法院民事判例集》，第31卷，129页）对此适用民法典第990条第1款第1句之规定。由于民法典第823条之请求权（他主占有人之超越占有权！）已罹时效，故联邦最高法院就考虑审查民法典第990条之构成。由此所生的问题是，自他主占有转变为自主占有，是否能视作民法典第990条第1款第1句之占有取得。联邦最高法院对此予以肯定；但这是不正确的：在该案中不存在任何理由，要将这里的占有人，与在其他情形中有权他主占有人超越占有权，作不同之处理。故本案原告所享有的请求权，仅为违约上的请求权，而非为基于民法典第990条、第989条所生的请求权（赖泽尔，载《德国法学者报》，1961年，125页；克劳泽，“占有人之责任”，108页；帕兰特/巴森格，民法典第987条前之边码9）。

---

〔9〕 对此参见泽格尔/米尔，民法典第986条，边码2；慕尼黑德国民法典评注/梅迪库斯，民法典第986条，边码24及其所引资料。

〔10〕 绝对之通说，参见施陶丁格/古尔斯基，民法典第987条至第993条之前，边码10及其所引资料；慕尼黑德国民法典评注/梅迪库斯，民法典第987条至第1003条之前，边码11；泽格尔/米尔，民法典第987条之前，边码12。

(三)不再享有占有权之占有人

28 还有疑问的是,在产生有权占有之法律关系结束时,所有权人——占有人关系规定之适用,是否亦被排除。是否可以说在有权占有变为无权占有时,对该无权占有就应依民法典第987条以下之规定而予以处理呢?

29 1. 首先是司法判例肯定了民法典第987条以下规定之适用可能性,[11]并认为即使在产生法律效果之事实情形出现之当时,还尚无所有物返还请求权基础的,这些规定亦得适用。依该观点,其决定性标准在于,有权占有现在已不再存在。[12] 在引起众多讨论之判决(《联邦最高法院民事判例集》,第34卷,124页[13])中,买受人将一辆以所有权保留方式购得的小汽车,交给修理厂修理。买受人不付修理费,故修理承揽人(U)就扣留了小汽车。而在买受人也亦未支付买车之分期款项时,所有权保留买卖之出卖人解除买卖契约。其结果是,依民法典第986条第1款第1句第2种情形,U之占有权限丧失。故此,U依联邦最高法院之看法,可请求费用(修理费)之偿还。

该观点不应赞同。承揽人在为修理之时,为有权占有人,故对其占有之品质,不能以善意或非善意予以评价——而费用偿还请求权却恰以这一点为其标准(参阅民法典第994条第1款与第1

〔11〕《联邦最高法院民事判例集》,第71卷,216、224页以下;第75卷,288、292页以下;其他文献首参施陶丁格/古尔斯基,民法典第987条至第993条之前,边码13以下。

〔12〕 最近之判例,如联邦最高法院,《新法学周刊》,1996年,921页;《新法学周刊》,1998年,992、993/994页;亦参《联邦最高法院民事判例集》,第75卷,288、292页;《联邦最高法院民事判例集》,第87卷,274页;对此持赞同意见者,帕兰特/巴森格,民法典第994条之前,边码4;曼·沃尔夫,边码20。

〔13〕 对此参见梅迪库斯,"民法",边码587以下;鲍尔,E. Slg.,案例32;路德维希·赖泽尔(Ludwig Raiser),载《德国法学者报》,1961年,529页。

款之规定)。[14]

30 2. 故而余下的问题仅是,对于占有权消灭后所产生之法律效果,是适用民法典第987条以下之规定,[15]还是此时仅成立契约上的回复请求权(Rückabwicklungsansprüche)。[16] 我们认为第二种观点更为可取。即使契约关系已结束,其返还清算应仍受契约法调整——比如在行使约定解除权或依民法典第325条、第326条所规定之解除权时,则应受民法典第346条以下之特别规定调整。

(四)无权的他主占有人

1. 基本原则

31 最后还须探讨的是,民法典第985条以下之规定,是仅适用于无权之自主占有人(即如窃盗、窝主、基于无效的买卖契约与无效的所有权让与合意而占有的买受人),还是也适用于无权之他主占有人。

E将他的土地基于一项无效的用益租赁契约,交付给P。

按诸通说,对该问题之回答,原则上采第二种见解。对无权之自主占有与无权之他主占有,予以区别处理,并无法律上的依据。即使当事人对此可能并不知晓,但所有物返还请求权之基础,自始即已产生。

2. 例外:无权他主占有人之超越(假想的)占有权

32 但对这一论断需补充一项例外。其原因在于,在物遭受损害等情形时,若适用民法典第989条、第990条之规定,则善意的无

〔14〕 慕尼黑德国民法典评注/梅迪库斯,民法典第987条至第1003条之前,边码10;泽格尔/米尔,民法典第994条之前,边码9;以及本书第55章,边码40。

〔15〕 持此说者如施陶丁格/古尔斯基,民法典第993条至第1003条之前,边码13。

〔16〕 持此说者如慕尼黑德国民法典评注/梅迪库斯,民法典第987条至第1003条之前,边码19;尧尔尼希/尧尔尼希,民法典第987条至第993条之前,边码4以下。

权占有人对此将不负责任(民法典第 993 条第 1 款后半句);反之,有权占有人则可能根据契约法与侵权行为法,而要负其责任。这一结果自然是不合理的。故此为解决这一问题,就有所谓的他主占有人超越占有权(Fremdbesitzerexzeβ)学说之产生。〔17〕由民法典第 991 条第 2 款之规定,可推导出这种思想:即占有人对所有权人,至少应负有假如在他们之间存在一项契约关系时,占有人所需负的责任。因而,除作为通说惟一论据的民法典第 823 条之规定外,就此问题之解决,亦可类推适用民法典第 991 条第 2 款之规定(亦参本章下述边码 48)。而且,一旦民法典第 823 条之请求权已罹时效(民法典第 852 条),这一途径尤具意义。〔18〕依此而言,善意的无权占有人,在有过错地超越其假想的占有权限时,应依民法典第 991 条第 2 款、第 823 条负有责任。

E 将带家具的住房使用出租给 B,但租赁契约因某种原因而无效。对此无效情节,B 既不知情,也不因重大过失而不知。B 将家具打碎或者任他的孩子在家具上作木刻练习。此时因民法典第 992 条之构成要件不存在,B 将会不负责任。但他却超越了假如租赁契约有效时,他所享有的占有权的范围,故他应依民法典第 991 条第 2 款、第 823 条之规定负责任。若他将交给他占有的家具予以出让,则结果亦同(《帝国最高法院民事判例集》,第 157 卷,132、135 页,及其所引资料;《联邦最高法院民事判例集》,第 46 卷,140、146 页;联邦最高法院,《德国法学者报》,1951 年,716 页[=鲍尔,E. Slg. ,案例 35]并附赖泽尔之评论;联邦最高法院,《新法学周刊》,1973 年,1790 页,对此案参见梅迪库斯之评论,载《法学教育》,1974 年,221、223 页)。

---

〔17〕 梅迪库斯,“民法”,边码 585;关于其不同之结构形式,参见古尔斯基,“所有权人－占有人关系”,73 页以下。

〔18〕 在这点上 W. E. 克劳泽(上揭氏著,112 页)是正确的;但不正确者,该氏亦将民法典第 990 条第 1 款第 2 句予以类推适用。

二、竞合问题

33 在上述标题一之下我们已确认，民法典第 985 条以下规定之适用范围，限于无权之自主占有人与无权之他主占有人；反之，它们既不适用于有权之自主占有人与有权之他主占有人，也不适用于占有权期限届至后的他主占有人。

须注意者，请求权之相对人不是占有人时，根本不生请求权竞合问题。如《联邦最高法院民事判例集》，第 56 卷，73 页：作为一有限责任公司业务执行人的被告，因过错损害了原告的所有权，但被告不曾为该物之占有人（占有人仅只能是该有限责任公司，参见上述第 7 章，边码 70 末）。此时径用民法典第 823 条，而无需考察民法典第 992 条之构成要件是否存在。

（一）基本原则：民法典第 987 条以下之规定为排他性特别规范

34 随上述适用范围之界定，亦简化了对竞合问题之处理。余下的问题只是，民法典第 987 条以下之规定，在其适用范围中是否为排他性规范，或者除此之外，侵权行为法与不当得利法是否亦得适用。[19]

司法判例与理论界之通说，[20]均以民法典第 993 条第 1 款后半句为依据，认为所有物返还请求权法具有排他性的效果（参见《帝国最高法院民事判例集》，第 137 卷，206 页；第 163 卷，348、352 页及其所引资料；联邦最高法院，《联邦最高法院裁判汇编》，民法典第985条，第8号），但同时又不得不认可一些对该项原则

〔19〕《联邦最高法院民事判例集》，第 39 卷，186 页；第 41 卷，157 页；第 56 卷，73、77 页。

〔20〕泽格尔/米尔，民法典第 987 条之前，边码 14 以下；施陶丁格/古尔斯基，对民法典第 987 条至第 993 条之前言，边码 30，及其所引资料；持另说者，首参韦斯特曼/平格，卷 I，§ 11，C，I，3，a。

的突破,否则,僵硬地适用该项原则,会导致某些不堪忍受的结果。

(二)例外:他主占有人之超越占有权

35 对这项法适用上排他性基本原则的第一项突破,〔21〕表现在对侵权法规范的关系上。这在讨论他主占有人超越占有权之构成要件时,我们已有所认识:善意的无权他主占有人,在超越其——假想的——占有权界限时,亦应依民法典第991条第2款、第823条负损害赔偿责任。

(三)例外:民法典第816条

36 若善意的无权自主占有人,将物出让给第三人,则民法典第990条并第989条无适用之余地。若果如此,则占有人就可以保留出让所得之价金。为排除此一不公平结果,此时可适用民法典第816条之规定(《帝国最高法院民事判例集》,第163卷,353页;联邦最高法院,《新法学周刊》,1953年,58页)。而且,对该条之适用,该第三人是否已——依民法典第932条、第892条——取得所有权,或者——因民法典第935条而——未取得所有权,均在所不问(因为在第二种情形下,所有权人主张卖得价金返还请求权时,即寓含有——以未获清偿为解除条件之——对自主占有人处

---

〔21〕 可否以非善意占有人/诉讼占有人承担侵权责任(除民法典第990条/989条之外)之形式,而构成对排他性原则之另一项例外,则极具争议。对此持肯定意见者尤参科布尔,169页以下;施瓦布/普吕廷,§48,Ⅳ,3,b。反之对此正确地予以否定者,施陶丁格/古尔斯基,对民法典第987条至第993条之前言,边码51以下,及其引证;尧尔尼希/尧尔尼希,民法典第987条以下,边码10、12;帕兰特/巴森格,民法典第987条之前,边码3以下、23。

分行为之追认)。[22]

在适用民法典第816条时,必须弄清楚的是,民法典第987条以下之规定,仅涉及损害赔偿与收益返还问题。故而,在涉及卖得价金之返还时,排他性原则(民法典第993条第1款后半句)自始就无适用之余地(亦参帝国法院,WarnRspr. *,1920年,160号)。因此,联邦最高法院在《新法学周刊》,1960年,860页所载之判决意见,应值得赞同:非善意的无权占有人将物出让,而所有权人对此依民法典第816条第1款第1句请求卖得价金之返还时,则就其他之损害,占有人仍须依民法典第989条、第990条之规定负赔偿责任。

(四)例外:侵害型不当得利之其他情形

上述例外规则,亦适用于侵害型不当得利之其他情形以及对物予以消费之情形(《联邦最高法院民事判例集》,第14卷,7页=鲍尔,E. Slg.,案例33)。[23] 37

例如(采自《联邦最高法院民事判例集》,第55卷,176页——"小公牛案例"——对此案之评论,参见H. P. 韦斯特曼,载《法学教育》,1972年,18页):原告被盗两条小公牛。这两条牛后被善意之被告加工于其肉类加工厂。原告可依民法典第951条、第812条向被告请求返还不当得利;而且该

---

〔22〕 通说与此相近,参见《帝国最高法院民事判例集》,第106卷,44页(随诉讼之提起,且为无条件!);第115卷,31页。本章边码44处亦涉及到民法典第281条之适用性问题。关于追认之时间点,参见《联邦最高法院民事判例集》,第56卷,131页:所有权人后来(如因民法典第950条之规定而)丧失其所有权时,该追认仍有可能。关于此问题之全面文献,参见默勒(Merle),载《民法实务档案》,1983年,81页。关于出让行为针对所有权人为不生效力时的法律关系,参见梅迪库斯,边码599。

〔23〕 参见罗伊特(Reuter)/马丁内克,§ 20;有关资料文献,参见本书第13章,边码10。

* 此指由瓦恩艾埃尔(Warneyer)氏编辑的未收入官方判例集的帝国最高法院民事判例汇编,时间为1908年至1941年。——译者注

请求权之成立，与民法典第987条以下之规定，不生矛盾。——

B善意地认为自己是物之所有权人，而实际上物属于E。B将物出让给D，则E不享有——因B将物出让而不能返还所产生的——损害赔偿请求权，因为民法典第990条、第989条之构成要件不具备。但E仍享有卖得价金之返还请求权（民法典第816条）。

若B以自用之目的将物消费掉，则E可直接依民法典第812条（侵害型不当得利！）并用民法典第818条第2款之规定，而请求其价值之偿还。

在无权转租中，应区别两种情形：

1. 使用承租人M是有权占有人，但对U之转租为违反契约。使用出租人E能够以民法典第812条为基础，向M请求返还转租租金吗？对此持否定意见者如：联邦最高法院，《新法学周刊》，1964年，1853页；而持肯定意见者如：迪德里希森，载《新法学周刊》，1964年，2296页；泽尔纳（Söllner），载《法学教育》，1967年，449页。但不管如何争议，这里绝无所有物返还请求权法与不当得利法之竞合问题，因为M是有权占有人。

2. 若M是无权占有人，并向U为转租，则结果又不同。此时转租租金在法律性质上为收益，对此M——假如他是善意的话——有权予以保留（民法典第993条第1款后半句）。——关于转承租人之地位，见本书上述第9章边码33。

（五）例外：无法律原因之占有取得中的收益返还

38 在善意占有人无法律上的原因而取得占有，且在占有期间已收取收益时，也需要对排他性原则作重要突破。[24]

例如（采自《帝国最高法院民事判例集》，第163卷，348页；亦参《联邦最高法院民事判例集》，第32卷，76、94页；联邦最高法院，《德国法月刊》，1963年，577页）：

---

〔24〕 对此参见拉伦茨/卡纳里斯，卷II/2，§ 74，I；施陶丁格/古尔斯基，对民法典第987条至民法典第993条之前言，边码34以下；泽格尔/米尔，民法典第987条之前，边码15；威灵，载《民法实务档案》，第169卷，137页。

V将他的土地出卖给K,并进行了土地所有权让与合意。后来发现,在为法律行为时,均不知V已患精神病。K将土地返还给V的照管人,但想保留其收益。

乍看之下,K为有权利:K是(无权的)善意自主占有人,故对K所主张的收益返还请求权,依民法典第993条第1款后半句应被排除。

若再假设一下,买卖契约无效,而土地所有权让与合意却有效,此时K反而还必须要返还其收益(民法典第812条、第818条第1款)。两相比较,其结果就有点古怪了:作为"所有权人"的K,结果却比只是"占有人"的K,受到更劣的对待。此结果之不堪忍受,自属无疑。对其之修正,一种观点试图将无法律原因之占有取得,与无偿之占有取得同视,进而适用民法典第988条(如《帝国最高法院民事判例集》,第163卷,348页),另一种观点[25]——也是正确的观点——认为应直接适用民法典第812条之规定。

第三节　具体构成要件

在对民法典第985条以下规定之适用范围进行界定后,接下来我们可以检查各请求权具体构成要件的特殊性。

一、所有物返还请求权(Herausgabeanspruch)

首先请参上述边码4。

(一)请求权人与请求权之相对人

请求权之承担者(Träger)为所有权人,请求权之相对人(Anspruchsgegner)为占有人。此占有人仅指无权占有人,这一点可基于民法典第986条而推导:有权对物为占有者,不受所有物返还请求权之主张。该占有权须能针对所有权人而存在,但不必基于所有权人与占有人间直接的法律关系而产生;在直接占有人之 39

〔25〕 梅迪库斯,"民法",边码600;施瓦布/普吕廷,§ 48,VIII,5,b。

占有权源于他人时，只要该他人针对所有权人，有将占有转让给直接占有人之权限，即为已足。

例如：E将农庄用益出租给P，并赋予P用益转租权。则E既不能向P，也不能向用益转承租人UP请求物之返还。若转租未得到用益出租人之承认，或因某种原因而无效，则E只能向UP请求将物返还给P（民法典第986条第1款第2句）。

E将其土地出卖给K1并为交付，K1又将它出卖给K2并转让占有。但在这两次出卖中，土地所有权让与合意并未达成。此时E不能向K2请求物之返还：K1在对K2之关系中，虽不是间接占有人，民法典第986条第1款第1句依其文义对此不能直接适用，但可得准用（持此说者如《帝国最高法院民事判例集》，第105卷，20页，以及联邦最高法院，《新法学周刊》，1990年，1914页）。

其他的例子：联邦最高法院，《新法学周刊》，1984年，1960页（对此案之评论，参见K·席姆特（K. Schimdt），载《法学教育》，1984年，811页）。

40 若依民法典第931条，或——因在利益关系上相同——依民法典第930条，[26]而让与动产所有权，则亦得针对该动产所有权之继受人，而主张占有权（民法典第986条第2款：占有之维持功能！参见本书上述第6章边码4以下）。

（二）请求权之内容

41 该请求权之行使，旨在使物得以返还（Herausgabe der Sache）。在返还时，必须使所有权人处于可受领之状态。故而，占有人有时还负有比如将物自仓库里取出来，并准备好所有权人来取之义务（《联邦最高法院民事判例集》，第104卷，304、306页以下）。

若请求权之相对人为间接占有人，则只能请求间接占有之

[26] 《联邦最高法院民事判例集》，第111卷，142页；威灵，“物权法”，§ 12,I,3,a,aa，及其所引资料。

转让。

然依通说,[27]所有权人享有选择权,即他可请求物之返还(但间接占有人根本就没有物!),亦可请求间接占有之让与。然而联邦最高法院的一项判决(《联邦最高法院民事判例集》,第53卷,29页[28]),清楚地显示了该理论在适用上的困难:K向B用益承租一旅馆,E以所有权保留之方式,交付给K一保龄球球道。后B将该旅馆连同保龄球球道,用益出租给C。因K未支付买卖价金,E向B请求返还保龄球球道。法院作出的B应返还物之确定判决,可能会导致这样的结果:依民法典第283条之规定,B可能要负损害赔偿责任;反之,依民法典第989条以下之规定,B所要负的此类赔偿义务可能不成立。这一矛盾迫使联邦最高法院就所有物返还请求权问题,要对民法典第989条以下之规定作出评价。[29] 42

所有物返还请求权并不包含*自力防御权*(kein Gewaltrecht)。仅在符合民法典第859条或第229条之构成要件时,所有权人才可以以强力取得对物之占有。故而,所有权人欲以强制方式实现其请求权时,必须要取得一项执行名义(如判决、诉讼和解书等等)。在紧急时,亦可以申请假处分措施。强制执行由法院执行人来进行,他可将物自占有人处取走(民诉法第883条),或者——标的物为土地时——“废除占有人对物之占有”(民诉法第885条),并使所有权人取得占有。以物为满足占有人生活需求所必需者而提出的异议(参阅民诉法第811条),不得对抗所有物返还请求权,因为该执行不是*基于金钱债权*(wegen Geldforderungen)而对动产财产所为之强制执行。但在例外情形下,可能会适用强制执行保护(民诉法第765a条)。[30]

若判决间接占有人应让与间接占有,则对该判决之强制执行,以民诉法第894条之规定为准。

---

〔27〕 对此参见《联邦最高法院民事判例集》,第2卷,164、166页;第12卷,380、397页;第53卷,29页;泽格尔/米尔,民法典第985条,边码13;慕尼黑德国民法典评注/梅迪库斯,民法典第985条,边码10。

〔28〕 对此参见梅迪库斯,“民法”,边码448。

〔29〕 参见米勒-劳贝,载《民法实务档案》,第183卷,215、238页及其所引资料。

〔30〕 对此参见鲍尔/施蒂尔纳,卷I,“强制执行法”,边码47.2以下。

占有辅助人不得为请求权之相对人;即使在占有辅助人于外部有独立地位之假象时,亦是如此(见本书第7章边码72以下之“分店负责人”案例)。

但针对占有人之返还执行名义,亦得对抗占有辅助人,因为占有辅助人无强制执行法意义上自己的持有(参见本书上述第7章边码12)。

金钱亦得为所有物返还请求权之标的(金钱之所有物返还请求权,Geldvindikation),但仅以金钱在占有人处,仍已特定化时为限。将钞票存入银行户头时,则所有物返还请求权即因此而消灭。仍存续之金钱价值,不得根据民法典第985条之规定,依所谓的金钱价值之所有物返还请求权(Geldwertvindikation)方法而请求返还(完全之通说,参见慕尼黑民法典评注/梅迪库斯,民法典第985条,边码16以下;施陶丁格/古尔斯基,民法典第985条,边码65以下及其引证,并反对韦斯特曼/平格,I,附录,§ 30,V之观点)。就此只成立债法上的请求权(如民法典第816条、第823条)。

(三)债法规定之可适用性

43 所有物返还请求权,为一项物权性的(dinglich)、由物权法所调整的请求权(Anspruch)(参见本书第2章,边码2)。关于债法请求权之规定,仅在无物权法之特别规定,且其适用与物权法之基本原则不生抵触时,才可以适用于所有物返还请求权。[31]

1. 不能适用的——如我们已探讨过的——:

44 关于债权让与(Abtretung)之规定(民法典第398条以下),其原因为,所有物返还请求权不得与所有权本身相分离。所允许者,仅为依民法典第185条所生的收取授权(Einzeihungsermächtigung)情形(联邦最高法院,《联邦最高法院裁判汇编》,民法典第985条,24号;《新法学周刊》,1983年,112页)。[32] 但在依民法典第931条而为所有权让与时,则民法典第407条可得适用(《联邦最高法院民事判例集》,第64卷,123、127页)。此外须注意者,

〔31〕 详参梅迪库斯,“民法”,边码445以下。

〔32〕 泽格尔/米尔,民法典第985条,边码2;施陶丁格/古尔斯基,民法典第985条,边码3。

所谓的派生性请求权(Sekundäransprüche)(如损害赔偿请求权等等,民法典第987条以下),可以予以让与。

民法典第281条之代位原则(Surrogationsprinzip);关于此项问题参见:默勒,载《民法实务档案》,第183卷,81页;梅迪库斯,"民法",边码599;泽格尔/米尔,民法典第985条,边码20;朗格/沙伊欣/席曼,案例13;《联邦最高法院民事判例集》,第75卷,203页(对此案之评论,弗兰克,载《法学教育》,1981年,103页)。

2. 反之,可适用的如:

45 关于债权人迟延与债务人迟延之规定;其可适用之理由,已见于民法典第990条第2款之规定。

例如:B"善意地"自窝主那里购得E失窃的汽车。当E对B称其是汽车所有权人时,B愿意返还汽车。但E以汽车此时已变旧为理由,拒绝受领返还,并要求(无权利!)金钱损害赔偿。若汽车此时在因B的轻过失所引起的火灾中受损,则B不负责任:民法典第990条第1款第2句并第989条所规定之任何形式的过错,于债权人受领迟延时,因民法典第300条第1款之规定,而限缩至故意与重大过失。

反过来,E通过催告而使B陷入债务人迟延时(民法典第284条),则B依民法典第990条第2款并第287条第2句,亦得对意外事故负责(《联邦最高法院民事判例集》,第85卷,11页)。[33]

关于履行之规定(民法典第362条第1款);关于履行地之规定(民法典第269条),而其标准为,应在起诉时或非善意开始时之物所在地,就物予以返还(《联邦最高法院民事判例集》,第79卷,211页;有争议,参见古尔斯基,载《德国法学者报》,1984年,609页及其引证)。

民法典第283条(参见瓦勒拉特(Wallerath),载《法学评论》,1970年,281页,以及本章上述边码42处之"保龄球球道案例")。

关于民法典第985条之所有物返还请求权与民法典第2018条之继承回

---

〔33〕 参见赫尔曼朗格,载《德国法学者报》,1964年,640页。

复请求权(Erbschaftsanspruch)之关系,参见威灵,载《德国法学者报》,1986年,5页;另参联邦最高法院,《新法学周刊》,1985年,3069页。

(四)占有丧失

46 占有人——因过错或无过错——丧失占有时,所有物返还请求权消灭。此时可依民法典第989条、第990条、第992条之构成要件,而成立损害赔偿请求权。

若所有物返还请求权已生诉讼系属,则占有人出让占有物,不阻却诉讼程序之进行(民诉法第265条)。被诉之原占有人,将受所有物返还之判决。而该判决之法律效力,亦得及于占有物取得人(民诉法第325条第1款),并可针对他为强制执行(民诉法第727条),但在取得人就原占有人之权利以及诉讼系属为善意时除外(民诉法第325条第2款)。[34] 若发生这种例外情形——如取得人依民法典第932条取得所有权且就诉讼系属为善意——,则原所有权人可向——原——占有人请求损害赔偿(民法典第989条)。且在所有物返还请求诉讼程序期间发生此种情形时,原所有权人可转而提起损害赔偿之诉(民诉法第264条第3项)。

(五)时效

47 所有物返还请求权以及损害赔偿请求权、收益偿还请求权,经30年罹于时效(民法典第195条);而在请求权基于侵权行为而生时(民法典第992条),则时效期为3年(民法典第852条)。[35] 罹于时效并不表示所有权之丧失,而仅是赋予占有人一项抗辩权:

---

〔34〕 参见鲍尔/施蒂尔纳,卷I,“强制执行法”,边码17.10以下;古尔斯基,“系争物之出让”,1968年;《联邦最高法院民事判例集》,第4卷,283页;联邦最高法院,《德国法月刊》,1956年,542页,并附伯蒂歇尔(Bötticher)对此案之评论。

〔35〕 体系矛盾!侵权占有人不应享受特权。解救方法:竞合地适用民法典第990条、第989条(参见慕尼黑德国民法典评注/梅迪库斯,民法典第993条,边码13)。

故而，只要在占有人处不发生时效取得（民法典第937条），所有权与占有彼此间就会永远“分离”。

二、损害赔偿请求权（Schadensersatzanspruch）[36]

参见上述边码9以下。

（一）无权他主占有人之责任

由上述可得知，此处所涉及者，亦仅为无权占有人之责任。而且，善意的无权他主占有人——不考虑民法典第992条之构成要件——，在有过错地超越其假想的占有权限时，亦负损害赔偿责任（所谓的他主占有人之超越占有权，参见上述边码32、35）。 48

（二）民法典第991条第2款之意义

准此而言，还需予以解释者，仅为民法典第991条第2款之规定。根据该款，如果且只要善意（无权）他主占有人就其损害行为，须对其间接占有人负责任，则他对所有权人亦负损害赔偿责任。 49

V将E失窃的汽车使用出租给M。M的占有为无权占有（因为V针对E无占有之权利）。M有过错地损害了汽车，则M基于租赁契约对V负有责任。而针对E，M基于他主占有人超越占有权学说本就应负责；这样看来，民法典第991条第2款之规定，在这一点上似乎仅为该学说的一个确证。[37]但若在V－M间的租赁关系中，有关于责任限制之约定时，则就显现出该款规定之重要性，因为此种责任限制约定之效力，亦得对抗E。如在本例中M付给V双倍的租金，其条件是，双方约定排除M作为使用承租人而承担的轻过失责任，那么这项责任限制约定之效力，亦得对抗E而主张（值得一读的

---

〔36〕 对此之系统阐述，参见克劳斯·米勒，载《法学教育》，1983年，516页。

〔37〕 在结果上同此说者，韦斯特曼/平格，卷I，§ 32，IV，1，a；另参泽格尔/米尔，民法典第991条，边码3。

判决如:《帝国最高法院民事判例集》,第157卷,132页)。

(三)例案

50 最后,我们所提出的解决方案,是否有效可行,可举一例(采自汉堡州高等法院,《德国法月刊》,1954年,356页;对此案之评论,见拉贝(Rabe),载《法学教育》,1968年,211页;类似案例亦参《联邦最高法院民事判例集》,第47卷,128页)予以检测:

原告——难民——将一枚珍贵邮票托与C保管。C将它交给善意之邮票商B,委托B以行纪方式出卖。B以10000马克之价钱卖给K,其中9000马克B交给C,另1000马克按约定作为佣金由B自己保留。其法律关系如何?

1. 针对K的请求权不成立:民法典第932条;在B以行纪人身份为行为时,则依德商第366条。

2. 针对C成立下列请求权:

(1)因违反保管契约而生的损害赔偿请求权;

(2)基于民法典第823条成立损害赔偿请求权:民法典第993条第1款后半句并民法典第992条不适用于本案,其理由,依通说,盖此时存在他主占有人超越占有权,或依赖泽尔氏之见解,即使在有权(保管)占有结束后,仍适用一般性规定。

(3)基于民法典第687条第2款(所谓不真正的无因管理),其结果乃是要求返还"所获得者"(民法典第667条)。

3. 针对邮票商B的请求权:

(1)不能基于民法典第989条、第987条:B虽是无权占有人(因C无将占有转让给B之权限),但为善意;故而,即使B就不知C之无权限事项有轻过失,原告之损害赔偿请求权亦不成立。

(2)不能基于民法典第823条:因民法典第992条之构成要件不具备,同时亦不成立——有过失的——他主占有人之超越占有权,因为C已许可B进行出卖(民法典第991条第2款;《帝国最高法院民事判例集》,第157卷,132页)。

(3)但可依据民法典第816条第1款第1句,因为该项规定不因民法典第987条以下之规定而被排除(参见本章上述边码36)。但就已交付给C之9000马克而言,该得利在B处已不存在(民法典第818条第3款;《联邦最高法院民事判例集》,第47卷,128页)。那么还尚存的这1000马克佣金该怎么处理呢?汉堡州高等法院认为,由于邮票商B在邮票上,已善意取得一项担保其佣金债权的法定质权(德商第366条第3款并第397条),且该质权之效力应亦能对抗所有权人,故B亦得保留该1000马克。正确的说法应该是,B虽有1000马克的得利,但该得利并非"不当"(ungerechtfertigt)。

三、收益返还请求权(der Anspruch auf Herausgabe der Nutzungen)

首先请参上述边码12以下、24以下。

(一)基础

同样,对适用范围问题的讨论,也有助于我们对收益返还请求权的理解。首先有权占有人之收益,不在考虑之列;若就有权占有人之收益范围产生争议,则依所有权人与占有人间存在的法律关系而决定。其次,在无权占有中,又取决于占有人之为善意或非善意。但无偿取得占有的善意占有人,也必须要返还作为得利而仍存在的收益(民法典第988条);而且,司法判例还将无法律原因但有偿取得占有的占有人,与这类占有人同视(参见本章上述边码38)。 51

(二)他主占有中的特殊问题

余下的就是涉及到他主占有人地位的两个附带问题:

1. 在间接占有中,若间接占有人为善意,则依民法典第991条第1款之规定,非善意之他主直接占有人享有不受追诉之利益。如此规定之目的,在于保护善意间接占有人,免受直接占有人向其主张基于契约关系而产生的赔偿请求权。 52

善意之V将E失窃的打字机使用出租给M，而M仅因重大过失而不知E对打字机的所有权。此时M就打字机上所获得的使用利益，不必返还给E，否则的话，M就会基于民法典第541条之规定向V求偿，其结果则导致，V尽管为善意，但最终仍要负补偿义务。这正是民法典第991条第1款所要阻止的。

53 2. 民法典第988条就无偿占有取得之情形，仅提及自主占有人或假想的物权性用益权人。但民法典第988条之规定亦适用于：

（1）假想的债权性用益权人无偿取得占有之情形；就此点而言，这仅是对民法典第988条条文起草失误的修正（《帝国最高法院民事判例集》，第163卷，348、353页）。[38]

N盗窃了E的汽车，后借给善意之L。此时E可依不当得利法之基本原则，向L请求收益之偿还（民法典第988条）。

（2）司法判例不仅在因无法律原因之占有取得而导致自主占有之成立时，而且还在自无法律原因之占有取得中产生出他主占有时，亦将民法典第988条予以准用。

例如（采自《联邦最高法院民事判例集》，第10卷，350页）：

B因一无效的行政行为而获准暂时使用E的汽车。故B为善意的无权他主占有人。B须偿还收益，其根据在通说看来，是准用民法典第988条，但我们认为更正确的是依据侵害型不当得利之基本原则（参见本章上述边码38）。

---

〔38〕 对本判决之发展，参见《联邦最高法院民事判例集》，第32卷，76页，以及《联邦最高法院民事判例集》，第71卷，216、225页。

四、费用偿还请求权(der Anspruch auf Ersatz der Verwendungen)[39]

首先请参上述边码15以下。

(一)基础

在讨论所有物返还请求权基础之始(本章上述边码24),作为阐述之起点,我们举了一例。而在该例案中,费用偿还问题已显示其重要性(——后来已无支付能力的——使用承租人将承租来的拖拉机,交给修理厂修理)。依上述,我们在这里同样将有权占有,以及占有权终止后的费用偿还关系,排除在考虑之列。这样费用偿还请求权之情形,——粗略地说——就体现为,无权的善意占有人可请求必要费用与有益费用之偿还,无权的非善意占有人仅只能请求必要费用之偿还。 54

值得阅读的案例,可参《联邦最高法院民事判例集》,第100卷,95页=《德国法学者报》,1987年,717页,并附布雷姆(Brehm)对此案之评论。

须讨论的还有下列具体问题:

(二)费用之概念

联邦最高法院[40]所理解的费用,是指"旨在维持或恢复物本身之存在,或者对物之状态予以改善,所采取之措施"。反之,帝 55

---

〔39〕 对此尤参雅各布斯、瓦尔特延、曼弗雷德·沃尔夫氏上揭著(本章上述边码23);梅迪库斯,"民法",边码874以下;泽格尔/米尔,民法典第994条之前之评论;朗格/沙伊欣/席曼,案例15。

〔40〕《联邦最高法院民事判例集》,第10卷,171、177页;第41卷,157、160页(=鲍尔,E. Slg.,案例34);第87卷,104、106页;第109卷,179、182页;《新法学周刊》,1996年,921、922页。

国法院(《帝国最高法院民事判例集》,第 152 卷,100、101 页)认为,费用是指所有的“应有益于物的”财产支出,也就是说,不以维持目的与改善目的为判断标准。

这两种观点之差异,首先体现于占有人在他人土地上建造新建筑物之情形。

例如(《联邦最高法院民事判例集》,第 41 卷,157 页 = 鲍尔,E. Slg. ,案例 34;另参联邦最高法院,《新法学周刊》,1996 年,52 页以下,并附卡斯滕·施密特对此案之评论):

B 在 E 的土地上建造了一幢新房。E 向 B 请求返还土地,而 B 则以其建筑费用额主张留置权。

1. 联邦最高法院首先否定适用民法典第 951 条,理由为,关于所有权人-占有人关系之法律规定,在适用上绝对优先于不当得利法规定——民法典第 951 条亦为不当得利法规范——。这一论断就其一般性来说是不正确的(参见本章上述边码 36),但就占有人在所要返还之物上已支出费用之情形,却是合适的。其原因是,若在这种情况下准许占有人享有民法典第 951 条之偿还请求权,则民法典第 994—1003 条所作严格区分之规定,将成泡影。[41]举例来说,若房屋的无权占有人,在房屋里安装上其自己所取得的水暖设备,则在适用民法典第 951 条时,他可请求对其“权利丧失”之偿还,且既不必考虑他是善意的或非善意的,也不必考虑所要偿还的费用是必要费用还是有益费用。

2. 在依上述排除民法典第 951 条作为 B 的请求权基础后,剩下的问题就是,要看该新房建筑是否为费用支出。若依联邦最高法院之观点,应为否定之回答,这样 B 所剩下的权利,就仅为民法典第 997 条之取回权(注意:适用民法典第 997 条时,不考虑所涉及之标的是否为费用!)。但由于一项为公

〔41〕 在此情形中采拒绝适用民法典第 951 条之意见者,另参 曼弗雷德·沃尔夫,载《民法实务档案》,第 166 卷,192 页;泽格尔/米尔,民法典第 994 条之前,边码 4;施陶丁格/古尔斯基,民法典第 994 条至第 1003 条之前,边码 39,及其所引资料。持另说者,首参梅迪库斯,“民法”,边码 897;以及拉伦茨/卡纳里斯,卷 II/2,§ 74,I,3。

共利益而发布的建筑物改变禁止令之存在,B 又无法行使该项取回权。这样联邦最高法院所能做的,就是依民法典第 242 条给予 B 一项补偿请求权(Ausgleichsanspruch)。

由这个案例可看出,联邦最高法院作为基础而使用的(本书第 1 版与第 2 版亦曾接受这一看法)费用概念过于狭窄。人们必须回到帝国法院以及以前理论所主张的看法,亦即只要是有益于物的财产支出,均为费用。[42]

在代替其他须支付工资的劳动力,而支出自己的劳动力时,则该项自己劳动力之支出,亦为"费用"(联邦最高法院,《新法学周刊》,1996 年,921、922 页 =《联邦最高法院裁判汇编》,关于民法典第 249 条(A)之 111 号,并附施蒂尔纳/蒂特曼之评论)。但为购买该物所支出之价金,非为费用。

如在本章上述边码 12 之例案中,自非所有权人处购得森林之 B,若自为幼苗之续栽,则可请求劳动力支出之偿还,但不得请求为购买森林所支出之购价。对该购价,B 只能向其出卖人请求(民法典第 440 条)。

依民法典第 995 条,为消除基于私法法律原因或公法法律原因所生的负担(Lasten)而支出者(如对抵押权利息、土地税负之支付),亦为费用。

(三)对无权他主占有适用时的限制

民法典第 994 条以下之规定,是为无权自主占有人设计的,但 56
也适用于无权他主占有人,只是须以所行使的假想的占有权为限(联邦最高法院,《联邦最高法院裁判汇编》,民法典第 994 条,第 4 号;联邦最高法院,《德国法学者报》,1959 年,212 页)。

---

〔42〕 正确意见者如:梅迪库斯,"民法",边码 878;其他的可参泽格尔/米尔,民法典第 994 条,边码 2;科布尔,305 页以下; 曼弗雷德·沃尔夫,载《民法实务档案》,第 166 卷,188、193 页;克劳泽尔,载《新法学周刊》,1965 年,513 页。与联邦最高法院持同说者如:韦斯特曼/平格,卷 I,§ 33,I,2、3;艾希勒,载《法学教育》,1965 年,479、480 页。此外亦参朗格/沙伊欣/席曼,案例 14。

57 非所有权人 NE，将所偷来的汽车出质给善意之 B，则 B 就汽车修理费，只能依无因管理之原则，向所有权人 E 请求偿还，因为即使在他作为真正的质权债权人时，也不能请求其他之费用（民法典第 1216 条；沃尔夫/赖泽尔，§ 86，II；帕兰特/巴森格，民法典第 994 条之前，边码 3；泽格尔/米尔，民法典第 994 条之前，边码 6。持另说者，如韦斯特曼/平格，卷 I，§ 33，I，5；慕尼黑民法典评注/梅迪库斯，民法典第 994 条，边码 31；此另说观点始于赖泽尔，载《德国法学者报》，1958 年，681 页）。此外，虽然 B 对 NE 也有赔偿请求权之主张可能，并这不排斥 B 得向 E 主张费用偿还请求权（《帝国最高法院民事判例集》，第 142 卷，417、422 页）。[43]

（四）民法典第 999 条之适用范围

58 民法典第 999 条所规定者，为在产生费用偿还请求权之期间内，所有权人或者占有人发生变更之情形。[44] 该主体变更之结果，则是在费用偿还请求权主张之时，在所有权人 – 占有人关系之当事人身上，发生请求权集结（Anspruchskonzentration）。

（五）民法典第 1000 条以下之费用偿还请求权之构造

59 民法典第 1000 条以下所规定之费用偿还请求权，在构造上并不十分理想。其原因在于，首先它仅赋予占有人一项留置权（民法典第 1000 条）；[45] 而仅在所有权人对费用已为认可（对此，联邦

〔43〕 参见冯 · 克默雷尔，载“拉贝尔（Rabel）祝寿文集”，371 页；维特曼（Wittmann），“无因管理之概念与功能”，1981 年，93 页。

〔44〕 对此参见古尔斯基，载《民法实务档案》，第 171 卷，82 页；联邦最高法院，《新法学周刊》，1979 年，716 页（对此案之评论参见 K · 施密特，载《法学教育》，1979 年，517 页）。

〔45〕 关于留置抗辩权能否产生占有权，参见联邦最高法院，《有价证券法通讯》，1966 年，1086/1088 页；《联邦最高法院民事判例集》，第 64 卷，122 页；联邦最高法院，《有价证券法通讯》，1985 年，1421 页；迪德里希森，18 页以下；卡纳里斯，载“弗卢梅祝寿文集”，1978 年，371、404 页；厄斯特勒（Oesterle），“同时履行之给付”，1980 年，117 页；罗佐斯（Roussos），载《法学教育》，1987 年，2513 页。

最高法院,《德国法学者报》,1959 年,212 页 =《新法学周刊》,1959 年,528 页;《联邦最高法院民事判例集》,第 51 卷,250 页),或者所有权人已重新获得物时(民法典第 1001 条),占有人才享有费用支付请求权;[46] 仅在紧急情形下,占有人才享有受偿权(民法典第 1003 条)。

该构造之具体内容,最好是举例说明。 60

H 将 E 失窃的汽车出让给善意之 B。B——因必要而——给汽车装上一备用马达。E 主张所有物返还请求权时,因所安装之马达,并非为"通常之维持费用",故 B 有费用偿还请求权(民法典第 994 条第 1 款)。但按诸民法典第 1000 条,B 起始仅享有对占有物之留置权。仅在 E 重又获得物之占有或者 E 认可 B 之费用时(在第一种情形下,E 重又获得对汽车之享用,在第二种情形下则 E 对汽车之修理表示了同意;关于认可之拟制,参见民法典第 1001 条第 3 句),B 才享有金钱偿还请求权。E 虽重又获得汽车,但未认可费用,则他仍可将物返还给 B(民法典第 1001 条第 2 句);其返还原因,比如物对他来说"已变得太昂贵"了。若尽管 B 以确定之偿还额进行催告,E 仍不认可费用,或 E 不作认可反将汽车返还给 B,则 B 可通过质物变卖方式,变卖汽车而受费用清偿(具体参见民法典第 1003 条之规定)。

即使在汽车马达已成为汽车之重要成分时,B 无论是善意还是非善意,仍有权将马达取走,并拥为己有(民法典第 997 条;但要注意该条第 2 款之例外情形),但须将原马达重新装上去。

其他的例案:《联邦最高法院民事判例集》,第 51 卷,250 页,以及第 87 卷,274 页(对此亦参本书下述第 55 章,边码 40,以及卡斯滕·施密特,载《法学教育》,1983 年,879 页;古尔斯基,载《德国法学者报》,1984 年,610 页)。

---

〔46〕 对此参见韦斯特曼/平格,卷 I, § 33, VI,2。

表6　所有权人——占有人关系中的请求权

所有权人针对占有人之请求权

针对	在物遭毁损与灭失时?	请求收益之赔偿?
善意占有人	不承担责任:民法典第993条第1款后半句	无返还责任/例外:民法典第988条、第993条第1款前半句
非善意占有人	对有过错之毁损或返还不能负责任:民法典第990条并第989条	须返还所有的收益:民法典第990条并第987条
暴力占有人	对所有的损害,以及对意外事故负责任:民法典第992条、第823条、第249条、第848条	须返还所有的收益

占有人针对所有权人之请求权

占有人种类	对所支出之费用	取回权	留置权
善意占有人	a)必要费用:可以请求,民法典第994条第1款 例外:民法典第994条第1款第2句 b)其他使价值增加之费用:可以请求,民法典第996条 c)其他费用:仅成立取回权,民法典第997条	成立:民法典第997条	成立:民法典第1000条第1句
非善意占有人	若成立无因管理,亦仅得请求必要费用:民法典第994条第2款、第683条、第684条	成立:民法典第997条	成立:民法典第1000条第1句
暴力占有人	同非善意占有人之情形:民法典第850条并第994条第2款	成立:民法典第997条	成立,但有例外:民法典第1000条第2句

表7　各种返还关系一览表*

种　　类	法律原因	法律效果
I. 解除 1. 约定解除(民法典第346条以下)	解除意思表示(无需其他理由) 解除权之排除:民法典第350条——第355条	a) 不导致:契约之废止 b) 导致契约给付义务之废止 c) 双方已为给付之返还,民法典第346条、第348条,并有可能成立民法典第347条上的损害赔偿
2. 法定解除 a) 因给付障碍,民法典第327条第1句	依民法典第325条/第326条为解除意思表示 解除权之排除:依民法典第350条/第355条??(对此参见拉伦茨,《债法总论》,§26)	a) 不导致:契约之废止 b) 导致契约给付义务之废止 c) 双方已为给付之返还;亦得成立民法典第347条上的损害赔偿?(参见拉伦茨,《债法总论》,§26) d) 若符合民法典第327条第2句之构成要件,则仅成立不当得利之返还
b) 瑕疵担保法上的解除,民法典第467条	若符合民法典第459条、第463条之规定,解除意思表示(?) 解除权之排除:依民法典第350条/第355条??	同上栏a)——c)之法律效果
c) 依《消费者信贷法》,买受人部分支付价金之买卖中的解除	依该法第13条、第12条之规定,出卖人为解除之意思表示	同上栏a)——c)之法律效果

* 由本表可知,所有权人－占有人关系中所产生的请求权,仅为各种不同性质之返还关系中的一种。

续表

种　　类	法律原因	法律效果
II. 依民法典第985条以下基于所有权之返还	所有权人－占有人关系	a）物之返还 b）损害赔偿以及收益赔偿 aa)诉讼占有人,民法典第989条/第990条 bb)恶意占有人,民法典第990条 cc)侵权占有人,民法典第992条 c)对抗权:费用偿还请求权
III. 民法典第812条以下之不当得利返还	原因之欠缺或丧失(给付型不当得利),或者非法干预他人权利领域(侵害型不当得利)	a)不当得利之返还: 民法典第812条/第816条/第818条,包括所有的收益与非法律行为上的替代物/但任何时候均得予以价值赔偿 b)加重责任而使其承担损害赔偿 aa)发生诉讼系属后之责任,民法典第818条第4款并第989条 bb)存在恶意或风险时,民法典第819条/第820条并第989条

第十二章　妨害排除请求权与妨害防止请求权

参考文献提示[1]：奥夫特马特（*Offtematt*），“物权性的妨害排除请求权与容忍请求权”，*1937* 年；施密特，鲁道夫（*Rudolf*），“保全性的妨害排除请求权”，*1924* 年；鲍尔，载《民法实务档案》，第 *160* 卷，*465* 页（＝鲍尔，《论文集》，卷 *II*，*117* 页）；同氏著，载《德国法学者报》，*1966* 年，*381* 页（＝鲍尔，《论文集》，卷 *II*，*146* 页）；伯姆（*Böhm*），“妨害防止请求权与妨害防止之诉”，*1979* 年；福克尔（*Forkel*），“对不可量物入侵之保护与人格权”，*1968* 年；海因策（*Heinze*），“妨害防止请求权中的权利继受”，*1974* 年；亨克尔与克莰，“民法中的预防性法律保护”，载《民法实务档案》，第 *174* 卷，*97*、*145* 页（比较法之阐述）；亨克，载《法学工作报》，*1987* 年，*350* 页；赫尔曼（*Herrmann*），“民法典第 *1004* 条中的侵害人”，*1987* 年；同氏著，载《法学教育》，*1994* 年，*273* 页以下；同氏著，载

〔1〕 全面之参考文献提示，参见施陶丁格/古尔斯基，民法典第 1004 条。

《新法学周刊》,*1997*年,*153*页以下(自然力之影响与相邻权之联系);屈布勒(*Kübler*),载《民法实务档案》,第*159*卷,*276*页;卢特尔·奥费拉特(*Lutter－Overath*),载《德国法学者报》,*1968*年,*345*页;H·G·默滕斯(*H. G. Mertens*),载《新法学周刊》,*1972*年,*1783*页;明茨贝格(*Münzberg*),"作为违法性与责任之基础的行为与结果",*1966*年,*375*页以下;同氏著,载《德国法学者报》,*1967*年,*689*页;皮克尔,"保全性的妨害排除请求权",*1972*年;同氏著,载《法学教育》,*1974*年,*357*页;同氏著,载《民法实务档案》,第*176*卷,*28*页;普莱尔(*Pleyer*),载《民法实务档案》,第*156*卷,*291*页;第*161*卷,*500*页;同氏著,载《德国法学者报》,*1959*年,*305*页;*1963*年,*95*页;施诺尔·冯·卡罗尔斯费尔德(*Schnorr von Carolsfeld*),载"莫利托(*Molitor*)祝寿文集",*1962*年,*365*页;施托尔(*Stoll*),载《德国法学者报》,*1958*年,*137*、*139*页;同氏著,载《民法实务档案》,第*162*卷,*203*、*220*页;同氏著,载《拉贝尔外国私法与国际私法杂志》,*1973*年,*357*页(依国际私法对所有权之保护);韦策尔,"侵害所有权构成要件中第三人行为之归责",*1971*年;措伊纳,载"德勒(*Dölle*)祝寿文集",卷*I*,*1963*年,*295*页(妨害防止之诉与消极的确认之诉)。其他文献可参正文所引之资料。

一、概述

(一)民法典第1004条之功能

1 作为"最强大之"绝对权的所有权,其特征之一就是享有全面性保护。在对所有物之占有,遭侵夺或扣留时,所有权人享有所有物返还之诉权(参见本书上述第11章)。但相对于针对所有权所实施的所有可能的妨害形式而言,此一保护仅为其中的微小部分。故此,在非以占有侵夺与占有扣留方式,对所有权进行妨害时,须在所有物返还之诉之外,另施以法律救济。此即为民法典第 1004 条所规定之妨害排除请求权与妨害防止请求权(总称为所有物保全请求权,actio negatoria)。该类请求权旨在排除已存在的妨害,并防止将来妨害之发生。

(二)请求权之构造

1. 如同民法典第 985 条,在适用民法典第 1004 条时,亦以对所有权人法律地位之妨害,为其前提条件。而该法律地位之范围,产生于民法典第 903 条:只要民法典第 903 条所规定的所有权人全面性权能受有妨害,则均得产生民法典第 1004 条上的请求权,除非妨害行为体现为占有之侵夺或占有之扣留(此时适用:民法典第 985 条)。 2

该妨害行为之成立,不须有过错之存在,但须为违法。若所有权人对妨害负容忍义务,则该所有物防御请求权(Abwehranspruch)不成立。此点已为民法典第 903 条,特别是第 1004 条第 2 款明文所规定。

2. 该请求权所针对者,为妨害行为人(Beeinträchtigender),即侵害人(Störer)。对侵害人之确认,在妨害体现为行为(Handeln)时(行为责任,Handlungshaftung),并无困难。但在妨害体现为一种状态(Zustand)时(状态责任,Zustandshaftung),常生疑问。在后一情形中,侵害人对该一状态,在某种程度上须负责任(Verantwortlichkeit);但该负责任,并不必然地包含有过错谴责成分(参见本章下述边码 14)。

(三)效力范围

对其他之物权,民法典第 1004 条之规定,亦得准用(如参阅民法典第 1027 条、第 1065 条、第 1227 条,“地上权条例”第 11 条)。此外,在关于其他绝对权或类似权利之法律地位的法律规范中,亦 3

有与民法典第1004条相应之规定，比如民法典第12条（对姓名权）、德商第37条（对商号）、民法典第862条（对占有）、《专利法》第139条（对发明）、1965年9月9日之《著作权法》（《民法典》l.I,1273）第97、98条，民法典第1273条（对抵押权）、《反不正当竞争法》第16条（对企业名称）等等。通过对这些规范的类推适用，民法典第1004条得准用于所有的绝对权以及为法律所保护之地位，比如对人格权之保护、对“已设立并已经营之营业”之保护、对“私人名誉”与“商誉”之保护以及对“信用”之保护等等。〔2〕

（四）意义

4 1. 民法典第1004条，在今天——就其直接适用及准用之范围来看——具有极其重要的实践作用，可以说具有比所有物返还请求权更为重要的作用。其原因，一方面在于人类空间关系之日趋紧密、科技之发展及其所带来的不可量物之散布，另一方面则是因现代大众传媒（如报纸、收音机、电视）之发展，而导致对个人私生活领域干预之日趋扩张（如《联邦最高法院民事判例集》，第99卷，133页）。

2. 但适用民法典第1004条之规定时，又面临着立法技术设计不完善之困境。立法者对所有物返还请求权及其效果，在民法典第985条以下极尽完美立法之能事。反之，在民法典第1004条中，立法者却仅满足于确立一项在构成要件上不很清晰的请求权。由此而生的困难，则是如何确定该请求权之构成条件与内容，并如何与其他的保护规范（如与民法典第823条、第249条）划清界线。

二、妨害（Beeinträchtigung）

5 民法典第1004条之请求权，产生于任何非以占有侵夺与占有扣留方式（对这两种妨害形式之救济，适用作为特别规范之民法

〔2〕 对此参见福克尔，上揭氏著；拉伦茨/卡纳里斯，卷II/2，§ 86；此外最近判例，可参联邦最高法院，《新法学周刊》，1998年，2058、2059页（公众使用）。

典第985条),对所有权所进行之妨害。而妨害可因他人之行为而导致,亦可因某一状态之维持而产生:

(一)各种妨害事实情形

我的邻居未经我同意,利用我的土地作为通道通向公路。—— 6

我的邻居将他的宽敞住房,开办成噪音隆隆的咖啡舞厅。未等我进行防御,他已将该土地出卖掉。新所有权人继续经营咖啡馆。——

因暴雨,泥石自位于高地之A之土地,冲流至B所有之邻地。A拒绝修建扶墙以作防护。

一摄影师未经许可,进入他人土地拍摄受文物保护之建筑,以作经营之用:适用民法典第1004条(采此意见者联邦最高法院,《新法学周刊》,1975年,778页;并参施米德尔(Schmieder),载《新法学周刊》,1975年,1164页;普菲斯特(Pfister),载《德国法学者报》,1976年,156页;鲍尔,载《德国法学者报》,1975年,493页;屈布勒,载"鲍尔祝寿文集",1981年,51页;不来梅州高等法院,《新法学周刊》,1987年,1420页)。类似者,如违背我的意愿,往我的信箱里投递广告印刷品之类物品(《联邦最高法院民事判例集》,第106卷,229页;并参本书第9章,边码22.及其所引资料)。

由这些例子可看出,尽管民法典第1004条本身,未规定其适用范围仅限于土地,但其主要适用范围却体现于土地物权中。而对动产所有权,非以占有侵夺方式实施妨害之情形,极为少见:

被告将自制之矿泉水,装入属于原告之瓶中。此时——除就在被告处仍尚存之瓶子,成立所有物返还请求权外——亦得成立妨害防止请求权(联邦最高法院,《联邦最高法院裁判汇编》,民法典第1004条,27号)。此外亦参联邦劳动法院,劳动法实践(AP),1980年,《基本法》第9条,30号:企业主不必容忍工会在——属于他所有的——工人安全帽上,做工会宣传广告。

具有所有权妨害效果之权利妨碍,亦有可能存在:

E是有名的私人艺术品收藏者。他是一幅"毕加索"真品之所有权人。而B却在收藏者圈子里,宣称该画为他在战后混乱时所丧失者。此时E虽可对B提起B不是所有权人之确认之诉(民诉法第256条),但该确认之诉之效果,并不能阻止B继续号称是所有权人。故而,E此时有权依民法典第

1004 条之规定，对 B 提起妨害防止之诉（对此参见施陶丁格/古尔斯基，民法典第 1004 条，边码 17）。

(二)损害(Schaden)可否为妨害(Beeinträchtigung)？

7 有疑问的是，能否将物上所遭受之损害，视为“妨害”排除角度的“妨害”。由于对所产生之损害，仅能在有过错之行为时，才予以赔偿（民法典第 823 条），故对该问题原则上应为否定回答。但若因损害之后果，而生其他的持续性的妨害时，则应依民法典第 1004 条之规定，而排除侵害源。再者，对有损害之危险者，亦得依民法典第 1004 条之妨害防止请求权而予以排除（详参本章下述边码 25）。

《帝国最高法院民事判例集》，第 127 卷，29、35 页：煤库之火灾亦使铁路路堤着火。此时存在持续性妨害，故生排除该妨害，也就是恢复铁路路堤之义务（颇有疑问的是：对铁路路堤之毁坏，为一项“损害”；而对该损害，煤库主仅在有过错时才承担责任。而铁路所有权人仅能请求将作为侵害源之煤库，挪离铁路路堤）。[3]

(三)妨害之违法性[4]

8 妨害须为违法（rechtswidrig）。民法典第 1004 条第 2 款——基于举证负担分担之考虑——自反面规定了这一要求：“该请求权得因所有权人负有容忍义务而排除”。由此可推出——与民法典第 823 条第 1 款类似——：任何对所有权之妨害，均表明其违法性，除非妨害人有为妨害行为之允许。

---

〔3〕 参见慕尼黑德国民法典评注/梅迪库斯，民法典第 1004 条，边码 60；帕兰特/巴森格，民法典第 1004 条，边码 22；泽格尔/米尔，民法典第 1004 条，边码 112 以下；《联邦最高法院民事判例集》，第 97 卷，231 页。

〔4〕 关于其中所存在的争议问题（妨害为违法或者对妨害不须容忍），参见施陶丁格/古尔斯基，民法典第 1004 条，边码 123，及其所引资料。

此妨害允许之产生,可基于私法规定,亦可基于公法规定;可基于一般性法律规定,亦可基于所有权人与侵害人间所存在的特别法律关系或者法律基础。该允许之范围,所反映的恰是所有权的约束内容,亦即所有权的“软弱点”。

1. 私法上的容忍义务

该私法容忍义务,可产生于所有权人单方面之同意、一项债法性的或物权性的允许以及一项契约: 9

A许可邻居B将建筑材料堆放在自己的土地上。——A同意设立一项地役权;依此地役权之内容,b土地之每个所有权人,得将其房屋所必要的生活管线,导引通过A的土地(民法典第1018条)。

民法典第986条第1款第1句第2种情形亦得准用:房屋所有权人许可其使用承租人,在房屋外墙上安装广告设施,则在使用承租人许可一广告公司使用该墙壁时,该公司就可以以该项许可,来主张抗辩(科隆州高等法院,《新法学周刊》,1955年,1072页;亦参联邦最高法院,《联邦最高法院裁判汇编》,民法典第164条,13号)。——

若侵害人能以一项为其利益而发布之假处分为依据,则其行为不为违法(联邦最高法院,《联邦最高法院裁判汇编》,民事诉讼法第926条,1号)。

容忍义务可直接基于法律而生,其主要情形体现为相邻关系上的容忍义务:来自邻地干涉而生的对所有权之妨害,若该干涉是轻微的或为当地通行的(民法典第906条),则所有权人对该妨害,不得提起所有物妨害防止之诉。[5] 另外,基于紧急避险,亦可产生其他的得为侵害之权能(民法典第228条、第904条)。

2. 公法上的容忍义务

该容忍义务之产生基础,可为立法亦可为具体之行政行为。比如所有权 10

〔5〕 此仅为不精确的简略公式!精确之阐述,参见本书第25章,边码16以下。

人负有义务，容忍航空线路穿过其土地，或就服务于公众使用之土地，容忍因公众使用而造成之影响（联邦最高法院，《新法学周刊》，1960 年，2335 页；科隆州高等法院，《新法学周刊》，1998 年，1405 页：对教堂广场上的“诉争墙壁”，不存在公众之使用）。但在妨害由公共企业（如发电厂）而导致时，并不因此而生容忍义务（《联邦最高法院民事判例集》，第 66 卷，37 页）。再者，亦不因对营业经营之许可，而绝对排除侵害之违法性（联邦最高法院，《新法学周刊》，1959 年，2013 页；1969 年，234 页；《联邦最高法院民事判例集》，第 41 卷，264、269 页，以及本书下述第 25 章，表明 30 以下）。

在这里就可清楚地看出，所有权——占优势的私人干预利益（如“联邦不可量物侵入防治法”第 14 条）或公众干预利益——所有权人承担特别牺牲（Sonderopfer）义务时的补偿权，三者间所存在的关系。妨害防止请求权之行使，在因公众利益而受到拒绝时，会转换成补偿请求权形式，而再次显现出来。当然这种转换，仅在所涉及者为“特别牺牲”时，才有可能发生（例案：联邦最高法院，《新法学周刊》，1963 年，2020 页；另参本书下述第 13 章，边码 14 以下）。

与妨害排除请求权以及妨害防止请求权，是否因公法规定而被排除，应予以区别者，则是就——已成立之——请求权，是通过民事诉讼，还是通过行政法途径而主张。其案例，比如原告因街道上的雨水流至其毗连土地而进行防御：参见联邦最高法院，《德国法月刊》，1972 年，225 页（及其所引资料），以及本章下述边码 26。

（四）民法典第 1004 条第 2 款：抗辩权或为诉讼上的抗辩？

11 与民法典第 986 条相类似（本书上述第 11 章，边码 26），在侵害人主张有为侵害行为之权利时，该主张究为一项抗辩权，抑或为一项诉讼上的抗辩，亦颇有争议。如同民法典第 986 条，此处亦为一项诉讼上的抗辩：妨害之违法性，为实体法上的请求权构成要件；其在立法中以反面形式出现，目的仅在于清楚地规定侵害人之举证负担。[6]

三、“侵害人”(Störer)[7]

尽管民法典第1004条中,显然不要求有过错之存在,但在另一方面,若对他人主张妨害排除请求权(以及对将来妨害之防止请求权),显然也仅能在该妨害可归责于该他人时,其主张才能成立。 12

(一)“行为侵害人”(Handlungsstörer)

即通过其行为,而导致干涉产生之人(所谓的行为责任)。 13

我的邻居穿过我的土地,以到达公路。

或者:他将污水排向我的花园。

或者:他建造一个——在设计上有问题的——火电厂,从此我的土地上就下起了烟雨。

(二)“状态侵害人”(Zustandsstörer)

此时存在妨害所有权之状态(或相应的设施),而该状态之存在,可归因于——即使仅是间接的——侵害人之意思:状态责任。 14

(这类的司法判例可参:《帝国最高法院民事判例集》,第155卷,316页;第159卷,129、136页;《联邦最高法院民事判例集》,第14卷,163页;第17卷,266、291页;第19卷,126、129页;第28卷,110页;同卷,225页;第29卷,314、317页;第90卷,255、266页;联邦最高法院,《新法学周刊》,1985年,1773页):

我的邻居N将其房屋使用出租给企业主U,而U在N明知的情况下,经

---

〔6〕 有争议;参见《帝国最高法院民事判例集》,第144卷,271页(认为是抗辩权!)。

〔7〕 关于文献以及司法判例对其所作的不同分类,参见慕尼黑德国民法典评注/梅迪库斯,民法典第1004条,边码32以下,及其所引资料。

营起噪声隆隆的夜总会。此时 U 为行为侵害人，N 为状态侵害人（联邦最高法院，《联邦最高法院裁判汇编》，民法典第 1004 条，44 号 = 鲍尔，E. Slg.，案例 36）。——在相类似之案例中，联邦最高法院称其为“间接侵害人”（mittelbarer Störer），如联邦最高法院，《新法学周刊》，1982 年，440 页：配件供应厂的大卡车，停在被告之营业土地上，马达声轰轰；联邦最高法院，《新法学周刊》，1985 年，2823 页：使用承租人制造侵害。

在属于 A 的港口，B 驶来的运货驳船非因 B 的原因下沉，导致航道堵塞。此时即使打捞费昂贵，B 亦负有打捞驳船之义务（OGH，《新法学周刊》，1949 年，623 页；联邦最高法院，《新法学周刊》，1964 年，1365 页；科隆州高等法院，《州高等法院民事判决集》，1968 年，24 页 = 鲍尔，E. Slg.，案例 37）。镇政府在属于城市之土地上种树，树根蔓延挤迫邻地之排水管道，进而堵塞排水（《联邦最高法院民事判例集》，第 97 卷，231、234/5 页；第 106 卷，142、144 页）。池塘里跑来一群青蛙，蛙鸣一片，不堪忍受（《联邦最高法院民事判例集》，第 120 卷，239、254 页）。

某人开始时虽有权在*他人土地*（Grund und Boden）上建造设施，但该设施嗣后却给土地所有权人造成妨害，对此民法典第 1004 条亦得适用（某行政机关建造了一通风地道，但嗣后任其败落：《联邦最高法院民事判例集》，第 40 卷，18、21 页）。

（三）特殊问题

15 在妨害由*自然力*（Naturkräfte）而致时，归责问题较为复杂。其妨害情形可体现为：

因连日暴雨，而使泥土流入邻地（例 1）；

在自己土地上所栽之树木，因罕见暴雨而倾倒于邻地，《联邦最高法院民事判例集》，第 122 卷，283 页（例 2）；

或在权利继受[8]之情形：

原土地所有权人在土地上所建造的设施，直到买受人成为土地所有权人后，才产生出对邻人之侵害（例3）；

某人取得一块带有有毒物质的土地，而该有毒物质在取得后很长一段时间才散发出来[9]（例4）；

最后之情形为，侵害初为合法，但嗣后该合法原因（Rechtfertigungsgrund）丧失。

镇政府得土地所有权人之同意，搭起对其所有权有妨害之斜坡；后该土地被出卖，而原所有权人之同意表示，对买受人并无约束力（斯图加特，《佐伊费特氏德意志国家最高法院判决档案》（SeuffA），64，111号，227页；《联邦最高法院民事判例集》，第66卷，37页；对此案参见皮克尔，载《德国法学者报》，1976年，370页）（例5）。

为解决此项问题，人们基于不同的理论基础，如基于危险之控制，或基于相邻之共同关系，甚或基于所有权之义务内容理论，在这里发展起“担保人地位”（Garantenstellung）理论。[10] 但所有这些努力，均不能给人以满意的解释。比如根据基于所有权而生之担保人地位，绝不能推导出，所有权人须对虽来自其土地的，但纯因自然力而生的侵害负责任（《联邦最高法院民事判例集》，第90卷，255、266页；第114卷，183、187页）。而自民法典第907条、第908条所推导出的价值判断，也要求所要承担责任之干涉，须归因于人为制造或保持的、且至少有潜在危险之设施。故此，仅仅在妨害基于对土地自然性质进行人为改变而产生，并由此而制造出具体之危险源时，才能成立所 16

〔8〕 对此参见布雷姆，“物权性妨害防止义务中的权利继受？”，载《德国法学者报》，1972年，225页；以及海因策（Heinze），上揭氏著。

〔9〕 此案情取自联邦最高法院，《新法学周刊》，1987年，187页。

〔10〕 对此参见施陶丁格/古尔斯基，民法典第1004条，边码69－74。

有权人对该妨害所负的状态责任。

故此，因自然之雨水，而使泥石自高地流向低地，高地所有权人原则上不负有将泥石自低地运走之义务(《联邦最高法院民事判例集》，第 114 卷，183、187 页；上例 1：无人为之责任)。

仅只在“高地所有权人”或其权利继受人，比如因建造房屋切挖陡坡而使泥石有剥落之可能时，才负有将流到低地之泥石，予以排除之义务(《联邦最高法院民事判例集》，第 90 卷，255、266 页；联邦最高法院，《新法学周刊》，1996 年，659 页——所制造的危险源)。大树被罕见之暴风连根拔起，并落入邻地，则所有权人对邻人不负排除该树之义务(《联邦最高法院民事判例集》，第 122 卷，283 页，上例 2；持另说者参见拉伦茨/卡纳里斯，卷 II/2，§ 86，II，3，c，680 页)：但依司法判例，若生长于自己土地之树木根部延伸，堵塞邻地下水道时，则所有权人负有排除该根部之义务(联邦最高法院，《新法学周刊》，1990 年，3195、3196 页)。正常生长之树木，被大风连根拔起，通常是无法预测的——也就是不存在危险源——；但树根蔓延而致堵塞邻地下水道，则是能考虑得到的。

在上例 3 中，买受人负有责任，其原因是，他虽未制造该设施，但却保持了它(参阅民法典第 907 条之条文文句！)；在结论上亦同此者，联邦最高法院，《新法学周刊》，1968 年，1327 页。在上例 4 中，无所有权人之侵害人责任，但会成立警察法上的责任，参见本章下述边码 30。

在上例 5 中，镇政府负有排除斜坡之义务(或许它必须为自己设立一项役权，从而可获得担保！)。——

17 须补充说明的是：

1. 有人主张，有排除妨害之事实上或法律上可能性的人，亦为侵害人。这是错误的。排除妨害之可能性，并不能成立民法典第 1004 条上的责任；反之，妨害为不可能排除者，却可使民法典第 1004 条之责任得以免除(民法典第 275 条之法律思想！)。

2. 所有权所承担之义务内容，虽不是——如上所述——妨害排除义务之基础，但可为容忍义务之基础。

邻居以自己之费用，加固来自他地但有落向自己土地危险的岩块或树木时，则他地之所有权人就此不得主张防御权(参见鲍尔，上揭氏著，477 页及其所引资料，以及同氏著，载《德国法学者报》，1964 年，354 页)。

3. 在状态责任中，侵害人不必是产生侵害之土地的所有权人，亦可为其使用承租人、用益承租人、用益权人(《联邦最高法院民事判例集》,第40卷,18页)。另一方面,在所有权人导致了产生妨害之状态的存在(联邦最高法院,《新法学周刊》,1959年,2013页),并能够排除该状态时(联邦最高法院,《新法学周刊》,1967年,246页;卢特尔·奥费拉特,上揭氏著;梅迪库斯,边码447),则土地所有权人之责任,并不因使用出租等行为而被排除。

参见上举例(夜总会案例);此外参见《联邦最高法院民事判例集》,第41卷,393页:以担保之目的,而受让物之所有权的债权人亦须负责?联邦最高法院对此持否定意见。这在结果上是正确的,但在论证上最好以民法典第908条并第836条第1款为依据。

受指示约束之雇员,若在工作时有自由决定之空间(联邦最高法院,《企业》,1979年,544页),亦即他能够以不妨害他人之方法,来完成所交给他的工作,则他亦得成为侵害人,也就是请求权之相对人。

由上述可总结如下:

1. 在妨害自身,乃基于人之行为或其意思活动而产生时,则得适用所有物保全请求权。 18

2. 此外,在现实的或潜在的干涉,来自人所制造之设施时,亦适用所有物保全请求权。

3. 而在妨害完全因自然事件或土地之自然性质而产生时,则不适用该请求权;但此时所有权人必须容忍受危害人排除危险。

(四)数侵害人之妨害

若妨害归因于数侵害人,则每一侵害人对妨害负全部之责任,而所有权人也享有就任何一个侵害人,主张其请求权之选择权(民法典第840条之法律思想!)。 19

《帝国最高法院民事判例集》,第162卷,349、358页:对采石场所制造之妨害,其所有权人应负责任。此外,为开采石场而提供机器与人员的人,亦应负责,因为他对石场之开采与运送有其利益。

(关于叠加的不可量物之入侵,参见本书第25章,边码35)。

四、妨害排除请求权(Beseitigungsanspruch)

(一)内容

20 所有权受侵害者,得向侵害人"请求排除妨害"。其条件是,该妨害仍在持续,或存在任何时候会产生新妨害之状态。

该请求权与基于侵权行为而生的损害赔偿请求权之间,很难划清界限。依民法典第1004条所能请求者,并非损害赔偿,而仅是反侵害行为之行为(contrarius actus)与侵害设施("侵害源")之排除行为(详参鲍尔,上揭氏著,487页以下;更为具体者现可参拉伦茨/卡纳里斯,卷II/2,§ 86,V,3)。

在上述"采石场案例"中,侵害人即使无过错,亦须将落入邻地之岩块取走。但若因石头飞溅,毁损房屋的屋顶或窗户玻璃时,则其法律效果又不一样:此时仅在有过错时,民法典第823条、第249条之损害赔偿请求权,才会被考虑(除非存在《不可量物侵入防治法》第14条所规定之条件)。——大堤决堤,则依民法典第1004条,仅只能请求大堤缺口之修补,而不能请求因决堤淹没而导致的损害赔偿(巴伐利亚州最高法院,SeuffA,58,106号)。[11]

21 依此而言,虽然在具体个案中,妨害排除请求权可能会产生与损害赔偿请求权相同的效果(民法典第249条对损害赔偿之原则:回复原状),但其自身并非为损害赔偿请求权。由此所产生的结论是,民法典第249条第2句、第251条第2款(金钱损害赔偿),不适用于妨害排除请求权(联邦最高法院,《联邦最高法院裁判汇编》,民法典1004条,第14号)。[12] 相反,在所有权人对妨

---

〔11〕 对该问题各种观点之介绍,参见施陶丁格/古尔斯基,民法典第1004条,边码96以下。

〔12〕 有争议,参见慕尼黑德国民法典评注/梅迪库斯,民法典第1004条,边码59;泽格尔/米尔,民法典第1004条,边码112以下;罗特(Roth),载《民法实务档案》,第180卷,263、266页,及其引证。同意适用民法典第251条第2款者,《联邦最高法院民事判例集》,第62卷,388、391页(对此案参见施陶丁格/古尔斯基,民法典第1004条,边码108)。

害之产生亦有过错时，司法判例则运用了民法典第254条规定之法律思想。

如帝国法院（《帝国最高法院民事判例集》，第138卷，327页）在废石场火灾案中，就认为列车公司存在与有过失，因为铁路路堤是用与废石场相同的材料建成，从而有利于火灾之蔓延。

与这里所讨论的民法典第249条以下可否适用问题不可混淆者，乃关于债权请求权之一般规定，如民法典第275条、第280条、第287条第2句等，可否适用于已成立之妨害排除请求权。对此原则上应予以肯定回答。比如侵害人履行妨害之排除陷于迟延时，则他亦必须排除在此期间所生的其他妨害，并赔偿其他之损害（民法典第287条第2句）；但对此有争议，参见皮克尔，上揭氏著，160页以下；亨克尔，上揭氏著，130页以下。

（二）排除费用之负担

因侵害人须将妨害排除，故而因排除所生之费用，自应由其承担。 22

若所有权人以自己之费用排除了妨害（如来不及等待侵害人对此表示同意），则他可依不当得利规则（《联邦最高法院民事判例集》，第97卷，231页；联邦最高法院，《新法学周刊》，1964年，1365页；对此之批评，参见古尔斯基，载《新法学周刊》，1971年，782页），或依无因管理规则（《帝国最高法院民事判例集》，第167卷，55、59页；联邦最高法院，《新法学周刊》，1966年，1360页；1968年，1327页；《联邦最高法院民事判例集》，第65卷，354页；同卷，384页；《联邦最高法院民事判例集》，第98卷，235页：行为侵害人与状态侵害人间的关系；《联邦最高法院民事判例集》，第106卷，142页：蔓延侵入之树根；科隆州高等法院，《州高等法院民事判决集》，1968年，24页=鲍尔，E. Slg.，案例37），请求所支出费用之偿还。

(三)与所有物返还请求权之联系

23 妨害排除请求权,可与民法典第 985 条之所有物返还请求权一同发生。如侵害人占有他人之土地,并在其上建造建筑物。此时侵害人须以自己之费用拆除建筑物(民法典第 1004 条),并须返还土地(民法典第 985 条);联邦最高法院,《联邦最高法院裁判汇编》,民法典第 1004 条,第 14 号。

依通说,此亦适用于占有人为民法典第 989 条、第 990 条意义上善意占有人之情形。但由于此时侵害人不负有损害赔偿义务,也就是说他享有立法者所意图的特权,故而亦不能依民法典第 1004 条之规定,强制他拆除建筑物(有争议,详参鲍尔,上揭氏著,490 页以下;泽格尔/米尔,民法典第 1004 条,边码 111;曼弗雷德·沃尔夫,载《德国法学者报》,1966 年,467 页;朗格/沙伊欣/席曼,案例 14,A,IV)。

(四)诉讼上的问题

24 在诉讼上,妨害排除请求权以给付之诉形式来主张;同时,在所有权人方面,其原告资格不因被妨害物之出让而受到影响(民诉法第 265 条;联邦最高法院,《联邦最高法院裁判汇编》,民诉法第 265 条,3 号)。所作之判决,须确定排除妨害所必要之措施。判决之强制执行,则依民诉法第 887 条(就"可替代之行为":代履行之执行),或依民诉法第 888 条(就"不可替代之行为":强制履行之执行)之规定。[13]

五、妨害防止请求权(Unterlassungsanspruch)

(一)构成条件

25 所有权"有继续受妨害之虞者",产生——在性质上为实体法权利(有争议)的——妨害防止请求权。该请求权旨在阻却将来

[13] 详参鲍尔/施蒂尔纳,卷 I,"强制执行法",边码 40.1 以下。

发生之妨害。故在请求排除已存在的妨害之请求权，以及请求排除侵害源之请求权之外，妨害防止请求权有其适用之余地。但在有面临第一次侵害之威胁时，亦得——越出民法典第 1004 条第 1 款第 2 句之条文字面而——允许主张该请求权（对此参见《联邦最高法院民事判例集》，第 2 卷，394 页；联邦最高法院，《联邦最高法院裁判汇编》，民法典第 1004 条，27 号；明茨贝格，载《德国法学者报》，1967 年，689 页；泽格尔/米尔，民法典第 1004 条，边码 168，及其所引资料）。

我不必等到我的邻居，在事实上已越界建筑时，才可以主张请求权；而只要所有的情况（如有建筑设计图）均表明，他有为此举之意图，则我就可以主张请求权。

B 打算在一别墅区建咖啡舞厅，则其邻居现在就可以提起妨害防止之诉。——即使在该建筑已获建筑警察法上所必要之许可，且邻近之居民在建筑警察法程序中遭失败之决定时，他们仍可以主张妨害防止请求权（仅在所涉及之建筑，为《联邦不可量物侵入防治法》第 14 条意义上的“已被许可之营业”时，其法律结果才不同！对此参见本书第 25 章，边码 30）。

（二）法律救济途径

有疑问的是，在侵害来自公法上的设施时，可采取何种法律救济途径 26
（是提起民事诉讼，还是提起行政诉讼？）：比如所有权人因一公众儿童游乐场之噪音，而受到妨害（联邦最高法院，《新法学周刊》，1976 年，570 页：“游戏场案件”）。可肯定的是，在侵害行为为国家主权行为时，排除适用普通民事诉讼管辖。但在其他生活供应管理之公法设施中，司法判例也倾向于行政法院对所有物防御诉讼有管辖权（比如联邦最高法院，《新法学周刊》，1976 年，570 页）。依此说，其决定性的标准，为该设施“公法上的建设规划与功能之内在关联”（联邦行政法院，《新法学周刊》，1974 年，817 页；1973 年，1710 页；1988 年，2396 页：“消防车汽笛案件”；《新行政法杂志》（《新行政法杂志》

(NVwZ),1990 年,858 页:“运动场案件”;《新法学周刊》,1984 年,989 页:“教堂钟声案件”。与此不同者,联邦行政法院,《新法学周刊》,1994 年,956 页)。反之,如管理行为所适用的是私法,则应采取民事诉讼程序(《联邦最高法院民事判例集》,第 41 卷,264 页:“教堂落成纪念日闹市案件”;泽格尔/米尔,民法典第 1004 条,边码 202、208,及其所引资料);即使在对来自私人营业之妨害,仅在获行政许可后,才允许予以排除之情形,亦适用民事诉讼管辖(联邦最高法院,DVBl,1984 年,472 页,并附贝特尔曼(Bettermann)对此之评论)。

在私人侵害者可援引一项主权行为时,普通民事诉讼管辖也并不因此而被排除,因为在一项以民法上的请求权为其客体之判决中,该主权行政行为仅为其预设问题(《联邦最高法院民事判例集》,第 5 卷,76、82 页)。当然在该行政行为合法时,基于民法典第 1004 条之诉讼,就欠缺实体法上的请求权基础,因为此时之侵害行为不为违法。对此亦参本书第 25 章,边码 23。

(三)诉讼上的问题

27 如同妨害排除请求权,妨害防止请求权在诉讼上,亦以给付之诉[14]方式提起。若证明诉求成立——通常情况下(本章上述边码 25),亦包括对危险重复发生之证明(民法典第 1004 条第 1 款第 2 句)——,[15]则作出妨害防止之判决(不作为判决)。该判决之执行,乃依据民事诉讼法第 890 条之规定,亦即通过对违反法院禁止令行为的制裁而执行。[16]

---

〔14〕 关于该申请之内容,参见《联邦最高法院民事判例集》,第 121 卷,248 页以下(250 页)。

〔15〕 有争议,有人认为这是权利保护需求的一种特殊形式,也就是说是一项诉讼程序问题。对此参见亨克尔,“民事诉讼中的当事人理论与诉讼标的”,1961 年,78 页以下;慕尼黑德国民法典评注/梅迪库斯,民法典第 1004 条,边码 82;泽格尔/米尔,民法典第 1004 条,边码 156、166,及其所引资料。

〔16〕 详参鲍尔/施蒂尔纳,卷 I,“强制执行法”,边码 40.20 以下。

六、相近法律制度

(一)私法中的相近法律制度

1. 土地登记簿更正请求权(Grundbuchberichtigungsanspruch)

与所有物保全请求权(actio negatoria)(即依民法典第1004条所生之所有权人妨害防止请求权与妨害排除请求权)相近者,为民法典第894条之土地登记簿更正请求权。关于这项请求权,我们还将在本书第18章边码27以下予以详述。粗略地说,依土地登记簿更正请求权,因错误登记而使其权利(所有权、其他物权)受妨害之人,得针对在登记簿中被错误登记之人,提起土地登记簿更正同意之诉,故该请求权具有“保全性质”(negatorischer Charakter)(《帝国最高法院民事判例集》,第57卷,320、322页;《联邦最高法院民事判例集》,第5卷,76、82页)。 28

2. 第三人异议之诉

与民法典第1004条在实体法上的功能颇相类似者,为民诉法第771条之第三人异议之诉,在强制执行法中所实现的功能。依后者,因执行行为而使其——大多是物权性的——法律地位受影响者,得以自己非为执行债务人为理由,对执行行为提出异议。故妨害排除请求权,在这里体现为申请宣布执行行为为非法的诉求。[17] 29

(二)公法中的相近法律制度——警察保护

1. 一般规则

警察法(Polizeirecht)规定侵害人对违警行为或违警状态负责任。如《巴登—符腾堡州警察法》第6条就作如下规定: 30

“公共安全或公共秩序受人之行为威胁或侵害时,警察有对造成威胁或侵害之人,采取措施之权利”(行为责任)。

---

〔17〕 详参鲍尔/施蒂尔纳,卷Ⅰ,“强制执行法”,边码46.1以下。

该法第7条相应地规定了状态责任,但——与民法典第1004条不同——不以违法状态或违警状态是否由承担责任者所造成为准。

最后,对有威胁性的且不能以其他方法予以排除的危险,即使受追究者既不是行为侵害人,也不是状态侵害人,警察仍可向其追究责任(同法第9条)。

2. 警察法对民法之影响

31 通常情形下,警察先就行为侵害人(Handlungsstörer,德语中又称作Verhaltensstörer)追究责任,其次就状态侵害人,最后只是在紧急情况下才追究第三人(联邦最高法院,《新法学周刊》,1981年,2457页,及其所引资料;该案亦涉及到数侵害人间的补偿问题:不适用民法典第426条)。

就警察法之此项原则予以详述,并非本书任务。[18] 但仍有必要就其对民法之影响,作几点提示:

32 (1)首先所获得的,是否定性的认识:

警察因行使职权而促使某人排除一违警状态时,并不因此就使该人成为民法典第1004条意义上的侵害人。换言之,“警察法上的义务”本身,并不能成立民法上的排除危险设施之义务。

例如:在一斜坡上依次有成梯形的A、B、C三人的花园。因担心岩崩会影响坡下的公路,警察就要求A与B设立防护墙。但C就不能依民法典第1004条向A、B为相同之请求(因斜坡自身而生的危险,并非为民法典第1004条意义上对C的所有权之妨害,参见本章上述边码16以下)。

33 (2)另一方面,警察所享有之授权,与受妨害人依民法典第1004条所享

---

〔18〕 参见 施密特·阿斯曼/弗里奥夫(Friauf),第2章,边码69以下(及其引证);德鲁兹(Drews)/瓦克/福格尔/默滕斯,“危险防御”,1986年9版;W·默滕斯(W. Martens),“警察法与治安法中对私人之保护”,载《公共管理》(DÖV),1976年,457页;1982年,89页(危险防御法中的转变);同氏著,载德国行政公报(DVBl.),1981年,597页(不可量物人侵防治法与警察法);Pietzker,载德国行政公报,1984年,457页(对侵害人之确认);利斯肯(Lisken)/登宁格(Denninger),“警察法手册”,1992年,边码54-70;施林克(Schlink),载《新法学周刊》,1988年,1689页;此外亦参布罗伊尔(Breuer),载《法学教育》,1986年,359页以下。

有之妨害排除请求权,在具体之个案中可能会达到相同之目的。比如在上例中,若岩石塌方之危险,是因 A 的建筑措施而导致时,就会产生这样的结果。

但二者在实现其目的的出发点,以及为此所采取之手段上,又有差异:警察的任务是保护"公共安全或公共秩序"(《巴登—符腾堡州警察法》第 1 条第 1 款)。即使所涉及者,为对单个人之警察保护,警察亦仅视该单个人(及其受威胁之法律地位)为全体公众之一分子。故而,警察若仅针对私权保护而采取措施,则仅在辅助性情形下方得允许,亦即在私权权利人不能及时获得法院救济,对警察救助提出了申请,并且若无警察救助,权利人将面临其权利不能实现,或实现会受严重障碍之危险情形(《巴登—符腾堡州警察法》第 2 条第 2 款)。〔19〕

例如:A 已以地役权形式,准许 B 穿过其土地到达公路。后 A 与 B 间产生嫌隙,A 封死通道,以致"自力防御权"(民法典第 859 条)对 B 也爱莫能助。此时 B 须诉请于普通民事法院,并申请发布一项假处分令。而警察只有在紧急情况下,比如说在 B 家属中有重疾者,且须立即送往医院时,才可以依据 B 之申请而进行介入;因为此时若等候法院救济,会太过迟误。——

但要认清的是,这种警察保护私权时所遵守的辅助性原则,已不再成为一项指导性原则。其原因在于,依据对警察任务的新看法,对会威胁公共安全或公共秩序的单个人所遭受之危险,警察同样也要予以防止(如《巴登—符腾堡州警察法》第 1 条就作如此规定)。但在这类案件中,民事法院应有最终之判决权;故而,认为法院应受约束于警察就同一案情所作出的,且旨在保护私人权利的警察行为之效力,是错误的看法,并应予摒弃:

如在上例中,警察已命令 A 打开通道,且该开通在紧急情况下,得以强力予以强制,则普通民事法院就权利争议作判决时,不必去考虑已存在的警察措施。若法院作出一项有利于 A 之判决(例如因为地役权根本就未成立),则对警察来讲,就应在将来不再对单个人(B)进行保护。

因此在本例中,法院若基于某一理由视地役权为无效,并且由于 B 仍另有——尽管更为费力——出口通道,而拒绝 B 享有必要通行权(民法典第 917 条),则警察就仅只能基于公众福祉(如消防警察之意见)之要求,才可以命令 A 排除通道之堵塞。而此时 B 穿行已打开之通道,其行为亦非违法。

---

〔19〕 关于个人要求采取警察措施之请求权,参见弗里奥夫(Friauf),上揭氏著,边码 63 以下;《联邦行政法院判例集》,第 11 卷,95 页;第 37 卷,112 页。

第十三章　私法与公法中对物权之其他保护

第一节　概　　述

1 通过对所有物返还请求权(民法典第985条)与所有物保全请求权(民法典第1004条)的讨论,我们已明了物权法中对物权保护的特别法律制度。该两项请求权的职责,在于具体地实现法律所规范的物权归属之内容。但若仅仅存在物权法上的物权保护制度——这还包括本书上述第12章边码28、29处所提及之法律救济——,则对物权之保护是不完整的。这是因为,一方面,在作为所有权或其他物权客体之物受有损害时,民法典第985条之所有物返还请求权,以及第1004条之所有物保全请求权,均无适用之余地;另一方面,在物权性权利地位受公权力措施之妨害时,则整个民法上的权利保护制度,均无济于事。

故而,对物权法律保护之阐述,若置这两种侵害与妨害物权之可能性于不顾,则必是不完整的。本章之任务,就是讨论这两种情形下的法律保护手段。但由于这两种法律保护形式,属于其他法域,也就是说仅在对该法域(如债法、行政法)进行讨论时,才能获完整之了解,故本章内容亦仅限于综合性概说。

第二节　私法中的其他法律保护形式

参见本书第10章末之表5。

一、侵权法上的保护〔1〕

(一)对物权侵害时所生的损害赔偿

依民法典第823条第1款,对所有权或"其他权利"有过错地 2
不法侵害,产生损害赔偿义务。毫无疑问,此处之"其他权利"概念,恰恰包括了所有权之外的其他物权。

侵害行为可为事实行为,如物被毁损(损坏),亦可为法律行为,如被无权处分人予以处分。

在行为人违反保护性法律规范时,则民法典第823条第2款,提供另一种在许多方面与第1款相类似的保护。此处之保护性法律规范,比如《德国刑法典》第242条、第246条、第249条以下、第259条、第303条以下,以及公法上保护相邻关系之规范。〔2〕

---

〔1〕 对此参见各债法教科书;另参哈根,"民法中违法性之概念",载"埃·沃尔夫祝寿文集",1985年,133页;雅尔,载《民法实务档案》,第183卷,72页(侵权性使用侵夺之损害赔偿);莱尔泽(Leser),载《民法实务档案》,第183卷,56页(侵权责任法与危险责任法中对权益之保护);贝尔茨(Bälz),"民事责任法制度中对干预之保护以及对特别牺牲之担保"(卷I),1970年;布林克尔(Brinker),"财产损害理论",1982年;普卢姆(Plum),载《民法实务档案》,第181卷,68页(所有权损害与财产损害之划分)。关于土地买卖受挫时,民法典第823条第1款之适用问题,参见维尔奥瓦特(Willoweit),载《新法学周刊》,1975年,1190页;M·J·施密特(M. J. Schmid),载《新法学周刊》,1975年,2056页。——关于使用利益损失是否具有偿还能力问题,参见本书上述第11章边码50。

〔2〕 对此以及举证负担问题,参见联邦最高法院,《新法学周刊》,1985年,1774页。

(二)与物权性法律保护之关系

3 这是老生常谈的话题。其中所存在的——部分问题我们已遇见过——难题,源于这种思考,即民法典第 823 条第 1 款(并第 249 条)所规定之宽泛的侵权责任构成要件,乍看之下(prima facie),似乎也包含了所有物返还请求权与所有物保全请求权;当然其前提条件永远是,侵害行为须存在过错。故而,此时也就产生了这种必要性,亦即如何划清侵权法上的权利保护,与物权法上权利保护形式间的界限。

4 1. 所有物返还请求权(以及所有权人—占有人关系)与一般侵权法之关系,我们已讨论过(参见本书上述第 11 章边码 23 以下)。故在此仅须作总结性重述:在民法典第 987 条以下之适用范围——也就是所有权人与无权占有人间的关系——中,仅在占有人通过有过错之禁止私力行为或者犯罪行为,而获取对物之占有时,侵权法才有适用之余地;此外,他主占有人超越其假想的占有权限时,也产生侵权法上的责任。

5 2. 存在对所有权有过错之妨害时,所有物保全请求权(民法典第 1004 条),不排除依民法典第 823 条所生的损害赔偿请求权。通过该请求权,主要是可以请求赔偿超出妨害的——且因该妨害而导致的——损害。但所有权人依民法典第 1004 条第 2 款负有容忍义务时,则该容忍义务亦使侵害人之侵害行为,不具有民法典第 823 条意义上的违法性。

例如:庞大车库之主人,丝毫不顾及其邻居所需要的夜间安宁,则邻居不仅可依民法典第 1004 条,也可依民法典第 823 条第 1 款并第 249 条,请求排除噪音源。而另外所生的损害(如健康损害),亦得依民法典第 823 条第 1 款请求赔偿。若依民法典第 906 条,邻居必须忍受车库之噪音(如因为该噪音为当地所通行,且通过可期待之措施亦无法消除),则所有物保全请求权与侵权损害赔偿请求权均不成立(采此意见者如,联邦最高法院,《联邦最高法院裁判汇编》,民法典第 906 条,11 号);但依民法典第 906 条第 2 款第 2 句,此时可成立相邻关系法上的补偿请求权(参见本书下述第 25 章,边码 29)。

3. 若所成立之侵权法上的损害赔偿请求权,导致产生与物权法上归属规则相抵触之结果,则该损害赔偿请求权——即使符合侵权责任之构成要件——不得成立。准此而言,物权归属效果,尤其是物权法上有效之权利取得效果,不得因作为侵权责任结果之回复原状规则,而受影响。 6

例如:V 侵吞 E 的书,并出卖给善意之 K(民法典第 932 条),则 E 不得因 K 在取得该书时具有轻过失,而依民法典第 823 条、第 249 条之规定,向 K 请求书之返还:因为民法典第 932 条仅以故意与重大过失为准。

E 将一大块土地,以虚伪意思表示方式,向 L 为土地所有权让与合意,从而使 L 以所有权人身份,登入土地登记簿。后 L 授予被告将土地分成小块,并予以出让之代理权,被告也相应地依此而为代理行为。E 的继承人向被告请求损害赔偿。由于出让授权属于民法典第 893 条所保护之法律行为,故即使在被告因重大过失而不知 L 非为所有权人时,E 的继承人亦不得向被告主张损害赔偿请求权(《帝国最高法院民事判例集》,第 90 卷,395 页)。

4. 有疑问的是所有权保护范围问题。其例案如《联邦最高法院民事判例集》,第 55 卷,153 页:因大坝决堤,致使一些装载碾磨机并附带小麦的内河船舶,一部分"被关在堤内",一部分则"被关在堤外"(类似例案,《联邦最高法院民事判例集》,第 86 卷,152 页);〔3〕或者《联邦最高法院民事判例集》,第 105 卷,346 页:禁止出卖食用药物添加剂饲料的鳟鱼;或者慕尼黑州高等法院,《新法学周刊》,1977 年,438 页:因设计错误而使房屋屋顶之建造有瑕疵;或者联邦最高法院,《新法学周刊》,1977 年,2264 页:因火灾而堵塞 7

---

〔3〕 对此案参见米勒·格拉夫,载《德国法学者报》,1983 年,860 页。——关于该规范之保护目的,参见 H·沙克(H. Schack),载《德国法学者报》,1986 年,305 页及其所引资料。

出口;以及联邦最高法院,《新法学周刊》,1978 年,1051 页(另参见默舍尔(Möschel),载《法学教育》,1977 年,1 页;梅迪库斯,“民法”,边码 613;雅尔,载《民法实务档案》,第 183 卷,725 页以下;弗罗伊德(Freud)/巴特尔梅斯(Barthelmess),载《新法学周刊》,1975 年,281 页,以及 1977 年,438 页;措伊纳,载“弗卢梅祝寿文集”,1978 年,卷 I,775 页)。关于短暂的且不生费用问题的对使用可能之侵夺,参见《联邦最高法院民事判例集》,第 98 卷,212 页(民事总庭);关于损害之计算,参见联邦最高法院,《新法学周刊》,1988 年,1835、1837 页。

8 5. 限制物权之权利人,仅得请求赔偿其自身所遭受之损害。因此,用益权人在物遭毁损时,仅得请求因对物不能占有与使用而产生的损害。

关于期待权可否视作民法典第 823 条意义上的“其他权利”,尚不能就期待权的所有情形,作统一之定论。已获得认可的,则是所有权保留买卖中买受人之期待权(详参本书第 59 章边码 45);而土地所有权让与合意受领人之期待,也已获得部分的认可(详参本书第 19 章边码 20)。

例如:E 将一台机器以所有权保留形式出卖给 K,并为交付。在机器遭 B 有过错之毁损时,则 B 须对 K 为损害赔偿。持此观点者如《帝国最高法院民事判例集》,第 170 卷,1、6 页,只是该案不清楚之处在于,K 是自己享有该损害赔偿请求权,还是 K 只能以自己名义与利益而主张——属于 E 的——损害赔偿请求权。合乎逻辑的解决方法或许是,赋予 K 以损害赔偿请求权,而赋予 E 对该损害赔偿请求权享有质权,以担保其价金债权;只是这种解决方法欠缺法律上的规范基础(对此参见本书第 59 章边码 45)。——

若在本案中,K 将期待权以担保之目的转让给其债权人 G,但嗣后 K 违反担保协议,将机器出卖给 X,则 K 对 G 依民法典第 823 条第 1 款负责任(除此之外还存在契约责任);采此看法者如联邦最高法院,《联邦最高法院裁判汇编》,民法典第 823 条(Ad),1 号。

(三)危险责任(Gefährdungshaftung)

在此仅附带提及者,为基于规范危险责任之法律,如基于民法典第833条第1句(其例案为《联邦最高法院民事判例集》,第79卷,259页)、《责任法》第1条、《道路交通法》第7条第1款以及《产品责任法》第1条第1款(有争议)等,亦可产生对物权之保护。 9

二、自不当得利法角度对物权之保护

在讨论占有保护与所有权保护时(参见本书上述第9章边码39,第11章边码36、37),我们已提及所谓的侵害型不当得利("以其他方式"而取得利益)。其中所阐述的法律思想,同样——而且首先——适用于对所有权以及限制物权的侵害。除法律明确规定的无权利人之处分行为(民法典第816条),以及因附合、混合、加工而使权利丧失(民法典第951条)之情形外,还存在一些法律虽未明确规定,但以违反财产归属秩序,并因此导致财产增加为其特征的侵害情形。[4] 故而,在基于侵权行为而生的损害赔偿请求权,因欠缺过错要件,或者基于所谓非真正之无因管理的损害赔偿请求权,因管理人欠缺僭越意思,以及基于无因管理之返还请求权,因欠缺构成要件(尤其是欠缺"侵害者"相应的意思内容),而均不能成立时,则不当得利请求权对权利保护来说,发挥着重要的补充作用。[5] 10

---

〔4〕 对侵害型不当得利之具体构成要件,极具争议,其文献参见勒文海姆(Loewenheim),"不当得利法",1989年,64页以下;罗伊特/马丁内克,"不当得利",1983年,§ 7;科彭斯泰纳(Koppensteiner)/克拉默(Kramer),"不当得利",1988年2版,§ 9;其余的参见冯·克默雷尔,载"拉贝尔祝寿文集",卷I,1954年,353页以下;哈德(Harder),载"米尔祝寿文集",1981年,267页(关于出卖他人之物);雅各布斯,"侵害型取得与财产变动",1963年;克尔曼(Kellmann),"收益责任之基本原则",1969年;拉伦茨/卡纳里斯,卷II/2,§ 69;梅迪库斯,边码704以下;弗里茨·舒尔茨(Fritz Schulz),载《民法实务档案》,第105卷,1页;施特希特里姆(Schlechtriem),载《德国法学者报》,1988年,858页;维尔贝格(Wilburg),"不当得利学说",1934年。

〔5〕 其例可参见联邦最高法院,《新法学周刊》,1975年,778页。

“典型例案”:农民L新近才购得其农庄,因此虽极尽善意,仍不能完全摸清楚其农地之疆界四至,结果他的牲畜群越界吃掉了邻居N的草坪。此时不生民法典第823条以及第687条第2款之请求权。而民法典第987条、第989条、第993条所规定之收益返还请求权,亦因L根本就不是土地之占有人而被排除。这样剩下的,就仅是依民法典第812条第1款第1句第2种情形而产生的不当得利请求权。〔6〕

错误收用他人电流:亚琛州法院,州中等法院,《新法学周刊》,1984年,2421页,以及柏林市高等法院,《新法学周刊》,1985年,1714页;对此参见马丁内克,载《法学教育》,1985年,596页。

三、数个法律保护形式之竞合

11 在数人就某一损害之构成,共同起作用时,会产生数个法律保护形式之竞合。如以担保性让与形式让与给E的卡车,被占有人B出卖给善意之R;而B之所以能出卖成功,是因为C将交由其保管的汽车执有证,事先交给了B:B依民法典第816条之规定,要返还所获得之买卖价金,自属无疑。而C因其过错,共同导致E所有权之丧失,故他应依民法典第823条负责任。这样B与C作为连带债务人负其责任(联邦最高法院,《德国法学者报》,1984年,230页;有争议)。

第三节 公法上的法律保护形式

一、概述

12 要想就公法中对所有权与其他物权之保护这个题目,予以全面讨论的话,其前提就是先需对单个人与公权力之关系,进行具体而完整地阐述。其

〔6〕 关于侵害型不当得利范围这一有争议的问题,参见罗伊特/马丁内克,§ 7,III,2;梅迪库斯,边码719以下;雅尔,上揭氏著。

原因是，只有在这种制度背景下，才能把握住通过公法对所有权进行保护的精髓。但这种制度背景之阐述，并非本书任务。故而在此仅只能作简略地因而也必然是不完整地提示。而这种提示，意在使读者获得这样一种感觉，即所有权所提供给公权力入侵的，是所有权的哪些薄弱环节；同时，所有权保护又必须以何种方式，才能融进公民针对公权力所享有一般法律保护中。这就意味着我们的讨论仅限于所有权之基本权利性质（下述二）以及诉讼程序上的保护措施（下述三）。

二、宪法上的所有权保护〔7〕

（一）所有权保障

《基本法》第 14 条宣布，"所有权受保障"。该条包含着对（作 13
为一项法律制度的）所有权之制度保障，以及对作为针对国家主观公法之所有权自由的保障。〔8〕 所谓制度保障，表示立法者虽可"规定"所有权之"内容与范围"，但不得"侵犯"该法律制度，也就是不得"侵犯"所有权以私益和对所有权客体原则上的处分权能为其特征的"本质内容"（《基本法》第 19 条第 2 款）。〔9〕 故而，在赋予立法者规定所有权内容与范围之权限的同时，也意味着只要对所有权采取干涉行为，则该干涉行为"必须具有合法性"；而恰在这种"干涉必须具有合法性"中，体现了主观公法权利意义上的所有权的自由内涵：若无符合基本法之法律予以授权，国家不得实施任何干涉所有权的行为。由此也产生出一项所有权具有不可侵

〔7〕 对此亦参本书下述第 24 章、第 26 章。

〔8〕 对此参见毛恩茨/帕皮尔，《基本法》第 14 条，边码 8－11；泽格尔/J. 弗·鲍尔，民法典第 903 条，边码 151、154；施陶丁格/Seiler，对民法典第 903 条以下之前言，边码 22、23。

〔9〕 对此首参《联邦宪法法院判例集》，第 68 卷，361、368 页；第 50 卷，290、341 页；第 42 卷，263、295 页；毛恩茨/帕皮尔，《基本法》第 14 条，边码 325 以下。

性的推定，故而谁主张侵害行为的合法性，他就须承担“举证责任”。[10]

（二）《基本法》第 14 条第 3 款：针对征收之保护

14 1.《基本法》虽未排除征收（Enteignung）之可能性，但在两个方面加重其条件限制：其一、征收仅在为公众福祉时，方得“允许”；其二、对征收实行更为严格的“干涉必须具有合法性”原则，也就是说，仅以一项现有的立法基础，以及明确规定所有权受限制之立法为依据，尚不能实行征收（《基本法》第 19 条第 1 款），而必须在征收法本身，还要对因征收而予以“补偿（Entschädigung）之方式与范围”作出规定（所谓的“一揽子规则”，Junktimklausel*）。这种限制之目的，并不仅仅在于为所有权人提供一项补充性担保，更主要的还在于——如国家法理论所正确强调的——为立法者设置一个“控制阀”，以阻却立法者制定一些有欠考虑的征收立法。

15 2.《基本法》第 14 条第 3 款所规定之征收，是国家对单个公民的所有权，所实施的终极性干预（所谓形式的征收概念：《联邦宪法法院判例集》，第 79 卷，174、179 页；第 74 卷，264、280 页；第 72 卷，66、76 页；第 70 卷，198、200 页；《新法学周刊》，1998 年，367 页；毛恩茨/帕皮尔，《基本法》第 14 条，边码 147 以下，及其所引资料）。其目的在于剥夺私人所有权地位，或加负担于私人所有权地位。故而征收的特征，是国家对所有权客体所采取的具体而特别的干预。而实施征收的典型方式，就是通过享有相应权限的行政机关的行政行为，使所有权移转到享受利益的权利承担人

〔10〕 对所有权之约束性内容，本章不作细论（此可参见本书下述第 24 章）。

* 所谓“一揽子规则”，乃指效力上居于上级之法律规范中所包含的规则；依据该规则，下级法律规范就某一事项予以规定时，必须同时就与该事项相关联之其他事项进行规定。德国法中最典型的“一揽子规则”，即为《基本法》第 14 条第 3 款第 2 项关于“征收”（“征收仅得通过或依据就征收补偿之方式与范围予以规定之法律而进行”）之规定——译者注

（习惯上称之为“传统型征收”）。

例如：“剥夺”：为修建公路，通过征收决议，将私人土地所有权移转给国家。

“加负担”：通过行政行为，设立国家为受益人之限制的人役权（民法典第1090条），以容忍电话线之通过。

（三）具有征收性质的干预与具有征收效果的干预

但还存在另一些公权力对公民私有财产领域之干预。这些种类的干预，虽不符合上述（“形式的”）征收概念，却产生如同征收之效果（“实体法的征收概念”），它们也导致单个公民的特别牺牲。联邦最高法院之司法判例，称此为具有征收性质的干预（enteignende Eingriffe）（见下述1），以及具有征收效果的干预（enteignungsgleiche Eingriffe）（见下述2）。 16

1. 具有征收性质的干预

这指的是，一项合法的主权措施，会直接产生以私人财产之特别牺牲为特征的干预私人财产的效果。这在大多情形下，体现为公法行为“超越征收法所苛求的门槛”时，所附带产生的实际负面效果（《联邦最高法院民事判例集》，第91卷，20页；此外亦参联邦最高法院，《新法学周刊》，1986年，991页）。 17

例如：在进行一次军事演习时，使原告之树木着火（《联邦最高法院民事判例集》，第37卷，44页）；另参《联邦最高法院民事判例集》，第28卷，310页；第34卷，188页；第40卷，355页；第57卷，359页：“法兰克福地铁案”；联邦最高法院，《新法学周刊》，1976年，1312页：“慕尼黑城市高速铁路案”；《联邦最高法院民事判例集》，第57卷，370页：城镇下水道设施使地下水下沉，进而妨害原告房屋的稳固性（类似的案例联邦最高法院，《新法学周刊》，1978年，1051页）；联邦最高法院，《新法学周刊》，1965年，1907页：“灌木壶桥案”；《联邦最高法院民事判例集》，第60卷，119页：容忍高压线穿过；《联邦最高法院民事判例集》,第70卷,212页:巨型建筑工地;《联邦最高法院民事判例集》,第72卷,289页:挖坑;《联邦最高法院民事判例集》,第80卷,111页:防洪措施之征收性作用;《联邦最高法院民事判例集》,第91卷,20页:公共污水净化器散发出浓烈臭气;《联邦最高法院民事判例集》,第102卷,357页:公权力机构对新型森林损害不负责任(并参毛恩茨/帕皮尔,《基本法》第14条,边码634;泽格尔/J. 弗·鲍尔,民法典第903条,边码203以下;《〈德国民法典〉评注》/克雷夫特(RGRK – Kreft),民法典第839条之前,边码33以下;尼斯根斯(Nüβgens)/博容(Boujong),边码449以下)。

2."具有征收效果的干预"

18 这指的是,行政机关违法——无过错或者有过错地——直接干预私人所有权,并导致财产损害之产生(《联邦最高法院民事判例集》,第125卷,259、264页;第117卷,240、252页)。

例如:军用卡车上的长天线触及高压线,由此造成的短路使发电厂遭受损失(联邦最高法院,《联邦最高法院裁判汇编》,德基本法第14条[Cc],25号)。——市政规划局无法律根据,而对原告的土地所有权实行"事实上的"建筑冻结(参见《联邦最高法院民事判例集》,第73卷,161、180页;泽格尔/J. 弗·鲍尔,民法典第903条,边码24)。——行政单位违法拒绝建筑咨询(《联邦最高法院民事判例集》,第125卷,259、264页)。——《联邦最高法院民事判例集》,第78卷,41页:违法地禁止一项经营活动。[11]

具有征收效果的干预,其概念源于作为联邦最高法院有关征收判例基础的判决——亦即《联邦最高法院民事判例集》,第6卷,270、290页:"国家公权力对私人权利范围违法进行干预时,倘若在该干预为法律所许可时,不仅

〔11〕 其他的例子可参联邦最高法院,《新法学周刊》,1984年,2516页(严重的交通上不可量物入侵);泽格尔/J. 弗·鲍尔,民法典第903条,边码203以下;毛恩茨/帕皮尔,《基本法》第14条,边码597以下;联邦最高法院,《新法学周刊》,1987年,1945页(控制错误的交通信号灯,对此案参见奥森比尔(Ossenbühl),载《法学教育》,1988年,193页)。

依其内容而且按其效果,均可体现为一项征收行为,而且该违法干预在其实际效果上,确已使所涉及之私人承担了特别牺牲,则在法律上对该违法干预的处理,应如同征收行为”(新的表述参见《联邦最高法院民事判例集》,第76卷,387、392页:飞机领航员罢工)。

须说明者,该干预之违法性,即意味着特别牺牲之存在。

读者自然会问,既然这里存在着——针对所有权的——国家不法行为,为什么不能依据《基本法》第34条并民法典第839条,追究其国家责任(Staatshaftung)。但需注意者,所提及的这两个条文,均要求公务员过错之存在,且该过错须由受害人来举证——这对他来说因国家机器运作的不透明性,而显得异常困难——。再者,对法院来说,国家之作为行为或不作为行为的“不法”,虽确属无疑,但由谁来承担责任则颇有疑问。最后,在某些情形中,民法典第839条第3款也是一个“障碍”。这样,上述联邦最高法院关于具有征收效果之干预的判决——该判例之发展,清楚地体现于联邦最高法院,《新法学周刊》,1984年,1169页(=《联邦最高法院民事判例集》,第90卷,17页=鲍尔,E. Slg.,案例13a)——,实际上是一项经由司法判例所创造,并为习惯法所承认的法律漏洞补充,即通过特别牺牲理论,而使无过错的国家不法行为产生责任后果。因此,或许我们也可称之为以特别牺牲为条件的国家危险责任。[12] 19

(四)具有征收性质的干预以及具有征收效果的干预作为“特别牺牲”之情形

具有征收性质的干预与具有征收效果的干预这两种制度,在理论上是否有其坚实基础,因联邦宪法法院之司法判例,[13]而变 20

---

〔12〕 参见海登海因(Heidenhain),“具有征收效果之干预中的公务员责任与赔偿”,1965年;莱斯纳(Leisner),“公法中的危险责任?”,载《德国国家法法学会会刊》(VVDStRL),第20卷,185页;施密特·卡姆勒(Schmidt - Kammler),载“埃·沃尔夫祝寿文集”,1985年,595页;奥森比尔,“国家责任法”,§ 47。

〔13〕 首参《联邦宪法法院判例集》,第58卷,300页。关于其发展以及本文之下述,参见尼斯根斯/博容,边码411以下;克雷夫特(Kreft),载“盖格尔(Geiger)祝寿文集”,1989年,399页以下;法勒(Faller),载《公法档案》(AöR),第115卷,185页以下。

得颇有疑问。这是因为,在联邦宪法法院看来,自狭窄的形式征收概念中可导出,“在欠缺一项由立法者所创设的请求权基础时”,不成立征收补偿(《联邦宪法法院判例集》,第58卷,300、319页;对此案参见毛恩茨/帕皮尔,《基本法》第14条,边码371以下、720)。由此就有可能得出这样的结论:由于在运用联邦宪法法院之司法判例时,具有征收性质的干预和具有征收效果的干预,并非《基本法》第14条意义上的征收,故而该条所规定之征收补偿,也就不能适用于这两种情形。

然而在此结论中,也已蕴涵着解决这一问题的思路:若具有征收性质的干预和具有征收效果的干预——依照联邦宪法法院司法判例对征收概念的理解——不是“征收”,实际上仅是早期司法判例在个体价值特别牺牲理论基础上,创造一项责任规则时,在此范畴中为所运用的概念,则该联邦宪法法院司法判例,并未触及这两种制度的理论基础。联邦最高法院(如《联邦最高法院民事判例集》,第90卷,4与17页 = 鲍尔,E. Slg.,案例13a;《联邦最高法院民事判例集》,第91卷,20页;第111卷,349、352页;此等判决为固定判例)以及学说中的主流观点,[14]采取的就是这种态度:“具有法官造法形式特点的特别牺牲思想,在所涉及者非为《基本法》第14条第3款意义上的征收(作者补充:也就是非为联邦宪法法院所认可的征收)之情形时,提供了充分的请求权基础”(《联邦最高法院民事判例集》,第90卷,17、31页)。

---

〔14〕 总结性阐述,现可参毛恩茨/帕皮尔,《基本法》第14,边码687以下、尤其721以下;奥森比尔,“国家责任法”,§ 22 – § 31,及其所引大量文献;毛雷尔(Maurer),§ 26,VI;申克(Schenke),载《新法学周刊》,1991年,1777页;尼斯根斯/博容,边码341以下、430以下。反之,联邦宪法法院的出发点,好像是一种“补偿请求权(Ausgleichsanspruch)”,即由该请求权对一项非形式征收概念上的干预的强度予以弱化,从而使其显得好像具有合宪性(《联邦宪法法院判例集》,第79卷,174、192页;《新法学周刊》,1998年,367、368页)。

为更好地理解上述所论，对特别牺牲法律制度作一点说明： 21

该项法律制度之发展，源自“普鲁士普通邦法”序言第74条、第75条之规定。依此，国家须对“为公众福祉而不得不就其权利与利益作出牺牲的个人负赔偿”义务。司法判例则由此而推导出一项一般性的原则（《帝国最高法院民事判例集》，第102卷，390页；第145卷，109页），并标为——因公共利益而使个人所负担的——特别牺牲。如此理解的话，则征收可视为由立法所规定的特别牺牲的一个特殊情形。但由于司法判例在征收概念中，同时也将具有征收效果的（无过错或有过错的违法）干预包括进去，从而使其承担征收补偿义务，则作为请求权基础的特别牺牲理论，在本质上只适用于对财产权利以外之利益的，并产生“特别牺牲”的——合法或违法的——干预，尤其是对身体完整性的侵害。故而，特别牺牲理论在实践中所适用的情形，比如体现为疫苗注射上的责任（《联邦最高法院民事判例集》，第9卷，83页；第24卷，45页；第31卷，187页）、性病治疗时所生的损害（《联邦最高法院民事判例集》，第25卷，238页）；详参毛恩茨/帕皮尔，《基本法》第14条，边码587以下。

这样说来，特别牺牲理论在目前——间接地通过联邦宪法法院司法判例之推动——又被输进了新的血液！

（五）补充性说明

1. 不采取其他法律救济 22

若针对违法并导致私权特别牺牲的国家行为，可能存在一项（行政诉讼上的）法律救济，自然就会产生这一问题，即受侵害人是先必须采取该法律救济，还是可以放弃这一救济手段，从而在普通民事法院立即提起补偿请求。联邦最高法院之司法判例，原来采取赋予受害人以选择权的态度。但依联邦最高法院最近的观点——受联邦宪法法院“采挖湿砾石判决，Naβauskiesungsentscheidung”*（《联邦宪法法院判例集》，第58卷，300页）的推动——，现在对这一法律问题的看法为：

（1）若所涉及的行政行为虽违法，但符合形式的征收概念，则仅只能选择行政法上的（行政诉讼的）法律救济手段，以废止该行政行为。[15]

（2）而在具有征收效果之干预的其他情形中，受害人不采取一项合法的且为可期待的法律救济手段，可构成受侵害人的与有过错（联邦最高法院现在就采取这一观点，如《联邦最高法院民事判例集》，第90卷，4与17页；第110卷，12页）。但该法律救济的双重前提条件（合法性与可期待性），在国家事实行为已实施完毕[16]，以及因国家颁发许可迟延而产生损害[17]等情形中，均不成立。故而，因放弃法律救济而产生的与有过错，通常并不会给受侵害人带来负担。

2. 对规范性不法应否承担责任？

23 具有征收效果的干预，若其实施是基于一项违宪性的法律，或基于一项以该类违宪性法律为根据的措施，则不产生赔偿请求权（《联邦最高法院民事判例集》，第100卷，136、145页；第102卷，350、359页）。

这类司法判例所衡量的决定性因素，在于对议会制立法机关所作决定之尊重。该立法机关到目前为止，还未就其自身的、因制订不法性规范而实施的规范性不法，规定一项责任。

但这种强调议会制立法机关突出地位的原则，并不适用于那

---

〔15〕《联邦宪法法院判例集》，第56卷，249页：“迪克海默缆车案”；毛恩茨/帕皮尔，《基本法》第14条，边码727。

〔16〕对此参见毛恩茨/帕皮尔，《基本法》第14条，边码724以下。

〔17〕博容，载《环境与规划法》（UPR），1984年，138页。

* 该判决的主要问题为，不允许所有权人自土地中采挖湿砾石之决定，是对该土地所实行的征收行为，还是仅体现为所有权自身所受之约束（所有权之内容约束）。因该判决涉及一些原则性问题，如所有权概念之确定、征收概念尤其是具有征收效果之干预的性质等，而在德国法学理论中较为有名。——译者注

些颁布效力在立法之下的法规的机关。比如干预的实施，是基于违法性的行政法规，而该行政法规自身又是根据违宪性的法律所制订，则国家无疑要对该干预负责任（《联邦最高法院民事判例集》，第111卷，349、351页）。

3. 社会约束与特别牺牲干预

具有征收性质的干预与具有征收效果的干预，仅在所有权人受保护之法律地位受到干预，且该干预又不属于所谓所有权之社会约束范畴（Sozialgebundenheit）时，才会产生补偿请求权（《联邦最高法院民事判例集》，第73卷，161页；第78卷，152页；第90卷，17、26页；第117卷，249、254页）。 24

4. 结论

依照我们对所有权公法保护之司法判例的阐述，有耐心的读者会获得这样一种印象，即我们所阐述的，是一些极其复杂又难以理解的法律材料；既然是如此地复杂难懂，自然也就免不了对其进行批评总结。联邦宪法法院对征收概念的理解，在结果上导致对受侵害之所有权人地位的弱化，并且加重行政法院的负担（“行政诉讼管辖骤增”）。其原因是，不管受侵害人首先必须要对国家行为采取行政法上的救济（上述边码22），还是为了间接地排除与有过错抗辩而被迫采取这类法律救济（上述边码22），他都必须要经过两道诉讼程序，以便在诉争时能保住自己的权利，故而单自诉讼程序上看，其地位无论如何都已受到了妨碍。在以前，受侵害人可以满足于价值保护（“补偿”）方式，因为在具体情形中对所有物实体本身之保护，对他来说已毫无意义；这样自最终结果上看，对受侵害人来说完全理智的态度或许是，“忍耐并等待（物之）变现”。但是受侵害人的这种想法，即使是就更为狭窄的征收概念来说，现在也因联邦宪法法院的观点，而变得不可能了。 25

三、权利保护之诉讼程序方式

(一)概说

26 实体法上的所有权保障,若无完整的诉讼程序上的权利保护制度与之相配套,则犹如无刃之剑。《基本法》第19条第4款即针对此而作出规定。“若某人权利受到公权力侵害”,则该款为其提供了非常广泛的诉讼途径,并规定在欠缺其他明确的诉讼途径[18]时,适用民事诉讼程序。故而,针对国家所主张的权利保护请求权,包含有基本权利之特征,属于“形式的主要基本权利”。

依照联邦宪法法院之司法判例,《基本法》第19条第4款之规定,“通过直接基于同法第14条第1款第1项之实体基本权利而产生的请求有效果之权利保护的请求权”,而获得补充(《联邦宪法法院判例集》,第49卷,252、257页)。

(二)通过行政法院的诉讼途径

27 所有权以及他物权遭公权力干预时,对其所赋予之基本保护,通过行政诉讼管辖(Verwaltungsgerichtsbarkeit)来实现。只要侵害人能提出证据,证明其权利因一项行政行为而受到侵害,则依据——经由《基本法》第19条第4款之规定而不可避免会导致的——一般条件(Generalklausel),均可通过行政法院而获得法律救济。[19] 此处的“权利”,显然包括了所有权与所有的他物权。这样,任何一种物权在受公权力干预时所应享有的广泛的权利保护,均可因此而获得保障。

《行政法院法》第40条规定有一项一般条款,其内容为:“所有非宪法性质的公法性法律争议,均适用行政诉讼管辖”。其诉讼形式(Klageformen)主

---

〔18〕 当然,这在今天几乎已不可能(行政法院管辖上的一般条款!)。

〔19〕 巴杜拉(Badura),载《法学工作报》,1984年,83页。

要体现为：

撤销之诉(Anfechtungsklage)：其目的在于要求废止一项行政行为(《行政法院法》第42条第1款)：如街道建设管理局，为建街道而占用E的土地。

使负义务之诉(Verpflichtungsklage)：通过该诉，将对行政机关的拒绝性或不作为性行政行为作出判决(《行政法院法》第42条第1款)：如E申请住房建筑许可，但该申请被拒绝(所谓的针对作为之诉)，或者行政机关根本就未对该申请作出处理(所谓的针对不作为之诉)。

确认之诉(Feststellungsklage)：在原告对某一法律关系存在与否或对某一行政行为是否无效之立即确认，享有合法利益时(《行政法院法》第43条第1款)，则可以辅助性地允许提起确认之诉(《行政法院法》第43条第2款)：如教区的全体居民想确认，国家依据旧有的法律名义，是否继续负有承担教堂修建费用之义务(教堂建设之负担)。

给付之诉(Leistungsklage)：通过该诉，原告可请求行政机关为一定之给付：如所有权人诉请支付补偿金。

针对行政机关所提起的排除妨害之诉与防止妨害之诉——其例可参见科普(Kopp)，"行政法院法"，§ 40，边码28——，以及后果排除请求权以诉讼方式来主张时(奥森比尔，"国家责任法"，225页以下；施莱(Schleeh)，载《公法档案》，第92卷，58页以下；魏罗伊特(Weyreuther)，"第47届德国法学工作者大会鉴定书"，1968年；雷德克尔(Redecker)/V·厄尔岑(v. Oertzen)，"行政法院法"，1994年11版，§40，边码160)，亦为给付之诉；反之，要求实施某一行政行为的诉讼，不是给付之诉(义务之诉：特殊诉讼形式)。

对物权保护来说，主要适用的是撤销之诉与义务之诉(关于所谓公法上相邻关系之诉，参见本书下述第25章边码43以下)。为排除公益诉讼以及单纯利益侵害之诉，《行政法院法》第42条第2款要求，原告必须主张"因行政行为或者行政行为之拒绝或不作为，而使其权利受到侵害。"

(三)宪法法院上的权利保护

依《基本法》第93条第1款第4a项与《邦宪法法院法》第90条以下之规定，通过在联邦宪法法院提起宪法上诉之方式，亦可对 28

所有权以及限制物权提供保护。该上诉的条件是,必须主张基本权利受到侵害,并且在通常情况下,在上诉至联邦宪法法院之前,其他诉讼途径(此处为提起行政诉讼),须均已尝试无果(参见《联邦宪法法院法》第 90 条第 2 款)。

(四)民事法院之管辖

29 若在征收中,就补偿额发生争议,则由民事法院对此予以判决(《基本法》第 14 条第 3 款第 4 项)。同样,在具有征收性质的干预与具有征收效果的干预中,就其补偿额所生之纠纷,亦属民事法院管辖(《行政法院法》第 40 条第 2 款第 1 句以及《行政诉讼法》第 48 条)。

故就征收所生之诉讼途径处于分离状态:就征收本身之合法性,由行政法院判决;而就其补偿额,则归属普通民事法院(基层法院)管辖。但在建筑法中这种分离又被消除:在基层法院中,“建筑事务法庭”之组成,采混合制(3 名基层法院法官,2 名行政法官),而该法庭亦就征收的合法性作出裁决。

须再次(参见本章边码 22)指出者,依据联邦最高法院新近之司法判例(《联邦最高法院民事判例集》,第 90 卷,17 页),若在(普通民事法院提起之)补偿诉讼中,因对行政干预行为,放弃合法的且可期待的行政法上的法律救济,从而被视为与有过错(民法典第 254 条)时,则优先适用行政诉讼上的权利保护方法。

还须注意的是,普通民事法院在补偿诉讼程序中,仅在行政法院对征收之构成要件是否具备,未作出确定判决时,才也可以就这一预决问题作出判决(《联邦最高法院民事判例集》,第 95 卷,28、33;对此参见帕皮尔,载《德国法学者报》,1986 年,183 页)。

表8　对所有权与其他权利之公法保护[20]

保护之情形	规范基础	保护之客体	约束与限制	法院管辖
1. 一般性：宪法基本权利性之保护	德基本法第14条：a)制度保障 b)具体权利保障（本书第13章边码13）	所有权与其他具有财产价值之权利（本书第24章边码10）	a)社会国家条款（德基本法第14条第2款） b)通过合宪性之普通立法来予以限制（德基本法第14条第1款第2句）	所有的法院。尤其就：a)规范审查与宪法上诉：联邦宪法法院 b)行政机关妨害所有权之违法行为：各行政法院
2. 针对征收行为	德基本法第14条第3款前提条件－一揽子建议条款－补偿（本书第13章边码14）	所有权在立法征收与行政征收中		a)联邦宪法法院：就立法征收 b)各行政法院：就行政征收（本书第13章边码27） c)各民事法院：就补偿额之争议（德基本法第14条第3款第4项）
3. 针对具有征收性质以及具有征收效果之干预（本书第13章边码20）	以司法判例为基础之习惯法－特别牺牲上的请求权（本书第13章边码20、21）	所有权与其他权利（本书第13章边码17、18）	若在权利本身之社会约束内容中，则不构成对权利之限制——同理，就普通立法者所为之合宪性限制，亦不构成此处之限制（本书第13章边码23、24）	各民事法院（行政法院法第40条第2款第1句，本书第13章边码29），但其管辖有时要在行政法院作出判决后才发生（本书第13章边码22）

〔20〕　关于私法上的保护，参见表5（本书第10章末）。

第三部分

不动产物权

第一编

土地登记簿

第十四章　土地登记簿的功能

参考文献提示：有关《土地登记条例》之评注，参见迈克尔（*Meikel*）等，第 *7* 版，*1986* 年以后（各卷年份不等）；德姆哈特（*Demharter*），*1997* 年 *22* 版；孔策（*Kuntze*）/埃特尔（*Ertl*）/赫尔曼/艾克曼（*Eickmann*），*1991* 年 *4* 版。其他文献参见艾克曼/古尔奥瓦斯科（*Gurowsky*），"土地登记法"，*1992* 年 *4* 版；艾克曼，"土地登记程序法"，*1994* 年 *3* 版；*Planck/Kettnaker*，"土地登记管理"，*1960* 年 *4* 版；黑格勒（*Haegele*）/舍纳（*Schöner*）/施特贝尔（*Stöber*），"土地登记法"，*1993* 年 *10* 版；克雷尔（*Kehrer*）/比勒（*Bühler*）/特勒斯特（*Tröster*）/舍恩（*Schön*），"公证与土地登记"（活页版），卷 *1*（*1972* 年初版，*1988* 年增补版），卷 *2*（*1974* 年以后，*1979* 增补版）；施密特（*Schmidt*）/弗勒林（*Fröhling*），"土地登记簿阅读指南"，*1992* 年；霍尔策（*Holzer*）/克拉默（*Kramer*），"土地登记法"，*1994* 年；施密特·雷特施（*Schmidt – Räntsch*），"新土地登记法"，*1994* 年；施特贝尔（*Stöber*），"土地登记程序与土地物权法"，*1998* 年 *2* 版；魏尔希（*Weirich*），"土地物权"，*1996* 年 *2* 版，§ *8* 以下；埃特尔，载《德国司法》，*1980* 年，*1* 页

（土地登记法的发展趋势）；同氏著，载《德国司法》，*1980* 年，*41* 页（登记申请、登记同意与合意）；科尔霍斯尔，载《法学工作报》，*1984* 年，*558* 页（土地登记簿的功能、构造与内容）以及 *714* 页（土地登记程序的基本问题）；尼德（*Nieder*），载《新法学周刊》，*1984* 年，*329* 页（发展趋势）；施米茨（*Schmitz*），载《法学教育》，*1994* 年，*962* 页；*1995* 年，*53*、*245*、*333* 页（土地登记程序手册）。

本书末（法律条文索引前）附录 1 与 2 之样本，有助于本部分内容的理解。

一、概述

参见本书第 16 章末之表 9。

（一）意义与法律基础

1 土地法律关系（*不动产物权法*，Liegenschaftsrecht）与动产法律关系（*动产物权法*，Mobiliarsachenrecht），应受不同法律规范规制的原因，我们在前面已讨论过（参见本书上述第 2 章边码 15）。简要地说，这些原因体现于土地所有权对个体生存所具有的特殊意义、特别的利益关联以及产生于"相邻关系"的可能的利益冲突之中，尤其还体现于以国家形式所组织的共同体，为实现其任务而常常求助于土地所有权的必要性之中。

2 故而，国家将土地登记与就土地所生的权利变动登记，视为一项自己的重要职责，是不足为怪的。而历史的[1]沿革，也在当代土地登记制度中找到其归宿：就土地物权所发生的任何法律行为方式的权利变动，其效力之发生，须以登入土地登记簿为条件。

〔1〕 沃尔夫/赖泽尔，§ 26，对土地登记簿的历史沿革，作有简略说明；此外参见施特温（Stewing），载《德国司法》，1989 年，445 页以下。

土地登记法之法律基础，主要为1897年3月24日实施、1994年5月26日新修订颁布的《土地登记条例》(《民法典》l.，I，1114，德文缩写为GBO)，〔2〕1935年8月8日该条例之施行细则，以及1995年1月24日修订的所谓的《土地登记命令》(《民法典》l.，I，114，德文缩写为GBV)。 3

下列数字或能说明土地登记法的实践意义：仅巴登—符腾堡州，1995年约有565,000宗土地所有权变动，以及超过两百万宗的其他土地物权交易——其中包括抵押权与土地债务——，在土地登记簿中进行登记(资料来源：巴登—符腾堡州司法部)。 4

(二)土地登记簿(Grundbuch)与其他登记(Register)

“登记趋势”在不动产物权法中得到了最典型的体现。但不可忽视的是，这种趋势越来越向其他的、在法律意义上立法者将其与土地所有权置于同等地位的财产客体扩展。如*船舶登记*(Schiffsregister)(海洋船舶登记、内河船舶登记、建造中的船舶登记)，即具有与土地登记相类似的功能(1994年5月26日修订之《船舶登记条例》，见《民法典》l.，I，1133，以及1994年11月30日所修订的该条例之施行细则，见《民法典》l.，I，3621)。*航空器质权之登记*(Register für Pfandrechte an Luftfahrtzeugen)(依照1959年2月26日《关于航空器上权利的立法》，见《民法典》l.，I，57)以及*海底电缆质权*(Kabelpfandrechte)之登记(依照1925年3月31日之立法)，仅具有限的意义，也就是说其登记仅服务于意定质权之公示。但就具有重要价值之财产上的物权，至少就其上所设立的担保物权，要求对外进行公示，绝不仅限于上述所列。如1951年8月5日之《用益租赁信贷法》(《民法典》l.，I，494)，允许通过在基层法院记载质权设立契约的方式，对属于农用土地用益承租人所有之附属物设立质权(实践中的例子可见：联邦最高法院，《新法学周刊》，1970 5

〔2〕　该条例通过1977年6月22日之立法(见民法典l.，I，998)，以及1993年12月20日之立法(见民法典l.，I，2182，即《登记程序改进法》，对此参见霍尔策，载《新法学周刊》，1994年，481页；关于该法在新联邦州的意义，参见伯林格(Böhringer)，载《两德法律杂志》(DtZ)，1994年，50、130页)，而有重大修改。

年,2212页);任何利害关系人均可查阅该质权设立契约,从而可对用益承租人的财产关系获得一定的了解。而对机动车设质与货栈设质,也一直有质权登记之主张——这在某些外国立法例中,业已得到践行——。[3]

6 这是一个有趣的发展趋势。其产生原因,在一定程度上不仅是由于经济结构所发生的变化(土地所有权在公民的财产结构中,不再像19世纪末那样,具有举足轻重的地位),还由于各类债权人担保需求的膨胀(常常是:过度的膨胀)。而其发展脉络,或可勾勒如下:由——实践中几乎很少采用的——《民法典》上的意定动产质权(动产质权恰恰应能满足动产担保物权中的公示要求),发展至不以占有为要件的担保性动产所有权让与,再发展至动产质权登记;[4]动产抵押权在某些方面,可能会与不动产抵押权并驾齐驱!

(三)程序的与实体的土地登记法

7 **关于土地登记机关与土地登记簿之设置,以及登记中应遵循之程序的法律规定,被称之为土地登记程序法。反之,所谓土地登记实体法,主要规范土地物权变动的生效要件。**

简便的理解规则:实体的土地登记法(不动产物权法)解决的是:要使一项不动产物权变动生效的话,必须具备哪些条件;而程序的土地登记法所规定的则是:这项不动产物权变动,怎样在土地登记簿中办理登记。

实体的土地登记法体现于《民法典》中,而程序的土地登记法则包含于《土地登记条例》中。

注意:如同任何"简便规则",上述规则最多只可当作记忆手段。但若作具体考察,又产生出下列差异:

---

〔3〕 对此之文献,参见施塔德勒,"形成自由与通过无因原则的交易保护",1996年,122/123页。

〔4〕 关于这一发展趋势,参见施蒂尔纳,载《德国法学者报》,1996年,741、746页;关于登记性的欧洲动产担保方式,参见克罗伊策,《奥弗贝克(Overbeck)祝寿文集》(1990年),613页以下、637页以下;施塔德勒,上揭氏著,693页以下,及其所引资料。

1. 程序与实体的土地登记法间的相互关联

实体的与程序的土地登记法,不仅相互补充,也相互交织:民法典第873条就一项土地物权变动,要求有物权让与合意与登记,其结果是,——程序的——登记行为,也就成为物权行为获得实体法上效力不可或缺的要件。而恰在这里可看出立法者的“绝招”:他不是将登记变成物权行为单纯宣示性的后果构成要件,而是将登记纳入到物权行为本身之中。由此,他——不需任何强制性措施、刑罚或其他类似手段即——可达到这一目的:土地登记簿可以以极高的概率,完整地再现土地上所成立的真实法律关系。 8

2. 土地登记程序法的独立性

尽管土地登记程序法与土地登记实体法间存在着如此紧密的交织关系,但决不可因此而低估土地登记程序法——基于各种理由而产生的必要的——独立性。这意味着,土地登记程序法的规定,相较于实体的土地登记法来说,在某些方面要更为严格,而在另一些方面却又柔和:如抵押权设立合意,在实体法上可以无形式地达成,但在程序法上,土地登记簿法对此要求具备经过认证的所有权人之登记同意(《土地登记条例》第19、29条);另一方面,登记法官在登记时,也仅满足于这一经过认证的登记同意,而不要求就所有权人与抵押权人间是否真的达成设立抵押权合意进行举证。 9

3. 规范在法律体系中所处的位置

仍是上述那句话:实体的土地登记法规定于《民法典》中,程序的土地登记法体现于《土地登记条例》中!但并不完全是这样。如民法典第1115条就是程序法规范,而《土地登记条例》第3条第1款第2句,依其条文内容,就具有实体法性质。 10

二、土地登记簿的功能概述

土地登记簿所实现的,是土地物权法中公示原则。回顾一下我们关于该原则的一般阐述(本书第4章边码9以下),回顾一下 11

土地登记所具有的“转让作用”“推定作用”以及“善意取得作用”，即可明确：法律行为方式的土地物权变动，其效力之发生，须以登入土地登记簿为条件（民法典第873条）——土地登记簿之登记状态，对其自身具有正确性之推定（民法典第891条）——取得人若在权利取得时，信赖一项不正确的土地登记，则其善意信赖受保护（民法典第892条）。

当然对这些指导性原则，还需要作更精确地阐述（参见本书下述第19、22、23章）。

12 由此也可清楚地看出，土地登记簿虽便利于权利交易的进行，但同时也给权利人带来巨大的危险：将强制登记原则限于法律行为方式的物权变动，就已带来真实权利关系与土地登记簿登记状态间相互割裂的危险。此外，因土地登记局工作疏忽等因素所导致的登记错误情形，也在所难免。而这些危险的结果，就是：

因权利交易要求所促使的“善意取得作用”（民法典第892条），会导致原权利人权利之丧失。

故而，法律必须给权利人，提供在任何时候可使真实权利关系与土地登记簿之登记状态相互协调一致的可能性。此项手段就是土地登记簿更正请求权（民法典第894条以下），参见本书第18章边码27以下。而针对土地登记簿正确性之异议，也可提供临时性的保护（民法典第899条），参见本书第18章边码10以下。

13 故此必须清楚地理解下述思路：（针对所有法律行为方式的不动产物权变动的）登记原则，结合精心设计的土地登记程序，确保真实权利关系与土地登记簿登记状态间，尽可能地相互协调一致。还剩下的极小一部分真实权利与登记状态间相互分离之情形，只能将就于有利于善意人而不利于权利人之状态中。而权利人的这种权利丧失，仅只能在权利人在任何时候均具有使真实权利关系与登记状态相互一致的能力时，才是合理的。

第十五章　土地登记簿的设置

一、阐述方法

1 首先我们将土地登记簿，仅界定为对某一特定地域辖区内的土地以及在该土地上所成立的法律关系的官方记录。依此方法，首先就必须要阐述掌管土地登记簿的机关，也就是土地登记局（下述边码 2 以下）。其次由于所记录的是土地以及在土地上所成立的法律关系，所以有必要弄清楚土地的概念（下述边码 15 以下），以及具有登记能力的权利范围（下述边码 28 以下）。再次须说明土地登记簿的外部形式与内容设置划分（下述边码 44 以下）。至于土地登记程序，我们最后在第 16 章予以专章讨论。

二、土地登记局

2 《土地登记条例》第 1 条规定："土地登记簿……由地方法院（Amtsgerichten）掌管（土地登记局）"。土地登记簿管理属于非诉事件管

辖[1]事项,“而非诉事件管辖权,通过帝国法律而授予给法院”(《非诉事件管辖法》第1条)。由此可得出:

(一)级别管辖与地域管辖

1. 级别管辖

3 土地登记局自法院组织角度看,为地方法院的一部分(一个“部门”)。办理登记事务的管辖权,属于地方法院,且该管辖权具有独断性。

若地方法院以外的其他法院从事登记事务,则依占统治地位的观点,其登记行为无效。[2] 然而这一原则,不适用于地方法院内部违反业务分工之情形,也就是说不适用于并非担任土地登记官员的司法官,却处理登记事务之情形(有争议,巴伐利亚州最高法院,《德国司法》,1992年,147、148页)。但登记申请,仅在提交给土地登记局的职责人员(司法官、由机关领导机构所指定的官员或职员)时,才算“到达”(《土地登记条例》第13条第2、3款)。

4 例如:因窘迫,E不仅同意为H1. 还同意为H2设立抵押权。这两个抵押权登记申请,在同一时间到达地方法院。其中H1的申请到达地方法院的一般书记处,而H2的申请——正确地——到达土地登记局的办事处。此时,H2的抵押权应先于H1的抵押权而受登记(《土地登记条例》第17条、第45条),即它获得在先顺位(民法典第879条)。司法官A尽管按照业务分工程序,既不是土地登记官员,也不是登记官员之代理人,倘若他就该登记已发布登记命令,则该已办理完毕的登记,在效力上并不因A非为登记官员而受影响,而且也不得以上诉方式对其予以撤销(《土地登记条例》第71条第2

---

〔1〕 关于非诉事件管辖的概念及其范围,参见鲍尔,“非诉事件管辖”,卷I,1955年,§§1、2;鲍尔/沃尔夫,“非诉事件管辖法的基本概念”,1980年2版,第1章;布雷姆,“非诉事件管辖”,1993年2版,§1;哈布沙伊德(Habscheid),“非诉事件管辖”,1983年7版,§4、§5;克吕泽纳(Klüsener),“非诉事件管辖”,1987年;皮卡特(Pikart)/亨(Henn),“非诉事件管辖教科书”,1963年,1页以下;齐默尔曼(Zimmermann),“非诉事件管辖之实践”,1988年3版。

〔2〕 德姆哈特,§1,边码25以下;关于对此之疑虑,参见鲍尔,“非诉事件管辖”,卷I,§6,III。

款第 1 句)。

2. 地域管辖

地方法院对位于其辖区内的所有土地,享有地域管辖权(《土地登记条例》第 1 条第 1 款第 2 句)。当然——为了清晰起见——土地登记辖区,原则上与乡镇的辖区范围一致(《土地登记命令》第 1 条)。依照《土地登记条例》第 1 条第 3 款,可在某一地方法院设置一个负责几个地方法院辖区的管辖中心。 5

也就是说依据联邦法律,一地方法院辖区内全体乡镇的土地登记簿,原则上由地方法院掌管。但这一基本原则不适用于巴登—符腾堡州。在该州,每个乡镇均设有一个属于国家的土地登记局,而该局又由一个对数个乡镇享有管辖权的公证员掌管。[3] 而在新联邦州,在经过一个过渡期后,现在主要适用联邦统一性的规则(《土地登记条例》第 144 条)。[4]

(二)针对土地登记局决议的法律救济手段

在审级上,作为地方法院的上诉法院,是"土地登记局之住所位于其辖区内"的州中等法院(Landgericht)(《土地登记条例》第 72 条)。而有资格作出判决的,是——还[5]包括有三名专职法官的——州中等法院的民庭(《土地登记条例》第 81 条第 1 款)。 6

---

〔3〕《土地登记条例》第 1 条第 1 款第 3 句、第 143 条,《巴登—符腾堡州非诉事件管辖法》第 1、17、29、32 条:公证人与辖区公证人;对此之批评,参见韦斯特曼/艾克曼, § 85,Ⅲ,1,及其所引资料。

〔4〕关于其原来的法律状况以及过渡法,参见本书前一版,第 15 章,六,及所引资料;另外亦参本版第 63 章,边码 11 以下。

〔5〕关于改革计划(独任法官),参见联邦参议院印刊(BR – Drucks.),13/6398 以及联邦议院印刊(BT – Drucks.),13/10244。

1. 上诉

7 其法律手段就是上诉(最近针对司法官决议,亦允许上诉,参见下述边码11)。上诉之客体,为土地登记局之决议,尤其是其拒绝登记申请之决议。但“针对一项登记”,不得提起上诉(《土地登记条例》第71条第2款第1句)。这一例外规则的基本思想在于:如果登记或注销登记的法律稳定性,因上诉法院的不同判决而受动摇的话,则土地登记簿的公信力(民法典第892条)将会受到损害。在这种例外情形中,受侵害人仅只能通过主张土地登记簿更正请求权(民法典第894条),来进行防御。[6] 倘若一项登记根本就不涉及登记簿之公信力,且该登记又应需更正,则《土地登记条例》第71条第2款第1句,依其逻辑无适用之余地(《联邦最高法院民事判例集》,第108卷,375页;巴伐利亚州最高法院,《德国司法》,1992年,147、148页)。

8 例如:尽管V与K间所达成的土地所有权让与合意欠缺形式要件,但司法官仍将该所有权变动予以登记。此时原所有权人V不能通过上诉途径,请求注销K在登记簿中的所有权人登记,而只能请求异议登记(《土地登记条例》第71条第2款第2句并第53条)。该异议可暂时阻却第三人之善意取得(民法典第892条)。然后V必须针对K主张可使V重新以所有权人登入登记簿的登记簿更正请求权(民法典第894条)。(但由于V与K间的买卖契约是有效的,则K可以以V负有有效移转所有权之义务为理由,对V的更正请求权提出抗辩;K然后就可以强制要求补正一项有效的土地所有权让与合意!)。

相反,在对受强制执行约束之表示(民诉法第800条)是否已被正确登记,或者在内容上是否必须要进行更正,产生争议时,可在上诉程序中解决,因为这一“诉讼程序中的从权利”虽具有“登记能力”(参见本章下述边码28以下),但不涉及土地登记簿的公信力问题(《联邦最高法院民事判例集》,第108卷,375页以下;对此参见本书第23章边码9、第40章边码36

〔6〕 在符合《土地登记条例》第71条第2款第2句所规定之目的时,可允许提起“有限的上诉”。

以下)。

2. 再上诉

对上诉法院所作的判决,还可再上诉至州高等法院(Oberlandesgericht)(州高等法院民庭)(《土地登记条例》第78条)。该再上诉在性质上,为法律审上诉,也就是说,再上诉审法院仅限于审查上诉判决违反法律之情节,而不考虑新提出之事实。[7] 9

为避免各高等法院就土地登记事项作出不同的判决,故在符合《土地登记条例》第79条第2款所称之条件时,州高等法院应将再上诉案件,提交给联邦最高法院裁决(维护法律统一性之思想! 亦参《非诉事件管辖法》第28条、民诉法第546条第1款第2句)。[8]

(三)职能管辖

1. 土地登记簿管理为法官的任务

土地登记局为地方法院(《土地登记条例》第1条)。土地登记官员为法官,但今天通常由司法官担任(参见下述边码11)。土地登记官员之活动,并非行政行为,而是属于司法活动范畴。[9] 10

故而,州法院院长作为职务监督机关,不能命令土地登记法官进行一项登记或不进行一项登记活动。

---

〔7〕 详参鲍尔,"非诉事件管辖",卷Ⅰ,§31;鲍尔/沃尔夫,"非诉事件管辖法的基本概念",1980年2版,第5章,Ⅳ;德姆哈特,§78,边码11、19。

〔8〕 详参鲍尔,"非诉事件管辖",卷Ⅰ,§31,C,V;德姆哈特,§79,边码8以下、11以下;新的案例参见《联邦最高法院民事判例集》,第106卷,108页以下;同卷,253、255页。

〔9〕 但极具争议,如参见鲍尔/沃尔夫,第1章,Ⅲ,4;贝特尔曼(Bettermann),载"伦特(Lent)祝寿文集",1975年,17页以下;伯恩哈德(Bernhard),载《德国法官报》(DriZ),1981年,361页;鲍尔,载《德国公证杂志》,1955年,507页,以及"法学家年鉴,1962/3年",50页以下;巴伐利亚州最高法院,《德国司法》,1992年,147、148页,并附迈尔·施托尔特(Meyer－Stolte)对此案之评论。

2. 登记任务移转由司法官承担

11 因"司法官法"之实施,土地登记事务转由司法官(Rechtspfleger)掌管(《司法官法》第3条第1h项)。[10]

司法官为高级司法服务机构的公务员(该法第2条)。司法官——如同法官——在作判决时,在业务上具有独立性(该法第9条),仅就极有限的事项,须提交给法官裁决(该法第5条)。按照新修改的规则(1998年8月6日修改司法官法的第3次立法),对司法官的决定,可主张一般合法的法律救济手段——也就是登记事项上的上诉,《土地登记条例》第71条以下——(该法第11条第1款)。这一新规则,受到普遍地欢迎。但就司法官已办理的登记,不得主张任何法律救济(该法第11条第2、3款;《土地登记条例》第71条第2款第1句!)。[11]

关于其他的享有有限业务范围的"土地登记官员",参见《土地登记条例》第12c条。

(四)职务责任

12 依《基本法》第34条并民法典第839条,在土地登记法官、司法官以及其他土地登记官员违反其职责时,由国家(州)承担责任。由于登记法官在办理登记事务时,既不是作出一项判决,其活动也不具有裁决纠纷之性质,故民法典第839条第2款所规定之

---

〔10〕 关于登记事务转由司法官掌管的合宪性问题,参见伯切尔,载《德国司法》,1986年,201页以下;巴伐利亚州最高法院,《德国司法》,1992年,147、148页("司法"与《基本法》第92条意义上的"裁判权"的差异)。

〔11〕 关于以前的法律规定情况及其"直接异议"(Durchgriffserinnerung)(《司法官法》原第11条),参见魏斯(Weiβ),载《德国公证杂志》,1985年,524页。关于1998年第3次的司法官法修订法及其以前的历史,参见劳施(Rausch)/罗基塔·利德曼(Rokitta - Liedmann),载《德国司法》,1997年,326页以下;雷尔特尤斯(Vultejus),载《德国法官报》,1997年,477页;雷勒迈尔(Rellermeyer),载《德国司法》,1998年,309页以下。

法官特权,对登记法官不适用。反之,民法典第 839 条第 1 款第 2 句以及第 839 条第 3 款所规定之责任免除,在这里仍可适用。

土地登记法是程序法,但带有重要的实体法上的效果。故而国家责任,在这里意义重大(参见鲍尔,"非诉事件管辖",71 页以下)。这可自下面的例子中看出:假设在上述边码 4 处的例子中,H2 的登记申请先于 H1 的申请到达土地登记局,则 H2 的抵押权就必须先于 H1 的抵押权登入土地登记簿中,这样 H2 的抵押权应获得第一顺位。若登记官员——因疏忽或对权利关系认识错误而——将 H1 的抵押权登记为第一顺位,H2 的抵押权登记为第二顺位,则他已违反依《土地登记条例》第 17 条、第 45 条之规定,他对 H2 所承担的职务义务(民法典第 839 条第 1 款第 1 句)。而 H2 亦不能"通过使用法律救济而防止"损害之发生(民法典第 839 条第 3 款),因为——如我们所知——针对登记,不存在任何法律救济(《土地登记条例》第 71 条第 2 款——《司法官法》第 11 条第 3 款),更何况此时之土地登记为内容正确之登记。针对 H1. H2 亦不能提起登记簿更正之诉(民法典第 894 条),或主张不当得利返还请求权:该项土地登记并非不正确——H2 还未获得"具有侵犯能力之"绝对权利地位(参见本书下述第 17 章边码 17,关于顺位约定参见第 17 章边码 23 以下)。故而,H2 只剩有针对国家的损害赔偿请求权(由于 H2 所受之损害,通常仅在土地被强制拍卖,H2 全部或部分不能受清偿时,才显现出来,故 H2 首先仅只能提起确认之诉)。 13

受保护人之范围("第三人")极为广泛,不仅包括登记申请人以及为其利益而进行登记的人,还包括因信赖登记事项之正确性,而参与权利交易的任何人。[12] 14

因此,为完善我们的思路(本书上述第 14 章边码 13 末),又可加上一个环节:因土地登记官员之过错,引起登记工作错误,并导致一方当事人受损害者,则通过国家责任而对此提供——金钱给付方式的——补偿。若登记官员违反职责之行为,具有故意或重大过失,则国家对登记官员享有追偿权(《基本法》第 34 条第 2 句)。

---

〔12〕《联邦最高法院民事判例集》,第 124 卷,100 页 =《新法学周刊》,1994 年,650 页。

其他有趣的例案：《联邦最高法院民事判例集》，第97卷，184页（对此案亦参弗尔斯特（Foerste），载《法学教育》，1988年，261页）；《联邦最高法院民事判例集》，第124卷，100页＝《新法学周刊》，1994年，650页。

三、土地

（一）土地之概念

15 德国法律——不仅是“民法典”，而且包括“土地登记条例”——以“土地（Grundstück）”这个概念，作为其规范之前提。如民法典第94条就土地的重要成分、民法典第873条就土地所有权之转让、《土地登记条例》第3条就每一土地在土地登记簿中均占有一特别位置（登记簿簿页，亦见《土地登记条例》第1条第1款第1句）等，均以土地概念为基础。故而有必要先就如何理解土地这个概念予以阐述：

16 在日常生活中，人们偏向于经济的观察方法。依此，土地指的是在外观上清楚界定的，并以某种方式加以利用或经营的地球表面的一部分（所谓的“经济土地”）。[13]

但德国法律所采取的土地概念，绝不是这种经济意义上的土地概念，而是一种纯形式的地表界定。这一界定，以对土地之官方记录（地籍册，Kataster）为基础；同时该界定自身，又成为以土地在土地登记簿中进行登记的基础。[14]

17 除新联邦州过渡性特殊情况外（本书第63章边码12、54以下），整个德国的领土，原则上都已被测量，而测量单位为地籍块（Katasterparzelle）（地籍

〔13〕 确定经济政策之立法（如规定以垦荒目的而获得土地之法律），则以经济意义上的土地概念为出发点（例如：《联邦最高法院民事判例集》，第94卷，299页）。

〔14〕 关于土地登记簿与地籍册间的相互交错关系，参见本格尔（Bengel）/西默丁（Simmerding），“土地登记簿、土地、疆界”，1995年4版；伯切尔，载《德国司法》，1989年，133页（及其所引资料）。

单位)。地籍块在地籍册中,用数字或字母予以编号。土地概念之构建,虽以地籍块为基础,但又不与地籍块概念等同:虽然土地在土地登记簿中,以地籍册中所给出的编号来命名(《土地登记条例》第2条第2款,《土地登记命令》第6条第3a款),但其决定性标准在于,对该土地是否在土地登记簿中,依专门的登记簿簿页或(在共同登记簿簿页时)依独立的号码,来进行管理。故而土地可由一个或数个(地籍)块组成(《土地登记命令》第6条第4款),而一个地籍块却不能包括数块土地。

18 依此而言,法律意义上的土地,是指以地籍块方式进行测量与标记的,并在土地登记簿中以"土地"进行登记的——如建立专门的土地登记簿簿页,或在共同登记簿簿页中置于专门的号码之下——地球表面的一部分。

19 例如:农民A所拥有的完全归并成一体的农庄,尽管由数宗地籍块组成,但仍可成为法律意义上的一宗土地。同时该农庄也可由数个法律意义上的——尽管在经济上是一体的——土地构成。若A要将一建筑地块出卖给K(该地块仅为整个土地的一部分),则首先必须要丈量这块地块,然后才能自A的土地登记簿中将其划记(Abschreibung)出去,并作为K的土地予以登记(《土地登记条例》第2条第3款、第7条)。[15] 建筑土地的获得,有时要履行获得建筑法上许可的义务;是否已获得建筑法上的许可,土地登记局在办理登记前,必须予以审查(《建筑法典》第19条、第20条;对此参见本书第22章边码29、第26章边码5。关于权利变动参见格罗斯丘夫(Groschupf),载《新法学周刊》,1998年,418页以下;芬克恩堡(Finkelnburg),载《新法学周刊》,1998年,1、3页以下)。

---

〔15〕 关于土地的分割,参见伯切尔,载《德国司法》,1989年,133页以下;关于土地登记官员导致土地错误分割时的公务员责任,参见联邦最高法院,《新法学周刊》,1994年,650页;关于分割土地的所有权让与合意,参见《联邦最高法院民事判例集》,第90卷,323、326页;巴伐利亚州最高法院,《德国司法》,1988年,60页;泽格尔/施蒂尔纳,民法典第925条,边码38、49;此外本书第22章边码15与29。关于所谓未分割的庭院,参见埃尔富特区法院,《德国公证杂志》,1992年,804页,并附Frenz之评注。

(二)共同登记、合并与增记

20 形式的土地概念,在土地间发生整合时,会体现出其特殊性。这种整合,有时仅产生程序法上的效果,但有时也具有实体法上的效果:[16]

1. 共同登记(Zusammenschreibung)

同一所有权人的数宗土地,依据《土地登记条例》第3条第1款之规定,应须有各自独立的登记簿簿页。但是,也可以将这数宗土地,置于"共同的登记簿簿页"之下(《土地登记条例》第4条第1款)。这是一项纯粹的土地登记技术程序,且丝毫不影响各土地本身的独立性、各土地上所存在的负担等等。[17] 这种共同登记,常为拥有数宗小地籍块的所有权人采用。

21 例如:若E打算为G的贷款债权,在以共同登记簿簿页方式登记的数宗土地上设定一项抵押权,则该抵押权只能采取连带抵押权(Gesamthypothek)方式(民法典第1132条)。这在每一土地拥有一专门的登记簿簿页,而就所有的土地设立抵押权时,亦是如此。但在第一种情形下,明显简化了登记程序:土地登记官员只需在共同登记簿簿页之第三栏,注明设立有抵押权负担的土地的号码。

2. 合并(Vereinigung)

22 数宗土地合并成一宗土地者,即为合并。合并——与共同登记不同——具有程序法与实体法上的双重意义。合并之完成,须由所有权人对土地登记局作出法律行为上的意思表示,且须将合

---

〔16〕 对此参见Röll,载《德国公证杂志》,1968年,523页;文特(Wendt),载《德国司法》,1983年,192页;亦参威灵,§ 20,I,6,a。

〔17〕 这与新的《土地登记条例》第3条第4款之规定相类似,该款修改了该条例原第3条第3款a项之内容。关于原来的规定,参见文特,载《德国司法》,1992年,457页;亦参本章下述边码47-52。

并登入土地登记簿(民法典第 890 条第 1 款,《土地登记条例》第 5 条)。合并前各土地上原所负担的权利,继续存在于合并后土地的各相应部分,而新权利则只能就合并后的整宗土地设立。

3. 增记(Zuschreibung)

所谓增记(民法典第 890 条第 2 款,《土地登记条例》第 6 23
条),是指依据所有权人之意思表示,将原来独立的一宗土地,作为"成分"增记到另一属于所有权人的土地中。此时,原存在于各土地上的负担,亦将继续存在。但这里有一项重要例外,即主土地上原负担的担保物权,现在亦扩及于从土地上,[18] 只是其顺位关系,要后于被增记土地(即从土地)上已负担的权利(民法典第 1131 条)。

例如:E 将其所有的住宅土地 a,于 1980 年 10 月 1 日为 H 登记了一项抵 24
押权负担。1983 年 E 获得毗邻的园地 b,而在该土地上已负担有以出卖人的母亲为受益人的役权。此时在登记上有如下几种可能:

(1)这两个土地还像以前一样,各自拥有相互独立的土地登记簿簿页。

(2)土地登记局依职权,将这两个土地共同登记于一共同登记簿簿页之下。

(3)依 E 的申请,将这两个土地合并成一个土地 c。这样这两宗土地均失其法律上的独立性。但抵押权负担,仍像以前一样存续于(原来的)土地 a,而役权负担仍存续于(原来的)土地 b。

(4)E 使土地 b 增记于土地 a 之下。此时抵押权亦扩及于土地 b 上(但在顺位上后于役权;即使在役权后登记时,亦是如此),而役权的效力却不及于土地 a。

到底采取哪一种形式,取决于目的之衡量(亦参巴伐利亚州最高法院,《德国司法》,1996 年,332 页)。比如所有权人打算将来再将花园卖掉,则他

---

〔18〕 关于抵押证书中的增记与划记,参见本书末之附录 3 与附录 3a;但亦参巴伐利亚州最高法院,《德国司法》,1995 年,151 页中的特殊情形。

就不会考虑合并与增记方式。

25 若因增记有产生混乱之虞,则不应采取增记(《土地登记条例》第6条第1款)。[19] 自1993年《登记程序改进法》实施后,合并与增记应仅适用于直接毗邻且位于同一登记辖区内的数宗土地(《土地登记条例》第5条第2款、第6条第2款;但不同意见者,马尔堡州法院,州中等法院,《德国司法》,1996年,341页)。

(三)视同土地之权利

26 某些权利在法律处理上,如同土地(视同土地的权利)。立法者由此所要达到的目的,则是这些权利能如同土地,被予以转让或被设定负担。

1. 地上权

依照联邦法,属于视同土地之权利者,首先是地上权(《地上权条例》第11条、第14条以下,现亦见于《土地登记条例》第6a条;对此参见本书下述第29章第3节,边码28以下)。准此而言,必须设置一项地上权登记簿(Erbbaugrundbuch)。在(所有权人)土地之登记簿簿页中,地上权体现为负担;反之,在地上权登记簿中,记载有关地上权的权利交易(如转让、设定抵押权负担)(《土地登记命令》第54—60条)。

2. 住宅所有权

依据《住宅所有权法》第7条,对每一住宅所有权(对此参见本书下述第29章第2节,边码5以下),应设置一项住宅登记簿。这样原来对土地统一

〔19〕 参见法兰克福(美因河畔)州高等法院,《德国司法》,1993年,396页;以及典型例案,巴伐利亚州最高法院,《德国司法》,1994年,250页,及456页,并附文特对此之评注。关于土地可否作为成分而增记到住宅所有权之中,参见最近(持肯定意见)的巴伐利亚州最高法院,《德国司法》,1994年,108页。

设置的土地登记簿簿页，被分解成各住宅所有权人的住宅登记簿簿页（《住宅所有权法》第7条至第9条）。部分观点认为，住宅所有权在性质上为视同土地之权利（如施陶丁格/古尔斯基，民法典第890条，边码16），而更为通说的观点，认为住宅所有权是有限制的真正所有权（巴伐利亚州最高法院，《德国司法》，1994年，108页；泽格尔/施蒂尔纳，《住宅所有权法》第1条，边码2a以下，及其所引资料；并参本书下述第29章，边码10以下）。

3. 建筑物所有权

关于新联邦州所存在的，与地上权相类似的建筑物所有权，详参本书第63章，边码7与50，及所引资料。

（四）不需登记的土地

依经验，不转让或不设定负担的土地，不需要登记。这些土地为公有土 27
地（详参《土地登记条例》第3条第2与3款）。然而，一旦这些土地被转让或被设定负担，则首先须对其设置一项土地登记簿簿页。当然，这些不需登记土地的所有权人，任何时候均可以申请办理登记（《土地登记条例》第3条第2款）。

四、具有登记能力（eintragungsfähig）的权利

（一）民法典第892条所定之标准

“民法典”与“土地登记条例”均未直接规定，哪些权利与法律 28
关系可以登记。而在确定具有登记能力的权利范围时，应以土地登记的目的为出发点，亦即土地登记簿要反映与公示土地上的法律关系。但并非土地上所有的法律关系，都要进行公示。因为某些权利，如使用承租权与用益承租权等，其对外公示对权利交易并无重大法律意义，倘若也将它们纳入土地登记，不仅会使登记制度丧失其目的，而且会加重登记工作。故而对登记权利范围作一定

的限制,非常有必要。换一句话说,“什么”可以予以登记,其标准必须自民法典第 892 条之规定中进行推导,因为该条限定了对善意的权利交易具有决定性意义的土地登记内容。

(二)各具体的具有登记能力的权利与权利地位

1. 土地物权与视同土地的权利

29 依据民法典第 892 条之标准,具有登记能力的权利,首先是所有的土地物权与所有的视同土地之权利,[20] 即民法典第 892 条第 1 款第 1 句。

2. 在土地物权上所成立的物权

30 其次,所有的在土地物权上所成立的物权,均具有登记能力(民法典第 892 条第 1 款第 1 句)。但这类物权,仅为在可移转的土地物权上所成立的役权与担保物权,比如在抵押权上成立的役权。

3. 处分限制与取得禁止

31 实践中非常重要的相对性处分限制(Verfügungsbeschränkungen),亦可以进行登记(民法典第 892 条第 1 款第 2 句)。但其中要区分开两种不同的处分限制:第一种处分限制,服务于对某特定人的保护,而处分行为也仅针对该特定人为无效(民法典第 135 条、第 136 条;《强制拍卖法》第 20 条第 1 款、第 146 条第 1 款:因强制拍卖与强制管理而实施的查封;民诉法第 938 条第 2 款:基于假处分的转让禁止);第二种处分限制之效力,虽可针对任何人而主张,但受特定目的之约束(如破产以及支付

〔20〕 参见本书第 3 章边码 23 以下,以及本章上述边码 26。

不能，参见《破产法》第6条、第7条、[21]第106条、第113条，《支付不能法》第80条、第81条、第21条第2款第2项、第23条第3款、第32条；遗产管理，见民法典第1984条第1款第1句；遗嘱执行，见民法典第2211条；后位继承，见民法典第2112条以下[22]）。

在实践中发展起来的基于假处分之取得禁止（Erwerbsverbot），也同样具有登记能力： 32

例如：V将他的土地出卖给K，并达成土地所有权让与合意。假设该买卖契约，因欠缺形式要件而无效（民法典第313条第1句，第125条），则合乎形式的土地所有权让与合意（民法典第925条），对V仍有约束力（民法典第873条），也就是说V不得撤回该合意。若K被登入土地登记簿，则K就成为所有权人；此时由于原因行为已得到补正（民法典第313条第2句），故V不能依民法典第812条第1款第1句，向K请求所有权之不当得利返还。然而在K被登入之前，V可通过假处分方式获得一项取得禁止令。该取得禁止令，起阻却登记之作用（巴伐利亚州最高法院，《德国司法》，1978年，306页，及其所引资料；1997年，304页）。若尽管有此取得禁止，K仍被登入登记簿，则K之所有权取得，对V不生效力。若该取得禁止嗣后才被登入登记簿——只要取得人本人及其权利被登入登记簿，就允许该取得禁止登入登记簿——，则得准用民法典第892条第1款第2句之规定，该取得禁止之效力，

---

〔21〕参见鲍尔/施蒂尔纳，卷II，“支付不能法”，边码8.6以下。但所使用的术语，在这里极不统一。绝大多数学者认为，原《破产法》第7条所规定者，为绝对的、但在客观上又受破产目的所限制的无效原因（持此说者如库恩（Kuhn）/乌伦布鲁克（Uhlenbruck），§7，边码6a）。新的《支付不能法》第81条条文文意，也表明这一点。但其登记能力，因《破产法》第7条第1款后半句之规定，却确属无疑。关于各种不同的处分禁止，参见比洛（Bülow），载《法学教育》，1994年1页。

〔22〕关于后位继承发生之证明，参见联邦最高法院，《新法学周刊》，1982年，2499页。——关于先位继承人处分行为之不生效力，参见联邦最高法院，《新法学周刊》，1985年，382页，以及尧尔尼希/施蒂尔纳，民法典第2113条，前言1d。

亦得对抗善意第三人。[23]

4. 异议

33 针对土地登记簿正确性之异议,同样具有登记能力(民法典第 892 条第 1 款第 1 句)。

5. 预告登记

34 最后,预告登记也具有登记能力。因为依据民法典第 883 条之规定,预告登记仅在土地登记簿中为登记后,才具有效力。

(三)不具有登记能力的权利与法律关系[24]

1. 未被承认的物权

35 这是指那些未被法律认可为土地物权的权利(物权类型法定原则!)。

如《民法典》未采纳用益担保物权(Antichrese, Nutzpfandrecht),故对这类权利不能予以登记(但在现行法中,可通过为土地担保物权债权人,在土地上再设定一项用益权,而达到同样的效果)。

---

〔23〕《帝国最高法院民事判例集》,第 117 卷,287 页;第 120 卷,118 页;哈布沙伊德(Habscheid),载"沙伊德迈尔(Schiedermair)祝寿文集",1976 年,245 页;弗尔斯特(Foerste),"土地物权法中承认处分限制与取得禁止的界限",1986 年,114 页以下;雅尔,载"舒尔茨纪念文集",1987 年,117 页;持批评意见者,慕尼黑德国民法典评注/瓦克,民法典第 888 条,边码 24;施陶丁格/古尔斯基,民法典第 888 条,边码 71;持赞同意见者泽格尔/施蒂尔纳,民法典第 873 条,边码 6,第 888 条,边码 13;威灵,§ 1, III, 4, c;米勒,边码 823;伯切尔,载《巴登-符腾堡州公证杂志》(BWNotZ),1993 年,25 页。巴伐利亚州最高法院,《德国司法》,1997 年,304 页之案例,所涉及的情形仅是,第一取得人之登记为非法,则在该登记之前,可否办理取得禁止之登记。

〔24〕关于因民法典第 1157 条第 2 句之规定,而使具有登记能力之法律关系范围扩大,参见本书第 38 章边码 71 以下与第 45 章边码 34 以下、61 以下;关于诉讼系属附注登记,参见本书第 18 章边码 42 之注释 2。

2. 债权性权利与债权性约定

36 债权性权利，即使其在法律效力上具有某一物权特性，如使用承租权与用益承租权，也不得在土地登记簿中予以登记。同样，其他的债权性约定，如对民法典第1093条之物权居住权的无偿性约定，[25]也不具有登记能力。

3. 个人情况

37 此外，那些——即使在被登记时也——不能获得公信力的个人情况，如无行为能力、照管、结婚等，不可以予以登记。

但可登记者，如：

(1)使权利人特定化的情况（姓名、身份、住址，参见《土地登记命令》第15条）。

(2)能引起权利归属变动的婚姻财产关系，如可产生夫妻双方对共同财产共同共有的夫妻共同财产制（民法典第1416条）。

在法定的净益共同财产制中，配偶依民法典第1365条所受到的处分权限制，土地登记法官是否应须审查，参见本书下述第22章，边码17以下。

4. 绝对的处分限制

38 再者，依法对任何人都具有效力的绝对性处分限制（如民法典第1365条之处分限制，或者出卖农业土地时农业法中所规定的处分限制，参见本书下述第27章，边码4以下），也不具有登记能力。[26]

5. 法律行为方式的处分限制

39 以法律行为方式约定处分限制者，依民法典第137条之规定

〔25〕 巴伐利亚州最高法院，《新法学周刊》-RR，1993年，283页；关于物权中附加约定"物权化"的界限，参见施蒂尔纳，载《民法实务档案》，第194卷，268页以下、281页及所引资料。

〔26〕 依巴伐利亚州最高法院，《德国司法》，1994年，343页之判决，存在例外：依民法典第161条第1、2款所生之（绝对的）处分限制，可予以登记；我们认为，因民法典第161条第3款之规定，认可该例外是正确的！

无物权性效力,故而也不可登记。

例如:E 对他的邻居 N——饭店老板——约定,承担绝不将其土地出卖给 N 的竞争者的义务。这一"处分"限制不得登记。若 E 将土地出卖给另一旅店经营人 G,则 G 成为土地之所有权人。N 此时仅可向 E 主张损害赔偿请求权。

若 E 愿意为 N 设立一项物权性的先买权(民法典第 1094 条),则 N 的法律地位就会得到强化。反之,若 E 为 N 设立一项内容为 E 不得将其土地出卖给另一旅店经营人的地役权,则依通说(有争议,参见施蒂尔纳,载《民法实务档案》,第 194 卷,266、280 页;并参本书下述第 33 章边码 8 以下),该设定为非法(但内容为不许在该土地上经营旅店之地役权设定,却是可以的!)。

但须注意,在《地上权条例》第 5 条、《住宅所有权法》第 12 条、第 35 条中以及在"物权化的"债权中(参见本书第 4 章边码 21 以下),允许物权性处分限制之约定! 这类处分限制,具有登记能力。

6. 公法性法律关系与负担

40 再次,公法性法律关系与负担,如因建筑基线、街道建设负担与公法性先买权等而生的限制,也不具有登记能力。[27]

尽管对土地取得人来说,恰恰就是这些限制,具有极其重要的意义! 如 K 购买了一块土地。在土地登记簿上,该土地完全没有负担。但后来却发现,由于地方性规定(建筑规划),在该土地上根本就不允许进行建筑。此时 K 仅只能依民法典第 459 条以下之规定,向出卖人主张物的瑕疵担保请求权。

7. 民法典第 1179a 条所规定之注销请求权

41 最后,民法典第 1179a 条所规定之注销请求权(参见本书下述第 46 章,

〔27〕 对此参见 瓦尔特,载《法学工作报》,1981 年,322 页;泽格尔/施蒂尔纳,民法典第 873 条,边码 27(附有例外情形)。

边码33以下)，也不得登入土地登记簿中：创设该请求权的目的，恰在于减轻土地登记！

(四)登记能力(Eintragungsfähigkeit)与应需登记(Eintragungsbedürftigkeit)

登记能力与应需登记应相区别。我们必须牢记住，仅是法律行为方式的土地物权变动，在生效上须以登记为要件；而非法律行为方式的，也就是直接依据法律或一项主权行为(如强制拍卖中的拍定)而生的土地物权变动，不以登记为生效要件。 42

例如：E打算将他的土地出卖给K，则为使土地所有权移转成功，就必须将所有权变动在登记簿中登记。若K继承V的财产，则即使此时土地登记簿并未表明K是所有权人，K亦随V之死亡，而依法成为该土地的所有权人。当然K可以以所有权人进行登记，但该登记仅为土地登记簿之更正。 43

故而这里的规则是：所有的法律行为方式的土地物权变动，均需要登记；而所有的非法律行为方式的土地物权变动，均不需登记，但具有登记能力。

五、土地登记簿的外部形式、内容设置划分与目的

(一)土地登记簿的功能与内容

由于缺乏直接体验，初学者常常难以理解土地登记的设置。[28] 但是如果思考一下土地登记簿必须包含些什么，那么对其设置就易于理解了。土地登记簿应该达到再现土地上法律关系的目的。依此，土地登记簿必须反映下列情况： 44

1. 关于土地之本身，即其标记、面积、位置； 45
2. 关于所有权人及其所有权取得之法律原因；

〔28〕 对下述内容的理解，建议同时参阅本书末附录1与2所摘之土地登记簿样本(及对其之说明文字)。

任何自然人或法人作为所有权人,均有登记能力("土地登记之主体资格",Grundbuchfähigkeit)(关于外国资合公司的土地登记主体资格,参见哈姆州州高等法院,《德国司法》,1995 年,153 页)。此外,所有的依照法律规定可作为财产权利担当者的人之联合,亦有登记能力。这些人的联合,可以以其商号来标记(如无限公司与两合公司;对此参见巴伐利亚州最高法院,《德国司法》,1981 年,192 页,《土地登记命令》第 15 条第 1b 款),也可以采取在指明各成员间法律关系的前提下,列明各成员姓名的方式(《土地登记条例》第 47 条;如按份共有关系、共同继承关系[29]、民法上的合伙[30]等等)。虽已创立,但还未在商业登记簿中予以登记,因而也就不具有民事权利能力的有限责任公司(或股份有限公司),可以以发起人组织,登入土地登记簿。[31]

不具有民事权利能力者,亦不具有土地登记能力(如不具有权利能力的社团),参见 K·施密特,载《新法学周刊》,1984 年,2249 页;容(Jung),载《新法学周刊》,1986 年,157 页;茨魏布吕肯州州高等法院,《德国司法》,1986 年,12 页;对政治党派组织有不同看法者,参见康岑,载《法学教育》,1989 年,20 页,及其所引资料;莫洛克(Morlok)/舒尔特·特鲁克斯(Schulte - Trux),载《新法学周刊》,1992 年,2058 页。解决巨型组织之土地登记问题的实际方法,可采取信托所有权人之登记。

---

〔29〕 例案:巴伐利亚州最高法院,《德国司法》,1990 年,503 页(带有"下级继承共同关系"的共同继承关系)。

〔30〕 关于土地登记程序中的民法合伙,参见艾克曼,载《德国司法》,1985 年,85 页;联邦最高法院,《新法学周刊》,1997 年,2754 页(支票能力)之判决,对民法合伙之土地登记能力的看法,似乎显现出新的变化;最近关于其权利能力的讨论,参见科德斯(Cordes),载《德国法学者报》,1998 年,545 页。

〔31〕 《联邦最高法院民事判例集》,第 45 卷,338、348 页;这也适用于"社立中的两合公司",巴伐利亚州最高法院,《德国司法》,1985 年,353 页。若有限责任公司、股份有限公司或两合公司经设立而得以成立,则土地登记簿应作相应之更正。设立中的公司与发起人合伙不同,后者是一民法合伙(尧尔尼希/施蒂尔纳,民法典第 705 条,前言 2d 与 e),并按合伙的方式予以登记。柏林格氏对此作有很好的概述,参见氏著,载《德国司法》,1988 年,446 页以下;此外,对此之一般性阐述,参见雅斯克(Jaschke),"共同共有与土地登记法",1991 年。

3. 关于附着于土地所有权的权利，比如为某土地之利益所设定的地役权，如通行权； 46

4. 关于土地上所成立的负担。

（二）土地登记簿簿页（Grundbuchblatt）

登记事务之完成，在技术上体现为： 47

对每一宗土地——或共同登记下的数宗土地——，均设置一项土地登记簿簿页（《土地登记条例》第3条第1款第1句）。该土地登记簿簿页，就是《民法典》所规定意义上的“土地登记簿”（《土地登记条例》第3条第1款第2句）。[32]

因此，实体法意义上的“土地登记簿”，并非是包含有数项土地登记簿簿页的卷宗！土地登记簿簿页可以装订成固定的卷本，也可以设置成“活页本形式”（《土地登记条例》第1条第1款第1句）。1993年的“登记程序改进法”，采纳了一些极为重要的新规则，从而为在德国推行电子数据处理方式的土地登记，提供了法律基础（《土地登记条例》第126条至第134条）。[33]依该规则，首先应在巴伐利亚与萨克森这两个州，推行转换成完全的电子登记系统。

土地登记簿簿页——除标题（地方法院之名称、卷号与簿页号）外——被划分成几个“部分”。用登记术语来表述，就是：“状 48

---

〔32〕 在对所谓辅助性土地（如就共有人通常为相邻土地各所有权人之一般共有的，且在经济上不具有独立意义的土地）进行登记时，并非绝对地要为其设置一项独立的土地登记簿簿页，参见《土地登记条例》新修改的第3条第4款至第9款；以前的规定，参见策勒州高等法院，《德国司法》，1992年，473页，以及文特，载《德国司法》，1992年，457页（其见解反于《土地登记条例》原第3条第3款之条文文意）；并参本章上述边码20以下。

〔33〕 对此参见霍尔策（Holzer），载《新法学周刊》，1994年，481、483页；弗伦茨（Frenz），载《德国公证杂志》，1994年，153页；格特灵格（Göttlinger），载《德国公证杂志》，1995年，370页；柏林格，载《巴登－符腾堡州公证杂志》，1994年，25页；凯勒（Keller），载《巴登－符腾堡州公证杂志》，1994年，73页。

态目录”与“栏”(《土地登记命令》第4条):

1. 状态目录(Bestandsverzeichnis)

49 簿页之开始,为状态目录(《土地登记命令》第6条、第7条)。顾名思义,这部分应反映一宗土地或数宗土地的状态情况。

故而该部分包含:

土地的顺序编号;

摘自地籍册的关于土地边界的说明;

地籍块号码;

记载地籍块的图片;

土地面积;

经营种类与

方位;

附着于土地所有权之权利。

通过这些状态情况的说明,可使土地在空间位置与大小上特定化。

2. 第一栏

50 《土地登记命令》第9条所规定的登记簿簿页第一栏,标明土地的所有权人及其取得所有权的法律原因。

在按份共有中,须说明各权利人的共有份额;在共同共有中,须说明共同共有所有权赖以成立的法律关系(《土地登记条例》第47条)。

3. 第二栏与第三栏

51 关于簿页第二栏与第三栏之法律规定,见于《土地登记命令》第10条与第11条。这两栏包含土地上的负担与限制,且为清晰起见,

在第三栏登记抵押权、土地债务与定期金债务;

在第二栏记载所有其他的负担与限制,如用益权、地役权、后

位继承、因破产程序开始而为之扣押。

就登记技术来看,或许完全可以将所有的负担与限制,统一登记于一栏之中。但由于土地担保物权在实践中发生的频率,常高于其他限制物权,故有设置专门栏目(第三栏)之必要。

(三)物的登记方法(Realfolium)与人的登记方法(Personalfolium)

上面所说的土地登记簿情况,为常规情形。人们称此形式为物的登记方法,因为在这种形式中,物(res),亦即土地,在登记簿中处于核心地位。但“共同登记”也是允许的。而在共同登记中,同一所有权人的全部土地,在登记簿簿页的状态目录处列明,而在各栏中记载其法律上的命运(《土地登记条例》第4条)。[34] 有人也称这种——极其常见的——共同登记形式,为“人的登记方法”。但这种共同登记方式,终究不过是物的登记方法的组合。在“真正的”人的登记方法中,土地登记簿所突出的是人(persona),亦即所有权人。依这种方法,登记簿簿页第一栏,要列明在土地登记局辖区内,属于所有权人的所有的土地。人的登记方法,原适合于土地被大量划分为零散小地籍块的地区,故而今天主要在西南部德国的一些老登记簿簿页中,仍可见到这种登记方法。 52

物的登记方法与人的登记方法之区别,主要体现于二者在内部划分的出发点不同:在物的登记方法中,土地为出发点,依土地而定所有权人;反之,在人的登记方法中,所有权人为出发点,依所有权人而定土地。本书末之附录1. 为“共同登记的”物的登记方法,而附录2为老式的符腾堡地区人的登记方法。

---

〔34〕 关于“共同登记”,参见本章上述边码20以下。基于个人数据保护法角度所提出的批评——即一眼就能看出所有权人的财产!——,参见柏林格,载《德国司法》,1989年,313页;德姆哈特,§ 4,边码7以下。

(四)土地登记簿之公示

53 对登记簿簿页粗略地勾勒之后,我们还须简略说明一下,在土地登记簿及其内容的公示(另参本书第4章边码9以下)上,所涉及的一些问题。

1. 实体公示与登记簿内容

谁要想通过查看土地登记簿,而对土地之“品质”获得一个概况的话,那他自然要对登记簿所显示的所有事项加以考虑。

如他感兴趣的,不仅仅是有关土地经营种类的说明,对土地的面积、前次所有权之取得时间、土地上所存在的担保物权负担等等,他同样感兴趣。

54 但这绝不意味着,他可以以同等之方式,信赖所有的这些说明。他的善意信赖在何种程度上应受保护,应仅能自民法典第892条、第893条之规定中予以推导。对此我们将在本书第23章中讨论。但在这里需要指出的是,下列推论是错误的:凡在土地登记簿中所看到的,都可相信是真实的!

土地在登记簿中被载明为“森林”,但实际上它早就被开垦了;此时这块土地的取得人,不得以“他支付的买价太多”为由,向国家主张请求权。若因计算错误,致使土地的面积登记有误——但土地之疆界四至,已确定无疑——,则取得人既不能援引民法典第892条之规定,也不能主张公务员责任之请求权。

2. 形式公示

55 如果把土地登记簿当作“秘密文件”密而不宣的话,则为设置土地登记以及使登记簿内容与实体法律关系相互一致所付出的种种努力,终究是一场白费。故而立法者反其道而规定:“任何能陈述有其合法利益者”,均可查阅土地登记簿(《土地登记条例》第

12 条第 1 款,《土地登记命令》第 43 条)。[35]

该利益并不必然是法律上的利益;经济上的或亲属关系上的利益,有时甚至是一般公众上的利益,亦无不可。[36] 且对该利益,不必加以证明,仅陈述即可(对此参见巴伐利亚州最高法院,《德国司法》,1983 年,272 页)。

对电子数据处理土地登记簿的查阅,《土地登记条例》第 132 条以下作 56
有详细规定。依该条例第 132 条,在对土地有登记管辖权之登记局以外的其他登记局,亦可就登记簿进行查阅。法院、国家机关、公证人、物权性权利人等等,均享有在线查阅权(Online – Zugriff),而对该查阅权之行使,仅设置事后的审查(《土地登记条例》第 133 条)。联邦司法部部长有权对电子数据处理土地登记簿之查阅权(Einsichtsrecht),予以详细规定(《土地登记条例》第 134 条第 1 句第 2 项)。

查阅权的对象,还包括还未办理完毕的登记申请、登记所援引的证书文 57

〔35〕 参见施赖纳(Schreiner),载《德国司法》,1980 年,51 页(及其所引资料);柏林格,载《德国司法》,1987 年,181 页以下;1989 年,309 页以下;梅尔歇斯(Melchers),载《德国司法》,1993 年,309 页;巴伐利亚州最高法院,《德国司法》,1983 年,272 页(居间人与征信所,为更好开展业务而查阅登记簿时,无查阅权);斯图加特州高等法院,《德国司法》,1983 年,272 页(居间人为追索佣金请求权时的查阅权);巴伐利亚州最高法院,《德国司法》,1975 年,361 页(信用贷款人的查阅权);茨魏布吕肯州高等法院,《新法学周刊》,1989 年,531 页(执行债权人的查阅权);巴伐利亚州最高法院,《新法学周刊》,1993 年,1142 页(使用承租人的查阅权);哈姆州高等法院,《德国公证杂志》,1986 年,497 页,附艾克曼对此案之批评性评论(未来使用承租人的查阅权);联邦宪法法院,《新法学周刊》,1983 年,281 页(公法性建筑信用社,依《土地登记命令》第 43 条第 1 款陈述其合法利益时,不享受特权;对此参见福伊尔派尔(Feuerpeil),载《德国司法》,1990 年,450 页);波恩州法院,州中等法院,《德国司法》,1993 年,333 页(国家机关为查阅登记簿,亦须有合法利益);奥芬堡州法院,州中等法院,《新法学周刊》– RR,1996 年,1521 页(银行的笼统陈述,不足以表明其合法利益的存在)。

〔36〕 此亦应包括"新闻舆论的民主监督功能"(哈姆州高等法院,《新法学周刊》,1988 年,2482 页;新近案例见杜塞尔多夫州高等法院,《德国司法》,1992 年,18 页);对此艾克曼,载《德国公证杂志》,1989 年,378 页;K·施密特,载《法学教育》,1989 年,144 页;此外亦参威灵,§ 19,II,5,e;就其全部问题,参见施蒂尔纳,"第 58 届德国法学工作者大会鉴定书",1990 年,A 部分,49 – 51 页。

件(《土地登记条例》第12条第1款第2句)以及土地卷宗(《土地登记命令》第46条)。对每一土地登记簿簿页,均编制有"土地卷宗(Grundakten)"。在土地卷宗中——简略地说——保存有涉及土地登记簿登记内容的所有证书文件(《土地登记命令》第24条,《土地登记条例》第10条),如关于土地的买卖契约以及所有权让与合意。故土地卷宗可视为土地登记簿之说明:若真想就土地登记簿所载明的权利变动情况追根究底,则必须查阅土地卷宗!

另外还有要求获得副本的权利(《土地登记条例》第12条第2、3款)以及对登记局所做的"附在登记簿中"的索引的查阅权(《土地登记条例》第12a条)。这两种权利为前述查阅权的补充。

58 查阅权亦被称为形式公示之基本原则。与此相对应,实体公示是指土地登记所具有的"转让作用""推定作用"与"善意取得作用"(参见本书第4章边码9以下,第14章边码11以下)。形式公示之基本原则,为实体公示原则必不可少的对应制度。

59 查阅权亦受司法形式的保护:登记局办事处的文件掌管官员拒绝查阅时,查阅权人可申请法官裁决(《土地登记条例》第12c条第1款及第4款);且针对该法官之裁决,可上诉至州中等法院(《土地登记条例》第71条;本书上述第15章,边码6以下)。但依目前之通说,若第三人被赋予查阅权,则该土地之所有权人不享有先行听审权或上诉权(《联邦最高法院民事判例集》,第80卷,126页;有争议,持另说者如杜塞尔多夫州高等法院,《德国司法》,1992年,18页)。

60 个人数据保护权(Datenschutzrecht),不直接影响查阅权之享有与行使(吕克,载《新法学周刊》,1983年,1407页;吕克(Lüke)/杜特(Dutt),载《德国司法》,1984年,253页;柏林格,载《德国司法》,1987年,182页;1989年,310页;哈姆州高等法院,《德国公证杂志》,1988年,378页。不正确看法者,参见尼德,载《新法学周刊》,1984年,329、336。但现在的立法规定,参见《土地登记条例》第133条第5款并《联邦个人数据保护法》第38条)。该问题的出发点,应该是在衡量合法利益时,必须要考虑到宪法所保障的信息自决权(《联邦宪法法院判例集》,第65卷,1页以下)。这就意味着,在实践中对

“利益”之衡量，有时应确立更为严格的标准（亦持此意见者，韦斯特曼/艾克曼，§ 85V），且至少应在有疑问之情形时，保障被涉及者享有听审权，并在其后有上诉之可能性——在这点上，联邦最高法院的看法，不应苟同。

六、新联邦州的土地登记

新联邦州的土地登记问题以及其历史背景，在本书的前一版（第 15 章，六）中曾作详细描述。而其目前的法律状况以及该状况的产生历史，在本版中参见第 63 章边码 11－16、26、31 以下、49 以下。 61

第十六章　登入登记簿之过程——登记程序

一、登记程序基本原则概述

1 土地登记簿,应尽可能正确全面地描述土地上所存在的法律关系。我们已说过,立法者为达到这一目的,所采用的间接手段为,一方面使任何法律行为方式的土地物权变动,在效力发生上以登记于登记簿为要件,另一方面通过善意取得之构成,使任何不正确的登记,给权利人带来权利丧失之巨大危险,从而迫使权利人尽一切努力——通过土地登记簿更正请求权——,使登记状态与真实法律关系相互一致。

(一)申请原则(Antragsgrundsatz)

2 对这种当事人能动性的利用,在登记程序上即表现为,土地登记局通常仅只能依当事人申请(auf Antrag),而开始其登记活动(申请原则)。故与大多数行政程序相类似,土地登记局要等待当事人之发动,而不能径依职权进行干预(详参本章下述边码7以下)。

(二)土地登记局的形式审查

3 若当事人已提起登记申请,则土地登记局就要对一项物权变动的条件是否具备,进行审查。在实体法上,对一项有效的物权变动——除登记外——,要求处分行为人有合法权利

（如所有权），且双方当事人须就物权变动之发生，达成物权合意（民法典第873条）。倘若要求土地登记局对这些要件均进行审查，则在大多数情况下，无疑是对登记局的苛求，或至少也是一项耗时费力的事情。故而德国立法（《土地登记条例》），仅满足于土地登记局对一些“替代事项（Surrogaten）”的审查。因为在具备这些替代事项时，通常也能由此而推导出，物权行为在实体法上是否有效：

1. 登记同意原则（Bewilligungsgrundsatz）

代替对物权合意的证明，土地登记局仅审查权利被涉及者，也就是权利“让与”人，已作出的登记同意表示。这一原则的思想基础在于，仅只有那些在实体法上对权利让与也已表示同意的人，才会同意他人作为权利人登入登记簿（详参本章下述边码20以下）。 4

2. 在先已登记原则（Voreintragungsgrundsatz）

代替对处分行为人之实体权利（如所有权）的审查，土地登记局仅须确认，处分行为人到目前为止，在登记簿中一直被登记为权利人。换句话说，土地登记局仅须确认，存在权利被涉及者已经登记之事实（权利被涉及者在先已登记之原则，参见本章下述边码39以下）。该原则的衡量基础，为土地登记局亦得享用民法典第891条所规定的推定效果，换言之，以权利人身份而被登记的人，一般来讲就是实体法上的权利人。 5

（三）登记材料的形式

为在一定程度上确保登记所必须的意思表示确实已作出，登记材料一般须采取公证或认证形式（参见本章下述边码44以下）。 6

(四)小结

(以 E 为 N 设定用益权为例)

实体法上的要件	土地登记法上的要件
E 之所有权	E 在土地登记簿中在先已登记
E 与 N 就设定用益权达成物权合意	E 就 N 以用益权人登入登记簿之同意
对该物权合意无形式要求	该同意须采取公证形式或认证形式
	E 或 N 之申请

二、申请原则

7 土地登记局一般不得依职权,而只能依当事人的申请,才能开始登记活动(《土地登记条例》第 13 条第 1 款第 1 句)。

(一)申请

申请促使登记法官开始为登记活动,同时也对其活动范围予以限制:登记法官不能从事申请之外的其他登记行为。[1] 如登记法官认为申请不符合法律关系之内容,则他必须驳回该申请,或敦促申请人修改或补充申请(《土地登记条例》第 18 条第 1 款)。

1. 法律性质与形式

8 登记申请在法律性质上,为一项针对土地登记局的诉讼行为(Prozesshandlung),而非法律行为性质的意思表示。法律对登记申请,未规定特别之形式。但由于在申请中,必须注明该申请到达土地登记局的时间(《土地登记条例》第 13 条第 2 款第 1 句;该时间注明,对数项登记间的先后顺序,并进而对嗣后的物权顺位关系极为重要!),故它必须包含在一书面文件中(但不必符合民法典第 126 条之要求),或者对土地登记局的办事人员

〔1〕 但土地登记局在解释之范围内,仍可独立地确定登记内容。其例如:《联邦最高法院民事判例集》,第 47 卷,46 页;关于该解释之一般阐述,参见柏林格,载《德国司法》,1988 年,389 页以下。

为申请表示,并使之记录下来(《土地登记条例》第13条第2款第3句,巴伐利亚州最高法院,《德国公证杂志》,1978年,240页);另外参见本章下述边码16、18。

2. 不得附条件与不得附期限

登记申请不得附条件,亦不得附期限(《土地登记条例》第16条第1款)。[2] 其原因为:土地登记局到底是开始登记活动,还是不为登记活动,不应摇摆不定。但在申请人申请多项登记时,可以——甚至是默示的方式(如巴伐利亚州最高法院,《德国司法》,1988年,244页)——通过"此登记若无彼登记,应不得进行"之指定,使各项登记间的进行,相互依赖(《土地登记条例》第16条第2款)。比如出卖人申请,所有权变更登记,仅得在以他为受益人的剩余价金抵押权同时被登记时,方可进行。若登记官员违背此项申请而为登记,则土地登记簿虽非不正确,但登记官员已违反其职务义务(民法典第839条)。 9

3. 代理

登记申请可以以代理方式提出,且依据民法典第164条第1款第2句之规定,存在可断定系以被代理人名义为申请之情形时,亦产生登记申请之代理(参见巴伐利亚州最高法院,《德国司法》,1992年,99页以下)。从事公证之公证人,可视为享有提出申请之代理权(《土地登记条例》第15条;其例如:不伦瑞克州高等法院,《新法学周刊》,1961年,1362页;《联邦最高法院民事判例集》,第72卷,348、352页;关于其界限,参见巴伐利亚州最高法院,《新法学周刊》-RR,1989年,1495页,以及克雷费尔德州法院,州中等法院,《德国司法》,1994年,59页);而且,其代理权还包括提起上诉(或者异议)的授权,但不包括诸如作出登记同意(亦参本章下述边码30),甚或决定权利顺位(巴伐利亚州最高法院,《德国司法》,1993年,13页:仅在有对此之专门授 10

---

〔2〕 例如:哈姆州高等法院,《新法学周刊》-RR,1992年,1299页。

权时才许可)等意思表示的授权。关于代理权确定性要求,参见巴伐利亚州最高法院,《新法学周刊》-RR,1993年,1362页;1995年,208页;关于违反代理权限的后果,参见该州最高法院,《新法学周刊》-RR,1995年,209页;关于代理人证明文件的有效时间,参见法兰克福(美因河畔)州高等法院,《德国司法》,1995年,248页。

4. 官方嘱托(behördliches Ersuchen)

11 依法律规定,国家机关可嘱托土地登记局为登记;此时,该嘱托得替代当事人之申请(《土地登记条例》第38条;并参本章下述边码48)。

如破产法院嘱托在登记簿中登记破产附注(《破产法》第113条/《支付不能法》第23条第3款、第32条)。——诉讼法院嘱托登记假处分程序中的异议(民诉法第941条);对此参见德姆哈特,载《德国司法》,1997年,133页以下。

5. 例外:依职权而进行的登记程序(amtswegige Verfahrenseinleitung)

12 在下列例外情形下,土地登记局可依职权为登记活动:

(1)登记《土地登记条例》第18条第2款(本章下述边码64以下)或第76条所规定之异议或预告登记;

(2)登记《土地登记条例》第53条(本章下述边码56以下)与第71条第2款第2句所规定的依职权之异议(Amtswiderspruch)或依职权之注销(Amtslöschung)。

(3)出现《土地登记条例》第82条以下所规定——在实践中意义不大——之情形(该规范目的为:清理并澄清土地登记簿!)。[3]

---

〔3〕 在新联邦州,尤其是对那些旧有权利,《土地登记簿清理法》亦部分地允许登记法官,依职权进行更正与注销,对此参见本书第32章边码17、第63章边码49以下、53。

（二）申请提出权

有权提出登记申请者，〔4〕可为"获得权利者"，亦可为"失去权利者"，亦可由二者共同提出（《土地登记条例》第13条第1款第2句）。如在抵押权设定中，登记申请人既可为所有权人，也可为债权人。 13

由于在登记完成之前，登记申请可以*自由撤回*（frei zurücknehmbar）（《土地登记条例》第31条，并参本章下述边码47），且即使在撤回人因此而违反其所负义务，也就是说即使在依民法典第873条第2款之规定，物权合意已具有约束力而不能被*撤回*（widerrufen）时，仍不影响该登记申请撤回的效力，故而登记申请权上的双重赋权原则，就显得很有意义。如在上举之抵押权设定例子中，若仅是所有权人提起抵押权登记申请，则他可以——在债权人不知情时——撤回该申请，从而为另一债权人设定——先顺位的——抵押权。但在债权人也提起了登记申请时，所有权人之申请撤回，就变得毫无意义了。一方当事人放弃登记申请权，对土地登记局就另一当事人之申请而开始之登记工作，不生影响（法兰克福/美因河畔州法院，州中等法院，《德国司法》，1992年，58页；卡尔斯鲁厄州高等法院，《巴登－符腾堡州公证杂志》，1994年，69页）。

对登记有间接利益者，不享有申请权（例如：哈姆州高等法院，《德国司法》，1990年，157、158页；罗斯托克州高等法院，《德国司法》，1995年，15页，并附祖普利特（Suppliet）对此案批评性评论）。但《土地登记条例》第14条设有一项例外，即申请权人之债权人，若仅只能在事先以登记簿更正方法使他的债务人登入登记簿时，才能实现自己之权利，则该债权人亦有权提出登记申请。

例如：G获得针对E的标的额为10,000马克的执行名义。G想在E的土地上为此项执行名义，登记一项强制抵押权（民诉法第867条）。但在土 14

---

〔4〕 参见伯切尔，载《德国司法》，1982年，52页；关于登记申请提出后，但未办理完毕前，申请权利人丧失处分权时所生的影响，参见芬雅各布（Venjakob），载《德国司法》，1991年，284页（拒绝民法典第878条之适用——颇有疑问！）。

地登记簿中,E已去世的父亲V,仍被登记为所有权人。依据在先已登记原则(《土地登记条例》第39条),该登记簿首先必须进行更正。此时G亦可以提起该登记更正之申请。G可通过获得由遗产法院所签发的继承证书(《非诉事件管辖法》第85条),[5]来证明该土地登记簿之不正确——《土地登记条例》第14条,并不为他解决这一证据问题。

其他的例案:多特蒙德州法院,州中等法院,《新法学周刊》,1960年,679页。

(三)登记申请效力之产生(Wirksamwerden des Antrags)

15 登记申请,因到达土地登记局而生效。该时间点对嗣后各权利间的顺位关系,具有决定意义:因为《土地登记条例》第17条规定,先申请之登记,在办理上须先于后申请之登记;故而,申请的先后顺序,决定了在登记簿中登记的先后顺序(《土地登记条例》第45条);而登记的先后顺序,又决定了权利的顺位(民法典第879条,并参本书下述第17章)。

16 由此可得出,申请到达的时间点,必须精确地予以确定,也就是要按天、时、分来确定(《土地登记条例》第13条第2款第1句)。登记申请在交给或说"递交"给土地登记局负责接收的官员时,即为到达(《土地登记条例》第13条第3款;并参本书上述第15章边码3以下)。若申请以让该官员作记录方式提出,则"申请随记录之完成而到达"(《土地登记条例》第13条第2款第3句)。就同类权利所提出的数项登记申请,同时到达时,则获得相同之顺位(《土地登记条例》第45条第1款后半句)。

当然,在登记官员违反《土地登记条例》第45条第1款后半句之规定时,仍以土地登记簿中所显示之顺位关系为准。

[5] 若继承证书还未发出,则G亦可以申请签发(民诉法第896条、第792条)。

(四)登记申请在实体法上的效力

申请应促使土地登记局为登记活动,故申请首先所具有的,是程序法上的效力。但申请也具有某些实体法上的效力: 17

1. 首先——如我们所见(本书上述第15章,边码3以下、13)——是对权利顺位关系的作用;

2. 其次是对处分行为人处分限制上的效力:若这类处分限制,发生在对土地登记局已提出登记申请,且意思表示依民法典第873条第2款已生约束力之后,则该处分限制对已提出之登记申请及其登记,并不生影响(民法典第878条;详参本书第19章,边码35以下)。

3. 最后还体现于自无权利人之权利取得中,对决定善意与否时间点上的作用(民法典第892条第2款)。

(五)登记申请与登记同意

在登记申请中,可同时包含登记同意(参见《土地登记条例》第30条;《帝国最高法院民事判例集》,第169卷,317页;法兰克福州高等法院,《德国司法》,1980年,63页)。此时,该申请须符合对登记同意所规定之形式要求(《土地登记条例》第29条第1款第1句)。反之,在登记同意中,若有请求土地登记局为登记活动之内容时,则该登记同意亦包含登记申请。 18

(六)失权(Verwirkug)

登记申请权,原则上不能因失权而丧失(巴伐利亚州最高法院,《新法学周刊》-RR,1993年,1489页;亦参《联邦最高法院民事判例集》,第48卷,351页)。 19

三、登记同意原则[6]

（一）程序法上的合意原则与实体法上的合意原则

20 依《土地登记条例》第 19 条之规定，为办理登记，须取得其权利因登记而受涉及之人，对登记所表示的同意。土地登记条例的这一重要规定，包含着所谓的*程序法上的合意原则*（formelles Konsensprinzip）。依此，土地登记官员仅审查权利被涉及者的同意表示，而不需审查实体法上所必要的意思表示——大多数为土地物权让与合意（民法典第 873 条第 1 款），即实体法上的合意原则——。如上所述（本章上述边码 1 以下），程序合意原则的理论基础为，权利被涉及者仅在与“权利取得”人，就物权让与已达成实体法上的合意时，才会作出同意登记的表示。[7]

登记同意，须符合《土地登记条例》第 29 条所规定的形式要求（参见本章下述边码 44 以下），并须按照土地登记簿中的登记情况，指明所要登记的土地（《土地登记条例》第 28 条）。[8]

（二）登记同意的基本问题

21 由于未严格区分下列问题，使得在具体理解登记同意之含义时，常存在障碍：

1. 登记同意与实体法所要求的意思表示之间，存在何种关系？（下述边码 23 以下）

2. 登记同意本身的法律性质又是什么？（下述边码 25 以下）

---

〔6〕 对此参见沃尔夫施泰纳（Wolfsteiner），载《德国公证杂志》，1987 年，67 页（及其所引资料）。

〔7〕 关于在与权利人无法取得联系时，土地担保物权之注销，参见文克施特恩（Wenckstern），载《德国公证杂志》，1993 年，547 页。

〔8〕 巴伐利亚州最高法院，《德国司法》，1981 年，147 页；《德国公证杂志》，1983 年，172 页；反对过于狭窄的解释，《联邦最高法院民事判例集》，第 90 卷，323、327/328 页；《德国司法》，1987 年，452 页，以及最近科隆州高等法院，《德国公证杂志》，1992 年，371 页；巴伐利亚州最高法院，《德国公证杂志》，1993 年，388 页。

此外还须注意者，登记同意可有不同的内容：它可以以物权变动之产生——此为通常情形——为目的（权利变动之登记同意，Änderungsbewilligung），也可仅以登记簿之更正为目的（更正之登记同意，Berichtigungsbewilligung）。

例如：E 同意为 H 登记一项抵押权，则随 H 之登记（与抵押权设立合 22
意），而使该权利变动完成，亦即完成抵押权之设定。

若 H 被误登记为抵押权人，则由 H 所作出的注销登记同意，仅为对土地登记簿的更正。

最后还须提及的是，《土地登记条例》第 19 条所称"登记（Eintragung）"一语，也包括注销已登记之权利。此时之登记同意，被称为注销登记之同意（Löschungsbewilligung）。

例如：巴伐利亚州最高法院，《德国司法》，1983 年，480 页。

（三）登记同意与实体法上的意思表示

登记同意与实体法上所要求的意思表示之间，应严加区分。 23

实体法上意思表示的条件与效力，由民法典规定；而登记同意之条件与效力，取决于土地登记法（当然在许多方面——这在下面将会看到——也要准用民法上的基本原则）。

例如：E 已与 H 有效达成设定抵押权之合意（民法典第 873 条第 1 款），但 E 所作之登记同意，不符合相应的形式要求（或作出同意表示时，E 为无行为能力）。若 H 被登记，则即使该登记同意为无效，H 仍已取得抵押权。

E 未告知其妻 F，也就是未与 F 达成合意，而同意登记一项以 F 为受益人之土地债务。若 F 被登记，则该土地登记簿为不正确，因为该登记同意虽为有效，但欠缺一项实体法上有效之合意。

24 实体法之意思表示,可以同时包含土地登记法上的登记同意;反之亦然。至于是否相互包含,则为解释问题。二者相互包含,主要体现在实体法上意思表示,也应对或者也可对土地登记局作出之情形(如参见民法典第875条第1款第2句、第876条第3句、第1196条第2款)。

例如:所有权人同意为自己登记一项土地债务(民法典第1196条第2款),则其中也存在有民法典第1196条第2款所要求的意思表示。若该登记同意虽存在形式瑕疵,但土地债务仍被登记,则因对民法典第1196条第2款之意思表示,在实体法上无形式要求,该土地债务仍得有效成立。

E就抵押权之设定,虽已与H达成公证书形式之合意,但未作出登记同意。若在登记申请中能推导出,E有立即办理抵押权登记之愿望时,则在实体法之合意表示中,也包含有E的登记同意。

其他的例子:《联邦最高法院民事判例集》,第60卷,46、52页以下。

(四)登记同意之法律性质

25 认定登记同意法律性质时,所存在的困难,产生于两个方面:其一、《土地登记条例》自身,对此并未提供认识依据;

如设定土地债务之实体法合意,虽由父母以未成年之所有权人的名义作出,但登记同意却由未成年人自己作出(比如父母在此期间已死亡),此时登记法官应该怎么办?

其二、《土地登记条例》第19条自身,又以"权利被涉及者"的登记同意为标准,其结果也就是要追溯至实体法上的权利人。

26 正确的看法应该是:登记同意为程序法上的意思表示(持此说者,如《联邦最高法院民事判例集》,第84卷,202、207页:程序法上的解决方法)。但有疑问者,《民法典》中关于意思表示之规定,能否准用于登记同意。依本书之见解,在欠缺程序法上的规定时,应肯定此项准用。

由此可得出:

1. 登记同意,可视为单方的需以官署为受领人的意思表示(民法典第 130 条第 3 款并该条第 1 款与第 2 款;《联邦最高法院民事判例集》,第 84 卷,202 页:[9]予以限制的同视)。故而,仅到达登记同意之受益人处,尚不足以使登记同意成立(有争议;另说者可参哈姆州高等法院,《德国司法》,1989 年,148、149 页)。 27

2. 登记同意可为无效或可予以撤销(但通说观点对此看法不同:其代表者可参德姆哈特,《土地登记条例》§ 19,边码 115;孔策/埃特尔/赫尔曼(Hermann)/艾克曼,《土地登记条例》§ 19,边码 184)。若登记已完成,且实体法上的意思表示(如物权让与合意)并无瑕疵,则登记同意之撤销,对法律关系不生影响。此外,对登记同意之表示可进行解释(登记同意表示具有解释能力)。[10] 28

3. 登记同意为无因性意思表示,亦即其效力不依赖于作为其基础的法律原因。 29

例如:N 在登记簿中被登记为用益权人,而 E 以该用益权未有效设立为理由,向 N 请求登记簿之更正。N 因相信他自己负有民法典第 894 条上的义务,同意更正请求。N 的用益权被注销。在此情形中,即使以后发现该用益权为有效,也就是说作出更正之登记同意,欠缺法律上的原因,该更正之登记同意,在土地登记法上仍为有效(但此时由于在该更正之登记同意中,欠缺

---

〔9〕 对此参见埃特尔,载《德国司法》,1982 年,407 页(及其所引资料);尼德,载《新法学周刊》,1984 年,329、331 页。此前埃特尔对此就已撰文,如载《德国公证杂志》,1964 年,260 页;1967 年,399、406、562 页;载《德国司法》,1980 年,41、46 页。

〔10〕 参见《联邦最高法院民事判例集》,第 90 卷,323、327 页;《德国司法》,1987 年,452 页;《联邦最高法院民事判例集》,第 92 卷,351、355 页;《新法学周刊》- RR,1991 年,457、458 页;526、527 页;关于解释之明确性界线,参见巴伐利亚州最高法院,《德国司法》,1990 年,363、364 页;关于法律解释规则的遵守,参见斯图加特州高等法院,《德国司法》,1992 年,154、427 页以下;关于土地登记程序中,意思表示解释的一般阐述,参见柏林格,载《德国司法》,1988 年,389 页以下。

实体法上所必需的民法典第 875 条之权利废止意思表示,故土地登记簿在实体法上为不正确!)。

30 4. 登记同意可以以代理方式进行,甚至可适用无权代理之规则。若权利被涉及者为限制行为能力人、无行为能力人,则登记同意须由其法定代理人作出。依据通说,也可对从事公证之公证人授予代理权。[11] 这样,该公证人可以以代理人身份,在所谓自己制作的文书(Eigenurkunde)中,表示登记同意(有争议,参见《联邦最高法院民事判例集》,第 78 卷,36 页)。

31 5. 尽管登记同意本身,对实体法上的法律关系并无影响(除非在登记同意中,同时也包含有实体法上的意思表示!),也就是说登记同意并非为处分行为,但由于登记状态的变动会导致实体权利地位的变动,故对登记同意,仍可视同处分行为来处理。准此而言,民法典第 185 条之规定,亦得准用。

(五)登记同意之权利人

32 有权为登记同意者,为其权利被涉及者。

1. 在权利变动之登记同意中

在权利变动之登记同意中,有权为登记同意者,为真实之权利承担人。但登记法官也可以援引民法典第 891 条之规定,视以权利人身份而被登记的人,为真实的权利承担人(亦参《联邦最高法院民事判例集》,第 66 卷,341 页)。[12]

2. 在更正之登记同意中

33 在更正之登记同意中,有权为登记同意者,可为登记权利人,也可为真实权利人。

---

〔11〕 关于诉讼代理权之范围,参见联邦最高法院,《德国司法》,1992 年,475 页。

〔12〕 关于通过担保物权证书与让与意思表示,而推翻有利于已登记的土地担保物权债权人之推定,参见有启发性的案例巴伐利亚州最高法院,《新法学周刊》-RR,1991 年,1398 页;对此案之评论,参见贝斯特迈尔(Bestelmeyer),载《德国司法》,1993 年,279 页。在设担保负担时,即使被担保请求权,在权利承担人死亡后才应届期,该权利承担人仍为登记同意权利人,参见茨魏布吕肯州高等法院,《德国法月刊》,1992 年,160 页。

例如:关于1:为H之利益,在E的土地上登记了一项抵押权。在借贷债权已受清偿时,则事实上得成立所有权人土地债务(民法典第1163条第1款第2句;第1177条);故而,在让与该"抵押权"时,E有登记同意之权利(但因在先已登记原则——《土地登记条例》第39条——之作用,E必须首先通过登记簿更正途径,使自己被登记为所有权人土地债务之权利人)。[13]

在H就抵押权受让人之登记为同意表示时,H虽非为事实上的权利被涉及者,但只要真实法律关系为登记法官所不知,登记法官就可以将H当作真实权利人来处理(民法典第892条)(对此巴伐利亚州最高法院,《德国公证杂志》,1990年,739、740页)。

关于2:E不正确地被登记为所有权人,则他作为"登记权利人",负有作出更正登记同意之义务。

为N所登记的用益权被不正确地注销,故N应重新被登入登记簿。此时E——即真实权利人——须同意N以登记簿更正方式重新登入登记簿。

3. 在处分受限制时

若权利被涉及者,在处分行为上受有限制,则由有处分权之人,代之为登记同意。该有处分权之人,主要体现为所谓的官方管理人,如破产管理人、支付不能程序管理人、遗产管理人、遗嘱执行人。 34

4. 间接的权利受妨害者

权利被涉及者,包括因登记而在权利上间接受妨害之人,即: 35

(1)物权变动依实体法而须获得其同意的人(如参见民法典第876条、第1183条);

(2)土地担保物权被注销时的所有权人(《土地登记条例》第26条)。

---

〔13〕 但在实践中并非如此严格！参见联邦最高法院,《新法学周刊》,1968年,1674页(该判例反映该项全部问题);柏林市高等法院,《德国司法》,1975年,136页(及其所引资料);巴伐利亚州最高法院,《德国公证杂志》,1990年,739、740页;以及本书下述第36章边码119(所举之例)。

第2种情形在实践中具有重要意义，且其思想基础为，“在任何土地担保物权之背后”，都潜在着一项所有权人担保物权；如在设定抵押权之情形，该潜在的所有权人担保物权，随对被担保借贷债权之清偿，而转化为现实性权利。故而，无论是物权变动性的注销（民法典第875条之“废止”），还是登记簿更正性的注销，须永远取得所有权人之同意。

（六）土地所有权让与合意之提交

36 土地所有权让与中，仅登记同意不足以引起土地所有权让与之效果。此时还须向土地登记局，提交土地所有权让与合意（Auflassung）；而在地上权之成立中，须提交地上权之设立合意（《地上权登记条例》第20条）。依据通说，此时不必另需登记同意；其理由，有人认为土地所有权让与合意，原则上也包含有登记同意；[14] 而另一些人则赞同在无反对之意思表示或依据时，可通过对土地所有权让与合意之解释，确认登记同意亦存在于其中。[15]

也就是说，法律在这里并不满足于一项“替代事项”！其原因，显然在于土地所有权移转的特殊意义。而民法典第925a条之规定，亦基于此项理由。换言之，法律既要防止无法律原因之所有权变动（民法典第925a条），又要防止欠缺有效土地所有权让与合意之所有权过户登记（《土地登记条例》第20条）。

例如（巴伐利亚州最高法院，《新法学周刊》-RR，1989年，910页；K·施密特，载《法学教育》，1989年，931页）：自土地所有权让与合意之公证

〔14〕 持此说者如《帝国最高法院民事判例集》，第141卷，374、376页；本书之第15版；《巴伐利亚州最高法院民事判决集》，1956年，177页。

〔15〕 如巴伐利亚州最高法院，《德国司法》，1975年，26页；埃特尔，载《德国司法》，1980年，49页；贝默尔（Behmer），载《德国司法》，1984年，306页；德姆哈特，§20，边码2。

文书中可看出,出卖人患有重病,且公证人对出卖人的行为能力存有疑虑(民法典第104条第2项)。故在登记之前,登记法官必须澄清出卖人的行为能力状况。由于不能适用《非诉事件管辖法》第12条之规定(本章下述边码49),故登记法官必须要求登记申请人提供医生证明(《土地登记条例》第18条),并须在不符合此要求时,驳回登记申请。

其他的例子:巴伐利亚州最高法院,《德国司法》,1993年,58页(违反民法典第1149条之规定)。

(七)不需登记同意之登记

37 法律有特别规定之情形时,登记可不需登记同意。其最重要情形体现为:《土地登记条例》第22条(若通过公证文书能证明登记簿为不正确,则不需要有更正之登记同意)、民法典第885条、第899条第2款、第1139条、《土地登记条例》第26条、第38条。[16]

(八)登记同意与登记簿内容

38 登记同意不仅开启登记程序,而且对登记簿之内容,亦具有重要意义。换言之,若将被登记权利之所有琐碎细节,均登入登记簿,则必然导致土地登记簿过于庞杂。故而,为避免土地登记簿臃肿,登记内容可采取援引登记同意之方法(如民法典第874条、第877条、第885条第2款、第1115条,《土地登记条例》第49条)。[17] 这——为法律所允许的——援引,意味着登记同意被视为土地登记簿之组成部分(故有仔细查阅土地卷宗的必

---

〔16〕 但商业登记簿并无超出《土地登记条例》第32条所规定的证据效力,参见巴伐利亚州,《德国公证杂志》,1993年,601页。

〔17〕 例案:《联邦最高法院民事判例集》,第21卷,34、41页;第47卷,41页;联邦最高法院,《新法学周刊》,1961年,2157页;哈姆州高等法院,《德国司法》,1989年,448页;巴伐利亚州最高法院,《新法学周刊》-RR,1989年,907、908页;并参本书第19章边码23以下。

要性!)。

四、权利被涉及者之在先已登记原则

(一)在先已登记原则的功能

39 如上所述(本章上述边码5),在先已登记原则所取代的,是对登记同意人在实体法上权利人资格的审查。因此,《土地登记条例》第39条第1款之规定,究其实质,为民法典第891条所规定之推定效力,在土地登记法上的逻辑结果。同时,通过在先已登记原则,“不仅使土地登记簿中的权利状态,在最终结果上是正确的,而且还要清晰完整地描述土地登记簿发展变化所有阶段的情况”(《联邦最高法院民事判例集》,第16卷,101页;《帝国最高法院民事判例集》,第133卷,279、283页)。

(二)在先已登记原则的适用范围

40 无论登记之目的,在于物权之变动,或为登记簿之更正,亦无论登记之原因,为基于法律行为,或基于强制执行行为,均须适用在先已登记原则。

(三)例外

1. 不发生继承人之中间登记(Zwischeneintragung)

41 在发生继承事实时,即使被继承人仍被登记于登记簿,其继承人已成为土地物权之权利人。此时若继承人转让或废止该物权,则依在先已登记原则,继承人应先被登入登记簿,然后再办理转让或废止登记。这一登记过程,显然纯为形式主义之要求,因为继承人马上又要自登记簿中“消失”。故而,《土地登记条例》第40条(该条还规定有其他的例外情形),为避免这一纯粹之形式,规定可放弃继承人之中间登记过程。[18]

例如：被继承人 E 仍被登记于登记簿，而其继承人 V 打算将土地出卖给 K，则 V 就不必先以所有权人登入登记簿。当然在继承事实未为土地登记局所知悉时，V 须通过继承证书或者公证的遗嘱或继承契约，来证明其继承权（《土地登记条例》第 35 条第 1 款）。

但在 V 为 H 设定一项抵押权时，V 就必须先以所有权人登入登记簿，以更正土地登记簿。

2. 证书担保物权之转让

在证书担保物权中，该证书在一定程度上，为权利人所占有的登记簿之一部分。在债权受让人占有该证书，且债权让与意思表示以认证方式达成时，即可使受让人之抵押权人地位合法化（民法典第 1155 条）。因此而合法化的抵押权人地位，亦得对抗土地登记局（《土地登记条例》第 39 条第 2 款）。换言之，比如原抵押权之受让人，要求将让与登入登记簿时（民法典第 1154 条第 2 款），土地登记局不得以在先已登记原则为理由，而予以拒绝。对此亦参本章上述边码 32 以下，以及第 36 章边码 119。 42

3. 链条式土地所有权让与合意（Kettenauflassung）

最后，在“链条式土地所有权让与合意”中，也不必适用在先已登记原则（参见本书第 19 章，边码 17）。 43

---

〔18〕 关于对其他权利概括继受情形的准用，参见巴伐利亚州最高法院，《新法学周刊》－RR，1989 年，977 页；什未恩区法院，《经济法杂志》，1992 年，214 页（信托）；德姆哈特，§ 40，边码 9 以下。反之，上述规则，不适用于权利特定继受情形（柏林市高等法院，《德国司法》，1992 年，430 页：民法合伙人在生存者间的变更），以及应继份额转让情形（巴伐利亚州最高法院，《新法学周刊》－RR，1995 年，272 页）。

五、形式

(一)公证与认证

44 如上所述,土地登记局在登记时,所信赖的是实体法生效条件在土地登记法上的"替代事项"。这自然会带来一定的风险。而避免这种风险的首要措施,就是至少要保证登记材料的真实性。故而,法律要求登记材料,原则上应采取公证形式,但在某些情况下,亦可采取认证形式(《土地登记条例》第29条)。

认证(öffentliche Beglaubigung)仅证明签名的真实性,而公证(öfftliche Beurkundung)还涉及到所作出的表示内容的真实性*。

45 关于这两种形式,其简要规则为:

登记同意与其他的表示,须采取公证或认证形式(《土地登记条例》第29条第1款第1句)。

其他的登记依据材料,要么已向土地登记局公开,要么采取公证文书形式(《土地登记条例》第29条第1款第2句)。

在登记受国家机关之嘱托时,该嘱托只需签字并加盖印章(《土地登记条例》第29条第3款)。

(二)一些具体的形式问题

46 下列具体问题,在实践中常具有重要意义:

1. 继承之证明

对继承之证明,通过继承证书或经公证的被继承人之遗嘱(也可以通过继承契约)方式,参见《土地登记条例》第35条(注意:私立之遗嘱,虽方便便

---

* 此与中文中通常所使用的"认证"与"公证"概念略有不同,敬请注意。——译者注

宜，但在被继承人死亡时，为能更正土地登记簿，仍必须有继承证书！）。[19]

2. 就其他登记簿册中已登记事项之证明

若须证明之事项，已记载于其他登记簿册（Register）（如法人董事会之设立），则仅需要有该登记法院（Registergericht）所出具之证明（《土地登记条例》第32条至第34条）。

3. 登记申请之形式

47 对登记申请，仅要求有一般之书面形式（本章上述边码8）。若登记申请同时包含有登记同意（或代理权之授予等等），则须符合《土地登记条例》第29条所规定之形式要求（《土地登记条例》第30条；本章上述边码18）。撤回登记申请时，原则上亦是如此（《土地登记条例》第31条第1句；其原因为：登记申请，特别由于其顺位决定作用，具有重要意义，故而一方面该申请是否为真的被撤回，应确定无疑，另一方面也可通过公证人之咨询，而避免当事人仓促作出撤回决定；依此而言，新修订的《土地登记条例》第32条第2句，对撤回更正申请所作的例外规定，颇有问题）；亦参本章上述边码13。

4. 国家机关之嘱托

48 在法律准许国家机关，嘱托登记局为登记活动时（且仅在该情形下！），国家机关之嘱托取代登记申请、登记同意（《土地登记条例》第38条）以及其

---

〔19〕 作为发生继承之证明手段的继承证书，原则上不得附条件；此为下列判例所强调：《联邦最高法院民事判例集》，第84卷，196页以下；巴伐利亚州最高法院，《德国公证杂志》，1989年，574页以下；以及科隆州高等法院，《德国司法》，1992年，342页。持反对意见者，如波鸿州法院，州中等法院，《德国司法》，1992年，194页，427页，附有派斯辛格（Peiβinger）之评注。土地登记局须独立地对继承契约与遗嘱予以解释，巴伐利亚州最高法院，《德国司法》，1995年，249页。

他的形式要求(《土地登记条例》第29条第3款),但不能取代权利被涉及者的已登记事实!(例案:哈姆州高等法院,《德国司法》,1983年,481页;巴伐利亚州最高法院,《新法学周刊》,1983年,1567、1568页,以及《德国公证杂志》,1986年,146页)。

六、“登簿”——登记程序[20]

(一)当事人处分原则与限制的当事人进行原则

49 登记申请,促使土地登记局开始为登记活动,同时并限定其活动范围。土地登记局审查申请人是否已依相应之形式,满足登记所要求的条件。登记材料欠缺时,土地登记局不得依职权而自行补充,亦即《非诉事件管辖法》第12条之规定,此时无适用之余地。

也就是说,此时适用当事人处分原则(Dispositionsmaxime)(申请决定登记及其内容,且申请为可撤回)与——限制的——当事人进行原则(Verhandlungsmaxime)(当事人提交登记材料——土地登记局不自行调查:巴伐利亚州最高法院,《德国司法》,1982年,467页;1983年,17页;《新法学周刊》-RR,1990年,721、722页;1989年,910页;并参见K·施密特,载《法学教育》,1989年,931页;艾克曼,载《德国司法》,1979年,169页以下)。

土地登记局就已到达之登记申请,可能会作出三种决定:命令为登记(下述边码50以下)、拒绝申请(下述边码59以下)或者宣布临时性登记命令(下述边码64以下)。

(二)登记

1. 登记命令与执行

50 若符合所有的登记条件,则土地登记官员(司法官)发出登记命令(该命

---

〔20〕 关于登记程序,参见米勒,边码828以下;此外亦参 曼弗雷德·沃尔夫,边码333以下;威廉,边码494以下。

令仅为一道内部程序——不对当事人为通知——不得撤销!),并由土地登记员(Grundbuchführer)执行该登记命令。登记由登记官员与登记员共同签字(《土地登记条例》第44条第1款第2句)。

2. 顺位之标明

51 若在同一天在同一土地上进行数项登记,则须标明——与登记申请之到达先后相应——各权利之顺位。该顺位,可体现为(在同一栏中)空间的先后顺序;若登记位于不同的栏目,则通过顺位附注来体现(《土地登记条例》第45条;这对各土地物权间的顺位关系极为重要! 参见本书下述第17章)。

3. 注销与不同时转记(Nichtmitübertragung)

52 权利被注销时,应记载注销字样(《土地登记条例》第46条第1款)。在土地被转记至另一登记簿簿页之下,而土地上的权利并不随同转记时,则该不同时转记与权利注销,具有同一效果(《土地登记条例》第46条第2款)。

例如:E的一宗大面积土地上,负担有H的抵押权。E将其中的一小块卖给需建房的K。H免除该小块土地上所负担的共同担保责任,亦即H废止该小块土地上的抵押权(民法典第875条)。故而,就该小块土地设置新的土地登记簿簿页,并将原簿页内容转记入新簿页时,抵押权不同时转记,亦即该小块土地上抵押权,视同被注销。

4. 公告与通知

53 关于已完成之登记,向当事人进行公告,以及向其他土地登记局与国家机关进行通知,参见《土地登记条例》第55条至第55b条、《土地登记命令》第39条至第42条(因民法典第839条第3款之规定,要仔细审查该通告! 尽管通常在表格形式中放弃了通告,但这是不正确的做法!)。

5. 登记之形式约束效力

54 登记具有形式的约束效力。登记法官即使随后已认识到，登记簿因该登记而成为不正确，也不得更改该登记；他必须让诸当事人来进行登记簿更正（民法典第 894 条——《土地登记条例》第 22 条）。

但《土地登记条例》第 53 条，对该原则作有两项例外：

（1）登记内容为法律所不允许时，依职权之注销（Amtslöschung）

55 内容为法律所不允许之登记，不享受公信力保护，故登记法官应依职权将其予以注销（《土地登记条例》第 53 条第 1 款第 2 句），如使用租赁权之登记、未注明权利人之抵押权登记、所登记之地上权未置于第一顺位（《地上权条例》第 10 条；对此《联邦最高法院民事判例集》，第 51 卷，50 页）。科隆州高等法院，《德国司法》，1989 年，405 页（附伯切尔对此采反对意见的评注）之判决，正确地区分开内容之不许可性与实体法上的无效，并因此认为，在依民法典第 134 条、第 138 条、第 242 条、《一般交易条件法》第 9 条至第 11 条而生之实体法上的无效中，不产生依职权之注销。而依反对派观点，则实体法上的争议，将被夸张地移植到带有例外特征（所谓"法律关系无疑义之情形"）的登记法官依职权而发动之程序中（亦参本章下述边码 61 以下，本书第 23 章边码 15）。

（2）依职权之异议（Amtswiderspruch）

56 更具有实践意义的，则是对该原则的第二项突破，即《土地登记条例》第 53 条第 1 款第 1 句所规定的依职权之异议登记。但登记依职权之异议时，须满足两项条件：

其一、原登记是土地登记局"在违反法律情形下办理的",[21]

其二、因该登记而使登记簿变得不正确,且不正确状态目前仍存续(如在其间发生善意取得,则不符合该要求)。[22] 仅在这两项条件均具备时,依职权之异议才有可能产生,并排除嗣后第三人之善意取得(民法典第892条)。

该违法情节在程序法上必须确定,且对登记簿之不正确,也必须有确信(巴伐利亚州最高法院,《德国公证杂志》,1982年,254/6页;《德国司法》,1987年,101页)。[23] 此外,异议权利人之登记,亦为必不可少的要件(联邦最高法院,《新法学周刊》,1962年,963页;1985年,3070页;亦参本书下述第18章边码16、21)。

例如:X股份有限公司在其土地上,为G登记设立了一项抵押权。但登记法官因疏忽,而未要求提供公司登记之摘要,以证明董事会的代理权限。此时虽有程序违法(《土地登记条例》第32条并第29条第1款第2句),[24] 但登记簿并非不正确:不成立依职权之异议。 57

就同一案例,假如被担保之借贷,根本就未贷出,则虽存在程序违法(《土地登记条例》第32条并第29条第1款第2句)与登记簿之不正确(民法典第1163条第1款第1句、第1177条:所有权人土地债务!),但登记簿之不正确,并非由于程序违法而导致:无依职权之异议(有疑问!有学者认为,

---

〔21〕 对此参见《联邦最高法院民事判例集》,第30卷,255页;即使在因强制执行而为登记,亦须符合该条件(明茨贝格,载《德国司法》,1990年,253页,并反对策勒州高等法院,《德国司法》,1990年,112页之判决观点)。

〔22〕 采同说者,如法兰克福州高等法院,《德国司法》,1978年,418页;巴伐利亚州最高法院,《德国公证杂志》,1980年,745页,以及Pfleger,1981年,397页(强制拍卖中的拍定);巴伐利亚州最高法院,《德国司法》,1987年,450、451页;《新法学周刊》-RR,1989年,907页,对此案并参K·施密特,载《法学教育》,1989年,1013页;巴伐利亚州最高法院,《德国司法》,1993年,17页。

〔23〕 关于善意或恶意之证明问题,详参德姆哈特,载《德国司法》,1991年,41页以下。

〔24〕 关于对公司的土地登记申请的要求,参见柏林格,载《德国司法》,1994年,449页。

此时所要求的,仅为登记簿之不正确由登记行为所导致,而不要求违法行为与登记簿不正确间的因果关系;德姆哈特,§53,边码25以下;而黑格勒(Haegele)/舍纳/施特贝尔(Stöber),边码401以下对此看法不明朗)。

再假设抵押权设立合意,由无权代理X股份有限公司之人作出——董事会对此亦不承认(民法典第177条!)——,并且登记同意表示亦由该人作出,则此时违反《土地登记条例》第32条并第29条第1款第2句之规定,并因该违法而导致登记簿之不正确:成立依职权之异议!

在登记依职权之异议时,就该登记,可提起上诉。其原因在于:该异议虽破除公信力,但异议本身并非为公信力之客体!

(3)约束效力之界限

58 若登记事项不涉及登记簿之公信力,则该登记对土地登记局无约束效力。依此,如在权利人之姓名、身份、土地的经营种类等被误写时,登记局可自行更正。不必符合《土地登记条例》第53条之条件,而可注销者有:不正确的遗嘱执行人附注或后位继承人附注(《土地登记条例》第51、52条;参见巴伐利亚州最高法院,《德国司法》,1992年,62页;柏林市高等法院,《新法学周刊》-RR,1993年,268页)、所登记之异议不正确(《帝国最高法院民事判例集》,第117卷,346、352页)或所登记之处分限制不正确,因为登记簿就这些内容不享受公信力保护;反之,若这些登记事项被错误地注销,则由于注销本身已为登记簿公信力所包括,此时成立依职权之异议,不仅可能,而且必要(对此参见巴伐利亚州最高法院,《德国司法》,1987年,450页:被注销的预告登记)。

(三)拒绝登记申请与登记法官的审查义务

59 若不符合登记条件,则登记申请将被拒绝(《土地登记条例》第18条)。对该拒绝决定,可提起诉讼异议或上诉(《土地登记条例》第 71 条)。[25]

须注意的是,对登记申请不得仅为部分之准许。

例如:A 提出享有 1/2 份额的共有人登记申请,则即使在登记局认为,在实际法律关系中 A 只有 1/4 的共有份额时,登记局也不能将 A 仅以 1/4 共有份额的共有人进行登记。A 的登记申请应全部被拒绝。

但在登记法官的审查义务中,却存在着一些特殊问题:

1. 有限制的实体法审查义务

若登记法官已明知实体法上的物权行为为无效,则即使登记申请已符合土地登记法上的登记条件,登记法官也必须拒绝该登记申请。其原因为:对嗣后立即出现的登记簿不正确,登记法官不得推波助澜(《联邦最高法院民事判例集》,第 35 卷,135、139 页;第 106 卷,108、110 页)。[26] 60

登记法官不必、而且也不得自行审究无效之原因。其审查义务,仅限于对法律上行为之不正确,确有依据之情形(联邦最高法院,《新法学周刊》,1986 年,1687 页;K・施密特,载《法学教育》,1989 年,931 页;过于宽泛之观点,参见伯切尔,载《德国司法》,1990 年,486 页以下)。倘若登记是否为法律所允许之结论,须以对实体法上基础法律行为之审查为基础,则对登记法官之审查义务,应适用例外规则(参见科隆州高等法院,《德国司法》,1992 年,431 页:终老财产之登记,对此之评注参见迈尔(Mayer),载《德国司法》,1993 年,320 页)。在拒绝登记申请时,该不正确之依据,须达到确信之程度(《联邦最高法院民事判例集》,第 35 卷,135、139/140 页;《巴伐利亚州最高

---

〔25〕 参见本书第 15 章边码 7 与 11;另参联邦最高法院,《新法学周刊》,1980 年,2521 页(不具有上诉能力之通知)。在登记程序中,上诉权限原则上与申请权限一致(巴伐利亚州最高法院,《德国公证杂志》,1989 年,438 页)。

〔26〕 关于确定判决对土地登记局的拘束力,参见巴伐利亚州最高法院,《德国司法》,1992 年,101 页。

法院民事判决集》,1987 年,360 页;《德国公证杂志》,1995 年,63 页;德姆哈特,附录 § 13. 边码 29 以下)。在有重大疑问时,可考虑采用对申请内容予以纠正的临时性登记命令措施,以消除该疑问(巴伐利亚州最高法院,《德国司法》,1992 年,152 页;亦参本章下述边码 64 以下)。在物权行为无效性审查上,一方面民法典第 891 条第 1 款所规定之推定作用,也对土地登记局产生效力(巴伐利亚州最高法院,《德国公证杂志》,1993 年,335 页;茨魏布吕肯州高等法院,《德国司法》,1997 年,428 页);另一方面原则上还应遵守物权行为无因性原则,即依该原则,民法典第 134 条、第 138 条、第 119 条所规定之无效原因,通常不影响物权行为的效力(本书第 5 章边码 6 以下、50 以下;富有启发性的案例,如巴伐利亚州最高法院,《德国公证杂志》,1990 年,510 页:原因行为有瑕疵时,用益权之设定仍有效,参见民法典第 1643 条第 1 款、第 1821 条第 1 款第 5 项之规定;另参巴伐利亚州最高法院,《德国司法》,1993 年,17 页;奥尔登堡州高等法院,《德国司法》,1993 年,330 页)。但与一般性的审查义务应相区别者,为基于《土地登记条例》第 20 条所生的特别审查义务(参见本章上述边码 36. 以及本书第 22 章边码 15 以下);其中特别有争议的问题,产生于民法典第 1365 条之规定(本书下述第 22 章边码 17 以下)。再者,土地登记局亦不得放任,因第三人善意取得而导致权利人权利丧失之发生(本书下述第 23 章边码 38)。

2. 一般交易条件之审查

61 在登记一项抵押权时,若就抵押权之内容,要援引债权人所制作的一般交易条件(本书第 36 章边码 44、第 37 章边码 28、第 40 章边码 3 以下),则土地登记局是否有权依《一般交易条件法》之规定,对该一般交易条件之内容进行审查呢(参见本书第 5 章边码 19 以下)？对这一问题的回答,极具争议。[27]

联邦最高法院对此项问题,至今仍悬而未决(《联邦最高法院民事判例集》,第 76 卷,371、374 页);各州高等法院的判决意见,也极不一致(持赞同意见者,如巴伐利亚州最高法院,《新法学周刊》,1980 年,2818 页;而倾向采取保守态度者,如科隆州高等法院,《德国司法》,1989 年,405 页)。我们认为,应将一般交易条件之审查,限定在一些明确的情形。这就是说,存在《一般交易条件法》第 10、11 条所规定之无效性情形时,一般应予以审查,而就该法第 9 条所规定之一般交易条件内容控制,应采取谨慎态度:登记法官不得进行"创造性工作"!

例如:在抵押权设定中,作为其基础的借贷条件,包含有一项债权人解除抵押权时,拟制解除通知到达之规定。而该到达之拟制,已违反《一般交易条件法》第 10 条第 6 项之规定:由于此项抵押权解除之规定为无效,并会导致登记簿内容立即成为不正确,故不得为登记,亦不得通过援引之途径,而进行登记(巴伐利亚州最高法院,《新法学周刊》,1980 年,2818 页)。 62

确定将来住宅所有权内容之分割意思表示(本书下述第 29 章边码 20 以下),可规定代理出席住宅所有权人大会时,仅只能由其亲属来代理,并规定对未到会之住宅所有权人,由住宅管理人实施"强制代理"。认为登记法官依据民法典第 138 条以及《一般交易条件法》第 9 条之规定,可对该分割意思表示进行审查的观点,应属正确(仅依据民法典第 242 条者,巴伐利亚州最高法院,《德国公证杂志》,1989 年,428 页以下,并附魏特瑙尔之评注;《新法学周刊》-RR,1996 年,1037 页;持反对意见者伯切尔,载《德国司法》,1990 年,160 页;与本书同说者泽格尔/施蒂尔纳,《住宅所有权法》第 8 条,边码 3 及其所引资料;反对一般交易条件之审查者,亦参汉堡州高等法院,FGPrax,1996 年,132 页)。然而,这一审查义务对登记法官来说,或许是一项过高要 63

〔27〕 施伦克尔(Schlenker),"一般交易条件法在土地登记程序中的意义"(蒂宾根,博士学位论文,1982 年);艾克曼,载《德国司法》,1978 年,1 页以下;埃特尔,载《德国司法》,1980 年,1、7 页;《德国公证杂志》,1981 年,49 页;伯切尔,载《德国司法》,1989 年,408 页;沃尔夫/霍恩/林德阿赫尔 § 9,边码 161;泽格尔/施蒂尔纳,民法典第 873 条,边码 4;德姆哈特,§ 19,边码 32。

求(科隆州高等法院,《德国司法》,1989 年,405 页);故此,在欠缺最高法院之裁判先例时,登记法官可以而且必须为登记(极具争议!),从而将条款审查义务,让诸当事人之诉争程序承担(《住宅所有权法》第 43 条;另参累根斯堡州法院,州中等法院,《德国司法》,1991 年,1169 页)。

(四)临时性登记命令(Zwischenverfügung)

64 若登记申请仅有微小瑕疵,或者申请人非为法律专业人士,则立即拒绝其登记申请,会导致不公平结果。因此《土地登记条例》第 18 条,允许土地登记局可不作出申请拒绝决定,而代之以发布临时性登记命令,要求申请人在规定期限内,排除申请内容之瑕疵。

65 此为法院对当事人关怀思想(参见民诉法第 139 条)之体现! 该临时性登记命令,应列明排除登记障碍的所有可能性(法兰克福/美因河畔州高等法院,《新法学周刊》-RR,1993 年,150 页)。由于临时性登记命令有助于保障申请人因登记申请所获得的法律地位,故该命令措施意义重大(巴伐利亚州最高法院,《德国司法》,1983 年,17 页)。换言之,在所指定之期限内,登记局收到另一项涉及同一权利的登记申请时,虽然该申请通过登记而先得到办理,但为了第一项申请者之利益,须登记一项预告登记或异议(《土地登记条例》第 18 条第 2 款)。详言之,在第一项登记申请以物权变动为其内容时,应登记一项预告登记;在以登记簿更正为其内容时,应登记一项异议。

66 如在上述边码 57 处之例中,若因欠缺一项公司登记法院所出具之证明,土地登记局为此发布一项临时性登记命令时,则在为另一 D 登记另一项抵押权时,就要为 G 之利益,登记一项预告登记。其结果是:如 G 在指定期限内,取得公司登记法院所出具之证明,并提交给土地登记局,则 G 就获得第一顺位之抵押权。

若由抵押权所担保的借贷债权已被清偿,G 同意对该抵押权为注销登记,且注销事项也获得 X 股份有限公司之同意,但还欠缺公司登记法院所出具之证明,则此时可为一项异议之登记。若 G 在该异议之登记后,仍将抵押权让与给 D,则 D 之善意取得,因该异议之登记而被排除。其他较好的案例:

巴伐利亚州最高法院,《新法学周刊》-RR,1990年,721、722页;1989年,910页;K·施密特,载《法学教育》,1989年,931页(对此参见本章上述边码36)。

精通法律的申请人——由于希望获得临时性登记命令,即使登记材料“并不十分齐全”,也会提出登记申请(参见《帝国最高法院民事判例集》,第126卷,107页)。通过此一方法,可得以保护其权利顺位。至于土地登记局是作出拒绝登记之决定,还是发布临时性登记命令,则取决于登记官员合乎其职责的衡量斟酌(对此参见Habscheid,载《新法学周刊》,1967年,225页)。发布临时性登记命令的合理根据,为登记申请所存在之瑕疵,必须是可溯及补救的瑕疵,或者为土地登记法性质的瑕疵(《联邦最高法院民事判例集》,第27卷,313页;巴伐利亚州最高法院,《德国公证杂志》,1982年,438页;《德国司法》,1984年,406页;《巴伐利亚州最高法院民事判决集》,1988年,229页;《德国司法》,1990年,197页;哈姆州高等法院,《德国司法》,1990年,292页;巴伐利亚州最高法院,《德国司法》,1994年,58页)。 67

土地登记局之职能,今天在许多方面,已成为国家调控经济的“听差”(如农业土地之出让,须得到农业局的“许可”,参见下述第27章边码4以下。——而国家是否已行使其先买权,也难为当事人所确知,参见下述第22章边码28)。而对这一运作过程,当事人在事先常常无法明了。由于这一原因,临时性登记命令措施,在实践中就已获得极其重要的作用(关于获得许可之义务,参见下述第22章边码24)。 68

(五)法律上听审之保障

由于在通常情形中,权利被涉及者对登记必须为同意表示,因此仅在登记不需要权利被涉及者的登记同意,或者在上诉审程序中,保障权利被涉及者的法律听审权原则,才有其意义(参见埃特尔,载《德国司法》,1979年,1、9页)。 69

表9 土地登记

级别管辖	地方法院(《土地登记条例》第1条)——法官之业务分工——司法官,《司法官法》第3条第1h项(规则:司法官)
地域管辖	原则上为土地所在地之地方法院,但可设置管辖中心
可适用之法律	与民法典之实体法的关联:民法典包含实体的土地登记法,而《土地登记条例》规定程序土地登记法
土地登记局之职权范围	掌管土地登记簿(《土地登记条例》第1条)
登记程序基本原则	1. 申请原则(《土地登记条例》第13条)。例外:《土地登记条例》第18条第2款——第53条——第82条以下 2. 登记同意原则:《土地登记条例》第19条并第29条,物权变动同意、更正同意、注销同意。登记同意由权利人或依登记簿状态其权利被涉及者作出。——在让与土地所有权时,须提交土地所有权让与合意(《土地登记条例》第20条) 3. 在先已登记原则:《土地登记条例》第39条第1款——与民法典第891条之关联——例外:《土地登记条例》第40条
土地登记局之决定	a)登记(不得更改!但可依民法典第894条、《土地登记条例》第20条进行更正;在出现登记瑕疵时,可成立依职权之异议,《土地登记条例》第53条) b)拒绝登记申请(《土地登记条例》第18条) c)临时性登记命令(《土地登记条例》第18条;其中该条第2款之规定,尤为重要!)

第十七章　土地物权之顺位关系

第一节　基本原则[1]

一、物权顺位之经济意义与法律意义

（一）数物权人间的竞争

我们在前面已谈过，法律赋予所有权人一 1
项权力，即所有权人可以将自己所享有的使用权能与变价权能转让出去，并且这种权能转让，可以采取为他人设立限制物权之形式（设立用益物权者，如用益权；设立变价物权者，如抵押

〔1〕　更新的参考文献：施特罗伊尔（Streuer），“通过顺位附注的顺位说明”，载《德国司法》（Rpfelger），1985 年，388 页；伯切尔（Böttcher），“土地登记程序中的顺位关系”，载《巴登-符腾堡州公证杂志》，1988 年，73 页；施塔德勒（Stadler），“土地物权中的顺位——一个一直未解决的问题”，载《民法实务档案》（AcP），第 189 卷，427 页；威廉（Wilhelm），“基于处分行为构成要件，尤其基于物权合意与登记的土地物权之顺位”，载《法学者报》，1990 年，501 页以下；容维尔特（Jungwirth），“约定的土地物权顺位”，1990 年（对此，伯切尔，载《德国司法》，1990 年，438 页；弗卢梅，载《法学者报》，1991 年，133 页）。其他的参考文献提示，可见于泽格尔（Soergel）/施蒂尔纳（Stürner），民法典第 879 条之前；韦斯特曼（westermann）/艾克曼（Eickmann），§ 96 之前。

权)。倘若仅设立一项用益物权或一项变价物权,尚不生问题;如果在同一土地上设立数个限制物权,则其情形较为复杂:这些限制物权间存在着竞争。“假如所有一切均运行良好”,比如说各抵押权按约定“被伺候”得很好(亦即利息与分期款项,均被按时偿还),则这种竞争通常只是潜在的。一旦该土地须——以强制拍卖或(和)强制管理方式——被变价,而变卖所得价金,又不足以满足所有的权利人,则各权利间的竞争就会凸显出来,它们彼此间的关系,亦即它们的顺位关系,就会产生决定性意义。

2 人们或许会建议,若——在基本原则上——采取如同破产程序之规则,对各权利人按份额比例关系,来满足其利益,则各限制物权间就不会出现顺位关系问题。但这种分配程序,并不合乎公平原则。比如说,所有权人已为债权人设立一项抵押权,而隔了很久以后,他又为另一债权人设立一项抵押权。所有权人第二次设定抵押权事项,对“第一抵押权人”来说,在第一个抵押权设立时,是不可能考虑得到的,也是不需要考虑的,那么第一个抵押权人是否因此就应该受到损害呢?如果后成立之抵押权人,明知土地上已存在负担,那么第一个抵押权人是否应该忍受自己先成立之抵押权,与他人后成立之抵押权,在法律上受同等之对待呢?

(二)顺位与抵押放款条件

3 故此,立法与交易实践中,均以各限制物权间存在顺位关系为起点。而该顺位关系的思想基础为:成立在先之权利,优于时间上成立在后之权利。权利顺位不同,权利得以实现之机会亦不同,也就是说,在土地被强制变价时,各权利有可能全部实现,也有可能是部分实现。故此,对各权利的评价也不同:一个“第二顺位抵押权”所提供的担保,在实现程度上就小于一个“第一顺位的抵押权”。由此亦产生出如下内容:

1. 受后顺位担保的借贷,其借贷条件更苛刻

4 由土地提供担保而接受借贷时,债务人所接受的借贷条件,随

所提供担保物权顺位之递减，而愈加苛严：

受第一顺位抵押权担保的贷款，其利率与分期清偿额，均优于受第二或第三顺位担保的贷款。其原因在于，后位抵押权人，必须要考虑到在强制拍卖时受偿不足的风险，也就是说作为风险费用，他们当然有权要求支付更高的利率。再者，他们有时也不付出足额贷款，而是事先要扣除一项“贴水”（“Damnum”）（“减水”，Disagio，参见本书第36章边码50）。

但这一自身虽理所当然、在债务人方面却是不利因素的“条件落差”，在今天的住宅建筑实践中，主要通过自助机构设施而已得到调和：建筑储蓄银行——作为建筑储蓄人的合作社团体——的任务恰恰为，接受第二顺位抵押权而放出利率又很优惠的贷款；至于其中所存在的风险，则通过储蓄人储蓄积攒义务与银行分散放贷来降低。在所谓的社会性住宅建筑中，则由国家来接受尤为危险的第三顺位抵押权，而放出有利于债务人的贷款；也就是说，此时的风险被分摊到公众身上。

2．只接受第一顺位担保的信贷机构

对某些信贷机构，国家要求其仅在接受第一顺位担保时，才准 5
许放贷。这一原则性要求，主要是针对储蓄银行。因为在储蓄银行可存入“被监护人财产”，故而国家就必须要负责好这类款项的安全投放。对抵押银行，亦适用类似原则（参见本书下述第36章边码28）。

（三）顺位的法律意义

就顺位之法律意义，颇有争议的问题是，顺位到底是属于权利之内容，还 6
是权利的一项特性，甚或认为顺位仅在有竞争关系时，提供自优势地位中所产生出的请求权。自实质上看，这些争议仅是表述上的差异，并不能由此而推导出具有实际意义的结论。本书认为，自顺位的作用上看，顺位体现为权利内容的一项要素。[2]

二、顺位制度的基本原则

7 为不使我们在相当困难的具体问题讨论中迷失方向,我们十分有必要熟练地掌握并牢记住下面这些基本思想。

(一) 先成立者优先原则(Prioritätsprinzip)

土地物权之顺位制度,是建立在权利成立在先者优于成立在后者的思想之上(“prior tempore potior iure”,先成立之权利,优于后成立之权利)。

如上所述,这一解决方法符合普遍的公平观念。当然,在某些具体情形中,该原则也可能显得不公平,因为相比于“宽容的“迎合债务人需求的债权人,那些“机警的”法律同仁(Rechtsgenosse)会借机获得更优的权利地位。

由于在权利交易中,限制物权产生于土地登记簿,故而“年长者优先(Alterspriorität)”(黑克语)原则,也必须体现于土地登记簿之中(详参本章下述边码13以下)。

(二) 顺位关系灵活原则

8 一经产生的顺位关系,并非僵化不变,而是灵活的。

登记于第二顺位的抵押权人,即使在第一顺位抵押权嗣后——如因对被担保借贷债权之清偿而——消灭时,也应永远固守其第二顺位?

德国法所确定的,是灵活性的顺位关系制度。[3] 但在两种情形下,基于公平衡量而规定有例外,也就是说在这两种例外情形

〔2〕 另说者参见沃尔夫(E. Wolf), § 10,C,II,f以下,416页。

〔3〕 对此尤参黑克,92页以下。

下,仍适用固定性的顺位关系:

1. 无混同(Konsolidation)

在所有权与限制物权发生混同时,该限制物权并不消灭,其自身仍继续存在(民法典第889条),这样也就阻却了后顺位权利的顺位晋升(Aufrücken)。 9

例如:E先给N设定一项用益权,后又给H设定一项抵押权。N继承E,则N的用益权(作为在自己物上所成立的物权)继续存在,从而阻却了H的顺位改善。

2. 欠缺被担保债权时的所有权人担保物权

更具有实践意义的,是对该原则的第二项突破:在抵押权中, 10
被担保债权的不成立或消灭,并不导致抵押权的消灭,并因而使后顺位的债权人顺位晋升;相反,此时该抵押权以所有权人担保物权之形式,归属于所有权人(参见民法典第1163条并第1177条;其他的情形可见民法典第1163条第2款、第1168条、第1170条第2款)。

在上述所论之举例中,第二(以及第三)顺位抵押权人通常通过较苛刻 11
的贷款条件,以使其较劣的顺位获得补偿;依此而言,此项突破之道理,也就至为显然了。

然而在以前的实践中,后顺位债权人可通过与所有权人达成协议,使所有权人负有将移转于所有权人之担保物权立即注销的义务,以达到顺位晋升的目的;并且对该注销请求权,可采取预告登记(注销之预告登记)方式进行担保。经1977年6月22日之立法,在前顺位或同顺位担保物权与所有权发生混同时,任何土地担保物权人,均享有一项不必登记于土地登记簿之法定的注销请求权(民法典第1179a条,详参本书第46章边码33以下),这样此前这种特殊的实践做法,也由此而一般化。其结果是,灵活性的顺位关系原则,在土地担保物权中又被恢复。

（三）顺位约定

12 顺位关系以权利成立时间为准的原则，并不排除当事人可就顺位关系，作出不同的约定。其约定方式，可表现为：

1．自始约定：另行约定的顺位，须在土地登记簿中注明（顺位附注（Rangvermerk）民法典第879条第3款，参见本章下述边码23以下）；

2．事后约定：此时被称为顺位变更（民法典第880条，参见本章下述边码38以下）；

3．最后，所有权人还可为将来的“（权利）分派”，保留其顺位（顺位保留，民法典第881条，参见本章下述边码31以下）。

第二节　顺位关系

参见本章第二节末之表10。

一、规则

（一）空间原则与时间原则

13 民法典第879条所包含的基本原则，初看上去很容易理解：

在土地登记簿同一栏中，所登记之各权利的顺位关系，依登记之空间顺序而定（民法典第879条第1款第1句：“空间原则”，“Locusprinzip”）。

登记于不同栏目中的各权利，依所注明之登记日期决定其顺位关系；日期相同者其顺位亦相同（民法典第879条第1款第2句：“时间原则”，“Tempusprinzip”）。

例如：（暂不考虑土地登记簿样本中的具体细节）

第二栏	第三栏
1984年5月2日：原所有权人	1978年3月12日：H的抵押权

N的用益权	1984年5月2日:银行B的抵押权
	1984年7月1日:建筑企业U的保全抵押权

依上述,该土地上H的抵押权优于所有其他权利,N的用益权与B的抵押权享有同等顺位,但它们二者均优于U的保全抵押权。

（二）顺位之产生

紧跟着就会产生这一问题:这种登记上的先后顺序,又是怎样产生的?若认为产生于某种偶然性,或产生于登记法官自己的衡量判断,则这一标准显然具有随意性。其决定性标准,应该是数项涉及同一权利的登记申请,到达土地登记局的时间先后顺序。 14

1.《土地登记条例》第17条、第45条之规则

《土地登记条例》第17条、第45条,将此项基本规则,具体化为: 15

(1)在先提出之登记申请办理完毕前,不得就后提出之申请,先为登记(《土地登记条例》第17条)。

(2)在登记簿同一栏中进行数项登记时,则各登记之先后顺序,应与登记申请之时间顺序相符合(《土地登记条例》第45条第1款前半句)。

但该规则在下列两种情形中,须作变化处理:

(3)在登记簿同一栏中登记之数个权利,依当事人之意愿应享有相同之顺位时,则须在登记簿中注明(《土地登记条例》第45条第1款后半句;若未注明,则先登记之权利,享有优先顺位!)。

(4)于同一天在登记簿之不同栏目中办理两项登记时,则该两项登记享有相同顺位(民法典第879条第1款)。假如这两项登记申请,虽在同一天,但在不同时刻到达土地登记局,则使它们获得相同之顺位,将违反《土地登记条例》第17条所规定之基本原则;故而,必须在登记簿中通过顺位附注方式清楚标明,先提出申请之权利优于后申请者(《土地登记条例》第45条

第2款)[4]:

如在上举例(边码13)中,N的用益权与B的抵押权享有相同顺位。假如B的抵押权登记申请先一小时到达,则必须注明抵押权具有优于用益权的优先顺位。

其他的例子:巴伐利亚州最高法院,《德国司法》,1982年,234页。

2.《土地登记条例》第17条、第45条与民法典第879条间的关系

(1) 通说观点

16 《土地登记条例》第17条、第45条与民法典第879条,依照通说,就如下内容彼此一致:土地登记条例解决的是,各权利应按怎样的顺序进行登记,进而获得各自的顺位(也就是登记申请在时间先后上的顺序);而民法典回答的是,在登记之后,该顺位又是怎样确定的。

假如把土地登记簿比作地图册,则《土地登记条例》规定,"应怎样去绘制地图";而《德国民法典》回答,"已绘制好的地图必须怎样阅读"。

按照这一通说,对顺位关系来说,登记为决定性标准。即使土地登记局之登记行为,违反了《土地登记条例》第17条、第45条之规定,仍以登记为准;在通常情况下,此时仅成立针对国家的公务员责任请求权。

17 例如:H1于1984年4月10日、H2于1984年4月15日提出各自的抵押

[4] 同时提交数项申请文件的公证人,不享有以非要式方式决定这些登记申请,应以某种先后顺序到达土地登记局的权限(法兰克福/美因河畔州高等法院,《新法学周刊—司法判例报告,民法》(NJW - RR),1992年,725页;另参本书第16章边码10)。

权登记申请,但在登记时,土地登记局却将 H2 登记在 H1 之前。依据通说,此时 H2 的抵押权享有优先顺位。在通说看来,也不可能对此项登记行为错误进行修正。首先由于土地登记簿内容并非不正确(法兰克福州高等法院,《非诉事件管辖实务》(FGPrax),1995 年,17 页),故民法典第 894 条以及《土地登记条例》第 22 条之规定,均被排除适用。[5] 其次也不成立不当得利请求权(持此观点者,如《联邦最高法院民事判例集》(BGHZ),第 21 卷,98 页 = 鲍尔,E. Slg.,案例 6)。尽管 H1 通过抵押权设立之物权合意、登记同意以及登记申请之提出(民法典第 873 条第 2 款),已获得一项期待,而且因 H2 之在先登记,使该项期待归于丧失;但有疑问者,民法典第 879 条之规范目的,是否并非在于最终地确定一项顺位关系;而更有疑问者——这在占统治地位的观点看来,具有决定性意义——,H1 是否已取得一项受绝对保护的法律地位,也就是说,是否取得一项可作为侵害型不当得利请求权基础的法律地位(在结论上对此予以拒绝者,《联邦最高法院民事判例集》,第 21 卷,98 页 = 鲍尔,E. Slg.,案例 6;霍赫(Hoche),载《法学教育》(JuS),1962 年,60 页;慕尼黑德国民法典评注/瓦克(Wacke),民法典第 879 条,边码 34;韦斯特曼/艾克曼,§ 97,II,7;施陶丁格/库特尔(Kutter),民法典第 879 条,边码 42;威廉,载《德国法学者报》,1990 年,509 页。持另说者,黑克,§ 41,7,b;哈里 韦斯特曼,第 5 版,§ 81,II,7,以及同氏文,载《法学者报》,1956 年,656 页;施塔德勒,载《民法实务档案》,第 189 卷,459 页以下,及其所引资料;泽格尔/施蒂尔纳,民法典第 879 条,边码 12)。与此处欠缺顺位约定时出现错误顺位应相区别者,为本章下述边码 25 以下所要讨论的问题,即登记官员违反当事人债权性或物权性的顺位约定时,应具有什么样的效果。

(2) 更值得赞同的另一种观点

对上述关于顺位成立上的通说观点,并非没有争议。黑克氏 18
即持另说,而且其理论在根本上更值得赞同。依黑克氏的观

---

[5] 亦不成立依职权之异议(《土地登记条例》第 53 条;另参本书第 16 章边码 56 以下);正确意见者,巴伐利亚州最高法院,《德国司法》,1995 年,16 页。

点,[6]则在各权利人之间(inter partes),永远以而且仅以实际发生的登记,在时间上的先后顺序,作为决定顺位成立的标准(对此参见施塔德勒,载《民法实务档案》,第189卷,425页以下、443页以下;泽格尔/施蒂尔纳,民法典第879条,边码7),而民法典第879条之规定,仅对善意第三人具有意义(民法典第892条)。

依此而言,在上举例中,其决定标准应是,H2在时间上也要先于H1被登记。依据黑克氏学说,此时登记簿亦为正确,仅只成立颇具争议——本书认为应为肯定——的不当得利请求权。若H1虽在时间上先被登记,后登记之H2却在空间上被错误地登记于H1之前,则依黑克氏观点,此时登记簿为不正确;对此参见本章下述边码20以下及其例举。

(三)在事后达成物权合意时以登记为准

19 为了法律安全性起见,即使在物权成立所要求的物权合意于事后才达成时,仍以登记为准(民法典第879条第2款)。

在上例中,假如H1的抵押权,仅是依据所有权人E的登记同意而被登记,且在该登记时,根本就不存在E与H1间的抵押权设立合意(这种登记方式的原因,比如面对"提供优惠条件的"老债权人H1与强缠不休的债权人H2. E无论如何都会优先考虑对H1提供担保),则即使在E与H1间的抵押权设立合意,于两抵押权登记后很长时间才达成时,H1仍享有优于H2的优先顺位。

此外,H1的抵押权,只是在H2的抵押权之后才"兑现成立",也就是说H1所提供的贷款,只是在H2的贷款后才贷出时(民法典第1163条第1款第1句),亦同样适用登记为准的原则。

---

〔6〕 黑克,"物权法",1930年,1970年重印版,附录4,496页以下。

（四）反常的特殊情形

民法典第 879 条所包含的规则，看起来很清晰，在实践中适用时也常无困难。然而，在两种反常情形中，会产生出解释上的疑问：

1. 同一栏中的登记时间顺序与空间顺序之间存在矛盾

第一种特殊情形，就是在同一栏中所进行的登记，其登记时间顺序与空间顺序之间相互不一致。 20

例如（采自《柏林市高等法院关于非诉事件管辖案件之裁决年鉴》，第 41 卷，223 页）：在登记簿中为 H1 登记了一项预告登记，但该预告登记在事实上已消灭。1984 年 4 月 15 日在该预告登记之后，为 H2 登记一项抵押权。后来 H1 贷给 E 一项贷款。由 E 同意登记的 H1 的抵押权，于 1984 年 6 月 1 日在空间上被登记在——已不存在但未被注销的——预告登记的位置上，也就是登记在第一顺位上。

那么此时的决定标准是空间顺序呢，还是时间顺序？柏林高等法院采第二种观点（同说者沃尔夫/赖泽尔，§ 41. 注 2），而帝国法院（最高法院刑事判决，1935 年，1016 号；持同说者韦斯特曼/艾克曼，§ 97，II，2）却赞成空间顺序观点。柏林高等法院的意见，可资赞同（参见泽格尔/施蒂尔纳，民法典第 879 条，边码 6 与 7；慕尼黑德国民法典评注/瓦克，民法典第 879 条，边码 15 以下；威灵，§ 21，I，2，b，bb；威廉，边码 736 以下、738；施塔德勒，载《民法实务档案》《民法实务档案》，第 189 卷，440 页以下）。但同时须注意者，柏林高等法院的观点，是以黑克氏学说作为其论证基础，而通说则仅只能通过对空间原则的目的限缩解释，方可达到正确的结论（泽格尔/施蒂尔纳，民法典第 879 条，边码 7，及其所引资料）。再者，此时土地登记簿是因违反程序法之规定，而导致不正确，故可成立依职权之异议（《土地登记条例》第 53 条第 1 款第 1 句）与登记簿更正请求权（民法典第 894 条）（参见施塔德勒，载《民法实务档案》，第 189 卷，458 页）。

2. 不同栏目中的登记时间与所注明日期之间存在矛盾

21 在确定登记于不同栏目中的权利顺位关系时,依民法典第 879 条第 1 款第 2 句之条文文意,应以注明登记之日期为准;即使在该日期未正确地反映实际登记时间时,亦是如此。

例如:在上述边码 13 处之例中,登记官员不是以——实际发生的——1984 年 5 月 2 日,而是以 1983 年 5 月 2 日,作为 B 抵押权的登记时间登入登记簿。此时银行 B 的抵押权是否享有优于 N 的用益权的优先顺位呢?完全通说之观点,对此问题持肯定意见。反之,黑克(氏著 496 页以下)、韦斯特曼/艾克曼(§ 97,II,3)以及威灵(§ 21,I,2,b,cc)认为,应仍以实际登记时间(也就是 1984 年 5 月 2 日)为准(持同说者,现在的泽格尔/施蒂尔纳,民法典第 879 条,边码 10;施塔德勒,载《民法实务档案》,第 189 卷,425、444 页以下;本书第 15 版曾采不同意见)。由于民法典第 892 条对善意第三人提供保护,故采用事实上的登记优先标准,并不会导致不公平之结果。故应依后说,此时土地登记簿为不正确,并得适用《土地登记条例》第 53 条第 1 款第 1 句、民法典第 894 条之法律效果。

(五) 小结

22 在阐述例外情形之前,我们对上述讨论作一小结:

登记于登记簿同一栏中的各权利的顺位,以空间的顺序为准(但在空间顺序与登记时间不一致时,以后者为准)。

登记于登记簿不同栏目中的各权利的顺位,以注明登记之日期为准(与“真实”登记时间不一致时,则以后者为准,但有争议)。

二、例外情形

(一)意定性的顺位确定

23 由于决定顺位关系之标准,为登记申请到达土地登记局的时间先后顺序,故依该顺位关系规则——如我们在《土地登记条例》第 17 条与第 45 条之相互配合中所看到的——在确定顺位时,常常使顺位确定带有(到达时间上的）偶然性因素。这种以（到达时间之）偶然性为准，来确定其顺位关系，在实践中仅体现于两种情形：

其一是这种偶然性本身就符合当事人的意愿：

比如在建造房屋时，先为县储蓄银行申请并登记了第一顺位抵押权，之后又为建筑储蓄银行等等办理第二顺位抵押权。

其二在需取得登记同意之抵押权与强制抵押权之间，或者数强制抵押权彼此间，产生竞争时：

如在 H2 基于一项执行名义谋求强制抵押权之登记时，受债权人 H1 催逼的债务人却同意为 H1 登记一项抵押权。

除这两种情形外，当事人所享有的顺位，均为事先所精心安排。有计划安排的顺位关系，我们称之为意定性的顺位确定，且其情形包括“成功”（边码 24）与“不成功”（边码 25 以下）两种。

1. 成功的顺位约定

成功的顺位关系约定，其前提条件为，当事人就权利应享有的顺位达成物权合意，〔7〕并且将该顺位关系登记于土地登记簿（民法典第 879 条第 3 款、《土地登记条例》第 45 条第 3 款第 2 种情形）。〔8〕 24

例如：E 与其债权人 H 以及用益权人 N 约定，H 的抵押权应享有优于为 N 设定的用益权的优先顺位。若该约定通过顺位附注——至少要在 N 的用益权中注明（但注意《土地登记条例》第 18 条之规定）——而清楚地体现于土地登记簿中，则即使在这两个权利之登记申请为同时提出，并同时被办理时，H 仍获得优先顺位。

---

〔7〕 顺位约定亦得以默示方式达成；例如：巴伐利亚州最高法院，《德国司法》，1993 年，13 页；关于符合形式要求的顺位约定及其解释，参见策勒州高等法院，《经济法杂志》，1997 年，1830 页。

〔8〕 关于成功的与不成功的顺位约定，尤参施特罗伊尔，载《德国司法》，1985 年，388 页；容维尔特与弗卢梅上揭氏著（二氏在某些方面，观点相左）。

通过这个例子可清楚地看出，顺位确定不仅为物权合意的构成部分，且常常也是债权行为的内容：比如E对H负有设定第一顺位抵押权的债法义务。至于这种性质的债法关系，是否也存在于H与N之间（比如N负有将其优先顺位转让给H之义务），则为事实问题；但这一事实，仅在三方一起谈判时，才有可能发生。

至于以法律行为方式通过顺位保留与事后顺位变更来确定顺位时，所产生的特殊法律问题，应在本章第三节与第四节中详细予以讨论。

2. 不成功的顺位约定

25 不成功的顺位约定，不很常见。其情形最好举例来说明：

G1以"设定第一顺位登记抵押权"为条件，提供给E一笔利率为7%的30,000马克贷款。该抵押权之登记申请，并附E的登记同意，虽已到达土地登记局，但因疏忽而未办理。后又有G2同意以"第二顺位登记抵押权"为担保，提供给E另一笔利率为9%的25,000马克贷款。G2的抵押权被登记，而且位于第一顺位。后经查明登记局登记工作存在差错，G1才被登记，但只能登记于第二顺位。

此时的登记情形，图示如下：

物权合意	登　记
为G1：设立担保额为30,000马克的第一顺位抵押权 为G2：设立担保额为25,000马克的第二顺位抵押权	为G2：登记担保额为25,000马克的第一顺位抵押权 为G1：登记担保额为30,000马克的第二顺位抵押权

26 首先来看一下物权法律关系：

关于顺位确定之合意与登记，相互间出现矛盾：所约定的顺位关系未被登记，而登记的顺位并非所约定者。由于欠缺相应的登记，故所约定的顺位关系显然不成立。而就所登记的抵押权而言，虽存在关于抵押权设定之原则性的物权合意，但欠缺关于登记簿现在所公示出来的物权顺位的合意。故而可准用民法典第139条之规定。[9] 但对G1来说，有一个抵押权总比没有强，故而此时在大多情况下，部分无效之效力并不及于整个法律行为。按照通说观点，此时这两项抵押权依登记之状态而成立，土地登记簿并非不正确。若按黑克氏学说，“真实的顺位关系”以实际登记时间为准（本章上述边码18；施塔德勒，载《民法实务档案》，第189卷，455页以下），则在本案——如同大多数情形——中，其所产生的结果，与通说并无二致。仅于抵押权依民法典第139条之规定，在例外情况下不成立（注销），或者——依黑克氏学说——在例外情况下“真实的顺位关系”与登记不一致（更正）时，才适用《土地登记条例》第53条第1款第1句、民法典第894条之规定；持另说者如容维尔特与弗卢梅，上揭氏著（登记簿永远不正确！）。

27 在债权关系上，E可向G2请求顺位后移（在登记技术上，体现为民法典第880条之顺位变更）。而其请求权基础，可为债权性约定，也可为不当得利之规定（持此说者，如韦斯特曼/艾克曼，§ 97，III，3）。此时应允许G1准用民法典第281条之规定，向E请求该请求权之让与（同说者，如威廉，边码745；持批评意见者施塔德勒，载《民法实务档案》，第189卷，463页以下；泽格尔/施蒂尔纳，民法典第879条，边码16及所引资料）。

在G1与G2间有关于顺位确定之契约约定时，则基于该约定，可产生一项G1向G2请求顺位后移的直接请求权（参见上述边码24）——但这一情形，极为少见。除此之外，可作为直接请求权之基础者，仅为侵害型不当得利请求权；通说观点就此种情形，虽否定侵害型不当得利请求权之成立，但此项见解并不正确（参见上述边码17所举之例；泽格尔/施蒂尔纳，民法典第879条，边码16；施塔德勒，载《民法实务档案》，464页以下）。

（二）顺位丧失

28 顺位丧失，亦仅在取得权利人之同意时，才生效力。依此而

---

〔9〕同此结论者，慕尼黑德国民法典评注/瓦克，民法典第879条，边码31；韦斯特曼/艾克曼，§ 97，III，3；泽格尔/施蒂尔纳，民法典第879条，边码15；威灵，§ 21，I，3，a，aa；威廉，边码744；施塔德勒，载《民法实务档案》，第189卷，451页以下；联邦最高法院，《新法学周刊—司法判例报告，民法》，1990年，206页；施密特，载《法学教育》，1990年，499页；对此之一般概述，参见本书第19章，边码30以下。

言，即使土地登记局错误地注销优先顺位之附注，或登记一项未得权利人同意之顺位后移，甚或不正确地注销整项权利时，权利顺位仍继续存在。诚然，对善意取得人而言，仍以土地登记簿之登记状态为准（巴伐利亚州最高法院，《新法学周刊—司法判例报告，民法》，1989 年，907、909 页；对此案参见施密特（K. Schmidt），载《法学教育》，1989 年，1013 页）。

例如：H1 之第一顺位抵押权被错误注销，则善意之 K，取得无该项抵押权负担之土地所有权。

H1 之抵押权被错误注销后，第二顺位抵押权人 H2. 将其抵押权让与给善意之 D，则 D 成为第一顺位之抵押权人。

（三）无顺位能力（Rangunfähigkeit）

29 在土地登记簿中，也登记一些对权利交易具有重要意义、但其本身并非为土地物权的事项，如处分行为限制、破产附注、后位继承附注以及对登记簿正确性所提出的异议等等。这些附注之间，以及它们与已登记之权利间，不存在顺位关系问题，因为民法典第 879 条之规定，仅涉及土地上所负担之"权利"（但须注意民法典第 883 条第 3 款对预告登记之规定！）。

在——可让与之——土地物权上所成立的担保物权与用益权，依条文文意，虽不包含在民法典第 879 条之中（"…在同一土地上所负担之…"），但可准用该条规定（此为通说观点）。

其成立不以登记为要件之物权，依成立时间而定其顺位（如对证书抵押权之设质或扣押）。其例外情形，可参见民法典第 914 条第 1 款第 1 句；第 917 条第 2 款第 2 句并第 914 条第 1 款第 1 句：越界建筑定期金与必要通行定期金！

三、适用例举

土地物权之顺位问题,可由下例得以说明: 30

第二栏

1980 年 10 月 2 日:N 的用益权

1980 年 10 月 11 日:G 的地役权

第三栏

1979 年 9 月 2 日:银行 B 的抵押权

1980 年 10 月 2 日:建筑储蓄银行 X 的抵押权

1982 年 5 月 8 日:U 的保全抵押权

1981 年 11 月 17 日,已登记之两抵押权所担保之债权,各被偿还 1/4。

上述物权之顺位关系如下:

第一顺位:B 之剩余抵押权与 E——后于 B 顺位(民法典第 1176 条)之——部分所有权人土地债务。

第二顺位:X 之剩余抵押权与 E——后于 X 顺位(民法典第 1176 条)之——部分所有权人土地债务。

第二顺位:与 X 之剩余抵押权以及 E 之部分所有权人土地债务处于同一顺位之 N 的用益权。

第三顺位:G 之地役权。

第四顺位:U 之保全抵押权。

表 10　土地物权之顺位关系

	无瑕疵之顺位关系构造	有瑕疵之顺位关系构造
法定顺位关系	1. 同一栏中的登记："空间原则"，民法典第 879 条第 1 款 （注意：第一栏内容：取得原因、物权人；第二栏内容：物权负担；第三栏内容：土地担保物权） 《土地登记条例》第 17 条、第 45 条 2. 不同栏目中的登记："时间原则"——注明登记之日期（民法典第 879 条第 1 款）；同一天登记者，进行顺位附注，《土地登记条例》第 45 条第 2 款 注意：仅以登记为准（民法典第 879 条第 2 款）	1. 违反登记规则之登记，依通说，不使登记簿成为不正确，因为登记为顺位确定之设权性要件（也就是说无民法典第 894 条上的更正请求权！但有争议） 2. 依通说，针对违反登记规则而获得前顺位之债权人，受妨害之债权人不享有侵害型不当得利请求权（民法典第 879 条为其法律上的原因——登记前之法律地位获得错误之归属收益；但有争议）
约定顺位关系	与所有权人以及后顺位物权人达成物权合意，并予以登记（民法典第 879 条第 2 款），且该登记为其设权要件 注意：使获得顺位之债法义务，应与关于顺位关系之物权合意，严格区分开	1. 登记顺位与物权合意间，存在分歧： a）若无物权成立，则登记簿为不正确（民法典第 139 条）；成立民法典第 894 条以注销为目的之更正请求权 b）若物权成立（民法典第 139 条）：存在法定顺位，登记簿并非不正确 2. 受妨害之债权人，享有基于债权性顺位约定而生之请求权，且因对民法典第 281 条之准用，该请求权包含有请求所有权人让与针对优先顺位债权人之请求权（比如民法典第 812 条第 1 款上的请求权）的内容。——依通说观点，在债权人彼此间，不成立侵害型不当得利请求权！

第三节　顺 位 保 留

一、法律制度目的

(一) 立法之基本思想

土地所有权人对其土地设定负担,在开始时往往无法确定,所有这些土地负担的最终表现形式。这在他虽已找到愿意接受第二顺位抵押权的投资人,但第一顺位抵押权人常常还不能立即确定时,尤其如此。 31

实践中,在土地上进行建筑时,尤为典型,且体现为两种情形:

1. E 出卖给 K 一块建筑用地。对一部分买卖价金,E 愿意“接受第二顺位抵押权而予以担保”。因许多信贷机构——尤其是储蓄银行——仅在接受第一顺位担保时,才贷给建筑款项,故而以一定担保额度所确定的第一顺位指定,E 就让给新所有权人 K。

2. E 要在其土地上进行建筑,其建筑储蓄银行愿意“接受第二顺位抵押权,贷给建筑款项”,但 E 还未找到“接受第一顺位抵押权”,并以优惠之贷款条件给予贷款的银行(这在银根紧缩时期,完全有可能!)。此时该建筑储蓄银行表示同意,E 为自己保留(确定额度的)第一顺位。

民法典第 881 条之规定,就迎合了此种需求。依此,所有权人在登记一项权利时,可为以后将登记的另一项权利保留其顺位。

(二) 所有权人土地债务作为实践中的设计模式

但在实践中,顺位保留受到另一法律制度的冲击:在得到将要登记之第二顺位抵押权人(如出卖人或建筑储蓄银行)的同意时,所有权人可为自己之利益,先在第一顺位登记一项所需金额的所有权人土地债务(民法典第 1196 条)。所有权人一旦找到要求第一顺位的投资人,可对其让与自己的土地债务。此时,所有权人土地债务就转变为他人土地债务,并担保第一顺位 32

的借贷债权。此外,随投资人之意愿,该土地债务在让与时,亦可变更为抵押权(民法典第1198条)。

所有权人土地债务的优点在于,它可避免——在顺位保留中可能出现的(参见本章下述边码36)——相对性的顺位关系;而其危险则是,不仅第三债权人有可能对其实施扣押,而且所有权人还可能将其用于与第二顺位权利人所约定目的之外的其他用途。反之,在顺位保留中,强制执行债权人不得主张执行所保留之顺位(《联邦最高法院民事判例集》,第12卷,238页),[10]而且还可以将顺位保留限定在特定种类之抵押权(如建筑款项抵押权)上。

所有权人土地债务自身虽有上述风险,但常为实践所采用。故此,我们在阐述顺位保留时,也就只讨论一些原则性问题。

二、法律规定

(一)概念

33 基于顺位保留,所有权人在设定一项物权时,得保留将来将另一项范围确定之权利,置于该权利之前进行登记之权限(民法典第881条第1款)。

顺位保留为所有权之组成部分,[11]不得自所有权中予以分离(民法典第881条第3款),不允许被单独变价。即使在强制执行时,具体言之,在依民诉法第857条第1款实施扣押与转付,或一债权人于所保留之顺位上,登记一项强制抵押权(《联邦最高法院民事判例集》,第12卷,238页)时,顺位保留也不得单独地被变价。

(二)成立

34 顺位保留之成立,须由所有权人与因顺位保留而受限制之权

---

〔10〕 对此参见扬森(Jansen),"顺位保留与强制执行",载《民法实务档案》,第152卷,508页。

〔11〕 参见格伦斯基(Grunsky),"物权中的顺位问题",蒂宾根,博士学位论文,1963年。

利取得人，达成合意，并将保留登记入该受限制之权利中（民法典第881条第2款）。

常见的表述如：“为…的抵押权，特保留优先顺位…”。

对保留可附条件与期限；对保留也可约定，所保留之土地负担须为某一特定种类，如为建筑款项抵押权。

尤其在对附利息之土地担保物权，进行顺位保留之登记时，其登记申请应包含利息支付起期的规定（《联邦最高法院民事判例集》，第129卷，1页以下 =《新法学周刊》，1995年，1081页）；若登记申请对此未作说明，则以该土地担保物权之登记时间，为支付利息的起算点。

（三）行使

35 行使顺位保留时，由所有权人与后来将被登记之权利人，就顺位保留的利用达成合意，并将该利用进行登记。

官方样本的公式如：

“基于对位于第三栏第……号之前优先顺位保留之利用，而……”。

（四）效果

36 若因所保留之优先顺位而受益的权利，直接登记于受顺位保留负担的权利之后，则受顺位保留负担之权利，发生顺位后移。

若在该两权利之间，已登记有一项不受优先顺位保留负担的中间权利，则其情形较为复杂。由于中间权利不受所保留之优先顺位的影响，故此时产生——不是很受人欢迎的——相对性的顺位关系。换言之，基于所保留之优先顺位而构成之权利，仅在顺位后移权利之限额内，享有优于中间权利的优先顺位（准用民法典第880条第5款！）。另一方面，顺位后移之权利人，对超出顺位保留中保留额（此时还包括中间权利额）之外的负担额，不必使其优先于自己的顺位（民法典第881条第4款）。

由于这一结果,使得在运用顺位保留时,应加倍小心!

(五) 废止

37 准用民法典第877条之规定,顺位保留得因合意与注销而被废止。[12]

另有人主张,仅所有权人单方的废除意思表示与登记,即可废止顺位保留(民法典第875条;采此说者,如威灵,§ 21,III,3)。但这一争议并无实践意义(参见卡塞尔LG,《新法学周刊》,1956年,424页)。

更为重要的问题应是,顺位保留一经行使,是否就归于消灭。

在设定1号抵押权时,为担保额为20,000马克的另一抵押权,登记了顺位保留。该顺位保留,因登记2号抵押权而被行使。2号抵押权后被注销,并又登记了一项(利息更低的)新抵押权。那么该新抵押权是否也享有优先顺位呢?《柏林市高等法院关于非诉事件管辖案件之裁决年鉴》,第40卷,234页,对此正确地予以肯定(关于此项争议参见泽格尔/施蒂尔纳,民法典第881条,边码10与14;乌里希(Ulbrich),载《莱茵河公证人协会通讯》,1995年,289、303页)。

第四节 顺位变更

一、制度目的

38 顺位变更在法律效果上,与顺位保留之行使相同(即产生顺位交换)。故而,进行顺位变更的动机,与顺位保留所实现的目的,颇相类似。

实践中常发生的顺位变更情形,体现为:

1. 新要登记的抵押权,为仅接受第一顺位担保的信贷机构的抵押权。

---

〔12〕 参见法布里丘斯(Fabricius),载《德国司法》,1956年,155页与301页。

这样，已登记于第一顺位的抵押权人（如建筑储蓄银行），将其顺位移于新抵押权之后。若建筑储蓄银行为保险起见，要求通过第一顺位担保所获得的资金，也要用于建筑（由此会提高土地价值，其抵押权即使处于第二顺位，也足以担保其债权），则它可以将此项要求，作为顺位后移之条件；以此方式对顺位变更附条件，亦为法律所准许（参见泽格尔/施蒂尔纳，民法典第880条，边码4）。

2. H1在登记簿第三栏中先于H2被登记。后H1抵押权的担保额被增加。此时，所增加部分登记于第三栏之第三位置。但在H2表示同意时，该增加部分仍可获得优于H2抵押权的优先顺位（其例如：齐根LG，《德国公证杂志》，1964年，615页）。

3. 银行B提供给E一笔受抵押权担保的大宗贷款。但在顺位上，B的抵押权，位于N的用益权之后。这种顺位关系上的劣势，使B产生顾虑，故打算解除该抵押权。但若N愿意表示"将其用益权顺位后移"，则B将放弃解除抵押权。

上列典型例子表明，不仅在两项已成立之权利间发生顺位交换时，可导致顺位变更（民法典第880条第2款之条文文意即为如此！），而且在"顺位前移"的权利第一次被登记时，也出现顺位变更（巴伐利亚州最高法院，《新法学周刊—司法判例报告，民法》，1989年，907、908页）。

二、法律规定

（一）概念与成立条件

1. 概念

顺位之变更，为一项对两个或数个权利的顺位，事后进行变更的物权行为。 39

2. 成立条件

变更顺位，须由顺位后移的权利人与顺位前移的权利人达成合意，并在登记簿中进行登记（民法典第880条第2款第1句）。

在该两项权利中同时注明变更事项，即发生顺位变更（《土地登记命令》第18条）；仅在顺位后移之权利中注明顺位变更事项，亦发生顺位变更之效果（帝国最高法院，最高法院刑事判决，1931 年，1912 号；《德国公证杂志》，第 44 卷，260 页）。

若两权利之权利人为同一人，则仅其意思表示与登记，即可使顺位发生变更（《德国公证杂志》，第 40 卷，241 页；亦参哈姆州高等法院，《德国司法》，1992 年，13、151 页，并附贝斯特迈尔之评注）；权利人变更顺位之目的，可为权利人打算将原第二顺位抵押权，变更为第一顺位而进行让与！

若顺位附注之登记，欠缺相应的物权合意，则登记簿为不正确（民法典第 894 条）。假如还欠缺登记同意（《土地登记条例》第 19 条），则可能会成立依职权之异议（《土地登记条例》第 53 条第 1 款第 1 句）。例案：巴伐利亚州最高法院，《新法学周刊—司法判例报告，民法》，1989 年，907、908 页；对此案参见 K. 施密特，载《法学教育》，1989 年，1013 页。

就被担保之借贷债权，在债权人交付借贷标的（亦即债权人放款）之前，所有权人得享有临时性的所有权人土地债务；为该所有权人之利益，在有疑问时，亦得适用抵押权上的顺位变更规则（《联邦最高法院民事判例集》，第 60 卷，226 页；有争议，参见泽格尔/施蒂尔纳，民法典第 880 条，表明 3）。

3. 第三人或所有权人之同意

40 顺位后移之权利，若负担有第三人之权利（如抵押权被设质或被扣押），则其顺位之变更，亦须获得该第三人之同意（民法典第 880 条第 3 款）。在土地担保物权顺位后移时，同样亦须得到土地所有权人之同意（民法典第 880 条第 2 款第 2 句），其原因为：任何土地担保物权背后，都潜在着所有权人土地债务。[13]

该同意为实体法上意思表示，且为非要式，故与作为权利被涉及者之所有权人的登记同意（《土地登记条例》第 19 条、第 29 条）应加区别（对此参见泽格尔/施蒂尔纳，民法典第 880 条，边码 15；巴伐利亚州最高法院，《新法学周刊—司法判例报告，民法》，1989 年，911 页；亦参本书第 16 章边码 23 以

---

〔13〕 这与债权分割时的顺位确定不同：民法典第 1151 条；有趣例案：哈姆州高等法院，《经济法杂志》，1991 年，1485、1487 页；并参本书第 38 章边码 12。

下、32 以下）。

4. 债权性的“顺位约定”

41 与具有物权效力之顺位变更应予以区别者，当事人可通过债权契约，约定优先顺位者负有在强制拍卖或强制管理时，允许顺位劣势者先行受清偿之义务。此类债权契约无形式要求，且其生效不以在登记簿中登记为条件；但其效力仅产生于当事人之间，故而对优先顺位之土地物权之受让人，该债权约定无约束力。

（二）效果

1. 顺位交换

42 顺位前移的权利，获得顺位后移权利的顺位。顺位前移权利所获得的顺位，不因顺位后移权利，嗣后以法律行为方式被废止而丧失（民法典第 880 条第 4 款）。

但须注意者，该规则不适用于顺位后移权利，因法律行为以外方式而消灭之情形。

2. 不得损害中间权利

43 不得因顺位变更，而影响中间权利的地位（民法典第 880 条第 5 款）：

例如：为土地出卖人 V 于第一位置，登记一项担保额为 10,000 马克的剩余价款抵押权。之后在第二位置为财税局 F，登记一项担保额为 4000 马克的抵押权，以担保所欠财税局之税收债务。银行 B 愿意以接受第一顺位担保为条件，提供给所有权人 E 一笔 30,000 马克的贷款。经 E 同意，B 与 V 达成顺位交换的协议。此后又为担保社会性住宅建筑（W）贷款，登记一项担保额为 8000 马克的抵押权。

其顺位关系依次为:B 的 10,000 马克,F 的 4000 马克,B 的 20,000 马克,V 的 10,000 马克,W 的 8000 马克。

其他例子:巴伐利亚州最高法院,《德国司法》,1985 年,434 页。

第五节　新联邦州中的土地物权顺位问题

44 对此参见本书前一版第 17 章第 5 节,以及本版第 63 章边码 11 以下与 49 以下。

第十八章　不正确的土地登记簿——针对登记簿正确性的异议——土地登记簿更正

第一节　不正确的土地登记簿

一、产生原因

随着讨论的深入,我们越来越清楚地看到,真实权利关系与土地登记簿登记状态间的相互脱节,也就是登记簿存在不正确,可有多种产生原因。本章将对这些产生原因作一总结性的、但绝不是穷尽性的概括。 1

(一) 程序法上的合意原则

登记簿不正确,可因土地登记法的特性,尤其由于所谓程序法上的合意原则而导致。 2

土地登记局仅审查权利被涉及者的登记同意,而实体法上所要求的物权合意,可能自始就欠缺,或自始无效,或嗣后——如基于民法典第119条以下之规定而被撤销——丧失。此时土地登记簿,或自始为不正确,或者嗣后成为不正确。

（二）物权合意与登记间的不一致

3 登记簿状态与实际权利状态间的相互脱节，还可因物权合意与登记间的不一致而产生。而这一不一致的产生，可基于当事人之原因，也可基于土地登记局之原因。

例如：

1. V打算将地籍块a出卖给K。因双方共同的错误，他们指称地籍块“b”为买卖客体。此时尽管有该错误陈述，但买卖契约与土地所有权让与合意所指者，均为“a”土地（错误陈述，falsa demonstratio）。若土地登记局将K登记为地籍块“b”的所有权人，则登记簿为不正确（K既不是地籍块“a”的所有权人——因为欠缺登记——，也不是“b”的所有权人——因为土地所有权让与合意所指向者，并非“b”——）。

案例：联邦最高法院，《有价证券法通讯》，1978年，194页；《联邦最高法院民事判例集》，第87卷，150页；联邦最高法院，《新法学周刊》，1986年，1867页；亦参本书第5章边码30以下。

2. V与K就土地“a”订立转让契约，但登记局却错误地在“b”中为登记。此时之情形，与上例相同。再者，就其登记文字已明确清楚的登记，不得依民法典第874条借助于登记同意，而作出不同于登记文字内容的解释（联邦最高法院，《新法学周刊》，1993年，3197页；持另说者，此前有杜塞尔多夫州高等法院，《德国公证杂志》，1987年，496页，并附德姆哈特（Demharter）之反对性评注）。

（三）不体现于土地登记簿中的物权变动

4 导致不正确登记状态的另一重要来源，体现为“登记簿之外”所发生的土地物权变动。

土地物权变动上的规则为，仅是以法律行为方式的物权变动，才须以物权合意与登记为其要件；反之，其他直接基于法律规定而发生的物权变动，则不以此二者为生效要件。在登记簿之外，可生物权变动者，如权利概括继受情形(继承、两个股份有限公司之合并、约定夫妻共同财产制之成立[1]),再如在土地担保物权中,起初存在被担保之债权,但后来债权——如因履行而——消灭(民法典第1163条第1款第2句、第1177条),或者土地担保物权移转至他人(民法典第1143条、第1164条)。

此外,一项处分行为限制,仍不正确地被登记或不正确地未被登记之情形,亦属于此。

例如:为K之利益,仍登记有一项——基于假处分命令之——让与禁止,但该假处分命令早已被撤销;或者,对E的财产已宣布进行破产程序,但破产附注还未登入登记簿。

(四)土地登记局的错误

最后,土地登记局自身在其工作中出现偏差时,也会导致土地登记簿的不正确。 5

上述边码3之例2. 即为其中的一种情况。其他常见情形,亦不难想象,比如在将一土地转记于另一新的登记簿簿页时,登记官员未将土地上的负担随同转记,因而导致注销(但不是权利之"消灭")后果之产生(《土地登记条例》第46条第2款),或者抵押权之注销,本应得到土地所有权人之同意,但登记官员仅依抵押权人的登记同意,就对抵押权予以注销(民法典第1183条、《土地登记条例》第27条)。

但须注意者,并非所有的登记官员违反登记程序之情形,均会产生不正确的土地登记;在前述章节(参见本书上述第17章边码16以下),我们已碰到虽违反程序,但土地登记簿仍为正确的情形(如在登记数个权利时,违反《土地登记条例》第17条、第45条之规定)。

二、概念

土地登记簿何时成为法律规定上的不正确,应自民法典第894条之规定中推断。依该条,登记簿内容与真实权利关系间的 6

[1] 并参本书第19章边码2以下,及其例举!

不一致,须针对:

1. 土地上的一项物权;至于该权利为所有权或为一项限制物权,则在所不问;

2. 该权利上所成立的一项权利(担保物权或用益物权);

3. 一项相对性的处分限制。

4. 与上述同视者,为预告登记与异议;至于该预告登记是不正确地被登记,或不正确地被注销,或者该异议不正确地被登记,均在所不问。[2]

7 例如:

第1种情况:地籍块混淆情形(本章上述边码3);无效的强制抵押权(联邦最高法院,《新法学周刊》,1995年,2715页)。

第2种情况:基于一项扣押决定,对H的登记抵押权实施扣押,但该扣押决定嗣后被撤销。

第3种情况:为K之利益,基于假处分命令登记一项让与禁止,而该假处分命令后被上级法院撤销。

第4种情况:K获得一项土地所有权让与合意之预告登记,后却发现,买卖契约为无效:登记簿为不利于所有权人E之不正确。或者:登记官员因疏忽而注销预告登记:登记簿为不利于K之不正确。反之,若所有权人尽管有反对之预告登记,而仍为第三人之利益对土地进行处分,则登记簿非为不正确,因为预告登记并无登记簿冻结作用(哈姆州高等法院,《新法学周刊—司法判例报告,民法》,1993年,529页;并参本书第20章边码34)。

在登记簿中的其他登记事项,尤其是不涉及登记簿公信力的事实事项说明有错误时,不成立技术意义上的登记簿不正确。准此而言,比如对所有权人的职业说明有误,或(疆界已确定且描述正确的)土地经营种类或面积大小注明有误,土地登记簿并非不正确。对这些事项说明之错误,土地登记局可自行纠正。

---

〔2〕 对此参见《帝国最高法院民事判例集》,第163卷,62、63页;《联邦最高法院民事判例集》,第25卷,16页,以及本章下述边码26;本书第20章边码25与62以下。

三、法律效果

不正确的土地登记簿，会损害该项不正确所涉及之真实权利人的利益：他不享受民法典第 891 条所规定之权利合法性效果（推定作用），且随时存在因善意第三人之取得，而导致权利丧失或权利受损之危险（民法典第 892 条、第 893 条）；其他的不利效果，参见民法典第 900 条、第 901 条、第 927 条之规定。 8

权利受损或权利丧失之程度，在具体个案中，自然存在极大差异：

例如：K 被错误地登记为 E 之土地的所有权人，K 将土地出卖给善意之 D，则 E 此时丧失对该土地的所有权。

尽管受抵押权担保的债权早已被偿还，但 H 仍被登记为抵押权人。H 将"抵押权"让与给 D，则 E 的所有权上仍负担有该项抵押权（民法典第 1138 条、第 892 条），D 可通过强制拍卖（强制管理），对 E 的这块土地予以强制执行。

四、救济

针对这种危险，法律必须提供相应的救济手段，其方式为： 9

1. 临时性的保护措施：

即针对登记簿正确性之异议。异议制度之目的，在于阻却因信赖登记簿之正确性而发生的权利取得（详参本章下述边码 10 以下）。

2. 终局性的土地登记簿更正（本章下述边码 27 以下）。

第二节　针对登记簿正确性的异议（Widerspruch）[3]

参见本书第 20 章末之表 12。

〔3〕 参考文献见泽格尔/施蒂尔纳，民法典第 899 条，边码 1 之前；慕尼黑德国民法典评注/瓦克，民法典第 899 条，边码 1 之前。

一、目的、法律效果与法律性质

（一）目的

10 按诸常理，因不正确之土地登记而被涉及的真实权利人，自然是希望尽快对登记簿予以更正（民法典第 894 条）。但实际权利关系常常并非是如此地清晰明确，以至使他能马上达到这一目的。故而，在更正之前的这段时间里，他就需要有一种保护措施，以避免因第三人之善意取得，而遭受权利上的不利益。这种保护措施就是异议。异议之登记，可基于“权利人”之登记同意，也可——在实践中多是如此——基于法院之假处分命令（本章下述边码 13 以下）。

（二）法律效果

11 民法典所采用的异议制度，并非是简单粗暴的救济手段，也就是说，它不导致矫枉过正。准此而言，异议并不导致对土地登记簿的“封锁”，亦即不导致土地登记簿冻结（Grundbuchsperre）。登记权利人虽有可能仅是登记上的权利人，但对权利仍可以进行处分；而异议所阻却与排除的，只是基于该项处分行为的善意取得（民法典第 892 条第 1 款第 1 句）；参见本章下述边码 21 以下。

（三）法律性质

12 自法律性质上看，异议既非“登记权利”的一项负担，也不是对“登记权利人”处分行为之绝对的或相对的限制，而是对一项在土地登记簿中可能是不正确体现的，或者根本就未体现的物权的临时性保护。若嗣后证实土地登记簿一直为正确，则异议自始就丧失意义。故而，也就“不存在针对异议的异议”（《帝国最高法院民事判例集》，第 117 卷，346、352 页）。

二、登记

（一）条件

13 异议的功能，是向土地权利交易，提示土地登记簿——可能存在——的不正确。因此，仅在异议也在土地登记簿中予以登记时，它才能实现此项功能。异议的登记，可基于：

1．登记同意

异议之登记，可基于被涉及者的登记同意而进行（民法典第 14
899 条第 2 款第 1 句第 2 种情形）。该被涉及者，即指依《土地登记条例》之规定，对登记簿更正须作出登记同意表示的实际权利人或登记权利人（参见本书上述第 16 章边码 32 以下）。

故在为真实所有权人 E 之利益时，登记同意人为被登记之表见所有权人（登记权利人）SE；为抵押权被错误注销之抵押权人的利益时，其登记同意人为真实所有权人。

人们或许要问，在 SE 或 E 试图就土地登记簿是否真的为不正确而进行争辩时，他们是否还愿意同意登记一项异议吗？但在实际生活中，确实存在一些“正派而慷慨的”人，他们会说：“我虽然否认登记簿是不正确的，但在这一争议解决之前，我仍同意在登记簿中登记一项异议。即使我不同意，异议人反正都可以通过申请法院的假处分命令，而使异议得以登记。”

2．假处分

其次，异议之登记，可以假处分为依据（民法典第 899 条第 2 15
款第 1 句第 1 种情形），也就是依据一项民诉法第 935 条以下所规定之法官命令（亦参民诉法第 895 条）。

为申请该假处分，申请人只需使其更正请求权显得可信（民诉法第 936 条并第 920 条第 2 款），而不必证明其权利所遭受的危险（民法典第 899 条第 2 款第 2 句），因为该危险实际上已存在于第三人善意取得之可能（鲍尔/施蒂尔纳，卷 I，“特别强制执行法”，边码 53.8）。

3．依职权之异议

依职权，登记法官也可为异议之登记，但仅以《土地登记条 16

例》所明定之情形为限。这主要体现为《土地登记条例》第18条第2款(参见本书上述第16章边码64以下)、第53条(参见本书上述第16章边码56以下)所规定之情形。〔4〕

4. 国家机关之嘱托

17 再次,在依《土地交易法》第7条之规定,办理不需许可之登记时,土地登记局得依主管机关之嘱托,而为一项异议之登记。参见赫明豪森(Herminghausen),载《德国公证杂志》,1963年,476页。

5. 所有权人依民法典第1139条所提出的申请

18 最后,还可根据所有权人依民法典第1139条所提出之单纯的申请,而进行异议登记。依该条规定,在抵押权设定后一个月内所登记之异议,甚至具有溯及的效力! 理由为:在债权人还未放款之登记抵押权中,对土地所有权人进行保护。

(二) 所登记之位置

19 针对一登记事项所提出之异议,在该登记事项之登记处注明;针对所有权所提出之异议,则如同一项所有权负担,在登记簿簿页之第二栏注明(《土地登记命令》第12条第2款、第19条)。

(三) 针对预告登记之异议?

20 异议之目的,旨在对物权予以保护。在对预告登记有善意取得之可能时,预告登记得视同为一项物权(参见本书下述第20章边码25以下、52、62

〔4〕 例案:联邦最高法院,《新法学周刊》,1962年,963页;1985年,3070页(异议权利人之登记)。

以下;《联邦最高法院民事判例集》,第25卷,16页)。

例如:NE在登记簿中被不正确地登记为所有权人。NE将土地出卖给D,并同意为D登记一项预告登记:D为恶意,并明知真实所有权人E对土地之所有权。在D将土地所有权让与合意请求权让与给Z时,若依通说观点(《联邦最高法院民事判例集》,第25卷,16、24页),则Z可善意取得该预告登记;故依通说观点之逻辑,此时就必须允许登记一项为E之利益而针对该预告登记的异议。而按本书之观点,在这种情形下对预告登记,不得进行善意取得,故而也不允许有对该预告登记的异议(本书第20章边码52)。反之,假如D为善意,则他已取得一项预告登记(本书第20章边码63以下);且该预告登记,随对Z让与土地所有权让与合意请求权,亦移转至Z。故所有权人(E)必须在办理预告登记之前,及时通过针对NE之所有权的异议登记来保护自己。

三、法律效果[5]

(一)公信力之击破

异议虽不导致土地登记簿冻结,但就其所指向的登记或注销事项,异议会击破土地登记簿之公信力(民法典第892条)。倘若与异议相反,登记簿内容被证实是正确的,则取得人仍取得其权利,该异议自始即失其意义。 21

在上述边码3处之例(地籍块混淆)中,在K的土地登记簿簿页第二栏所登记的一项异议,并不阻却K将土地让与给D,或为H设定一项抵押权。但该异议能阻却D以及H,依民法典第892条之规定而取得权利。若嗣后证实,登记簿并非不正确,亦即绝无地籍块之混淆,则该异议丧失其意义。

---

〔5〕 亦参本书第23章边码37以下。

（二）无推定作用

22 此外，异议既无为受异议而保护者之利益，适用民法典第 891 条推定作用之效力（否则，谁也不会对异议登记表示登记同意！），亦无推翻土地登记簿状态基于民法典第 891 条所成立之推定的效力（联邦最高法院，MDR，1967 年，749 页；并参本书第 23 章边码 38）。

如在上例中，尽管有异议之登记，登记簿仍为 K 在地籍块 b 上的所有权进行推定，换言之，V 必须证明，K 不是所有权人。

（三）保护效力的主体范围

23 再须注意者，异议仅在为权利人之利益而被登记时，才生效力（联邦最高法院，《新法学周刊》，1985 年，3070 页）。

例如：E 是一土地之所有权人，V 却不正确地被登记为其所有权人。V 将土地出让给 K。后由于 V 称土地所有权让与合意为无效（但——后来证实——事实并非如此），登记了一项为 V 之利益的异议。K 将土地又出让给 D。假如就 V 非为所有权人之事实，K 为善意，则 D 之取得为自有权人处之取得；若 K 为恶意，则 D 可自无权利人处进行善意取得。其原因是，为 V 之利益的异议，为不正确的登记；而为 E 之利益，该异议并不生效力！

若异议之登记为正确，则它对权利继受人亦生效力：

例如：E 针对 NE 之所有权，取得一项异议。该异议不仅在 NE 将土地出让给 K 时，产生法律效力，而且在 K 转让给 D 时，亦生效力。在 NE 为 H1 设定一项抵押权，H1 又将抵押权让与给 H2 时，亦同（对此参见梅迪库斯《民法》，边码 551）。若在 H1 抵押权设定之后，才为异议之登记，则其情形不同：在 H1 为善意时，H2 得取得抵押权；而在 H1 为恶意时，H2 能否取得抵押权，则有争议（《帝国最高法院民事判例集》，第 129 卷，124 页以下；梅迪库斯《民法》，边码 551）；依本书之见解，此时应为否定，其理由为，对前手取得予以善意信赖者，此信赖不受保护，而登记簿之善意取得作用，此时恰恰又被异议所排除！

（四）其他的法律效力

其他的法律效力，参见民法典第900条第1款第3句、第902条第2款、第927条第3款、《强制拍卖法》第48条。 24

四、注销

（一）条件

在下列情形下，异议得被注销： 25

1. 经——在基于登记同意或因法院强制而为的异议登记中——为其利益而予以异议登记的人，对注销异议表示同意；

2. 因——在因强制而为的异议登记中——异议所基于的法院裁决（比如假处分命令）被撤销。

（二）注销登记同意之请求权

若能证实异议登记为不正确或仍不正确地被登记，则可强制为注销之同意表示；此时准用民法典第894条之规定。〔6〕 26

如在上述边码3处之例中，若证明实际上并无地籍块之混淆，则异议登记之存在，虽无法律上的妨害，但事实上的妨害亦不可忽视（试想一下，谁会购买土地登记簿簿页中，登记有异议的土地呢?）。由此而论，K就必须享有向V请求作出注销该异议之同意表示的请求权。

〔6〕 泽格尔/施蒂尔纳，民法典第899条，边码6；联邦最高法院，《新法学周刊》，1969年，93页；韦斯特曼/艾克曼，§89，III，5，以及慕尼黑德国民法典评注/瓦克，民法典第899条，边码6；此为通说。认为直接适用民法典第894条之规定者，如威灵，§20，II，4，d。

第三节　土地登记簿更正[7]

一、基本原则

27 立法者为排除土地登记簿之不正确所提供的程序,可自两个视角得到理解,其一为以土地登记法为基础的程序法视角,其二为实体法视角:

(一)登记同意原则

28 在本书前述章节,我们已阐述,登记同意原则为土地登记法的最重要原则:物权变动之登记,须以权利被涉及者的登记同意为要件。该原则同样适用于登记簿不正确情形。因登记簿更正而使其真实权利地位,或其"登记权利地位"被涉及者,须对更正为同意之表示(对此参见本书上述第16章边码21以下、29与33)。

"真实权利人":所有权人同意重新登记错误被注销的抵押权,以更正登记簿。

"登记权利人":已登记的非所有权人同意真实所有权人登入登记簿。

登记簿更正之同意,可使土地登记局不必再去审查,登记簿此前是否为不正确。

(二)请求为更正同意表示之请求权

29 若同意人不愿为同意表示,则须强制其作出。法律提供给因

---

〔7〕 对此亦参维亚克尔(Wieacker),载《德国法学者报》,1936年,989页;德梅尔乌斯(Demelius),载《民法实务档案》,第157卷,361页;波勒(Pohle),载《法学者报》,1956年,53页;措伊纳(Zeuner),"在法律语境范畴中法效之客观界限"(1959年),133页以下;克布勒尔(Köbler),载《法学教育》,1982年,181页。早期以及专门文献索引,参见泽格尔/施蒂尔纳,民法典第894条,边码1之前;慕尼黑德国民法典评注/瓦克,民法典第894条,边码1之前;韦斯特曼/艾克曼,§ 89。

登记簿不正确而在权利上被涉及者，一项实体法上的请求作出更正同意表示之请求权，也就是土地登记簿更正请求权(Grundbuchberichtigungsanspruch)(民法典第894条)。

法律采取这一救济手段的原因，在于不正确之登记状态，体现为对真实权利人的妨害。而这一妨害——如同民法典第1004条之妨害——，必须能以实体法手段加以排除。故该请求权具有保全特征(参见本书上述第12章边码28)。——这是有趣的法律现象，即自权利受妨害中，产生出一项旨在要求作出程序法上意思表示，也就是更正同意表示的请求权。而该"妨害"，又恰恰仅能以这种方式，才能被"排除"(参见民法典第1004条!)。

(三) 更正同意之不必要

"在登记簿之不正确"——以《土地登记条例》第29条所规定之形式——"被证明时"，则不需要有更正之同意表示(《土地登记条例》第22条，亦参同法第25条)。其道理很显然：若权利被涉及者，已掌握证明登记簿为不正确的公文书形式的材料，则更正同意之要求，就纯属多余；而对基于民法典第894条之诉求来说，此时通常也欠缺法律上所保护之利益(对此参见菲尔特纳(Furtner)，载《德国公证杂志》，1963年，196页；茨魏布吕肯州高等法院，《新法学周刊》，1967年，1809页)。 30

例如：基于一项州中等法院的假处分命令，为K登记了一项土地所有权让与合意预告登记。后所有权人V提交一份撤销州中等法院该项决定之州高等法院判决，并申请注销该预告登记。此时不必要求K为注销之同意表示，即可为登记簿之更正[8](《土地登记条例》第25条)。 31

依民法合伙"营业体X"之章程，在有重要事由时，可基于多数决方式而

〔8〕 其他例子，如《联邦最高法院民事判例集》，第39卷，21页；巴伐利亚州最高法院，《德国司法》，1980年，278页；1993年，148页；《德国公证杂志》，1997年，337页。

开除合伙人；且在开除决议作出后四个星期内，未提起继续合伙契约关系的确认之诉时，该决议之效力，即具有终局性。合伙人A、B、C决议开除D，并在六个星期后提出更正土地登记簿之申请，因为D的应有份额已移归他们所有（民法典第738条第1款第1句）。此时开除决议虽可以《土地登记条例》第29条所规定之形式得以证明（如公证证书），但未提起诉讼的证明，却不符合此种形式要求。故而，依《土地登记条例》第22条之规定，A、B与C的更正申请不成立；该三合伙人，或许还须依民法典第894条之规定，再行起诉（斯图加特州高等法院，《新法学周刊—司法判例报告，民法》，1990年，2757页；此外，联邦最高法院，《德国司法》，1990年，158页，以及本书第19章第1节，一、（二）。对此要求较宽松者，如巴伐利亚州最高法院，《德国司法》，1992年，19页；1993年，105页；石勒苏益格州高等法院，《德国司法》，1992年，149页：非要式之合伙契约中，一合伙人死亡；法兰克福州高等法院，《德国司法》，1994年，106页：已预告登记之请求权，已归于消灭）。

（四）债权性的更正请求权

32 与物权性更正请求权应相区别者，为司法实践所发展起来的所谓债权性更正请求权。该请求权之基础，为不当得利法规定，有时亦可基于侵权行为法规定。

例如（采自帝国最高法院，《德国法莱比锡杂志》，1924年，292页，以及联邦最高法院，《新法学周刊》，1973年，613页；此外参见《帝国最高法院民事判例集》，第129卷，307、311页；第112卷，260页；慕尼黑德国民法典评注/瓦克，民法典第894条，边码35、36；雅尔（Jahr），载“舒尔茨（Schultz）纪念文集”，1987年，117、140页）：

V在1919年年中，将其土地出卖给原告K，并为土地所有权让与合意。K以所有权人登记于登记簿中。1919年底K将土地出让给被告B，并办理了登记。1921年K因精神病被宣布为禁治产人。K的监护人以——他可证明的——K在1919年底已患精神病为理由，提起登记簿更正之诉。B辩称，K不是所有权人，也就是K无主张更正请求权之合法资格，因为V–K间的让与行为，亦因K患精神病而为无效。若该辩称成立，则K自身确实不符合民法典第894条所规定之条件，所有权人应仍为V。但由于B无法律上的原因，获得一项“登记权利地位”，故K可依不当得利之规定，向B请求该“登记权利地位”之返还。因民法典第891条（推定作用）、第900条（登记时效取得）之规定，对K来说，重新获得该登记地位，具有重要意义。

在原因行为之履行不达目的，或原因行为为无效，从而予以回复原状时，最好不要认为此时成立债权性更正请求权：出卖的是土地X，而达成土地所有权让与合意的以及登记的，却是土地Y，或者买卖契约违反了民法典第138条之规定。若出卖人请求不当得利返还，则发生完全的所有权回复让与，且该回复让与，在根本上与登记簿之更正，无任何关系，因为登记簿并非不正确（泽格尔/施蒂尔纳，民法典第894条，边码25）。或许在原因行为与物权行为双重无效，给付型不当得利请求权与民法典第894条之请求权发生竞合时，可称其为债权性的更正请求权；但由于该不当得利请求权之请求内容，与物权性更正请求权相同（登记权利地位之返还），故而其存在并无实际意义。〔9〕 33

二、请求权之权利人

（一）因不正确之登记簿登记状态（参见本章上述边码6以下），而在其权利地位上受妨害者，享有更正请求权。 34

（二）更正请求权人须证明：

1. 他是土地物权之权利人；

——如上所述，为其利益而存在一项预告登记或一项相对性处分限制时，受利益者与土地物权权利人同视（本章边码6）；

2. 该物权“未登记或未正确登记或因登记不存在的负担或限制而受妨害”（民法典第894条）。

---

〔9〕 富有启发性的例案，参见巴伐利亚州最高法院，《德国司法》，1992年，513页：对已注销之权利（如强制拍卖附注等等），不成立以在土地登记簿中不显示该权利及其注销为内容的请求权。

三、请求权之义务人

(一) 请求权之相对人

35 依土地登记法之规定,为恢复正确的登记簿登记状态而须得其登记同意者,即为更正请求权之相对人。[10]

有趣的是,实体法请求权之相对人,却产生自程序法,也就是土地登记法之规定![11] 依此,请求权相对人可以为数人:

例如:为 H 不正确地登记了一项抵押权,而 B 又扣押了该抵押权(无善意取得之可能!),则对 E(此外,对后顺位之抵押权人亦是如此)来说,不仅 H,而且 B 均负有为更正同意表示的义务。——若 H 将抵押权出质给 B,则有质权善意取得之可能。此时登记簿之更正,得以下列方式进行:抵押权被注销,但附有指示,即在出质给 B 之范围内,该抵押权仍继续存在。

36 对登记簿不正确之引起,义务人为明知或为无意识,甚或对登记簿不正确,义务人是否知情,均在所不问(如同民法典第 985 条之所有物返还请求权与民法典第 1004 条之妨害防止请求权,更正请求权亦无侵权法上的特征!)。

(二) 请求权相对人之防御

1. 对请求权构成要件的否认

37 显然,请求权相对人可驳斥更正请求权构成要件之成立。因登记簿登记状态——即使可能为不正确——为被告进行推定(民法典第 891 条),故举证责任由原告负担。

---

〔10〕《联邦最高法院民事判例集》,第 41 卷,30、32 页;联邦最高法院,《新法学周刊》,1996 年,1890、1891 页 r. Sp. 。

〔11〕 但在登记权利人因被宣布破产而无处分权限时,则正确的被告为破产管理人(策勒州高等法院,《新法学周刊》,1985 年,204 页;关于取回权,参见鲍尔/施蒂尔纳,卷 II,“支付不能法”,边码 14.7)。

2. 诉讼上抗辩与抗辩权

相对人也可主张,登记簿虽然不正确,但原告负有引起产生目前存在的登记状态之债法义务,或他——被告——享有留置权之抗辩权,或者还可主张,原告之请求违反诚实信用原则。[12] 38

例如:V与K间的买卖契约有效,但土地所有权让与合意无效。K可以以V负有补签一份有效的土地所有权让与合意为理由,对V的更正请求权予以抗辩。 39

买卖契约与土地所有权让与合意均无效,但K已对土地支出了重大费用。K在费用受偿还之前,可针对更正请求权而主张留置权(《帝国最高法院民事判例集》,第114卷,266页)。须说明者,通说观点将民法典第987条以下之规定(因土地毁损或因收益与支出费用),准用于登记权利人之地位,参见《帝国最高法院民事判例集》,第114卷,266页;第121卷,335页,与第158卷,40页(排除间隙时间里所设定的负担!);第133卷,283页;第163卷,62页;《联邦最高法院民事判例集》,第41卷,30页(收益与支出)=鲍尔,E. Slg.,案例11;并参达林格(Dallinger),"登记占有人的义务",蒂宾根,博士学位论文(1958年),以及梅迪库斯,"民法",边码454。

其他例子:联邦最高法院,《新法学周刊—司法判例报告,民法》,1990年,847页(因买卖契约与土地所有权让与合意双重无效,产生登记簿更正请求权,而因反向的损害赔偿债权,又产生留置权);联邦最高法院,《德国司法》,1990年,158页(依民法典第738条第1款第1句,因原有份额扩大产生登记簿更正请求权,而因退伙人的清算请求权,又产生留置权);联邦最高法院,《新法学周刊—司法判例报告,民法》,1989年,201页(因请求权消灭,要对土地所有权让与合意预告登记予以更正,而因买卖价金之支付,又产生留置权)。

在以更正方式注销土地担保物权时,司法判例正确地否定因反向请求权而产生留置权(联邦最高法院,《新法学周刊》,1988年,3260、3261页;并参本 40

〔12〕 联邦最高法院,《新法学周刊》,1974年,1651页;1988年,3261页;联邦最高法院Z,第122卷,308页=《新法学周刊》,1993年,2178页;亦参本书第5章边码26以下。

书第 40 章边码 22)。

四、请求权内容——无让与性

(一) 登记更正同意及其强制

41 请求权的内容,旨在要求对方作出登记簿更正所必要的登记同意。该同意表示须符合《土地登记条例》第 29 条所规定的形式(参见本书第 16 章边码 44;关于更正费用参见民法典第 897 条)。

若相对人不愿意表示登记更正之同意时,须强制其作出同意表示;已生确定效力之判决,得替代该同意表示(民诉法第 894 条)。[13]

1. 系争权利之让与

42 以诉讼方式所主张之更正请求权,并不能阻却请求权相对人就其"权利"为让与处分(民诉法第 265 条);但该诉讼程序之判决,除权利继受人为善意外,得对其发生法律效力(民法典诉法第 325 条)。依此而言,在此种情形下,异议也有其意义。[14]

---

〔13〕 对许可或拒绝登记簿更正请求权之判决的法律效力,适用关于返还判决法律效力的规则:依照联邦最高法院的观点,许可(联邦最高法院,《联邦最高法院裁判汇编》,民法典第 987 条,3 号)或拒绝(联邦最高法院,《新法学周刊》,1981 年,1517 页)登记簿更正请求权之判决的法律效力,亦作用于后续请求权(如对收益返还请求权,联邦最高法院,《新法学周刊》,1983 年,164 页);亦参鲍尔/格伦斯基,《民事诉讼法》,边码 233 至 235;威灵,载《法学者报》,1986 年,5、8 页;亨克尔(Henckel),《程序法与实体法》,1970 年,183 页以下。

〔14〕 故此,诉讼系属之附注,也可登记于土地登记簿中,参见茨魏布吕肯州高等法院,《新法学周刊》,1989 年,1098 页;石勒苏益格州高等法院,《新法学周刊—司法判例报告,民法》,1994 年,1498 页,并参各自所引资料;拉恩(Rahn),载《巴登 - 符腾堡州公证杂志》,1960 年,61 页。对此之证明,可类推适用《土地登记条例》第 22 条之规定,只须以公文书形式,无获得假处分命令之必要(如上引茨魏布吕肯州高等法院与石勒苏益格州高等法院之判决及其所引资料;泽格尔/施蒂尔纳,民法典第 899 条,边码 14;有争议,持另说者如慕尼黑州高等法院,《新法学周刊》,1966 年,1030 页)。关于诉讼系属附注的有趣例案,参见科不伦次州高等法院,《德国司法》,1992 年,102 页。

E 土地上 H 之抵押权被不正确注销,H 诉请 E(E 不仅是登记权利人,也是实际权利人!)作出抵押权重新登记的同意表示,则 E 在诉讼进行期间,仍可将土地出让给 K。该诉讼在 H 与 E 间仍继续进行。若 H 获胜诉,则“判决可转换为对 K 之判决”(民诉法第 727 条)。[15] 但 K 可以以他既不知登记簿之不正确,也不知已生系属之诉讼为由,对此判决提出诉讼抗辩(民诉法第 325 条第 2 款并民法典第 892 条)。此时,可产生 E 对 H 所负之损害赔偿义务(民法典第 823 条第 1 款;民法典第 816 条与第 687 条第 2 款也可以适用)。

2. 登记更正同意与权利变动之登记同意

43 登记更正之同意,应与权利变动之登记同意,严加区别(对此参见本书上述第 16 章边码 21 以下、32 与 33)。

3. 因民法典第 895 条、第 896 条而生的请求权扩展

44 民法典第 895 条、第 896 条,对登记簿更正请求权的适用范围有扩展,其中第 895 条适用于登记同意之义务人自身,还未登记于土地登记簿(如他是“登记权利人”的继承人)之情形。

(二) 更正请求权之无让与性与无时效性

45 更正请求权为其赖以成立之物权的派生物。在让与该物权时,更正请求权即自动移转于取得人。故而,更正请求权不得通过让与,而与它所属的物权相分离,但权利行使之授权,却无不可(民法典第 185 条)。[16]

---

〔15〕 参见鲍尔/格伦斯基,《民事诉讼法》,边码 114a;鲍尔/施蒂尔纳,卷 I,《特别强制执行法》,边码 17.6 以下。

〔16〕 参见关于民法典第 985 条之阐述,本书第 2 章边码 4、第 11 章边码 44。

依法律之规定(民法典第898条),更正请求权不罹于时效,但可发生失权(参见本书第5章边码25以下)。

46 例如:V将土地出卖给K,并为土地所有权让与合意。但依土地登记簿,该土地还负担有N的用益权。在为买卖时V陈述,该用益权早已不存在,故V负有"予以注销"之义务(民法典第435条)。V向N请求登记簿更正时,N却提出V根本不具有原告资格的诉讼抗辩,因为在将土地所有权让与给K后,V就不再是其所有权人,而更正请求权为"所有权之一部分"。该诉讼抗辩是正确的,K有更正请求权。但K根本就无兴趣要与N周旋,因为V依据法律(民法典第435条)以及买卖契约之明确约定,对K负有注销该用益权之义务。此时K可对V进行授权,即V可以自己名义主张属于他人(K)权利之更正请求权(另一个——有趣的——问题是,K是否负有对V进行这种授权的债法义务!)。K对V为授权,则V也可以诉讼方式主张更正请求权(所谓的诉讼代位情形 Prozeβstandschaft)。[17] 在V-N之诉讼中所作出之判决,亦就K之利益与不利益,而发生法律效力(参见联邦最高法院,《联邦最高法院裁判汇编》,民法典诉法第325条,第9号,及其所引资料)。此外,在授权后K仍可撤回该授权,而由自己来主张更正请求权。——

47 因更正请求权不具有让与性,故对其亦不得进行扣押(民诉法第851条第1款)。但通说观点[18]却——以一种在理论上虽无法圆通,但符合实践需要的方法——允许为授权之目的,而对更正请求权予以扣押:

例如:E未被登入其土地之土地登记簿(《土地登记条例》第39条!),则在债权人G打算对该土地予以执行时,就可能产生对土地登记簿更正请求权的扣押(《德国公证杂志》,第47卷,174页)。G在通过更正请求权之行使(民诉法第894条!),使E被登记后,就可对土地予以执行(强制抵押权——强制拍卖——强制管理)。

---

〔17〕 参见罗森贝格(Rosenberg)/施瓦布(Schwab)/戈特瓦尔德(Gottwald),"民事诉讼法",1993年15版,§ 46,III;鲍尔/格伦斯基,"民事诉讼法",边码88至91。

〔18〕 参见韦斯特曼/艾克曼,§ 89,II,1;泽格尔/施蒂尔纳,民法典第894条,边码28;慕尼黑德国民法典评注/瓦克,民法典第894条,边码24、25;鲍尔/施蒂尔纳,卷I,"特别强制执行法",边码31.5与32.1。

第四节　新联邦州中的法律情况

对新联邦州,原则上适用德国法的一般规定。对新联邦州中土地物权法的特殊之处,本书将在第 63 章中讨论——也包括对土地登记簿的影响(亦参本书前版第 18 章第 4 节)。1993 年 12 月 20 日之《土地登记簿清理法》(联邦法律公报. ,I,2182;并因 1994 年 9 月 21 日之《物权法修订法》第 2 章第 6 条而修改,联邦法律公报. ,I,2457),对价值稳定性物权的调整、过时的用益权与役权的注销、未登记物权的法律处理以及对价值微小之土地担保物权的清偿,均作了规范(并参本书第 63 章边码 49 以下)。 48

第二编

土地上的物权变动

第十九章 土地物权之设立、转让、内容变更与废止

第一节 基本原则

一、土地登记制度的基本问题

(一) 土地登记制度

在土地以及土地物权中,其权利主体变更的频率,通常要小于动产物权(对此参见本书第2章边码15)。而就土地所进行的物权转让或者物权设立,其结果对当事人的财产状况,又常常产生巨大影响。因此,民法典——仿照德国古法——对土地物权变动,要求有一项特别的对外公示要件:除当事人的物权合意外,还须有登记;仅在物权合意与登记相结合时,才发生物权变动的效力。与动产物权交易不同,土地物权变动不适用交付制度;土地之交付,对土地上的物权法律关系,不生意义。 1

(二) 土地登记制度仅适用于法律行为方式的物权变动

上述基本原则,称之为——并不十分精确——土地登记制度。该原则仅适用于法律行为方式的物权变动,而那些直接依据法律,或者 2

行政行为，或者裁判行为，而发生的物权变动，则不适用此项原则。具体言之，土地登记制度不适用于权利概括继受情形（如继承），不适用于强制拍卖中的拍定行为（《强制拍卖法》第 90 条：裁判行为），不适用于主管行政机关的征收行为。[1]

3 对这些——久已为我们所熟悉的——基本原则，在所谓的共同共有法律关系（参见本书上述第 3 章边码 27）中，还需要作一番说明。其情形，比如可体现为设立无限责任公司，一股东以土地出资到公司财产中，或者在已成立之民法合伙中，一新合伙人入伙，或者无限责任公司变更为两合公司，或者一共同继承人，将他的继承份额转让给他人（民法典第 2033 条）。在这些情形中，是否要遵照民法典第 873 条之规定呢？

对这些问题的解答，民法典第 738 条提供了一个出发点：在一合伙人退伙时，“其对合伙财产的应有份额，转归其他合伙人享有”。也就是说，不需就属于合伙财产的各单项客体，进行转让行为，其权利之归属（如代替原来的 4 个合伙人，现由 3 个合伙人作为合伙财产的权利人），即发生变动。与此相应，在入伙时对合伙财产的一应有份额，直接转归入伙人享有。

4 由此可导出如下规则：

在合伙法（公司法）上的权利变动过程中，如果共同共有仍保持同一法律形式，而仅涉及其成员之变换，则即使在间接触及土地上的物权法律关系时，该权利变动亦不适用民法典第 873 条（第 925 条）之规定。在成员不变，而仅变更合伙（公司）之法律形式，从而使新的共同共有形式替代旧的共同共有时，也不要求有法律行为方式的物权变动。反之，在一项土地物权新投入合伙（公司）财产[2]，或自合伙（公司）财产中分割出去，或在数个成员相

---

〔1〕 须注意者，某些基于强制执行而产生的土地物权或土地物权上的物权，其成立除强制执行行为外，亦须以登记为要件（如民诉法第 867 条第 1 款第 2 句、第 830 条第 1 款第 3 句、第 857 条第 6 款）。

〔2〕 此与约定为夫妻共同财产者（民法典第 1416 条）有别！在后者，共同共有财产之取得，乃依法产生，登记只体现为登记簿之更正。有趣的是《联邦最高法院民事判例集》，第 82 卷，346 页以下之判决：在法律行为方式之取得中，若配偶双方不立即登记，就会导致对登记簿要立即进行更正，则配偶双方应立即登记！

同之合伙（公司）间进行物权变动行为时，则应遵循民法典第 873 条（第 925 条）所规定之形式。[3]

例如：应适用民法典第 313 条、第 873 条（第 925 条）之规定者， 5

如：一股东（合伙人）将土地投资到共同共有财产中（尧尔尼希（Jauernig）/施蒂尔纳，民法典第 706 条，边码 6），或土地被出让给该股东（合伙人）；

或如：由共同继承人之共同财产关系，成立成员相同之无限责任公司（《联邦最高法院民事判例集》，第 92 卷，259、263 页；联邦财税法院，《新法学周刊》，1988 年，1343 页；尧尔尼希/施蒂尔纳，民法典第 2032 条，边码 4）；

或如：由 A、B 与 C 所组成之无限责任公司，将土地转让给由相同成员所组成的民法合伙（柏林市高等法院，《新法学周刊—司法判例报告，民法》，1987 年，1321 页；《帝国最高法院民事判例集》，第 136 卷，402 页：无限责任公司将土地转让给由相同成员所组成的土地管理公司！）。

民法典第 313 条、第 873 条（第 925 条）不能适用者，

如：A 自无限责任公司中退出，而 B 加入（《联邦最高法院民事判例集》，第 86 卷，367、369 页以下；《德国司法》，1990 年，158 页；巴伐利亚州最高法院，《新法学周刊—司法判例报告，民法》，1992 年，227、228 页）；

或如：由民法合伙变更为无限责任公司，或由无限责任公司变更为两合公司。其原因为：此时仍保持特定目的财产的同一性（《哈姆州高等法院民事判决集》，1984 年，50 页；尧尔尼希/施蒂尔纳，民法典第 705 条，边码 7）；[4] 在因退伙或应有份额承担，而使合伙（公司）财产变更为一合伙人（股东）的单独财产时，亦是如此（《联邦最高法院民事判例集》，第 50 卷，307、309 页；亦参《新法学周刊—司法判例报告，民法》，1993 年，1443 页）。在这些非法律行为方式的转让情形中，仅发生土地登记簿更正问题（对此参见本书第 18 章边码 30 以下及其例举）。

---

〔3〕 详参泽格尔/施蒂尔纳，民法典第 925 条，边码 6 以下；慕尼黑德国民法典评注/瓦克，民法典第 873 条，边码 13 – 16；艾克曼，载《德国司法》，1985 年，89 页。

〔4〕 关于无权利能力社团之“土地登记能力”，参见康岑（Konzen），载《法学教育》，1989 年，20 页（及其所引资料），以及本书第 15 章边码 45。

(三) 受制于土地登记制度的物权变动

6 物权合意与登记为物权变动必要生效要件之原则,适用于所有的在土地上所发生的法律行为方式的物权变动。具体来看,这在法律上又可区分为:

1. 所有权之转让(民法典第 873 条第 1 款,民法典第 925 条有特别规定,参见本书第 22 章);

2. 以权利对土地设定负担(民法典第 873 条第 1 款;此时为物权设立行为! 如设定一项抵押权);

3. 转让以这种方式所设立之物权(民法典第 873 条第 1 款,如转让抵押权);

4. 对限制物权设定负担(民法典第 873 条第 1 款,如对一抵押权设质);

5. 物权内容之变更(民法典第 877 条,如变更关于抵押权终止之规定),参见本章下述边码 42 以下;

6. 物权之废止(民法典第 875 条、第 876 条;如废止一项目前仍存在的土地债务);此时仅需要有单方之废止意思表示,而不需物权合意,参见本章下述边码 44 以下。

面对这一复杂多样性,读者不必惊慌:因为——除物权之废止外——所有这些物权变动过程,均适用相同的原则。

(四) 土地登记制度与物权行为无因性原则

7 本章所讨论的权利变动,仅指物权变动,而不涉及作为基础的债法关系(无因性原则! 参见本书第 5 章边码 40 以下)。

二、物权合意与登记作为物权变动之前提条件

8 仅物权合意与登记一起,才使物权变动发生效力。物权合意包含着物权变动的意思要素,而登记为该意思要素的对外公示,二者间又必须相互一致。

在二者间互不一致(本章下述边码28以下),或者有效之处分法律行为的前提条件(行为能力、处分权限),在物权合意与登记之间隙发生变化(本章边码32以下)时,会产生一些法律处理上的难题。

下面我们先讨论土地物权之设立与转让(本章边码9以下),其次物权内容之变更(本章边码42以下),最后讨论物权之废止(本章边码44以下)。

为更好地理解下述内容,最好先请阅读一下我们关于"物权行为"的阐述(本书第5章)。

第二节　土地物权之设立与转让

参阅本书第22章末之表13。

一、物权合意(**Einigung**)[5]

(一) 作为物权契约的物权合意

物权合意,包括一方当事人之物权放弃意思,与另一方当事人的物权取得意思。该双方意思必须相互一致,即为契约。 9

物权合意单独即为"契约",还是与登记一起构成"契约",此项争议在本质上取决于观察立场之选择:若将物权合意本身即视为一项契约,则强调的是物权变动的法律行为要件;若还加入登记要素,则侧重所预期之结果。确定无疑者,物权变动之构成,为一项延展性构成要件,亦即双重构成要件。

(二) 民法总则规定的可适用性

对物权合意,得适用民法总则关于法律行为与契约之规定(参见本书第5章边码5以下、30以下)。 10

---

〔5〕 关于民法典第873条之产生历史,参见舒伯特(Schubert),"德国民法典关于占有与所有权转让规定之产生",1966年,118页以下。

依此而言，比如关于行为能力、意思表示瑕疵、契约之成立、代理等等之规定，均应适用于物权合意。

应予强调者，为下列问题：

1．形式

11 除土地所有权让与（土地所有权让与合意：民法典第925条）外，法律对物权合意无形式要求。但我们已知道，在土地登记法上，权利被涉及者之登记同意，须采取认证或者公证文书之形式（参见本书上述第16章边码20以下）。

2．附条件与附期限

12 物权合意可附条件或附期限（其例外仍为土地所有权让与合意，民法典第925条第2款）。此时物权被登记为附条件或附期限之物权。

例如：E与K就一项物权性先买权之设立，达成物权合意，而该先买权之行使情形，被约定为1999年1月1日之前所发生的一切出卖情形（《帝国最高法院民事判例集》，第108卷，350、356页）。条件须“充分地确定”（对此参见巴伐利亚州最高法院，《德国司法》，1985年，188页）。其他例子：法兰克福州高等法院，《德国司法》，1993年，331页（附解除条件的土地债务之让与）。

3．撤回与约束效力

13 物权合意不含有任何债法性因素，故而可自由地被撤回；即使在因该撤回而违反债权义务时，亦不影响撤回之行使。

但在符合民法典第873条第2款所明定之条件时，物权合意得例外地具有约束力。这些条件的共同之处，体现为物权合意表示已以特别——公证文书——形式公示于外部（《联邦最高法院民事判例集》，第46卷，398页）。具有约束力，意味着自由撤回之排除,但并无限制处分行为之效力。此外,物权合意具有约束力,亦不阻却当事人通过——非要式——契约,来废除物权合意。

对此之举例,参见本书第 5 章边码 34。

有约束力之物权合意,对取得人所赋予之保护,为针对出让人之单方撤回,而不能针对出让人之其他处分行为(巴伐利亚州最高法院,《德国公证杂志》,1984 年,579 页)。对后者,取得人可通过预告登记(民法典第 888 条第 1 款),或以假处分方式(民法典诉法第 938 条)所获得之法院禁止让与令(民法典第 888 条第 2 款),来保护自己(巴伐利亚州最高法院,《新法学周刊—司法判例报告,民法》,1992 年,227、228 页);但发出该禁止令之法律基础,为债权法律行为(如买卖契约),而不是有约束力之物权合意。 14

（三）取得人的期待权(Anwartschaftsrecht)

在物权合意已生约束力,登记同意表示也已作出时,只要向土地登记局提出登记申请[6]——登记申请亦可由取得人提出——,物权变动就必须被登记入土地登记簿。故而,在这一前提下,取得人已获得一项受保护的法律地位,亦即期待权。[7] 就取得人之期待权,产生如下问题: 15

1. 可转让性与可扣押性

取得人通过有约束力的物权合意,而获得的这种法律地位,是否可以转让、设质,尤其能否扣押呢(转让问题与扣押问题)?依《联邦最高法院民事 16

---

〔6〕 土地所有权让与合意已达成,且已进行土地所有权让与合意之预告登记时,则与登记之申请同视(对此参见赖尼克(Reinicke)/蒂特克(Tiedtke),载《新法学周刊》,1982 年,2281 页)。

〔7〕 参见本书上述第 3 章,边码 44 以下;《联邦最高法院民事判例集》,第 45 卷,186 页;第 83 卷,395、399 页;第 89 卷,41 页;第 106 卷,108 页;第 114 卷,161、166 页。取得人所享有的,是期待权,还是仅为期待,对此参见参见慕尼黑德国民法典评注/瓦克,民法典第 873 条,边码 43,及其所引资料。

判例集》第49卷第197页、第83卷第395页、第89卷第41页、第106卷第108页各判决意见,在土地所有权让与合意已经达成,且取得人已提出登记申请(或存在土地所有权让与合意之预告登记)时,对此问题应为肯定回答。其中,就期待权之转让,需要达成物权合意(民法典第873条、第925条);就期待权之扣押,应依照民诉法第857条之规定进行。还须注意的是,后取得人所取得的,同样仅是期待权(或期待权上的质权),而完全权利只在登记之后才能取得。

17 当然,对土地所有权让与意思表示受领人之期待权问题,极具争议。[8]最近有人认为,这一学说是多余的。而其争议焦点,恰恰体现于下述有关转让与扣押的例子中:

(1) V对K为土地所有权让与合意,而K在还未以所有权人身份登入登记簿时,又对D为所有权让与合意(所谓链条式的土地所有权让与合意;[9]这尤其体现在小地籍块划分契约中:V将一大块土地出卖给K,K则将其划分为小块,并将各小块再转卖给要建房的D1、D2等等)。若V对K与D间的土地所有权再让与合意,明确表示同意,或者自V-K间的土地所有权让与合意中,能推出V已授权对土地所有权可再行让与(《帝国最高法院民事判例集》,第89卷,152、157页;第129卷,150、153页;联邦最高法院,《德国公证杂志》,1998年,281、282页;巴伐利亚州最高法院,《新法学周刊》,1971年,514页,以及《德国公证杂志》,1973年,298页;《新法学周刊—司法判例报告,民法》,1991年,465页),则适用民法典第185条之规定(关于授权之范围,参见联邦最高法院,《新法学周刊》,1989年,521页),此时就不须动用期待权学说。若K不是以"无权利人"身份来为处分行为,而

---

〔8〕 对此参见霍赫,载《新法学周刊》,1955年,652、931页;龙克(Ronke),载"诺塔尔普(Nottarp)祝寿文集",1961年,91页;库兴克(Kuchinke),载《法学者报》,1964年,145页与1966年,797页;勒维施(Löwisch)/弗里德里希(Friedrich),载《法学者报》,1972年,302页;梅迪库斯,"民法",边码467以下;迪克曼(Dieckmann),载"沙伊德迈尔祝寿文集",1976年,93页;韦斯特曼/艾克曼,§ 92,I,6;泽格尔/施蒂尔纳,民法典第873条,边码14-16;穆勒(Müller),边码1020以下;威灵,§ 20,I,2,d(采拒绝意见);威廉,边码509;曼夫雷德 沃尔夫,边码343以下;哈格尔(Hager),载《法学教育》,1991年,1页以下;梅迪库斯,载《德国公证杂志》,1990年,275页以下。

〔9〕 对此参见施奈德(Schneider),载《德国法月刊》,1994年,1057页。

是——如通常之情形——将其期待权转让给 D，则要以期待权学说为基础。但无论如何，不需要先有 K 之登记；在 D 依《土地登记条例》第 29 条之规定，能证明该“土地所有权让与合意之链条”时，D 即可根据 V 的登记同意，而直接申请登记（《联邦最高法院民事判例集》，第 49 卷，197、205 页；对此并参本书第 16 章，边码 43）。

（2）仍举上述事实为例，但其区别为，D 作为 K 的债权人而扣押 K（基于 18
土地所有权让与合意与已提起之登记申请而生）的期待权。依联邦最高法院（《联邦最高法院民事判例集》，第 49 卷，197 页 = 鲍尔，E. Slg.，案例 5；最近《联邦最高法院民事判例集》，第 106 卷，108 页）观点，此时之扣押，准确地说，是依据民诉法第 857 条所进行的扣押，应可以进行；而该扣押之结果即为，K 在登记后成为所有权人，而 D 则因准用民诉法第 848 条第 2 款第 2 句之规定，依法取得保全抵押权。倘若适用民诉法第 848 条第 1 款第 1 句之规定，也就是 D 扣押 K 对 V 依买卖契约而生之所有权取得（Eigentumsverschaffung）请求权（亦即土地所有权让与合意请求权，Auflassungsanspruch），则在实际结果上，并无二致。[10] 再者，在联邦最高法院适用民诉法第 857 条而作判决之案例情形中，若 K 在 D 为扣押之前，为 G 设定一项土地债务，则由于该土地债务仅在登记之后才能成立，该登记自身又仅在 K 登入登记簿之后才有可能；反之 D 因扣押所获得的保全抵押权，乃直接依法成立，故而，在顺位关系上，G 之土地债务，就会在 D 的保全抵押权之后。依此而言，G 为其利益计，最好依民法典第 1274 条、第 1287 条之规定，在 K 之期待权或所有权让与请求权上，设定质权。但在期待权上设定土

〔10〕 与扣押应相区别者，为法律行为方式之质权设定；对此参见巴伐利亚州最高法院，《德国公证杂志》，1983 年，758 页（进行土地所有权让与合意请求权之预告登记——土地所有权让与合意之登记，须得其质权债权人之同意），与《德国公证杂志》，1986 年，345 页。为筹集买卖价金而临时融资时，质权设定为一项重要手段（参见赖特曼（Reithmann），载《德国公证杂志》，1983 年，716 页；施特贝尔（Stöber），载《德国公证杂志》，1985 年，587 页，以及本书下述第 62 章，边码 25 以下）。关于扣押参见巴伐利亚州最高法院，《德国司法》，1985 年，58 页，以及杜塞尔多夫州法院，附明茨贝格（Münzberg）之评注，《德国司法》，1985 年，305 页；鲍尔/施蒂尔纳，卷 I，“特别强制执行法”，边码 31.13 以下；布罗克斯（Brox）/瓦尔克（Walker），边码 713。

地债务,在法律上为不可能。[11] 其他有趣例案:富尔达州法院,《德国司法》,1988 年,252 页,并附伯切尔与克布施(Kerbusch)之评注(475 页);巴伐利亚州最高法院,《德国公证杂志》,1997 年,337 页;法兰克福州高等法院,《新法学周刊—司法判例报告,民法》,1997 年,1308 页。

2. 期待权作为不当得利请求权之客体或基础

19 期待权本身,能否成为不当得利请求权之客体,或者不当得利请求权之基础?这两个问题我们均已讨论过。第一种情形就是,出让人于原因行为无效时,请求有约束力之物权合意之不当得利返还(给付型不当得利),就此,出让人首先可通过具有登记能力的取得禁止(Erwerbsverbot)来保护自己(参见本书上述第 15 章边码 32);第二个情形为,登记簿中登记的顺位与当事人所约定之顺位不一致(参见本书上述第 17 章边码 15 以下、25 以下:侵害型不当得利)。

3. 期待权可否作为民法典第 823 条第 1 款意义上的其他权利?

20 期待权可否视作民法典第 823 条第 1 款意义上的其他权利呢("保护问题")?在土地所有权让与意思表示受领人还未提起登记申请,且无预告登记之登记时,司法判例(《联邦最高法院民事判例集》,第 45 卷,186 页;对此之评注参见库兴克,载《法学者报》,1966 年,797 页)对此持否定意见。比如,所有权人 E,在对 K 为土地所有权让与合意之后,又为——对土地所有权让与事实知情的——G 设定了一项土地债务,则 G 对 K 不依民法典第 823 条第 1 款负有损害赔偿义务。G 可以对——现以所有权人身份被登记之——K,主张该土地债务。该司法判例意见,可资赞同。K 应通过预告登记来保护自己,且该预告登记之效力,亦得针对 G 的土地债务而发生(参见本书下述第 20 章边码 38

---

〔11〕 参见沃尔夫施泰纳,载《法学者报》,1969 年,154 页;明茨贝格,载"沙伊德迈尔祝寿文集",1976 年,439 页。

以下)。反之,若在登记申请提出后,或者在土地所有权让与合意预告登记之登记后,而在取得权利之登记前,第三人对土地为侵害时(如违反民法典第909条而挖沟),则会产生这一问题,即基于民法典第823条第1款、第2款并第909条而生的各请求权,是属于原所有权人享有,还是属于"期待权人"享有。联邦最高法院认为,在风险移转之后(民法典第446条第1款),以侵害行为时为准,而在买卖价金已全部支付,且买受人之所有权已登记之后,以清算时为准,期待权人单独为请求权人(《联邦最高法院民事判例集》,第114卷,161页=《新法学周刊》,1991年,2019页;对此之评注,参见泽尔布(Selb),载《法学者报》,1991年,1087页)。此项问题,在所有权保留制度中,极为有名(本书第59章边码45)。就其所有细节内容,因上述判例事实之特殊性,联邦最高法院不必也不可能进行彻底研讨。在买卖价金还未完全支付之情形中,可能存在如下解决可能:由所有权人或出卖人来主张第三人损害之清算;依民法典第185条第1款、第362条第2款之规定,对取得人予以授权;但在主张基于期待而生之自己的请求权时,是适用民法典第432条还是民法典第428条?若依联邦最高法院之观点,认为存在一项受侵权法所保护的期待,则显而易见的解救方法,就是适用民法典第432条;否则的话,依民法典第185条第1款、第362条第2款之规定,推定出有债权收取之授权,对双方当事人来说,是较实用的选择。此时,对因行使请求权所得之价金,依民法典第446条第1款进行分配,并在必要时与买卖价金进行结算,则仅为买卖契约当事人间的事情(反对意见者保卢斯(Paulus),载《法学者报》,1993年,555页)。

(四)为第三人利益之物权合意?

有疑问的是,债法规定可否适用于物权合意,尤其是能否成立为第三人 21
利益之物权合意。对此,原则上应予否定,仅在例外情形下承认有为第三人利益之物权合意;其理由参见本书第5章边码28处之阐述。

二、登记

(一)基本原则

物权合意与登记,只有相互结合,才会引起物权变动效力之产 22

生。立法者由此所要达到的目的——如我们已一再所强调——，就是使真实权利关系与登记状态之间，尽可能相互一致。任何契约当事人均可提出登记申请，而土地登记法上所要求的登记同意，须由“权利被涉及者”作出。[12]

(二) 对登记同意之援引

23 登记须再现当事人所合意的物权变动过程。但法律(民法典第874条)为避免使土地登记簿过于繁杂，规定在对土地上所负担之权利进行登记时，“为详细说明该权利之内容”，得援引登记同意书。故而，在此范围内，登记同意书之内容，被拟制为登记之构成部分。

这一规则在许多方面具有重要意义：

1. 具有“所同意”内容之物权设立

24 依民法典第873条所设立之物权，应与在登记簿中以及在“被援引的”登记同意书中，所表现的内容一致(联邦最高法院，《新法学周刊》，1992年，2885、2886页l. Sp.；巴伐利亚州最高法院，《新法学周刊—司法判例报告，民法》，1989年，907、908页；哈姆州高等法院，《德国司法》，1989年，448页)。该物权此后可再被转让，且其内容应保持同一。再者，物权合意与登记间之不一致，也可因被援引的登记同意书内容而产生。但登记同意书，不能“修正”虽内容有异，但明确清楚之登记(联邦最高法院，《新法学周刊》，1993年，3197页；并参本书第18章边码3)。

2. 具有“所同意”内容之物权取得

25 对土地以及土地物权之取得人来说，也要考虑到作为(民法典第892条、第893条意义上的)“登记簿内容”的登记同意书之内容。

---

[12] 关于土地登记簿设置之前，诉请登记同意时的法律利益保护问题，参见联邦最高法院，《德国司法》，1993年，398页。

比如自设定地役权之登记同意书中得出，汽车通行权适用于各种类型的卡车，则取得人取得有该负担之土地时，亦须承受该汽车通行权负担。

3. 权利设立援引上的界限

不得借助该援引手段，使那些无登记能力之权利，如担保非金钱债权之抵押权（巴伐利亚州最高法院，《德国法月刊》，1967 年，93 页）或者债权性约定，成为登记簿之内容。 26

（三）必须登记的必要内容

物权之种类（如摆渡权之地役权——抵押权）、物权权利人以及所附之条件与期限，须在登记簿本身清楚地载明；[13] 再者，在何种程度上可利用民法典第 874 条之援引授权，由土地登记局衡量决定。[14] 27

三、物权合意与登记[15]

物权变动在法律上，以物权合意与登记为要件，且二者间须相互一致。但二者间也有可能不一致。物权合意与登记间的这种分歧，一方面可能是实质内容性的分歧（在内容上，物权合意与登记不一致；参见本章下述边码 30 以下）。另一方面，这种分歧难题，也可能因时间顺序差而导致。这是因为，在物权合意与登记之间，总会存在一个时间差，物权合意甚至还有可能在登记之后达成。试想一下，若在物权合意与登记之间，一方当事人丧失行为能力或 28

---

〔13〕 联邦最高法院，《新法学周刊》，1993 年，3197、3198 页；《新法学周刊》，1961 年，2157 页；要求过于宽松者，联邦最高法院，《新法学周刊》，1983 年，116 页；关于“关键词方式的”登记附注之界限，参见巴伐利亚州最高法院，《德国公证杂志》，1991 年，258 页；因判例法对役权的详细论证，参见泽格尔/施蒂尔纳，民法典第 1018 条，边码 41。

〔14〕 对此《联邦最高法院民事判例集》，第 21 卷，34 页；第 35 卷，378 页；第 47 卷，41 页；泽格尔/施蒂尔纳，民法典第 874 条，边码 2；此外参见民法典第 1115 条关于抵押权之规定。

〔15〕 对此施特罗伊尔，载《德国司法》，1988 年，513 页。

处分行为受限制,或者物权之归属发生变化(因出让人死亡),会产生怎样的法律效果呢?随对该问题的思考,我们也可看出因时间分歧所产生的理论难题。对此参见本章下述边码 32 以下。

29 这些难题在实践中,却——很不幸地——具有极其重要的意义。其原因在于,在物权合意与登记之间,常不得不存在一个时间差。而该时间差的产生,部分是因为土地登记局,特别是大城市的土地登记局,承担着繁重的登记任务;而更多的,则是由于立法者越来越多地将国家许可之获得,作为土地物权变动之前提条件(如在农业法中)。只有在该国家许可已颁发时,土地登记局才能开始办理登记;而等待该许可之颁发,可能需要数月甚至数年的时间。关于新联邦州中的特殊问题,则见于本书之另述(第 63 章)。

(一)内容上的分歧

30 物权合意与登记,在内容上的分歧情形,我们已多次见过(如本书第 18 章边码 3)。其基本原则是,无论是所约定的物权(因欠缺登记),还是已登记的物权(因欠缺物权合意),均不成立。土地登记簿此时为不正确,被登记者须为登记簿更正之同意表示。另一方面,被登记者——在仍有可能时——也可请求完成与物权合意相应之登记。

例如:V 与 K 就地籍块 a 之所有权让与,已达成合意,且已提起将 K 登记为地籍块 a 之所有权人的登记申请,但土地登记局却错误地将所有权变更事项,登记在地籍块 b 中,则此时 K 须同意将 V 重新登记为地籍块 b 的所有权人,以更正登记簿。另一方面,就地籍块 a 之登记申请,还未办理完毕,土地登记局必须将 K 登记为地籍块 a 的所有权人;但在 V(或其继承人)在这期间将地籍块 a 出让给 D 时,则 K 的所有权登记就不再有可能。此外,因登记簿仅就地籍块 b 是不正确的,而就地籍块 a 是正确的,故在 D 之取得中,D 善意与否,不生意义。——

31 若物权合意与登记仅部分一致,则在相互一致之范围内,并在符合当事人之意思时,该物权成立(准用民法典第 139 条)。如当事人就在地籍块 a 与

b 上设定一项用益权达成物权合意，但土地登记局仅将用益权登记于地籍块 a 上：地籍块 a 上的用益权成立；反之，其结果亦同：仅就地籍块 a 上的用益权达成物权合意，而在地籍块 a 与 b 上均为用益权登记。

其他例子：《帝国最高法院民事判例集》，第 123 卷，169 页：物权合意为流通抵押权——登记却为保全抵押权——则成立保全抵押权（参见本书下述第 37 章边码 38 以下与第 42 章边码 4）；联邦最高法院，《新法学周刊》，1990 年，第 112 卷，114 页：物权合意为 30 年的居住权——登记却为无时间限制的居住权——则成立 30 年的居住权；联邦最高法院，《新法学周刊—司法判例报告，民法》，1990 年，206 页：物权合意为第一顺位——登记却为第二顺位——则成立第二顺位（有争议，对此参见本书第 17 章边码 25 以下；巴伐利亚州最高法院，《德国公证杂志》，1998 年，295 页：地役权中需役地之标记错误）。

（二）时间上的分歧

物权合意与登记在时间上的分歧，产生如下细节问题（参见本章下述边码 41 后之表 11）： 32

1. 行为能力之丧失与限制

在物权合意与登记间之时间差里，发生行为能力之丧失或受限制（照管需要）时，会产生疑难问题（本书第 5 章边码 33 以下对此已有叙述）：

例如：E 于 1992 年 4 月 1 日，与 G 达成土地债务登记之物权合意。1992 年 5 月 10 日因 E 突发精神病（民法典第 104 条第 2 项），而为其指定了一位照管人（民法典第 1896 条），该照管人对外就代理 E（民法典第 1902 条）。照管人想阻止虽已提出申请，但还未办理完毕的登记。

其决定性标准，为民法典第 130 条第 2 款之规定：若物权合意已依民法典第 873 条第 2 款产生约束力，则对照管人亦生约束；若物权合意未生约束效力，则如同所有权人 E 自己那样，照管人对其亦可予以撤回(参见本章上述边码13以下,以及本书第5章边码33以下)。

2. 一方当事人之死亡

在一方当事人死亡时,对其继承人亦适用同样规则(民法典第130条第2款)。

例案:《联邦最高法院民事判例集》,第32卷,367、369页;第48卷,351页(=鲍尔,E. Slg.,案例3)。

3. 在权利归属(Rechtszuständigkeit)上发生变更

33 此时所适用的基本原则,乃处分行为人所处分之权利,须在登记之时,仍归属于处分行为人;若在物权合意与登记间之时间差里,权利归属发生变更,则须与新权利人达成新的物权合意。但权利归属之变更,基于权利概括继受事件时,不适用此项原则,因为权利概括继受人,在全部范围上,取得其前手之法律地位。

34 例如(采自巴伐利亚州最高法院,《新法学周刊》,1956年,1279页):共同继承人之共同财产关系体ABC,将属于遗产之土地,以公证文书形式对K为土地所有权让与合意(民法典第925条、第873条第2款)。在K应被登记时,A在此期间——因A、B与C对遗产进行了分割——已以单独所有权人身份,被登入土地登记簿。此时在现权利人A与K间,须达成新的土地所有权让与合意(此外,若对第一个土地所有权让与合意,已提出登记申请,则就A取得所有权之变更事项,不得进行登记:《土地登记条例》第17条!)。——其他例子:巴伐利亚州最高法院,《德国司法》,1987年,110页。

若土地出卖人V,在作出公证形式之土地所有权让与合意后死亡,并由E继承,则在E与K间不需另作新的土地所有权让与合意:V的所有权让与意思表示,仍有法律行为上的效力(民法典第130条第2款),亦即它具有约束力,E不得撤回之(民法典第873条第2款),权利归属之变更对其不生影响(民法典第1922条)。此外参见本书第5章边码39处依据《联邦最高法院民事判例集》，第 48 卷，351 页（ = 鲍尔，E. Slg.，案例 3）所设之例。

反之，在民法合伙中，一合伙人退伙或者入伙时，不生权利归属之变更问题。此时，权利归属仍保留于共同共有体本身，故而也不发生物权之移转（巴伐利亚州最高法院，《新法学周刊—司法判例报告，民法》，1992 年，227 页 =《德国公证杂志》，1992 年，155 页，并附雅施克（Jaschke）之评注；亦参本章上述边码 3 以下）。

4. 处分权限受限制

与权利归属之变更应相区别者，为就处分权限所发生之限制。[16] 35

这指的是，权利人就属于自己之权利，虽仍享有其权利主体地位，但就该权利为处分之处分权限已受到限制。这种情形之发生，比如因破产程序之开始、因强制拍卖程序中对土地实施查封、因假处分命令之让与禁止。此时亦适用这一规则，即处分权限在登记之时，仍须存在。但民法典第 878 条对此规定有一项重要例外：在——处分行为现已受限制的——权利人之意思表示已发生约束力（民法典第 873 条第 2 款），且登记申请已经提出时，则于物权合意与登记之间隙所发生之处分限制，对物权变动不生影响。该条规定之理由，显然是基于公平之衡量：为能引起物权的变动，当事人自己该做的都已做了时，那么对事后出现的处分限制，是否还能起作用这一问题的回答，就不应取决于土地登记局何时在登记簿中办理登记，也就是说，不取决于土地登记局是马上办理登记，还是要过上一阵子才办理登记。

---

〔16〕 对此参见伯切尔，载《德国司法》，1983 年，187 页与 1984 年，377 页；雅尔（Jahr），载“舒尔茨纪念文集”，1987 年，117 页（该氏对“裁判上的取得禁止”，作有深入阐述）。

36 例如(采自《联邦最高法院民事判例集》,第28卷,182页):1993年10月27日,V同意K登记一项土地所有权让与合意预告登记(尽管民法典第878条未明确提及预告登记之登记同意——民法典第885条——,但对该法律行为,同样适用民法典第878条之规定),并于同一天在土地登记局提出登记申请。1993年11月6日,为D之利益发布一项法院让与禁止令。为K之利益的土地所有权让与合意预告登记,于1993年11月10日登入登记簿,而让与禁止于1993年12月2日登入登记簿。1994年6月30日K被登记为所有权人。该让与禁止,并不影响K之权利取得(民法典第878条),故K得提出在登记簿中注销让与禁止之申请。K对让与禁止事项,是善意还是恶意,对其权利取得,根本不生影响。[17] 但是,假如出现了登记障碍(如代理有瑕疵),并导致登记申请被土地登记局合法予以拒绝,则在这期间出现处分限制,而登记瑕疵仅在异议程序中才被补正时,则民法典第878条不能提供保护:此时之登记申请,为一项在处分限制发生之后所提出之新的登记申请(联邦最高法院,《新法学周刊》,1997年,2751页;对此施蒂尔纳/博尔曼(Bormann),载《经济法判决集》,1997年,887页;并参本书第44章边码8;第46章边码15以下)。

其他例子:关于破产扣押或支付不能扣押(《破产法》第7、15条,或新《支付不能程序法》第81、91条):鲍尔/施蒂尔纳,卷II,“支付不能程序法”,边码8.17-8.22. 以及巴伐利亚州最高法院,《新法学周刊》,1961年,783页;柏林市高等法院,《新法学周刊》,1975年,878页;科隆州高等法院,《德国司法》,1974年,299页;1975年,20页;联邦最高法院,《新法学周刊》,1887年,2751页;沃贝劳尔(Wörbelauer),载《德国公证杂志》,1965年,518、529、580页;克劳斯·米勒(Klaus Müller),载《法学者报》,1980年,554页。关于依《强制拍卖法》第23条之扣押:联邦最高法院,《新法学周刊—司法判例报告,民法》,1988年,127页。

---

〔17〕 正确观点者如拉恩,载《新法学周刊》,1959年,97页;以及载《巴登-符腾堡州公证杂志》,1960年,1页,1967年,269页;舍恩菲尔德(Schönfeld),载《法学者报》,1959年,140页;以及载《新法学周刊》,1959年,1417页;慕尼黑德国民法典评注/瓦克,民法典第878条,边码2。另说者,如上引联邦最高法院之判决,以及佐伊费尔(Seuffert),载《新法学周刊》,1959年,527页;并参本书第20章,边码68以下。

依民法典第878条条文文意即可得出，对上述规则的突破，仅适用于法律行为方式的物权取得，而不适用于强制执行方式的物权取得（《联邦最高法院民事判例集》，第9卷，250页 = 鲍尔，E. Slg.，案例4）。[18] 37

例如：E之债权人G基于一项判决，于3月1日申请强制抵押权登记。3月5日依《和解法》第59、60条（将来适用：《支付不能程序法》第21条），发布一项法院之一般性让与禁止令，4月5日对E的财产宣布附带破产程序（将来适用：一般支付不能程序）。若在3月5日G的强制抵押权还未登记，则G不得援引民法典第878条之规定。

此外，若限制体现为一项取得禁止时，则民法典第878条亦不得适用（参见本书上述第15章边码31以下）。其原因为，取得禁止之目的，恰在于阻却无法律原因的物权取得（《帝国最高法院民事判例集》，第120卷，118、120页；柏林市高等法院，《德国公证杂志》，1962年，400页）。[19] 再者，在取得禁止中，并非是权利人在处分行为上受有限制，而民法典第878条却以处分限制为前提条件。[20]

（三）在登记之后达成物权合意

至目前我们所讨论的，是物权合意之达成，先于登记的通常情形。而物权合意在登记之后才达成，虽不很常见，但完全有可能。 38

---

〔18〕 对此之批评瓦克，载《民事诉讼法杂志》，第82卷，377页，以及载慕尼黑德国民法典评注，民法典第878条，边码3；与本书同说者泽格尔/施蒂尔纳，民法典第878条，边码3。

〔19〕 另说者慕尼黑德国民法典评注/瓦克，民法典第878条，边码25，及其所引资料。

〔20〕 若按芬雅各布氏观点（载《德国司法》，1991年，284页），在登记申请人于登记之前丧失处分权限时，民法典第878条之规定仅适用于意思表示，而登记申请并不存续（可参本书第16章边码31以下），则会导致民法典第878条之实际意义大为削弱——故依本书之见解，该观点应予摒弃！

例如:E 希望能自 G 处获得一笔贷款。E 就同意为 G 设定一项土地债务,并办理了登记。只是在订立借贷契约时,E 才告知 G 设定土地债务之事项。

在这种情形下,土地登记簿先是不正确的;随后来所达成的物权合意,登记簿才变为正确,而物权也在此时方成立。

本章上述边码 32 以下物权合意先行达成情形中,所讨论之细节问题,在此也可依次解答如下:

1. 法律行为上的构成要件

39 法律行为上的构成要件(行为能力),在物权合意达成之时须存在。

如在上例中,在土地债务登记之后,为 E 指定附有同意保留的照管(民法典第 1896 条以下、第 1903 条),则在 E 的照管人拒绝为物权合意之意思表示时,G 不能取得该土地债务。G 必须同意登记簿更正之登记(尽管他起初对他被登记并不知情!)。

2. 权利归属

40 在为物权合意之时,权利归属仍须存在。若发生物权权利人变更,则须与新的物权人达成物权合意:

若 E 已将土地出让给 K,则须在 K 与 G 间达成设定土地债务之物权合意,或者 K 须对 E 与 G 间的物权合意表示同意(民法典第 185 条)。若此时仍要求进行新的登记(如联邦最高法院,LM,民法典第 873 条,1 号),则有画蛇添足之嫌(同说者沃尔夫/赖泽尔,§ 38,注解 27,以及联邦最高法院,《新法学周刊》,1973 年,613 页;对此,戈茨勒(Gotzler),载《新法学周刊》,1974 年,2014 页,以及埃特尔(Ertl),载《德国司法》,1980 年,41、48 页)。

3. 处分限制

41 若处分行为人在登记与物权合意之间隙,发生处分行为受限制,则仍适

用该规则,亦即在这两个构成要件实现之时,处分权限仍须存在:

若在 G 之登记之后,对 E 的财产宣布开始破产程序或支付不能程序,而在此时 E 与 G 才达成设定土地债务之物权合意,则针对破产管理人/支付不能程序管理人,G 不能有效取得该土地债务(《破产法》第 7 条,或《支付不能程序法》第 81 条)。若在为物权合意时,G 对就 E 财产之破产宣布/支付不能宣布并不知情,则适用《破产法》第 7 条/《支付不能程序法》第 81 条、民法典第 892 条第 2 款第 2 种情形并民法典第 892 条第 1 款第 2 句之规定:G 的善意取得应受保护,除非在为物权合意之时,在土地登记簿中已为破产附注之登记(详参鲍尔/施蒂尔纳,卷 II,"支付不能程序法",边码 8.17 以下,尤参 8.21)。

表 11　法律上具有重要意义之情事的变更:
就包含多重行为之物权取得

行为能力之丧失或死亡	权利归属之变更	处分权限之丧失(受限制)
发生于物权合意与登记之间		
民法典第 130 条第 2 款(但只要不符合民法典第 873 条第 2 款之条件,即有撤回之可能)	只要不属于权利概括继受,就必须与新权利人达成物权合意	民法典第 878 条
发生于登记与(嗣后达成之)物权合意之间		
在达成物权合意时,仍要求具备行为能力	须与新权利人达成物权合意(但不必进行重新登记)	若无特别规定,比如《破产法》第 7 条/《支付不能法》第 81 条并民法典第 892 条,则在达成物权合意时,仍要求具备处分权限;但注意《破产法》第 42 条以及《支付不能法》第 147 条之规定!
发生于物权合意与交付之间(就动产)		

续表

民法典第130条第2款(但存在撤回之可能)	只要不属于权利概括继受,就必须与新权利人达成物权合意	在交付时,仍要求具备处分权限
发生于交付与(嗣后达成之)物权合意之间		
在达成物权合意时,仍要求具备行为能力	须与新权利人达成物权合意	在达成物权合意时,仍要求具备处分权限

第三节　内容变更(Inhaltsänderung)

一、构成要件

42 土地上所负担权利的内容变更,在法律上被视为对该权利之部分的、"实质的"处分。故而,依民法典第877条之规定,法律对此要求具备:

1. 权利人与土地所有权人间的物权合意(民法典第877条并民法典第873条第1款);

——在符合民法典第873条第2款之条件时,该物权合意具有约束力;

2. 内容变更在登记簿中登记;同时,为详细说明变更之具体内容,可援引登记同意书(民法典第877条并民法典第873条、第874条);

3. 在变更内容之权利上,负担有第三人之权利(民法典第877条并民法典第876条),且因该内容变更使第三人受法律上不利益时,应取得该第三人之同意;[21]

---

〔21〕 巴伐利亚州最高法院,《新法学周刊》,1960年,1155页;诺伊施塔特州高等法院,《德国公证杂志》,1964年,344页;《联邦最高法院民事判例集》,第91卷,343、346页。

4. 内容变更之权利范围要扩大时,应得同顺位或后顺位权利人的同意。

例如:变更实物负担所生的单项给付(法兰克福州高等法院,《德国司法》,1987 年,312 页)。但在欠缺所必要之同意时,仅使其顺位关系(民法典第 879 条)无效,而内容变更本身仍有效!

二、概念

土地物权在其物权内容上所发生的任何变更,凡不属于物权之设立、转让、设定负担或废止者,均为此处所指的内容变更。 43

但必须肃清这种错误的观念,即任何一种物权内容之变更,均为法律所允许。由于法律所允许的限制物权之种类,已为法律所明定,且其典型内容亦为固定,故而有可能的内容变更,要么已为法律所明确许可,

如自抵押权变更为土地债务,或者相反(民法典第 1198 条),或如地役权行使场所之转移(民法典第 1023 条);

要么该内容变更不违反法律所创设的该物权内容。

依此而言,如通过变更抵押权内容,而为抵押权人设立用益权,是不允许的;反之,变更抵押权之终止规定,则是可以的。

在原所设立的物权位置上,以另一物权予以取代,而法律对这一变更并未——如同对抵押权与土地债务相互间之变更——许可的,则也不能称之为物权内容变更。此时,"原"物权须被废止(民法典第 875 条),并须设立新物权(民法典第 873 条;对此亦参巴伐利亚州最高法院,《德国司法》,1967 年,11 页)。

在住宅所有权范畴中,物权内容变更具有特别意义(如在住宅所有权人间,发生特别所有权空间客体之移动,或如分割意思表示之变更;对此参见泽格尔/施蒂尔纳,《住宅所有权法》第 10 条,边码 10 - 10d,及其所引资料;住宅所有权之基本特征,参见本书第 29 章边码 5 以下)。

第四节　物权之废止(Aufhebung)

一、概念

(一)与相关制度的区别

44　权利人放弃属于其所有的土地物权,虽不是常事,但时有发生:如土地上已满载负担,或因高税负与维修费用而“不堪饲养”,则所有权人有时会放弃其所有权。而限制物权之权利人,在土地所有权之用益或变价对此有要求时,也会因迎合所有权人之需要或受领一笔清偿金,而愿意废止其限制物权。

例如:E 的母亲在属于 E 的土地上享有用益权:儿子(E)打算将这块土地作为建筑用地予以出售,母亲为迎合儿子的打算,愿废止该用益权。

但《德国民法典》仅在一项限制物权,通过权利人法律行为上的意思表示而被废除时,才称其为“*废止*(Aufhebung)”。与此相区别者,应为:

1. *所有权抛弃*(Verzicht auf das Eigentum)(参见民法典第 928 条);[22]

2. 在限制物权上所成立权利之*放弃*(Aufgabe),也就是限制物权上所成立之用益权或质权的废止;对此仅需有权利人之单方的放弃意思表示(民法典第 1072 条并第 1064 条;民法典第 1273 条并第 1255 条)。尽管设立“权利上的权利”,须以登记为要件(民法典第 873 条第 1 款),但在登记簿中注销该“权利上的权利”,仅为土地登记簿之更正(体系矛盾!)。

---

〔22〕 但对土地上的共有权,不得抛弃(《联邦最高法院民事判例集》,第 115 卷,1 页 =《新法学周刊》,1991 年,2488 页;对此予以批评者坎茨赖特尔(Kanzleiter),载《新法学周刊》,1996 年,905 页),否则会与共有人之共同关系相矛盾!关于所有权抛弃后,国库与第三人之先占权,参见《联邦最高法院民事判例集》,第 108 卷,278 页。另参本书第 53 章边码 75、76。

(二) 民法典第 875 条所规定之废止

废止一项限制物权，在理解上，也就是权利人抛弃(Verzicht)[23]其权利。 45

其前提条件为，该权利须仍存在。若权利在登记簿之外已消灭，或已转让给他人，则权利人之注销登记同意或过户登记同意，仅为更正登记簿之同意，而非为民法典第 875 条意义上的权利废止。

例如：E 已按期偿还由 H 之抵押权所担保的借贷债务。此时 H 对抵押权不能再行废止。由于 H 仍作为权利人登记于登记簿，故在土地登记法上，注销该抵押权，须以 H 的注销登记同意为条件；但仅 H 的注销登记同意，尚不足以引起注销，因为抵押权此时作为所有权人土地债务已依法(民法典第 1163 条第 1 款第 2 句并第 1177 条)移转于所有权人。

此外还须注意的是，仅仅只有 H 的废止意思表示，也绝不能导致抵押权之注销，而永远须以所有权人的同意为必要条件(民法典第 1183 条;《土地登记条例》第 27 条)。

二、构成要件

物权废止行为，为物权设立行为之对立面(contrarius actus)。 46
故而，如同物权设立，物权废止也要求有一项意思要素，并使该意思在登记簿中对外予以公示。

(一) 放弃表示(Aufgabeerklärung)

所必需者，乃"权利人放弃其权利之表示"(民法典第 875 条第 1 款第 1 句)。

也就是说，法律在这里不要求有物权合意。其原因是，一般来讲，废止是件对所有权人有利益的事情，当然也就不需要有所有权人的同意(例外：民

[23] 毫无技巧性可言！关于土地担保物权之"抛弃"，参见本书第 38 章边码 91 以下、第 44 章边码 27。

法典第1183条;《地上权条例》第26条)。

放弃意思表示,为一项私法上单方的、无因的意思表示,且为需受领的意思表示:它须向土地登记局,或因废止而受利益的人为之(民法典第875条第1款第12句)。

故对放弃意思表示,得适用关于行为能力、意思表示、代理等等之规定。——

例如:土地所有权人E作为抵押权人H的代理人,为放弃之意思表示,则类推适用民法典第181条之规定,该放弃意思表示不生效力(《联邦最高法院民事判例集》,第77卷,7页;对此参见本书第5章边码12)。

仅在符合民法典第875条第2款所规定之条件时(请比较民法典第873条第2款之相应规定),放弃意思表示才有约束力(亦即不得撤回)。与此应相区别的,是在债法上负有放弃物权之约束性义务;该对债法性义务,——自然是——不可比照民法典第875条第2款之规定(联邦最高法院,《新法学周刊》,1980年,228页)!

47 与实体法上放弃意思表示应相区别者,为土地登记法所要求的注销登记同意(《土地登记条例》第19条)。因前者也可向土地登记局为之,故该意思表示通常也被包含于注销登记同意之中(《联邦最高法院民事判例集》,第77卷,7页)。但即便如此,关于前者之构成要件,也仅以实体法之规定为准(对此参见本书上述第16章边码23以下)。

(二)注销

48 其次所必需者,为废止在土地登记簿中的对外公示,亦即注销。注销登记——如上所述(参见本书第16章边码52)——通过注销附注,或者不随同转记于新的登记簿簿页(《土地登记条例》第46条)而完成。

在放弃意思表示与注销之间隙，会存在较长的时间差。且放弃意思表示，也可在注销之后作出。这样会产生本章上述边码32-41处，就物权设立与物权转让所讨论的类似问题。须强调指出的是，此时民法典第878条之规定亦得适用。

例如：H提供给其婿E一笔受土地债务担保的贷款。H财产状况陷入恶化，但他仍想"使E能得到"贷款与土地债务：他免除E的贷款债务，并向土地登记局为意思表示，同意土地债务之注销。若在权利注销登记之前，H被宣告破产或者支付不能，则该宣告不能阻却注销登记之进行，民法典第878条并第875条第2款（另一个问题是，破产管理人或者支付不能程序管理人，能否依据《破产法》第31、32条或者《支付不能程序法》第129条以下之规定，撤销土地债务之废止表示：自债权人受妨害之视角来观察此问题）。

（三）第三人之同意

若被废止之权利，负担有第三人之权利（用益权或质权），则 49
废止须取得第三人之同意（民法典第876条）。

其道理，乃不言自明。因为在此种情形下，限制物权之权利人，已不再是该权利单独的主人。颇有费解者，在废止一项主观的物的权利（subjektiv-dingliches Recht）（如地役权）时，若第三人在需役地上享有一项限制物权（如抵押权），则依民法典第876条第2句之规定，废止该主观的物的权利，也须得到第三人之同意。但若试想一下，需役地的价值，可能会因地役权之废止而受到影响，也就不难理解了。

第三人之同意，为一项需受领的意思表示；通过该意思表示，第三人以无因之单方法律行为，对其权利予以处分（杜塞尔多夫州高等法院，《德国司法》，1993年，337页）。在欠缺所要求之第三人同意时，则不得在登记簿中为注销登记。这一结论，就民法典第876条第1句之情形而言，源于《土地登记条例》第19条之规定，因为——如上所述（本书第16章边码35）——即使是间接的权利被涉及者，登记（此处为：注销登记）亦须得其同意；就民法典第876条第2句之情形而言，则源于《土地登记条例》第22条之明确规定。故而，未得第三人之必要同意而为注销登记，极为少见。倘若真有发生，则产生一项问题,即登记簿是仅针对该第三人为不正确,还是全然不正确。第二种观点为通说,亦符合民法典第 876 条第 1 句与第 2 句之条文文意(“需得到…”,“ist erforderlich”);而第一种观点(沃尔夫/赖泽尔,§ 39,IV)更符合同意要求所谋求之目的,故第一种观点可资赞同。有趣的例案:巴伐利亚州最高法院,《德国司法》,1987 年,156 页;哈姆州高等法院,《非诉事件管辖实务》,1995 年,10 页。

第五节　新联邦州中的土地物权变动

50 关于新联邦州中的法律情况,参见本书第 63 章,尤参该章边码 49 以下;进一步阐述,亦参本书前版第 19 章第 5 节。

第二十章　预告登记(Vormerkung)

参考文献提示:安曼(*Amann*),“对继承人或者每个所有权人之独立的所有权让与义务,无预告登记”,载《德国公证杂志》,*1995* 年,*252* 页;于尔根 *F* 鲍尔(*Jürgen F. Baur*),“善意取得之土地所有权让与合意预告登记之实现”,载《法学者报》,*1967* 年,*437* 页;比;比尔曼(*Biermann*),“德国土地登记法中的异议与预告登记”,*1901* 年;卡纳里斯(*Canaris*),“债权权利物权化”,载“弗卢梅祝寿文集”,*1978* 年,*371*、*381* 页;杜尔凯特(*Dulckeit*),“债权权利物权化”,*1951* 年;弗卢梅,卷 *II*, *§17*,*6*;哈格尔,“预告登记”,载《法学教育》,*1990* 年,*429* 页以下;克内普夫勒(*Knöpfle*),载《法学教育》,*1981* 年,*157* 页;克诺勒(*Kohler*),“附违反约定之出让为条件的回复取得请求权的可预告登记性”,载《德国公证杂志》,*1989* 年,*339* 页以下;库皮施(*Kupisch*),载《法学者报》,*1977* 年,*486* 页;梅迪库斯,“预告登记、异议与上诉”,载《民法实务档案》,第 *163* 卷,*1* 页;莫伦克普夫(*Mollenkopf*),“对预告登记所涉及之土地的实际影响”,*1997* 年;米尔伯特(*Mülbert*),“善意之预告登记取得”,载《民法实务档案》,第 *197* 卷

(*1997* 年),*335* 页;奥尔斯豪森(*v. Olshausen*),载《法学教育》,*1976* 年,*522* 页;保卢斯,“基于相对不生效力而产生的债权人保护的范围”,载“尼佩代(*Nipperdey*)祝寿文集”,卷 *I*,*1965* 年,*909* 页;普林茨(*Prinz*),“善意之预告登记取得极其法律效果”,*1989* 年;赖歇尔(*Reichel*),“德国民法典中的预告登记”,载《耶林民法学说年鉴》,第 *46* 卷,*59* 页;赖尼克(*D. Reinicke*),“预告登记取得时的善意保护”,载《新法学周刊》,*1964* 年,*2373* 页,罗辛(*Rosien*),“对预告登记权利人之保护”,博士学位论文,奥斯纳布吕克,*1994* 年;桑德魏希(*Sandweg*),“土地所有权让与合意预告登记中的请求权与负担客体”,载《巴登-符腾堡州公证杂志》,*1994* 年,*5* 页;西伯(*Siber*),“在……预告登记时的债权具体化”,载《耶林民法学说年鉴》,第 *75* 卷,*375* 页;施奈德,载《德国公证杂志》,*1982* 年,*523* 页(顺位);施维尔特纳(*Schwerdtner*),“土地所有权让与合意预告登记”,载《法律学习》,*1985* 年,*316* 页;蒂特克,载《法律学习》,*1981* 年,*354* 页(系统之阐述);瓦克,“已预告登记之黑市购买与认可或债务更新”,载《德国公证杂志》,*1995* 年,*507* 页;韦伯(*Weber*),“关于土地物权之规定对预告登记之适用”,蒂宾根,博士学位论文,*1962* 年;维尔纳(*Werner*),奥拉夫(*Olaf*),“相同顺位之土地所有权让与合意预告登记”,载“*E.* 沃尔夫祝寿文集”,*1985* 年,*671* 页;维甘德(*Wiegand*),载《法学教育》,*1975* 年,*211* 页;韦尔伯劳尔(*Wörbelauer*),“处于所有权预告登记之下的土地——一个非交易物(*res extra commercium*)?”,载《德国公证杂志》,*1963* 年,*580*、*652*、*718* 页;察格斯特(*Zagst*),“注销预告登记法及其改革”,*1973* 年。——其他参考文献,参见本章之提示，以及泽格尔/施蒂尔纳，民法典第 *883* 条，边码 *1* 之前；另参韦斯特曼/艾克曼，*§100*。

参见本章末之表 12。

第一节　基　　础

一、预告登记之基本功能

在土地物权之设立与转让中，德国法所独有的债权行为与物权行为相区分之原则，对暂时仅有债权地位的权利人来说，会产生特别的担保需求。因为债权权利人仅在登记簿中已被登记时，他才能确保其权利之安全。在此之前，其债务人会通过诸如将已出卖的权利再转让给他人的方法，使他享有的以物权变动为内容的请求权受挫。而在这种情况下，债权权利人虽可主张损害赔偿请求（如基于民法典第 440 条、第 325 条），但已成就之物权法律关系现状，却常常再也不能回转。 1

此中蕴藏有怎样的经济力量之斗争，或可通过下例来说明：百货公司 K，打算阻止 V 将毗邻空地出售给 K 的“竞业者”。故而，V 与 K 签订了买卖契约，但该契约之履行，也就是土地所有权让与合意，应在 V 死后进行。经营另一家百货商店之 D，为买下这块土地，找到 V 并消除其顾虑（“这块土地已出卖”），最终使 V 将土地出卖给他，并达成土地所有权让与合意。若 D 被登记，则仅在 V－D 间之买卖契约，于例外情形下违反善良风俗时（民法典第 138 条第 1 款），比如 D 故意比 K 出更高的买价，或 D 使有顾虑之 V 免受 K 的损害赔偿请求（对此参见联邦最高法院，《新法学周刊》，1981 年，2185 页，及其引证；亦参《联邦最高法院民事判例集》，第 103 卷，235、241 页；《新法学周刊—司法判例报告，民法》，1996 年，869 页），D 的所有权地位才受到动摇。此时 K 可向 V，请求让与不当得利法上的土地所有权回复让与请求权（民法典第 440 条第 1 款、第 325 条、第 281 条、第 812 条第 1 款第 1 句第 1 种情形； 2

但:民法典第814条、第817条第2句!),或者依据民法典第826条、第249条或《反不正当竞争法》第1条、民法典第249条之规定,直接向D请求为土地所有权让与合意(有争议)。但在二重买卖的"通常情形",D成为所有权人;而第一购买人对此予以反驳之举证,常常极为困难。

3 此时预告登记制度,就能发挥其效用:依该制度,民法典(民法典第883条以下)提供给请求权人,一项对其进行保护的临时担保手段。预告登记被登入土地登记簿,并向每位取得人指明:他将面临为另一人之利益而要进行的登记,并且——在取得人尽管有预告登记之存在,而仍为自己之登记时——必须要考虑到,其所取得之权利还会有丧失之可能。

二、预告登记的具体形式

4 然而,上述粗线条勾画的预告登记之适用范围,在当今实践中已变化多样:除上述之土地所有权让与合意预告登记(Auflassungsvormerkung)外,常见的预告登记形式,还有注销预告登记(Löschungsvormerkung)以及土地担保物权中的法定注销请求权(gesetzliche Löschungsanspruch)(参见本书上述第17章边码10以下,其详述见本书第46章边码33以下)。后者在其作用上,与已登记之注销预告登记相同(民法典第1179a条第1款第3句):即在前顺位之担保物权与所有权发生混同时,通过法定注销请求权,后顺位权利人所享有的注销前顺位担保物权之请求权,通常可获得保障。

5 但在目的上,土地所有权让与合意预告登记,与注销预告登记以及法定注销请求权有所区别:前者在于消除买卖契约与所有权取得之间,大多是相当短的时间间隔;反之,注销预告登记与法定注销请求权,旨在使还相当不确定的未来事件(所有权与土地担保物权之混同),为受保护的后顺位债权人之利益,现在就"确定"下来。后一目的,现也体现于预告登记之各种现代形式中:这些现代形式的共同之处，为物权之归属状态在目前以及最近，虽不会发生变化，但随某一事件之出现，或一定时间之经过，应会发生物权变动；而预告登记制度所要保障的，就是使物权变动在此时间段里不能受到妨害。属于这类预告登记的，如基于债法上买回权（Wiederkaufsrecht）之请求权预告登记，或基于其他回复转让请求权（Rückübertragungsansprüche）之预告登记；

例如：V 将其商业用房让与给他的儿子 S，但又保留有买回权，以便在 S 放弃营业时收回房屋；对该买回权，可以预告登记来进行担保（《帝国最高法院民事判例集》，第 125 卷，242、247 页；《联邦最高法院民事判例集》，第 75 卷，288 页；第 117 卷，390 页 =《新法学周刊》，1992 年，1683 页；联邦最高法院，《新法学周刊》，1996 年，59 页；《德国公证杂志》，1959 年，399 页；施特罗伊尔，载《德国司法》，1986 年，245 页；巴伐利亚州最高法院，《新法学周刊——司法判例报告，民法》，1990 年，662 页；《德国公证杂志》，1996 年，374 页）；[1]

或者如基于预约而生之请求权的预告登记，或基于由所有权人所赋予——通常以支付报酬为条件——的购买权（Ankaufsrecht，又称为“认购”，Option，对此参见本书第 21 章边码 38 以下）而生之请求权的预告登记： 6

〔1〕 若土地所有权回复让与请求权与/或预告登记，仅以权利人生存时为限，则不适用《土地登记条例》第 23 条之规定（《联邦最高法院民事判例集》，第 117 卷，390 页；联邦最高法院，《新法学周刊》，1996 年，59 页；蒂特克，载《德国公证杂志》，1992 年，539 页；施特罗伊尔，载《德国司法》，1994 年，346 页；另说者，拉斯施泰特尔（Rastätter），载《巴登－符腾堡州公证杂志》，1994 年，135 页；吕尔斯多夫（Lülsdorf），载《莱茵河公证人协会通讯》，1994 年，135 页）。若能确定，土地所有权回复让与请求权将不再成立，则仅依据《土地登记条例》第 22 条或民法典第 894 条之规定来解决，参见本章下述边码 25。关于转换成注销授权，参见安曼（Amann），载《德国公证杂志》，1998 年，6 页以下。

“一旦E因某种原因而出卖其土地,则他负有以某一特定价格,将土地出售给A的义务……”(《帝国最高法院民事判例集》,第154卷,355页;巴伐利亚州最高法院,《德国公证杂志》,1956年,206页;《德国司法》,1993年,58页;类似者如联邦最高法院,《新法学周刊》,1981年,446页);A的这项权利,即可通过预告登记来予以担保。

7 其他情形,比如为保护基于对人的先买权的请求权而为预告登记(《帝国最高法院民事判例集》,第104卷,122页)、为保护赋予优先顺位的请求权而为预告登记等等。

在土地小块划分(Grundstücksparzellierung)中,预告登记具有非常重要的实践意义。

例如:V出卖给K一块土地,并为土地所有权让与合意。在自己于登记簿中未先为登记时,K就有权将土地划分成各小块,并出让给各打算建房的人。比如,K出让给B一小地籍块,并对B为土地所有权让与合意。由于在B为登记之前,V一直为所有权人,故显然不仅K,而且B也有担保需求;而采取预告登记方式恰可满足这种担保需求(其具体操作相当复杂,参见福尔卡默(Vollkommer),载《德国司法》,1968年,337页)。

8 总而言之,对预告登记制度之运用,一方面是存在有正当的担保需求,另一方面则是基于已有点司空见惯的“确定未来”的想法。而对后者之谋求,恰恰也是对将来的继承法上请求权,通过预告登记而进行担保(《联邦最高法院民事判例集》,第12卷,115页=鲍尔,E. Slg.,案例7;亦参本章下述边码15),等等之类——但至目前仍尚未奏效的——尝试的目的。

三、目的、效力与法律性质

9 预告登记之制度目的,在于保护以物权变动为内容之请求权,免受债务人处分行为之妨害。但在结果上,它并不导致土地登记簿冻结(Grundbuchsperre):债务人如同以前一样,仍可对其权利为处分,但该处分行为对于预告登记之被保护者,为不生效力——也就是相对的不生效力——。除此之外,预告登记在一定范围内,还具有完全效力(Vollwirkung),也就是说在效力上如同一项限制物权,而这首先体现在债务人破产或为支付不能(《破产法》第24条/《支付不能程序法》第106条),或者在继承人责任限制(民法典第884条)之情形。再者,预告登记还能担保后成立权利之顺位(民法典第883条第3款:顺位效力)。

预告登记所具有的这种“两性特征(Zwitterstellung)”,使得难以对其法律性质作出界定。而对此之最终判断,也仅在对其他问题讨论之后,才有可能。因此,在此我们仅只能作粗略地概括:一方面,预告登记归列在债法领域中,因为它担保的是以物权变动为内容之债法上的请求权;另一方面,预告登记又属于物权法范畴,因为其效力具有物权性质。故而,可将预告登记标志为,以保护物权变动之请求权为目的的,具有物权效力的担保手段。 10

就请求权与物“权”之联系(附随性)看,预告登记与抵押权有些相似:如同抵押权,预告登记在其成立与存续上,依附于被担保之债权;如同抵押权,预告登记亦随请求权之转让,而转让于新的权利人。但二者的目的有别:抵押权赋予债权人——在基于被担保之金钱债权而生的请求权之外——一项变价权;而预告登记的功能在于,在第三人于预告登记之后取得权利,并因此妨害通过预告登记所保护之物权变动请求权时,预告登记可针对该第三人,使该请求权实现其物权变动之内容。 11

四、预告登记与异议

在临时性担保手段这一点上,预告登记与异议具有相似性。但这两种法律救济,在原则上还是有区分的:异议所指向者,为土地登记簿之正确性,保护真正权利人免受登记“权利人”处分行为之侵害(参见本书上述第18章第2节边码10以下);相反,预告登记并不反对土地登记簿之正确性,而是包含着对一项将来物权变动之预告,并保护债权请求权人免受真正权利人处分行为之妨害。 12

因此可以说："预告登记旨在预告（Die Vormerkung prophezeit）"（即在土地登记簿中预告一项将来的物权变动），而"异议乃进行抗议（Der Widerspruch protestiert）"（即针对土地登记簿之正确性）。[2]

13 但是，预告登记与异议，何者为合适之法律救济手段，在具体个案中颇难抉择。故而，应允许这两种救济手段可相互并用，或者二者间可相互转换。

例如：E 已将土地出卖给 K，并为土地所有权让与合意。后 E 称，因受 K 之恶意诈欺，E 已有效行使撤销权。若撤销仅涉及买卖契约，则正确的法律救济手段，应为预告登记（它保护的是基于不当得利法而生的所有权回复让与请求权）。若土地所有权让与合意也被撤销，则——因此时之登记簿为不正确——应登记一项异议。即使在受保护之 E 对法律关系判断有误时，亦不得因此项错误认识，而对 E 产生不利益之后果。故在 E 登记了一项预告登记时，若法院认为土地所有权让与合意为无效，则该预告登记应视为异议（《帝国最高法院民事判例集》，第 139 卷，353、355 页；帝国最高法院，《佐伊费特氏德意志国家最高法院判决档案》，第 78 卷，168 号，276 页；同说者黑克，§47，II，8；韦斯特曼/艾克曼，§100，II，1，b）。

第二节　预告登记之客体

一、被担保之请求权

14 民法典第 883 条列明预告登记所担保的请求权：该请求权的内容，须为一项土地物权或一项在该土地物权上所成立之物权的赋予，或者这类物权的废止，或者物权之内容变更，或者物权之顺位变更。

由此可得出：

---

〔2〕 赖歇尔，载《耶林民法学说年鉴》，第 46 卷，66 页。

(一)请求权之法律基础

请求权可基于极其不同的法律基础而产生:可为债权性质的请求权(其典型为:基于买卖契约而生的土地所有权让与合意预告登记),可为基于亲属法规定而产生的请求权(如亲属法院依据民法典第1383条,判给配偶一方请求土地所有权让与之请求权),最后,已完全成立之继承法上的请求权,也可通过预告登记而获保全(如在继承开始后之遗赠请求权)。 15

反之,在继承开始前之继承契约上的请求权,如同遗嘱之遗赠,均不受预告登记方式之保护(《联邦最高法院民事判例集》,第12卷,115页[=鲍尔,E. Slg.,案例7];哈姆州高等法院,《德国公证杂志》,1956年,151页;有争议)。[3] 同样不适用预告登记者,为请求将来登记簿更正之物权请求权(巴伐利亚州最高法院,《德国公证杂志》,1976年,106页;是异议,而不是预告登记,但二者有时可相互转换:参见本章上述边码13)。

(二)有效成立并存续之请求权

请求权须有效成立,并仍然存在。 16

例如(采自《联邦最高法院民事判例集》,第54卷,56页):V以公证书形

---

[3] 对此参见里默施帕赫(Rimmelspacher),边码578以下;舍恩菲尔德,"继承开始前继承法上请求权之可预告登记性",蒂宾根,博士学位论文,1956年;尧尔尼希/施蒂尔纳,民法典第2174条,边码1。——具有预告登记能力者,为继承开始后之遗赠请求权(巴伐利亚州最高法院,《德国司法》,1981年,190页;联邦最高法院,《法学者报》,1991年,986页,并附莱波尔德(Leipold)之评注),或后位继承开始后之遗赠请求权(石勒苏益格州高等法院,《新法学周刊—司法判例报告,民法》,1993年,11页),以及基于赠与契约或类似有约束力之赠与要约而生的请求权;其中,赠与虽允许以死亡之时为其届期之时,但不允许附以受赠人之生存为条件(泽格尔/施蒂尔纳,民法典第883条,边码17,及其引证;持批评意见者,韦斯特曼/艾克曼,§ 100,II,1,c;关于附生存为条件之赠与和不附条件而在死亡时才届期之赠与的区别,参见尧尔尼希/施蒂尔纳,民法典第2301条,边码1、8)。

式,将土地以175,000马克出卖给K,但实际所达成的价格为200,000马克。V同意为K登记了土地所有权让与合意预告登记。之后不久,又为G的地役权登记了一项预告登记。——因伪装的公证买卖契约,依民法典第117条第1款为无效,而真实之买卖契约,又仅只能在K被登记为所有权人之后,才能补正生效(民法典第117条第2款、第125条、第313条第2句),故土地所有权让与合意预告登记,欠缺有效之债权基础;该预告登记也不能作为将来债权之预告登记(参见本节下述二与三),而予以保留(梅迪库斯,《民法》,边码555;另说者吕克(Lücke),载《法学教育》,1971年,341页)。故而,民法典第883条第2款无适用之余地,地役权预告登记不受影响;即使在K作为所有权人登入登记簿之后,该地役权预告登记仍得实现(民法典第888条)。

17 若出卖人已为土地所有权让与合意,并已同意买受人之登记,则买受人所享有的*使获得所有权之请求权*(Eigentumsverschaffungsanspruch),直至登记之时仍继续存在,也就是说,得通过该预告登记而获得担保(其论证参见慕尼黑德国民法典评注/瓦克,民法典第883条,边码30,以及最近的联邦最高法院,《新法学周刊》,1994年,2947页)。

土地登记局原则上不审查,被担保之债权成立与否。但它若确信地发现,请求权不存在,且将来也不可能成立时,则它应拒绝登记(参见巴伐利亚州最高法院,《德国司法》,1993年,328页;亦参本书第16章边码49以下)。

(三)请求权旨在实现法律所允许之登记

18 预告登记所担保的请求权,须旨在实现法律所允许之登记。

若通过预告登记,来担保基于用益租赁预约所生之将来用益租赁权,则为法律所不许。

(四)被担保债权之债权人与债务人

19 *受预告登记之保护者*(Vormerkungsgeschützter),须为所担保债权之债权人。被担保债权之相对人,须为因预告登记而被涉及之权利人或其继承人。[4]

也就是说，债权人地位与预告登记上的权利人地位必须一致，而债务人与因预告登记而受有负担之权利的权利人必须同一。

但这并不排除，为第三人利益契约之受益人，可通过预告登记而获保护，因为该受益人有"请求给付"之权利（民法典第328条第1款；对此参见霍尔赫（Holch），载《法学者报》，1958年，724页）。

20 例如（采自《帝国最高法院民事判例集》，第128卷，246页）：E自其农业企业E农庄中，将一些土地出让给K，并为所有权之转让。同时双方约定，"为E农庄每个所有权人之利益"，而使其享有回复转让请求权。这类请求权可通过预告登记来担保。而且，通过E农庄所有权人地位之说明，也已充分标明与确定了为第三人利益契约之将来权利人（其他例案，参见《联邦最高法院民事判例集》，第28卷，99、103页；巴伐利亚州最高法院，《德国公证杂志》，1987年，102页；1996年，374页；关于选择性权利人与继受性权利人，参见本节下述边码24）。反之，第三人只是嗣后才被指明时，则仅在为担保受约人之请求权（民法典第335条）时，才有可能进行预告登记（联邦最高法院，《新法学周刊》，1983年，1543页；对此卢多维希（Ludwig），载《新法学周刊》，1983年，2792页；同氏著，载《德国司法》，1986年，345页；登克（Denke），《新法学周刊》，1984年，1009页；奥尔登堡州高等法院，《新法学周刊—司法判例报告，民法》，1990年，273页）。

21 相反，不得为了使一项将来才取得之权利受负担，而进行一项预告登记：以让与将来才成立之所有权人土地债务为内容的请求权，不能通过预告登记而获担保（《帝国最高法院民事判例集》，第145卷，343、352页；哈姆州高等法院，《新法学周刊—司法判例报告，民法》，1990年，272页），但依据民法典

---

〔4〕 对此参见联邦最高法院，《新法学周刊》，1997年，861页 = LM5/1997年，民法典第883条，24号（施蒂尔纳/布伦斯（Bruns））=《德国司法》，1997年，208页；巴伐利亚州最高法院，《德国司法》，1997年，59页。另说者，哈姆州高等法院，《德国公证杂志》，1995年，315页，并附安曼之前揭著，252页。相反，使第三人受负担之契约，不产生请求权（"针对每个所有权人之请求权"），故亦无预告登记能力（联邦最高法院，《新法学周刊》，1993年，324、326页）。

第1179条之特别规定而产生的注销这类将来权利之请求权,却可适用预告登记(对此参见本书下述第46章边码32、33以下)。亦参有趣的判决巴伐利亚州最高法院,《德国公证杂志》,1956年,206页;科隆州高等法院,北莱茵-威斯特法伦州司法部公报.,1960年,30页,与联邦最高法院,《新法学周刊》,1966年,1656页(购买权之担保);巴伐利亚州最高法院,《德国公证杂志》,1974年,174页(在债权契约中,将地块确定权规定为契约一方当事人享有时,就一部分土地面积,亦允许为土地所有权让与合意预告登记);巴伐利亚州最高法院,《德国司法》,1992年,292页(住宅所有权人所享有的,请求在——按照一项未来建筑法上的许可而——将建造之房屋中,赋予其建筑空间特别所有权的请求权)。

二、将来的或者附条件的请求权

22 依民法典第883条第1款第2句之明确规定,预告登记亦可担保将来的或者附条件的请求权。

由此,也为以物权变动为内容,但将来才存在的请求权,开辟了另一条物权担保的途径。属于此种请求权者,如附条件的购买权或附条件的买回权(参见本书第21章边码37、38以下)、附条件的土地所有权回复让与请求权。〔5〕依据通说观点(联邦最高法院,《新法学周刊》,1997年,861页 =《德国司法》,1997年,208页;巴伐利亚州最高法院,《德国公证杂志》,1996年,374、377页),对附条件的(bedingte)将来物权变动之请求权,得不需审查而可为预告登记,而对将来之(künftige)请求权,〔6〕则要求“须已创造好法律上的条件,以致这类请求权之成立,仅取决于将来权利人之意思”(采如是说者

〔5〕 主要是针对违反约定之让与情形,而赋予当事人以保护!在通常情况下,这类约定不违反民法典第137条、第138条之规定;对此参见联邦最高法院,《新法学周刊》,1997年,861页 =《德国司法》,1997年,208页;施蒂尔纳/布伦斯,载LM(《联邦最高法院裁判汇编》),民法典第883条,24号;科勒(Kohler),载《德国公证杂志》,1989年,339页以下;蒂姆(Timm),载《法学者报》,1989年,13页以下。

〔6〕 对此参见巴伐利亚州最高法院,《德国司法》,1995年,247页:在请求权最终成立之情形,无土地登记簿之更正。

巴伐利亚州最高法院,《新法学周刊》,1978 年,700 页;《德国公证杂志》,1996 年,374、376 页;反对作此种限制者 威灵, § 22,II,c)。但如此区别处理之理由,颇值怀疑;盖附条件(民法典第 158 条)与附期限(民法典第 163 条)请求权,均为将来请求权之下位概念,而其区别仅在于,请求权之成立,是取决于一项将来不确定之事件,还是取决于某一期限之到来。故而,在这两类情形中,所必要者,均为一项确定的、债务人不能单方予以排除的法律行为基础(联邦最高法院,《新法学周刊》,1981 年,446 页;1997 年,861 页 =《德国司法》,1997 年,208 页)。

例 1(采自杜塞尔多夫州高等法院,《新法学周刊》,1957 年,1282 页):为担保一项借贷债权,E 同意为 G 登记一项土地债务。G 承担在贷款受清偿后,将土地债务回复转让给 E 的义务,并同意为该请求权之预告登记。因该预告登记所担保者,为 E 对 G 所享有的回复让与土地债务之请求权,故应为允许(哈姆州高等法院,《新法学周刊—司法判例报告,民法》,1990 年,272 页)。E 也可将该请求权让与给第三人 D,而且,随请求权之让与,预告登记亦转让于 D(准用民法典第 401 条)。参见本书下述第 46 章边码 48 以下。 23

例 2(依据联邦最高法院,《新法学周刊》,1997 年,861 页 =《德国司法》,1997 年,208 页;对此参见容(Jung),载《德国司法》,1998 年,51 页):A 将一块土地出卖并让与给 B。双方约定,若 B 或其继承人再转让该土地,则 A 或其继承人可解除买卖契约。对解除而生的回复请求权,则以预告登记进行担保。无论是该请求权的双重成立条件,还是请求权之效力扩及于继承人,以及请求权之成立取决于当事人之行为,均不妨碍该请求权所具有的预告登记能力。本案亦无违反民法典第 137 条第 1 句规定之情节:此时依民法典第 883 条而获担保者,仅为民法典第 137 条第 2 句所允许之义务。当然在结果上,民法典第 883 条之规定,使处分行为限制之约定,在一定程度上得以“物权化”,并使民法典第 137 条第 1 句规定之法律效果,得以相对化(亦参本书第 4 章边码 21)。 24

此外,在适用预告登记时,还允许通过两个预告登记来担保两个选择性权利人(alternativ Berechtigter)(巴伐利亚州最高法院,《德国公证杂志》,1985 年,702 页),或者通过预告登记来担保“继受性权利人(sukzessiv Berechtigter)”(巴伐利亚州最高法院,《德国公证杂志》,1985 年,702、706;《新法学周刊—司法判例报告,民法》,1990 年,662 页),或者担保数个共同财产关系之权利人(巴伐利亚州最高法院,《德国司法》,1986 年,371;1993 年,328 页)。

三、被担保请求权之欠缺与丧失

25 若被担保之请求权自始即不存在,则即使已为登记,预告登记亦不成立。[7] 若请求权嗣后消灭,则预告登记亦得因此而消灭。[8] 在这两种情形中,土地登记簿为不正确。因——不正确——预告登记而受负担者,可请求登记簿之更正;但不允许对此而为一项异议之登记,因为——不存在之——请求权之受让人,不得主张对登记簿之信赖(《联邦最高法院民事判例集》,第25卷,16页;鲍尔,载《法学者报》,1957年,629页;梅迪库斯,载《民法实务档案》,第163卷,1、3页)。

例如:V将其土地出卖给K,并同意K为土地所有权让与合意预告登记,且该预告登记也已办理。但农业法上所要求的国家许可,后来并未获得。故而,买卖契约自始即为无效。V可向K请求登记簿更正之同意(预告登记之注销),但不能登记一项异议,因为不存在第三人对“请求权”之善意取得,异议登记也就失其意义。

---

〔7〕 也就是说,对无效之请求权,无预告登记之担保!(《联邦最高法院民事判例集》,第54卷,56页以下;《新法学周刊—司法判例报告,民法》,1989年,199页;巴伐利亚州最高法院,《德国司法》,1993年,58页;并参本章上述边码16以下,及其例举;另说者,策勒州高等法院,《德国公证杂志》,1958年,418页)。假如达成一项新的有效契约,则就新的预告登记,还须有同意与登记(茨魏布吕肯州高等法院,《德国司法》,1989年,495页:在未获得公法上之许可时);但在对无效契约为认可时,其情形又不同(法兰克福/美因河畔州高等法院,《德国公证杂志》,1995年,539页;对此案参见瓦克,前揭氏著,507页)——非常有疑问!

〔8〕 在请求权已届期时,亦是如此(法兰克福/美因河畔州高等法院,《新法学周刊—司法判例报告,民法》,1993年,1489页,及其引证 =《德国公证杂志》,1994年,247页,附普罗姆伯格(Promberger)之评注);故而,在延长已届期之购买权时,须就预告登记之维持进行登记。关于约定在权利人死亡时,请求权消灭者,参见《联邦最高法院民事判例集》,第117卷,390页;《新法学周刊》,1996年,59页(《土地登记条例》第23条无适用之余地;亦参本章上述边码4以下)。

四、不合法之注销

反之,若请求权仍有效存在,而预告登记却被不法注销,则受预告登记之保护者,对受预告登记之负担者,享有登记簿更正请求权。且此时亦可为异议之登记,因为善意取得人会取得“无预告登记负担”之权利(《联邦最高法院民事判例集》,第 60 卷,46、50 页;《新法学周刊》,1991 年,1113 页,以及本章下述边码 62 以下)。 26

如在上例中,在国家许可颁发后,土地登记局却因疏忽而注销了该土地所有权让与合意预告登记,此时 K 可通过登记簿更正方式,请求将预告登记再登入登记簿。此外,若 V 在预告登记再登入之前,对 D 为土地所有权让与合意,而 D 对预告登记之存在又不知情,则 D 会成为“无预告登记负担”之土地所有权人;故此,K 亦可通过异议之登记而获保护。

第三节　构成要件

预告登记之完成,除有效之被担保请求权(本章上述边码 14 以下)外,还——与异议相类似——要求有: 27

1. 要么被涉及者的同意
2. 要么一项假处分命令
3. 且在登记簿中登入预告登记(民法典第 885 条)。

一、同意(Bewilligung)

(一)法律性质

预告登记类似于一项限制物权。依民法典第 873 条第 1 款之规则,对其成立,本应要求有双方当事人之物权合意。但民法典第 885 条却只要求被涉及者的同意。 28

该同意为一项实体法上的意思表示，并须对土地登记局或对受益人作出（联邦最高法院，《新法学周刊—司法判例报告，民法》，1989 年，199 页）。故而该同意，应与《土地登记条例》第 19 条所规定之土地登记法上的登记同意（grundbuchrechtliche Bewilligung）区别开。在实践中，这两项表示常同时发生。但二者之区分，仍有其意义：仅土地登记法上的登记同意为不生效力，实体法上的同意却有效，并已办理登记时，则预告登记仍成立（参见本书上述第 16 章边码 28）。

已同意之预告登记内容，依其字面意思虽为法律所不允许，但若除去不合法部分，其余内容确实为当事人之所愿，且已对外公示，则在此范围内该预告登记仍为有效（参见联邦最高法院，《德国法月刊》，1993 年，347 页）。

（二）善意取得

29 因预告登记之成立，为一项法律行为方式的设立行为，故依民法典第 893 条之规定，可自不正确登记之同意人处，进行预告登记之善意取得（参见《联邦最高法院民事判例集》，第 28 卷，182、187 页）。

例如：在 E 之土地上为 H 登记了一项抵押权，但该抵押权所担保之借贷早已偿还，故而，该抵押权在事实上应作为所有权人土地债务而归属于 E。若 H 对 D 承担将抵押权让与给 D 的义务，并同意 D 为预告登记，则 D 已取得该预告登记（《帝国最高法院民事判例集》，第 121 卷，44 页；《联邦最高法院民事判例集》，第 57 卷，341、343 页；联邦最高法院，《法学者报》，1981 年，63 页 =《新法学周刊》，1981 年，446 页[= 鲍尔，E. Slg.，案例 8b]；亦参 E. 沃尔夫，§ 13，B，IV，c）。若嗣后 D 以抵押权人身份为登记时，则即使在此时 D 不再为善意，或在此时就 H 之登记而登记有一项针对登记簿正确性之异议，D 仍取得抵押权（赖尼克，载《新法学周刊》，1964 年，2373、2375 页，以及 1981 年，446 页；《联邦最高法院民事判例集》，第 57 卷，341、343 页；联邦最高法院，《法学者报》，1981 年，63 页；对此之批评参见戈茨克（Goetzke）/哈伯曼(Habermann),载《法学教育》,1975年,82页)。[9] 若在登记预告登记时,一项还存在之通行权被错误注销,则享有预告登记权利之买受人(民法典第433条第1款第1句、第883条),善意取得无负担之权利(联邦最高法院,《新法学周刊》,1994年,2947页)。

依联邦最高法院民事判例集第57卷,341页之判决,虽未以所有权人身份登入登记簿,但能以继承证书证明其为继承人(民法典第2367条)之表见继承人,对土地所有权让与合意预告登记为同意意思表示时,土地之买受人即因而取得该项预告登记。

(三) 无需同意的依职权之预告登记

关于依职权而为预告登记之登记,也就是不需被涉及者之同意而为之预告登记,参见本书上述第16章边码64以下(《土地登记条例》第18条第2款、第76条)。 30

二、假处分

对此可参见异议中的相关阐述(本书上述第18章边码15)。 31
假处分命令之颁发,虽要求被担保请求权自身须为可信,[10] 但不要求证明该请求权所受危险之可信(民法典第885条第1款第2句),因为此种危险,已蕴涵于登记权利人随时可为处分行为之可能性中(例案:《联邦最高法院民事判例集》,第39卷,21页)。

对基于假处分命令而为之预告登记,也不得准用民法典第893条之规定(非为法律行为方式之处分!)。[11]

与基于假处分命令而为之预告登记应相区别者,为依据民诉法第895条而为之预告登记！对后者可进行善意取得(有争议)。

---

〔9〕 关于预告登记之实现,并参本章下述边码66。

〔10〕 对此参见法兰克福/美因河畔州高等法院,《新法学周刊－司法判例报告,民法》,1993年,473页。

〔11〕 参见巴伐利亚州最高法院,《德国公证杂志》,1987年,618页;另说者如威灵,§ 22,III,1,b;哈格尔,载《法学教育》,1990年,429、438页。

三、登记

32 登记为预告登记成立之设权性(konstitutiv)要件。登记之条件,依一般之原则而定(即登记申请——登记同意或假处分命令——被涉及者之已登记)。

有关登记之各种技术形式,可参见《土地登记命令》第12条第1款之规定。

由于已同意之预告登记,具有类似处分行为之特征,故而在同意与登记间之时间差所出现的问题,须应准用民法典第878条之规定(同说者黑克,§47,Ⅲ,3;卡纳里斯,上揭氏著,390页;本书上述第19章边码35以下;以及《联邦最高法院民事判例集》,第28卷,182页以下;第33卷,123、129页)。

实践中的难题是,出卖土地的一部分,并已为土地所有权让与合意预告登记之同意,但被出卖之土地部分,还未作为独立之土地登记于登记簿中。此时只须援引登记同意中的土地平面图及类似说明,即可使预告登记成立(联邦最高法院,《新法学周刊》,1972年,2270页;巴伐利亚州最高法院,《德国司法》,1981年,232页,与1982年,17页与335页;《新法学周刊—司法判例报告,民法》,1990年,662页以及724页;科隆州高等法院,《德国司法》,1993年,350页)。

第四节 法律效力

33 预告登记之效力,可区分为担保效力(本节下述边码34以下)、完全效力(本节下述边码45以下)与顺位效力(本节下述边码48以下)。

一、担保效力(**Sicherungswirkung**)

(一)相对的不生效力(relative Unwirksamkeit)

34 相对的不生效力,规定于民法典第883条第2款、第888条中。但如何理解相对的不生效力,颇有难度。

为克服这种理解上的困难，首先须清楚的是，在预告登记法律效力之设计上，立法者有多种选择可能：虽是最简单但也是最拙劣的方法，或许是土地登记簿冻结（Grundbuchsperre）；但为避免土地权利交易中不必要的阻碍，德国立法者未选择这一途径。[12] 第二种选择，或许是由取得人承担债法上的义务；[13] 但德国立法者亦未采这一方法，因为这种类型的法定债务承担，在他看来是违反法律体系的。

那么剩下的解决方法就仅为：预告登记被涉及者，对其权利仍有权进行处分（他是权利人！），但对预告登记被保护者来说，该处分行为为相对的不生效力，[14] 并且仅在“在其会挫败或妨害请求权时”，该处分行为才不生效力（民法典第883条第2款）。故而，此相对的不生效力，为一双重要件性的不生效力，即一方面为对人的不生效力（仅针对被保护人而存在的，本节下述边码35以下），另一方面为内容上的不生效力（仅在挫败或妨害请求权之范围内，本节下述边码38以下）。

（二）对人的相对不生效力（persönliche relative Unwirksamkeit）

处分行为仅针对“为其利益而成立预告登记”之人，为不生效 35
力（民法典第888条）。

这意味着，取得人针对其他任何人来说，已完全有效地取得权利，但惟独不能针对预告登记被保护者。由此可得出实现被保护请求权的方式：

---

〔12〕 亦参哈姆州高等法院，《新法学周刊－司法判例报告，民法》，1993年，529、530页；在一特殊案例中，巴伐利亚州高等法院事实上仍采纳了土地登记簿冻结观点（《德国司法》，1994年，17页：若就住宅的一部分已登记了一项土地所有权让与合意预告登记，则不得依德住宅所有权法改变分割意思表示）。

〔13〕 韦斯特曼（氏著“物权法”，第5版，§84，IV，2）正确地指出了这一点。

〔14〕 另说者E. 沃尔夫，§13，A，II，h，579页（“附迟延条件的不生效力”），以及克内普夫勒，上揭氏著，157页。

对被保护者来说,其请求权之债务人仍为权利人;被保护者得向该债务人,请求为实现其权利所必须的物权意思表示(比如民法典第873条第1款之物权合意、民法典第925条之土地所有权让与合意)。但由于取得人已登记于登记簿之中,故取得人须同意为实现被保护之请求权所必要之登记(民法典第888条)。

36 例如:V已将其土地出卖给K,并同意为K进行土地所有权让与合意预告登记,且该预告登记业已办理。尽管如此,V将土地所有权又让与给D。这样,D针对其他任何人来说,业已成为该土地之所有权人,但惟独不能针对K。对K来说,其缔约人V仍被视为所有权人,K得向V请求并强制其为土地所有权让与合意(如民法典第433条第1款第1句;对此《联邦最高法院民事判例集》,第111卷,364、368页)。但D作为登记所有权人,须为登记同意;而D负登记同意义务之依据,为土地登记法上的基本原则,亦即已登记者须为登记同意(在先已登记原则!);该项同意亦可由法院判决代替(民诉法第894条)。基于与V所达成的土地所有权让与合意,以及D之同意(民法典第888条),K将被登记为所有权人(顺便提一句,此时无溯及效力,《联邦最高法院民事判例集》,第99卷,385、387页)。已登记之第三人的同意,仅具土地登记程序法上的意义(《土地登记条例》第19条);虽欠缺该同意但已为登记时,则土地登记簿并非不正确(巴伐利亚州最高法院,《新法学周刊—司法判例报告,民法》,1990年,724页)。

37 人们或许会问,是否有这样的人,尽管存在预告登记,他仍打算去取得土地或土地物权呢?事实上,预告登记在实践中的作用,在许多方面如同登记簿冻结。但仍会存在例外:比如D寄希望于,K会同意其所有权取得(《帝国最高法院民事判例集》,第154卷,355、367页);[15]或者D信赖V的陈述,预告登记所保护的请求权不存在或不再存在。若V的陈述属实,则D可主张预告登记不存在。就其他的诉讼抗辩,亦是如此;比如,因K未履行其契约

---

〔15〕 部分有争议!同本书意见者古尔斯基(Gursky),载《德国公证杂志》,1998年,273页;另说者科隆州高等法院,《德国公证杂志》,1998年,311页(不利于预告登记的顺位变更,无“生效附注”)。

义务，V依据民法典第325条、第326条解除与K间的买卖契约，这样K对V之有效的土地所有权让与请求权，已不再存在，D亦得主张由此而生的抗辩。有疑问的是，本属于V之抗辩权，D是否亦得针对K而主张。〔16〕对此，应类推适用民法典第768条、第1137条之规定而为肯定回答。数项对抗权（Gegenrechte）在性质上可能同一，但这一同一性并不强制预告登记权利人（即K），须对被担保请求权之债务人，本例中也就是V，“先行起诉”！（联邦最高法院，《新法学周刊—司法判例报告，民法》，1988年，1357页）。

依民法典第888条之规定，对K之登记，D负有表示同意之义务；若在履行该义务时，D发生迟延，则联邦最高法院民事判例集第49卷，263页之判决认为，D不依履行迟延之基本原则，对K负损害赔偿义务（另说者，亦为正确观点者，赖尼克，载《新法学周刊》，1968年，788页；魏特瑙尔（Weitnauer），载《德国公证杂志》，1968年，708页；梅迪库斯，“民法”，边码451；参见本书第5章边码25以下之一般阐述）。

（三）内容上的相对不生效力（die inhaltliche relative Unwirksamkeit）

处分行为——在内容上——，仅“在其会挫败或妨害请求权时，为不生效力”（民法典第883条第2款）。立法者审慎选择“挫败（vereiteln）”与“妨害（beeinträchtigen）”二概念，意在强调：就土地进行交易时，其当事人必须清楚为预告登记时之土地登记簿状态；嗣后任何有损该状态之处分行为，对受预告登记之保护者均不生效力。 38

上述边码36以下的例子中，不仅对D的所有权让与行为，为违反预告登记，并进而不生效力，而且在V为D设定一项抵押权时，在效果上亦是如此。此时，依民法典第888条之规定，D也就对K负有同意注销抵押权登记之义 39

〔16〕对此参见《帝国最高法院民事判例集》，第53卷，31页；第144卷，281页；韦斯特曼/艾克曼，§100，Ⅳ，4，c；韦尔伯劳尔，载《德国公证杂志》，1963年，591页以下；泽格尔/施蒂尔纳，民法典第888条，边码8。

务(《联邦最高法院民事判例集》,第99卷,385、388页)。

E作为股东加入A有限责任公司,并承担在满足一定条件时,同意为有限责任公司登记一项50,000马克土地债务的义务;为担保该请求权,E同意在其还未有任何负担的土地上为预告登记。后E为H设立一项担保额为20,000马克的抵押权,再将土地出让给D。若条件实现,则有限责任公司此时可依民法典第888条之规定,向E请求土地债务之设立,向D请求土地债务登记之同意。而优于H抵押权的优先顺位,土地债务得自动取得(民法典第883条第3款),不需H对顺位后移为同意表示。

E为自己登记了一项所有权人土地债务(民法典第1197条)。后又为K之利益,登记一项土地所有权让与合意预告登记。再后来,E将土地债务让与给X:此时该预告登记无担保效力(《联邦最高法院民事判例集》,第64卷,316页)。反之,在所有权人土地债务成立之前,已登记了土地所有权让与合意预告登记,则有担保效力(参见里默施帕赫,§ 10,边码672,以及G.施奈德,载《德国公证杂志》,1982年,523页)。

(四)对受制于预告登记之权利的处分

40 最后,处分行为须为对预告登记所针对之权利的“处分”(民法典第883条第2款)。但以强制执行、假扣押之执行以及通过破产管理人而为的处分,与以法律行为方式之处分同视(民法典第883条第2款第2句)。这意味着,对预告登记之被保护者来说,强制执行行为亦不生效力。

41 有争议且具有重要实践意义的是,在土地使用出租中,若土地所有权让与合意请求权之权利人在取得所有权后,却并未——如通常情形,依据民法典第571条——加入到使用租赁契约中,则此时土地所有权让与合意预告登记,是否也发生其效力。对此问题,观点有分歧(其引证参见《联邦最高法院民事判例集》,第13卷,1页[=鲍尔,E. Slg.,案例8])。联邦最高法院否定预告登记之效力(联邦最高法院,《新法学周刊》,1989年,451页),而通说观点认为应适用民法典第883条第2款第1句之规定,“否则的话,作为债权权利人之承租人,在法律上会比物权权利人之用益权人受到优待”(持此说者韦斯特曼/艾克曼，§ 100，Ⅳ，3，c，及其引证）。尽管通说观点之论证有其说服力，但在结论上看，联邦最高法院的观点是正确的：民法典第 571 条所谋求的，并也体现于《强制拍卖法》第 57 条、《破产法》第 21 条规定中的社会保护，应优于预告登记保护。〔17〕（反之，联邦最高法院所提出的另一论点，即取得人明知土地已使用出租，却不能成立，因为在成立土地所有权让与合意预告登记之时，该土地还未使用出租）。

（五）对（土地）事实改变的保护与费用偿还

42 有疑问者，是否以及怎样保护预告登记被保护者，免受（土地）事实改变的侵害（附有预告登记负担之森林土地取得人，开始砍伐树木）。依本书见解，此时可准用民法典第 1004 条之规定。民法典第 823 条第 1 款之规定，亦可考虑适用（同说者卡纳里斯，上揭氏著，383 页，及其引证；哈格尔，载《法学教育》，1990 年，437 页；亦参联邦最高法院，《新法学周刊》，1991 年，2019 页，以及本书第 19 章边码 20。异说者，慕尼黑州高等法院，《新法学周刊》，1963 年，301 页，并附霍赫对此之反对评注；莫伦克普夫，42 页以下、60 页以下、75 页以下）。针对土地之改变，而对预告登记赋予准物权（quasi - dinglich）之保护，为联邦最高法院民事判例集第 99 卷，385 页以下之判决所肯认：违反预告登记之土地债务权利人，收取建筑物烧毁之保险债权时（民法典第 1127 条以下；对此亦参本书第 39 章边码 65），预告登记权利人得对其主张侵害型不当得利返还请求权（民法典第 812 条第 1 款第 2 句）。

若取得人就土地已支出费用，则应准用民法典第 994 条以下之规定（对此有疑问；参见《联邦最高法院民事判例集》，第 75 卷，288 页，及其所引资料；第 87 卷，296、297 页；另说者，汉堡州高等法院，《新法学周刊》，1961 年，2350 页）。〔18〕

---

〔17〕 亦参芬格（Finger），载 JR，1974 年，8 页；泽格尔/施蒂尔纳，民法典第 883 条，边码 30；尧尔尼希，民法典第 883 条，注解 4e；另说者，施陶丁格/古尔斯基，民法典第 883 条，边码 139 页；威灵，§ 22，Ⅳ，1，b，ee。

〔18〕 对此参见古尔斯基，载《法学评论》，1984 年，3 页；科勒，载《新法学周刊》，1984 年，2849 页。

（六）担保效力与财产承担

43 预告登记担保效力上一个有趣的小变化，体现在适用民法典第419条[19]的司法判例中：土地之承担人，在该土地构成出让人的全部财产，而取得人对此又明知时，对在土地所有权让与合意之前所产生的出让人之债务，承担责任（《帝国最高法院民事判例集》，第134卷，121、125页；《联邦最高法院民事判例集》，第33卷，123、125页；第93卷，135、140页；尧尔尼希/施蒂尔纳，民法典第419条，边码5、12以下）。但在为取得人已登记一项土地所有权让与合意预告登记时，则他仅承担土地所有权让与合意预告登记之登记申请提出之前所产生的债务。其理由为：就申请后所产生之债务，其债权人为强制执行行为时，该强制执行行为，对预告登记之被保护者来说，总是不生效力（《联邦最高法院民事判例集》，第33卷，123、128页以下）。但与此问题应相区别者，乃取得人对该土地构成出让人全部财产之明知，应以何时为准：是取得人以所有权人登入登记簿之时（采如是说者，联邦最高法院，《新法学周刊》，1966年，1748页），还是提出土地所有权让与合意预告登记之登记申请之时（此为正确观点，如《联邦最高法院民事判例集》，第55卷，105页，此判决以赖尼克氏观点为依据，参见氏著载《新法学周刊》，1967年，1249页；其余亦参米勒，边码1171页以下）。

（七）建筑负担之设定（Baulastbestellung）

44 设定建筑负担（对此参见本书第33章边码3），被视作相当于设定地役权之公法上的处分行为，且其生效，须以预告登记权利人之同意为条件（德里施勒（Drischler），载《德国司法》，1991年，234页；曼海姆州高等行政法院，《新法学周刊》，1993年，678页）。

---

〔19〕 随1999年德国新的《支付不能条例》之生效，民法典第419条被废除。

二、完全效力(Vollwirkung)

(一) 债务人之破产或支付不能

预告登记所具有的类似物权之特征,可体现于债务人之破产或支付不能时:尽管债务人已被宣告破产,因预告登记而受保护之债权人,仍可向破产管理人请求对该请求权的履行(德破产法第24条或新德支付不能程序法第106条)。故而,在土地所有权让与合意预告登记中,债权人可请求:土地所有权让与合意与登记(其结果是将该土地自破产财团中取回);[20]在土地债务登记之预告登记中,债权人可请求:设定土地债务之物权合意与土地债务之登记(其结果是别除方式的受清偿)。 45

例如:参见鲍尔/施蒂尔纳,卷II,“支付不能法”,边码9.15,以及《联邦最高法院民事判例集》,第79卷,103页以下。

(二) 强制拍卖

在强制拍卖中,若预告登记优于申请强制执行之债权人,则预告登记继续存在(民法典第883条第2款);此时,强制拍卖法上的“最低报价(geringstes Gebot)”规则*,在效力上及于该预告登记(《强制拍卖法》第44 46

---

〔20〕 且依《破产法》第24条第2句之规定,即使在破产管理人就其他事项(如就建筑义务),依同法第17条有权拒绝契约履行之后,亦是如此(《联邦最高法院民事判例集》,第79卷,103页);详参泽格尔/施蒂尔纳,民法典第883条,边码39。但随时要审查预告登记是否具有可撤销性;例案:联邦最高法院,《新法学周刊-司法判例报告,民法》,1988年,841页;详见鲍尔/施蒂尔纳,卷II,《支付不能法》,边码18.34、19.7、19.35。

* 所谓“最低报价(geringstes Gebot)”规则,乃依《强制拍卖法》第44条之规定,仅在拍卖报价足以清偿强制拍卖之费用,以及优先于执行债权人之先顺位权利时,该拍卖行为才允许进行。该规则之目的,在于防止先顺位权利人,因执行债权人之申请拍卖行为,而遭受权利消灭之危险。本章所指之先顺位权利,即为预告登记所担保之债权。——译者注

条、第52条)。针对因拍定而取得所有权(《强制拍卖法》第90条)之拍卖取得人,预告登记可依一般之规则,实现其效力(《联邦最高法院民事判例集》,第46卷,124、126页以下:关于土地所有权让与合意预告登记;《联邦最高法院民事判例集》,第53卷,47、49页:关于新设立限制物权之预告登记)。故而,此时依据土地所有权让与合意预告登记,不产生民诉法第771条所规定之第三人异议之诉(《联邦最高法院民事判例集》,第46卷,127页;《新法学周刊》,1994年,128页)。假如申请强制执行者,为"优先顺位之"债权人,则预告登记随拍卖之拍定而消灭(《强制拍卖法》第91条),此时预告登记权利人就——剩余之——拍卖所得价金进行分配。〔21〕另在强制拍卖时,土地所有权让与合意预告登记之权利人,享有依民法典第268条第1款对债权人进行清偿之权利;此项权能亦属于预告登记之完全效力(联邦最高法院,《新法学周刊》,1994年,1475页)。

(三)预告登记与继承人责任

47 针对预告登记,继承人不得主张自己责任之限制(民法典第884条)。因此,继承人——类似于破产管理人——不得援引由其实行的责任限制,而须对预告登记所保护之请求权负履行责任。

三、顺位效力

48 依据民法典第883条第3款,预告登记之请求权,以权利之赋予为其内容者,则该权利之顺位,以预告登记之登记时为准。依此而言,被预告登记之权利,嗣后被登记时,则其顺位溯及至预告登

〔21〕但在具体情形中存在大量争议问题:如在现金报价与分配中,在计算上要考虑到由预告登记所保护之请求权可能不存在;已预告登记之买受人已为对待给付时,对该对待给付之清算等等;对此参见布落迈尔(J. Blomeyer),载《德国公证杂志》,1979年,515页;科伊科(Keuk),载《新法学周刊》,1968年,476页;泽格尔/施蒂尔纳,民法典第883条,边码40以下;鲍尔/施蒂尔纳,卷I,《特别强制执行法》,边码36.25、36.15。

记之登记时；换言之，它所获得之顺位，就是它当初假如不为预告登记，而是立即并直接登记时，所应占据的位置。

比如在无负担之土地上，同意为H登记了一项抵押权预告登记，后在该土地上又登记了另外两项抵押权，则H获得第一顺位。

权利自动接替预告登记之顺位，在登记技术上，则通过《土地登记命令》第12条第1b款之规定来实现。

相同顺位之土地所有权让与合意预告登记，为一项特殊问题。依正确看 49
法，该数项预告登记为法律所不许，且不可能进行登记（泽格尔/施蒂尔纳，民法典第883条，边码38）。而通说观点则认为：第一个所有权转让为有效（如慕尼黑德国民法典评注/瓦克，民法典第883条，边码59；威灵，§ 22，IV，1，c；帕兰特（Palandt）/巴森格（Bassenge），民法典第883条，边码29；策勒州高等法院，《财产法与不动产法》，1996年，104页。亦有人主张各预告登记权利人取得按份共有，如埃尔曼（Erman）/哈根（Hagen），民法典第883条，边码8）。

第五节　转让与消灭

预告登记具有附随性，旨在对以物权变动为内容之请求权进 50
行担保，故而，预告登记与该请求权之命运，在法律上紧密相联。这不仅体现在预告登记之成立上（本章上述边码14以下），也体现于预告登记之转让与消灭中。

一、转让

（一）附随性（Akzessorietät）

预告登记不能单独予以转让。准用民法典第401条（第412 51
条），随被担保请求权之让与，或基于其他法律原因之移转，预告

登记亦移转于请求权之取得人,〔22〕且不需为移转登记。登记在此时仅为土地登记簿之更正。〔23〕

(二) 善意之取得?

52 请求权之取得人,不得依据预告登记,而主张证明该请求权之存在。〔24〕若请求权存在,但预告登记却因某种原因(如欠缺有效之同意)而未成立,则可否适用民法典第 892 条之规定,颇有疑问。〔25〕对此问题,应为否定回答。其原因在于,此时预告登记之取得,乃直接依据法律(民法典第 401 条)——预告登记作为请求权之"附属物(Anhängsel)"——,而非(如民法典第 892 条所要求的)依据法律行为。此外,也不能比照抵押权而推出肯定之结论,因为在让与由预告登记所担保之请求权时——与抵押权相反(民法典第 1154 条、第 1155 条)——无公示要求。

最后,如梅迪库斯(参见氏著,"民法",边码 557)所正确指出的,在这里不存在所谓便利所有权让与请求权(Übereignungsansprüche)交易能力的需

---

〔22〕《联邦最高法院民事判例集》,第 25 卷,23 页;联邦最高法院,《新法学周刊》,1994 年,2947 页以下(土地所有权让与请求权之推定让与;对第三人为给付时的预告登记效力,民法典第 362 条第 2 款、第 185 条)。

〔23〕《帝国最高法院民事判例集》,第 142 卷,331 页;巴伐利亚州《巴伐利亚州最高法院民事判决集》,1995 年,171 页。

〔24〕巴伐利亚州最高法院,《德国司法》,1993 年,58 页;无可争议之通说,亦参本章上述边码 16 以下、25。

〔25〕持肯定意见者:韦斯特曼/艾克曼,§ 101,IV;文纳(Wunner),载《新法学周刊》,1969 年,116 页以下;《联邦最高法院民事判例集》,第 25 卷,16、23 页。持否定意见者:鲍尔,载《法学者报》,1957 年,629 页;梅迪库斯,"民法",边码 553、555 以下,以及同氏著,载《民法实务档案》,第 163 卷,1、8 页;曼夫雷德 沃尔夫,边码 372;泽格尔/施蒂尔纳,民法典第 893 条,边码 8;赖尼克,载《新法学周刊》,1964 年,2373、2376 页;库皮施,上揭氏著;格尔默(Görmer),载《法学教育》,1991 年,1011、1013 页。而里默施帕赫(氏著 § 9,边码 626、633 以下)主张区分债权人是否已作为未成立之预告登记的权利人登记于登记簿,而作不同之回答。

求。与此应相区别者，为自登记之非所有权人处发生对预告登记之善意取得（对此参见本章上述边码29以及下述边码62以下）！

（三）以契约排除移转

在请求权让与时，若排除预告登记之移转，则预告登记消灭。[26] 53

二、消灭

自预告登记之担保功能及其“准物权（quasidinglich）”特征，即可看出预告登记之消灭原因。 54

在预告登记消灭时，先前违反预告登记所为的处分行为，变为完全有效（《联邦最高法院民事判例集》，第117卷，390页=《新法学周刊》，1992年，1683页）。

（一）请求权消灭

随请求权之消灭，预告登记亦消灭。[27] 在登记簿中的注销，此时仅为登记簿之更正；因预告登记而受妨害者（民法典第894条），得向作为预告登记权利人之被登记者请求注销。此外，《土地登记条例》第22条之规定，亦得适用。[28]

---

〔26〕 对债务承担之情形，可准用民法典第418条之规定（霍赫，载《新法学周刊》，1960年，462页）。

〔27〕 联邦最高法院，《新法学周刊》，1981年，447页；对此瓦克，载《新法学周刊》，1981年，1577页，以及埃贝尔（H. Ebel），载《新法学周刊》，1982年，724页；联邦最高法院，《新法学周刊—司法判例报告，民法》，1989年，201页；并参本书第18章边码39。

〔28〕 柏林市高等法院，《新法学周刊》，1969年，138页；巴伐利亚州最高法院，《德国公证杂志》，1976年，160页。——关于因欠缺请求权而使预告登记不成立的对应情形，参见本章上述边码15、25。

（二）其他的消灭原因

55 在下列情形中，预告登记亦消灭：

1. 预告登记之废止

受预告登记保护之债权人，废止预告登记，亦为预告登记之消灭原因（准用民法典第875条、第876条之规定：废止意思表示与注销[29]）。仅为注销登记，尚不足以废止预告登记；而欠缺废止意思表示，则登记簿又为不正确。在后一情形，对登记簿之更正，可通过重新登记；此时亦允许先行为异议之登记（参见本章上述边码25）。

请求权受一项永久抗辩权之对抗时，民法典第886条规定有请求废止预告登记之权利（联邦最高法院，《新法学周刊》，1989年，220、221页：主张罹于时效）。

56 例如（采自《联邦最高法院民事判例集》，第60卷，46页）：1963年为原告之利益，在E的土地上登记了土地所有权让与合意预告登记。1964年E为自己登记了一项所有权人证书土地债务，并于1970年3月将该证书土地债务让与给被告。在此期间，原告于1968年被登记为所有权人，而其土地所有权让与合意预告登记在1970年3月被注销。原告向被告请求注销土地债务。

原告诉求成立之前提，为预告登记之存在：该预告登记不因注销而消灭，因为欠缺原告之废止意思表示（民法典第875条）；再者，所担保之土地所有权让与请求权，虽自原告被登记为所有权人起消灭，但该消灭也不导致预告登记的消灭（其原因是，此时已登记了一项中间权利——即E的所有权人土地债务——，而该中间权利可在登记簿之外，违反预告登记让与给第三人，联邦最高法院，《企业顾问》，1964年，576页）。因此，其决定标准应是，被告1970年3月取得土地债务时，该预告登记是否已被注销。若已被注销，则被告——在其为善意时——取得“无预告登记负担之”土地债务。而在其他情

---

〔29〕《联邦最高法院民事判例集》，第60卷，46页；第77卷，151页；联邦最高法院，《新法学周刊》，1994年，2947、2949页 l. Sp.。

形下，被告依民法典第888条负有同意注销土地债务之义务（参见本章上述边码39）。

2. 假处分命令之取消

57 预告登记所依据之假处分命令被取消时，预告登记亦归于消灭（《联邦最高法院民事判例集》，第39卷，21页＝《法学者报》，1963年，710页，附拉恩之评注；哈姆州高等法院，《德国司法》，1983年，435页）。

3. 除权判决（Ausschluβurteil）

58 同样，发生民法典第887条所规定之情形时，预告登记得因除权判决而消灭。

4. 条件成就

59 最后，预告登记附有解除条件时，得随该解除条件之成就而消灭（对此《联邦最高法院民事判例集》，第117卷，390、392页；联邦最高法院，《新法学周刊》，1996年，59页）。预告登记所附之条件，应与被担保请求权所附之条件或期限区别开（对此参见本章上述边码4以下、22以下）。在后一情形中，随条件之成就，请求权消灭，相应地预告登记也消灭（参见本章上述边码54）；而在前一情形中，仅预告登记消灭。

第六节 “法律性质”——具体问题

60 在使预告登记之“概念天空（Begriffshimmel）”晴朗起来，从而在澄清其利益关系，尤其是在解决大量立法所未规定之疑难问题上，黑克（参见氏著“物权法”，§47）贡献卓著。故而，黑克著作的这一章内容，尤值阅读——当然读起来并不是那么容易——。这一章内容，也是利益法学派对其所发展的法学分析方法基本原则加以运用的典范。

一、预告登记的法律性质

61 预告登记在法律性质上，究为一项土地上的限制物权，或为以“消极支配权”形式体现的一项主观权利，还是一项单纯的担保手段，已众说纷纭。[30] 然而，至今还不存在一个能够准确概括预告登记所有现象与效力的概念界定。但这一点也不奇怪，因为预告登记本身就具有双重特征，跨越债权法与物权法两大领域。故而，我们在此也仅只能将其概括为：预告登记为在土地登记簿中进行公示的、具有一定物权效力的、对以物权变动为内容之请求权的担保。

二、预告登记与土地登记簿之公信力

62 接下来需讨论的是，预告登记在何种程度上，享有土地登记簿之公信力。对此我们在相关体系阐述中已涉及到，但对下述要点作一总结，会更有助于理解预告登记之性质。[31]

可作为规则记住的是，土地登记簿之公信力，绝不包括预告登记所保护的请求权；对请求权所适用的原则是，债权不可能予以善意取得。反之，作为起物权效力的担保权，预告登记可适用民法典第 892 条、第 893 条之规定。

具体言之：

---

〔30〕 如参黑克，§ 47，IV；卡纳里斯与杜尔凯特，上揭氏著；施瓦布/普律廷，§ 18，VIII；克内普夫勒，上揭氏著，157、158 页以下；韦斯特曼/艾克曼，§ 100，I，2；维亚克尔，“土地法”（1938 年版），§ 19，IV，2；E·沃尔夫，§ 13，A，II，a。

〔31〕 对此参见蒂特克，“善意取得”，103 页以下；R. 里默施帕赫，边码 611 以下；于尔根 F. 鲍尔/里德（Riede），载《法学教育》，1987 年，380 页；黑普廷（Hepting），载《新法学周刊》，1987 年，865 页（将来请求权预告登记中的善意取得）；卢多维希，载《德国公证杂志》，1987 年，403 页；哈格尔，载《法学教育》，1990 年，429 页。

（一）对登记权利人所同意之预告登记可善意取得

预告登记之成立，以登记簿中的登记人之同意为基础（而不是以假处分命令为依据！）时，则即使同意人是不正确地被登入登记簿，被保护之请求权之债权人，仍可取得该项预告登记（例举可参见本章上述边码 29）。 63

其前提条件为，被担保之请求权须存在。若请求权嗣后（如依据民法典第 313 条第 2 句而补正形式无效之契约）才成立，则不符合此项条件。被担保之请求权不存在（或消灭），而预告登记却已经登记，则受妨害人享有注销预告登记之登记簿更正请求权（本章上述边码 15、25、54）。

若所担保之请求权存在，而预告登记却被不正确地注销，则请求权之债权人，可请求以登记簿之更正方式重新登入预告登记，并可请求通过异议登记而获临时担保（本章上述边码 26）。因为在此时，善意取得人可主张对预告登记注销之信赖。 64

（二）欠缺请求权时，无善意之（预告登记之）从属取得（Sekundärerwerb）

在债权人让与请求权时，若请求权或预告登记不存在，则善意取得人不受保护。就请求权来说，取得人不得主张对登记簿之信赖；而就不正确登记之预告登记而言，在请求权让与时，预告登记仅为请求权之“附属物”（民法典第 401 条），并随同让与，故不存在民法典第 892 条所要求的法律行为方式之取得（本章上述边码 52）。 65

（三）善意之时间点与针对真实权利人之实现

若请求权之债权人，基于不正确被登记者的同意，自其取得预告登记（本章上述边码 63 以下），则即使在债权人被登记为权利人之前，已知悉真实法律关系，或在预告登记之后，针对登记簿之 66

正确性登记了一项异议(本章上述边码 29),[32]或登记簿被予以更正,债权人仍可实现其土地所有权让与请求权。在最后一种情形中,准用民法典第 888 条之规定,现登记之权利人须同意债权人之登记(参见《帝国最高法院民事判例集》,第 121 卷,44、46 页)。

有争议的是,预告登记之被保护者,是仅享有因登记技术(在先已登记原则!)而必要的民法典第 888 条之请求权(持此说者,如罗尔夫,载《新法学周刊》,1968 年,484 页),还是享有请求真实权利人依民法典第 185 条为实体法上同意的请求权(持此说者,如于尔根 · F · 鲍尔,载《法学者报》,1967 年,437 页)。关于此项争议问题的其他讨论,参见古尔斯基,"物权法",23 页以下、31 页以下;里默施帕赫, § 9,边码 647 以下。

第七节　让与禁止(Veräuβerungsverbot)[33]

一、让与禁止与预告登记之共同点

67 相对的让与禁止——可基于法律规定(民法典第 135 条),也可基于法院之命令(民法典第 136 条)——,与预告登记具有下列相同点:

(一) 违反让与禁止之处分行为,对让与禁止之被保护者,不生效力(民法典第 135 条第 1 款、第 136 条)。

(二) 因违反让与禁止之处分行为而取得土地物权者,对被保护者负有作出被保护者之登记所必要的土地登记法上的意思表示之义务(民法典第 888 条第 2 款)。

---

〔32〕 另说者戈茨克/哈伯曼,载《法学教育》,1975 年,82 页;维甘德,载《法学教育》,1975 年,205、212 页。完整之阐述,参见里默施帕赫, § 9,边码 635 以下,及其引证;克内普夫勒,上揭氏著,157、165 页。

〔33〕 对此科勒,"不动产物权法中依民诉法第 938 条第 2 款之处分禁止",1984 年版(对此之书评参见 M. 沃尔夫,载《民事诉讼法杂志》,第 99 卷,1986 年,480 页以下);关于取得禁止,参见本书第 15 章边码 32、第 19 章边码 19、35 以下。

二、让与禁止与预告登记之区别

让与禁止与预告登记之相同点,并不及于预告登记之完全效力与顺位效力。此外,二者的区别还体现在,让与禁止还可担保其他的权利(亦即不——如同预告登记——仅仅是债权性质之请求权),且让与禁止之生效,不需要登记于土地登记簿,而仅以向债务人之送达为要件。当然,对让与禁止,允许进行登记,且为避免善意第三人完全有效地取得权利,最好采取登记方式(民法典第892条第1款第2句)。 68

须注意者,绝对性让与禁止,得针对任何人而生效力,故而不适用民法典第135条、第136条、第888条第2款之规定;还须注意者,以法律行为方式所同意之让与禁止,因民法典第137条之规定,无物权之效力,故也不能登记于土地登记簿中(科不伦次州高等法院,《德国法律杂志》,1949年,234页;蒂姆,载《法学者报》,1989年,13页,以及科勒,载《德国公证杂志》,1989年,339页:关于民法典第137条之全面阐述);但有时可转换为已同意之预告登记或已同意之异议(鲍尔,载《德国法律杂志》,1949年,523页),此外,还可采取假处分命令之担保方式。

例如(采自《联邦最高法院民事判例集》,第28卷,182页,与巴伐利亚州最高法院,《新法学周刊》,1954年,1120页):[34] V于1953年10月27日以公证书形式将其土地出卖给K,并在同一公证书中,同意一项土地所有权让与合意预告登记。登记申请于10月27日到达土地登记局,并于11月6日办理完毕。 69

而在V与A间,就V是否基于1949年以公证书形式同意给A的一项购买权,而负有为土地所有权让与合意之义务,正进行一项诉讼。11月5日法院通过假处分措施而发布让与禁止命令;该命令于11月6日送达至V,并在同一天到达土地登记局,于12月2日办理了登记。

在此案中,很显然在土地所有权让与合意预告登记与让与禁止之间存在

---

〔34〕 同例见于本书第19章边码37,在该处亦有文献提示;此外参见科隆州高等法院,《德国司法》,1973年,299页(在废止预告登记时,适用民法典第878条?)。

纠葛。在土地登记局于11月6日办理土地所有权让与合意预告登记之登记时，让与禁止因对V之送达而已生效，且已为土地登记局所知悉，故而，此时应不得为土地所有权让与合意预告登记之登记。但倘若此时应须适用民法典第878条之特别规定，则仍不妨为预告登记。而可否适用民法典第878条之规定，应为肯定之回答，因为——如上所述——民法典第878条之规定，可准用于已同意之预告登记。在本案中，自1953年10月27日起，V的意思表示依民法典第873条第2款已生约束力，且在同一天登记申请已到达土地登记局，故嗣后所发布之法院让与禁止命令，对K不生影响。K得准用民法典第888条第1款之规定，向A请求自己作为所有权人登记之同意(联邦最高法院，《新法学周刊》，1966年，526页)，并在其登记之后，依民法典第894条要求让与禁止登记之注销(虽A的购买权产生于1949年，而V与K的买卖契约于1953年才达成，但此项事实情节，在本案中并无意义!)。

关于取得禁止，参见本书之有关阐述(本书第15章边码32；第19章边码19、35以下)。[35]

---

〔35〕 关于新联邦州物权法中的预告登记，参见本书前版第20章第8节；此外可参本版第63章关于新联邦州物权法之概述。

表12　预告登记

目的	对一项以物权变动为内容之债权请求权的物权性担保 主要情形:土地所有权让与合意预告登记——注销预告登记(或注销请求权)
构成要件	要么:被涉及者的同意 并加上 (比如出卖人的同意) 在土地登记 要么:法院的假处分命令 簿中登记
法律效力	1. 担保效力: 1972年4月1日之买卖契约　1972年5月15日之买卖契约 K　V 并土地所有权让与合意/登记　D +预告登记　(也就是说,无土地登记簿之冻结!) D虽成为所有权人,但针对K,D不是所有权人。故此,K得向V请求为土地所有权让与合意(民法典第433条第1款),向D请求对自己登入登记簿之同意(民法典第883条第2款、第888条)。若V对D不是让与所有权,而是设定一项抵押权,则其结果亦同:K向V请求为土地所有权让与合意,向D请求注销抵押权之同意 2. 完全效力:《德破产法》第24条或《德支付不能法》第106条 3. 顺位效力:民法典第883条第3款
预告登记与异议之区别	共同点:警示功能。差异:预告登记在土地登记簿中"预告"一项未来的物权变动;异议则暗示土地登记簿——已存在的或可能的——不正确。法谚云:"预告登记旨在预告"(一项未来的物权变动),而"异议乃抗议"(土地登记簿之正确性)。

第二十一章　土地买卖契约——先买权

前　言

1 在“物权法”教科书中，专用一章讲述土地买卖契约，或许有点令人生奇。

然而，为能更好地理解，以土地所有权让与合意与登记（本书下述第22章），来进行法律行为方式的土地所有权移转，其更可取的方法应是，在对其进行阐述之前，先就最常见的土地所有权变更基础之债权契约，也就是土地买卖契约，作一番说明。但须注意者，土地买卖契约虽是实践中最为重要的原因行为，但不是惟一的原因行为。这类原因行为，比如还包括互易、赠与（尤其在农业法中，也体现为预先进行继承之形式：交付契约）、遗产分割、合伙/公司契约，等等。当然，本章不涉及买卖法所有问题，故阅读本章内容时，应先具备买卖法之基础知识。依此而言，本章仅讨论土地买卖中的特殊问题，也就是土地买卖的要式性（本章下述边码2以下）、风险移转（本章下述边码14以下）、权利瑕疵责任（本章下述边码16以下）、物的瑕疵责任（本章下述边码20以下）。最后简要阐述一下对人的先买权与物权性的先买权（本章下述边码23以下）。

浏览一下每年的“不动产交易额”，也是很有意思的：1995年原西德联邦州（不包括西柏林）不动产交易额达到1980亿马克，其中住宅所有权交易额占30.9%

（=611 亿马克），单家与两家房屋交易额占 26.5%（=525 亿马克），工商业不动产交易额 20.2%（=400 亿马克），住宅建筑用地 8.8%（175 亿马克）（资料来源：《财政部资料档案》）。

第一节 土地买卖契约

参考文献提示：巴克豪斯（*Backhaus*），载《法学教育》，*1985* 年，*512* 页（形式要求之界限）；艾泽勒（*Einsele*），“数行为之法律行为中的形式要求”，载《德国公证杂志》，*1996* 年，*835* 页；黑克森（*Heckschen*），“间接的不动产法律行为的要式要求”，*1987* 年；冯霍夫曼（*von Hofmann*），“土地买卖法”，*1982* 年；坎茨赖特（*Kanzleiter*），载《德国公证杂志》，*1986* 年，*258* 页（形式无效时返还请求的排除）；科尔特（*Korte*），载《德国公证杂志》，*1984* 年，*3* 与 *82* 页（文书制作的范围）；同氏著，“土地交易文书制作手册”，*1990* 年；哈根，载《德国公证杂志》，*1984* 年，*267* 页；克莱因-布莱姆克斯（*Klein-Blemkers*），“公证之转让契约在所得税法上的效果”，载米勒，克劳斯：（《物权法》，*1997* 年 *4* 版），*1995* 年，*221* 页；博尔曼（*Pohlmann*），“因履行而补正形式无效之义务行为”，*1992* 年；拉特曼（*Reithmann*），载《新法学周刊》，*1992* 年，*649* 页（不动产取得之新契约类型）；施瓦内克（*Schwanecke*），载《新法学周刊》，*1984* 年，*1585* 页（“过渡取得”之形式强制？）；施图茨（*Stutz*），载米勒，克劳斯：（《物权法》，*1997* 年 *4* 版），*1993* 年，*205* 页（土地交易中的未成年人）；魏尔希，“土地物权法中的契约形态”，*1992* 年 *2* 版；沃尔夫，载《德国公证杂志》，*1995* 年，*179* 页（土地转让准备阶段的法律行为及其有限的文书制作需要)；蔡勒(*Zeller*)，“买卖契约事后变更之形式要求”，*1985* 年。

一、形式

(一) 目的与适用范围

1. 目的与规范基础

2 民法典第 313 条第 1 句原来之规定，乃基于“警示目的(Warnzweck)”，而对出让人之利益进行保护；相反，对取得人，该句规定并不施与保护。故而，司法判例原先认为，仅规定买受人取得义务之契约(买受候选人契约，Kaufanwärtervertrag)，其效力之发生，不以要式为要件。但随后之发展却表明，取得人至少应与出让人享有同等之保护。故而通过 1973 年 5 月 30 日之立法(该法修改了民法典第 313 条第 1 句)，形式强制亦扩及于取得契约(Erwerbsvertrag)。这就意味着，凡以土地之出让或取得为其义务内容之法律行为，均须采取公证形式。契约之形式，除警示功能外，还应简便对契约内容之举证。由此所导致的结果是，要式契约与非要式契约间之界线，已不再能依据清晰而简单的规则进行判断。谁要是想在这方面有确定之把握，就必须检索大量的司法判例。但对这些司法判例，本章仅只能作粗线条地描述。

2. 具体之适用范围

3 民法典第 313 条之规定，概括了所有的一方当事人负有土地所有权让与或土地所有权取得之义务的契约，故也包括如遗产分割、合伙人(股东)义务中包含有土地出让或取得内容之合伙(公司)契约(联邦最高法院，《新法学周刊》，1992 年，3237 页；1996 年，1280 页)或对土地买卖契约之加入(联邦最高法院，《德国公证杂志》，1997 年，307、308 页)等契约。再者，民法典第 313 条不仅仅是涉及出让人(或取得人；此与民法典第 518 条关于赠与形式之规定不同,[1]该条纯具警示目的!)之负担行为意思表示,而是涉及整个契约,故也涉及取得契约中买受人或出卖人之意思表示(参见联邦最高法院,《新法学周刊》,1974 年,271 页)。凡依当事人意思而构成整体法律行为的所有协议,也就是说,只要它们相互依赖,在法律命运上应共生共灭,则它们均须采要式形式(联邦最高法院,《新法学周刊》,1986 年,248 页,与《联邦最高法院民事判例集》,第 101 卷,393 页;《新法学周刊》,1989 年,898 页)。至于是否存在此种意义上统一之法律行为,为事实审法官之决定事项(固定判例,联邦最高法院,《新法学周刊》,1994 年,2885 页,及其所引资料)。关于与第三人约定之要式要求问题,参见联邦最高法院,《新法学周刊》,1991 年,1031 页,及其引证。

如以民法典第 313 条之规范目的为准则,则大量为土地买卖契约进行准备的法律行为,只要因此而成立民法典第 313 条所规定之义务,亦须采要式形式:如预约与认购契约(Optionsvertrag)(《联邦最高法院民事判例集》,第 82 卷,398 页;对此之批评,参见赖尼克/蒂特克,载《新法学周刊》,1982 年,1430 页;《帝国最高法院民事判例集》,第 169 卷,185、188 页;《联邦最高法院民事判例集》,第 97 卷,147 页)[2]、先买权之赋予(《帝国最高法院民事判例集》,第 148 卷,105、108 页;联邦最高法院,《新法学周刊—司法判例报告,民法》,1991 年,205、206 页)或买回权之赋予(《联邦最高法院民事判例集》,第 104 卷,276 页)、一方当事人对另一方当事人负担土地出让(或取得)义务之和解(但须注意者,法院制作成记录的和解书,即可满足形式要求,民法典第 127a 条)、以土地出让或土地取得为内容之不可撤回的代理权授予(其原因为,由于撤回之排除,故该授权已依民法典第 168 条第 2 句发生约束力;联邦最高法院,《泛亲属法杂志。公法与私法中的婚姻与家庭》,1965 年,495 页;《德国公证杂志》,1970 年,743 页;《新法学周刊—司法判例报告,民法》,1993 年,200 页);反之,在仅使代理人摆脱民法典第 181 条所规定之自己代 4

[1] 关于土地物权中现物赠与与赠与约定之区别,参见雅科比(Jackoby),载《德国司法》,1994 年,49 页。

[2] 关于所谓保留约定的要式问题,参见《联邦最高法院民事判例集》,第 103 卷,235 页;关于其与预约之区别,参见汉堡州高等法院,《新法学周刊—司法判例报告,民法》,1992 年,20 页。

理禁令时,则常为非要式(参见联邦最高法院,LM,民法典第313条,2号;持另说者弗卢梅,卷II,§ 52,2,b)。须采要式行为者,还有在开发契约范畴中,让与土地所有权的义务行为(《德建筑法》第124条;《联邦最高法院民事判例集》,第58卷,386页),以及为委托人之计算,取得土地之委托(有争议,另说者联邦最高法院,《新法学周刊》,1981年,1267页;《联邦最高法院民事判例集》,第85卷,245页;以及联邦最高法院,《新法学周刊》,1994年,3346页);有时还包括所谓的"建筑承揽契约"(《联邦最高法院民事判例集》,第76卷,43页,以及第78卷,346页;最近对其形式要求极为宽松者,联邦最高法院,《新法学周刊》,1994年,721页;哈姆州高等法院,《新法学周刊—司法判例报告,民法》,1995年,1045页)。非要式行为,如不出让土地之义务行为(《联邦最高法院民事判例集》,第103卷,235、238页)、负将土地移转给其成员之义务的社团(合作社等等)章程(对此参见施泰因多夫(Steindorff),载《泛商法与经济法杂志》,第129卷,21页;克林斯波恩(Klingsporn),载《企业》,1967年,367页)、移转对不动产公司之股东权利的义务行为(《联邦最高法院民事判例集》,第86卷,367页;联邦最高法院,《新法学周刊》,1996年,1280页)以及在买受人还未获得期待权时让与土地所有权让与请求权之义务(《联邦最高法院民事判例集》,第89卷,41页;第103卷,179页)。

5 仅间接地强制一方当事人为土地之取得或出让的契约,是否须为要式行为,取决于在具体之个案中,若无文书制作之强制,是否会使民法典第313条之保护目的落空,也就是说,要看当事人此时是否仍有经济上的决定自由。依此,应采取文书制作强制原则的,主要为对违约金、买卖价金支付之届期或非结果给付中居间佣金届期的约定(参见联邦最高法院,《新法学周刊》,1990年,390页;1992年,1037页;《新法学周刊—司法判例报告,民法》,1990年,57页)。即使对决定自由有重大之妨害,也不必然导致适用民法典第313条之形式强制(联邦最高法院,《新法学周刊》,1980年,829页;1988年,1716页;1990年,390页;《新法学周刊—司法判例报告,民法》,1988年,1196页;1993年,14页)。最后,对民法典第313条上要式法律行为之承认行为,也不需采取公证形式(民法典第182条第2款;固定判例,参见联邦最高法院,《新法学周刊》,1994年,1344页,及其所引资料)。

(二)无效与补正(Heilung)

6 关于形式之法律规定,其效力及于全部契约内容。若仅有一部分被制作成文书,则在有疑问时,整个契约为无效(民法典第139条);[3]但依民法典第313条第2句,通过土地所有权让与合意与登记,而对契约之形式瑕疵予以补正时,则适用该例外规则。[4]

7 上述规则用意虽好,但在适用时,又不无危险,且在具体问题上也极难把握。

例如:V以公证形式将土地出卖给K。但在一份书面的"补充协议"中,K表示在出现一定条件时,负有土地所有权回复让与之义务。因该补充协议对双方当事人均很重要,故不仅是该协议,而且整个契约均为无效。但随土地所有权让与合意与登记之办理,契约之全部内容又复为有效(《联邦最高法院民事判例集》,第104卷,276、278页:但所有权回复让与义务,在土地所有权让与合意之后才书面达成时,则结果不同!)。若契约之生效——如通常情形——须得官方之许可,而被许可者仅为公证形式之契约,则契约之全部内容为无效(因为该"补充协议"并未得到许可),且亦不能通过土地所有

---

〔3〕 新的例案:联邦最高法院,《新法学周刊—司法判例报告,民法》,1992年,589页(减价协议未制成文书);1993年,1421页(有约束之信托委任契约)。

〔4〕 对此详参拉伦茨,卷I, § 5;《联邦最高法院民事判例集》,第47卷,266页(在所有权取得已依民法典第892条而完成,甚至在当事人已知悉契约要式性时,民法典第313条第2句均应适用,联邦最高法院,《新法学周刊》,1975年,205页,与《德国公证杂志》,1980年,222页);其他例子:联邦最高法院,《新法学周刊》,1994年,720页;2885页。

权让与合意与登记而得以补正。[5]

8 依民法典第313条第2句所生之补正,在效力上并不溯及至契约成立之时(《联邦最高法院民事判例集》,第54卷,56、63页)。但该效力之发生,以被补正之协议所体现的当事人意思,仍继续存在为条件。若非要式之协议,事后仅部分地被制成文书,则推定公证文书终局地再现当事人意思(联邦最高法院,《新法学周刊—司法判例报告,民法》,1993年,522页)。

公证形式契约中存在的土地标记错误(错误陈述,falsa demonstratio),非为契约之形式瑕疵(《联邦最高法院民事判例集》,第87卷,150页;对此参见布罗克斯,载JA,1984年,549、551、554页,以及本书上述第5章边码30以下)。[6]

9 在土地所有权还未移转至买受人,或买受人还未取得期待权时,解销土地买卖契约者,不需满足民法典第313条之形式要求(《联邦最高法院民事判例集》,第83卷,395页=联邦最高法院,《新法学周刊》,1982年,1639页;对此之——批评性——评注,参见赖尼克/蒂特克,载《新法学周刊》,1982年,2281页;《联邦最高法院民事判例集》,第103卷,175、179页;有限地适用于基于预告登记而生的期待权,参见最近之判决联邦最高法院,《新法学周刊》,1993年,3323页,附米勒-米歇尔(Müller-Michaels)之评注,载《新法学周刊》,1994年,2724页=《法学者报》,1994年,524页,附蒂特克之评注;关于对违反要式之废除的补正,参见博尔曼,载《德国公证杂志》,1993年,355

---

〔5〕 联邦最高法院,DB,1981年,1922页。——在以前的实践中,所谓的"黑市买卖",常用来规避关于物价冻结之规定(对此参见《联邦最高法院民事判例集》,第11卷,90页)。但这些规定因1960年6月23日联邦立法(联邦法律公报.,I,341)之第185条、第186条第1款第65-67号而失效。在今天,为逃避契税与"节省"公证费,仍存在着黑市买卖(联邦最高法院,《新法学周刊》,1980年,451页,以及罗特对此案之评论,载《法学教育》,1981年,250页)。此时,制成文书之契约为无效(民法典第117条第1款),而无形式所达成之契约,则须补正(民法典第117条第2款、第313条第1句、第125条、第313条第2句)。反之,在"单方虚伪行为"中,契约仍为有效(慕尼黑州高等法院,《新法学周刊—司法判例报告,民法》,1993年,1168页;民法典第116-118条)。

〔6〕 关于所制作文书的确定性要求,参见联邦最高法院,《新法学周刊》,1994年,1347页。

页）。但减少或提高买卖价金之协议，须为要式。在土地所有权让与合意之后——但在登记之前——的契约变更，若未包含有新的取得义务或出卖义务（《联邦最高法院民事判例集》，第104卷，276页），则可为非要式（联邦最高法院，《新法学周刊》，1985年，266页）。

10 1980年2月20日之立法（联邦法律公报.，I，157），规定了（对地形图、建筑图之）援引等可能性（对此参见利希滕贝格尔（Lichtenberger），载《新法学周刊》，1980年，864页；迪特莱因（Dietlein），载《德国公证杂志》，1980年，195页；温克勒（Winkler），载《德国司法》，1980年，169页；阿诺尔德（Arnold），载《德国公证杂志》，1980年，262页）。对"新案"适用新修改的《公证书法》第9、13、13a条之规定，对"旧案"，则在此范围内规定了有溯及效力之补正（对此联邦最高法院，《新法学周刊》，1983年，2137页；《联邦行政法院判例集》，第72卷，302、318页以下）。

（三）文书制作程序

11 依《公证书法》第1、60条之规定，对买卖契约文书之制作，仅由公证人主管；而法院仅在买卖契约为和解诉讼程序之标的时，得取而代之（民法典第127a条）。

依《公证书法》第17条，公证人对当事人负有告知义务，以确保契约之有效，并避免无经验当事人遭受损害。公证人须向当事人指明获得官方许可之要求（同法第18条）、财税机关所出具的必要的无疑问证明（同法第19条）以及法定先买权事项（同法第20条），并应在文书制作前查看土地登记簿（同法第21条），以核实该契约之法律基础。在土地买卖契约中，公证人尤应向当事人指明先为给付之风险（联邦最高法院，《德国公证杂志》，1995年，407、408页以下；1997年，64、65页）、其担保可能性（如通过土地所有权让与合意预告登记——对此参见本书第20章——或通过公证人或其雇员之信托清算）、可能存在的不生效原因（联邦最高法院，《新法学周刊》，1993年，2617页）或民法上的承认要求（联邦最高法院，《德国公证杂志》，1997年，62页）、土地登记簿中所体现的权利交易之事实性障碍（联邦最高法院，《德国公证杂志》，1996年，563页）或障碍权利交易之负担（联邦最高法院，《德国公证杂志》,1996年,568、569页)、欠缺通常且合适之规则如关于开发资金之规则(联邦最高法院,《新法学周刊》,1994年,2283页)等等。在公证人未为或为错误之告知时,应承担责任(《公证员条例》第19条)。在欧洲范围内,通过公证照管而为的预防性司法,并非人人都能接受(对此参见施蒂尔纳,载《德国公证杂志》,1995年,343页以下)。但在土地交易中,这种预防性司法,无论如何应予保持。[7]

(四)针对形式瑕疵的恶意抗辩

12 还须指出的是,在土地买卖契约中,针对援引形式瑕疵而主张恶意抗辩,具有特别重要的意义。关于该学说之发展与构造,此处不赘述(对此参见拉伦茨,卷I,§ 10,III,及其引证;《联邦最高法院民事判例集》,第48卷,396页;第85卷,315、318页;第92卷,171页;《新法学周刊》,1989年,167页;《德国公证杂志》,1997年,307、309页)。

(五)形式瑕疵与回复原状(Rückabwicklung)

13 若为给付的当事人——如通常情形——明知形式瑕疵,则依民法典第814条,不得请求不当得利之返还(民法典第812条第1款第1句第1种情形)。在所为之给付,意在促使对方为完全之对待给付——但后来仍未发生对待给付——,并可能使买卖契约得以补正时,则仅成立目的不达之不当得利返还(民法典第812条第1款第2句第2种情形、第815条)。[8] 就契约成立与契约清算所支出之所有费用,买受人不得将其视作得利灭失,而径为扣除(民法典第818条第3款;联邦最高法院,《新法学周刊》,1992年,

〔7〕 关于对一般交易条件之法官审查与公证文书之关系,参见本书第5章边码20以下。

〔8〕 关于通过取得禁止而担保不当得利法上的返还请求权,参见本书第15章边码31以下及其例举。

1037 页关于融资成本、费用等等)。在出卖人仅转让其占有时,则依民法典第 985 条、第 894 条之返还,与收益返还请求间,亦得适用不当得利法上的差额理论(Saldotheorie)(民法典第 988 条;对此联邦最高法院,《新法学周刊》,1995 年,454 页;1995 年,2627 页 =《法学者报》,1996 年,151 页,附梅迪库斯之评注)。[9]

形式无效契约清算时支出的准备费用,若另一方当事人已导致一项特别信赖要件之产生,则在例外情形下,可依缔约上过失(culpa in contrahendo)理论而要求清偿(持谨慎态度者联邦最高法院,《新法学周刊》,1992 年,1037、1039 页,及其引证)。

二、风险负担

(一) 基本规则:买卖标的物之交付

依民法典第 416 条第 1 款所规定之一般规则,在买卖中即使 14
买受人还未取得所有权,风险(价金风险)亦随买卖标的物对买受人之交付而移转(对民法典第 323 条所蕴含之原则的突破——此乃风险控制思想之结论:参见黑克,“债法”, § 83,6,b)。且自此时起,物上之收益归属于买受人,同时买受人亦承担物上之负担(民法典第 446 条第 1 款第 2 句)。

(二) 土地登记先于交付时的风险移转

上述规则亦适用于土地买卖契约。但若买受人在土地交付之 15
前,已作为所有权人登记于土地登记簿,则风险提前至该登记之时移转(民法典第 446 条第 2 款)。此时适用的原则是:periculum sentit dominus(= 所有权人承担风险,但此时仅以登记为准;即使土地所有权让与合意事后才达成,仍以登记为准!)。

〔9〕 关于中间时间里所设定之负担的命运,参见本书第 37 章边码 4;关于差额理论亦参本书第 11 章边码 22。

民法典第446条为任意法规范。在绝大多数土地买卖契约中,均明确约定有风险移转时间、收益以及负担。

三、权利瑕疵担保责任

(一) 出卖人负无负担地让与所有权之义务

16 如同任何种类的出卖人,土地之出卖人,亦负有使买受人取得占有,与取得所有权之义务(民法典第433条);物之所有权让与,应为无负担(民法典第434条)。[10] 除此一般性原则外,对土地买卖还适用如下特殊规则:

1. 土地登记簿更正义务

17 出卖人须将已不再存在,但在登记簿中仍登记着的权利,(通过登记簿更正方式)"予以注销"(民法典第435条)。

其基本思想为:这类登记,对买受人——因存在第三人之善意取得而——具有危险性。此外,出卖人通常更容易证明该权利之不存在,或更容易促使登记簿中的被登记者为登记簿更正之同意。买受人自己所享有之请求权(民法典第888条、883条第2款),与民法典第435条之适用,不生抵触(联邦最高法院,《新法学周刊—司法判例报告,民法》,1986年,310页)。[11]

2. 排除买受人所明知之土地担保物权的义务

18 在一般情形下,若买受人对权利瑕疵之存在为明知,则出卖人之权利瑕疵担保责任,即不成立(民法典第439条第1款)。但在土地买卖中,即使土地上存在土地担保物权,为买受人所明知,出

[10] 关于给付不能之一种情形,参见联邦最高法院,《新法学周刊—司法判例报告,民法》,1995年,853、854页。

[11] 使用租赁负担与用益租赁负担,也可构成权利瑕疵,参见联邦最高法院,《新法学周刊—司法判例报告,民法》,1992年,201页;《德国法月刊》,1992年,51页。其他例子:联邦最高法院,《新法学周刊—司法判例报告,民法》,1993年,396页(地役权负担若以建筑限制为其内容者,亦构成权利瑕疵)。

卖人仍须将此类负担，予以“排除”（民法典第 439 条第 2 款）。

理由：在通常情形下，买受人所要取得之土地，乃登记簿第三栏“干净”之土地。

但这一规定，在实践中常因当事人之约定而失其效力：如约定买受人通过抵充买卖价金之方式，承但已存在之土地担保物权负担。对买受人来说，这么做的好处，就是他不必筹集全部买卖价金之现金。

例如：在 V 的住宅土地上，负担有银行 H 担保额为50,000马克的抵押权。V 以400,000马克将土地出卖给 K，则双方可约定，K 承担担保额为50,000马克之抵押权负担，以抵充买卖价金。其正确表述应是：“所承担者”，为通过抵押权所担保之 V 的借贷债务；抵押权本来就负担于该土地上，故而，对其不能也无必要予以承担。此时，首先仅成立债务履行承担（民法典第 415 条第 3 款、第 329 条）；只是在 H 为承认，或依民法典第 416 条有该承认之拟制时，V 作为人的债务人，才退出债的关系；在此之前，V 仅对 K 享有在其内部关系上，基于买卖契约而生之债务免除请求权。

（二）公共税捐与负担

使获得无负担之土地的义务，不包括土地上公共税捐与负担 19
之排除（民法典第 436 条）。

理由：任何买受人都应考虑到这类负担（如土地税、交通沿线居民费）；且对这类负担，一般来讲不得由第三人来予以销除。

公法上的建筑限制，可能构成民法典第 459 条意义上的物的瑕疵（如建筑禁止，参见《联邦最高法院民事判例集》，第 67 卷，134、136 页；第 96 卷，385、387 页；《德国法月刊》，1992 年，580 页；亦参联邦最高法院，《新法学周刊》，1991 年，2138 页关于无建筑许可而建造之房屋的买卖），也可能构成权利瑕疵（如公路基地对乡镇所负之税捐义务，参见联邦最高法院，《新法学周刊》，1983 年，275 页；对此科勒尔（Koller），载《法学教育》，1984 年，106 页，及其引证）。在具体个案中，如何划清二者之界线，较为困难；而有关此问题之司法判例，却又体现出过于敏锐的洞察力，使问题更加复杂化。另外，此时也可考虑适用因诈欺之撤销(但不是基于民法典第 119 条第 2 款之撤销!)。

四、物的瑕疵担保责任

(一) 实际意义

20 就土地而言,尤其在土地上建造有建筑物时,通过一次之察看,大多不能发现其瑕疵,故而在土地买卖中,物的瑕疵担保责任,具有极其重要的意义。[12] 其中,出卖人多致力于通过契约约定,来排除物的瑕疵担保责任;而买受人则正相反,要求出卖人对特别重要的品质,如租金收入额(联邦最高法院,《新法学周刊》,1989 年,1795 页,及其引证;《德国法月刊》,1993 年,534 页),或无特定之瑕疵(如不长霉菌,参见联邦最高法院,《联邦最高法院裁判汇编》,民法典第 463 条,1 号),予以保证(zusichern)(民法典第 463 条)。而这种保证之成立,须采取公证形式(联邦最高法院,《新法学周刊》,1989 年,2050 页);但通过对契约内容之解释,亦可使该保证成立(联邦最高法院,《新法学周刊》,1990 年,902 页:租金之确定),且对口头形式之保证,可予以补正(民法典第 313 条第 2 句)。[13]

(二) 不动产瑕疵担保责任之特殊规则

21 《德国民法典》对土地买卖,还规定了一些特殊规则:

---

〔12〕 对旧有负担,有时亦是如此,对此参见克诺赫(Knoche),载《新法学周刊》,1995 年,1985 页;联邦最高法院,《德国公证杂志》,1996 年,159 页;慕尼黑州高等法院,《新法学周刊》,1995 年,2566 页;其他例子:联邦最高法院,《新法学周刊》,1992 年,2564 页(旅馆的盛誉——区别于因缔约上过失而生之责任;关于缔约上过失责任,亦参联邦最高法院,《经济法杂志》,1995 年,37 页),与联邦最高法院,《德国法月刊》,1992 年,49 页(以前作为"未开发之"垃圾堆放地的使用)。

〔13〕 关于在住宅丧失使用可能时,依民法典第 463 条第 2 句之赔偿,参见联邦最高法院,《新法学周刊》,1992 年,1500 页;关于开发成本约定之保证品质,参见联邦最高法院,《新法学周刊》,1993 年,2796 页,与《新法学周刊—司法判例报告,民法》,1994 年,76 页。

1. 面积保证

对土地面积之保证,规定于民法典第 468 条之中。[14]

2. 时效

瑕疵担保请求权,自交付后一年内,罹于时效(太短!)。在出卖人恶意隐瞒瑕疵,或对物之品质恶意欺骗时,则适用 30 年之时效(民法典第 477 条第 1 款)。反之,对因积极侵害契约而生之所谓瑕疵后果损害赔偿请求权,不应适用民法典第 195 条之规定(《联邦最高法院民事判例集》,第 107 卷,249、252 页,及其引证),而适用短期时效(民法典第 477 条第 1 款)。

3. 新建成之建筑物中的特殊问题

在买卖带有新建成之建筑物或住宅所有权之土地中,依联邦最高法院之司法判例,适用特殊规则: 22

(1) 就物的瑕疵担保请求权而言:适用承揽契约法(参见《联邦最高法院民事判例集》,第 101 卷,350、352 页;第 108 卷,164、167 页)。其结果是产生修复权(民法典第 633 条)与 5 年之时效(民法典第 638 条),在"远期"瑕疵后果损害中,甚至使基于积极侵害契约而生之请求权,适用 30 年之时效(《联邦最高法院民事判例集》,第 58 卷,85 页以下)。

(2) 就出让人对瑕疵担保义务之完全免除而言:只要该免责规定以格式契约出现,则适用《一般交易条件法》第 11 条第 7、10、11 项之规定及其限制;对建筑工程 B 部分之招标规则及其短期时效(2 年)进行约定时,则该约定须包括其全部内容,而不能仅限于瑕疵担保权(《联邦最高法院民事判例集》,第 96 卷,129 页以下;《一般交易条件法》第 23 条第 2 款第 5 项;但在买受人使用一般条款时,其结果又不同:参见《联邦最高法院民事判例集》,第 99 卷,160 页!)。除适用《一般交易条件法》外,若在排除瑕疵担保责任时,未有

〔14〕 对此《联邦最高法院民事判例集》,第 96 卷,283、286 页,并附洪泽尔之评论,载《法学者报》,1986 年,497 页("大约"说明)。

特别的公证形式之告知,则还违反民法典第242条之规定[15](这与旧建筑物之买卖不同![16])。不久前,《一般交易条件法》第24a条还将大量营利性出卖,置于《一般交易条件法》调整之下(详参本书第5章边码20以下;关于瑕疵担保之排除,参见坎茨赖特,载《德国公证杂志》,1996年,867页)。

第二节 先买权(Vorkaufsrecht)[17]

一、基本思想——种类

(一)物权性的先买权与对人的先买权

23 在讨论预告登记时,我们已认识这种制度谋求,即对以将来权利变动为内容之请求权,予以物权性担保。物权性的先买权所追求的亦是这一目的:在所有权人出卖其土地时,先买权人有权要求所有权人,以其与第三人在买卖契约中所约定之相同条件,将土地所有权让与给先买权人;在发生先买权事由后,对第三人来说,先买权人之法律地位,与通过预告登记而被保护者之法律地位相同(民法典第1098条第2款)。

24 物权性先买权,与民法典第504条以下所规定之对人的先买权(persönliches Vorkaufsrecht)不同,其区别首先在于前者的"物权性(Dinglichkeit)":对人的先买权,仅在先买权利人与先买义务人间成立法律关系;而物权性先买权,为一项物权,故得针对第三人产生效力(民法典第1098条第2款)。对人的先买权之客体,可为任何客体(如物或权利)(民法典第504条),而物权性先买权,

---

[15] 《联邦最高法院民事判例集》,第74卷,204页,并附施蒂尔纳之评论,载《法学者报》,1979年,758页;第101卷,350页;第108卷,第164页;更为审慎者,联邦最高法院,《新法学周刊》,1991年,843、844页。

[16] 《联邦最高法院民事判例集》,第98卷,100页以下。

[17] 舒里希(Schurig),"私法中的先买权",1975年;关于通过《基本法》第14条之保护,参见联邦宪法法院,《新法学周刊》,19910年,1807页。

仅针对土地而成立。

错误的看法是,物权性先买权好像永远须以对人的先买权为基础。实际上,二者可以结合,但不必然。物权性先买权之原因行为,可为赠与,或为有偿契约;在后者,所有权人以受报酬之支付为条件,而设定先买权。该原因行为须为要式行为,适用民法典第 313 条第 1 句之规定(联邦最高法院,《新法学周刊—司法判例报告,民法》,1991 年,205、206 页);形式之欠缺,可因物权性先买权之设定行为与登记而补正,即适用民法典第 313 条第 2 句(联邦最高法院,《德国公证杂志》,1968 年,93 页以下)。 25

其次不可误解的是,先买权并不赋予先买权人,嗣后"得到"土地之绝对性担保。因为先买权行使的前提条件,为土地之出卖。若土地根本就不出卖,或虽发生所有权人之变更,却是因赠与或者互易而导致(《联邦最高法院民事判例集》,第 49 卷,7 页),则只要不存在规避法律之行为,就不产生先买权问题(联邦最高法院,《新法学周刊》,1964 年,540 页;1992 年,236 页;对此亦参舍尔迈尔(Schermaier),载《民法实务档案》,第 196 卷,256 页)。

(二) 实践意义

在实践中,物权性先买权之设定,主要体现于两种情形:一种是在长期之使用租赁关系或用益租赁关系中: 26

例如:零售商人 E 将其营业,用益租赁给一"连锁企业",租期 20 年,并赋予该企业对 E 土地之物权性先买权;

另一种是在相邻关系中,对一企业将来空间扩展之约定。

例如:企业 K 之邻居 A、B 与 C 赋予 K 在支付报酬之前提下,对他们的土地享有先买权。

比法律行为方式设定的先买权甚至更为重要的,是法定先买权(gesetzliches Vorkaufsrecht)。借助于法定先买权,国家可确保其对土地——当然仅是有条件——的干预,以将土地使用于特定之目的(如垦荒)(本章下述边码34以下)。

二、成立

27 物权性先买权之成立,通过物权合意[18]与登记(民法典第873条、第1094条)。先买权之设定,可为某一人之利益,亦即主观的人的先买权(subjektiv persönlich)(民法典第1094条第1款),但也可为另一土地每个所有权人之利益,亦即主观的物的先买权(subjektiv dinglich)(民法典第1094条第2款;对此参见《联邦最高法院民事判例集》,第37卷,147页=鲍尔,E. Slg.,案例44)。先买权之设定,可仅限于设定先买权之所有权人或其继承人[19]之一次出卖情形(民法典第1097条前半句),也可为数次或所有的出卖情形(民法典第1097条后半句)。

28 设定数个不同顺位之物权性先买权,亦无不可(《联邦最高法院民事判例集》,第35卷,146页);但不允许设定数个相同顺位之物权性先买权,因为在结果上,将导致彼此间比赛谁最先实现其权利(泽格尔/施蒂尔纳,民法典第1094条,边码4;持另说者,如哈姆州高等法院,《新法学周刊—司法判例报告,民法》,1989年,912页,及其引证)。先买权之设定,可附条件或附期限(巴伐利亚州最高法院,《新法学周刊—司法判例报告,民法》,1990年,1169页),也可作有限制之设定(联邦最高法院,《新法学周刊—司法判例报告,民

[18] 依据联邦最高法院,《新法学周刊—司法判例报告,民法》,1991年,205、206页之判决,该物权合意如同原因行为,因民法典第313条第1句之规定,须采公证文书形式;另说者,泽格尔/施蒂尔纳,民法典第1094条,边码7;尧尔尼希,民法典第1094条,边码2;埃尔曼/屈兴霍夫(Küchenhoff),民法典第1095条,边码4;以及整个通说观点,因为通说观点认为民法典第313条仅适用于基础行为(本章上述边码24以下)。是联邦最高法院之表述被误解了?

[19] 依本书之见解,斯图加特州高等法院,《德国公证杂志》,1998年,305页之判决,以及蔡司(Zeiβ)对此之评论,均不妥:继承与预先进行继承,不能同视。

法》,1991年,526页)。除另有约定外,先买权原则上无让与性与继承性,参见民法典第1098条第1款、第514条第1句;而此种另外约定,亦可为某特定人之利益而达成(维尔茨堡州法院,《德国公证杂志》,1992年,319页;有争议)。

三、效力

物权性先买权之法律效力,最好通过例举来说明: 29

E1于1980年赋予其邻居K——一工业企业所有权人——一项物权性先买权,且该先买权"针对所有的出卖情形"。1984年E1死亡,其子E2与E3继承其遗产。1986年该二子将土地出卖给D,价金为100,000马克。此时K有权在出卖人为通知[20]后两个月内,行使先买权(参见民法典第1098条第1款第1句并第510条第2款)。K一经行使先买权(通说观点认为,与民法典第313条不同,该行使为非要式;持另说者,武夫卡(Wufka),载《德国公证杂志》,1990年,350页以下),则依法在E2、E3与K间成立买卖契约,而该契约之"条款",与E2、E3与D间的买卖契约相同(民法典第1098条第1款第1句并第505条第2款:E2、E3之所有权让与义务——K之100,000马克价金支付义务;K不得主张,该买价对他太贵,参见联邦最高法院,《企业》,1966年,73页)。[21] ——若E2、E3已对D为土地所有权让与合意,且D也已登记为所有权人(对该登记,土地登记局不得拒绝),则E2与E3对K如同以前一样,仍负有为土地所有权让与合意之义务,而D对K之登记须为同意(预告登记效力:民法典第1098条第2款并第888条第1款)。若D已对E2、E3支付部分价金40,000马克,则K须偿还D此部分价款(民法典第1100条),而剩余的60,000马克,K须对E2、E3为清偿。若土地已交付给D,而D又须对K为返还时(联邦最高法院,《新法学周刊》,1992年,236、238页:在K之

---

〔20〕 关于此种通知义务之范围,参见海因里希(Heinrich),载《德国公证杂志》,1992年,771页。

〔21〕 但可能调整其届至期:参见联邦最高法院,《新法学周刊》,1983年,682页;关于约束界线之基础性案例,参见《联邦最高法院民事判例集》,第77卷,359页以下。

登记前已为交付),则关于其收益与费用问题,准用民法典第990条以下之规定(《联邦最高法院民事判例集》,第87卷,296页 = 鲍尔,E. Slg.,案例52b)。

30 若K决定不行使先买权(如因买价太贵),则在先买权只为一次出卖情形设定时,该先买权消灭;在先买权为所有的出卖情形——如本案例——设定时,则K在D(或其权利继受人)嗣后再为出卖时,仍可行使先买权。

31 假如E2、E3不是对D为出卖,而是二人彼此间约定,E3付50,000给E2,由E3"承担"该土地,则其法律关系又是如何?此时所涉及的问题,是数个继承人对遗产之分割,E3非为"第三人"。故而,此时也不得行使先买权(联邦最高法院,《联邦最高法院裁判汇编》,民法典第1098条,3号;联邦最高法院,《企业顾问》,1970年,1073页;《联邦最高法院民事判例集》,第13卷,133页关于数个按份共有人间的关系)。[22] 若E3将土地出卖给D,则发生先买权之行使事由。关于先买权行使受挫之情形,参见《联邦最高法院民事判例集》,第34卷,200、204页,以及霍赫,载《新法学周刊》,1963年,301页。一方当事人所保留的对买卖契约之约定解除权,不妨碍先买权之行使(参见《联邦最高法院民事判例集》,第67卷,395页以下)。

32 在上例中,E2/E3对D之出卖,若以官方许可为要件,则先买权之行使,仅能以(且亦须以)该官方许可之存在为前提;因为先买权行使之前提条件,为E2/E3与D之间已达成有效之买卖契约(《联邦最高法院民事判例集》,第14卷,1页;第23卷,342、344页;第67卷,397页)。

33 此时人们自然会问:在土地上负担有先买权时,只要先买权人行使其先买权,即可使土地之再出卖落空,则由于这一危险,还会有人愿意去出卖或买受该土地吗?对此可予以解释的是,这类买卖契约在签订时,大多存有这种希冀,即先买权人不愿意或不能(如欠缺资金)行使其权利。此外,对出卖人来说,其承担的风险并不很大。其原因是,虽然随先买权之行使,(E2/E3与D之间的)买卖契约并不消灭(亦参民法典第506条:"针对先买权人"!),但出卖人对买受人D所承担的责任(因违反使买受人取得权利之义务),依据民法典第439条之规定,通常并不成立。

---

〔22〕 与此应相区别者,乃对第三人出卖所有权之共有份额:《联邦最高法院民事判例集》,第90卷,174、178页。

四、法定先买权

(一)《帝国垦荒法》与《建筑法典》

法定先买权,为贯彻国家土地政策的手段。其典范为1919年8月11日颁行并于1961年7月28日修订之《帝国垦荒法》(联邦法律公报,I,1091)上的先买权。依该法第4条以下之规定,公益之垦荒企业,在一定面积之农地出卖中,依法享有先买权,且该权利直至1961年具有物权效力(例如:《联邦最高法院民事判例集》,第94卷,299页)。 34

《建筑法典》第24条以下所规定之乡镇先买权,亦具有相似特征(对此参见本书下述第26章边码7;详参泽格尔/施蒂尔纳,民法典第1094条之前,边码13-21;此外,关于其1998年的增订部分,参见格罗斯丘夫,载《新法学周刊》,1998年,418页)。先买权由公务员来行使时,则通过行政行为来实现(《建筑法典》第28条第2款)。只要先买权之是否行使还不确定,土地登记局就不得为登记(本书第22章边码28)。

(二)其他的法定先买权

其他法定先买权之目的在于,已经存在且合乎目的之土地分配或所有权分配,不得再行回复。属于这种法定先买权的,如1980年所创设的使用承租人所享有之纯债法上的先买权,且其法律根据有二,即依《住宅约束法》第2b条之规定,以及依新修改之民法典第570b条之规定。前者以受公共资助之出租住宅,改变为住宅所有权为前提,[23]而后者适用于创设住宅所有权之情 35

〔23〕 对此参见松嫩沙因(Sonnenschein),载《新法学周刊》,1980年,2055、2057页;菲舍尔—迪斯考(Fischer-Dieskau)/佩尔甘德(Pergande)/贝林格(Bellinger),《住宅建筑法,住宅约束法》,第2b条;巴伐利亚州最高法院,《新法学周刊—司法判例报告,民法》,1992年,1039页以下。

形(本书第 29 章边码 6)。[24] 现已废除的 1937 年 11 月 25 日之《家园法》,其第 11 条、第 14 条以下所规定之家园(Heimstätte)出卖时,家园提供人所享有的物权性先买权,亦属于此种先买权;该先买权所担保的目的,在于确保已建成之家园在出让时,能再回到正确的人手中。[25]

五、买回权(Wiederkaufsrecht)

(一)法定买回权与法定回复让与权利(Heimfallrecht)

36 法定买回权与法定回复让与权利,也有实现土地政策之功能:如依《帝国垦荒法》第 20 条之规定,若垦殖者未能实现对其之期待,则垦荒企业享有买回权(例如:联邦最高法院,《新法学周刊》,1986 年,1993 页)。而土地在 10 年内未使用于垦荒目的时,则原所有权人亦享有买回权(《帝国垦荒法》第 21 条):垦荒企业不得囤积地产!(亦参《地上权条例》第 2 条第 4 项、第 32、33 条)。

须注意的是,买回权之成立,不以所有权人出卖土地为前提条件;但它应满足法律对买回权所规定之构成要件。

(二)约定性的物权性买回权

37 《德国民法典》不承认约定性的物权性买回权。但允许约定对人的买回权(对此《联邦最高法院民事判例集》,第 38 卷,369 页;以及迈尔 - 马利(Mayer - Maly),载“维亚克尔祝寿文集”,1978 年,424 页)(但须为要式:民法典第 313 条! 对此参见武夫卡,载《德国公证杂志》,1990 年,339、350 页);该权利可以通过预告登记方式予以担保,进而获得“准物权”效力(参见《联

---

〔24〕 关于其他的先买权,参见泽格尔/施蒂尔纳,民法典第 1094 条之前,边码 26(军事性土地之购置、自然保护、文物保护等等);专门关于联邦州法中的先买权,参见格劳尔(Grauel),载《莱茵河公证人协会通讯》,1993 年,243 页。

〔25〕 对此参见本书下述第 27 章边码 24,以及瓦尔特,载《法学工作报》,1981 年,322 页。

邦最高法院民事判例集》,第 58 卷,78、82 页;联邦最高法院,《新法学周刊》,1980 年,833 页;1994 年,3299 页;以及本书上述第 20 章,边码 4 以下、22 以下)。

六、相关制度

购买权(Ankaufsrecht;又称认购权,Option)为实践所发展之非典型种类,[26]且体现为多种形式(对此参见《联邦最高法院民事判例集》,第 47 卷,387、388 页;第 97 卷,147、152 页):它可作为所有权人单方有约束之出卖要约;也可体现为预约形式,即依该预约,一方当事人享有请求订立买卖契约之权利;最后还可作为附条件之买卖契约,且其条件为,买卖契约之生效,取决于权利人(或双方当事人,联邦最高法院,《新法学周刊》,1967 年,153 页)之要求。[27] 38

所有这些形式之共同点在于,购买权之设立,须符合民法典第 313 条之形式要求(《联邦最高法院民事判例集》,第 97 卷,147、152 页以下;泽格尔/施蒂尔纳,民法典第 1094 条,边码 12),且权利人可通过预告登记而获担保(参见本书上述地 20 章边码 4 以下)。购买权之行使,在附条件之买卖契约与买卖预约中,为不要式行为(《联邦最高法院民事判例集》,第 97 卷,147、150 页;泽格尔/施蒂尔纳,上揭氏著);反之,在体现为出卖要约时,则对要约之承诺,须为要式行为(认为所有行为须符合要式要求者,如武夫卡,载《德国公证杂志》,1990 年,353 页以下;最新阐述,详参艾因泽勒(Einsele),载《德国公证杂志》,1996 年,835、861 页;M. 沃尔夫,载《德国公证杂志》,载 39

---

〔26〕 海因里希,“预约、认购契约与优先权契约”,1965 年版;洛伦茨(Lorenz),载“德勒(Dölle)祝寿文集”,1963 年,卷 I,103 页;格奥尔基阿德斯(Georgiades),载“拉伦茨祝寿文集”,1973 年,409 页;艾内姆(v. Einem),“认购权之法律性质”,1974 年,以及本章上述边码 2 以下。

〔27〕 例如:联邦最高法院,《德国公证杂志》,1963 年,230 页;1968 年,23 页;《企业顾问》,1978 年,731 页(附有价值调整条款之购买权)。

1995 年,179 页以下;亦参扎尔宁豪森(Sarninghausen),载《新法学周刊》,1998 年,37 页关于民法典第 505 条)。

在约定负有发出第一个要约之义务(要约义务)中,对方之权利称之为预购权(Vorhand)。依据通说观点,此时应履行民法典第 313 条所规定之要式义务,且为将来之土地所有权让与合意请求权,可设立预告登记来进行担保(拉伦茨,卷 II,1, § 44,IV,2 及其引证);颇有疑问!

而所谓的负担保留(Belastungsvorbehalt),并非认购权:土地之出让人与取得人达成协议,为担保提供给出让人之贷款债权,仍允许出让人在所有权让与后,在土地上设定土地担保物权负担;其情形比如 M 将土地让与给妻子 F,但保留以后可对土地设定负担(参见杜比沙尔(Dubischar),载《新法学周刊》,1984 年,2440 页;以及不来梅州高等法院,《新法学周刊》,1984 年,2478 页)。

第三节　新联邦州中的土地买卖与先买权

40 就新联邦州中的土地买卖,其新成立之契约,适用一般规则(参见《〈德国民法典〉施行法》第 232 条);仅在旧有的契约中,才产生法律衔接问题(对此参见本书前版第 21 章第 3 节)。就是否除《德未决财产问题法》外,也有民法上回复原状之问题,原民主德国法律,亦同样有其效力(本书第 63 章边码 27 以下)。建筑物所有权之买卖,也有可能归《德国民法典》调整(本书第 63 章边码 49 以下);《物权法清理法》,包含了建筑物所有权人买受土地所有权的特殊规则(本书第 63 章边码 54 以下),且类似规则也适用于原所有权人买受围墙土地(本书第 63 章边码 63)。而前《民主德国民法典》上的先买权(对此参见本书前版第 21 章第 3 节),则已过渡完毕(本书第 63 章边码 10、51)。

第二十二章　土地所有权让与——土地所有权让与合意

一、基本思想

1 德国立法者在处理土地所有权变更上，所尽之细致周密，已一再——如刚刚讨论过的民法典第 313 条之要式规定——引起我们的注意。这种细致周密，也体现在所有权让与之过程：首先，一般之物权变动——除登记外——仅要求一项非要式的物权合意，而民法典第 925 条对土地所有权变更之物权合意——被称为“土地所有权让与合意（Auflassung）”——，却规定了一种特别形式，一种甚至可追溯至古德国法中，庄严而象征性权利让与方式的特别形式（参见本章下述边码 2 以下）；其次，土地登记局在办理登记之前，负有特别的审查义务 13 以下）；再次，土地所有权让与合意与登记之效力，也显示出一些特殊之处（边码 22 以下）；最后，国家基于各种不同的，尤其是基于土地政策的考虑，常使土地所有权让与合意之效力，取决于官方许可之获得（边码 24 以下）。

二、形式与不得附条件性

(一) 公证文书

2 土地所有权让与合意,须向公证人,或者——若让与合意在法院和解程序[1]中达成——向法院表示(民法典第 925 条、第 127a 条)。

对土地所有权让与合意,最初仅由土地登记局主管。这一方式之优点,在于土地所有权让与合意,可“在公开的土地登记簿”前表示,登记簿之登记状况,可为所有的当事人所知悉。而转归公证人管辖,可简化土地交易。但谨慎的文书制作人,会定期调阅新的土地登记簿摘要(参见《公证书法》第 21 条,以及本书第 21 章边码 11)。

3 土地所有权让与合意,须向公证人作出,并被制成文书。[2]须注意者,土地所有权让与合意在实体法上的效力,不取决于该文书之制作;[3]但该文书制作,对登记程序具有重要意义(《土地登记条例》第 20 条、第 29 条)。

(二) 双方当事人须同时到场

4 在为意思表示时,出让人与取得人须同时到场,但不必亲自到场。

故而,该意思表示——不同于民法典第 152 条之规定——不允许于不同

---

〔1〕 对此参见瓦尔希舍弗(Walchshöfer),载《新法学周刊》,1973 年,1103 页;联邦行政法院,《新法学周刊》,1995 年,2179 页(通过行政法院之和解)。反之,通过律师之和解(民诉法第 1044b 条),不能取代在公证人前为土地所有权让与合意;其代表文献,可参盖默(Geimer),载《德国公证杂志》,1991 年,275 页。

〔2〕 关于 1980 年新修订之《公证书法》,其代表文献参见阿诺尔德,载《德国公证杂志》,1980 年,262 页。

〔3〕 联邦最高法院,《新法学周刊》,1983 年,2933 页;1992 年,1101、1102 页 l. Sp.;反之,诉讼和解中所作成之记录,却为其生效要件(《联邦最高法院民事判例集》,第 16 卷,390 页)。

的时间作出（依据民法典第125条为无效，《联邦最高法院民事判例集》，第29卷，10页），除非一方当事人之意思表示，依民诉法第894条被确定判决所取代（比如出卖人被判决须为土地所有权让与合意，则买受人须向公证人作出其意思表示，并须提交该法院判决；对此参见巴伐利亚州最高法院，《德国司法》，1983年，390页）。

5 因当事人不必亲自到场，故允许以代理方式，甚至以法律所许可之自己代理形式（民法典第181条），来进行意思表示。若土地所有权让与合意，是由无代理权之代理人作出，[4]则可因被代理人之承认而生效（民法典第177条），并具有溯及效力（民法典第184条）。且即使在登记簿中已经登记，嗣后仍可进行承认之表示。

无权代理人所作出之土地所有权让与意思表示，应与无权利人之所有权让与意思表示区别开。无权利人之处分行为，可因权利人原则上为非要式的（联邦最高法院，《新法学周刊》，1998年，1482、1484页）同意，或者因其他民法典第185条所规定之法律事实，而确定生效（参见《帝国最高法院民事判例集》，第152卷，382页；《联邦最高法院民事判例集》，第19卷，139页；以及本书第19章边码17）。

（三）不得附条件性与担保需求

6 在为土地所有权让与合意之表示时，不得附条件或附期限，从而排除附条件或附期限土地所有权之成立（民法典第925条第2款）。故而，不可能以所有权保留方式（民法典第455条），出卖土地。

但是，在实践中——为迎合担保谋求而——发展起如下可能：

---

〔4〕 但在被代理人根本还未确定时所进行的代理，不属于此种情形（巴伐利亚州最高法院，《德国司法》，1984年，11页）。

1. 在条件成就后公证人才可以提起登记申请——信托模式

7 在为土地所有权让与合意之意思表示时,双方当事人指示受领土地所有权让与合意之机关(即公证人),仅在某一特定条件成就时(如有买卖价金已支付之证明),才与土地所有权让与合意之提交一起,提起登记申请(登记申请本身不得附条件,《土地登记条例》第16条第1款:联邦最高法院,《联邦最高法院裁判汇编》,民法典第925条,3号)。当事人亦可约定附以一定之期限,并对公证人为相应之指示(杜塞尔多夫州高等法院,《新法学周刊》,1954年,104页)。在通常情形下,当事人委任并授权公证人之职员,仅在价金支付已进入信托帐户之后,才可以进行土地所有权让与合意之意思表示,并提起登记申请,表示同意登记。此种模式,取代土地所有权让与合意预告登记之担保功能(本书第20章边码1以下;亦参第21章边码11)。

2. 附条件之土地所有权让与合意请求权的预告登记

8 其次有可能的是,对债务行为(即买卖契约),附以条件(如以取得人违反契约之约定而再次出卖为条件)或者附以期限,并通过预告登记,对附条件之土地所有权让与合意(回复让与合意)请求权进行担保(如在亲属法院所作成之"离婚和解协议书"中)。由此可产生出土地所有权担保让与(Sicherungsübereignung)之可能(对此参见德累斯顿区法院,《经济法杂志》,1991年,1634页;《联邦最高法院民事判例集》,第130卷,101页;亦参本书第40章边码25以下)。

3. 同时设定买卖价金抵押权

9 最后,出卖人还可通过同时登记一项抵押权之方法,而担保其价金债权。依此,出卖人向土地登记局提起所有权移转至买受人之登记申请,但附有一项指定,即该登记若无抵押权之登记,不得进行(《土地登记条例》第16条第2款)。

4. 法定条件(Rechtsbedingungen)之允许

须注意者,民法典第 925 条第 2 款之规定,不包括法定条件。如约定以官方许可为“条件”,或者约定在夫妻财产契约已签订,但还未结婚时,订婚人一方所取得之土地,应归属于夫妻共同财产制之共同财产(联邦最高法院,《新法学周刊》,1952 年,1330 页),均非为民法典第 925 条第 2 款所指之条件。但以“离婚时”为条件者(巴伐利亚州最高法院,《新法学周刊》,1972 年,2131 页),或者以保留对包含土地所有权让与合意之诉讼和解的撤回(联邦最高法院,《新法学周刊》,1988 年,416 页;另说者联邦行政法院,《新法学周刊》,1995 年,2179 页)为条件者,其土地所有权让与合意,应不生效力。 10

(四) 对物权合意一般原则之适用

除上述难点外,对土地所有权让与合意,适用上述第 19 章边码 9 以下关于物权合意的基本原则。就土地所有权让与合意之约束效力,应反对部分学说与主张,而应认为仅在符合民法典第 873 条第 2 款所规定之条件时,才能产生其约束力(巴森格,载《德国司法》,1977 年,8 页,及其引证;另说者,如尧尔尼希,民法典第 925 条,边码 16;亦参本书第 5 章边码 33 以下,第 19 章边码 13 以下)。 11

(五) 土地所有权让与期待权、链条式土地所有权让与合意、临时性登记命令

关于土地所有权让与期待权(Auflassungsanwartschaft),参见本书上述第 19 章边码 15 以下;关于在土地小块划分契约中的所谓链条式土地所有权让与合意,参见本书上述第 19 章边码 17 以及第 20 章边码 7 以下。 12

须注意的是,仅有土地所有权让与合意,还不能导致对处分行为之限制(巴伐利亚州最高法院,Pfleger,1983 年,249 页)。在土地所有权让与合意已经达成后,为免受所有权人嗣后处分行为之损害,可借助土地所有权让与合意预告登记(本书上述第 20 章)来担保,亦可通过——因《土地登记条例》第

17 条之规定！——立即提起登记申请予以担保（本书上述第 16 章边码 15 以下）。

三、土地登记局之审查义务

13 在前述章节，我们已认识这一规则，即土地登记官员在登记之前，须对登记申请、被涉及者之登记同意及其已登记事实进行审查（形式法上的审查），此外，不得故意登记不生效力之物权行为，而使土地登记簿成为不正确（实质审查；参见本书第 16 章边码 59 以下，及其引证）。而在土地所有权让与合意与所有权变更登记中，其登记条件又更为严格：

（一）原因行为证书之提交

14 只有在关于基础行为之证书已被提交，或者同时被作成时，土地所有权让与合意，才能被土地登记局接受（民法典第 925a 条）。

此仅为秩序规范（Ordnungsvorschrift）！土地登记局不对基础行为之效力，进行审查（法兰克福州高等法院，《德国司法》，1980 年，292 页）。目的在于：尽可能避免因基础行为之欠缺或形式无效，而产生不当得利返还情形。

（二）土地所有权让与合意证书之提交

15 在所有权变更登记前，须提交土地所有权让与合意（《土地登记条例》第 20、29 条）。

同样仅为秩序规范！目的：应防止欠缺土地所有权让与合意之登记，或与土地所有权让与合意有分歧之登记（亦参本书第 16 章边码 36）。

须注意者，在土地所有权让与合意意思表示中，土地不必以登记簿号码或地籍块号码来标记；具有使土地确凿无疑之特征说明，即为已足。[5] 土地登记局对土地所有权让与合意，可进行解释；但因登记程序——不同于诉讼程序——之形式化特征，故只要土地所有权让与合意之字面文句，非为明显不正确，登记局即不得反于该字面意思而进行解释（巴伐利亚州最高法院，《德国司法》，1994 年，344 页）。但无论如何，仅在已具备符合地籍册之测量与标记时，才能办理所有权登记（即“土地变更证明”）。[6]

在实践中，债权行为（民法典第 313 条）、土地所有权让与合意（民法典第 925 条）、登记同意（《土地登记条例》19 条）以及登记申请（《土地登记条例》第 13 条），常集中于一项——在文书制作人跟前所作成之——证书中。

约定夫妻共同共有财产制之配偶，在取得土地时，有时会对共有关系产 16
生错误陈述：如将“共同共有财产制下的共有”说成“对半共有”。依据《联邦最高法院民事判例集》，第 82 卷，346 页判决之意见，此时可仅作纠正，而不必重新为土地所有权让与合意（同说者，巴伐利亚州最高法院，《德国公证杂志》，1979 年，216 页；另说者，蒂特克，载《泛亲属法杂志。公法与私法中的婚姻与家庭》，1979 年，370 页；格恩胡贝尔（Gernhuber）/格斯特 - 瓦尔特耶恩（Coester - Waltjen），“亲属法”，§ 38，III，2）；亦参本书第 3 章边码 27（注释）。但土地登记局一般不负有审查夫妻财产权状况之义务（巴伐利亚州最高法院，《德国司法》，1992 年，341 页，卡尔斯鲁尔州高等法院，《德国司法》，1994 年，248 页；亦参本书第 16 章边码 60）。

就自己代理行为，土地登记局须独立审查民法典第 181 条之条件（巴伐利亚州最高法院，《德国司法》，1993 年，441 页）。

（三）夫妻行为

在适用民法典第 1365 条之规定时，会产生特殊难题。在婚姻 17

---

[5] 关于部分土地面积之土地所有权让与合意的判决，参见《联邦最高法院民事判例集》，第 90 卷，323 页；联邦最高法院，《新法学周刊》，1986 年，1867 页，与 1988 年，415 页。

[6] 对此亦参本书第 15 章边码 15 以下、本章下述边码 28 以下，以及奥尔登堡州高等法院，《德国司法》，1992 年，387 页关于在接受地籍局之土地变更证明时，登记法院之审查权限范围。

中——为维持家庭共同体之经济基础——，配偶一方对其全部财产（以及婚姻家用物件，民法典第 1369 条）为负担行为与处分行为时，该行为效力之产生，取决于配偶另一方非要式之同意（柏林市高等法院，《新法学周刊》，1962 年，1062 页）。在契约虽仅涉及一宗土地，〔7〕但该土地却构成处分行为配偶方财产之重要部分时，则该契约效力之产生，亦须得到另一方同意（《联邦最高法院民事判例集》，第 35 卷，135、143 页；第 77 卷，293 页）。

18 民法典第 1365 条所规定者，为一项绝对的处分限制（《联邦最高法院民事判例集》，第 40 卷，218 页）；但它仅适用于——原则性矛盾！——配偶双方采净益制共同财产关系之情形。〔8〕该处分限制，在土地登记簿中无登记能力。若有具体证据表明，该土地构成处分行为配偶方之其全部财产，则土地登记局须依职权援引该处分限制（《联邦最高法院民事判例集》，第 35 卷，135 页；第 64 卷，246、250 页）。这一结论，符合登记法官审查义务之一般原则（参见本书第 16 章边码 59 以下）。

19 取得人即使为"善意"，亦无济于事。故而，取得人不得主张，他对契约对方已结婚、生活于净益制共同财产关系中、且该契约所出让者为其全部财产等等，并不知情。通说观点以对民法典第 419 条之司法判例（《联邦最高法院民事判例集》，第 55 卷，107 页）〔9〕为依据，仅在契约所涉及者仅为处分

〔7〕 关于动产，参见本书第 51 章边码 28 以下。

〔8〕 关于民法典第 1365 条之参考文献，参见泽格尔/朗格（Lange），民法典第 1365 条之前言，以及边码 1 以下；格恩胡贝尔/格斯特－瓦尔特耶恩，"亲属法"，§ 35，II；以及《联邦最高法院民事判例集》，第 77 卷，293 页；巴伐利亚州最高法院，《德国司法》，1981 年，62 页。——关于夫妻离婚后之情形，参见联邦最高法院，《新法学周刊》，1978 年，1380 页；关于配偶死亡后之情形，参见联邦最高法院，《新法学周刊》，1982 年，1099 页。关于民法典第 1365 条之规定在强制执行中的适用，参见鲍尔/施蒂尔纳，卷 I，"特别强制执行法"，边码 19.10 以下及其例举与引证。

〔9〕 但民法典第 419 条之规定，因 1999 年《支付不能法》之修改而被废除。

行为配偶方之一宗土地时，而承认有其例外；此时阻却取得人之取得者，为取得人在债权契约成立时，须明知该土地构成处分行为配偶方之全部财产（《联邦最高法院民事判例集》，第 43 卷，174 页；第 106 卷，253 页）。[10]

例如（依据联邦最高法院，《新法学周刊》，1991 年，1739 页）：父亲 V 在一份公证书中，出卖并让与给儿子 S 两宗土地，一宗价值425,000马克，另一宗价值160,000马克。父亲还剩下的零散田地与森林土地，价值60,000马克。母亲 M 向 S 请求在登记簿中，重新登记 V 的所有权（民法典第 894 条、第 1368 条）。若就整个为645,000马克价值之财产，处分其中所有加起来为585,000马克价值之财产，即构成对全部财产之处分时，则依民法典第 1365 条、第 1366 条之规定，M 之请求为有权请求。但联邦最高法院却依据财产之整体面积关系，而拒绝这一结论。

还须说明者，对配偶土地设定负担，亦适用民法典第 1365 条之规定。 20

例如（采自巴伐利亚州最高法院，《泛亲属法杂志。公法与私法中的婚姻与家庭》，1960 年，31 页；亦参《联邦最高法院民事判例集》，第 123 卷，93 页；联邦最高法院，《泛亲属法杂志。公法与私法中的婚姻与家庭》，1966 年，22 页；策勒州高等法院，《新法学周刊》，1970 年，1882 页）：工人 E 是一价值6800马克土地之所有权人。他自银行 B 处接受一笔5000马克的贷款，并登记一项土地债务，对此予以担保。土地登记局以临时登记命令方式，要求 E 须获得其妻子的同意。如同巴伐利亚州高等法院在该案中的看法，登记局之要求为正确。其理由为：土地登记局不得以自己的行为，而导致土地登记簿之不正确。本案就是如此，因为该土地几乎构成 E 的全部财产。负担之设定，在本质上已充分利用该土地之交易价值时，则亦为民法典第 1365 条意义上

〔10〕 关于物权法上的关系，参见梅迪库斯，“民法”，边码 537 以下；艾克曼，载《德国司法》，1981 年，213 页；蒂特克，载《法学者报》，1984 年，1018 页，及氏著，“善意取得”，184 页以下；利森（Liessen），载《新法学周刊》，1989 年，497 页。在财产评估时，应不考虑工资收入（《联邦最高法院民事判例集》，第 101 卷，225 页；联邦最高法院，《泛亲属法杂志。公法与私法中的婚姻与家庭》，1996 年，792、793 页）或当前的退休金收入（联邦最高法院，《新法学周刊》，1990 年，112 页）。

的出让行为。[11]

若土地登记局已立即登记了土地债务，则就要看 B 是否知道该土地构成 E 财产的重要部分。若 B 知道，则负担设定行为为效力未定，且在 E 的妻子拒绝同意时，为终局无效。这样土地登记簿也就成为不正确；此时可为异议之登记——也可依《土地登记条例》第 53 条，成立依职权之异议——（哈姆州高等法院，《新法学周刊》，1960 年，436 页）。不仅是 E，而且其妻子（民法典第 1368 条），均可以向 B 请求通过登记簿更正方式，而注销土地债务，且 B 不得因所提供之贷款而主张留置权！[12]

21 上述例子表明，民法典第 1365 条以下之规定，极其严重地损害了土地交易之法律安全。上述司法判例在实践中所导致的后果，则是银行在放款时，总是要求获得配偶另一方的同意，并同时也要求其承担如此内容的债法义务；而采取这一做法的另一项原因，则是避免（如离婚时妻子所享有的）财产增值结算请求权与银行的偿还请求权相冲突。

在必须得到官方许可时，登记法官的审查义务，参见本章下述边码 24 以下。

四、效力

22 因土地所有权让与合意与登记之完成，所有权移转至取得人。土地的重要成分，与未有另外约定时土地的非重要成分，以及土地的从物，均随土地所有权之移转，而移转至取得人，从而保障土地得以维持其经济上的统一整体性。但从物所有权，仅在符合当事人之意思时，才发生移转；当事人是否有此意思，可为推定（民法

---

〔11〕 但就处分行为配偶方惟一的一块土地，进行土地所有权让与合意预告登记者，不适用民法典第 1365 条之规定（巴伐利亚州最高法院，《新法学周刊》，1976 年，576 页；对此案参见蒂特克，载《泛亲属法杂志。公法与私法中的婚姻与家庭》，1976 年，320 页）。

〔12〕 对此参见格恩胡贝尔/格斯特－瓦尔特耶恩，“亲属法”，§ 35，V，1；里默施帕赫，载《新法学周刊》，1969 年，1997 页；赫尔曼·朗格（Hermann Lange），载《法学教育》，1974 年，766 页；舍尔德（Scheld），载《德国司法》，1973 年，280（及其引证）；另说者，德勒（Dölle），“亲属法”，卷 I，§ 52，III，3。

典第926条第1款第2句)。依虽有争议但为正确的观点,该推定仅适用于属于出让人所有的从物。[13]

这种物之统一整体性原则,不仅体现于土地所有权让与合意中,还见于债法(民法典第314条)、土地担保物权法(民法典第1120条以下)以及不动产执行中(《强制拍卖法》第20条第2款、第21条;对此参见鲍尔/施蒂尔纳,卷Ⅰ,"特别强制执行法",边码34.19以下)。

故而,此时动产所有权之移转,是依据土地物权法,而不是仅仅依据物权合意与交付。若出让人不是从物的所有权人,则仅在符合民法典第932-935条之要件时,取得人方能取得从物上的所有权(民法典第926条第2款)。 23

例如:V将其工厂土地出卖给K,并为土地所有权让与合意。随登记之办理,K亦得成为建筑物与其他重要成分的所有权人(民法典第93、94条);企业所使用的卡车,即使其中一辆短期使用出租给M,且即使企业之交付在嗣后才进行,K亦因登记而成为其所有权人。若K主张,V至目前为营业运送所使用的小汽车,现也归属于K所有,则该主张获民法典第314条(从物包括进买卖之中)与第926条第1款第2句(从物包括进所有权让与中)规定之支持;故而,若V主张从物所有权之随同让与,非为自己之意愿,则他必须对此提出反证。

若V以分期付款之所有权保留方式,自D处购买一辆卡车,则K仅在善意时,随交付而取得卡车所有权(民法典第926条第2款并第932条)。若K已知所有权保留买卖事项,则民法典第926条第1款之规定,亦得适用于对期待权之取得。此时K对D是否承担剩余价金之支付义务,则依德商法典

---

〔13〕 亦参杜塞尔多夫州高等法院,《德国法月刊》,1993年,143页及其引证。为土地之利益(如共同使用权),将民法典第314条、第926条之规定,类推适用于债权性权利中,参见科勒,载《德国公证杂志》,1991年,362页。

第25条而定(有时亦可依据民法典第419条)。[14]

五、获得许可之义务

(一) 土地法(Bodenrechtlich)上的许可

24 并非任何土地所有权变更,均与国家的土地政策相吻合。

仅举一例即可说明此问题,比如工厂为投资而购置农地,至少在农业用地紧缺时,是不符合国家预期目的之交易(对此参见联邦行政法院,《新法学周刊》,1967年,619页)。

故此,国家常常使买卖契约与土地所有权让与合意效力之发生,取决于一项国家许可的获得。在许可获得之前,这类契约为效力未定;若获得许可,则溯及地发生完全之效力;若许可被拒绝,则为无效。对一契约(如买卖契约)之许可,亦表示对与此相应之另一契约(土地所有权让与合意)的许可。

许可之具体情形,仅于许可所在之相关体系中,才能予以讨论(本书第25章以下)。其中应特别指出者,在出让一定面积之农地时,须得农业局之许可,参见本书下述第27章边码4以下。

(二) 监护法院的或监督机关的许可

25 具有照管功能的许可,为监护法院对未成年人(民法典第1821条以下、第1643条)或被照管人(民法典第1903条第1款、第1908i条第1款)土地交易行为之许可,但也包括乡镇出让土地时监督机关之许可(如《巴登-符腾堡州乡镇条例》第92条第3款之规定)。

---

〔14〕 民法典第419条在1999年因《支付不能法》之修改而被废除。

（三）财税机关的无疑问证明

26 最后，在提高契税时，还体现有国库之利益。依此，在为登记之前，须有财税机关出具之无疑问证明；但未获得该证明时，并不使所有权移转不生效力（详参泽格尔/施蒂尔纳，民法典第 873 条之前，边码 60－63；帕兰特/巴森格，民法典第 925 条，边码 30）。

（四）数项获得许可义务之聚合

27 如某暴发的大都市市民，决定在邻近之农村购置一块建筑用地，则在登记之前，他须提交给土地登记局下列许可：

1. 农业局的许可（对此参见本书第 27 章边码 4 以下）。

28 2. 乡镇出具之消极性证明，证明《建筑法典》第 24 条以下之先买权不存在或已行使（《建筑法典》第 28 条第 1 款），或证明先买权之行使已届期（《建筑法典》第 28 条第 2 款）。为增进公共利益，常借助必要的所有权取得行为，进而要借助先买权制度（《建筑法典》第 24 条第 3 款、第 27a 条；关于权利变动，参见格罗舒普夫，载《新法学周刊》，1998 年，418、420 页；芬克恩堡（Finkelnburg），载《新法学周刊》，1998 年，1、4 页）；而在建设区、改建区、改造区等等，该先买权乃依法律或依特别之地方法规而成立（《建筑法典》第 24 条、第 25 条）。而在先买权行使情形自始即被排除时，则不要求获得该消极性证明，比如住宅所有权或地上权之取得（《建筑法典》第 24 条第 2 款）、包含有预先进行继承之赠与（《联邦最高法院民事判例集》，第 73 卷，13 页）、对一共有人为让与（巴伐利亚州《巴伐利亚州最高法院民事判决集》，1985 年，322 页）、对近亲属为出卖（《建筑法典》第 26 条第 1 项）、以执行方式为出让（最近例案参见卢卑克州法院，《德国司法》，1990 年，159 页）。对先买权行使情形是否自始存在，土地登记局可自行审查（《联邦最高法院民事判例集》，第 73 卷，12 页以下）。若未获得消极性证明而为登记，则所有权仍可有效取得；但先买权之行使期限，可能还未开始进行（《建筑法典》第 28 条第 2 款）！

例如：联邦行政法院，《新法学周刊》，1990 年，2703 页（行使条件）；联邦最高法院，《新法学周刊》，1991 年，293 页（仅有部分需求时的行使）；法兰克福州高等法院,《新法学周刊》,1996 年,935 页(受领有价证券而出让);亦参本书第 21 章边码 34、第 26 章边码 7,以及泽格尔/施蒂尔纳,民法典第 1094 条之前,边码 13 - 21。

29 与因先买权而生之消极性证明应予以区别者,为在一建筑规划有效范围内,对土地分割所应获得的许可(《建筑法典》第 19 条、第 20 条)。后者之欠缺,导致所有权取得不生效力,并使登记簿不正确(伯切尔,载《德国司法》,1989 年,133、140 页;泽格尔/施蒂尔纳,民法典第 925 条,边码 49;关于 1998 年的新规则,参见格罗舒普夫,载《新法学周刊》,1998 年,418 页以下;芬克恩堡,载《新法学周刊》,1998 年,1、3 页以下;亦参本书第 15 章边码 15 以下、第 22 章边码 15 以下、第 26 章边码 5)。但可以通过事后获得之许可,而对其进行补正,且也可能发生善意取得(巴伐利亚州最高法院,《德国司法》,1995 年,495 页)。

3. 财税机关的无疑问证明

要获得这么多许可,确实是一条铺满荆棘的道路;而在出让人为未成年人,或者所有权取得还涉及自然保护等情况时,这条道路则更为艰辛。这就显示出临时登记命令制度(《土地登记条例》第 18 条)与民法典第 878 条之保护性规定的重要性!

六、在新联邦州中的土地所有权让与合意

30 在新联邦州中,原则上适用一般性规则(关于以前的情形,参见本书前版第 22 章六)。土地所有权让与合意规则,也适用于建筑物所有权之转让(对此参见本书第 63 章边码 7、49 以下)。而依《土地交易条例》而生之许可获得义务,具有担保回复请求权之功能(本书第 63 章边码 31 以下)。

表 13* 土地所有权之取得

	构成要件	特殊性
基本形态 民法典第873条、第925条	实体法上的物权合意;要式义务 (民法典第873条第1款、第925条) 程序法上的合意(《土地登记条例》第13条、第19条) 土地登记局之审查义务:《土地登记条例》第20条	民法典第1365条就属于夫妻之土地; "主体理论"; 土地登记局有限的审查义务
自未登记之土地所有权让与意思表示受领人处之取得("链条式土地所有权让与合意")	区别: 依民法典第873条、第925条、第185条(对土地所有权再让与之授权)而取得,与通过土地所有权让与合意(民法典第873条第1款、第925条)并依民法典第873条第2款而取得期待权,嗣后得因登记且不需中间取得人之已登记而取得所有权	期待权之法律性质: 1. 可扣押性(民诉法第857条;在期待权成为完全权利时,因准用民诉法第848条而成立保全抵押权) 2. 可为不当得利请求权之客体(民法典第812条第1款第1句);并可通过阻却买卖契约补正(民法典第313条第2句)之取得禁止,以假处分命令(民诉法第938条)方式,而对该不当得利请求权进行担保 3. 可作为绝对权而享受民法典第823条第1款之保护。但有争议

* 对本表之理解,除本书第22章外,还应参阅第19章边码9以下之内容。

第二十三章　自无权利人处之取得：土地登记簿之公信力[1]

参见本章末之表14。

一、基础

（一）推定作用与善意取得作用

1 土地登记簿并不仅仅是具有记录性特征的登记。倘若真是这样的话，则实在是辜负了为设置土地登记而投入的大量资金，以及为细致入微的登记工作所付出的精力。故而，土地登记簿还必须有助于权利交易之进行，它必须享有权利表象作用，或者说——如同我们所称——具有推定效力与善意取得效力。换言之，恰恰在其内容为不正确或可能不正确时，土地登记簿具有特别重要的功能与意义。

---

〔1〕 较新的重要参考文献：卢特尔（Lutter），载《民法实务档案》，第164卷，122页；韦斯特曼，载《法学教育》，1963年，1页；维甘德，载《法学教育》，1975年，205页，与1978年，145页；蒂特克，“善意取得”，1985年；哈格尔，“通过善意取得之交易保护”，1990年；维特科夫斯基（Wittkowski），“交易行为学说”，1990年；阿尔特梅彭（Altmeppen），“权利表象之可处分性”，1993年；其他文献提示，参阅泽格尔/施蒂尔纳以及慕尼黑德国民法典评注/瓦克二民法典评注，且各在民法典第892条边码1之前。

这一思想的实现，体现于民法典第 891 条（推定效力）与第 892 条、第 893 条（善意取得效力）之规定中。虽源于同一思想，但这些规定在其构成要件与效力上，又有差异：

1. 民法典第 891 条作为举证负担规范

2 民法典第 891 条为一项举证负担规范，也就是恰在真实法律关系无法查明时，该规范才发挥其效用：受土地登记簿内容之支持者，不负举证责任（详参本书第 10 章边码 11 以下）。

2. 民法典第 892 条、第 893 条作为实体法上的权利表象要件

3 民法典第 892 条、第 893 条，为具有实体法内容之规范。其规范出发点，为不正确的，也就是与真实法律关系不相符的土地登记簿。在法律行为方式之土地权利交易中，信赖土地登记簿之内容者，其信赖受法律保护；他获得在土地登记簿状态与真实法律关系相互吻合时，应能取得之权利地位。故而也可以说：权利表象取代权利本身。

（二）本章之阐述方法

4 要想对民法典第 892 条、第 893 条所规定之要件与效力，获得清晰的理解，就必须对下列问题进行研究：

1. 土地取得人可信赖的是什么，是登记簿中所包含的所有登记内容吗？（保护范围，参见本章下述边码 6 以下）。

2. 权利表象功能，包括的是哪些物权变动过程，仅是法律行为方式的，还是包括其他方式的？（受保护之物权变动过程，参见下述边码 16 以下）。

3. 依据不正确的土地登记簿之取得，在什么时候可以被排除？（善意——异议，参见下述边码 29 以下）。

4. 最后，在民法典第 892 条、第 893 条所规定之所有要件均已满足时，应产生哪些法律效力？（“效力”，参见下述边码 39 以下）。

(三) 民法典第892条、第893条之实践意义

5 对民法典第892条、第893条,人们自然会合乎逻辑地发问,这两条规定在实践中,是否具有重大作用。对此,人们或许会指出,在最高法院之司法判例中,极少有关于民法典第892、893条之判决。这虽为事实,但另须说明的是:一方面,由于善意取得之构成要件与效力,在法律上规定得极为清楚,故而很少产生重大的争议性问题;另一方面民法典第892、893条之规定,更多的是具有预防性功能,即由于存在因信赖不正确登记簿而善意取得之可能,从而促使所有的参与人——土地登记局以及其他有关的当事人——须极其谨慎,以使土地登记簿尽可能少地出现不正确,或者尽快合理地排除已存在之不正确。故而关于这两条规定之意义,或许应如此表述:由于不正确土地登记簿会导致善意取得之发生,从而常常迫使产生出正确的土地登记簿。

二、保护范围[2]

(一) 公信力之客体

6 依民法典第892条之条文表述,公信力客体为土地登记簿之"内容(Inhalt)"。乍看之下(prima facie),似乎对所有"登记簿中所记载者",均可进行善意取得。但若细加琢磨,则善意取得之前提要件,为登记簿之不正确,亦即真实法律关系与登记簿所表明之法律关系间存在分歧,故而民法典第892、893条之保护范围,显然仅指能导致法律意义上土地登记簿不正确之事实构成(对此参见本书第18章边码6以下)。依此而言,包括:

1. 已登记于土地登记簿之物权的存在;

2. 未登记(或被注销)但有登记能力之物权的不存在;

3. 未登记(或被注销)但有登记能力之相对性处分限制的不存在(民法典第892条第1款第2句)。

---

〔2〕 对此亦参本书第15章边码28以下(具有登记能力之权利)。

该保护范围，并不及于已登记之相对性处分限制的正确性。如在土地登记簿中，登记有破产或支付不能附注（《破产法》第113条或新《支付不能法》第23条第1款、第32条），则就土地之交易，不得主张对破产管理人或支付不能管理人处分权限之信赖（《破产法》第6条第2款或新《支付不能法》第80条第1款），或对遗嘱执行人处分权限之信赖（民法典第2205条第2句）；此时应依实体法之法律关系或其他权利表象规则（如民法典第2368条），而决定权利之取得。亦参本章下述边码41以下。

例如： 8

关于1：F被不正确地被登记为所有权人。

关于2：H的抵押权被土地登记局错误注销，或未随同转记于新的土地登记簿簿页（《土地登记条例》第46条；本书上述第16章边码52；联邦最高法院，《德国司法》，1988年，353页；其他例案，如哈姆州高等法院，《新法学周刊—司法判例报告，民法》，1993年，1295页）。或如依民诉法第848条而生之保全抵押权，未被登记（巴伐利亚州最高法院，《德国司法》，1994年，162页；鲍尔/施蒂尔纳，卷I，“特别强制执行法”，边码31.13）。

关于3：为K之利益而颁发的让与禁止，虽已送达至E，并因而生效，但未在登记簿中进行附注登记。

但物权法中的某些制度，它们既不能归入物权，也不能列入处分限制，故而也很难置于善意保护规则之中。其中就预告登记中的特殊问题，我们在前述章节已有讨论（本书第20章边码15、25、29、62以下）。而“物权性的”受强制执行之约束（民诉法第800条），乃土地担保物权之“诉讼从权利”；虽在欠缺登记时，该约束不得对抗土地之取得人，从而与处分限制具有相似性，但它并不享有存续推定意义上的公信力（《联邦最高法院民事判例集》，第108卷，372、375页以下；亦参本书第40章边码36以下）。 9

（二）不被公信力所包括之事实构成

民法典第892、893条之保护范围，不包括下列事实构成：

1. 事实说明

有关土地之经营类别与面积等等之事实说明，不享有公信力。 10
但在状态说明摘自地籍册，且仅借助于该状态说明，才能对土地进行法律上标记时,有其例外。

例如:在对土地进行新丈量时,土地界线错误地向南移入邻地5米。该错误界线现标于地籍册中,而土地登记簿又参照了地籍册。K依民法典第892条取得该土地时,所取得之土地,应附带有该错误界线(亦参巴伐利亚州最高法院,《德国司法》,1995年,495、497页),除非为当事人事实上所察看之土地界至,与真正之原始土地界至(不是与错误丈量的土地界至)相一致(持此正确看法者,如韦斯特曼/艾克曼,§ 101,II,1,a;米勒,边码1089以下;《帝国最高法院民事判例集》,第73卷,125页;联邦最高法院,《德国公证杂志》,1966年,172页;巴伐利亚州最高法院,《德国司法》,1980年,195页;就此整个问题,参见卢特尔,载《民法实务档案》,第164卷,122、137页以下;联邦最高法院,《新法学周刊》,1976年,417页:通行权之范围)。

2. 登记簿中显然的个人情况

11 同样,土地登记簿之公信力,也不及于登记簿中显然只是关于个人情况的说明,比如可推出权利能力与行为能力或者可推出处分权限情况的说明。

例如:某社团被错误地标记"有权利能力"。——所有权人E被冠以"小姐"头衔,而实际上她早已结婚,故而在土地构成其全部财产时,有可能受有民法典第1365条所规定之处分上限制(对此参见本书第22章边码17以下)。

但若"小姐E"在土地登记之后结婚,并与其夫达成夫妻共同财产制之约定,则登记簿就变为不正确,因为土地现已属于夫妻共同财产制之共同财产(民法典第1416条)。若取得人K基于对登记簿之信赖,而认为E为单独所有权人,则得适用民法典第892条之规定。

3. 不得登记之权利、负担与限制

12 不具有登记能力之权利、负担与限制,也不享有登记簿之公信力。属于此种情形者,如公法上的限制与负担(建筑禁止、建筑基线、交通沿线居民费），或旧法上的役权（EGBGB，第187条）[3]或在权利人之登记簿中所附注的权利。[4]

例如：为V之土地a的利益，在V的土地登记簿中，登记有一项对邻地b的地役权，但在邻地b之登记簿簿页中，该地役权已被正确地注销掉。K向V购买土地a。此时不取得该地役权（巴伐利亚州最高法院，《德国司法》，1987年，101页：基于“需役附注”，不受善意之保护）。 13

反之，若土地b之所有权人，自古以来就享有对土地a的一项未登记于登记簿之通行权，则K不得主张对登记簿之信赖，除非联邦州之法律，对这类旧法上的地役权也规定了登记义务（对此参见帕兰特/巴森格，《〈德国民法典〉施行法》，第187条，边码3），或者曾已办理过的登记，又被不正确地注销（《联邦最高法院民事判例集》，第104卷，139页）。

4. 相互矛盾的双重登记

有疑问者，乃所谓双重登记情形，其例如地块a不仅在E1之登记簿中，而且还在E2之登记簿中被登记。此时，由于作为整体之土地登记簿，本身相互矛盾（柏林市高等法院，《法学周报》，1938年，3046页），故任何人均不得主张对自己有利之登记状态（《帝国最高法院民事判例集》，第56卷，58页）。这意味着，仅真实权利人，才能使第三人取得所有权（或一项限制物权）（对此参见施泰芬（Steffen），“双重之权利表象担当者”，1967年；亦参威廉，边码515；哈姆州高等法院，《新法学周刊—司法判例报告，民法》，1993年，1295、1297页）。 14

〔3〕 有趣判决参见《联邦最高法院民事判例集》，第104卷，139页以下：登记后的善意保护（《〈德国民法典〉施行法》，第187条第1款第2句、第2款）与注销。此登记为登记簿之更正（巴伐利亚州最高法院，《德国司法》，1990年，351页；《新法学周刊—司法判例报告，民法》，1991年，1172页）。

〔4〕 对此参见卢特尔，载《民法实务档案》，第164卷，122、131页以下。

5. 为法律所不允许之登记

15 为法律所不允许之登记,须予以注销(《土地登记条例》第53条第1款第2句),并不得享受善意保护。但此处所指者,仅为内容为不允许之登记(《联邦最高法院民事判例集》,第130卷,159、171页:不允许的特别所有权),而不包括违反登记程序规定所为之登记(联邦最高法院,《新法学周刊》,1994年,2947、2948页,r. Sp.)。此外,还须将内容上的不允许性,与实体法上的无效(如民法典第134、138条,《一般交易条件法》第9-11条)区别开(对此已见本书上述第16章边码55)。仅自登记本身即可得出其不允许性,极其少见:如在违反《一般交易条件法》第10、11条时,常无法审查确定,是存在一项特别约定(《一般交易条件法》第1条第2款!),还是存在一项一般交易条件;民法典第134、138条以及《一般交易条件法》第9条,大多要求对全部事实关系的知情,亦即对超出登记之外的全部事实关系的知情(依本书见解,其观点过于宽泛者,如韦斯特曼/艾克曼,§ 101,II,1,b;亦参本书第16章边码59以下关于土地登记官员之审查义务)。

三、受保护的物权变动过程(Rechtsvorgänge)

(一) 法律行为方式的处分

16 民法典第892条、第893条,列明可进行善意取得之物权变动过程。其中,民法典第892条第1款第1句与第893条第1类情形,规定各具体的构成要件,而其一般性条款,却隐藏于民法典第893条之末。依该一般性条款可推导出,适用善意取得者,须永远为一项法律行为方式的物权变动,且须包含对权利之处分。故此,任何非法律行为性质之取得,以及任何不包含对权利之处分,而仅导致债法权利产生之变动过程,均不适用善意取得。

(二) 具体构成要件

1. 土地权利或土地权利上的权利之取得

17 善意取得首先体现为,以法律行为方式对土地权利或对此权利上之权利的取得(民法典第892条第1款第1句)。

例如：表见所有权人 V，将以其名义登记之土地，出让给 K，则 K 成为所有权人（且在曾一度登记之惟一负担被错误注销时，K 成为无负担之所有权人）。

表见地上权人 E，为 H 设定一项抵押权，则 H 取得如同该地上权实际存在时，在该地上权上所成立之抵押权（联邦最高法院，《有价证券法通讯》，1963 年，533 页；对此有部分之批评者，如韦斯特曼/艾克曼，§ 101，Ⅱ，1，b）。

2. 对登记权利人为给付

其次可适用善意取得者，乃因一项权利，而对登记簿中的登记人履行给付（民法典第 893 条第 1 种情形）。 18

例如：H 在登记簿中，被错误登记为一项登记抵押权之权利人，E（土地所有权人）对 H 为给付。E 则因此而受债务免除，并以所有权人土地债务形式，取得该抵押权（民法典第 1163 条、第 1177 条）。

3. 登记权利人之其他处分

最后，登记人与他人所进行的所有其他处分法律行为，均适用善意取得规则（民法典第 893 条末尾）——一般条款！ 19

例如：被错误登记之 N，通过对所有权人为意思表示，而废止用益权（民法典第 875 条）。

H1 与 H2 达成顺位变更之协议，则即使被登记之 H1 并不享有抵押权，该协议仍为有效。

（三）不受保护的物权变动过程

1. 法定取得

不受保护的物权变动过程，首先包括法定取得，尤其是继承取得。 20

例如:E 在登记簿中被错误登记为所有权人。在发生继承时,E 惟一的儿子 S,不因 E 在登记簿中的登记,而取得所有权;但自 S 处取得土地之买受人 K,却可以取得所有权(但若 S 根本就未依《土地登记条例》第 40 条之规定,以所有权人身份登记于登记簿中,K 乃直接在 E 之后而登入登记簿,则 K 能否善意取得,颇有疑问!通说观点赞成善意取得之成立,参见帕兰特/巴森格,民法典第 892 条,边码 13)。

变化一下上述案例假设:E 原是所有权人,但 S 在实际上并非继承人,却已作为所有权人登入登记簿,则 S 不取得所有权;即使 S——善意地——认为自己享有继承权,并获得继承证书,其结论亦同。但其买受人 K,却可成为所有权人。

在 E 非为所有权人,却登记为所有权人,而 S 非为继承人,亦登记为所有权人时,其法律关系亦同!还可能出现民法典第 892 条、第 2366 条相结合之情形:在 V 已登记,S 又以继承证书证明为继承人时,K 可自非所有权人 V 之表见继承人 S 处,善意取得所有权。

21 在法定法律效果之产生,取决于某一法律行为上的构成要件时,会产生特别的法律问题;这一情形,尤其体现在土地担保物权法中,对此参见本书第 38 章边码 108 以下。同样,在公司(合伙)法上的权利概括继受中(尤其是《企业组织形式变更法》第 2 条),亦不成立善意取得;但在财产承担(民法典第 419 条),[5] 或特别营业承受(德商第 22 条)中,不存在此种概括继受,因为在其中包含有大量的单项物权履行行为(具有阅读价值之案例,参见巴伐利亚州最高法院,《新法学周刊—司法判例报告,民法》,1989 年,907、909 页)。反之,在取得公司(合伙)股份时,对共同共有方式的土地所有权之取得,为法定之效果,故而自错误登记之股东处,不得为善意取得(联邦最高法院,《新法学周刊》,1997 年,860、861 页)。

2. 依强制执行方式之取得

22 其次,依强制执行方式之取得,亦不受保护,但在一项法律行

---

[5] 民法典第 419 条之规定,随《支付不能法》之修改,于 1999 年 1 月 1 日被废止。

为上的意思表示，被法院判决所取代时，有其例外（民诉法第898条）。

例如：G针对错误被登记为所有权人之S，获得一项强制抵押权之登记，则G不取得该强制抵押权（《联邦最高法院民事判例集》，第64卷，197页；《企业顾问》，1963年，286页＝鲍尔，E. Slg.，案例10）。若G申请强制拍卖，且由K拍定该土地，则K成为所有权人（《强制拍卖法》第90条），因为其取得，为所有权之设权取得。此时G必须将分摊给强制抵押权之拍卖所得价金，返还给真实所有权人E（民法典第812条；对此参见鲍尔/施蒂尔纳，卷I，“特别强制执行法”，边码36.27）。

3. 与登记权利人所订立之债权契约

与不正确之登记人，订立一项债权契约（使用租赁契约、用益租赁契约）时，不得援引民法典第892、893条之规定。 23

例如：S为死亡人E惟一之子。S在登记簿中被登记为所有权人，并将土地使用出租给M，为期20年。后发现了E的遗嘱，且在该遗嘱中，E指定一公益基金会作为单独继承人。此时，基金会可向S请求登记簿之更正，向M请求土地之返还，而M仅享有基于使用租赁契约而生之对S的请求权（参见民法典第541条）。

4. 欠缺交易行为性

立法条文本身虽未明说，但是在取得行为尽管为法律行为，却欠缺“交易行为（Verkehrsgeschäft）”特征，从而使权利表象思想无由体现时，应排除民法典第892条、第893条之适用。 24

其众所周知的例案：不正确登记之F，将所有权移转给一有限责任公司，而F为该公司惟一的股东！此时，土地自一财产“过户登记”到另一财产中，是否应导致F的（正确地说：“他的”有限责任公司的）权利取得呢？

对属于这类情形的所有情况,本章不必作深入细致地探讨(如可参泽格尔/施蒂尔纳,民法典第 892 条边码 21 - 25;卢特尔,载《民法实务档案》,第 164 卷,122、159 页以下)。本章只需指出,这类情形在本质上分为三种:

(1) 法律关系参与者仅为一人

25 亦即不正确的登记人,为其自己的利益设定一项限制物权,比如善意之非所有权人,依民法典第 1196 条设定一项所有权人土地债务。由于仅有一个人参与该法律关系,所以此行为以及类似的行为(如剩余价金抵押权之设定、回复取得行为),欠缺交易行为之特征。

(2) 契约两造之参与人相同

26 若契约双方之参与人相同,则即使各造当事人之组成形式,在法律上有不同特征,其利益关系仍与上述情形相同。比如由一个共同共有形式(如继承人共同体),向另一个由相同人员所组成之共同共有形式(如无限责任公司),为土地所有权让与合意,或由一个无限责任公司,向另一个由相同股东所组成之有限责任公司,为土地所有权让与合意(《联邦最高法院民事判例集》,第 78 卷,318、325 页;巴伐利亚州最高法院,《新法学周刊—司法判例报告,民法》,1989 年,907、909 页),即为其表现。但与此有原则区别者,乃一个或几个股东之权利取得;此时,应以取得方之善意为准(有部分争议,参见泽格尔/施蒂尔纳,民法典第 892 条,边码 21 以下;慕尼黑德国民法典评注/瓦克,民法典第 892 条,边码 38 以下;对整个问题之批评,威廉,边码 520 以下)。

例如(采自《帝国最高法院民事判例集》,第 117 卷,257、265 页[= 鲍尔,E. Slg. ,案例 9]):在共同继承人团体 ABCD 之土地上,负担有银行 H 的一项抵押权,但该抵押权却被错误注销。后该土地所有权让与给一个两合公司,而该两合公司之股东组成,乃 A 与 B 为负无限责任之股东,C 与 D 为负有限责任之股东。该两合公司主张对土地善意无负担的所有权取得。此主张无法律根据!

（3）预先进行之继承（Vorweggenommene Erbfolge）

在继承中，因物权是依法直接发生变动，故而排除善意之取得。同理，在继承通过生前行为而预先进行时，亦不适用善意取得。 27

例如（依据《帝国最高法院民事判例集》，第 123 卷，52 页）：E 农庄上所负担之 H 的一项抵押权，被错误注销。后 E 将农庄所有权，通过“财产转让契约”（农庄交付），让与给其子 S。此时，由于“所有权转让之生前行为，无论是依其事实构成形式，还是按照当事人之意思，均有继承预先进行之意图”，故不适用民法典第 892 条之规定（《帝国最高法院民事判例集》，第 136 卷，148、150 页；巴伐利亚州最高法院，《法学教育》，1986 年，911 页，以及《德国公证杂志》，1988 年，781 页；对此未表态者，联邦最高法院，《新法学周刊》，1982 年，761 页；持另说者，威廉，边码 521）。

（四）返还与责任

发生善意取得后，针对恶意或有过失之出让人所主张之返还，依据民法典第 687 条第 2 款、第 989 条、第 990 条、第 823 条以下之规定而进行；反之，善意之取得人，不因过失而承担民法典第 823 条上的责任，否则会使民法典第 892 条第 1 款第 1 句之规范目的落空（《帝国最高法院民事判例集》，第 90 卷，397 页；亦参本书第 52 章边码 27）。而不当得利法上的补偿，在有偿取得中，依民法典第 816 条第 1 款第 1 句（对出让人之——金钱返还——请求权）而定，在无偿取得中，则依据民法典第 816 条第 1 款第 2 句（对取得人之——回复转让——请求权）而定。 28

例如：S 将 1－3 号土地，赠与给城市 T，用于建造养老院；其中第 3 号土地，乃错误地被登记给 S。此时 T 亦得成为第 3 号土地之所有权人，但同时又负有将其回复让与给真实所有权人 E 的义务（同说者，如《联邦最高法院民事判例集》，第 81 卷，395 页）。该不当得利返还请求权，可通过预告登记（但不能通过异议！），而获临时之担保。

在E的土地上,负担有A一项担保额为100,000马克的土地债务,但该土地债务所担保之贷款,A才仅贷出20,000马克。A将整个土地债务让与给B,则B善意取得无任何抗辩负担之整个土地债务(民法典第1192条、第1154条、第1157条第2句、第892条)。如B已对A支付了整个土地债务价金,则E可依据民法典第816条第1款第1句,向A请求80,000马克之返还(此例案依据联邦最高法院,《新法学周刊》,1997年,190页——但案情已简化)。

四、善意——异议

29 在"针对登记簿之正确性已登记有一项异议(下述边码37以下),或者登记簿之不正确已为取得人所明知(下述边码30以下)"时,民法典第892条排除自无权利人处之权利取得。

(一)善意

1. 概念

30 权利表象思想之适用,以取得人之善意为前提条件。但取得人仅在明知土地登记簿之不正确时,为非善意。故与动产之善意取得(民法典第932条第2款)不同,因重大过失之不知,不妨碍民法典第892条、第893条规定之适用。法律上如此区别处理的理由,乃立法者认为土地登记簿相比较于占有,能提供更为坚实的信赖基础。这种差别处理是否有其内在合理性,颇值怀疑。在存在重大过失之极端情形中,司法判例就试图借助民法典第226条、第826条之规定,而施与救济(权利滥用)。[6] 此外,真实权利人之地位,还因下述两点而变得更糟:其一,对产生登记簿不正确之事实,取得人虽明知,但并不因此而使其为非善意;就取得人非善

---

〔6〕《帝国最高法院民事判例集》,第117卷,180、189页;巴伐利亚州最高法院,《新法学周刊—司法判例报告,民法》,1989年,907、909页。

意之构成，还要求取得人须自该事实而推导出登记簿之不正确。[7] 其二，取得人之善意，先已被法律所推定——这可由民法典第 892 条第 1 款之规定得出——；也就是说，因民法典第 892 条之取得而受损害者（真实权利人），须举证证明取得人已明知土地登记簿之不正确。由于该明知为内心之事实，且从经验上看，即使法官依民诉法第 445 条、第 448 条对取得人进行当事人讯问，也常常无法查明该内心事实之是否存在，故而，对该事实之举证，就显得尤为困难。因此，对法官来说，常常是除了由取得人对导致登记簿不正确之事实的积极性明知，而推导出取得人方面已明知登记簿本身之不正确外，也别无选择。[8]

但正如下例所示，此时仍存有诸多疑问： 31

E 为担保一项借贷债权，为 H 设定了担保额为50,000马克的登记抵押权。该借贷债务应每年分期偿还5000马克。当 E 已偿还40,000马克时，H——因陷入经济拮据——将抵押权让与给 D。且在让与抵押权时，H 告诉 D，该抵押权之担保额仍为全额，而 D 通过查看土地登记簿，也确信 H 所言不虚。但实际上，抵押权因通过部分清偿，其中的40,000马克价额，已变成所有权人土地债务（民法典第 1163 条、第 1177 条）。故 E 在此额度内，本可以请求对自己的过户登记，或登记一项异议。但 E 并未采取这两种措施（虽然这种事不常发生）。那么，D 此时是否已取得抵押权？D 显然具有重大过失，因为如果 D 到 E 处打听一下，或查阅一下登记同意书，就能获悉，该抵押权为分期付款抵押权，自然也就应该考虑到债务人之按期偿还。但是，也不能以登记同意书恰恰通过援引而构成登记簿之一部分（民法典第 874 条）为理

---

〔7〕《帝国最高法院民事判例集》，第 117 卷，180、187 页；巴伐利亚州最高法院，《新法学周刊—司法判例报告，民法》，1989 年，907、909 页及其引证；哈姆州高等法院，《新法学周刊—司法判例报告，民法》，1993 年，1295、1298 页（对登记簿不正确之推导，必须是其内心“不禁产生”之结果）。

〔8〕关于对因意思表示瑕疵而生之可撤销性的知情，参见民法典第 142 条第 2 款；鲍尔，载“舒尔茨纪念文集”，1987 年，21 页。

由,来对 E 予以救助;因为除分期付款约定是否属于抵押权之内容(也就是说,不仅仅为借贷协议之内容),还尚存疑问外,也不能因此即可证明 D 能推导出登记簿之不正确!但倘若本案之 D,为一精通土地登记法之专业人士(如银行家),则无论如何都可认为 D 为非善意;而且此时对其非善意,已有事实上的推定。若 D 不知分期付款事项,是因自己之视而不见,则亦逃脱不了非善意之指谪(此外,若本案之抵押权为证书抵押权,则 E 之处境会有所改善;因为 E——不需利用登记簿——可要求 H 在抵押权证书中,记载每笔之偿还,这样就可能排除 D 的善意,参见民法典第 1145 条、第 1140 条之规定)。关于土地担保物权法中的善意问题,详参本书第 38 章边码 22 - 78,以及第 45 章边码 54 以下。

32 善意之成立,不以取得人事实上确已查阅土地登记簿为前提。只要土地登记簿之登记状态,对其权利取得为支持时,即可成立其善意(《联邦最高法院民事判例集》,第 104 卷,139、143 页)。故而,仅只能非常有条件地称其为:"对登记簿正确性信赖之保护"。权利表象,在此时成为一种拟制;既然是拟制,法律也就正确地使用了这一表述:"…视为(gilt)正确"。

2. 时间决定点

33 严格地说,取得人应至权利取得完成之时,须一直为善意。但民法典第 892 条第 2 款,基于与民法典第 878 条类似之衡量,规定若权利取得之其他构成要件——尤其是物权合意——均已满足,则对善意之判断,以登记申请提出之时间为准。若物权合意在申请提出后才达成,或者土地登记簿在申请提出后才成为不正确(联邦最高法院,《新法学周刊》,1980 年,2413 页),则以后一时间点为准。在设定一项附条件之物权时,若取得人在条件成就时,已非为善意,则对其权利之取得,不生影响(有争议;参见《联邦最高法院民事判例集》,第 10 卷,69 页)。

34 例如:未成年人 NE,在登记簿中被错误登记为所有权人。NE 的监护人,对K为土地所有权让与合意，且其登记申请也已提出。但在登记办理之前，还须获得监护法院之同意（民法典第1821条第1款第1项），以及——因该土地为农地——农业局之许可。在许可获得前的等待期里，K获悉登记簿之不正确。那么，K是否已善意取得？对此持赞成意见之理由为，官方之许可具有溯及效力；持否定意见之理由为，仅在获得官方许可时，所有权让与之所有构成要件才算齐备。司法判例对此案意见，亦不统一：持一种意见者，如《帝国最高法院民事判例集》，第134卷，283、286页；持另一种意见者，如《帝国最高法院民事判例集》，第142卷，59、62、63页。本书认为，按民法典第892条第2款所谋求之目的，在须获得官方许可之情形中，须以法律行为之所有其他实体法上的构成要件已具备，并已提出登记申请之时间点为准（有争议；另说者如威灵，§ 20，II，3，g；关于整个问题，参见卢特尔，载《民法实务档案》，第164卷，122、166页以下，及其引证；蒂勒（Thiele），“法律行为学说中的同意”，1966年版，268页以下；尼德（Nieder），载《新法学周刊》，1984年，329、338页）。

关于登记申请提出后登记簿为不正确时的善意，其例举参见本章下述（边码42）。

3. 通过代理人之权利取得

如在取得人方面，有（法定或意定）代理人之加入，则仅以代理人之明知为准（民法典第166条第1款）。仅在受指示约束之意定代理中，非善意之代理权授予人，不得主张代理人之善意（民法典第166条第2款）。[9] 35

这会导致相当不公平的结果：

例如：K与登记之非所有权人NE，正在进行买卖谈判。在契约订立前，K因挥霍浪费，而被置于附有同意保留之照管下（民法典第1896条第1与2

[9] 富有教学意义的案例：巴伐利亚州最高法院，《新法学周刊—司法判例报告，民法》，1989年，907、910页。关于在登记程序中，享有代理权之的公证人的明知，参见柏林市高等法院，《新法学周刊》，1973年，57页以下。

款、第1902条、第1903条第1款)。而K与NE已开始谈判之交易,K之照管人觉得有利可图,故他作为K之法定代理人,与NE订立了契约。此时,即使K知道NE不是所有权人,K亦成为所有权人。而民法典第826条所施与之救济,仅成立于极其例外之情形。

36 故民法典第166条之规定,不适合于善意取得情形。此时,法律——如同民法典第166条第2款之例外情形——应该要求两者之善意,也就是被代理人与代理人的善意,才能达到公平效果。

在法人中,法人机关成员之明知,须永远归责于法人;且即使某一恶意之机关成员,自己未参与取得行为,法人之明知归责亦得成立(巴伐利亚州最高法院,《新法学周刊—司法判例报告,民法》,1989年,907、910页,及其引证)。此时以明知归责之一般规则为准,并适用于机关成员退出之情形(《联邦最高法院民事判例集》,第109卷,330页),且在分工之机关中,以其信息交流与信息储存为前提条件(联邦最高法院,《新法学周刊》,1996年,1205、1206页;1339页;对人合公司(合伙),有部分不同意见者,参见联邦最高法院,《新法学周刊》,1995年,2159页——颇有疑问!)。参考文献:梅迪库斯,"明知归责问题",载"卡尔斯鲁厄论坛",1994年,4页以下;陶皮茨(Taupitz),"英国法与德国法上的明知归责",以及上揭氏著,16页以下;瓦尔特曼,载《民法实务档案》,第192卷,181页;亦参本书第5章边码13以下及其引证。

(二)异议

首先请阅读本书第18章边码10以下内容。

37 异议阻却善意之取得。异议随登入土地登记簿,而立即发挥其效力。存在异议之情形时,不发生——如同民法典第892条第2款就善意所作之规定——为取得人利益之"时间点前移"。对异议,也不得准用民法典第878条之规定,因为异议非为处分行为之限制。

例如：1）E将其土地出卖给K，并为土地所有权让与合意，K因而被登记。K对R为该土地之所有权让与合意，且双方均申请登记。在该登记办理完毕前，E以因受K之恶意诈欺，而撤销其物权合意意思表示之主张，通过假处分命令，而获得一项异议。若该异议（当然在违反《土地登记条例》第17条规定之前提下！）被登记，则就会排除R之善意取得。 38

反之，若R之所有权人登记先进行，其后才办理异议登记，则R已取得所有权。此时若R将土地再出让给X，则由于X之取得，为自有权利人处之取得，故对X之取得，异议登记失其意义。[10]

2）在上例之第一种情形中，若对K之所有权，登记有异议，则不仅R之所有权取得，而且一项限制物权如抵押权之取得，亦同样落空。

3）若土地登记局明知E－K间土地所有权让与合意为不生效力，则登记局不得“眼睁睁地”将E之所有权，置于R的善意取得状态之下，并不得通过R之登记，而促成E权利之丧失（巴伐利亚州最高法院，《德国司法》，1994年，453页以下；贝斯特尔迈尔（BesteL Meyer），载《德国司法》，1997年，424页）。但该不生效力，须能达到推翻民法典第891条推定意义上的确定性（参见本书第16章边码60）；而这种推翻推定之确定性，在R之登记申请后，仅凭到达于土地登记局之异议登记申请，尚不足以成立（对此参见茨魏布吕肯州高等法院，《德国司法》，1997年，428页；亦参本书第18章边码22）。在R之登记申请先到达时，土地登记局绝不能违反《土地登记条例》第17条之规定，为E之利益，先办理并登记嗣后才达到之E的异议，以击破R之善意。

五、法律效力

民法典第892条第1款第1句，首先作了一项概括性规定，即登记簿之内容“视为”正确。但在该款第2句就相对性处分行为限制之规定中，法律对此拟制又予以限制：此时取得人仅只能信赖，在土地登记簿沉默时，该处分限制不存在。 39

---

〔10〕 为非善意时的法律关系，参见《帝国最高法院民事判例集》，第129卷，124、127页；梅迪库斯，“民法”，边码551；以及本书第18章边码21以下。

（一）就物权之积极信赖保护与消极信赖保护

40 因此就具有登记能力的物权，存在积极信赖保护与消极信赖保护：已登记之物权，被视为存在，而未登记或已注销之物权，则被视为不存在。故而，取得人取得土地登记簿倘若正确描述土地法律关系时，他应能取得之权利地位。

（二）就处分行为限制之消极信赖保护

41 在处分行为限制中，信赖保护仅为消极性：对已登记之处分限制，信赖该处分限制存在者，其信赖不受保护。

这种区别有其内在合理性。其原因在于，相对性处分限制所排除者，应仅为绝对性的、针对任何人均产生效力的物权取得（换言之，在相对性处分限制之下，物权取得针对某特定人或因特定目的为不生效力）；若使处分限制的这一效力，亦针对善意第三人而发生，则须对其进行登记，以使第三人知悉。但该登记之任务，并非在于证明该处分限制所赖以成立之法律关系是否存在（参见本章上述边码6以下）。

42 例如：关于（一）：在登记簿中被错误登记为所有权人之NE，已为善意之H，同意登记一项担保额为20,000马克之抵押权。该抵押权却被错误注销。NE将土地以50,000马克出让给K，则K成为无负担之所有权人：真实所有权人E丧失其所有权，H丧失依民法典第892条所取得之抵押权。此时，决定善意之登记簿登记状态，取决于——与善意之时间决定点不同（民法典第892条第2款）——权利取得完成之时（联邦最高法院，《新法学周刊》，1980年，2413页）；换言之，其决定性标准，并非该抵押权是在所有权过户登记之申请提出之前，还是在其之后被注销，而是仅须在K被登记为所有权人之前，抵押权被注销。当然，K至少在登记簿因注销而成为不正确之时，须仍为善意，也就是说，此时越出了民法典第892条第2款所规定之时间点（本章上述边码33以下）；而少数学者要求直至物权取得完成之时，K仍须为善意（对此问题未决者，如联邦最高法院，《新法学周刊》，1980年，2413、2414页）。此时债法上的偿还，又应如何进行？在真实所有权人E对NE之关系上，首应考虑适用民法典第 687 条第 2 款、第 989 条、第 990 条、第 823 条之规定。在不当得利法上，依民法典第 816 条第 1 款第 1 句，NE 须向 E 返还自 K 处所获得之买卖价金。H 能否以因 NE 之处分行为而使其抵押权消灭为理由，向 NE 请求该买卖价金中，应分摊给其抵押权之部分呢？依民法典第 816 条第 1 款第 1 句之规定，对此应为肯定之回答（《联邦最高法院民事判例集》，第 81 卷，395 页：关于民法典第 816 条第 1 款第 2 句之情形）。

关于（二）：在登记簿中登记之 E，为先位继承人；但（为 N 利益之）后位 43
继承附注，并未登入登记簿之中。E 将土地出让给 K，则 K 即使在后位继承事实发生时，仍成为所有权人；民法典第 2113 条第 1 款规定之适用，因民法典第 2113 条第 3 款并第 892 条第 1 款第 2 句之规定，而被排除。

若为 N 利益之后位继承附注已登记，N 又同意对 K 之土地出让；但在后位继承发生时，发现不是 N，而是 X 为后位继承人；此时，K 之所有权取得不生效力，因为后位继承附注并不能证明，N 就是后位继承人。须注意者，本书就此案所主张之见解，并非不容置疑，因为对此或可提出反证：后位继承附注——如同异议，参见本书上述第 18 章边码 23——仅为 N 之利益而生效力，但 N 并非后位继承人，故关于 N 的所有登记事项均为不正确，因此也就不能阻却 K 之取得；换言之，K 之取得，不取决于 N 之同意。对此论点应予驳斥；其理由为，即使后位继承之继承人登记不正确，后位继承附注也应依据民法典第 2113 条第 1 款与第 3 款之规定，排除 K 之“善意”，因为此时自登记簿中，无论如何都已得出，E（作为先位继承人）在处分行为上受有限制。

其他例子：联邦最高法院，《新法学周刊》，1970 年，943 页，对此案参见巴尔奇（Bartsch），载《新法学周刊》，1970 年，1314 页；亦参巴伐利亚州最高法院，《德国司法》，1982 年，467 页；1988 年，525 页，以及哈姆州高等法院，《德国司法》，1984 年，312 页（在先位继承人为有效之处分后，依据民法典第 894 条、《土地登记条例》第 22 条注销后位继承附注，参见民法典第 2136 条、2113 条之规定）；巴伐利亚州最高法院，《德国司法》，1994 年，343 页（未登记之附条件的继承份额转让，见民法典第 161 条第 1 款）。

（三）善意取得效力与破产扣押或支付不能扣押

宣告破产或宣告支付不能，对破产债务人即意味着让与禁止 44

(《破产法》第 7 条/《支付不能法》第 81 条)。但此时仍得适用民法典第 892 条、第 893 条之规定。为尽可能地排除善意取得,破产宣布/支付不能宣告,必须立即登入登记簿(《破产法》第 113 条/《支付不能法》第 23 条第 3 款、第 32 条)。若已完成之物权取得,发生于破产/支付不能宣告后,但在该宣告被登记之前,则取得人虽能取得其权利,但并不排除破产/支付不能管理人,可对该取得行为予以撤销(《破产法》第 42 条并第 30 条、第 31 条或者《支付不能法》第 147 条并第 130 条以下)。

45 须注意者,此时亦可适用民法典第 878 条之规定(《破产法》第 15 条第 2 句/《支付不能法》第 91 条第 2 款)。故此,在物权合意已生约束(民法典第 873 条第 2 款),且已提出登记申请时,破产/支付不能宣告,不能阻却通过登记而完成物权取得;但这并不表示,即使行使撤销权之要件已成立,破产管理人也不得行使撤销权(《破产法》第 30－32 条/《支付不能法》第 130 条以下)。

46 例如:3 月 20 日,E 经批发商行 H 之催逼,同意为 H 就货款债权担保,登记一项抵押权;其登记申请于 3 月 21 日到达土地登记局。3 月 26 日,E 对 H 停止付款。经 E 之申请,3 月 30 日宣告对 E 开始破产/支付不能程序,并于同一天登入登记簿。抵押权之成立,于 4 月 5 日才通过登记簿登记而完成。

此时,H 取得抵押权(《破产法》第 15 条第 2 句/《支付不能法》第 91 条第 2 款并民法典第 878 条)。但破产/支付不能管理人,可依据《破产法》第 30 条第 2 项/《支付不能法》第 131 条之规定,撤销该抵押权之取得,其结果是,H 不得主张基于抵押权而生之别除权。

其他例子及其详述,参见鲍尔/施蒂尔纳,卷 II,“支付不能法”,边码8.16 以下、18.21 以下、18.29、19.20 以下。

六、新联邦州中的善意取得

47 为保护建筑物所有权与使用权,在新联邦州适用善意取得之一般规则时，应予以限制（本书第63章边码49以下）。对《未决财产问题法》上的回复请求权之担保，体现为《土地交易条例》所规定之许可获得义务，有时也通过假处分命令方式（本书第63章边码31以下）。对——现已几乎不再存在之——“效力未定”物权变动问题的处理，依《〈德国民法典〉施行法》第233条第7款，应参照前《民主德国民法典》之规定（对此参见本书前版第23章、六，亦参本书本版第63章边码7－12）。

表14　土地登记簿之公信力

	肯定者	否定者
保护范围	1. 已登记物权之存在 2. 未登记或被注销物权之不存在 3. 未登记之相对处分限制的不存在	1. 事实说明以及个人情况说明 2. 无登记能力之权利、负担与限制
受保护之物权变动过程	以土地物权为标的之法律行为方式的变动过程，比如非所有权人让与土地所有权，或设定一项抵押权	1. 法定取得 2. 强制执行方式之取得 3. 就债权契约之订立 4. 欠缺“交易行为”性质
善意	对土地登记簿之不正确，为不知；且不问该不知，是基于轻过失，还是因为重大过失	1. 明知时（时间决定点：民法典第892条第2款） 2. 登记有异议时
公信力之法律效果	土地登记簿之内容，被视为正确：该登记簿正确之拟制，存在于积极视角（错误被登记为所有权人之V，可将土地所有权移转给善意之K），与消极视角（若H之抵押权被错误注销，则K取得无H之抵押权负担的土地所有权）两方面。但就让与限制（比如未被登记之破产附注/支付不能附注）来说，仅成立消极视角上的正确性拟制	

第三编

土地所有权

第一分编　内容与约束

第二十四章　所有权(Eigentum)

一、不存在统一的所有权概念

（一）如同法学，经济学[1]与哲学[2]同样研究所有权、所有权内容以及所有权的意义。这不足为怪，因为“所有权”制度，对人类共同之社会生活与经济生活，具有极其重要的意义。就哲学与经济学而言，其研究对象是所有权的必要性、所有权制度的推行以及所有权的分配；对宪法学者来说，如何针对国家手段而赋予私人所有权以保护，具有重要意义；而对民法学者来说，他们所关心的，是所有权所蕴涵的私法上的利用可能性，以及在私人间如何对所有权实施保护。 1

（二）基于上述各种不同的问题视角，将所有权作为一种制度，而在学术上进行研究，其结果自然就导致，不可能存在一个统一的，对所有 2

---

〔1〕　如许勒尔(Schüller)(主编)，“财产权利与经济学”，1983年版；富尔乌波登(Furubotn)/佩奥乌希(Pejovich)，“财产权利经济学”，1974年版。

〔2〕　如黑格尔(Hegel)，“法哲学原理”，1995年5版，§45；路德维希·赖泽尔(Ludwig Raiser)，“作为人权的所有权”，载“弗里茨·鲍尔祝寿文集”，1981年，105页。

学科都行之有效的所有权概念。如经济学意义上的“财产权(property right)”概念,就区别于宪法上的所有权概念,而民法上的所有权概念构造,又不同于宪法上的所有权概念。

二、民法上的所有权概念

3 参考文献提示:艾歇尔(*Aicher*),“作为主观权利之所有权”;*F*·鲍尔,“关于所有权保护之效力”,载“迈尔-海奥茨(*Meier-Hayoz*)祝寿文集”,*1982* 年,*27* 页;同氏著,“私法与公法在土地所有权(*Bodeneigentum*)范畴中的相互渗透”,载“松提斯(*Sontis*)祝寿文集”,*1977* 年,*181* 页;达姆施泰特(*Darmstädter*),“民法典中的所有权概念”,载《民法实务档案》,第 *151* 卷(*1950/51* 年),*311* 页;多伊奇(*Deutsch*),“作为绝对权之所有权与作为责任保护客体之所有权”,载《德国法月刊》,*1988* 年,*441* 页;加斯特(*Gast*),“民法中的经济所有权”,载“*E*·沃尔夫祝寿文集”,*1985* 年,*87* 页;格奥尔基阿德斯,“所有权概念与所有权关系”,载“松提斯祝寿文集”,*1977* 年,*149* 页;哈滕豪尔(*Hattenhauer*),“统一所有权与分裂所有权”,载 *J*· *F*·鲍尔编,“所有权”,*1989* 年,*83* 页以下;尧尔尼希,“关于在新近法律发展中对土地所有权的民法保护”,载“海德堡鲁普雷希特-卡尔(*Ruprecht-Karl*)大学法律系 *600* 周年庆贺文集”,*1986* 年,*605* 页;利弗(*Liver*),“所有权概念与所有权秩序”,载“克施尼策尔(*Gschnitzer*)纪念文集”,*1969* 年,*247* 页;迈尔-海奥茨,“所有权之本质”,载“奥夫特丁格(*Ofterdinger*)祝寿文集”,*1969* 年,*171* 页;奥尔岑(*Olzen*),“所有权概念之历史沿革”,载《法学教育》,*1984* 年,*328* 页;帕夫洛夫斯基

(*Pawlowski*),"是本体还是功能所有权",载《民法实务档案》,第 *165* 卷(*1965* 年),*385* 页;*L*· 赖泽尔,"所有权之功能划分",载"松提斯祝寿文集",*1977* 年,*167* 页;松提斯,"对所有权概念之结构分析",载"拉伦茨祝寿文集",卷 *I*,*1973* 年,*981* 页;舒尔特(*Schulte*),"土地法中的自由与约束",载《法学者报》,*1984* 年,*297* 页;塞勒(*Seiler*),载"施陶丁格德国民法典评注",第 *13* 修订版,对民法典第 *903* 条以下之前言,边码 *1* 以下。

民法上的所有权概念,确定于民法典第 903 条规定中,且其效力及于整个私法。其特征表现为:

(一) 客体仅为单个的物

1. 所有权仅成立于有形之客体上,也就是物(民法典第 90 条)之上。依此而言,民法上的所有权概念,并不包含所有的财产价值性权利。故而,成立于非有形客体上的权利、无形财产权(如专利权、商标权),均非所有权;而版权虽常常被标为"智慧所有权(geistiges Eigentum)",但并非民法上的所有权。 4

2. 所有权只存在于单个的物之上,而不能成立于聚合物之上。比如对一所货栈或一座图书馆之集合体,不得成立所有权;企业也不能成为所有权之客体。

(二) 所有权人享有全面的使用权利与支配权利

如同民法典第 903 条之立法表述,所有权人在不违反法律,与不损害第三人权利之范围内,得随意处分其物,并排除他人的任何干涉。因此马丁·沃尔夫(Martin Wolff,参见氏著,"物权法",1926 年,修订 6 版,144 页)将所有权概括为,人对物上所能享有的最全面的支配权。这一概括,常常被误解为所有权不受任何之限制,但其实质,乃指与物上所成立之其他权利相比较而言,所有权人所享有之地位。与这些权利相比,所有权为最全面的权利。也 5

就是说，与其他的（限制）物权权利人不同，所有权人得以任何方式使用其物，尤其是可对物进行处分。反之，在限制物权中，比如用益权人仅享有使用权，却无变价权；而质权债权人与抵押权债权人，只能对物予以变价，而绝不可以为自己之目的，对物进行使用。

（三）所有权之限制

6 准上所言，民法典中的所有权，为一项全面性的权利。但对所有权，绝非不存在限制。上述所称之所有权人权限，仅在不违反法律或不损害第三人权利时，所有权人才得享有（民法典第 903 条）。对所有权之利用，必须置于限制之下，也就是要受基于人类共同生活与组织化的群体需求而生之限制；对此，《德国民法典》起草者已耳熟能详。民法典第 904 条以下之规定，亦清楚显示出，民法典制订者对所有权人与他人间的利益冲突，极力谋求协调（对此参见本书下述第 25 章与第 26 章）。

（四）与《基本法》第 14 条之关系

7 那么，民法典第 903 条所规定之民法上的所有权概念，与《基本法》第 14 条关于所有权保障之规则，又处于何种关系呢？

1. 首先，民法典第 903 条及其以下各条内容，规定所有权人与其他私人之间的民法法律关系。关于这一结论，已是老生常谈。该所有权法上的规则，为单个个体用益与变价其所有权，营造了一个相当宽泛的活动空间。

2. 其次，《基本法》第 14 条所规定者，与上述相反，乃所有权人与国家之间的公法法律关系。该条规定，旨在给遭受国家规范权力制约的公民，提供对其法律地位的保护。但与此同时，国家依据该条规定，也获得对所有权内容及其限制，通过立法规范而予以规定的权限。故而，在宪法上就产生一项与民法视角完全不同的所有权问题：所有权应作为什么样的地位而受到保护，而国家又是在何种程度上，享有对这种地位之内容，予以规定与限制的权限。

三、宪法意义上的所有权

参考文献提示：巴杜拉（*Badura*），“现代宪法中的所有权”，载“第 *49* 届德国法学工作者大会，讨论集”，卷 *II*，*1971* 年；本达（*Benda*）/迈霍弗（*Maihofer*）/福格尔（*Vogel*）（编辑），“宪法手册”，*1994* 年 2 版，§ *10*；维尔纳 博梅（*Werner Böhme*），“自宪法角度看所有权”，载 *J*・*F*・ 鲍尔编，“所有权”，*1989* 年，*39* 页；埃勒斯（*Ehlers*），“所有权保护、社会约束与征收”，载《德国国家法法学会会刊》，第 *51* 卷，*211* 页；约恩特普森（*Jörn Ipsen*），“所有权学说的新发展”，*1985* 年；基米尼希（*Kimminich*），载“波恩德国基本法评注”，第 *14* 条；克里希霍夫（*Kirchhoff*，*P.*），“征税与所有权”，载《德国国家法法学会会刊》，第 *39* 卷，*213* 页；莱斯纳（*Leisner*），“德基本法第 *14* 条‘所有权’”，载 *HdStR*（《德意志联邦共和国国家法手册》），卷 *6*，*§ 149*；毛雷尔（*Maurer*），“所有权概念与所有权保障”，载“迪里希（*Dürig*）祝寿文集”，*1990* 年，*293* 页；帕皮尔，载毛恩茨（*Maunz*）/迪里希/赫尔佐克（*Herzog*）《德国基本法评注》，第 *14* 条；施密特－安曼，“公法上的土地所有权保护与法官法”，载“海德堡鲁普雷希特－卡尔大学法律系 *600* 周年庆贺文集”，*1986* 年，*107* 页；施密特－卡姆勒（*Kammler*），“宪法所有权学说中未解决的问题”，载“科隆大学 *600* 周年庆贺文集”，*1988* 年，*821* 页；施瓦贝（*Schwabe*），“所有权概念之困境”，载“维尔纳・蒂梅（*Werner Thieme*）祝寿文集”，*1993* 年，*251* 页；施特恩（*Stern*），“国家法”，卷 *III/2*，§ *78*；其他文献提示，尤参帕皮尔、施特恩与莱斯纳上揭氏著。 8

（一）受保护之所有权地位

9 1. 宪法上的所有权，指应能享受《基本法》第 14 条，对所有权所提供之保障的所有财产利益。[3] 该条所指之所有权保障，经由联邦宪法法院，在可追溯至黑格尔（Hegel）氏法哲学学说之基础上，[4] 所作之司法解释，[5] 已与个人人格自由理念紧密相联。所有权应保障基本权利之承担者，在财产法之范畴中，享有一个自由空间，以使其独立而负责之人格，能得以形成与发展。个人必须拥有获得财产利益之可能性，对其财产利益，能单独地按自己之意愿，进行使用，并予以处分。故而，赋予单个权利人此种权限之权利，也就是宪法上的“所有权”。

10 2. 依联邦宪法法院之表述[6]，该所有权保障，“原则上包括由法律制度以此种方式赋予给权利人的所有具有财产价值之权利，即权利人可以为其私益，依据自己负责之决定而行使由该权利所生之权限”。故而，属于宪法上所有权概念者，不仅为民法上的所有权，如同限制物权而仅含有受限制之用益权能与变价权能的其他权利，亦包含于其中。宪法上的所有权，其客体也不仅仅是物，无形财产权、在不可把握之客体上所成立之版权，也受《基本法》第 14 条之保护。所有权保障，还包括对集合物、财团以及企业之保护。

（二）所有权内容与所有权限制

11 1. 所有权内容与限制，由普通法律（Gesetze）来规定（《基本法》第 14 条第 1 款第 2 句）。也就是说，由普通法律，而不是由宪法，来创设与构造所有权法。依此，由普通法律之立法者来规定，

---

〔3〕《联邦宪法法院判例集》，第 42 卷，263、292 页以下。

〔4〕黑格尔，“法哲学原理”，1995 年 5 版，§45。

〔5〕固定之判例，《联邦宪法法院判例集》，第 83 卷，201、208 页；第 68 卷，193、222 页。

〔6〕《联邦宪法法院判例集》，第 83 卷，201、209 页。

某一法律地位是否为宪法意义上的所有权。而哪些地位可作为所有权而受到宪法上的保护，却只有在对规定权利人地位之所有法律规范，予以体系性综合考察后，才能得出结论。按照以前的观念，《基本法》第 14 条所保护之所有权，“就是民法与社会观念所塑造的所有权”。但联邦宪法法院在著名的采挖湿砾石判决[7]中，已明确放弃这一观念。依联邦宪法法院之见解，“民法法律制度，并不包含对所有权内容及其限制的终局性规定。在规定什么为所有权时，民法与公法彼此间起同等作用。”

2. 弗里茨·鲍尔（Fritz Baur）[8]对联邦宪法法院的这项判决，提出了抨击。他认为，该判决会给普通法律立法者，采取措施来弱化受宪法保护之所有权地位，提供可能性；普通法律立法者，可能借机逐步“瓦解”所有权内容以及所有权人所享有之权能。 12

（三）针对制订规范之立法者，而对所有权人赋予保护

由此，在联邦宪法法院的这项判决中，就产生出如何针对普通立法者所采取的规定所有权内容之措施，而对所有权赋予保护的问题。依此而言，《基本法》第 14 条包含有两项保障，其一为被涉及之所有权人的权利地位保障，其二乃作为私法权利交易法律制度的所有权保障。 13

1. 权利地位保障（Rechtsstellungsgarantie）：这指的是，单个人之具体的所有权权利，因普通立法者之措施而受损害时，所享受的保护。但这种保护，因立法者所享有的诸如在修改法律之范畴中，重新定义所有权权利，甚至废除所有权权利的权限，而被相对化。当然，普通立法者在采取立法措施时，必须要衡量并尊重体现于基本法中的对立关系，即一方面所有权受宪法保障（《基本法》第 14 14

〔7〕《联邦宪法法院判例集》，第 58 卷，336 页；此外亦参《联邦宪法法院判例集》，第 77 卷，370、377 页。

〔8〕 本书第 13 版起。

条第1款),另一方面所有权又负有社会义务(《基本法》第14条第2款)。[9] 对此二因素之衡量,决不能顾此而失彼,二者间须“合理协调”。基于所有权社会义务性要求,在所有权客体具有更多社会约束性或社会功能时,立法者规定所有权内容与限制之权限,就相应越大。[10] 所有权人对其物予以使用与处分,并不仅仅是其个人之私事,往往还关涉到其他法律主体之利益;这尤其在他人依赖于对该所有权客体之使用时,更是如此。某些法律规则,比如卡特尔法中关于禁止支配市场之企业滥用其地位(《反对限制竞争法》第22条),以及对这类企业之合并进行控制(《反对限制竞争法》第23条以下)等规定,尽管包含有对所有权予以重大限制之成分,但由于支配市场的企业所享有的所有权,恰恰受制于其社会义务,故而这类限制性成分,无疑符合所有权具有社会义务性之思想。

15 2. 制度保障(Institutsgarantie):[11]私所有权之本质特征,为私益与自由处分。所谓制度保障,就是对私所有权,在其本质状态上赋予保护。普通立法者在其定义“所有权”,构造所有权内容之活动范畴中,不得给私所有权内容,塞进一些不符合私所有权名称的东西,以致私所有权名实不符。否则,普通立法者之活动,即为违宪。故而,所有权制度保障所保障者,乃所有权在宪法上的最低存续状态,私法立法秩序对此最低存续状态,不得进行侵蚀。普通立法者不得将不存在之权利,创设为“所有权”;亦不得对已存在之所有权,在内容上进行如此之限制,以致于权利人根本不可能再就所有权客体,按其个人意愿进行使用。因此,规定住宅所有权人永

---

〔9〕《联邦宪法法院判例集》,第79卷,174、198页;第72卷,66、77页。

〔10〕《联邦宪法法院判例集》,第50卷,290、340页。

〔11〕《联邦宪法法院判例集》,第68卷,361、368页;第72卷,175、195页;第83卷,201、208页。

远不得为自己之目的使用其住宅，而只能保留使用出租人地位者，该法律规范已违宪。[12]

3. *发展趋势*：如上所述，“规范所有权”之普通立法者，可因其活动而导致所有权本质地位之减损。而针对这一减损，宪法上对所有权所提供之保障，却最终要依赖于所有权之制度保障。权利地位保障，仅针对不合理的、尤其是不符合所有权自由与约束应相互调和要求的规范，而对所有权赋予保护。但在所有权制度保障上，也存在问题，且体现为联邦宪法法院运用该保障时的方式与方法：联邦宪法法院一方面判决，在所有权人——因使用租赁法上的约束——永远不能为自己之目的而使用其所有权时，则私法上的所有权在其本质上已受到损害；[13]另一方面，宪法法院又判决，即使一权利地位一直被当做所有权而受保护，所有权之制度保障，亦不能阻却通过新的立法规范，而完全废除该权利地位。[14] 显然，这两项判决间，存在着难以解释的矛盾。故而，宪法上的所有权保护，将朝什么方向发展，目前只能说还不可知。 16

四、下述几章内容提示

在下述各章，首先讨论土地所有权内容在私法上的构造（第 25 章），其核心为相邻关系法。在第 26 章，要说明公法对土地所有权之影响，但只能选取这种影响中重要而又典型的形式。而在接下来的一章里，我们将阐述几种典型的土地所有权的特殊形式，但在这里我们不能谨小慎微地死抠住“土地”—“所有权”概念不放：基于体系考虑，在此还要讨论地上权（作为建筑物所有权之特殊形式）以及船舶所有权（因为对其之规则，在许多方面与土地所有权相似）。 17

---

〔12〕《联邦宪法法院判例集》，第 68 卷，361、375 页；第 79 卷，292、304 页。

〔13〕上引注释。

〔14〕《联邦宪法法院判例集》，第 78 卷，58、75 页；第 83 卷，201、212 页。

表15 所 有 权

规范所处的体系位置	客体范围	保障	约束/限制/剥夺
I. 公法范畴中的所有权	物，权利－财产	《基本法》第14条第1款第1项 《基本法》第19条第2款	a)《基本法》第14条第2款 b)《基本法》第14条第1款第2项 c)《基本法》第14条第3款（征收）
II. 私法范畴中的所有权	仅限于物＝有形客体之上		a)民法典第903条（"以……为限"） b)欠缺自有利益，民法典第905条 c)优势之干涉利益（民法典第904条、第912条、第917条/第918条） d)相邻关系法上的协调，民法典第906条以下

第二十五章　私法上的土地所有权内容构造——相邻关系法

第一节　基本思想

1 土地所有权内容在私法上的构造特征，体现为立法者对所有权人利益与他人权利间的冲突，予以规范协调的种种努力。故而，这里的问题总是表现为“相邻关系法”问题，也就是如何针对其他所有权人的权能，或针对因所有权而受影响的第三人利益，而须对所有权人之权能进行界定。但立法者所运用的界定标准，又相当不同：先以所有权人之合理使用利益为标准（民法典第 905 条、第 906 条第 1 款；刁难思想！）；其次又以妨害所有权之妨害人的优势利益为准（民法典第 904 条、第 912 条、第 917 条）；最后又强调，对“通常的”，也就是合乎平均标准的妨害，应须忍受，从而使所有的土地所有权人地位“彼此平等”：处于相同环境中的土地，其在相邻关系法上的命运，也应相同（民法典第 906 条第 2 款）。

因此，在私法上构造土地所有权内容之准绳，可体现为下述思想：

所有权人原则上所享有的自由与不受约束之地位，在出现下列情形时，将会失灵(versagt)，即：

所有权人在实现其权利时，不存在自己值得保护的利益(自有利益之欠缺)，

或者

干涉所有权者的利益，占绝对优势地位(此时产生赔偿义务：民法典第904条第2句、第912条第2款、第917条第2款)：优势之干涉利益，

或者

干涉依其方式与范围，同等地涉及到某一区域全部所有权人的土地所有权(相同环境中土地所有权人之平均主义)。

该结构为下述各节之基础。而其例外，体现在所谓的无形侵害法(Immissionsrecht)中。该法域调整邻居间日常的，且常常是相互的侵入。其调整规则之基础，不仅为自有利益欠缺思想，而且还体现为土地所有权人平均主义思想。因此，对该法域，必须专门作统一地阐述。

在介入下述内容之前，须强调者，乃下述之所有权限制，主指基于民法所生之限制。但我们又必须清楚，在这部分内容中，对私法规范与公法规范作截然划分，极为困难，甚至是不可能。故而，就像散乱的农田不易耕作一样，这里常常存在的“混乱状态”，也增加了理解上的难度。

例如：《联邦最高法院民事判例集》，第91卷，20页(=《新法学周刊》，1984年，1876页)。

第二节　内容限制：欠缺自有利益

一、刁难情形

2 属于欠缺自有利益者，首先为刁难情形(Schikanefall)(民法典第226条)。刁难之表现，可参见帝国法院的一则判决(《帝国最高法院民事判例集》，第72卷，251页)：母亲坟墓位于父亲土地

之中，父亲禁止儿子去母亲坟前凭吊，即为恶意刁难。

二、所有权在垂直线上的界线

民法典第905条将地表上的空间与地表下的地层，均包括进土地所有权内容中。但在限制——因为基于这种限制而生之干涉，是在非常高的空间或非常深的地层中进行的——已不再影响所有权人利益时，所有权人虽有所有权，也不得对这种限制予以禁止（民法典第905条第2句）。 3

但适用特殊规则者，为矿物开采（参见本书下述第30章）与发现埋藏物（参见民法典第984条：发现人与土地所有权人享有各为一半的共同所有权；此处之土地所有权人，准确地说应为：包藏埋藏物之包藏物的所有权人；参见本书下述第53章边码84）。

所有权人依民法典第905条第2句承担容忍义务时，通说观点赋予其享有损害赔偿请求权，且该请求权之成立，不以干涉人之过错为要件（参见慕尼黑德国民法典评注/泽克尔（Säcker），民法典第905条，边码19；普莱尔（Pleyer），载《民法实务档案》，第160卷，168、170页；瓦特瑙尔（Weitnauer），载《德国公证杂志》，1986年，313页）。依本书之见解，该观点不正确：因为民法典第905条第2句之规定，并不是因他人之优势利益，而使所有权人负担特别牺牲（如同民法典第904条之规定），而是因所有权人欠缺自有利益，从而对其所有权权限进行限制。

例如：在E之土地下深100米处建隧道。在专家鉴定证实岩石有绝对之稳固性时，E不能对此项工程提出异议（参见联邦最高法院，《新法学周刊》，1981年，573页）。若嗣后E的房屋出现裂缝，则E仅只能在侵害人有过错时（如隧道施工有瑕疵），才可以请求损害赔偿，并可请求排除将来之妨害（民法典第1004条：防御措施）。

当然，在有特别规定时，也可成立无过错之赔偿义务，如基于《航空运输法》第33条之规定。

民法典第905条规定之现实意义，体现于地下天然气与石油储存情形（对此以及“土地深层利用”的一般问题，参见于尔根·F·鲍尔，载《泛商法与经济法杂志》，第150卷/1986年，507页以下，及其引证；《联邦最高法院民事判例集》,第 110 卷,17 页以下)。

依此而言,应对下列构成要件予以区分:

(一) 特别规定(如矿山法;参见本书下述第 30 章边码 6)之效力,优于民法典第 905 条之规定。

(二) 对所有权进行干涉(即违反民法典第 905 条第 1 句之规定),但无民法典第 905 条第 2 句所规定之合法理由:所有权人依民法典第 1004 条,享有禁止权——在侵害人有过错时,产生民法典第 823 条第 1 款之损害赔偿请求权——。其他偿还问题,则依民法典第 812 条而定(联邦最高法院,《联邦最高法院裁判汇编》,民法典第 905 条,7 号)。

(三) 对所有权进行干涉,但符合民法典第 905 条第 2 句之规定:无禁止权;但依通说,即使无过错,亦成立损害赔偿请求权。

第三节　内容限制:优势之干涉利益

4 属于优势之干涉利益情形的,有民法典第 904 条之紧急避险(本节下述边码 5 以下)、越界建筑(下述边码 11 以下)以及必要通行(下述边码 15)。所有这些情形的共同之处在于,因干涉人具有优势之对立利益,从而使所有权人负担容忍义务;但所有权人所贡献的这一特别牺牲,又使他有权请求对其损害予以补偿(特别牺牲思想)。

一、紧急避险(Notstand)

(一) 构成要件

5 民法典第 904 条创设一项“非参与人(Unbeteiligten)”的容忍义务:他作为所有权人,既未实施不法之攻击(民法典第 227 条:正当防卫),现存危险亦非因属于他的物而引起(民法典第 228 条:所谓防卫型紧急避险,Verteidigungsnotstand),但他必须容忍对其所有权的干涉。而其容忍的原因,仅在于他是解救物的主人,换句话说,通过对其所有权之干涉,可排除某一项危险。当然,法律对该干涉之合法性,规定了极为严格——因为该危险源在本质上与所有权人“根本无关”——的条件：

1. 这种——明知的且是有意识的[1]——干涉，须为制止现实危险所必需；

2. 因危险所面临的损害，须远较因干涉对所有权人所造成的损害为大。

例如：

关于民法典第228条(防卫型紧急避险)：一幢房屋着火，为防止火势蔓延到邻地，邻居拆毁着火的房屋(亦参《帝国最高法院民事判例集》，第134卷，387页；OGHZ，第4卷，99页)。

关于民法典第904条(攻击型紧急避险，aggressiver Notstand)：因A房屋着火，C、D与E之房屋面临危险，但若拆毁B的房屋，则仍可有救。此时，对A的房屋予以拆毁，即可依据民法典第228条之规定；而另须牺牲B的房屋(B的房屋并不给他人制造危险)，则应依据民法典第904条。

干涉人实施干涉行为时，不以自己正遭受损害之威胁为条件；也就是说，民法典第904条亦允许为他人所实施之紧急救助。

故而，在上例中，行人(消防人员)[2]也可以拆毁B的房屋。

(二) 效果

1. 干涉之合法性

民法典第904条之规定，就排除了干涉行为之违法性。若所 6

[1] 《联邦最高法院民事判例集》，第92卷，357页(对此参见康岑，载《法学者报》，1985年，181页)。——关于紧急避险中的问题，参见申纳曼(Schünemann)，“法律体系中的自助”，1985年版。

[2] 只要他们不享有基于公法而生之干涉权限(参见《联邦最高法院民事判例集》，第20卷，290页)。对此亦参克里希霍夫(Kirchhof)，载《新法学周刊》，1978年，969页，以及本章下述边码8之末。

有权人针对干涉行为予以防卫，则所有权人之行为为违法；此时所有权人之防卫行为，为违法之“攻击”，对此，干涉所有权之干涉人，得以暴力进行防卫（民法典第227条）。

若B在着火的那天晚上，对拆毁其房屋的消防人员（或邻居），以暴力进行驱逐，则他们可以暴力制伏B的反抗。——

若B打算拆除位于其土地且有倒塌危险的防火墙，则其邻居A对此不得进行防卫；即使在该拆除有可能损及A的房屋时，亦是如此。因为此时对防火墙边的街道行人所生的危险，远大于对A有可能造成的损害（联邦最高法院，《联邦最高法院裁判汇编》，民法典第904条，3号；对此参见施诺尔·冯·卡洛斯费尔德（Schnorr von Carolsfeld），载“莫里托（Molitor）祝寿文集”，1962年，365页）。

2. 赔偿请求权

7 负担容忍义务的所有权人，可“请求赔偿对他所造成的损害”。此为“先容忍，后清算”原则所生之效果。

在干涉人对干涉行为也受有利益时，对赔偿义务人之确定，自无疑问。但在干涉人与受益人为不同之人时，则谁应为赔偿义务人呢？

学生S深夜回家，闻到煤气泄漏气味。S破窗而入，救活已不省人事的使用承租人M。则房屋所有权人E，是向S（“干涉行为人”），还是向M（“受益人”）请求赔偿？

8 依据通说，由干涉人承担责任；[3]若干涉人并非同时为受益

〔3〕 施瓦布/普律廷，§27，II，4；尧尔尼希/尧尔尼希，民法典第904条，注3（边码5）；帕兰特/巴森格，民法典第904条，边码5。持另说而认为由受益人承担责任者，拉伦茨/卡纳里斯，卷II/2，§85，I，1，b；塞勒（Seiler），载《施陶丁格德国民法典评注》，第904条，边码34，并对争议点有详细之阐述。

人,则干涉人在内部关系上——如基于委任契约(民法典第670条)或无因管理(民法典第683条、第670条)——再向受益人追偿,为干涉人自己的事。

例如:因此,E要向S请求窗户损坏的赔偿;而S可向M追偿(即赔偿他所支出之费用:民法典第670条)。

被告为其自己,"也为邻人",于1944/45年自原告车库下挖了一个防空洞。原告向其请求赔偿清理等费用。此时,被告不得主张,他在本质上也是为他人(即邻人)挖洞;即使在被告仅是为了邻人利益而挖洞时,该诉讼抗辩也无济于事。司法判例对该基本原则所允许的一项例外,仅成立于干涉人因对特定委任人处于依附关系,而为干涉行为的情形(联邦最高法院,《联邦最高法院裁判汇编》,民法典第904条,2号;《联邦最高法院民事判例集》,第6卷,103页;《帝国最高法院民事判例集》,第113卷,301页)。准此而言,假如在本案中,被告作为建筑企业,是接受邻居之委任而挖筑防空洞,则原告就只能向邻居请求赔偿。

人们自然会问,这项原则,即由侵害人而不是由受益人承担责任,是否有坚强的理由;且其反面原则,听起来似乎更符合法律情感。若以受妨害之所有权人立场,为出发点的话,则对这个问题的回答就会容易:对所有权人来说,他是对干涉人承担容忍义务,故而,他自应向干涉人——避免调查确认谁是受益人时,常常存在的困难——请求赔偿;且自所有权人看来,干涉人是法律规范上的受益人,正因为他,所有权人的所有权才失灵。故此,干涉之权利与损害赔偿之义务,在任何情况下,必须统一于一人身上。即使在紧急救助人依据《德国刑法典》第323c条之规定,负有救助义务时,也须适用这一原则。

类似规则也适用于警察法。如前述章节所示(本书上述第12章边码30),在通常情况下,警察必须向侵害人采取措施。其中的例外,存在于警察之紧急避险情形;在符合此种情形之构成要件——顺便指出,其构成要件与民法典第904条相应——时,警察也可以向非侵害人,也就是完全的局外人,采取措施(如参见《巴登—符腾堡州警察法》第9条)。但此时成立补偿义务(《巴登—符腾堡州警察法》第55条),而该补偿义务,原则上由警察所在单位来履行(《巴登—符腾堡州警察法》第56条)。该单位然后可向侵害人予以追偿(《巴登—符腾堡州警察法》第57条),也就是说,最终仍由免除警察义务的人来承担责任。

(三) 类推适用

9 最后还须指出的是,民法典第904条之规定,可越出其条文文意,而适用于对非物上所有权之其他财产权利的干涉情形(对此参见胡布曼(Hubmann),载《法学者报》,1958年,489、490页)。此外,如同所有权人,占有人(如用益承租人)也负有容忍干涉之义务;相应地,他也享有请求赔偿其损害的请求权(《帝国最高法院民事判例集》,第156卷,187、190页)。

(四) 特殊问题:因果关系

10 适用民法典第904条之规定时,若被排除之共同性危险,也威胁到被干涉之物,则其因果关系问题,尤值注意。

如在本节开始时所设之例中,假如B的房屋反正要被火势卷进,也就是不可能有救,则能否以此来抗辩B(依据民法典第904条第2句)之损害赔偿请求权呢?(类似例案,卡尔斯鲁厄州高等法院,《新法学周刊》,1949年,585页)。该问题涉及到极具争议的所谓超越性的因果关系(überholende Kausalität)问题(已进行的因果关系,即A房屋着火与火势蔓延至B房屋间的因果关系,被B房屋之拆除所“超越”);对该问题之概述,参见菲肯切尔(芬肯切尔),“债法”,边码557;尤参克默雷尔(von Caemmerer),“损害赔偿法中超越性的因果关系问题”,1963年版;朗格,“损害赔偿法”,1990年2版,§4;拉伦茨,卷I,§ 30,I;默滕斯(Mertens),“财产损害之概念”,1967年版;尼德伦德(Niederländer),载《民法实务档案》,第153卷,41页;措伊纳,载《民法实务档案》,第157卷,441页;《英占区最高法院民事判决集》,第1卷,308页;《联邦最高法院民事判例集》,第20卷,275页;第29卷,207页;对司法判例观点之概述,参见帕兰特/海因里希斯,民法典第249条前之引言,边码73以下。若不能解决这一因果关系问题,则对这类案例之解决,就须自损害之概念入手(正确指出这一点者,拉伦茨,上揭氏著)。其理由是,假如紧急救助人所干涉之客体，反正是要归于毁灭，则因民法典第 904 条第 1 句意义上的干涉行为所导致的损害，就会微乎其微，在许多情形中甚至是零。

二、越界建筑（Überbau）〔4〕

（一）基本思想

在建造房屋时，越出其土地界线，并不很常见。因为通过精心绘制的地籍册，在相邻土地间安置界线标记（界石），以及依照建筑法任何即将新建的建筑物平面图，其地形须经官方“测定”等等措施，会避免越界建筑现象的发生。但是，在彼此紧密相联，尤其是呈啮合状的土地中（比如在古老旧城的市中心），仍偶有越界建筑现象。 11

对越界之建筑，倘若简单适用“附着于土地之物构成土地的一部分（superficies solo cedit）”原则（民法典第 93 条、第 94 条、第 946 条；参见本书上述第 3 章边码 5、9 以下），则意味着，被越界土地之所有权人，亦取得该“越界建筑之”建筑物部分，同时他还可以请求拆除对其土地所有权造成侵害的越界建筑（民法典第 1004 条）。如此之解决方法，在经济上——显然——不合效益，而且以拆除建筑物来施加威胁，可能会给被侵害之土地所有权人带来不正当的利益。

故此，仿照民法典第 904 条之基本思想，民法典第 912 条也规定有一项所有权人之容忍义务。当然，这种容忍义务之成立，并非无条件，而是要满足一些构成要件：一方面，越界建筑人，在主观上既不能为故意，也不能具有重大过失；另一方面，被侵害之土地所有权人，未对越界提出异议。设计该构成要件的指导思想为：越界人自己有过错，或邻人对此提出异议，则对越界建筑人无保护之必要。

---

〔4〕 参考文献提示：马丁·沃尔夫，“在他人土地上为建筑”，1900 年版；布尔（Bull），载《民法实务档案》，第 138 卷，80 页；埃贝尔 l，载《民法实务档案》，第 141 卷，183 页；戈尔尼克（Gollnick），载《民法实务档案》，第 157 卷，460 页；卢多维希（Ludwig），载《德国公证杂志》，1984 年，541 页。

若容忍义务成立，则越界建筑人（及其权利继受人），对邻人应通过支付定期金（越界建筑定期金），补偿邻人所遭受之牺牲（民法典第912条第2款、第913条、第914条）。

若成立容忍义务之要件不具备，则在垂直划分上，仍以土地之界线为准。

（持此意见者，如《联邦最高法院民事判例集》，第27卷，204页；第41卷，157页；第64卷，333、337页；联邦最高法院，《新法学周刊》，1982年，756页；以及1985年，789、791页。另说者，霍德斯（Hodes），载《新法学周刊》，1964年，2382页）。[5] 关于排除越界建筑之问题（民法典第1004条），参见《联邦最高法院民事判例集》，第62卷，388页；第105卷，202页；以及施陶丁格/古尔斯基，民法典第1004条，边码26－27，及其所引资料。

（二）构成要件

12 其条件为：土地所有权人（仅为用益承租人，则不符合此要件：《联邦最高法院民事判例集》，第15卷，216页）越出界线，在邻地（是在邻地表面，还是在邻地之地下或地表上空，均在所不问）为建筑；[6] 该所有权人既无故意，亦无重大过失；[7] 邻人未立即提出异议。[8]

下列情形，与越界建筑同视：

---

〔5〕 关于对联邦最高法院观点之质疑，参见泽格尔/J·F·鲍尔，民法典第912条，边码23以下。

〔6〕 此时决定性的标准，为以谁的名义，并为谁的经济利益而进行此项建筑（联邦最高法院，《新法学周刊》，1983年，2022页）。——亦参《联邦最高法院民事判例集》，第97卷，292页：界墙后来发生“倾斜”。

〔7〕 有争议的是，越界建筑人是否应对其所雇佣之人的过错负责任，对此参见本书第5章边码17。

〔8〕 对此参见《联邦最高法院民事判例集》，第59卷，191页。

1. 两宗土地开始时属于同一所有权人，其中一宗后被出让（所谓超越自己界线之越界建筑，(Eigengrenzüberbau)；《帝国最高法院民事判例集》，第160卷，166页；第169卷，172页；《联邦最高法院民事判例集》，第64卷，333页；第102卷，311页；第112卷，298页）。

2. 越界建筑人损害一项存在于邻地上的地上权或一项役权（民法典第916条）：比如通行权人因此而无法行使其通行权。

3. 建筑人虽在其土地界线内为建筑，但超越所许可的建筑间隔距离，或者损害了其土地上所负担的役权（如建筑物超出联邦州法律所许可的高度，或者使其土地上所负担之通行权的行使成为不可能；《联邦最高法院民事判例集》，第39卷，5页；对此参见克莱因丁斯特（Kleindienst），载《法学者报》，1963年，633页）。

4. （就所有权关系而言）视同越界建筑情形的，还有相互同意后所进行之越界建筑情形（《联邦最高法院民事判例集》，第62卷，141页），以及已建筑之土地被分割，后由不同的人取得各部分所有权的情形（《联邦最高法院民事判例集》，第64卷，333页；第110卷，298、302页）。

（三）法律效果

对越界建筑物，[9]邻人须依法定役权（Legalservitut，依法而承受之役权）方式，予以容忍，亦即不享有排除妨害请求权（民法典第1004条）。越界建筑物，不构成被越界土地之重要成分（准用民法典第95条第1款第2句），而是向外越界进行建筑之土地的重要成分，亦即“干地（Stammgrundstück）”（联邦最高法院，《新法学周刊》，1985年，789页）之重要成分，因此，越界建筑人为该部分建筑物之所有权人。 13

作为牺牲补偿所提供之定期金（Rente），则为被越界土地之每个所有权人的利益（主观的物的权利），而负担于向外越界进行建

---

〔9〕 但对越界建筑物上后来加建的部分，无容忍义务（《联邦最高法院民事判例集》，第64卷，273页）。

筑之土地上(联邦最高法院,《联邦最高法院裁判汇编》,民法典第912条,1号),参见民法典第913条之规定。该定期金权利,在效力上优于土地上的所有其他权利(民法典第914条第1款),且无登记能力(民法典第914条第2款),类似于一项主观的物的实物负担(subjektiv dingliche Reallast,民法典第914条第3款)。定期金权利人,可以随时请求定期金义务人,向其买受被越界部分之土地(民法典第915条)。

(四)个别问题

14 因有民法典第912条关于越界建筑定期金之规定,故不可能产生就被越界土地各时价值之争议(注意民法典第912条第2款第2句!因此民法典诉法第323条无适用余地);但土地所有权人向对越界建筑负有责任之建筑承包商,所主张之损害赔偿请求权,并不因此而受影响(联邦最高法院,《新法学周刊》,1958年,1288页)。

若当事人就定期金之数额协商不成,则由法院决定之(关于定期金之测算,参见《联邦最高法院民事判例集》,第57卷,305页;第65卷,395页)。无论是依当事人之协议,还是根据法院之决定,所确定之定期金数额之效力,仅发生于当事人之间(inter partes);只有在该数额之确定,登记于土地登记簿时,才对权利继受人产生效力(民法典第914条第2款第2句)。〔10〕

三、必要通行(Notweg)

15 关于必要通行之法律规定(民法典第917条、第918条),亦以因优势之干涉利益(即达于公共交通之必要性),而须有特别牺牲之思想为其特征;而且,对所付出之特别牺牲,亦通过定期金予以补偿(民法典第917条第2款)。

〔10〕 对此亦参联邦最高法院,《新法学周刊》,1983年,1112页:在权利前手对越界建筑已表示同意,但定期金之放弃并未登记时,仍有定期金权利之成立。

其详细内容，参见法律之规定，以及泽克尔/帕施克(Paschke)，载《新法学周刊》，1981年，1009页；菲格(Figge)，载《民法实务档案》，第160卷，409页；施托伦维尔克(Stollenwerk)，"必要通行权及其意义"，载《德国住宅经济》，1992年，238页以下。有关例案：《联邦最高法院民事判例集》，第75卷，315页；联邦最高法院，《新法学周刊》，1954年，1321页；1964年，1321页；联邦最高法院，《联邦最高法院裁判汇编》，民法典第917条，3号(通向阿尔卑斯山上旅店的通道)；《联邦最高法院民事判例集》，第31卷，159页(必要通行权的范围)；联邦最高法院，《联邦最高法院裁判汇编》，民法典第917条，3号(对地下污水通道的容忍)；《联邦最高法院民事判例集》，第36卷，187页(诉讼程序问题)；联邦最高法院，《新法学周刊》，1963年，1917页(赔偿问题)；《联邦最高法院民事判例集》，第79卷，307页(阻挡通道)；《联邦最高法院民事判例集》，第94卷，160页(仅在"请求"必要通行时，才支付定期金)；《联邦最高法院民事判例集》，第113卷，32页以下(必要通行定期金之测算)。

第四节 相邻关系法(Nachbarrecht)[11]

引言

16 相邻关系之主要内容,为无形侵害法(亦即“干涉法”)。但如何准确理

〔11〕 参考文献提示:贝尔茨(Bälz),“基于近距离社会关系而生之照顾义务——关于民法典第906条规定之理论”,载“屈布勒(Kübler)祝寿文集”,1997年,355页;J·F·鲍尔,载“马滕斯(Martens)纪念文集”,1987年,546页(对相邻关系保护的双轨制);F·鲍尔,载《法学工作报》(JA),1987年,105页(物权法发展趋势);同氏著,载《法学者报》,1974年,657页(=鲍尔,《论文集》,卷II,61页);拜尔(Bayer)/林德纳(Lindner)/格里茨梅茨(Grzimetz),《巴伐利亚相邻关系法评注》,1994年2版;本德(Bender)/多勒(Dohle),“民法与行政法中对相邻关系的保护”,1972年版;比策(P. Bitzer),载《德国经济法杂志》(DZWir),1995年,367页以下;德纳(Dehner),“相邻权”,7版(活页版),1991页以下;迪德里希森(Diederichsen),载“R·施密特祝寿文集”,1976年,1页;福克尔,“对不可量物侵入之保护与人格权保护”,1967年版;弗里茨,载《新法学周刊》,1996年,573页以下;格拉赫(Gerlach),载《法学者报》,1991年,94页以下;赫尔曼(E. Hermann),载《新法学周刊》,1997年,153页以下;雅拉斯(Jarass),载《德国国家法法学会会刊》(VVDStRL),第50卷,238页以下(行政法对私法之相邻关系法的预先规定);尧尔尼希,载《法学者报》,1986年,605页(对土地所有权之民法保护);克莱因丁斯特,“依据民法典第906条而对不可量物入侵之私法上的保护”,1964年版;克莱因赖恩(Kleinlein),“相邻权体系”,1987年版;库尼克(Kunig),载“马滕斯纪念文集”,1987年,599页;朗(Lang),载《民法实务档案》,第174卷,381页(对不可量物侵入保护的比较法研究);劳夫克(Laufke),“对相邻关系法的评论”,载“朗格祝寿文集”,1970年,275页;马尔堡格(Marburger),“关于民法典第906条之改革”,载“里特尔(Ritter)寿文集”,1997年,901页;米滕茨魏(Mittenzwei),载《德国法月刊》,1977年,99页(当地通行性——符合环境性);莫西希(Mosich),“土地所有权以及依民法典第905条与第906条对其之限制”,载《耶林民法学说年鉴》,第80卷,255页;米尔(Mühl),载“赖泽尔祝寿文集”,1974年,159页;同氏著,载“弗里茨鲍尔祝寿文集”,1981年,83页(私法与公法上的相邻权);帕皮尔,载《新法学周刊》,1974年,1797页(公共的不可量物侵入);派纳(Peine),载《法学教育》,1987年,169页(公法与私法上的相邻权);普莱尔,载《法学者报》,1959年,305页;沙普(Schapp),“私法相邻权与公法相邻权间的关系”,1978年版(对此参见米尔,载《民法实务档案》,第180卷,300页);施勒希特里姆(Schlechtriem),载“格恩胡贝尔祝寿文集”,1993年,407页;施陶丁格/罗特(Roth),对民法典第906条之评论;韦斯特曼,“相邻权之功能”,载“拉伦茨祝寿文集”,1973年,1003页以下。

解相邻关系或相邻权，又极为不易。究其原因，则主要是因为，在对相邻关系之调整上，私法规范与公法规范双管齐下，却又相互交错而呈混乱局面。作为引导性说明，我们先举联邦最高法院的一项判决为例，亦即所谓的网球场判决（联邦最高法院，《新法学周刊》，1983 年，751 页），并对其案情稍加变化：原告住房于 1971 年建成，并于 1973 年入住。1974/5 年间，根据一项具有法律效力之建筑规划，在直接毗邻原告住房之土地上建成网球场。原告依据民法典第 1004 条之规定，诉请网球场停止经营。

（1）行政机关之建筑规划决定，会与该诉讼结果相抵触吗？

（2）若行政机关（就网球场）明确颁发一项建筑许可，则该许可与诉讼结果相抵触吗？

（3）若原告先向该行政机关请求保护，而该机关（以及行政法院），以网球运动给原告所造成之侵扰并非重大为理由，作出不利于原告之裁决，则此时法律关系又应如何？该裁决对民事法院有无拘束力？

（4）假如建成的不是网球场，而是警车服务站（警车日夜进出忙碌），则上述问题又该如何解决？

笔者希望，从这些实例中，读者能感觉到，相邻关系法中私法与公法间所存在之对立关系，从而有助于下述内容之理解。

一、相邻关系法之构架

（一）功能

相邻关系法所应营造者，乃邻人间尽可能的和睦相处。故而，17
相邻关系法所调整者，不仅仅为数个土地所有权人间的关系，还包括土地所有权人与土地占有人（如使用承租人），以及土地占有人彼此间的相邻关系（民法典第 862 条；联邦最高法院，《联邦最高法院裁判汇编》，民法典第 906 条，1 号）。对相邻关系的调整，德国民法典并非满足于提示，法官对其具有协调功能，而是在民法典第 906 条以下各条之规定中，致力于制定若干普遍有效的规则。而制定该规则之基点，则为民法典第 903 条中所有权人所享有之广泛的处分权限与排他性权限，以及民法典第 1004 条中与此相应之制裁规范：即土地所有权人一方面可排除任何对其所有权之妨害，另一方面又可随意处分与支配其土地所有权。

但很显然，这两项原则间，常生冲突：一方对所有权的完全享受，可能会侵害另一方对其所有权之利用。

夜半时分在自家花园里吹奏法国圆号，虽会增添其田园风光，但已严重侵扰邻人所需要之夜间安宁。

（二）解决利益冲突之出发点

18 故而，立法者之任务，即在双方权利义务间，确立合理之界线。而法律完成这一任务之技术手段，就是在某些情形中，比如在干涉为非重大时，限制所有权人行使依民法典第1004条所享有之请求权（对此参见本章下述边码19），而在另一些情形中——即在防御利益占优势时——，反过来又对该请求权予以强调（下述边码20）。由此，在邻人利用其所有权而对外产生影响时，法律随对所有物保全请求权（actio negatoria）的一扬一抑，也就间接划定了邻人的自由利用空间。

在受害人之请求权，不是基于所有权，而是基于比如对其占有或对其已设立并已经营之营业之侵害而产生时，亦适用民法典第906条所规定之限制。

19 1. 在“无形物”之侵入，非为重大（民法典第906条第1款），或该侵入为当地所通行，且不能通过合适之措施而加以阻止时（民法典第906条第2款），所有权人依据民法典第903条、第1004条所享有之权利，即受到限制。〔12〕 无形侵害，乃指无法称量

---

〔12〕 此首先仅为一项粗糙的并不十分准确的特征。

之干涉,如民法典第 906 条第 1 款例举方式所列举之各种表现形式。在该条规定中,法律一方面对对无形侵害过于敏感者之利益,不加理会,另一方面对不照顾他人利益之肆无忌惮性行为,又予以遣责;只有通过这种调整方式,法律才有可能建立邻人间和睦相处的关系。

“非重大的妨害”(民法典第 906 条第 1 款):邻屋的燃油取暖设备,在阴湿天气有时散发轻微油味——邻人的孩子,每天下午练琴。

“重大的、但为当地所通行且不能通过合适措施而阻止的妨害”(民法典第 906 条第 2 款):E 住房位于工业区,E 遭受无法避免的机器噪音或烟囱冒烟之侵害——E 农田位于一家大型化工厂边上,化工厂所排放之废气——尽管已采取所有的技术手段——使其某些农作物无法生长。

2. 对受妨害所有权人之权利予以强调者,体现于: 20

民法典第 906 条第 3 款:无形物(如煤气、蒸汽)——即使为非重大或为当地通行——绝不允许通过专门管道,而导入邻地;

民法典第 907 条:对“侵害性的”设备,可禁止建造;对已建造的这类设备,即使其对邻地之侵害还未实现,也可以请求排除(参见本章下述边码 40);

民法典第 908 条:对有倒塌危险之邻地建筑物所采取之措施;

民法典第 909 条:对邻地开掘所采取之措施(下述边码 41);

民法典第 910 条:对越界枝根等之自助权;

民法典第 911 条:越界自落果实中的法律关系。

3. 综上所述,可作为简便规则而记住的是:在通常情形下,所有权人可阻止对其所有权任何方式之干涉(侵入);而法律对此所作之一项例外,体现于无形侵害中,但以该无形侵害为不重大,或者虽为重大,但为当地所通行,且无法避免者为限。 21

乍看之下,所有权受到如此全面之保护,确实给人一种愉悦。但是,再看看所有权人对来自公权力之侵入所受到的微弱保护,尤其是所有权人还必须容忍由主管行政机关所许可之私人营业的侵入(《联邦无形侵害防治法》第14条;参见本章下述边码30以下),则会发现,这一高兴来得太早。

（三）役权之意义

22 在与相邻权之关系中,须指出者,为地役权与限制的人役权所具有的特殊功能:这两种权利制度,均可服务于对相邻权的具体构造,比如可由此而扩大可允许侵入之范围,或对侵入范围进行限制;单纯债法上之约定,因这两种权利制度之运用,而已“物权化”,且——在地役权中——“永久化”。[13]

例如:数个土地所有权人彼此间约定,在各人土地上均登记一项地役权,以规定各所有权人不得将土地用于餐馆业经营。由此,即使餐馆对“需役地”根本无侵入之产生,在将来亦不得建造之。

某垦荒企业将一区域划分成多个小地块。其中一块角地,准备用做加油站与修理厂。为这块角地之利益,该企业——在它还是所有土地之所有权人时(所有权人地役权:《帝国最高法院民事判例集》,第160卷,166页;类似判决《联邦最高法院民事判例集》,第41卷,209页)——在毗邻各土地上,均登记一项地役权,其内容为,各毗邻土地所有权人,无权对来自修理厂超过民法典第906条标准之侵入,采取法律措施。[14]

（四）适用范围

23 本节下述之无形侵害法,体现于私法范畴。若相邻关系法上的侵害,来自于国家、城镇等之公法行为,则作为保护性权利,可适用公法

---

〔13〕 对此参见韦斯特曼在“农民的相邻关系法”(1954年版)第40页之阐述。

〔14〕 此外参见联邦最高法院,《新法学周刊》,1970年,856页;法兰克福州高等法院,《德国司法》,1975年,59页;哈姆州高等法院,《德国公证杂志》,1986年,626页;以及本书下述第33章边码9以下、13以下。

上的妨害防止请求权与妨害排除请求权(参见《联邦最高法院民事判例集》,第72卷,289、293页;联邦行政法院,《新法学周刊》,1989年,121页;以及明斯特OVG,《新法学周刊》,1984年,1982页),并可适用基于具有征收性质之干涉与具有征收效果之干涉而产生的赔偿请求权(参见本书上述第13章边码16以下)。

但此时亦可准用民法典第906条第2款之规定。其中,比如在高速公路施工,因灰尘飞扬,侵害路边居民对土地之耕作时,私法上侵入与公法上侵入之间的界线,亦常常难以划清。[15] 因此,在下述内容中,也将对公法上无形侵害之构成要件,予以适当讨论。 24

表16　民法典第906条规定之内容

I. 所有权人之容忍义务:	II. 所有权人无容忍义务:	III. 所有权人之金钱补偿请求权:
1. 对非重大之"无形侵害"	1. 对"无形侵害",比如《联邦最高法院民事判例集》,第28卷,225页:碎石块案件	1. 就重大且为当地所通行而又不能通过合适措施加以阻止之侵入(民法典第906条第2款第2句)
2. 对重大且为当地所通行而又不能通过合适措施加以阻止之侵入(但注意本表第III栏之第1点内容!)	2. 对重大,但不为当地所通行之侵入	2. 已许可之危险营业的侵入(《联邦无形侵害防治法》第14条)
3. 对已许可之危险营业的侵入(但注意本表第III栏之第2点内容!),参见《联邦无形侵害防治法》第14条	3. 对重大且为当地所通行,但能通过合适措施加以阻止之侵入	

〔15〕 其他有启发意义的案例《联邦最高法院民事判例集》,第91卷,20页=联邦最高法院,《新法学周刊》,1984年,1876页。

二、无形侵害法(Immissionsrecht)

25 对无形侵害之规范基础(sedes materiae),为民法典第906条第1款与第2款之规定。依据该条,仅在干涉为特定之种类("无形侵害",本章下述边码26),且非为重大(下述边码27),或为当地通行且不能通过技术措施加以阻止(下述边码28、29)时,对该干涉才成立容忍义务。而依《联邦无形侵害防治法》第14条之规定,还会产生民法典第906条之外的容忍义务(下述边码30以下)。

(一)不可量物(**Imponderabilien**)

26 《德国民法典》在第906条第1款,列举了一系列这种无形侵害之干涉情形,且对此不作穷尽性规定(使用"类似干涉"之表述)。其特征,可体现为下述几点:

1. 对"可估量的"固体物侵入(所谓粗大有体物的侵入),不承担容忍义务。

比如飞溅来的碎石块(《联邦最高法院民事判例集》,第28卷,225页);自毗邻射击场飞落来的子弹(《联邦最高法院民事判例集》,第111卷,158页);但参本章下述边码37。

2. 该干涉须来自另一土地或建造于另一土地上的设备;但两土地间,不必直接毗邻(《帝国最高法院民事判例集》,第105卷,213、216页)。

参见有趣例案:《联邦最高法院民事判例集》,第111卷,63页(民间节日欢庆时所生的噪音;亦参《联邦最高法院民事判例集》,第41卷,264页),与联邦最高法院,《新法学周刊》,1980年,770页(鸡鸣案例);对植物之化学防护剂(参见《联邦最高法院民事判例集》,第90卷,255页)。

3. 民法典第 906 条第 1 款还规定，干涉须被“导入（zugeführt）”。由此，司法判例认为，对消极的干涉（比如使无法观望、堵塞通风与采光、因工地围栏而不能通行等，参见《帝国最高法院民事判例集》，第 98 卷，15 页），以及精神上的干涉[16]（如《帝国最高法院民事判例集》，第 76 卷，130 页；《联邦最高法院民事判例集》，第 95 卷，307 页：经营妓院或裸浴；《联邦最高法院民事判例集》，第 51 卷，396 页 =《法学者报》，1969 年，431 页，并附鲍尔之评注：在住宅区堆放建筑材料；《联邦最高法院民事判例集》，第 54 卷，56 页：堆放废旧汽车；此外《联邦最高法院民事判例集》，第 88 卷，344 页：因高楼而使无线电波被“遮挡”；对此米尔，载《法学者报》，1984 年，850 页；以及尧尔尼希，上揭氏著），所有权人均须忍受。

解决此问题的思考方法，乃必须先要考虑这类消极的或精神上的所有权干涉，是否属于民法典第 903 条、第 1004 条之调整范围；假如是，则须继续考察，是否具备依民法典第 906 条，对这类干涉必须加以忍受的前提条件。通过此种思考途径，就会获得这一认识，即其根本性问题，存在于民法典第 903 条、第 1004 条之规定中，而非存在于民法典第 906 条之规定中（所有权中包含有保留观望之权利？答案：原则上没有！在一土地对面开设妓院，构成对该土地所有权之侵害？本书认为，当然构成！）。[17]

---

〔16〕 参见尧尔尼希，载《法学者报》，1986 年，606 页。

〔17〕 同此说者，AG 明斯特，《新法学周刊》，1983 年，2886 页，以及理论中的通说；参见金茨尔（Künzl），载《新法学周刊》，1984 年，774 页，及其所引资料；施陶丁格/古尔斯基，民法典第 1004 条，边码 55 – 58；曼夫雷德·沃尔夫，载《新法学周刊》，1987 年，2647、2648 页。持另说者《联邦最高法院民事判例集》，第 95 卷，307 页。关于所有权保护与人格权保护间的联系，尤参福克尔上揭氏著，尤值赞同者，为该著 47 页以下就不可量物侵入保护中人格扩展的论述；贝尔，上揭氏著，45 页以下；格伦斯基，载《法学者报》，1970 年，782 页，以及载《法律学习》（JurA），1970 年，412 页以下；鲍尔，载“米歇拉斯基（Michelaski）纪念文集”，1973 年，59 页以下（=鲍尔，《论文集》，卷 II，154 页）。

由上述我们得出如下结论：

此处所指之干涉(在该干涉为非重大时,对其必须容忍),仅指依经验自数块土地之相邻关系中,所产生之干涉。

（二）非重大的妨害

27 依民法典第906条第1款,干涉在“不妨害对土地之使用时,或对土地使用之妨害为不重大时”,则对干涉须予以容忍。而对是否重大之判断,按诸以前之通说判决,乃以一个“普通一般人(normaler Durchschnittsmensch)”之感受为标准(《联邦最高法院民事判例集》,第111卷,63、65页,以沃尔夫/赖泽尔之观点为依据,参见氏著“物权法”,§ 53,II,1)。但这一判决,被《联邦最高法院民事判例集》,第120卷,239、255页之判决所废弃。现在对妨害重大与否的判断,应以“价值权衡(wertende Abwägung)”方法来进行。因此,其决定性标准,已不再是一个“普通一般人”的感受,而是一个“理性的”,因而能进行权衡的一般人的感受。正是借助于这种方法,使得现在就妨害重大与否进行权衡时,反映已发生变化的公民环保意识之环保法评价,亦成为权衡因素之一(参见菲韦格(Vieweg),载《新法学周刊》,1993年,2520页)。比如在对蛙鸣之自然噪音(《联邦最高法院民事判例集》,第120卷,239、255页),或野草种子飞絮(杜塞尔多夫州高等法院,《州高等法院民事判决集》(州高等法院Z),1993年,451页)等之类案例裁判时,即体现了环保法思想。

此外,按照新修订的民法典第906条第1款第2句之规定,对妨害重大与否之判断,亦具有重要意义者,为在法律、行政法规以及行政规定等之中,依据德《联邦无形侵害防治法》第48条而确定的极限值或标准值。若遵守这些极限值或标准值之规定,则该侵害一般为非重大的妨害。在此范围内,对重大性之判断,也不包括被涉及的一般公民之主观感受因素,也就是说该判断标准已客观化(在民法典第906条修订之前,联邦最高法院所作之判决,即

《联邦最高法院民事判例集》，第111卷，63页，就已采取客观化的标准："对娱乐设施所导致嘈声进行判断之标准"，可用来作为判断民间节日欢庆噪音之基础）。

典型的重大妨害，比如：

来自材料仓库之噪音，给单户住宅居民所造成之妨害（《联邦最高法院民事判例集》，第51卷，396页）；夜晚在承租房里施工所发出之噪音（联邦最高法院，《联邦最高法院裁判汇编》，民法典第906条，1号；《联邦最高法院民事判例集》，第38卷，61页）；每晚开工的报纸印刷厂，发出噪声（联邦最高法院，《法学者报》，1956年，346页；对此案科尔斯特（Kerst），载《新法学周刊》，1964年，181页）；民间节日欢庆传来的喧闹（《联邦最高法院民事判例集》，第111卷，63页）；露天剧场之音乐演出（联邦最高法院，《法学者报》，1969年，635页）；猪饲料经营厂传来的气味侵入（《联邦最高法院民事判例集》，第48卷，31页 = 鲍尔，E. Slg.，案例14；《联邦最高法院民事判例集》，第67卷，252页）以及网球场发出的噪音（联邦最高法院，《新法学周刊》，1983年，751页）。〔18〕 颇有疑问者，为科隆州高等法院，《新法学周刊》，1998年，763页："残疾人类的"噪音，对此案参见韦斯特曼，载《新法学周刊》，1998年，730页，以及拉赫魏茨（Lachwitz），载《新法学周刊》，1998年，881页。

（三）重大但当地通行的妨害

即使是重大的（！）妨害，倘若其产生，是因对另一土地按当地通行之方法予以使用而引起，"且该妨害不能通过对此类使用人经济上可期待之措施，加以阻止"，则对该妨害，亦须容忍（民法典第906条第2款第1句）。法律在此所表达的意图为：任何土地均处于某一特定环境中（如工业区——别墅区——农业区等等），自然必须容忍来自环境本身的——即使是重大的——干涉，因为这 28

〔18〕 对此之全面引证者，参见泽格尔/J· F· 鲍尔，民法典第906条，边码9以下，注释20；亦参联邦行政法院，《新法学周刊》，1989年，1291页：体育运动噪音。

种干涉本身,恰恰为当地所通行(法定之评价,如依据噪音防治法之评价,其意义参见《联邦最高法院民事判例集》,第111卷,63页以下、68页)。当然,对这种妨害之容忍义务,并非毫无限制:重大且当地通行的侵入,如果能通过经济上可期待之技术手段而加以阻止,则对它们也不必容忍(民法典第906条第2款第1句)。

看看"现代化"技术设施,所具有的噪音亲善性、大气污染等等现实情况,则该款之规范目的,也就了然于目。须注意者,判断防御措施在经济上可期待性之标准,不是具体实施妨害行为企业的经济情况,而是"这类(diese Art)"企业的经济负担能力。故而,这里所要求的标准是:技术上的可能性与防御措施的富有效果性——一般的经济上可期待性。

(四)补偿请求权(Ausgleichsanspruch)

29 一项重大的干涉,在大量情形中,均为当地所通行,且不能通过技术手段或其他措施而加以阻止。这在结果上导致,受妨害之所有权人,对此干涉必须容忍。但此时会有牺牲思想之介入:若被妨害之所有权人,在对其土地使用上,"受到超过可期待程度之妨害时"(但不必是使土地灭失或危及土地存在之妨害!),则可向他土地之使用人,[19]请求"相当之补偿"(民法典第906条第2款第2句:相邻关系法上的补偿请求权)。但在被妨害之土地所有权人,因事实原因之存在,针对妨害而不能及时采取法律措施时,也成立(类推适用民法典第906条第2款第2句)相邻关系法上的补

〔19〕 关于此种意义上的"使用人(Benutzer)"概念,参见《联邦最高法院民事判例集》,第62卷,186页:造成街道建设费用增加的水泥厂为使用人;《联邦最高法院民事判例集》,第62卷,361页:依行政许可而将原告营业门前的人行道,用做货栈来堆放建筑材料等之邻人为使用人;联邦最高法院,LM《联邦最高法院裁判汇编》,民法典第906条,29号:不是因"侵害"而受益者,而是侵害人为使用人;但注意联邦最高法院,《新法学周刊》,1966年,42卷:在土地上建造建筑物之建筑企业不是使用人!——该请求权经过30年而罹于时效(有争议)。

偿请求权（对此参见泽格尔/J·F· 鲍尔，民法典第906条，边码111以下）。其例如：因运输化学除草剂而污染土地（《联邦最高法院民事判例集》，第90卷，255、262页）；因毗邻射击场飞落之子弹而受妨害（《联邦最高法院民事判例集》，第111卷，158、162页；亦参联邦最高法院，《新法学周刊》，1990年，3195页）。

若无形侵害来自公法机构（如道路建设），则在个别情形中，其赔偿请求权基础，为私法中相邻关系法上的补偿请求权，还是公法上的赔偿请求权（参见本书上述第13章边码14以下），颇有疑问（《联邦最高法院民事判例集》，第48卷，98页；第54卷，384页；第57卷，370页；第70卷，212页；第72卷，289页；对此参见尧尔尼希，载《法学者报》，1986年，605、611页）。但无论是何种情况，民法典第906条均为其确立了不必赔偿但仍须容忍之侵入的界限（联邦最高法院，上揭判决，以及《新法学周刊》，1973年，326页；亦参本章下述边码33）。

（五）《联邦无形侵害防治法》（以下简称为《侵害防治法》）第14条之规定

1. 内容

《侵入防治法》第14条，规定了一项超出民法典第906条第1款与第2款之外的容忍义务。某些危险性或损害环境之设施，其特征为，它们“因其特性或其运行，在特定之限度内，易于导致对环境有害之影响，或以其他方式对公众或邻人造成危险、重大妨害或重大侵扰”（侵害防治法第4条）。对这类设施之忧惧，就导致在建立该设施时，需要获得官方许可，也就是须经过许可获得程序。而在该程序中，也——一定程度上是预防性地[20]——考虑到了相邻权上的法律关系。邻人对许可获得，可提出抗辩（《侵害防 30

〔20〕 同说者《联邦行政法院判例集》，第28卷，131页。

治法》第10条第3、6、7、10款,第9条),也就是说,他们被邀请参加许可申请程序。此外,邻人也享有行政诉讼上的起诉权。[21]

若许可被颁发,则依据民法典第903条、第906条、第1004条,再也不能请求停止已获许可设施之经营,而只能请求采取保护性预防措施,或者损害赔偿(《侵害防治法》第14条);但经营业主主观上是否具有过错,并非主张损害赔偿请求权之构成要件。

2. 目的

31 人们自然会问这一规定的理由何在:为什么所谓经许可的设施经营,就可以针对相邻关系法上的排除妨害请求权与妨害防止请求权,而受到保护呢?那种认为在这里存在着政府行为,而政府行为之效力,不得因民事法院判决而受到质疑的看法,并未触及问题本质。其更深层次的原因在于,对无形侵害问题,应在事先予以审查,而审查之结果,要么是颁发许可,要么是拒绝许可;如此进行的事先审查,其意义不仅仅在于对公众与邻人利益予以防护,而且还意味着,嗣后基于许可所创造的经济价值,也就不得再——因民事法院之判决而——被摧毁掉。

当然,对邻人利益之保护来说,这一程序也有其不足之处:虽然颁发许可之行政机关,在许可颁发后,还可作出要求保护公众利益的命令(《侵害防治法》第17条),且还可以在符合一定条件时,要求停止已许可之设施建设(《侵害防治法》第20条),或者撤回已颁发之许可(《侵害防治法》第21条),但受妨害之邻人,通过民事诉讼途径,只能请求采取预防性保护措施,或者请求损害赔偿(《侵害防治法》第14条)。除此之外,邻人要想获得救济,就只能敦促行政机关来采取措施。

而这一法律规定的优点,则体现为许可获得条件的极其宽泛

〔21〕 对此参见雅拉斯,载《新法学周刊》,1983年,2844页,以及载《法学教育》,1984年,351页;奥尔特洛夫(Ortloff),载《新法学周刊》,1983年,961页。

性，上面已提到的行政机关事后介入之可能性，以及其规范效力及于虽无需许可但具有有害性之设施建设（所谓小型放射物，《侵害防治法》第22－25条），最后——也是特别重要的——还体现为，公法机构所拥有的设施，只要不属于国家主权范围（比如军用机场），也受该规范调整（参见《侵害防治法》第2条第2款、第60条；《联邦最高法院民事判例集》，第59卷，378页；第91卷，20页）。

例如：在到目前为止仅为住宅与小型企业的地区，X股份有限公司打算建造一家大型化工厂（生产镇痛片）。对此，该公司须获得许可（《侵害防治法》第4条）。在许可获得之行政程序中，邻人提出抗辩，认为他们的土地会因此丧失价值，且担心化工厂排放有害废气。其第一项抗辩，理由不充分；而对第二项抗辩，X公司以相应的专家鉴定予以驳斥。这样，行政机关就颁发了许可（特别是由于当地城镇受营业许可税的诱惑，而对行政机关不断施加压力！）；而在嗣后的行政诉讼程序中，邻人的努力，同样未取得结果。后来证实，所有的邻人都遭受着重大的，且不是当地通行的气味侵扰。此时，邻人们只能诉请X公司，采取——假如可能且在经济上合理的——技术救护措施；若不能采取救护措施，则邻人们就只能诉请损害赔偿。但这种损害赔偿，体现为金钱支付。除去在这类案件中，对损害之证明常常极为困难之因素外，该金钱支付只是一种“替代”，并不能弥补邻人所遭受的不利益。当然，行政机关此时——即在许可颁发后——也还可以采取措施。

关于《侵害防治法》第14条所规定之责任的说明，参见《联邦最高法院民事判例集》，第102卷，350页（公法机关对“远离放射物的”森林损害，不负责任；对此案，多尔（Dörr），载《法学教育》，1988年，733页；亦参本书第27章边码57、第13章边码17）。

3．适用范围

《侵害防治法》第14条，仅适用于依据该法第4条以下之规 32

定,因其“危险性”而须获得许可的设施建设;[22]反之,基于其他——如建筑法上的——原因,而受许可强制的其他设施,不适用本条之规定(例案:联邦最高法院,《新法学周刊》,1959 年,2013 页)。

受妨害之土地所有权人,其民法上防御地位,所遭受的上述入侵,更因下述两点而显强烈:

其一,《侵害防治法》第 14 条之规定(= 前《行业法》第 26 条),在联邦州法律层面上,其效力被扩及于“铁路交通、轮船交通以及类似的交通企业设施”(《〈德国民法典〉施行法》,第 125 条;关于联邦州之法律情况,参见慕尼黑德国民法典评注/泽克尔,《〈德国民法典〉施行法》第 125 条,边码 3),而在联邦法律层面上,又被扩及于机场运营设施(《航空运输法》第 11 条;亦参本书第 26 章边码 18 与 20)。

其二,在司法实践中,《侵害防治法》第 14 条内容之基本思想,被扩大适用于“主权活动”以及为公共利益而建立之企业设施中(但其中《联邦最高法院民事判例集》,第 66 卷,37 页之判决,反对将这一趋势予以一般化)。

例如:《帝国最高法院民事判例集》,第 73 卷,270 页:邮件之管道通风传送装置所发出的噪声;《帝国最高法院民事判例集》,第 159 卷,129 页:高速公路之干涉;《联邦最高法院民事判例集》,第 48 卷,98 页(= 鲍尔,E. Slg.,案例 16):因修建公路,散发的灰尘使庄稼无获;《帝国最高法院民事判例集》,第 167 卷,14、25 页:修建地铁使地下水下沉[23];《联邦最高法院民事判例集》,第 60 卷,119 页:高压线;但不扩及适用于停车库,即使所有权人对车

---

〔22〕 1985 年 7 月 24 日《侵害防治法》之第 4 次施行条例,校订版本见联邦法律公报,1991 年,I,2044 页。

〔23〕 对此亦参 1996 年 11 月 12 日修订后的《水利生态平衡法》第 35 条之规定(联邦法律公报,I,1695 页)。

库之修建,负有公法上的义务(联邦最高法院,《新法学周刊》,1959年,1632页)。在上述情形中,所有权人之权利,仅限于特别牺牲请求权(或者——如联邦最高法院在《联邦最高法院民事判例集》,第48卷,98页[=鲍尔,E. Slg.,案例16]之判决中所指出者——"确切地说,应为相邻关系法上的补偿请求权")。[24]

所谓私法上的特别牺牲请求权(Aufopferungsanspruch),指所有权人本应享有的防御请求权(Abwehranspruch),因一项特别法律规定而被剥夺时,所有权人所享有的另一项请求权。

例如:《联邦最高法院民事判例集》,第110卷,17页:因建地下煤气储存库,而利用一块土地;《联邦最高法院民事判例集》,第91卷,20页:公共之污水净化器造成大气污染。

若无形侵害来自公共机构(如道路施工),则所成立者,为该私法上的特别牺牲请求权,或为基于具有征收性质的干涉或者具有征收效果的干涉而产生之请求权(参见本书上述第13章边码17、18),颇有疑问。其判断标准应是,实施侵害之国家活动,是否由国家主权所组织,且是否依据公法原则来进行活动(泽格尔/J·F·鲍尔,民法典第903条,边码114)。

其主要情形:公共街道与公共广场上的道路交通。

4. 赔偿请求权

《侵害防治法》第14条所规定之损害赔偿请求权——以及上述之特别牺牲请求权——,仅在妨害性干涉超出民法典第906条所规定之范围时,才能成立。因为如果干涉在此范围之内,则所有权人对此原本——也就是说,即使没有行政机关之许可——就必须容忍(《联邦最高法院民事判例集》,第48卷,46页;第59卷, 33

〔24〕 参见毛恩茨/帕皮尔,《基本法》第14条,边码393、395;尼斯根斯(Nüβgens)/博容,边码237以下;W·马滕斯,载"沙克(Schack)汉堡纪念文集",1966年,85页以下;泽格尔/J·F·鲍尔,民法典第903条,边码113以下、121以下;鲍尔,载《法学者报》,1974年,657页;慕尼黑德国民法典评注/泽克尔,民法典第906条,边码113以下;《〈德国民法典〉评注》/克雷夫特(Kreft),民法典第839条之前,边码37。

378 页;联邦最高法院,《新法学周刊》,1980 年,770 页)。

如在上例(边码 31 处)中,假如气味侵扰为非重大,则邻人就不能向 X 股份有限公司请求损害赔偿(依该案上述所给出之案情,对这两项请求权均未说明!)

关于举证负担,参见《联邦最高法院民事判例集》,第 92 卷,143 页(对此艾默里希(Emmerich),载《法学教育》,1985 年,312 页;以及马尔堡格/赫尔曼,载《法学教育》,1986 年,354 页)。

(六)无形侵害法中的补偿请求权体系

34 很显然,法律现在确认了两项补偿请求权,即以民法典第 906 条第 2 款第 2 句为基础之补偿请求权,与依据《侵入防治法》第 14 条所生的损害赔偿请求权。而对这两项请求权彼此间的关系,只有在对无形侵害法进行全面考察时,才能获得完整理解。对此,可再次简要地概括为:〔25〕

1. 非重大的妨害:既无防御请求权,亦无赔偿请求权。

2. 重大的、但非为当地通行的妨害:成立防御请求权,但在"干涉设施"之建立,获行政机关之许可时,有例外。若出现该例外情形,则只能诉请采取"保护性措施"或金钱补偿(《侵害防治法》第 14 条)。

3. 重大的、当地通行的、但通过经济上可期待之技术手段能予以阻止却未被阻止的妨害:成立防御请求权,但该请求权之内容,在《侵害防治法》第 14 条之范畴内——见上述(五)2——,绝不能为请求停止设施建设,而只能是请求"采取保护性预防措施"。

4. 重大的、当地通行的、且不能通过技术手段予以阻止的,或虽能阻止,但对此要付出经济上不可期待之费用的妨害:不成立防御请求权,但在对土地使用或土地收益,有过度之妨害时,成立补偿请求权(民法典第 906 条第 2 款第 2 句)。

〔25〕 对此亦参本章边码 42 后的表 17。

这并非一项非常简单的规则！但作为简便记忆规则，可记住的是：在被侵害之所有权人自身（依据民法典第 906 条并第 1004 条）本享有的禁止权（Verbietungsrecht），由于国家所颁发的许可，而不能行使时，则可成立《侵害防治法》第 14 条上的请求权；在所有权人之禁止权不成立，而侵害又超出可期待之程度时，成立民法典第 906 条第 2 款第 2 句上的补偿请求权。

（七）特殊问题：叠加的无形侵害（summierte Immissionen）

35 在叠加的不可量物侵入中，如何解决补偿请求权或损害赔偿请求权问题，较为困难（对此尤参克莱因丁斯特，上揭——本节标题注释下——氏著，56 页以下；帕兰特/巴森格，民法典第 906 条，边码 34 以下；泽格尔/J·F·鲍尔，民法典第 906 条，边码 119，以及这些著作所引之资料）。叠加的不可量物侵入，其情形是指：

1. 来自数侵害人的数个无形侵害，仅在相互结合在一起时，才构成重大妨害，或者超出可期待之程度（例案：汉堡 LG，《德国法月刊》，1965 年，45 页）；或者

2. 存在数个不可量物侵入，但其中任何一项侵入，均可导致损害之产生。

由此所生之问题为，该数个侵害人所承担的责任，是按份责任，还是连带责任。依据民法典第 830 条第 1 款第 2 句之规定，无法——在连带责任意义上——解决这一问题，因为该句之规定，仅为一项举证责任规范。其更合理的答案应是，在第 1 种情形中，成立数侵害人的按份责任（其份额依照各个侵入之侵害程度来决定）；在第 2 种情形中，成立数侵害人的共同连带责任（对此参见《联邦最高法院民事判例集》，第 66 卷，70 页）。

（八）动产所有权人享有损害赔偿请求权与补偿请求权？

动产所有权人是否也应享有相邻关系法上的损害赔偿请求权与补偿请求权，对这一争议问题，参见《联邦最高法院民事判例集》，第 92 卷，143 页（毗邻企业之工人，对汽车造成妨害）。联邦最高法院虽然就其请求权基础，

仍以违反民法典第823条为依据,但运用了在相邻关系之请求权中所发展起来的举证责任减轻规则。对此参见马尔堡格/赫尔曼,载《法学教育》,1986年,354页;以及更早的施泰因多尔夫(Steindorff),"劳动法判决分析",1966年,100页;亦参1990年12月10日之《环境责任法》上的规则。

（九）相邻关系法上的共同关系

36 在适用民法典第903条、第906条、第1004条之规定,会导致不能令人满意的结果时,司法判例曾运用过相邻权上的共同关系思想。[26] 究其实质,此时主要涉及下列问题:

37 1. 民法典第906条第1款之规定,是否也应扩及适用于粗大有体物侵入之情形?对此项问题,早已——特别是就蜜蜂飞入,也就是无足轻重之侵入——有所讨论(尤参Heck,§50,8)。联邦最高法院,甚至在石膏厂爆破石膏而使碎石块溅入邻地之情形中,对此问题亦持肯定意见:若关闭企业,对被告来说意味着生存毁灭,则被妨害人不能提起不作为之诉,而只能提起损害赔偿之诉(《联邦最高法院民事判例集》,第28卷,225页)。

对蜜蜂飞入,联邦最高法院在《联邦最高法院民事判例集》,第16卷,366、370页之判决中指出,"在民法典第906条规定之范围内",邻人对蜜蜂飞入必须忍受;但另一方面,若蜂群因邻人所使用的化学除虫剂而中毒,则邻人对养蜂人不负损害赔偿责任。对蜜蜂飞入之新判决,亦参《联邦最高法院民事判例集》,第117卷,110、112页;此外还参卡尔斯鲁厄州高等法院,《新法学周刊》,1983年,2886页:自落之树叶、针叶、松球等等,不适用民法典第1004条,但成立金钱补偿(对此参见K·施密特,载《法学教育》,1984年,224页)。关于"猫进入邻人花园"之纠纷,参见联邦最高法院,《新法学周刊》,

[26] 对此参见德内克(Deneke),"相邻关系法上的共同关系",1987年版;米尔,载《新法学周刊》,1960年,1133页;同氏著,载"赖泽尔祝寿文集",1974年,159页;同氏著,载"鲍尔祝寿文集",1981年,83、94页;普莱尔,载《法学者报》,1959年,305页;法兰克福州高等法院,《新法学周刊》,1988年,2618页。

1985 年,2338 - 2340 页,对此案 迪克曼,载《新法学周刊》,1985 年,2311 页。

2. 而在其他判决中,较诸以前的司法判例,联邦最高法院通过运用相邻权上的共同关系思想,得以对民法典第 1004 条之规定,进行更为广泛的解释(参见普莱尔(Pleyer),上揭氏著):在联邦最高法院,《联邦最高法院裁判汇编》,民法典第 903 条,2 号之判决中,若建筑物紧挨土地疆界,给邻人带来最严重之不利益(遮住窗户光线)时,即使法律上并未规定,土地所有权人仍应负有保持建筑间隔距离之义务。在《联邦最高法院民事判例集》,第 28 卷,110 页之判决中,所有权人的防火墙,因战争而致向外凸起,其邻人因此而支出了所有权人本应支出之费用,则所有权人对该费用,负有赔偿义务。 38

类似判决,如《联邦最高法院民事判例集》,第 58 卷,149 页:在例外情形下,对妨害性设施虽须为忍受,但成立损害赔偿请求权;《联邦最高法院民事判例集》,第 68 卷,350 页:在例外情形下,某人对界墙的拆除要受到阻碍;以及《联邦最高法院民事判例集》,第 90 卷,255、262 页。在这些案例中,联邦最高法院称其为相邻关系法上的补偿请求权(亦参《联邦最高法院民事判例集》,第 101 卷,290 页,并参本章上述边码 29)。

联邦最高法院在上述判决中所得出之结论,完全值得赞同。但是,倘若不借助相邻权上的共同关系这一多少有点含糊不清的概念,[27] 或许也能达到相同之结果。比如在上述第 1 类问题中,可考虑准用民法典第 906 条、《侵害防治法》第 14 条之规定;[28] 而在第 2 类问题的两个案例中,若将以前司法判例对侵害概念(Störungsbegriff)所为之谨慎的扩大解释,再扩及于对采光与通风妨害情形,并以妨害性设施为准,亦可解决此问题。此外,联邦最高法院

〔27〕 关于相邻权上的共同体关系,可否作为债法义务基础之争议,参见本书上述第 5 章边码 16。

〔28〕 参见尧尔尼希,载《法学者报》,1986 年,605、608 页。

在《联邦最高法院民事判例集》,第38卷,61页之判决中,也赞成在妨害为不可量物之导入时,鉴于民法典第906条之新修订,相邻关系法上的共同关系学说,就绝不能再作为其请求权之基础。

三、其他相邻权——简述

(一) 相邻关系法上的特别规定

39 对此,本书不作完整详尽的介绍。《德国民法典》中已明确规定者,如:越界根枝(民法典第910条;对此《联邦最高法院民事判例集》,第60卷,235、241页:与民法典第1004条之关系);越界自落果实(民法典第911条);疆界争议(民法典第919-923条;对此联邦最高法院;《新法学周刊》,1965年,37页)。关于界墙之所有权,参见《联邦最高法院民事判例集》,第27卷,197页;第29卷,372页;第36卷,46页;第41卷,177页;第43卷,127页;联邦最高法院,《新法学周刊》,1972年,195页;戈尔尼克,载《民法实务档案》,第157卷,460页;韦斯特曼,"建筑上的相邻权",1954年,15页;霍德斯,载《新法学周刊》,1962年,773页,以及1965年,2088页。

在联邦各州之州法中,亦包含有相邻关系法上的特别规定——尤其是关于建筑、树木、灌木丛等间隔距离之规定——;[29]而对此之联邦立法授权,规定于《〈德国民法典〉施行法》第122-125条。

须注意者,建筑法中关于间隔距离之规定,不能构成请求保持该距离之私法请求权基础;邻人对此只能提起行政诉讼(关于所谓公法上的相邻关系诉讼,参见本章下述边码43以下)。

反之,私法上的请求权,并不因建筑物已获建筑警察法上的(与《侵入防治法》第14条之规定不同)许可,而被排除。

---

〔29〕 比如参见1969年4月15日实施,1995年3月7日修订的《北莱茵-威斯特法伦州相邻关系法》(《北莱茵-威斯特法伦州法律与行政法规公报》,第190页);对此法之评注,参见德纳,1996年活页版,以及舍费尔(Schöfer),1994年10版。关于巴伐利亚州的相邻关系法:迈斯纳(Meisner)/林(Ring)/格茨(Götz),1986年7版。关于巴登-符腾堡州的相邻关系法:贝尔克(Birk),1987年2版;屈恩勒(Kühnle)/费特尔-卡勒曼(Vetter-Karremann),1989年16版。

例如：在一区域，建筑规划规定只能建造两层建筑物。B 申请 12 层住宅楼之建筑许可，则邻人 A 针对该许可之颁发（即 B 所享有之豁免），可提起行政诉讼。若 A 败诉，并不影响他仍得以通风与采光受妨害为理由，依据民法典第 1004 条之规定，对 B 采取法律措施（但这一理由，按照——如上所述：本章上述边码 26——通说观点，并不足以使其民事诉讼获胜；但参本章下述边码 44、45）。

（二）危险性设施

民法典第 907 条，为预防性的妨害防止请求权与妨害排除请求权的立法范例：即使讨厌的干涉还不存在，但随某一设施之建立，将来肯定会产生法律所不允许的干涉，则可阻止该设施之建立，或者请求排除该设施。 40

但请注意民法典第 907 条第 1 款第 2 句以及《侵害防治法》第 14 条对上述请求权之限制。

例如：联邦最高法院，《联邦最高法院裁判汇编》，民法典诉法第 559 条，8 号（公共游泳池）；慕尼黑州高等法院，《新法学周刊》，1954 年，513 页（加油站）。

民法典第 908 条就有倒塌危险之建筑物之规定，亦具有类似功能。

（三）民法典第 909 条之"招致危险的开掘"

民法典第 909 条所规定之"招致危险的开掘"，具有极其重要的实践意义。这体现在两个方面：其一，因开掘（挖方、打地基、打桩等等），而使邻地失去支撑； 41

例如：《帝国最高法院民事判例集》，第 132 卷，51 页；第 144 卷，171 页；《联邦最高法院民事判例集》，第 12 卷，75 页（其解释过窄！）；联邦最高法院，《新法学周刊》，1960 年，335 页（依民法典第 831 条对事务辅助人行为之责任；对此亦参本书上述第 5 章边码 16）；联邦最高法院，《新法学周刊》，1968

年,1327 页(因挖掘而产生损害);《联邦最高法院民事判例集》,第 44 卷,130 页(因新建筑物之重压,而使地面下陷;类似判决联邦最高法院,《新法学周刊》,1971 年,935 页);联邦最高法院,《新法学周刊》,1980 年,224 页(拆除地下室);《联邦最高法院民事判例集》,第 63 卷,176 页(疏浚一地区的河床);联邦最高法院,《新法学周刊》,1980 年,1679 页,与 1981 年,50 页(修筑公路时开掘土地);联邦最高法院,《新法学周刊》,1966 年,42 页(在邻人间分担损害);《联邦最高法院民事判例集》,第 85 卷,375 页(所有权人与建筑师的责任);《联邦最高法院民事判例集》,第 91 卷,282 页(自己导致的妨害);《联邦最高法院民事判例集》,第 101 卷,290 页(侵害由数人导致);以及第 103 卷,39 页。——丰富的参考文献与司法判例提示,参见慕尼黑德国民法典评注/泽克尔,关于民法典第 909 条。

其二,因开掘使地下水位下沉,并进而使相邻建筑物丧失支撑。

42 例如:《联邦最高法院民事判例集》,第 57 卷,370 页(因城镇开凿渠道,使地下水位下沉);《联邦最高法院民事判例集》,第 69 卷,1 页(因邻地之建筑措施而使地下水干涸);《帝国最高法院民事判例集》,第 132 卷,51、53 页;第 167 卷,14 页。关于其整个问题,参见克劳辛 - 保尔(Klausing - Paul),“房屋与土地损害等等”,1940 年版;韦伯,“因地下水位下沉等导致的房屋损害”,1937 年版;吉泽克(Gieseke),“所有权与地下水”,1959 年版;慕尼黑德国民法典评注/泽克尔,民法典第 909 条边码 19。

表 17　合法之侵入与不合法之侵入一览表

防御权	损害赔偿("补偿")
I. 粗大有体物之侵入： 成立	成立　(有过错时：依民法典第 823 条)
II. 无形侵害：	
1. 非重大者： 不成立	不成立
2. 重大但不为当地所通行者： 成立	成立　(有过错时：依民法典第 823 条)
但该设施依侵入防治法第 4 条以下规定获得许可时： 不成立	成立　(虽无过错，亦成立补偿请求权，《侵害防治法》第 14 条)
3. 重大且为当地所通行者： 不成立	成立　(依民法典第 906 条第 2 款第 2 句之补偿请求权)
a) 技术上无法阻止者： 不成立	成立　(依民法典第 906 条第 2 款第 2 句之补偿请求权)
b) 技术上虽可阻止，但防护措施在经济上为不可期待： 不成立	成立　(有过错时：依民法典第 823 条)
c) 不仅技术上可加以阻止，且防护措施在经济上亦为可期待： 成立	

四、公法上的相邻关系之诉

参考文献提示：巴蒂斯(*Battis*)，"在德建筑法典第 *34* 条范畴中，依据基本法第 *14* 条以及照顾要求而生之建筑法上的相邻权保护：现实意义"，载"魏罗伊特祝寿文集"，*1993* 年，*305* 页；鲍尔，*J*· *F*·，"自市民角度考察针对不可量物侵入之行政法保护与民法保护间的关系"，载"马滕斯祝寿文集"，*1987* 年，*545* 页；布吕尔(*Breuer*)，"建筑法上的相邻关系保护"，载德国行政公报(*DVBl*)．，*1993* 年，*431*

页;多尔德雷(*Dolderer*),“公法相邻权与私法相邻权之关系”,载《德国行政公报》,*1998* 年,*19* 页以下;芬克恩堡/奥尔特洛夫,“公法建筑法”,卷 *II*,*1998* 年 *4* 版,*208* 页以下;哈格(*Haag*),“公法相邻权与私法相邻权”,*1996* 年;哈根(*Hagen*),“私法之无形侵害防治法与公法建筑法”,载《新行政法杂志》(*NVwZ*),*1991* 年,*817* 页;霍彭伯格(*Hoppenberg*),“公法上的相邻关系保护”,载同氏主编,“公法建筑法手册”,*1997* 年版;雅拉斯,“行政法作为对民法上相邻关系保护之预先规定”,载《德国国家法法学会会刊》,第 *50* 卷,*238* 页以下;克莱因赖恩,“相邻关系法体系”,*1987* 年版;克雷布斯(*Krebs*),载施密特－安曼主编,“特别行政法”,*1995* 年 *10* 版,*424* 页以下;库特沙伊德特(*Kutscheidt*),“不可量物侵入防治法上的预防与第三人保护”,载“雷德克(*Redeker*)祝寿文集”,*1993* 年,*439* 页;曼佩尔(*Mampel*),“公法建筑法中的相邻关系保护”,*1994* 年版;帕皮尔,载毛恩茨/迪里希/赫尔佐克/肖尔茨(*Scholz*),“德国基本法评注”,*1996* 年版,第 *14* 条,边码 *82* 以下;普雷舍尔(*Preschel*),“撤销预防性的建筑监督审查与法律保护”,载《公共管理》,*1998* 年,*45* 页;施利希特(*Schlichter*),载“柏林德国建筑法典评注”,*1995* 年 *2* 版,对第 *29*－*38* 条之前言;施洛特贝克(*Schlotterbeck*),“在与设施有关之不可量物侵入防治法中的相邻关系保护”,载《新法学周刊》,*1991* 年,*2669* 页;瓦斯穆特(*Wasmuth*),“公法中相邻关系法律保护的理论思考”,载《新行政法杂志》,*1988* 年,*322* 页;维甘德,“在宪法、普通法律与行政审查之对立关系中的第三人保护”,载巴伐利亚 *VBl*,*1994* 年,*609* 页;维尔克(*Wilke*),“行政法保护之撤销与第三人保护之对抗”,载“格拉贝茨(*Grabitz*)纪念文集”,*1995* 年,*905* 页。

(一) 违法建筑——法律保护

在上述内容中,我们讨论了私法相邻权,也就是民法对邻人彼此间关系的规定。但我们也已经知道,这种关系深受公法规范与公法行为的影响,比如针对经行政许可而建造危险性设施的主人,邻人不能主张民法典第903、906、1004条所规定的妨害防止请求权与妨害排除请求权(德侵入防治法第14条)。接下来我们将考察,在法律现实中,土地所有权人在相邻关系法上所享有的法律地位,还会受到剥夺私法防御请求权以外方式的妨害。 43

例如:

案例1:依据一项已生效力之建筑规划(《建筑法典》第30条)的规定,在某一区域只能建造两层的建筑物。尽管如此,建筑行政机关仍颁发建筑8层高楼之许可。

案例2:公法性建筑法规定某一区域的房屋建筑间隔距离为6米。A呈交给行政机关的建筑方案,未遵守该最低间隔距离规定。但建筑行政机关对A之建筑,并未采取什么举措。

虽然在通常情形下,被侵害之邻人所享有的私法请求权,有可能成立,甚至在行政建筑许可已颁发——如上例1——之情形,该私法请求权也可能获得实现。其原因为,在颁发这类建筑许可时,永远要求"不得侵害第三人之私法权利"。也就是说,在这种情况下,邻人针对建筑方案所享有的私法妨害防止请求权,并不受影响。

但在上述两个案例中,此种私法请求权并不成立。本可成立之请求权,仅为民法典第1004条上的请求权(以及依据民法典第862条,作为承租人之邻人所享有的请求权)。但针对上述两案中的"侵害"形式,该请求权并不能起作用(参见本章上述边码26与39)。

但此时可成立公法保护可能性，且体现为所谓建筑法上相邻关系之诉的形式。[30] 该诉讼之基本思想，体现为：在公法建筑法中，也包含一些具有保护相邻关系之特征的法律规定；这些规定不仅服务于公法利益的实现，也对邻人之私法利益予以保护（如关于建筑间隔距离、窗户安装、将某一区域确定为住宅区等等规定）。

若建筑方案不符合这些规定，则邻人对此可提起行政诉讼。

（二）公法上的法律保护形式

1. 许可反对之诉（Genehmigungsgegenklage）[31]

44 在对一项建筑颁发建筑许可时，立即与相邻关系法产生紧密相联。虽然建筑许可颁发程序，首先调整行政机关与建筑意向人间的关系，也就是说，建筑许可颁发行为，是一项受益性行政行为，但与此同时，该许可又加负担于邻人（即具有双重效果之行政行为）。而许可反对之诉，就是要给邻人（在异议之提出无结果时），提供排除该负担之可能性。若邻人在该诉讼中最终获胜，则已建造之建筑，就成为嗣后非法。此时，建筑行政机关可依建筑治安法上的基本原则，作出排除该建筑之命令；且在建筑行政机关对现为违法建筑状态之容忍，构成其裁量权之滥用时，邻人可通过行政法上的义务之诉，敦促行政机关采取这一命令措施。[32]

2. 诉请建筑监督上的干预

45 在联邦各州的新建筑法中，对简单“普通”之建筑，常常不要求建筑人获得建筑许可，而只要求对主管行政机关报告其建筑方

---

〔30〕 尤参芬克恩堡/奥尔特洛夫，“公法建筑法”，卷2，1998年4版，209页以下。

〔31〕 基础性判决《联邦行政法院判例集》，第22卷，129页；亦参《行政法院法》第80a条之规定。

〔32〕 芬克恩堡/奥尔特洛夫，上揭氏著，258页以下。

案。[33] 即使此时建筑方案不符合建筑规划或治安法上的相邻关系保护规定,亦不成立许可反对之诉。因为建筑人并未提出过建筑许可申请,故而也就不存在许可之颁发。

此时,若建筑监督机关对此应干预而未曾干预,则在紧急情况下,邻人必须通过行政法上的义务之诉,迫使该机关进行干预。[34] 在行政机关之沉默对邻人来说,构成行政机关裁量权滥用时,则邻人也享有相应的要求行政机关采取干预措施之请求权。

（三）公法上相邻关系之诉的特殊问题

上述只是对相邻关系诉讼的粗略概括。但在具体内容——本 46
书不可能,也无必要对此进行讨论——上,该制度还存在着大量争议性问题。举例来说:建筑法上的规范,在什么时候具有保护相邻关系之特征?[35] 谁是受保护的邻人?[36] 除违反保护第三人之规范外,是否还存在违反能产生起诉权之照顾要求的情形?[37] 具备什么条件时,成立经由宪法基本权利而媒介的相邻关系保护。[38]

---

〔33〕 于希特里茨(Uechtritz),载《新行政法杂志》,1996 年,646 页;普雷舍尔,载《公共管理》,1998 年,45 页以下;芬克恩堡/奥尔特洛夫,上揭氏著,86 页以下。

〔34〕 对此尤参普雷舍尔与于希特里茨二氏之上揭著。

〔35〕 联邦行政法院,《新行政法杂志》,1987 年,409 页;联邦行政法院,德国行政公报.,1994 年,697 页以下。

〔36〕 奥尔迪格斯(Oldiges),载施泰纳主编,“特别行政法”,1993 年 5 版,575 页,及其引证。

〔37〕 奥尔迪格斯,上揭氏著,581 页;芬克恩堡/奥尔特洛夫,上揭氏著,220 页以下。

〔38〕 芬克恩堡/奥尔特洛夫,上揭氏著,243 页。

第二十六章　公法上的土地所有权内容构造与限制——所有权剥夺

第一节　概　　述

1　先请阅读本书第24章与第13章边码12以下内容。

在第24章之讨论中，我们已认识到，立法者的任务，乃对所有权所负有之义务约束，予以具体化，确立可能的所有权限制，并规定基于公共利益，而对所有权完全予以剥夺之条件。但是，为实现此项目的，立法者所进行的立法活动，几乎无所不包。要对此作一番概括无遗的介绍，不仅不大可能，而且也没有多少吸引力。故而，本章只选择讨论一些极其重要的典型立法。而对此进行阐述时，可取的阐述方法，应能体现这些立法措施所追求目的之间的结构关系。但在另一方面，有时某一措施，却可服务于数种不同的目的。基于这层原因，本章所采取的阐述方法如下：

处于核心地位的是*公法建筑法*。建筑法最初的功能，纯为危险防御（建筑警察），而现在越来越侧重对城镇整个区域（或部分区域）之建设规划功能；体现这一变化趋势之立法，为《建筑法典》（本章第2节）。地方性建筑规章，为规范跨数垦荒地区的州规划法与联邦规划法的补充（第3节）。自然保护与文物保护所谋求者，为美学与精神享受（第4节），而基于保护交通与交通工具利益对所有权进行限制者,又体现出对公众非常现实之利益的强调(第5节)。在农业法中所规定的所有权限制,则源于食物供给与行业政策的发展趋势(第6节)。对所有权的另一限制形式,可标之为“国家经济调控”(第7节)。最后,征收导致对所有权的剥夺;征收可用于不同的目标,且其共同之处,只能体现为,实行征收须以存在必要的公共福祉为前提(第8节)。

第二节　公法建筑法上的所有权限制

一、建筑治安法(**Bauordnungsrecht**)

公法建筑法,原本是建筑警察法,也就是说,它服务于危险防御。其中所适用的原则,为行政法的一项传统原则,即所有权人(占有人)负有使其所有权“符合治安状态”之义务。该原则自本质上看,体现于所有的警察法中(如《巴登－符腾堡州警察法》第7条)。为使该原则在具体个案中得以贯彻,警察可采取一切措施(本书上述第12章边码30以下)。 2

该原则在私法上的对应制度,为交通安全义务(Verkehrssicherungspflicht)制度,且主要针对所有权人。[1] 只是该义务所强调者,为单个人之利益而防御危险,而警察法上的“状态责任(Zustandshaftung)”,则主要以保护公众为目的。

但二者间的这一区别,并无重大意义,因为在警察法上,单个人作为公众之一员,也受到保护:若出租楼房之楼梯扶手已损坏,则警察可使所有权人负担修理义务,并能强制其进行修理。若一

〔1〕 对此参见拉伦茨/卡纳里斯,卷Ⅱ/2,§76,Ⅲ;埃塞尔(Esser)/迈尔,§55,Ⅴ;非肯切尔,§103,Ⅲ;与公务员责任之关系,参见《联邦最高法院民事判例集》,第32卷,352页。

来访者在楼梯上跌倒,则对此所有权人应依民法典第 823 条承担责任(而对使用承租人及其家属,所有权人应根据使用租赁契约[并结合民法典第 328 条:保护义务[2]]承担责任)。

就未建设之土地,行政机关极少有行政介入之机缘。一旦要在土地上进行建筑,则其情势随即发生变化:所谓建筑自由属于土地所有权内容[3]之论断,并不妨碍在进行任何方式之建筑时,亦应遵守警察法上的规定(如防火、静态坚固性等等)。因此,联邦州之建筑法,均制订规则,确保建筑人遵守这些建筑法上的要求。[4] 而建筑许可程序,因联邦各州所制订之新的建筑治安法,至少已有部分被取消,故而,各州关于建筑许可程序的具体情况,目前极其复杂。

二、建设规划法

3 显然,仅仅是遵守建筑警察法上的规定,还不足以使建设有秩序地进行:在任何情况下,一幢建筑物都是一建设区或住宅区的一部分;它必须与该区域相融和,须与当地公共交通以及城镇供应管道相连接,并须与当地已有的或计划中的建筑物相协调。故而,对建筑警察法规定,必须通过建筑规章予以补充。各城镇必须根据建筑法之规定,颁布地方建设自治章程(当地建筑物建造方案、建筑规划),规定特定建设区可建筑的面积、公共街道与供应管道的设置、建筑类别(如住宅区、工业区),以及建筑高度、建筑间隔距离等等。

---

〔2〕 对此参见拉伦茨,卷 I, § 17, II;联邦最高法院,《新法学周刊》,1988 年,2667 页。——另一项对应制度,为占有人依据民法典第 836 条之规定所承担的责任。

〔3〕 参见毛恩茨/帕皮尔,德基本法第 14 条,边码 60 以下;尼斯根斯/博容,边码 39 以下(以及上揭二著各自所引之资料)。

〔4〕 参见奥尔特洛夫,载《新行政法杂志》,1995 年,112 页以下;于希特里茨,载《新行政法杂志》,1996 年,640 页以下;曼佩(Mampe),载《新行政法杂志》,1996 年,1160 页以下。

三、联邦建筑法

公法建筑法，以前一直为联邦各州的州法，故不可避免地导致法律分裂状态。而且，以前的建筑法，在许多方面已无力胜任当今社会所提出的要求（狭小空间中工业区与住宅区聚集问题——交通问题）。这样就不得不通过联邦建筑法来谋求救济手段，使城镇地区有秩序、有规划建设所必要之一切措施的法律基础，均规定于联邦建筑法之中。 4

其决定性立法，为《建筑法典（Baugesetzbuch）》。该法典取代了其前任法律，即《联邦建筑法》与《城市建设资助法》。这两项法律在内容上，部分被修改，部分被原封不动地纳入新建筑法典中。〔5〕 建筑法典中的新规则，主要为强化环境保护〔6〕简化城市改造法与城市修葺法的规定、强化地方自治管理以及与此相关的对建筑意向者的程序简化。

该法典的结构体例，分为“章”与“节”，从而可清晰地考察其内容：第一章（第 1 – 135 条）为”城市建设法一般规定”，可以说是就一般情形所作之规则。它包括城镇建设规划（第 1 – 13 条；本章下述边码 5、6），对城市建设规划进行保障的措施，如建筑变更冻结（边码 5）、分割许可、特别是城镇法定先买权（边码 7）、征收法（边码 7）以及与此相关的建设区改建（边码 8），最后还包括建设土地开发（边码 9）。第二章可概括为”城市建设特别法”，主要包括城市建设改造措施（第 136 – 164 条）与发展措施（第 165 – 171 条）、建设”维持章程”（第 172 – 174 条）以及”城市建设命令”（第 175 – 179 条）等规定。第三章规定价值确定程序（第 192 – 199 条）、管理程序（第 200 – 216 条）、特别是规定建筑法庭对建筑事项的诉讼管辖权（第 217 – 232 条；下述边码 10）。

---

〔5〕 参考文献提示：巴提斯等，“建筑法典评注”，1996 年 5 版；比伦贝格（Bielenberg）等，“城市建设资助法”，1995 年 4 版；恩斯特（Ernst）/霍佩（Hoppe），“公共建筑法与土地法、联邦规划法”，1981 年 2 版。

〔6〕 现参见《建筑法典》第 1 条第 5 款第 7 项。

（一）城镇建设规划（Bauleitplanung）

5 城镇地区之殖民与建设，以城镇建设规划为基础，确切地说，是依据地面使用规划（在某种程度上可以说，它包括了"按照该城镇可预见之需求，自城镇建设未来发展之角度，在整体上对土地使用所作之基本规划"）以及建筑规划（有法律约束力的建筑行政规章，如规定建筑利用方式与范围、建筑用地的最低面积、满足城镇需求的地面等等）。为保障城镇建设规划的实现，可发布建筑变更冻结〔7〕的命令，即在一定期限内禁止为建筑上的改变。若建筑冻结期限不超过4年，则该冻结构成所涉及之土地所有权上所负担的社会约束，所有权人必须容忍，且不获任何赔偿（对此《联邦最高法院民事判例集》，第73卷，161页；第78卷，152页）。但在该冻结期限较长（同法第18条），以及依据城镇建筑规划而对所有权产生某种限制时，则对所有权人应进行赔偿；且在符合一定条件时，所有权人还可请求"购买"其土地所有权。比如在证明将土地用作交通用地与基面、对某些土地规定绝对的建筑禁止时，应对所有权人负赔偿义务。建筑法典极其详尽地规定了赔偿规则，而其基本原则为，城镇建设规划本身，属于土地所有权所负担的——无赔偿的——容忍内容范畴，但若其所采取的措施，如上所举，过于严厉，则须对所有权人负赔偿义务。比如土地所有权人打算在其土地上建筑多层高楼，以用于出租，而建筑规章只允许其进行轻松明快的别墅建筑，则不成立损害赔偿问题。但在该土地将来不允许用于建筑，或当地以前之建筑法所许可的建筑方式，被新的建筑规章废除或更改，则又另当别论（详参《建筑法典》第39－44条：所谓的建设规划损害法；对此参见联邦最高法院，《新法学周刊》，1989年，976页）。

在建筑规划所规定之范围内，对土地进行分割时，亦须获得许可；这一规定之目的，同样是为了保障城镇建设规划的实现（详参本书第22章，边码29）。

（二）建筑规划

6 建筑规划，是指由该规划所规定地区制订的有法律约束力之建筑法规。

---

〔7〕 参见《建筑法典》第14－18条。

若一建筑物建造方案符合规章中的条件，则只要该建造方案非为不需建筑许可之方案（参见本书上述第25章边码45），建筑人就享有请求颁发建筑许可的请求权。[8] 对不符合建筑规划的已建建筑，仅在有限情形中，才可以颁发例外同意（同法第31条第2款）。

（三）土地筹集措施

为使城镇在实现其公共目的事业或公共建筑方案时，能获得必要的土 7
地，法律上提供了其他措施：

1. 其手段之一，就是城镇（"为了公众之福祉"）所享有的法定先买权。但依法典（第24、25条之）规定，在城镇未在地方自治规章里创设特殊之先买权时，该法定先买权之适用对象，仅限于用于公益目的之土地，以及位于改建区、改造区与发展区或者其他（将来的）可建设区域的土地。1998年的新规定，在此之外又承认为第三人利益之先买权（同法第27a条），以及限定价格之先买权（同法第28条；对其全面概括者，参见格罗斯丘夫，载《新法学周刊》，1998年，420页；芬克恩堡，载《新法学周刊》，1998年，1、4页；亦参本书第22章边码28）。

2. 另外，法律还规定了征收之可能（第85条以下）。该征收手段，可用于为实现公共建筑方案而筹集建筑用地、填补建筑漏隙、将建筑熟地提供给建筑意向者或者为被征收者筹集补偿土地等目的。同时法律采取了各种预防措施，使城镇能防止建设用地"囤积者"的出现，如其中最主要的，就是在征收土地未使用于征收目的时，成立土地回复转让请求权（同法第102条）。对征收之赔偿，依照就征收申请作出决定时，被征收土地的交易价值而定（同法第93条第2款；例如：《联邦最高法院民事判例集》，第95卷，28页：征收而生的"后果损害"；对此参见帕皮尔，载《法学者报》，1986年，183页）。

其统计数字：1972年，在居民超过50万的城市中，34%的城镇土地所有权（也就是超过1/3！），属于城市；[9] 比如在法兰克福，该比例约达47%。当

---

〔8〕 当然，该方案也已遵守建筑治安法上的规定。

〔9〕 参见加斯纳（Gaβner），"国家非拍卖方式的土地取得"，1983年版。

然,这一统计数字包括了交通等用地。

(四) 土地改建

8 在须重新布局的建设区,对土地予以改建,旨在使土地利用秩序化(同法第45－79条)。与农地之改建(田亩重整;参见本书下述第27章边码10以下)相类似,其程序是先将某一区域的土地,烩成"一锅",然后"按照土地用途是建筑用地,还是其他用地,并依其位置、形状以及大小,而进行合理布局",再重新分配给各参与之土地所有权人。在改建期间,对土地之处分或变更,因须获得许可而受到阻碍。重新分配土地时,应按照土地所有权人以前所有的土地,"尽可能分配给相同地段或具有相同价值地段的土地"(同法第59条)。对为公共目的事业而被利用的土地,须给予金钱补偿。[10]

其中还须提及的是,可能会出现权威性的疆界划定(毗邻土地之部分调换);假如土地价值因此仅有微小影响,则为了公共利益,允许作出这种疆界划定。此时,也有可能对所涉及的地役权,"进行重新规定"(同法第80－84条)。

(五) 建设用地开发

9 此外,建筑规章还应就建设区开发[11]进行规定(同法第123－135条),并须确定交通设施、公共供给设施之建设。各参与所有权人,须缴纳一项开发费(沿线居民费);该费用额,依实际产生之支出费用,或者依与平均成本相应的单位标准来进行计算。而将支出费用分摊于各参与土地所有权人的标准,则是使用范围、土地面积大小或者土地临街的长度(同法第130、131

〔10〕 其例案(尤其是关于土地估价与公共地面),参见《联邦最高法院民事判例集》,第76卷,274页。此外参见鲍尔,载"米尔祝寿文集",1981年,71页(＝鲍尔,《论文集》,卷II,47页:私人建筑用地的改建),以及《联邦最高法院民事判例集》,第93卷,372页;并参迪特里希(Dietrich),"建筑用地改建",1990年2版。

〔11〕 关于开发契约,参见该法第124条之规定;比尔克(Birk),载巴登－符腾堡州行政公报,1984年,97页,及其所引资料;亦参迪特里希,上揭氏著。

条)。按照以前的法律,费用缴纳义务仅在对土地进行实际建筑时才产生;反之,现行法则将其提前至对土地允许为建筑之时。如此修改之目的,是使已开发的土地,能实际地用于建筑,从而避免因投机而闲置开发地(详参同法第133条之规定)。

(六)诉讼途径

10 就因《建筑法典》之规定而生之法律纠纷进行判决,其管辖权,属于州中等法院之建筑法庭(德语称呼为"Baulandkammer")与州高等法院之建筑法庭(德语称呼为"Baulandsenat")。这两个法庭之组成,均采混合制(普通民事管辖法官与行政法官);其管辖权范围,不仅包括对行政行为(如征收决定)之撤销,还包括对赔偿之确定。由此,可避免诉讼上的双轨制(同法第217-237条)。

(七)城市改造

11 城市建设上所采取的特殊改造措施与发展措施,以前规定于城市建设资助法,现被移入《建筑法典》第136-171条中。城市改造措施,旨在消除市政建设上的陋弊,而其具体手段,则体现为就土地所签订之契约规定许可获得义务(同法第144、145条)、间接强制所有权人实施改造(同法第148条)、委托给"改造承揽人"改造(同法第157条以下)等等。

第三节　跨地区规划法与州规划法对土地所有权的限制[12]

12 在上述(第2节)自建筑法角度对所有权限制进行讨论时,就已清楚指出,地方性建筑规章是建筑法的固有内容,而该建筑规

〔12〕 克雷布斯(Krebs),载施密特/阿斯曼(Aβmann)等,"特别行政法",1995年10版,第4章边码34以下;沃尔夫/巴霍夫(Bachof)/施陶伯(Stober),§38,IV(及其引证)。

章,又通过跨地区规划法与州规划法之规定,而得以补充与完善。

跨地区规划的基本原则,规定于联邦跨地区规划法中。这些原则对联邦各州的跨地区规划法与建设规划法,也具有约束力。各州负有就各自地区,制订土地规划的义务。

第四节　基于自然保护与文物保护而生之限制〔13〕

13 此种所有权限制的法律基础,为1987年3月12日的《联邦自然保护法》以及各州的自然保护法(如1995年3月29日之《巴登－符腾堡州自然保护法》)。自然保护与风景保养,需要有规划性的预防性措施。而随该措施之实施,自然会产生对所有权的干预:对自然文物、自然保护区以及风景保护区的所有权,要受一定程度的限制;而这种限制,尤其牵涉到对所有物的实际使用。一般来说,此时成立法定之所有权条件(联邦最高法院,《联邦最高法院裁判汇编》,《基本法》第14条,60号:关于"状如教堂之山毛榉(Buchendom)"的自然文物保护;《联邦行政法院判例集》,第3卷,335页:只要原有的农业与林业用途保持不变,就宣布该地区为自然保护区;《联邦行政法院判例集》,第4卷,57页:将一地区置于风景保护之下)。

〔13〕 参见布罗伊尔(布罗伊尔),载施密特/阿斯曼等,"特别行政法",1995年10版,第5章边码116以下;迪尔歇尔(Dilcher),载"科英(Coing)祝寿文集",1982年,卷II,73页;霍夫曼(Hofmann),载《法学者报》,1988年,265页(自然保护与宪法);Kolodziejcok/雷肯(Recken),"自然保护与风景保养(1980年以后)";斯迪希(Stich)/布克纳(Burkenne),"文物法",1984年;门希(Moench),载《新法学周刊》,1983年,1998页(文物保护的范围与界限);罗尔茨(Lorz),"自然保护法",1985年版;尼斯根斯/博容,边码205以下、219以下。

但自然保护行政机关所采取的对所有权的干预措施,有可能是如此地强 14
烈,以致于所有权之存在,仅徒有虚名(亦即仅为裸权),故而,此时成立应进行赔偿的征收;比如宣布一森林为自然保护区,并禁止进行任何经营性的使用(对此亦参《巴登-符腾堡州自然保护法》第47条第2款),或如对该建筑物所有权人来说,宣布一建筑物为文物保护,即意味着要承担维持一个博物馆的义务(《联邦最高法院民事判例集》,第99卷,26页);亦参联邦最高法院,NUR,1993年,497、498页,以及毛恩茨/帕皮尔,"基本法第14条",边码432。

文物保护法的例子:巴登-符腾堡州1983年12月6日之立法;对此《联邦最高法院民事判例集》,第72卷,211页,以及联邦最高法院,《新法学周刊》,1980年,2299页,与1988年,3201页,并附奥森比尔(Ossenbühl)之评注(问题:是具有征收性质的干预,还是社会约束?);门希,载《新法学周刊》,1980年,1545页(该文亦有各州文物保护法资料的引证)。此外亦参1980年6月1日《关于参考联邦法中有关文物保护规定之立法》,联邦法律公报.,I,649:为促进文物保护,修改与补充联邦立法。

第五节　基于交通利益而限制所有权

此处所说的限制,很少指贡献给公共交通之物("公共物, 15
öffentliche Sachen")的所有权人,所承受的限制,[14]因为这类物大多也存在于为贡献行为之团体的私法所有权中。就此种物而言,私法之所有权使用与公法之公众使用,极少发生冲突;其冲突,充其量只是在公共物之所有权人基于其所有权,而试图禁止不受欢迎的公众使用方式(如长期停车),或仅在有偿时才忍受这类公众使用时,才会产生。

---

〔14〕 参见扎尔茨韦德尔(Salzwedel),载施密特/阿斯曼等,"特别行政法",1995年10版,第8章边码25以下;帕皮尔,"公共物法",1984年2版;正文中的说明,参见施蒂尔纳,"在公共物管理中的私法构造形式",1969年版。

典型例案，如《联邦最高法院民事判例集》，第20卷，270页：就火车站站前场地，是否仅在支付“费用”时，才可用作出租车停车场，联邦最高法院正确地根据该站前场地用作公共场地之性质，来予以确定（类似判决，如联邦最高法院，《新法学周刊》，1965年，387页，与《联邦最高法院民事判例集》，第19卷，85页：街边货摊是否要交使用费？[15] 亦参《联邦行政法院判例集》，第5卷，342页：是否允许收取停车费？联邦行政法院，德国行政公报.，1966年，406页：是否允许永久停车？巴伐利亚州最高法院，《行政管理》（DOEV），1966年，466页：是否允许广告车行驶？）

16 公共街道边居民用益权的范围，亦属于这一问题。[16]

如在《联邦最高法院民事判例集》，第22卷，395页中，所判决的问题是，沿街居民权是否包含有将工地围栏以广告目的而予以使用出租的权限，或者反之，该使用出租权利是否应属于街道所有权人；联邦行政法院，《法学者报》，1983年，343页判决中的问题是，虽在公共街道上停车不符合设置行人区之目的，但自沿街居民权中，是否仍能产生一项在公共街道上停车的权利；《联邦最高法院民事判例集》，第57卷，359页判决中的问题是，在以前通行的公众使用受到限制时，沿街居民能否主张基于具有征收性质的干预而产生的请求权。显然，这里所涉及的基本为公法性问题，且这些问题越来越多地被规定于各州的街道法与公路法中。但它们与民法间的衔接点，也可以看得很清楚。

就上述二问题，本章不再赘述。然此处所指之限制，其决定性标准，应为对土地所有权人之限制，乃基于公共交通而产生。在此

---

〔15〕 对此亦参1953年8月6日实施，1994年4月19日修订之《联邦长途公路干线法》（联邦法律公报.，I，854）第7条、第8条之规定，以及帕佩尔曼/勒尔（Löhr），载《法学教育》，1980年，191、355、580、731、880页，1981年，117、269页，及其引证；派纳，载《法学者报》，1984年，869页。

〔16〕 对此参见扎尔茨韦德尔，上揭氏著，边码30以下；尼斯根斯/博容，边码98以下。

情形中，所有权人之防御权，在对公共交通之关系上——与民法典第 906 条对私法上侵入之规定相类似——，要受到限制，甚或被排除。此种限制，部分地已明定于法律之中，部分地则是通过类推适用《侵害防治法》第 14 条、民法典第 906 条之规定而产生。

其中为法律所明定之限制，还体现在： 17

1.《联邦长途公路干线法》第 9 - 11 条：在联邦长途公路沿线，限制进行建筑，并容忍公路防护措施之设置。

就公路交通自身所产生的干涉（如噪音、震动、气味），应参照《侵入防治法》第 38 - 43 条及其施行条例（对此参见科勒奥普弗（Kleopfer），“环境法”，1997 年 2 版，§ 14，边码 171）之规定，而予以解决。就超越容忍义务之环境污染，许多公路法都规定有法定之损害赔偿（如《联邦长途公路干线法》第 17 条第 5 款并《行政诉讼法》第 74 条第 2 款、第 75 条第 2 款；科勒奥普弗，上揭氏著，§ 14，边码 172）。此外，就超越征收界线之侵入，适用有关具有征收性质之干预的基本原则（《联邦最高法院民事判例集》，第 54 卷，384 页；第 97 卷，114 页；科勒奥普弗，上揭氏著，§14，边码 177 以下；司法判例意见极有差异，对此参见施陶丁格/罗特，民法典第 906 条，边码 220），而该原则又建立于民法典第 906 条第 2 款第 2 句标准之上。

2.《航空运输法》，确切地说，为该法第 1 条（与民法典第 905 条之规定相反：“领空自由”）、第 11 条（适用《侵害防治法》第 14 条之规定）以及第 12 条以下（机场附近之建筑限制，损害赔偿）之规定。 18

《飞机噪音防治法》规定了飞机噪音预防措施，且在噪音防治区域内，可发布建筑禁止与建筑限制之命令（该法第 5、6 条）。对具有征收性质的建筑禁止，应负担损害赔偿义务（该法第 8 条）；详参科勒奥普弗，上揭氏著，§14，边码 189 以下，及其引证。

3. 1996 年《电信法》第 50 - 58 条（参见舍雷尔，载《新法学周刊》，1996 19

年,2953、2961 页)。此处所涉及者,为对电信线路通行的容忍。对电信线路的架设,首先应使用公共交通道路,但同时亦可利用私人土地。类似原则,也适用于《建筑法典》第 41 条规定中的城镇供应管道之架设。

20 4. 在铁路交通中[17]——与公路交通相类似——,1993 年之《一般铁路交通法》第 18 条以及《行政诉讼法》第 74、75 条,规定有损害赔偿请求权(对此参见施陶丁格/罗特,民法典第 906 条,边码 89 以下)。除此之外,还存在联邦州之州法规范(如《巴登 - 符腾堡州铁路法》第 4、5 条),且在具有征收性质之干预中,成立一般的损害赔偿请求权。

第六节　基于农业政策原因而产生的限制

农业用地所有权,受到许多方面的限制:如农业土地之出让(在一定程度上,农地用益租赁亦是如此),须获得国家的许可;在有些地区,对农地实行种植限制(关于其法律效力,参见联邦最高法院,《联邦最高法院裁判汇编》,德基本法第 14 条,49 号;《联邦行政法院判例集》,第 5 卷,171 页);对农地可强制进行调换(田亩重整);对农业企业所有权人之遗嘱自由,也设有限制。对所有这些限制,只有结合对农地所有权之阐述,才能获得理解(参见本书下述第 27 章)。

〔17〕 详参科勒奥普弗,“环境法”,1997 年 2 版,§14,边码 180。

第七节　通过经济调控而限制所有权

通过经济调控而对所有权进行限制，乃非常宽泛的命题，[18] 故本书只能作极其简略的说明。其中，法律约束与限制的范围，不仅取决于所采取的经济政策观念（自由经济或为控制经济，私有经济或为公有经济），亦取决于不同时期的社会现实。 21

比如在战争或其他危机时期，自由的经济观念，会被计划经济强行取代。[19] ——与国有制经济国家进行对外贸易时，其所适用的基本原则，必然不同于与实行私有制经济贸易伙伴间的贸易关系。

对经济调控各种可能的经济理论探讨，以及该调控在宪法上所受之限制，本书均予从略。[20] 实际上，在经济调控上可采取的各种法律措施，大多涉及到动产（如产品控制、交售强制、进出口

---

〔18〕 对此尤参巴杜拉，载施密特/阿斯曼等，“特别行政法”，1995 年 10 版，第 3 章边码 77 以下；里特纳（Rittner），“经济法”，1987 年 2 版，§ 2 与 § 3；芬肯切尔（Fikentscher），“德国经济法”，卷 2，1983 年版；辛克（Rinck）/施瓦克（Schwark），“经济法”，1986 年 6 版；施泰因多尔夫，“联邦德国经济法导论”，1985 年 2 版；米勒 – 格拉夫（Müller – Graff），“市场法中的企业投资与投资税”，1984 年版。今天仍有阅读价值的文献：胡博（E. R. Huber），“经济行政法”，卷 II，1954 年版，§ 81 以下；巴勒施泰特（Ballerstedt），“法制国家与经济调控”，载《公法档案》，第 74 卷，129 页；伊赛（Isay），“经济调控的法律技术”，载“施密特 – 林普勒（Rimpler）祝寿文集”，1957 年，403 页；关于通过征收特殊捐税的经济调控，亦参布罗伊尔，载德国行政公报.，1952 年，485 页。

〔19〕 参见 1965 年 8 月 24 日之《保障营利经济以及金钱与资本流通领域供给的法律》（联邦法律公报.，I，920）；此外亦参 1965 年 9 月 9 日之《保护建筑法》（联邦法律公报，I，1232）、1965 年 9 月 9 日之《自我保护法》（联邦法律公报.，I，1240）、1965 年 8 月 24 日之《水资源保障法》（联邦法律公报.，I，1225）。

〔20〕 参见本节下的第 1 个注释所引之文献。

控制[外贸限额]、[21]价格规定、外汇管制)。而就本节所讨论的土地所有权来说,其控制措施可表现为:

1. 在农业法中存在着大量的许可获得义务(本书下述第27章);

2. 农地种植义务与限制(关于其所有权法上的问题,参见尼斯根斯/布容,边码187以下);

3. 企业关闭命令;

4. 法定先买权之赋予(如参本章上述边码7处第1点下)。

各种措施所追求之目的,又极不相同:如采取种植义务措施,目的是为了居民供给利益而提高产量;反之,采取种植限制措施,则是为了农民的私有农业经济利益而影响农产品价格水平。本节之介绍,仅在于使读者了解因经济调控而限制土地所有权时,可采取的一些技术措施。

第八节 征 收[22]

一、征收概念

22 在本书第13章边码14以下阐述所有权保护时,我们已讨论了征收概念,并区分了形式的征收概念与实质的征收概念。

23 形式的征收概念——联邦宪法法院现在已将其作为解释《基本法》第14条第3款的惟一基础(《联邦行政法院判例集》,第52卷,1、17页;第58卷,300页)——,指的是以剥夺所有权或加负担

---

〔21〕 例案联邦最高法院,《新法学周刊》,1956年,458页;联邦行政法院,《新法学周刊》,1958年,682页。

〔22〕 参见本书第24章以及第13章边码13以下之阐述;其他尤参舒尔特,"基本法第14条之理论问题",1978年版;沃尔夫/巴霍夫(Bachof), § 62;E. R. 胡贝尔,"经济行政法",卷II,1954年版, § 68以下,及其引证;汉斯 胡贝尔,"公共福祉作为征收的前提条件",载"瑞士法杂志",第84卷,39页;尼斯根斯/博容,边码324以下。

于所有权为目的，由国家通过具体行为，而对所有权实施干涉。而实质的征收概念，则指公权力对单个人之所有权实施妨害，并导致一项特别牺牲之产生。后一征收概念，为联邦最高法院解释具有征收性质之干涉与具有征收效果之干涉的基础。

因此项不同观点而产生的难题，我们在上述第 13 章边码 16 以下已有探讨。

在下述内容中，我们只讨论所谓的传统型征收。这种征收，与征收之形式概念，在本质上并无二致；之所以称其为“传统型”，是因为这一形式在立法规定上由来已久。

传统意义上的征收[23]，是指通过行政行为（例外地亦通过法律：所谓“法定征收”；对此参见《联邦行政法院判例集》，第 24 卷，367 页 = 鲍尔，E. Slg.，案例 12；《联邦行政法院判例集》，第 58 卷，300 =《新法学周刊》，1982 年，745、748 页；《联邦行政法院判例集》，第 74 卷，264 页以下 = 联邦宪法法院，《新法学周刊》，1987 年，1251 页），剥夺土地所有权，并将其转让给他人。 24

征收也可以是对所有权的部分剥夺，比如为了生活供给企业的利益，或为在他人土地上架设高压线路发电厂的利益，通过强制设立一项限制的人役权，而征收土地（《联邦行政法院判例集》，第 45 卷，297、339 页；联邦宪法法院，《新法学周刊》，1981 年，1257 页；《联邦最高法院民事判例集》，第 83 卷，61 页）。

征收的特殊形式，为田亩重整（改建）与建设用地改建。在农地改建（田亩重整）中，某一边界上的土地先被烩成“一锅”，然后按照现代经营方式，再行分配（参见本书下述第 27 章边码 10）；而城市中的类似改建程序（建设用

---

〔23〕 参见施密特－阿斯曼，载《法学教育》，1986 年，833 页；毛雷尔，载“G.·迪里希祝寿文集”，293 页。

地改建），则是为了对某一建设区予以合理布局（本章上述边码8）。

二、征收法律

25 （一）不存在联邦法层面上的普通征收法。我们只能考察联邦法与州法上的特别征收法，以及州法上的普通征收法。

26 （二）联邦层面上的征收规则，如规定于《建筑法典》第85条、《联邦长途公路干线法》第19条、《能源经济法》第11条、《一般铁路交通法》第22条、《联邦水道法》第44条、《客运法》第30条等之中。

“在公共目的事业，不能借助于由法律所提供的通常手段而实现时”，则征收为合理（联邦宪法法院，《新法学周刊》，1981年，1257页）。[24] 但有意思的是，有些征收法还规定了可为私人利益而实行征收，比如《帝国垦荒法》与《建筑法典》；《基本法》第14条第3款第1句规定，“征收仅在为公众福祉时才允许”；而在上述法律中，这种公众福祉（垦荒——住宅建筑），在结果上乃私人之受益（对此参见格劳里希（Graulich），载《法学者报》，1986年，269页；尼斯根斯/布容，边码356以下）。

为私营发电企业之利益，可允许为征收（参见《联邦行政法院判例集》，第66卷，248页；《法学者报》，1986年，280页）；那么为了一个试车区的利益，也能实行征收呢？（参见《联邦行政法院判例集》，第74卷，264页以下：所谓的赛车装配场地判决；对此施密特－阿斯曼，载《新法学周刊》，1987年，1587页）。

27 （三）各州之普通征收法，大多以1874年6月11日的《普鲁士征收法》为蓝本而制订。[25] 依据这些法律，征收程序之启动，首先需要对受益人（如城市、发电厂等等）授予征收权；接着要在行政长官前进行计划确定程序；而

---

〔24〕 参见联邦最高法院，《新法学周刊》，1989年，216页＝《联邦最高法院民事判例集》，第105卷，94页；布罗伊尔，载德国行政公报．，1981年，971页。

〔25〕 参见迈尔·蒂尔·弗罗贝格（Meyer－Thiel－Frohberg）对此之评注，1959年5版。

对该计划确定，可以以行政诉讼进行撤销。仅在确定征收赔偿[26]——在有争议时，可由普通法院予以确定[27]——，并支付该赔偿额后，才由行政长官发布征收命令。由此，所有权乃依国家行为原始地移转于受益人；而在土地登记簿中进行登记，仅为登记簿之更正。此外，在征收决定中，还包括对被征收人的土地安置。

该程序对所有权保护来说，自是非常周到，同时却又旷日费时。故而，立法（如 1922 年 7 月 29 日的普鲁士立法，亦参《建筑法典》第 113 条）又承认简单的征收程序，即征收与征收赔偿额之确定，常合并于一个程序阶段，并可宣布对被征收人的临时土地安置措施（也就是在整个程序结束之前）（如参《建筑法典》第 116 条）。

（四）若征收目的未能实现，则依《基本法》第 14 条，成立原土地所有权人的回复取得权（联邦最高法院，《新法学周刊》，1982 年，2184 页；《建筑法典》第 102 条："回复征收"；并参本书第 63 章边码 28）。

---

〔26〕 关于征收赔偿的基本原则，参见尼斯根斯/博容，边码 384 以下。

〔27〕 参见尼斯根斯/博容，边码 401 以下。

第二分编　土地所有权典型的特殊形式

在对所有权内容予以一般阐述之后，接下来介绍一些典型的所有权特殊形式。在这一部分，我们并不盲目固守于“所有权”概念，而是还要对各相关法律制度（比如在住宅所有权之外，还对地上权以及物权性的居住权）一并予以讨论。

第二十七章　农地所有权(包括农地用益租赁法——水法——森林法——狩猎法与渔业法)

参考文献提示:见本章正文之注解;此外参见格茨(*Götz*)等,"农业法小词典",*1981* 年卷 *I*,*1983* 年卷 *II*;鲍尔,"土地法"(*1948* 年版);同氏著,"法律概论讲座",卷 *11*(*1958* 年),*507* 页;同氏著,载《法学者报》,*1962* 年,*695* 页;克罗伊策(*Kreuzer*)等,"欧洲农业法",*1983* 年;科勒舍尔(*Kroeschell*),"现代社会中的土地制度"(*1961* 年);同氏著,"农庄交付中的法律问题",载"策勒中等法院哥廷根纪念文集(*1961* 年)",*99* 页;同氏著,"农业法",*1966* 年 2 版;同氏著,"德国农业法",*1983* 年;同氏著,"德意志联邦共和国的农业结构转型及其对农业法的影响",载"东部与西部法律(瓦泽达(*Waseda*)祝寿文集)",*1988* 年,*119* 页;皮卡罗(*Pikalo*),"西欧农业与林业土地交易法与继承法",*1961* 年版;文策尔(*Wenzel*),"农业法",*1995* 年版,*37* 页;韦尔曼(*Wöhrmann*),"农业法",*1966* 年 2 版;弗罗贝格等(编辑),"皮卡罗祝寿文集",*1979* 年。并参阅每月出版的《农业法》杂志,

1997 年度(第 *27* 卷);“农业法律”杂志,*1997* 年度(第 *49* 卷)。

第一节　概　　说

1　关于农用土地,随时间推移,发展起诸多特别规则,并构成农业法的重要部分。而促使立法者采取这些立法措施的动机,又相当不同:首先存在于保障居民饮食供给之约束性中,其次体现为力求通过立法措施,保证与支持农业经营的持续发展,再次希望通过大地产投资,而创造新型农业经营。因其出发点各有差异,涉及农地所有权的各项法律,不仅在立法技术上,而且在内容上,也截然不同。

2　而对这些法律规则进行描述,或许可依据下列视角:保障农业生产基础(本章下述边码 4 以下)、保障农业经营(下述边码 13 以下)、农业经营的新构造(下述边码 25 以下)、对农业生产与农产品销售的调控(下述边码 35 以下)。最后附带概述水利法(下述边码 43 以下)、森林法(下述边码 56 以下)、狩猎法(下述边码 65 以下)。

3　有关统计数字:德意志联邦共和国土地面积约为3,570万公顷,其中54.7%(=1,954万公顷)为农地,29.2%(=1,043万公顷)为林地,11.3%(=402 万公顷)为建设及交通用地(1993 年状态)。在原西德州的总从业人口中,农业与林业人口所占比例,在 1994 年为:2.9%(1960 年曾达13.7%);在国内生产总值中,农林业所占的比例,在 1993 年为:1.0%(参见 1996 年的《统计年鉴》,106、168、645 页以下)。

第二节　农业生产基础的保障

一、所谓的土地交易法[1]

按诸一般的法律规则，对土地所有权，可自由出让，并可用益出租，也就是说，不受国家之干预。[2] 但在农业领域，若贯彻这一自由原则，则会导致对土地所有权不合经济目的地瓜分（即"砸碎财货"），并会导致农地集中到非农民手中（土地投机之危险），与农业经营的滑坡。 4

这样的农地自由交易，自然会影响到农业生产。故而自1918年以来，国家对农地交易实行控制，且这一政策延续至今。[3] 5

其法律规范基础，现今为1961年7月28日的《土地交易法》（联邦法律公报.，I，1091，1652，2000）与各州对该法的施行法（如巴登－符腾堡州1989年5月8日的施行法，法律公报.，143），以及1985年11月8日的《农地用益租赁交易法》（联邦法律公报.，I，2075）。这些规则的主要内容如下：

---

〔1〕 对该法之评注，参见埃伦福特（Ehrenforth）（1965年版）、朗格（1964年2版）、皮卡罗/本德尔（Bendel）（1963年版）、福尔魏尔克·施佩克尔森（Vorwerk－v. Spekkelsen）（1963年版）、特罗伊特莱因·克鲁修斯（Treutlein－Crusius）（1963年版）；其他文献，参见赫明豪森（Herminghausen），载《德国公证杂志》，1962年，450、522页，1963年，153、200、387、464页；鲍尔，载《法学者报》，1962年，695页；奥古斯丁（Augustin），"农业法小词典"，卷I，1981年，850页，以及同著中本德尔氏，855页；格里梅（G. Grimm），"农业法"，1995年版，第2章，IV；温科勒（Winkler），载《自然与法律》，1987年，258页，1988年，170页及其引证；关于土地交易之新判例，参见文策尔（Wenzel），"农业法"，1995年版，37页。

〔2〕 对此已见本书第22章边码24以下。

〔3〕 关于其发展，参见鲍尔，"土地法"，101页以下。关于土地交易法之现代意义，参见H·W·鲍尔，载《农业法》，1996年，256页。

(一) 需获得许可的法律行为

6 负有获得许可义务的法律行为,为农地所有权之出让行为(买卖契约与不动产所有权让与合意)。[4] 在许可颁发之前,出让行为之效力,为不确定;若许可被拒绝,则该行为自始(ex tunc)为无效。存在法律上所明定之拒绝理由时,应拒绝颁发许可。而该理由之产生,可基于农业结构(不良之土地划分),[5] 或基于农业经营之影响(契约不得导致不合经济目的之分散经营或使土地分散),[6] 甚或基于契约内容本身(土地价值与所约定对价间,严重不成比例;例如:《联邦最高法院民事判例集》,第50卷,297页)。

7 制订这些规范的动机,最初源于战时与战后的供给匮乏状态,也就是要保障饮食供给。而在今天,其情形已发生变化,其规范目的也随之改变,亦即共同服务于农业政策的实现(改善农业结构——保持合理农耕经营——防止农业"滑坡")。但联邦宪法法院(《联邦行政法院判例集》,第21卷,73页;第87卷;第92卷;第99卷;第102卷),仅将法律行为对农业结构的不利影响,视为其决定性标准(例如:《联邦最高法院民事判例集》,第75卷,81与86页)。——有趣例案:《联邦最高法院民事判例集》,第94卷,292页 =《新法学周刊》,1986年,312页:农业结构改善措施间的相互冲突。

许可之颁发,通常先由农业局决定。而对该决定之不服,可起诉于农业

---

〔4〕 受同样之约束者,包括用益权之设定以及让与对农林业遗产的继承份额。——关于"出让(Veräuβerung)"概念,参见《联邦最高法院民事判例集》,第87卷,233页;关于"农地"概念(《土地交易法》第1条),参见《联邦最高法院民事判例集》,第106卷,251页,以及赫策尔(Hoetzel),"农业法",1993年版,213页。

〔5〕 参见《土地交易法》第9条第1款第1项。例案:联邦最高法院,《新法学周刊》,1975年,2192页;《联邦最高法院民事判例集》,第67卷,330页;第94卷,292页;第112卷,86页;第116卷,348页。

〔6〕 参见《土地交易法》第9条第1款第2项(对此之例案:《联邦最高法院民事判例集》,第124卷,217页)。关于该条规定之合宪性,参见联邦宪法法院,1969年,1475页;关于"农业企业"概念(同法第9条第3款、第5款等),参见联邦最高法院,《新法学周刊—司法判例报告,民法》,1996年,528页。

法院（该法院为基层法院，其组成除基层法官外，还包括两名农地地主）（对此参见1953年7月21日之《农业纠纷诉讼程序法》，联邦法律公报.，I，667；该法通过1985年11月8日之立法而被修改，联邦法律公报.，I，2065）。[7]

例案：《联邦最高法院民事判例集》，第82卷，292页；联邦最高法院，《新法学周刊》，1982年，2251页；《联邦最高法院民事判例集》，第94卷，24页（对土地登记局提供许可之证明）；第118卷，367页（关于设定用益权之许可）；以及第123卷，1页（关于依《德土地交易法》第6条第2款许可拟制之产生）。

（二）不需获得许可的法律行为

1. 对农业企业设定担保物权之负担，其许可获得义务，经1960年12月 8
19日之立法（联邦法律公报.，I，1015），而被取消。

2. 对农地之用益租赁，最初也需获得许可（KRG，第6条，45号）。而1952年6月25日之《农地用益租赁法》（联邦法律公报.，I，343），对此仅规定一项通知义务（Anzeigepflicht）；通过此项通知，使农业局得以就租赁契约进行"责难（beanstanden）"。而自1986年7月1日起，成为核心法律之《农地用益租赁交易法》，也坚持这一做法（参见本章下述边码35以下）。[8]

农业局责难之理由，与上述（一）处农地出让中许可拒绝理由相类似（详参本章下述边码25以下）。

须注意者，经1985年11月8日之立法（联邦法律公报.，I，2065），《德国民法典》中专门增加一目，规定农地用益租赁问题（民法典第585条至597条；参见本章下述边码37、39）。

---

〔7〕　对该法之评注，参见朗格/武尔夫（Wulff）（1954年版，以及1963年之增补版）、韦尔曼/赫明豪森（1954年版）、普里特施（Pritsch）（1955年版）；以及巴尔恩斯泰德（Barnstedt）/斯泰芬（Steffen），1993年5版。

〔8〕　对该法之评注，参见法斯本德（Faβbender）等，《农地用益租赁法》，1993年2版，以及朗格/吕特克（Lüdtke）/汉格耶里（Handjery），《德国民法典以及农地用益租赁交易法中的农地用益租赁权、农业用益租赁权》，1997年4版；此外亦参埃伯斯巴赫（Ebersbach），"对农地用益租赁交易…的调控"，载"皮卡罗祝寿文集"，1979年；夸德福利格（Quadflieg），"农业法小词典"，卷I，1981年版，631页，及其引证。

(三) 新联邦州中的土地交易

9 在新联邦州中,无保留地适用《德土地交易法》(《两德统一条约》,附件1,第6章,B事项,说明;参见罗登巴赫(Rodenbach),载德里加尔斯基(Drygalski)/韦尔特/格梅克(Gemmeke),《东部地区不动产法手册》,1996年2版,85页)。

二、田亩重整(Flurbereinigung)或改造(Umlegung)

10 上述土地交易法的主要目标,在于危险防御。而与此不同者,乃田亩重整制度。田亩重整制度,为改善农业结构之农业政策的主要组成部分,并试图通过采取积极措施,来改善农业生产基础。其法律规范基础,为1953年7月14日实施,并于1976年3月16日修订(联邦法律公报.,I,546)的《田亩重整法》。[9] 该法之目的为,在农业地产分散的地区,尤其是在农地被实际分割的地区,先将各农地归并在一起("烩成一锅"),然后自耕作管理角度重新构造,从而创造有活力的,适合于机械化耕作的大规模经营。

也就是说,通过田亩重整程序,在某一疆界内,不同所有权人间进行农地调换,同时力求每一参与人重新获得相同范围与相同地质(土地质量)的土地。

11 田亩重整程序,随田亩重整局作出田亩重整决定,而开始启动。因该决定,各参与之土地所有权人,就组成"参与人共同体"(为公法上的团体!),而

---

〔9〕 对该法之评注,参见卢尔茨(Lurz)(1955年版)、泽豪森(Seehusen)/施魏德(Schwede)/黑格勒(Hegele)(1992年6版)、施托伊尔(Steuer)(1967年2版);其他文献参见尼斯根斯/博容,边码176以下;格里泽(Griese),载《自然与法律》,1985年,269页。关于企业之土地重划,参见联邦宪法法院,《新法学周刊》,1987年,1251页(盒子山),以及联邦行政法院,《新行政法杂志》,1990年,471页;此外亦参维尔(Wehr),载巴伐利亚《行政公报》(VerwBl).,1987年,356页;K·托马斯,载《农业法》,1995年,309页。

且，该团体可以说是田亩重整程序中的民主机构。[10] 田亩重整程序的结果，须记载于田亩重整计划中，并随该计划法律效力的发生，各土地上的所有权归属状态，立即发生改变。[11] 故而，所涉及各土地的所有权变动，也就是以田亩重整计划为其基础，不需另有法律行为要件；不动产登记簿也应予以更正，以与田亩重整计划相符合。

对限制物权权利人的利益（尤其是担保物权债权人的利益），则通过代位方式（物权负担依法直接存续于新土地之上），而予担保。

若将征收纯技术地理解为，通过国家行为对土地予以剥夺，并将其转让 12
给另一人的话，则田亩重整也可以说是征收行为。如以特别牺牲思想为判断标准，则在被重整的土地所有权人，获得同等价值之土地时，就不能视其为征收；反之，在为公共设施利益，而进行"土地扣减"（《联邦行政法院判例集》，第 3 卷，156 页），或违反土地所有权人之意志，对其予以一次性金钱补偿时（《联邦最高法院民事判例集》，第 27 卷，15 页；第 31 卷，49 页），可视为此种意义上的征收。

在新联邦州，无保留地适用《田亩重整法》（《两德统一条约》，附件 1，第 6 章，B 事项，说明；关于法律上类似的"土地特别程序"，参见本书第 63 章，边码 54 以下）。

第三节　保障农业经营

一、单独继承法以及农庄继承法

在继承程序中，无论各继承人是通过分割被继承人的土地所 13
有权，而对土地"实物（in natura）"进行分割（实物分割，在德国西南部尤为常见），还是按其价值进行分割，均会导致土地分散，从而给保持良性的农业经营，带来极大危险。

---

〔10〕 但其所具有的权利，自整体上看，又少得可怜。

〔11〕 对此参见祖泽特（Susset），"田亩重整法中的代位思想"（蒂宾根，博士学位论文，1968 年）。

例如:E 的遗产,被其三个孩子 A、B 与 C 继承,则无论是属于 E 农业企业的土地,被 A、B 与 C 实际分割,还是虽由 A 承受整个农庄,但须对 B 与 C 各一次性补偿全部价值的 1/3,均会危及 E 原有农业企业的良性发展。

14 单独继承法(农庄继承法),就试图避免这一结果的产生。该法所体现的,是德国大部分地区(包括奥地利)的农民继承习惯。其基本思想为,农庄随继承开始(或随以农庄交付契约方式所预先进行之继承),移转至某一继承人(单独继承人、农户继承人),而对其他继承人(即退出的继承人),进行一次性金钱补偿。[12]

其最重要的规则,包含于 1947 年 4 月 24 日在(当时)英占领区(北莱茵 - 威斯特法伦州、石勒苏益格 - 荷尔斯泰因州、下萨克森州与汉堡州)实施的《农庄条例》。但该条例后施行于整个联邦,并通过 1976 年 3 月 29 日之立法(联邦法律公报.,I,881;1977 年,I,288),而对其进行了修改。[13] 该——修订后的——1976 年 7 月 26 日之《农庄条例》(联邦法律公报.,I,1933 年),规定了下列主要内容:

---

〔12〕 关于农庄继承法的功能,详参《联邦最高法院民事判例集》,第 118 卷,365 页。

〔13〕 参见德里泽尔(Dressel),载《新法学周刊》,1976 年,1244 页;法斯本德,载《德国公证杂志》,1976 年,393 页,1977 年,388 页;夸德福利格,载《泛亲属法杂志。公法与私法中的婚姻与家庭》,1977 年,228 页;法斯本德/赫策尔/皮卡罗,“农庄条例”,1994 年 3 版;沙伊欣(Scheyhing),“农庄条例”,1967 年版;C·格里姆,“农业法”,1995 年版,第 4 章;克罗伊策尔(Kreuzer),“德国农业法”,第七届比较法国际会议提交论文,1967 年;同氏著,“农业法小词典”,卷 I,259 页;吕特克 - 汉格耶里,“作为契约性继受与继承性继受的农庄交付”,载《德国公证杂志》,1985 年,332 页;朗格/武尔夫/吕特克 - 汉格耶里,“汉堡州、下萨克森州、北莱茵 - 威斯特法伦州与石勒苏益格 - 荷尔斯泰因州的农庄条例”,1991 年 9 版;韦尔曼/施特克尔(Stöcker),“农业法”,1995 年 6 版;泽格尔/施蒂尔纳,民法典第 873 条之前,C,II,及其引证。关于农户继承法的新司法判例,参见文策尔,“农业法”,1995 年版,37 页;关于农庄继承指定有可能进行的改革,参见哈泽尔霍夫(Haselhoff),载“农业法”,1993 年,225 页。

（一）取得农庄资格的条件

取得农庄资格的条件为：适合于农庄方式经营的农地或林地； 15
单独所有权（或配偶之共同所有权）；不低于 20,000 马克的所谓的经济价值（=扣除住宅价值后的课税标准价值）。

符合这些条件，则一农业企业依法就成为“农庄”。但所有权人可废止其农庄资格（对此参见《联邦最高法院民事判例集》，第 101 卷，57 页；奥特（Otte），载《新法学周刊》，1988 年，672 页），或新设其农庄资格，故单独继承法，在此范围内为选用性（fakultativ）法律。废止或新设农庄资格，须对农业法院为意思表示。[14] 而农庄继承人之附注登记或注销该附注登记，则由农业法院嘱托土地登记局来进行办理，参见 1976 年 3 月 29 日之《农庄事件程序条例》第 3 条之规定（关于其合宪性问题，参见《联邦行政法院判例集》，第 76 卷，100 页）。再者，对农业法院所为之意思表示，在内容上须包括构成农庄成分之所有土地（参见《联邦最高法院民事判例集》，第 106 卷，245 页）。在农庄资格条件（如因营利性使用）而丧失时，农庄资格亦依法而丧失（《联邦最高法院民事判例集》，第 84 卷，65、78 页；较新例案：奥尔登堡州高等法院，《德国司法》，1993 年，149 页）。此外，某单个土地，也可能因被划出农庄，而丧失其农庄属性（《联邦最高法院民事判例集》，第 124 卷，220 页）。

（二）自由指定农庄继承人

农庄所有权人，原则上可通过死因处分行为（或者农庄交付 16
契约），[15] 而自由指定农庄继承人；[16] 但被指定之农庄继承人，一

---

〔14〕 关于农庄资格之消极性意思表示对权利继受人的效力，参见《联邦最高法院民事判例集》，第 118 卷，356 页；关于废除农庄资格时的损害赔偿，参见 J · U · 朗格，“农业法”，1995 年版，170 页。

〔15〕 吕特克－汉格耶里，载《德国公证杂志》，1985 年，332 页；对该文之评论参见法斯本德，载《德国公证杂志》，1986 年，67 页。

〔16〕 关于农庄所有权人之遗嘱自由，参见《联邦最高法院民事判例集》，第 118 卷，365 页。

般必须具有“经营能力”,也就是能独立管理企业。

依以前的司法判例,在满足一定条件时,也可通过所谓非要式的农庄交付契约,而指定继承人(对此参见《联邦最高法院民事判例集》,第 12 卷,286 页;第 23 卷,249 页)。在新修订的《农庄条例》第 7 条,对非要式的农庄交付进行规定之后,该司法判例意见,在符合新法上更为严格之条件时,仍具可适用性(《联邦最高法院民事判例集》,第 73 卷,324、329 页;第 87 卷,237 页;第 119 卷,387 页)。除此之外,对“旧案”,该司法判例意见,当然仍具有重要意义(关于这个问题的详述,参见萨克斯(Sachs),“有约束力的非要式农庄继承人指定”,1991 年版)。

(三) 法定农庄继承人顺序

17 在农庄所有权人未进行此种指定时,则适用法定农庄继承人顺序。但即使在法定继承顺序中,被继承人的意思,仍具有间接的决定意义。也就是说,被继承人生前长期将农庄交与其经营的某共同继承人,首先享有农庄第一顺序继承资格;[17] 其次,接受职业培训或在农庄中工作,以准备承受该农庄的某共同继承人,享有第二顺序继承资格;最后,仅在农庄第三继承人顺序中,才——随习惯之不同——适用长子继承权或幼子继承权制度。

(四) 配偶作为农庄继承人

18 生存配偶,可被指定为农庄继承人。无农庄第一顺序继承人,也就是无子女,或者被继承之农庄为配偶共有农庄,而配偶双方还未共同指定一农庄继承人时,生存配偶得依法成为农庄继承人(详参《农庄条例》第 8 条;对此参见《联邦最高法院民事判例集》,第 98 卷,1 页)。

---

〔17〕 在农庄经营期间,农庄所有权人自然就不能以其他方式指定农庄继承人,参见《农庄条例》第 7 条第 2 款;亦参《联邦最高法院民事判例集》,第 125 卷,153 页(该案同时可作为有趣的案例分析实例)。

生存配偶永远有权请求终老财产(居住权、生活费用以及照料)之给付。

(五)退出继承人之一次性补偿请求权

退出的继承人,通常是农庄继承人的姐妹,她们只能请求一次性的金钱补偿。[18] 金钱补偿额,可由被继承人确定。若被继承人未确定,则法定的一次性补偿额标准,为税收上课税标准价值(也就是说,既不是其交易价值,也不是其收益价值!)的1.5倍。若农庄继承人为共同继承人,则他还可就该价值额参与分配。 19

例如:A 与 B 为农庄所有权人的共同继承人。A 为农庄继承人。1.5 倍的课税标准价值,为60,000马克。A 就必须向 B 支付30,000马克。须注意者,A 此时获得双重优惠:一方面税收上的课税标准价值,即使在今天,仍远低于收益价值与交易价值;另一方面,就60,000马克之价值,A 还参与分配;换言之,“他仅以30,000马克,就获得了农庄”。

关于一次性补偿之补充请求权,参见《农庄条例》第 13 条第 4 款,以及《联邦最高法院民事判例集》,第 94 卷,306 页;此外亦参《联邦最高法院民事判例集》,第 115 卷,157 页(后续的补偿请求权)。

二、单独继承法在联邦各州的扩展

联邦德国的单独继承法,简述如下(详参克罗伊策尔,“农业法小词典”,卷 I,259 页): 20

(一)上述标题一所介绍的规则,适用于北莱茵 - 威斯特法伦州、石勒苏益格 - 荷尔斯泰因州、下萨克森州与汉堡州。在巴登 - 符腾堡州的符腾堡 - 霍亨佐伦地区,适用类似的规则。

---

〔18〕 合宪性的规则:联邦宪法法院,《新法学周刊》,1985 年,1455 页;关于其计算:联邦最高法院,《新法学周刊—司法判例报告,民法》,1986 年,1014 页。

（二）选用性的单独继承法（仅只能通过所有权人的意思表示，并登记于农庄卷宗或不动产登记簿而成立），适用于不来梅州、黑森州、莱茵兰－法耳次州以及巴登－符腾堡州的北符腾堡与北巴登地区。[19]

（三）无单独继承法的联邦州，为巴伐利亚州、萨尔州、柏林州以及——但并非总是毫无疑问——新联邦州。

三、农庄分派

21 单独继承法上的一个有趣变种，就是（依据《土地交易法》第13－17条之）农庄分派：对于不受单独继承法管辖，而属于法定继承（不是遗嘱继承，《联邦最高法院民事判例集》，第40卷，60页）之继承人共同体的农庄，法院得依申请，将其“分派”给某一共同继承人，使其享有单独所有权，而对其他共同继承人，予以一次性金钱补偿（对此参见勒特尔曼（RöteLMann），载《德国公证杂志》，1964年，82页）。

22 对此制度，我们只能简略提及，但由此也可看到对单独继承思想的再一次强化，也就是说，试图借助于土地交易法上的许可获得义务，以冷酷的方式，推行单独继承法（亦即不允许在共同继承人间，分割农庄，参见《土地交易法》第9条第3款）。所有这些，均表明这一认识的不断加强，即只要存在农庄在每一代继承人中被分割，或使农庄负担有很高的非生产性补偿请求权的危险，那么为农业，尤其是为田亩重整所采取的措施，就不能发挥其全部效用。

---

〔19〕 巴登－符腾堡州的农庄单独继承法，自2000年12月31日起失效（《第3次法律清理法》，参见法律与行政法规公报．，1997年，29页）。

四、以前的特定世袭财产法

以前的特定世袭财产法,对土地财产规定有很强的约束内容。[20] 特定世袭财产,为一项特别财产——大多为农地与林地财产,但也包括营利性地产——;基于捐助行为或家庭契约之规定,该财产不得被转让,且其继承只能发生于父系家庭成员间。该财产的目的,是为了担保家庭在经营上的独立性,以及家庭成员一定的生活水平(殷实家庭,splendor familiae),并使其成员免负公共差役。随君主制度的废除,自然也就取消了特定世袭财产制度(《魏玛帝国宪法》第153条),但其余荫仍延续甚久。其原因,并非是该制度自身所带有的惯性,而更是因为大量的近亲属与雇员,曾"依附于"该财产,为保护这批人的利益,自然也就延缓了将特定世袭财产最终转变为自由的所有权。 23

五、以前的家园

与农户继承法有某种相似者,为现已废除的家园法(1937年11月25日之《帝国家园法》,帝国各部公报,I,1291;经1993年6月17日之立法而被废除,联邦法律公报.,I,912)。[21] 家园,是为了迎合"小民之居住需求与经济需求"(伯梅尔(Boehmer)氏语),而将"带有园地的单户住宅"(居住性住宅),或者小型农地或园地("经济性住宅"),合并成法律上的统一体,即 24

〔20〕 参见泽尔曼/克赖泽尔(Klässel),"家庭特定世袭财产法",1920年版;泽尔纳(Söllner),载"卡泽尔(Kaser)祝寿文集",1976年,657页(关于其法律史);冯·鲍尔(von Bar)/斯特里维(Striewe),载"近代法律史杂志",1981年,184页(关于其瓦解);鲍尔,载"弗兰克·菲舍尔(Frank Vischer)祝寿文集",1983年,515页(=鲍尔,《论文集》,卷II,268页:与特定世袭财产相类似的企业约束)。

〔21〕 沃尔密特(Wormit)/埃伦福特,"家园法",1967年4版;卢施(Rusch),"家园法",1940年2版;韦斯特法尔(Westphal),载《德国司法》,1981年,129页(家园继承法);关于《帝国家园法》之废除,参见霍尔农(Hornung),载《德国司法》,1994年,277页;关于其过渡规则,参见埃伦福特,载《新法学周刊》,1993年,2082页,以及霍尔农,载《新法学周刊》,1994年,235页。

家园。

其社会目的,当时是为了对中下收入社会阶层,进行殖民与安置。但在德国,家园制度,并未得到广泛推行。

第四节　农业经营的新构造——垦荒与土地改革〔22〕

一、目标

25 垦荒与土地改革之目的,是创造新型农业地产,或者通过土地补贴,提高现有的土地不敷其用之农业企业的生产能力。其中,垦荒法规定了各种立法措施,以将农地筹集与分配到需求土地的合适经营者手中。而土地改革(Bodenreform),旨在——尤其是通过分割或减少大地产而——达到对土地所有权的均匀分配。

但在其中,因各时期的社会关系不同,各政策性倾向,比如一般政策性目标(摧毁作为经济与政治权力象征的大地产)、农业政策性目标(强调中等农民阶层结构,加强农业集约化生产:改良经济取代农耕经济)、社会性目标(提高小农生活水平),在影响与作用上,亦差异极大。

二、法律规范基础与基本特征

26 其法律规范基础,为1919年8月11日颁行(帝国法律公报.,1429),并于1961年7月28日修订(联邦法律公报.,III,2331－1)之《帝国垦荒法》,

〔22〕 参见胡贝尔,“经济行政法”,卷II,1954年,§72;埃伦福特,“帝国垦荒法与土地交易法”,1965年版;哈克(Haack),“帝国垦荒法”,1935年版;明肖(Münchow),“农业法小词典”,卷II,1982年,758页;席勒(Schiller),“关于垦荒土地筹集与土地改革的法律”,1947年版;泽拉菲姆(Seraphim),“土地垦荒的现代问题”,1953年版。关于土地改革的特殊问题,参见内尔·布罗伊宁(v. Nell-Breuning),“农业法小词典”,卷I,379页;施魏德(Schwede)氏载同著,卷I,394页,以及各自之引证。

1993年6月2日之《联邦被驱逐家园者法》(联邦法律公报.,I,829),以及1945年以后德国各州所发布的土地改革法。[23]

而《帝国垦荒法》,包含了有关垦荒的传统法律基础:

(一)垦荒目的

垦荒目的,为创造新的农民企业,或者将现有的小型经营,扩大到能独立 27
"供养一家之耕地"的规模(=年平均能供养中等农民家庭生计的经营规模)。

(二)垦荒承担者

垦荒承担者,为垦荒企业。垦荒企业为公益性企业,它们筹集垦荒所必 28
须的土地,并发放给垦殖者,负责为垦荒小农场获取资金,为垦殖者提供咨询。

(三)土地筹集的法律形式

土地筹集的法律形式,体现为土地市场上的任意购买、法定先买权的行 29
使(对此参见《联邦最高法院民事判例集》,第94卷,299页;第116卷,348页;以及施密茨(W. Schmitz),"农业法",1994年,390页)、对沼泽地与荒芜地的征收、依据土地改革法对大地产的征收(该征收可为全部征收:如在前东德地区;也可以是保留余留企业的按等级征收:如在前西德地区)。[24]

而且,不良耕作的,或"行将届期的"(也就是无农庄继承人的)农庄,以及所谓"荒芜的"农庄(即指其企业建筑物还现存,但其田地已被出让或已被

---

〔23〕 其法律汇编,参见埃伦福特,"居住法与垦荒法",1962年2版,以及同氏著,《帝国垦荒法评注》,1965年版;弗洛伊希托芬(Feuchthofen),"土地法规范体系中垦荒法上的先买权",载巴伐利亚VerwBl,1985年,394页。

〔24〕 详参鲍尔,"土地法",127页以下。

用益出租的以前独立的农业企业),也可用于(尤其由被驱逐家园者或难民来进行的)垦殖(参见《联邦被驱逐家园者法》第35条以下)。

(四)田地分配的法律形式

30 田地分配的法律形式,可为使垦殖者获得完全所有权之形式;但在垦殖者违反其义务时,垦荒企业享有买回权(例如:《联邦最高法院民事判例集》,第97卷,238页;第103卷,175页)。此外,其法律形式,亦可为使获得家园所有权(本章上述边码24),或获得用益租赁权:但后者,常为嗣后所发生之所有权让与的过渡形式。

(五)小园地法

31 小园地法一直由1983年2月28日之《联邦小园地法》(联邦法律公报.,I,210)调整,其主要内容,为对小园地地主予以保护的小园地用益租赁规则(对此参见《联邦最高法院民事判例集》,第121卷,91页;第119卷,300页;第117卷,394页;第108卷,147页;第101卷,18页;罗特(Rothe),"联邦小园地法",1983年;兰德菲尔曼(Landfermann),载《新法学周刊》,1983年,2670页;关于该法第5条第1款第1句之用益租赁租金限制的违宪性问题,以及该法第16条之转让规则,参见联邦宪法法院,《新法学周刊—司法判例报告,民法》,1993年,971页;亦参联邦最高法院,《新法学周刊—司法判例报告,民法》,1995年,1296页;1996年,142、143页)。该法对全德约有105万小园地(其园地面积不超过400平方米;园亭面积不大于24平方米,且不适合于长期居住)地主来说,具有重要意义。对新联邦州特殊规则的处理,可参见联邦最高法院,《两德法律杂志》,1997年,320页。

三、土地改革之成果

32 在原西德州(或老联邦州),征收大地产意义上的土地改革,已告最终结束。但是,这场改革为自己所确定的过高目标,却完全没有实现。对征收予以“适当赔偿”(《基本法》第14条第3款),反而给国库带来了巨大负担。而在此后的长期时间里,田亩重整程序还带来了更为严重的后果。

在新联邦州,对由前东德国家所为的无偿征收,部分还存在着偿还问题需要处理:对地产的征收行为,依据1990年9月23日颁布,1994年12月2日修订(联邦法律公报.,I,3610)的《未决财产问题法》,已被废止。但1945－1949年间以占领区法或占领主权为基础,而实施的大量的大地产征收,其返还问题(《基本法》第143条并《两德统一条约》第41条第1款;《德未决财产问题法》第1条第8a款),不受该法调整;此时只能将就于买回可能性以及更常用的支付补偿的方法。〔25〕

越来越呈上升趋势的有趣现象是,数个经营企业以一个社团〔26〕或法人 33
的形式,组成生产共同体,进而使其产品“市场化”。而立法对这一发展趋势,也予以补贴资助(1969年5月16日的《市场结构法》,联邦法律公报.,I,423;该法1990年9月26日修订,联邦法律公报.,I,2134)。这样,在原西德各联邦州中,也出现了大规模经营的发展趋势:在这些州中,拥有低于10公顷土地的农业企业的数字,自1949年(约有140万)至1994年,下降到大约28万;而大型企业的数字(在1949年约为38万),在1994年约有30万。超过10公顷土地的企业,1994年全德仍约有31.5万家。平均经营土地面积,1949年在原西德州为8公顷,1994年为21.4公顷;而在全德1994年的平均数字为29.8公顷。1994年在原西德地区,约有31万家平均土地面积为32.7公顷的主营企业,24万家平均土地面积为6.6公顷的从营企业。农业用地面积,1994年在德国为1730万公顷。仅在原西德地区,该面积自1954年至1994年,减少了230万公顷。1994年德国的可耕地面积为1180万公顷,草地与牧场面积为530万公顷,葡萄园面积为10万公顷,果园面积为7万公顷,园圃面积为2万公顷。在农业用地中,用于用益租赁的面积占53.3%(所有数字,来源于《1995年关于饮食供给、农业与林业的统计年鉴》,29页以下、38页、45页、88页)。

新联邦州中,在两德合并时,少量的且其大部分属于以前全民所有或合 34
作社经营的企业(1989年的数字为4730家),经营着617万公顷的农业用

〔25〕 详参本书第63章,尤其是边码27以下、39以下。

〔26〕 参见施特罗姆(Strom),载《法学者报》,1974年,568页。

地,其中470万公顷为耕地,110万公顷为绿地。事实已经证明,这种经营方式——常常是对农业生产合作社之间进行强制联合——,远无经营能力,也违反了为宪法所保障的自由规则(《基本法》第2、12、14条)。故而在两德统一前,主要根据1990年6月29日之《农业调整法》(法律公报,德意志民主共和国(DDR),I,第42号,462页)与1990年6月17日之《托管法》,就已对这些企业进行市场化结构转型。然而,在统一后对这些法律虽一再作修改,但上述目的仍未完全实现。目前约有2.9万家企业(1994年数字),经营着大约543万公顷的农地(参见《1995年关于饮食供给、农业与林业的统计年鉴》,31页)。但是,旧有的结构,在许多方面仍存续于新的法律形式中,而且在继受企业与已退出的原成员间,还存在着诸多悬而未决的难题(亦参本书第63章边码17、19以下、23以下、27以下以及39以下)。

第五节　农地用益租赁法

一、意义与法律规范基础

(一) 经济意义与表现形式

35 用益租赁在农业经营中,扮演着重要角色:在原联邦州中,约有38%的农业用地用于用益租赁,而在全德范围内,约有50%的农业用地用于用益租赁。此种租赁形式,表现为对单个土地的用益租赁(尤其是用益租赁给现存企业),或者对整个农业企业的用益租赁(企业用益租赁)。而对目前仍处于过渡时期的新联邦州来说,用益租赁是一个备受青睐的法律手段(对此参见本章下述边码32以下,以及第63章边码39以下)。

(二) 法律规范基础

36 农地用益租赁法律,在立法者那里,最初受到了后娘般的对待:在《德国民法典》中,整个用益租赁法,原只当做使用租赁法的附件(民法典原第581条第2款);而对农地用益租赁,适用几条有限的特别规定(民法典原第582-591条)。除此私法规定之外,后来也出现过一些基于保障农业生产基础之考虑,而使国家能干预农地用益租赁契约内容的法律(参见本章上述边码8)。

1986年通过两项立法,从而使农地用益租赁法,获得了新的法律规范基础:〔27〕 37

1. 关于农业用益租赁新规则的立法

通过在《德国民法典》中,加入新的第三目“农地用益租赁”(民法典第585－597条),可以说使该法律制度在民法上获得了“独立性”——即不再是单纯地参照适用使用租赁法。这样《德国民法典》中的使用租赁法,仅在法律有明文规定时(如民法典第586条第2款关于用益出租人之物的瑕疵担保责任与权利瑕疵担保责任的规定),才可适用于农地用益租赁。但关于用益租赁法的一般规则,仍适用于农地用益租赁(民法典第585条第2款)。

2.《农地用益租赁交易法》

第二项立法,为《农地用益租赁交易法》,准确地说,是“关于对农地用益租赁契约之通知与责难之法律”。如其名称所言,该项法律的功能,在于创造国家干预农地用益租赁契约内容的可能性。 38

二、民法上的农地用益租赁法

民法上的农地用益租赁法〔28〕所规范者,主要是以土地为客体之继续性债务关系的农地用益租赁所具有的特殊性,比如农地用益租赁契约的书面形 39

〔27〕 其概述参见皮卡罗,载《新法学周刊》,1986年,1472页;斯泰芬(Steffen),载《农业法》,1986年,29页;C·格里姆,“农业法”,1995年,第3章;拉伦茨,“债法”,卷II/1,§49,II。其评注,参见法斯本德以及朗格/吕特克·汉格耶里之上揭著。

〔28〕 其内容本章仅只能略述。详参皮卡罗、斯泰芬、格里姆以及拉伦茨等氏上揭著。

式;[29] 用益租赁开始时,共同制作用益租赁物说明书的可能性;与社会性使用承租人保护[30] 远远无法相比的契约终止之保护性规定(尤参民法典第595条);对包括建筑物等在内的土地保养与改善措施;[31] 对前述措施的费用负担等等。实际上,只要记住这些立法上的特殊规则,也就不难理解该制度之内容。另须指出者,为民法典第593条,即关于法律行为交易基础丧失或发生重大改变之规定;若契约当事人在发生这类情势时,不能达成合意,则由农业法院通过判决,变更契约内容。

三、《农地用益租赁交易法》的功能

40 《农地用益租赁交易法》,通过创设官方对农地用益租赁契约进行责难之可能性,而突出强调对公共利益之尊重。其责难理由,规定于该法第4条中,且与农地转让中的拒绝理由相类似(参见本章上述边码6以下)。例子:《联邦最高法院民事判例集》,第101卷,95页(用益出租给瑞士农民)。

四、法院管辖

41 其法院管辖,集中于农业法院(该法院由一名基层法官与两名名誉职法官组成),且其管辖范围得到相当扩展:该管辖现在专门针对所有的农地用益租赁纠纷(《农业案件诉讼程序法》第1条第1、1a、4项、第9条、第48条),就是说也包括对诸如用益租金之类的纯民事纠纷的管辖。其上一级主管法院,为州中等法院。而其诉讼程序,是适用《民事诉讼法》规定,还是《非诉事件管辖法》规定,则随诉争案件种类之不同而不同(对此参见斯特芬(Steffen),载《农业法》,1994年,88页)。

---

[29] 参见《联邦最高法院民事判例集》,第125卷,175页。

[30] 参见本书下述第29章边码65以下。

[31] 关于建筑物遭毁损时,用益承租人的重建义务,参见《联邦最高法院民事判例集》,第116卷,334页。

五、新联邦州中的农地用益租赁

在新联邦州中，根据《〈德国民法典〉施行法》第232条第3款之规定，适用《德国民法典》中农地用益租赁法之规定。而《农地用益租赁交易法》，亦无保留地适用于新联邦州（《两德统一条约》，附件1，第6章，B事项，说明）。 42

第六节　附录：水法[32]

一、在法律体系中的地位与规范范围

水法为介于私法与公法间的边缘法域。这一点，只要看看水法规则所要顾及到的各种利益，就会很清楚：它不仅仅要规定在一河道、湖等等之上，究竟能不能成立私法所有权，以及该所有权的内容是什么，而且还着重规定其沿岸居民应享有什么样的权利（是共同使用权，还是特别利用权？），并在何种范围内，必须兼顾公众对已规范之“水生态平衡”所享有的利益。 43

人们只需使用这些术语：饮用水、工业用水——包括地下水在内的水域清洁保持——、污水，就可粗略地勾画出，这里涉及哪些经济上、技术上、资金上以及法律上的问题。

---

〔32〕 其详述——尤其是对较老的法律——，参见沃尔夫/赖泽尔，§99－103（并附参考文献提示）。关于新法：布罗伊尔，“公法与私法之水利法”，1987年2版；扎尔茨韦德尔，“水利法”，载明希（v. Münch）主编之“特别行政法”，1988年8版，737页；同氏著，载《新行政法杂志》，1988年，493页；西费特（Seifert），载“农业法小词典”，卷II，1982年，1030页。关于《水生态平衡法》之评注，参见吉泽克/韦德曼/奇霍夫斯基（Czychowski），1992年6版；西德尔（Sieder）/蔡特勒（Zeitler）/达梅（Dahme），卷I，1990年2版。关于欧盟法律之影响，参见布罗伊尔，载《经济与管理》1990年，79页。

二、法律渊源

44 水法原则上为联邦州之州法，联邦的立法权，仅限于颁布一些框架性规定（《基本法》第75条第1款第4项；但亦参该法第74条第1款第18项与第21项之规定）。以前的帝国水道（参见《魏玛宪法》第97条），归联邦所有，并受联邦管理（《基本法》第89条）；对此参见BVerfG，《公共管理》，1967年，563页，以及扎尔茨韦德尔（Salzwedel），载《公共管理》，1968年，113页。尽管联邦对此之立法权较有限，但联邦法律之地位却极为重要；而且就某些事实，也需要由联邦立法予以规定。

水利法的法律渊源可有：

45 （一）1951年5月21日《关于联邦水道财产关系之联邦立法》（联邦法律公报.，I,352）；对该法参见西弗斯（Sievers），载德国行政公报.，1960年，457页，以及载"吉泽克祝寿文集"（1958年），259页。1968年4月2日之《联邦水道法》（联邦法律公报.，II,173），该法于1990年8月23日被修订（联邦法律公报.，I,1818）；对此参见弗里泽克（Friesecke）对该法之评注，1994年3版。

46 （二）1986年9月23日公布的《联邦水生态平衡法》（联邦法律公报.，I,1529）。该法为一框架性立法，故须通过州法来予以补充；这类的州法，如1988年7月1日公布的《巴登－符腾堡州水法》（法律公报,269）。除此之外还如1965年8月24日之《水保护法》（联邦法律公报.，I,1225）。

47 （三）1991年2月12日《关于水土协会的立法（水协会法）》（联邦法律公报.，I,405）。[33]

上述法律所带有的公法性质，是显而易见的。比如《巴登－符腾堡州水法》第5条，径称州与城镇对公共水域河床的"公共所有权（öffentliches Eigentum）"，并声明民法关于土地所有权之规定，仅在"依公共水域之目的以及水法而生的限制对其无抵触时"，才可适用于公共所有权，最后还简洁地

---

〔33〕 林德曼（Lindemann），载《新行政法杂志》，1991年，449页。

声称:“对公共所有权,不得以私法法律行为予以处分”(顺便说明一下,如此一般化的表述,是不能获得其效力的!)。关于上述规定的合宪性问题,参见《联邦行政法院判例集》,第 24 卷,367 页 = 鲍尔,E. Slg. ,案例 12(关于汉堡堤坝治安法)。

三、水立法的构造形式

《水生态平衡法》第 1 条规定,区分地上水与地下水(对此参见《联邦最高法院民事判例集》,第 69 卷,1 页)。二者均包括在法律调整范围之中。 48

以前的州法(首要者如普鲁士),区分河流与封闭水域(如无出口之内湖)。而河流又分为大河(第一序列的河流)、河(第二序列的河流)与溪流(第三序列的河流)。第一序列河流的所有权,归属于国家(就可通航的大河而言,也就是属于联邦,参见《联邦最高法院民事判例集》,第 47 卷,117 页;《联邦最高法院民事判例集》,第 49 卷,68 页;第 93 卷,113 页);〔34〕对第二序列与第三序列河流,成立沿岸居民之私人所有权——只要各州法确实认可这种私人所有权——,且其所有权之划分,以河流之中心线为界。但对“流水”享有私人所有权,是无法想象的(一项古老而著名的争议!),故此处的“所有权”,更具有使用权之特点。封闭之水域、池塘、湖(无地面出口),存在于土地所有权人之所有权中。〔35〕

《联邦水道法》区分内河水道与海水水道。其中,海水水道所有权,亦归属于联邦;对此参见《联邦最高法院民事判例集》,第 102 卷,1 页;第 108 卷,110 页;第 107 卷,343 页(冲积地)。 49

---

〔34〕 因联邦水道长期泛滥而导致的所有权范围扩大,其例参见《联邦最高法院民事判例集》,第 110 卷,148 页(横堤)。

〔35〕 海底土地不属于任何人所有;海岸属于国家所有。但海岸所有权,不是《德国民法典》意义上的所有权,故而不能成为所有物保全请求权之基础(对此详参《联邦最高法院民事判例集》,第 44 卷,27 页)。关于所谓的领海,参见《水生态平衡法》第 1 条第 1 款第 1a 项、第 3 条第 1 款第 4a 项、第 32a 条、第 32b 条之规定。对其法律问题的全面阐述,参见哈德斯(Harders),载《法律学习》,1991 年,63 页。

新的各州法（如上面提到的《巴登－符腾堡州水法》），区分公共水域与私人水域。第一序列公共水域河床的所有权，为州享有，而第二序列公共水域的河床，属于河流所在的城镇享有。

关于地下水使用，特别是关于因考虑到地下水保护而禁止土地利用时的赔偿问题，参见联邦最高法院，《新法学周刊》，1978 年，2290 页；《联邦行政法院判例集》，第 58 卷，300 页；《联邦最高法院民事判例集》，第 84 卷，230 页；以及本书上述第 24 章边码 9 以下；亦参毛恩茨－帕皮尔，《基本法》第 14 条，边码 371，a－c。

有历史"猎奇嗜好的读者"，可参阅《联邦最高法院民事判例集》，第 92 卷，326 页（一个摩泽尔岛上的冲积地）；巴伐利亚州最高法院，《新法学周刊》，1989 年，2475 页（位于博登湖巴伐利亚部分的土地所有权）。

四、水使用[36]

（一）以前的法律状况

50 关于水使用，按照以前的法律，则有如下区分：

1. 所有权人使用：比如为自用而引水、提高水位、排放废水等。但对这些权利，仅在已考虑到下游人、上游人以及对岸人的利益时，才允许行使。

2. 共同使用：这指的是人人都享有的，特定的用水权（如以前的《符腾堡水法》第 16 条规定："可洗涤、洗澡、饮用、冲刷、汲水…"等等）。

3. 依据公法而享有的水使用权，如为建造修理厂、排放大量废水、建码头而使用水。

（二）《水生态平衡法》下的法律状况

51 这种以前的法律状况，因《联邦水生态平衡法》之实施，而发生改变：

---

〔36〕 参见洪德科马克（Hundertmark），"水法中特别使用权人的法律地位"，1967 年版。

1．原则上的获得许可或同意之义务

《水生态平衡法》第 2 条，将任何对地上水或地下水的使用，须获得国家许可（该法第 7 条）或同意（该法第 8 条），确定为一项规则。而何为该法意义上的使用，规定于该法第 3 条（如汲水与引水、对水域排放废料）。与以前规定相反，利用水路运输工具在水域上航行，非为该法第 2 条意义上的使用（对此参见《联邦水道法》第 5 条之规定）。

该同意赋予权利人一种公法上的地位，且除许可外，不得以其他方式对其予以撤回（《水生态平衡法》第 5、7、12 条）；此外，同意随土地或随所同意的水使用设施，而移转于权利继受人（同法第 8 条第 6 款）。

2．不需许可与同意的使用 52

下列使用，不需获得同意或许可：

（1）传统范围内的共同使用；[37] 但在排放废水时，该共同使用受有限制（《水生态平衡法》第 23、33 条）。

（2）所有权人（以及沿岸居民）的使用，但带有极其重大的限制（同法第 24 条）。

不得对水的性质，作有害之变更——不得严重减少水流量等等。

（3）已存在之旧有的使用（同法第 15－17 条），但该使用——在有隐瞒危险时——须登记于水登记簿（Wasserbuch）。

水登记簿所反应的，不是所有权关系，而主要是关于已存在的使用权与保持义务的情况（同法第 37 条）。

---

〔37〕 扎尔茨韦德尔，载"水法杂志"，第 1 卷（1962 年），73 页；沃尔夫/巴霍夫（Bachof）/施陶伯（Stober），§ 58，II，c。

（三）水清洁之保持

53 法律给予水清洁之保持[38]（《水生态平衡法》第1a条；此处的水包括地下水），以特别的重视。比如规定排灌有害物质的责任（同法第22条：危险责任！）；[39]"油气管道"安设时的许可获得义务（同法第19a－f条）；经同意而设置覆盖物等（同法第34、35条）；确定水资源保护区，而在保护区内，存在着法律未详细规定，但极有争议的官方干预领域（同法第19条第2款）。另在水法之外，新的《联邦土壤保护法》，也包含有（地下）水保护之规定；对该法之简明概括，参见菲尔豪斯（Vierhaus），载《新法学周刊》，1998年，1262、1263/64页。

有趣的是，在《水生态平衡法》（该法第19条第3款）中，也体现有一揽子规则（《基本法》第14条第3款第2句）之效果：

"若依本条第2款所作出的命令，表现为一项征收行为，则对此应予以补偿。"也就是说，在《水生态平衡法》第19条第2款所规定之宽泛范围中所采取的措施，是否为一项征收行为，让诸法院来判决。若法院对此予以肯定，则应进行补偿。但联邦行政法院（《新法学周刊》，1990年，2572页）认为，这种所谓救世主式的补偿条款，原则上是违宪的，因为它们尤其不符合《基本法》第14条第3款第2句规定所具有的警示功能。普通立法者原则上必须由自己来决定，什么时候成立导致补偿义务的征收行为（对此参见皮茨克（Pietzcker），载《法学教育》，1991年，369页）。

反之，若法院认为，其措施仅为《基本法》第14条第1款第2句意义上的

---

〔38〕 其法律基础，参见v·明希/布罗伊尔，"特别行政法"，555、556页。

〔39〕 参见拉伦茨，载《保险法》，1963年，593页；鲍尔，载《法学者报》，1964年，354页（＝鲍尔，《论文集》，卷I，95页）；迪德里希森（Diederichsen），载《企业顾问》，1986年，1723页，1988年，917页（在所谓旧负担中的责任，如在垃圾堆放场关闭时的责任）；阿斯曼，载"比较法论坛"，第138卷（1988年），136页。司法判例中的例案：《联邦最高法院民事判例集》，第47卷，1页（贮油车事故）；《联邦最高法院民事判例集》，第57卷，170页（地下水污染）；《联邦最高法院民事判例集》，第57卷，257页（数人之损害赔偿责任）；《联邦最高法院民事判例集》，第62卷，351页（污水净化设备）；联邦最高法院，《新法学周刊》，1986年，2312页（不可抗力）；《联邦最高法院民事判例集》，第99卷，24、27页；第103卷，129页；第124卷，394页（散盐）。

对所有权内容与范围的确定，则救世主式的补偿条款，可为一项——在确定所有权内容与范围时，宪法有可能要求的——补偿请求权之充分的法律基础（《联邦最高法院民事判例集》，第126卷，379页；联邦行政法院，《新法学周刊》，1990年，2572、2573页以下；《新法学周刊》，1993年，2949、2951页以下）。[40]

五、水土协会

作为公法社团的水土协会，以合作社方式为其基础，履行保持某一特定地区“水生态平衡”之任务（其法律规范基础，参见本章上述边码47）。比如它们负责水资源的维持、水利灌溉设施的运作、废水之排除治理、地下水与地上水之经营管理以及“促进农业与水利业间的合作”等等（《水协会法》第2条）。 54

该协会的前身，为堤坝合作社。大工业区的水利协会，在今天则已承担了其所在广大地区（比如鲁尔河区协会、利珀河区协会、玛珀河区协会）的水供给与污水治理工作。协会也已不再是自由的联合，而是为履行特定的协会目的，而组成的公法社团。其组建可通过成员决议，也可通过官方的职权行为（同法第7条第1、10款），并经公布由行政监督机关所许可的协会章程而成立。成员之加入协会，在为履行协会任务所必要时，得经行政监督机关而予以强制（同法第9、22条）。总而言之，行政监督机关享有广泛的审查权（同法第72条以下：知悉权、须获得许可的法律行为等等）。

六、新联邦州中的水利法

在新联邦州，适用《水生态平衡法》。《联邦水道法》，基本上也予以适用（《两德统一条例》，附件1，第11章，E事项，第三节，7）。 55

---

〔40〕 亦参福尔施（Völsch），“水法中的损害赔偿权与补偿权”，1993年版；《水生态平衡法》第19条。

第七节　附录：森林法[41]

56 在整个德国 3570 万公顷的经济土地中，有 1043 万公顷，也就是约占 29% 的面积为林业用地（参见《统计年鉴》，1996 年，168 页）。

一、作为私法所有权的森林所有权

（一）一般规则的可适用性

57 森林上所成立的所有权，为私法上的所有权；且无论其所有权人，为国家或其他公法团体（国家森林——城镇森林——教会森林），还是一个私人（私人森林——农民森林），均不影响其所有权之私法性质。准此而言，一般性法律规定，如民法典第 873、925 条关于所有权让与，民法典第 823、985、1004 条关于所有权保护之规定，对森林所有权均有适用之余地。

故而，以化学废气或其他干预，对森林施加损害者，则依据民法典第 906 条、《侵入防治法》第 14 条（参见本书上述第 13 章边码 17，第 25 章边码 25 以下、30 以下："酸雨"！）以及其他补充规定，而予以处理。[42] 最新的规定，特别体现于《环境责任法》第 1、6 条之规定（《环境责任法》第 18 条）；但该规定对森林损害来说，在责任构成要件上，并未有实质性的变化。[43]

---

〔41〕 参见埃伯斯巴赫（Ebersbach），载"农业法小词典"，卷 I，1981 年，668 页，及其引证；卡尔斯（Kalss），"森林法"，1990 年；克洛泽（Klose）/奥尔夫（Orf），"森林法"，1982 年版；勒佩尔（Röper），载"社会政治社团杂志"，第 140 卷（1984 年），319 页。

〔42〕 此处所生问题的意义，可参见《联邦最高法院民事判例集》，第 102 卷，350 页。该判决尤值一读。

〔43〕 对此尤参哈格尔（Hager），载《新法学周刊》，1991 年，134 页以下、135 页。

(二) 对公共利益之尊重

与农业法相比,森林法更强调在充裕良好森林状态之保持上,所体现的公共利益(森林对气候、土壤成分[土壤腐蚀!]、土壤湿度等等,具有巨大影响)。 58

这些公共利益,表现在一系列的对森林所有权的限制上,即对以法律行为方式就森林土地所进行的交易(下述二),以及对森林经营(下述三)的限制。

其法律规范基础,为1975年5月2日之《联邦森林法》(联邦法律公报.,I,1037)以及各州之森林法。

例如:1995年8月31日之《巴登－符腾堡州森林法》(法律公报,685)。

二、须获得许可之出让与先买权

如同农业用地,出让林业用地,也需要获得国家的许可。 59

许可获得义务的目的,在于防止出现土地的分散,并防止将土地出让给不内行的取得人。此时所适用的所有权限制规则,与农地买卖中的限制规则相类似(对此参见本章上述边码6以下及其引证;并首参《联邦行政法院判例集》,第21卷,73页以下)。

类似的目的,还体现于大量的国家以及城镇基于特别法而享有的先买权之中;此外,对国库利益要予以照顾的考虑,往往也——但以不容许的方式——发挥着作用。

三、经营规定

对森林经营之规定,包括林木采伐之范围(不得进行掠夺式采伐!)、强制砍伐病木以及重新造林之义务等。 60

《联邦森林法》第9－12条,以及各州法上的规定,均包含对所有权内容之限制。

与保障森林有秩序经营之宗旨相关联者,乃将小片林地归并成更大规模经营单位的发展思路。为迎合这一发展趋势,成立了诸多林业经营协会、林业经营共同体以及林业经济社团(同法第15条以下)。这些组织之成立,部分是基于私法,部分是基于公法。

有意思的是,还有大量的联合会,其成立乃以州法为依据,比如森林合作社(参见《〈德国民法典〉施行法》,第83条)。[44]

61 一些试图调和所有权人与使用权人间利益冲突的私法规范,也间接谋求森林之合理经营。

比如在所使用的财产中也包含有森林时,则民法典第1038条就所有权人与用益权人间以及民法典第2123条就先位继承人与后位继承人间的关系,有关经营计划的规定,即为上述私法规范。使用权人的倾向是:尽可能多地自森林中采伐木材;而所有权人(后位继承人)的兴趣是:保持森林现状。在这种情形下,民法典第1039条、第2133条的规范意图也就很显然了:用益权人(先位继承人)虽然成为所谓过度孳息的所有权人,因为这是民法典第954条规定之结果;但是他对所有权人(后位继承人),负有赔偿该过度孳息的义务。

四、森林保养

62 有关森林保养,也存在一系列的公法规范,甚至包括了森林防火的规定。其详细内容,见于《联邦森林法》第9－12条,以及各州森林法之规定(如《巴登－符腾堡州森林法》第78条以下)。

五、对排他权的限制

63 森林所有权人依据民法典第903条、第1004条所享有的排他权,受到多方面的限制。具体地说:

---

〔44〕 参见迪克尔(Dickel),《森林民法》,1917年2版,1026页以下。

（一）由法律明文予以限制（如《巴登－符腾堡州森林法》第37－41条）。

（二）通过旧法中的森林权利制度而予以限制（如城镇居民每年无偿伐取一定数量柴火的权利）。[45]

（三）与公共使用相类似，人人都享有进入森林以及采集浆果与蘑菇等权利，由此也限制了所有权人之权利（《联邦森林法》第14条、《巴登符腾堡州森林法》第40条）。有趣例案：《联邦行政法院判例集》，第80卷，137页以下（在森林中骑马为公共使用方式，但依州法却又禁止骑马）。

六、新联邦州中的森林法

《联邦森林法》，亦适用于新联邦州（《两德统一条例》，附件1，第6章，事项F，说明）。 64

第八节　附录：狩猎法——渔业法[46]

一、先占权

自民法上考察狩猎权的构造，则其所涉及的问题，就是对可猎捕的动物，谁应享有先占权：是任何人？所有权人？还是不同于所有权人的狩猎权人？ 65

〔45〕参见迪克尔，上揭氏著，717页；韦斯特曼，《森林使用权》，1942年版；梅丁（Mäding）/茨旺茨希（Zwanzig），《法律中的树木、灌木与森林》，1963年版。

〔46〕对狩猎法之系统阐述者，参见曼特尔（Mantel），载《农业法小词典》，卷I，1981年，962页；关于渔业权，参见德雷斯（Dress）与劳施宁（Rauschning），同载前著，611页以下。关于偷猎问题，参见韦塞尔斯（Wessels），载《法学工作报》，1984年，221页。此外参见施瓦布（Schwab）/普律廷（Prütting），§43。关于《联邦狩猎法》的评注，参见米奇克（Mitschke）/舍费尔（Schäfer）（1982年4版）与罗尔茨（Lorz）（1991年2版）；贝格曼（Bergmann），《渔业法》，1966年版。

对此项问题,在以前一直争论不休,也斗争不休:最初或许是土地所有权成分的狩猎权,很早就已被当做国王的权利,被国王所攫取,再由国王授予给各地主。而因行猎或野兽自身(兽害)给土地所有权人所造成的损害,在整个中世纪一直是农民们诉争的一项要点;只是到 18 世纪末 19 世纪初,才随资产阶级大革命立法,而废除了在他人土地进行狩猎之权利。狩猎权因而再次成为土地所有权的成分。但人们很快又认识到,将狩猎权作为土地所有权之内容,并因所有权自由而产生的对幼兽的猎捕,将不利于野生动物保护。故而在法律上——帝国法律则自 1934 年 7 月 3 日之《帝国狩猎法》起——,区分狩猎权(Jagdrecht)与行猎权(Jagdausübungsrecht)。狩猎权包含于土地所有权之中;反之,行猎权在有一定最低面积要求(75 公顷)的自有猎区(Eigenjagdbezirk),属于所有权人享有,而在其他由数块土地共同组成之猎区中,属于土地所有权人联合体性质之狩猎合作社。该合作社大多采取狩猎用益租赁之方式,将其权利用益出租给一个或数个用益承租人。

目前对狩猎予以调整者,为 1976 年 9 月 29 日(联邦法律公报.,I,2849)作为框架立法的《联邦狩猎法》,以及各州的狩猎法(如巴登 - 符腾堡州 1996 年 6 月 1 日[法律公报,369]之《狩猎法》及其施行条例;此外亦参 1985 年 10 月 25 日之《联邦野生动物保护条例》,联邦法律公报.,I,2040)。

二、狩猎权与行猎权

(一) 狩猎权

66 作为先占权之狩猎权,其对象为"可猎捕的野生动物"(《联邦狩猎法》第 1 条)。

该法以民法典第 958 条、第 960 条之规定为起点,但对这两条所包含的基本原则,即任何人都享有对无主动产(当然也包括野生自由活动的动物)的先占权,[47] 又有突破,也就是说对可猎捕动物的先占权,仅属于狩猎权人。而什么是可猎捕的动物,规定于该法第 2 条。

---

〔47〕 参见本书下述第 53 章边码 67 以下。

狩猎权与土地所有权密不可分,不得当做一项限制物权,而进行设立(同法第3条第1款),但可进行用益租赁(同法第11条以下)。

(二)行猎权

67 在法律上与狩猎权应予以区分者,为行猎权。为有秩序地保护野生动物,土地所有权人仅在其所拥有的相互连接的土地面积,超过75公顷时,才可以行使狩猎权(自有猎区,同法第7条);而在其他情形,须组成共同猎区,由狩猎合作社(土地所有权人的联合体,同法第9条)来行使狩猎权(同法第8条第5款)。

实际上,这就意味着,拥有小地产(少于75公顷)的土地所有权人,无自己的狩猎权;他是狩猎合作社的成员,参与狩猎收获物的分配。故他的"狩猎权",在事实上只是一个漂亮的拟制,是一个"法律上的花招"(黑德曼(Hedemann)氏语)。

68 狩猎合作社往往将狩猎权用益出租(同法第10条)。对狩猎用益租赁——也包括对自有猎区的用益租赁——,该法制订了一些特别规则(同法第11-14条),其中须予以强调者,如:用益租赁权不可分原则(同法第11条第1款;《联邦最高法院民事判例集》,第115卷,116页)、书面形式要求(同法第11条第4款第1句、第6款)、狩猎用益租赁契约须通知主管行政机关(同法第12条)[48]以及在土地出让时对用益租赁权的保护(同法第14条)。

三、行猎权与土地所有权

69 对行猎所进行的大量公法性限制(如必须有狩猎执照,同法第15条以下;行猎方式上的限制,同法第19条;行猎地点与时间上的限制,同法第20条以下),本书不感兴趣(其范例可参《联邦最高法院民事判例集》,第91卷,243页;联邦最高法院,《新法学周刊—司法判例报告,民法》,1996年,792

〔48〕 这也与农业法上的规则相吻合,参见本章上述边码6以下。

页:行猎计划有错误时所有权人的损害赔偿)。具有民法意义的,是对所有权人与行猎权人间矛盾的协调。这一矛盾可产生于下列情形:

(一)为了能够行猎,行猎权人须踏入他人土地;

(二)因行猎或野兽对土地与果实产生损害。其第一种情形,被称为狩猎损害(同法第33条),第二种情形,被称为为兽害(同法第29-32条)。对此法律规定一项无过错的赔偿义务。赔偿义务人为行猎权人,即狩猎合作社或狩猎用益承租人;在对自有猎区的附近居民造成损害时,其义务人为自有猎区之所有权人或用益承租人(同法第29条)。例案:《联邦最高法院民事判例集》,第62卷,265页与297页。

在请求兽害或狩猎损害之损害赔偿时,适用特别规定(同法第35条:有趣的是,此时存在行政法上的先行程序!)。[49]

四、渔业法

70 在对无主之鱼的先占权上,渔业法与狩猎法有相似之处。此外,渔业法还与水法紧密相关,因为渔业权人,常常就是水域所有权人。[50]

本书不打算详细描述这一法律制度,而仅是介绍一些为各州法所共同适用的基本原则(对渔业法,没有联邦法规范);其州法立法例,比如巴登-符腾堡州1979年11月14日之《渔业法》,法律公报,466页,以及1980年,36页。

(一)渔业权,为对无主之鱼进行先占的排他性权利。

(二)因具体水域种类不同,进行先占之权利的内容,也有差异:

1. 仅在内河水域中,才能称得上渔业权:该渔业权属于水域所有权人,也就是说,在大河水域中属于国家或其他公法团体,在其他情形中属于沿岸居民。对渔业权可进行用益租赁。若就小水域存在众多渔业权人(即众多

---

〔49〕 参见鲍尔,《兽害与狩猎损害纠纷的诉讼程序》,载巴伐利亚《行政公报》.,1987年,267页。

〔50〕 例案:法兰克福州高等法院,《新法学周刊》,1959年,2218页;斯图加特州高等法院,《州高等法院民事判决集》,1969年,477页;巴伐利亚州最高法院,《新法学周刊—司法判例报告,民法》,1995年,1044页。

沿岸居民），则可组成共同的渔业区（可与共同猎区相对照）。[51] 主管之城镇，对该水域通常负有管理义务（这在狩猎法中也可能存在：参见《联邦狩猎法》第9条第2款第3句）。

2. 在公海中，根据一般国际法，原则上可自由捕渔（但在今天，因任意性或条约性主权领海疆界之扩张，该自由捕渔权已受到多方面妨害）。在实践中，还存在大量国与国间的条约规定（如关于禁渔期）。

3. 根据公共使用规则，任何德国公民均有权进行近海捕鱼（也就是在主权领海范围内）。

4. 关于在渔业权上设定物权负担之例案，参见《联邦最高法院民事判例集》，第122卷，93页。

五、新联邦州中的狩猎法

在新联邦州中，基本上适用《联邦狩猎法》，但对其也有少量修改（《两德 71
统一条例》，附件1，第6章，事项F，第2节之1，与第3节之1）。

---

〔51〕《北莱茵－威斯特法伦州渔业法》第21条、第22条规定，所有对流动水域的渔业权，转归渔业合作社享有；关于该规定之合宪性问题，参见《联邦宪法法院判例集》，第70卷，191页。此外亦参《联邦宪法法院判例集》，第71卷，137页：关于渔业用益租赁。关于符腾堡州中的国家渔业权问题，参见施罗德（Schröder），载《巴登－符滕堡州公证杂志》，1994年，97页。

第二十八章 “企业所有权(Unternehmenseigentum)”

参考文献提示:安格曼(*Angermann*),《企业出售中的民法问题》,*1987* 年版;巴勒施泰德(*Ballerstedt*),《企业与经济宪法》,载《法学者报》,*1951* 年,*486* 页;同氏著,载《席林(*Schilling*)祝寿文集》,*1973* 年,以及载《杜登(*Duden*)祝寿文集》,*1977* 年(什么是企业法?);拜塞尔(*Beisel*)/克隆普(*Klumpp*),《企业出售》,*1996* 年 *3* 版;布雷歇尔(*Brecher*),《作为权利客体之企业》,*1955* 年版;同氏著,载《施密特–林普勒(*Schmidt – Rimpler*)祝寿文集》,*1957* 年,*181* 页以下;布赫尔(*Bucher*),《侵权法上的企业保护》,*1971* 年版;费希纳(*Fechner*),《法律制度中的经济企业》,*1942* 年版;芬肯切尔,《法律制度中的企业》,载《克龙施泰因(*Kronstein*)祝寿文集》,*1967* 年,*261* 页;同氏著,《德国经济法》,*1983* 年版;弗卢梅,载《拜茨克(*Beitzke*)祝寿文集》,*1979* 年,*43* 页(企业与法人);吉泽克,《企业的法律意义》,载《海曼(*Heymann*)祝寿文集》,*1940* 年,卷 *II*,*122* 页以下;*v.* 吉尔克/桑德洛克(*Sandrock*),《商法与经济法》，卷 *I*，*1975* 年；*v.* 吉尔克，《商法》，*1958* 年 *8* 版，以及载《泛商法与经济法杂志》，第 *111* 卷，*1* 页；哈丁（*Hadding*），载《巴托洛迈奇克（*Bartholomeycik*）祝寿文集》，*1973* 年，*75*、*82* 页，以及载 *ZGR*，*1982* 年，*476* 页；黑尔巴赫（*Hellbach*），《公共利益与企业所有权》，*1989* 年版；胡布曼（*Hubmann*），《企业上的权利》，载《泛商法与经济法杂志》，第 *117* 卷，*41* 页；伊赛（*Isay*），《企业上的权利》，*1910* 年版；雅可比（*Jacobi*），《作为法律概念的营业（*Betrieb*）与企业》，*1926* 年版；库曼托斯（*Koumantos*），《企业让与中的取得人责任》，*1955* 年版；克劳泽（*Krause*），《企业与企业组织（*Unternehmung*）》，*1954* 年版；迈尔施帕恩伯格（*Meyer – Sparenberg*），《企业买卖中的国际私法问题》，载 *WiB*，*1995* 年，*849* 页；奥皮克弗（*Oppikofer*），《企业法》，*1927* 年版；皮珀（*Pieper*），《契约承担与契约加入》，*1963* 年版；皮斯克（*Pisko*），《作为权利交易客体的企业》，*1907* 年版；赖施（*Raisch*），《企业法》，卷 *I*，*1973* 年版；*Th.* 赖泽尔，《作为组织的企业》，*1969* 年版，以及载《泛商法与经济法杂志》，第 *144* 卷（*1980* 年），*203* 页；辛克（*Rinck*）/施瓦克，《经济法》，*1989* 年 *6* 版；里特尔，《作为法律概念的企业与自由职业》，*1962* 年版；同氏著，《经济法》，*1987* 年 *2* 版，第 *7* 章；舍纳/维尔奥魏特（*Willoweit*），《自营利活动到企业》，*1982* 年版；*K*·施密特，《商法》，*1994* 年 *4* 版；内尔（*Nörr*）/沙伊欣，《权利继受》，*1983* 年版，*317* 页以下、*368* 页以下；西伯特，载《吉塞克（*Giesecke*）祝寿文集》，*1958* 年，*59* 页以下；施泰因奥尔夫（*Steindorff*），《联邦德国经济法导论》，*1985* 年 *2* 版，*36* 页以下；沃尔尼（*Wollny*），《企业转让与事务所/诊所转让》，*1994* 年 *3*

版。——关于康采恩法上的企业概念,参见比登科普夫(*Biedenkopf*)/科彭施泰纳(*Koppensteiner*),载《股份有限公司法科隆评注》,第*15*条,边码*5*以下,及其引证;埃默里希/松嫩沙因,《康采恩法》,*1993*年*5*版,*§ 2*;*H·P*·韦斯特曼,载《博施(*Bosch*)祝寿文集》,*1976*年,*1029*页(家族企业)。

一、问题点

(一)各种不同的企业概念

1 企业(Unternehmen),是商法与经济法中的核心概念。这一术语表达,乃借用了国民经济中所使用的概念,且在现代日常用语中,显然已不可或缺。

比如,人们常常说企业的出让或用益租赁、数个企业的合并、“中等企业对康采恩的抗争”等等。

2 反之,在我们的私法立法中,使用“企业”这个概念的法律条文,屈指可数。比如《股份有限公司法》第15条以下之规定中,有“企业”二字;再者,如关于商事代理人法律关系的规范(《德国商法典》第84条以下)、《支付不能法》第156条以下以及《保险契约法》第151条第2款中,提及“企业”字眼。而在其他情况下,法律称“商事营业(Handelsgeschäft)”(《德国商法典》第22、23、25、27条),或称“营利事业(Erwerbsgeschäft)”(民法典第1822条第3项)。对“企业”概念,采取如此审慎之态度,其原因非常显然,亦即对这个企业概念,人们到今天,还未能获得准确的内容界定。

3 关于企业学说的发展沿革,可参v. 吉尔克与胡布曼二氏上揭著。v. 吉尔克氏主张,对作为经济单位之企业,应区分三项独立的法律作用:作为企业主体层面的营业活动、“包括属于企业所有的物、权利以及债务在内的活动范围”、人身法上的营业共同体。本章仅只考察包含物与权利在内的活动范围,因为该范围是权利交易的客体,而营业活动与营业共同体,则不得进入权利交易领域。[1]

构成企业核心的活动范围,有时必然归结为围绕一宗土地上的活动,如农业企业与林业企业,即其适例;而在另一些企业中,其活动范围与土地虽常相联系,但这种联系并非“其本性使然”。[2] 故而,在第一种情形中,企业与土地的法律命运,紧密相关;反之,在第二种情形中,二者在法律上却可相互独立。[3]

(二) 企业概念与物权法

那么又应如何用物权法上的概念,来理解这一非常重要的法律现象“企业”呢? 是否存在应纳入到物上所有权(Sacheigentum)体系之中,并如同物上所有权而予以对待的“企业所有权”呢? 4

上述问题的迫切意义,更体现于法律自身所使用的一些术语。换言之,由于法律自身使用了商事营业之取得(《德国商法典》第22条第1款)、商事营业上的用益权(《德国商法典》第22条第2款)、商事营业之继续经营(《德国商法典》第25、27条)之类的表达方式,从而使人们可由此推论,将企业作为一个整体,在生存者之间或基于死亡事实,而统一予以转让,在法律上是可能的。就此推论而言,其中企业之继承,在法律适用上并无多大困难,因为权利概括继受(民法典第1922条),即可使继承人整体地接替被继承人之法律地位。但在企业之出让、企业之取得以及在企业上设

---

〔1〕 参见v.吉尔克,载《泛商法与经济法杂志》,第111卷,8页,以及v.吉尔克-桑德洛克,§13(该著述对各种不同观点学说,作有中肯之总结);赖施,78页以下、102页以下。

〔2〕 但企业与土地间的联系,至少是如此地经常,以致于在土地所有权制度中对企业所有权进行阐述,有其体系上的合理性。

〔3〕 这在结论上与v.吉尔克氏的观点完全相同,参见氏著,载《泛商法与经济法杂志》,第111卷,9页。

定用益权时,又怎样使其与支配物权法之特定原则相协调呢?假如此时也要求适用特定原则,也就是说对土地要求有土地所有权让与合意(Auflassung)、对动产要求有动产所有权之让与(Übereignung)、对债权要求有债权让与合意(Abtretung)等等,那么不能被上述形式所概括的企业内核(Unternehmenskern),[4]又能以何种方式而予以转让呢?

5 如此众多的问题,如此众多的疑虑! v. 吉尔克氏[5]将企业视为一种"特殊的特别财产",而对该财产中不能被物权法所概括的内核部分,应准用关于动产物权的有关规定。克劳泽氏[6]认为企业是"扩大的所有权",戈丁(v. Godin)氏[7]主张企业为"类于所有权的权利",而赖施与K·施密特氏[8],又将企业当做"组织化的经济单位"。所有这些标签,仅只能是寻求获得对企业本质一般性认识的各种尝试,但并不能得出什么直接的法律结论。

为在一定程度上简化上述问题,我们必须作三方面区分,即:转让问题(本章下述边码6以下)、责任问题(下述边码13以下)以及保护问题(下述边码16以下)。下面我们就从这三个方面进行讨论。

二、转让问题

6 毋庸置疑,企业可作为权利交易之客体(参见《德国商法典》第22条)。但对该转让,法律上并无特别规定,故而,应适用民法上的一般性原则。而且,这种转让行为,不管是体现为企业之出让,还是表现为对企业设定质权、扣押或设定用益权,在适用民法

---

〔4〕 如商誉、商业经验、商业秘密、客户关系等等。

〔5〕 参见氏著,《商法》,73页。

〔6〕 上揭氏著,26页。

〔7〕 参见氏著,《对企业之用益权与企业参与》,1949年版,13页。

〔8〕 上揭氏著,§ 4,I,2。

一般性规定这一点上,均无差异。

（一）债权法律行为

债权法律行为(如买卖契约)之标的,可及于企业之全体,[9] 亦即不适用特定性原则。民法典第314条之规范思想(在有疑问时,让与义务亦及于标的物之从物),对此应予准用。这意味着,让与人除转让各单个的企业客体外,还负有实施使取得人能完全接替其企业主地位之所有法律上行为,[10] 以及不得实施有损取得人企业主活动之行为(竞业禁止!)[11] 的义务。 7

（二）物权行为与特定性原则

对物权法上的转让行为,适用特定性原则。[12] 也就是说,对企业的每一个成分,须按照各自所适用的规则,予以转让(设质、扣押以及设定用益权负担)。故而,土地之转让,须通过土地所有权让与合意与登记(民法典第925条);动产之转让,须通过所有权让与合意与交付(民法典第929条);债权之转让,须通过债权 8

---

〔9〕 联邦最高法院,《新法学周刊》,1988年,1968页。关于企业买卖,除上揭参考文献外,还着重参阅:赫尔特斯(Hölters),《企业买卖与对企业参与之买卖手册》,1992年3版;霍梅尔霍夫,《企业买卖作为法律构造之客体》,载《泛商法与经济法杂志》,第150卷(1986年),254页;H·P·韦斯特曼,载《经济法判决集》,1991年,245页。

〔10〕 参见胡布曼,上揭氏著,64页;西伯特(Siebert),63页。当然,上述仅在第三人之权利,不因此而受损害时,才能予以适用(参见《联邦最高法院民事判例集》,第116卷,268页:关于在事务所出卖时,病人索引卡片的交付)。

〔11〕 其他具体内容(如瑕疵担保),参见于尔根F.·鲍尔,载《企业顾问》,1979年,381页;霍梅尔霍夫,《企业买卖中物的瑕疵担保责任》,1975年版;坎滕魏因(Kantenwein),《企业买卖中物的瑕疵担保》,1988年版;诺尔(Noll),载《有价证券法通讯》,1985年,341页;K·施密特,《商法》,§ 6,I,1,与II,3;施滕格尔(Stengel)/朔德雷尔(Scholderer),载《新法学周刊》,1994年,158页;联邦最高法院,《新法学周刊》,1979年,33页(装备上的缺陷状态);《新法学周刊》,1991年,1223页(对某一重要雇员之不可靠性的说明);《新法学周刊》,1995年,1547页,与《新法学周刊—司法判例报告,民法》,1996年,429页(对营业额与利润产生能力不正确之陈述)。

〔12〕 尽管对企业之法律性质存在不同看法,但就此点而言,上述为通说观点:仅参其代表文献韦斯特曼,§ 3,II,1;K·施密特,《商法》,§ 6,I,1。

让与合意(民法典第 398 条以下);〔13〕无形财产权(专利权等)之转让,须通过让与合意(参见民法典第 413 条、《专利法》第 15 条第 1 款第 2 句)。

1. 转让与设定负担时的简化规则

9 法律自身在诸多规定中,也考虑到了以土地为客体之企业,在经济上的整体性,从而简化其转让与设定负担时的程序。这类的简化规则,比如民法典第 926 条(在有疑问时,随土地所有权之转让,土地从物之所有权,亦发生移转)、民法典第 1120 条以下之规定(土地上的抵押权责任,及于土地之成分、从物、使用租金债权、用益租金债权与保险债权)。但是,这些简化规则,并不意味着不适用特定性基本原则。

2. 企业核心的转让

10 物权法上不能包括的企业核心,又应怎样转让呢?有人主张准用民法典第 929 条之规定(如 v. 吉尔克 - 桑德洛克氏,《商法》, § 13,Ⅳ,2),并认为权利继受人之进入企业活动范围,可理解为民法典第 929 条上的"交付";而另一些人主张适用民法典第 413 条并第 398 条、第 402 条(如胡布曼,上揭氏著,63 页)。这两种观点,在结论上相同:对商业秘密、客户关系、广告材料等的转让,仅有让与合意,还不能达到转让之效果,而还必须有进入企业活动范围之行为。〔14〕 自法律构造上进行考察,则正确观点者,应为适用民法典第 413 条并第 398 条以下规定之主张。其理由是,民法典第 413 条之规定,为一项有关转让所有无特别规则之权利(包括重要的法律上之地位)的一般法律条款。

但是,人格权本身——这是"企业最核心的本质",如在独资商业企业中,体现于姓名与商业名称之同一性中——不得予以转让(参见《联邦最高

〔13〕 对设质等行为,准用该规则(对此尤参胡布曼,上揭氏著,69 页以下);但同时须注意《德国商法典》第 25 条第 1 款第 2 句之规定!

〔14〕 霍梅尔霍夫,上揭氏著,259 页;K. 施密特,《商法》, § 6,I,2。

法院民事判例集》,第32卷,103页,及第85卷,221页;此外参见鲍尔/施蒂尔纳,卷II,《支付不能法》,边码13.2以下)。相反,因人格而创造之价值(业务关系、广告方式、商业秘密),却可以转让。

(三) 因企业组织变更或股份出让而产生的转让

在企业的组织形式,体现为法人或商法上人合公司(Personenhandelsgesellschaft)时,其转让程序会有简化。此时法律以合并与分立形式,规定了企业转让之可能,且这种转让在法律构造上,类同权利概括继受(参见《企业组织形式变更法》第1条、第2条以下,尤参第5条第1款第2项与第123条以下),也就是说,不要求有单个具体的转让行为。[15] 即使在欠缺此种特别规定时,倘若公司法上的出资参与,发生完全的变更,比如有限责任公司的各股东,将其所有股份转让给一个取得人,或如一股份有限公司,取得另一股份有限公司的全部股份等等,则也可间接地达到企业整体转让之目的。 11

(四) 企业主之加入雇佣法律关系

在让与一个企业、营业或部分营业时,企业主依法直接加入雇佣法律关系(民法典第613a条。该规定之基础,为1977年2月4日欧洲经济共同体第77/187号指令[1977年工作公报第L 61号,26页];对此参见《欧共体法院判决集》,1994-I,131页1以及1996-I,1253页。关于民法典第613a条之规定,参见贝林(Belling)/科拉斯(Collas),载《新法学周刊》,1991年,1919页;高尔(Gaul),载《企业》,1980年,927页;海因策(Heinze),载《企业》,1980年,205页;亨斯勒(Henssler),载《新劳动法与社会法杂志》,1994年,913页;莫尔布特(Mohrbutter),载支付不能法杂志:破产——信托——重整),1983年,3页;宽德(Quander),《权利概括继受中的营业主变更》,1990 12

〔15〕 关于组织变更法的详细内容,参见扎加塞尔(Sagasser)/布拉(Bula),《组织变更》,1995年版。

年版;塞特(Seiter),《营业主变更》,1980 年版;同氏著,载《企业》,1980 年,877 页;联邦劳动法院,《新法学周刊》,1982 年,1607 页;1986 年,453 页;关于联邦劳动法院之判决,参见罗伊特尔,载《法学教育》,1986 年,410 页;另参德鲁卡尔奇克(Drukarczyk)/里格尔(Rieger),载《支付不能法杂志:破产——信托——重整》(KTS),1986 年,209 页)。同时成立原雇主的连带债务人责任(民法典第 613a 条第 2 款)。通说观点认为,雇员针对企业之契约转让,享有异议权(EuGH,《新劳动法与社会法杂志》,1993 年,169 页;联邦劳动法院,《企业顾问》,1994 年,505 页,以及《企业》,1993 年,1877 页)。依照联邦劳动法院的看法,即使在通过破产管理人而让与营业时,该条规定也包含了有利于雇佣法律关系的状态保护内容(尤参联邦劳动法院,《新法学周刊》,1980 年,1124 页;1982 年,1607 页;1984 年,672 页以下)。当然,在破产开始后才进行的营业转让中,取得人对破产宣告前所产生之雇员的请求权,不承担责任(参见联邦劳动法院,《新劳动法与社会法杂志》,1993 年,20 页);关于工资拖欠、劳资双方关于雇员利益保护之协调计划中的债权、供给期待权等的"分割"问题,详参鲍尔施蒂尔纳,卷 II,《支付不能法》,边码 9.41 以下;关于欧盟指令的新修改,参见 ZIP,1998 年,1328 页。

三、责任问题

13 责任问题就是,企业取得人,是否以及在什么范围内,应"加入"到营业债务关系中。

本书对此仅作简略提示,其详细内容,参见有关商法之阐述。[16]

(一) 商号沿用时的责任

14 其法律规范基础(sedes materiae),为《德国商法典》第 25 条

---

〔16〕 K·施密特,《商法》,§8;v·吉尔克/桑德洛克,§16,I,3(并参上二著各自之引证);关于民法典第 419 条,参见《慕尼黑德国民法典》/莫舍尔(Möschel),1994 年 3 版。

之规定:[17]取得人[18]继续使用企业与商号的,应对原营业债务承担责任。

债务加入之法律原因,司法判例认为存在于商号继续使用所引起的法律表象中(《联邦最高法院民事判例集》,第18卷,248、250页;第22卷,234、239页;联邦最高法院,《新法学周刊》,1992年,911页),或者是——包含于对原商号继续使用之中并对公众所进行的——愿意对原债务负责任的表示,且该表示与债务责任之基础、营业财产联系在一起。而在另外一些判决中,司法判例还考虑到了,将商号视为由商业企业所成立之权利义务担当者的交易观念(《联邦最高法院民事判例集》,第29卷,1页;联邦最高法院,《新法学周刊》,1982年,1647页,与1986年,581页)。[19] 仅在《德国商法典》第25条第2款所规定之条件成立时,债务责任排除之约定,才具有法律效力(对此参见《联邦最高法院民事判例集》,第29卷,1页)。

故在符合《德国商法典》第25条第1款第1句之条件时,则除原企业主外,企业取得人也承担责任;且取得人承担债务之责任财产,不以所取得之财产为限,还包括其本身所有的其他财产。[20]

---

〔17〕 亦参《德商法典》第28条之规定。

〔18〕 关于用益承租人的责任,参见联邦最高法院,《新法学周刊》,1984年,1186页。

〔19〕 关于各种不同的观点,参见K·施密特,《商法》,§ 8,I,2a以下(施密特氏自己认为,该规定之思想基础应为,法律关系应归属于各时之企业承担者,参见氏著,载《新法学周刊》,1982年,1648页)。

〔20〕 对此参见K·施密特,《商法》,§ 8,II,2。依据联邦最高法院的观点,《德国商法典》第25条、民法典第419条之规定,对企业由破产管理人予以出卖之情形,无适用之余地,但可适用于由官方指定之管理人出卖之情形(《联邦最高法院民事判例集》,第104卷,151页=《法学者报》,1988年,974页,并附格哈特(Gerhardt)之评论;对此参见鲍尔/施蒂尔纳,卷II,《支付不能法》,边码9.40),或者破产程序之外对负债企业的其他承受情形(联邦最高法院,《新法学周刊》,1992年,911页)。

（二）取得企业但不继续使用商号时的责任

15 若取得人不继续使用原商号，则仅在符合下列特别要件时，取得人才对原债务承担责任：

1. 在取得人承担原债务时（并存的债务承担，或免责的债务承担）；

2. 在取得人已公告债务承担时（《德国商法典》第25条第3款）；

3. 在满足民法典第419条所规定之条件时，也就是说在取得人所承受的营业财产，构成出让人之全部财产时（《联邦最高法院民事判例集》，第27卷，257页；第93卷，135页），但此时的责任，以所承受的财产为限；[21]

4. 在债务体现为成立于营业土地上的不动产担保物权负担（抵押权、土地债务）时。

依此而言，在（作为一项特别财产的）企业让与中，债务为财产上的负担，故而也应移转于取得人之基本原则，仅在存在上述特别的债务继续之构成要件时，才可以适用。

四、保护问题[22]

16 将企业视做对应于所有权之财产权利的趋势，在对企业之法律保护领域中，发展得最为宽泛。就对“已设立并已经营之营业（eingerichteter und ausgeübter Gewerbebetrieb）”上权利进行保护时，司法判例[23]将企业视为民法典第823条规定中的“其他权

---

〔21〕 随1999年1月1日《支付不能法改革》之生效，民法典第419条被废除。关于此项改革，参见鲍尔/施蒂尔纳，卷II，《支付不能法》，边码4.41，及其引证；关于其责任法上的效果，参见K·施密特，载《经济法杂志》，1989年，1025页，以及卡纳里斯，载《经济法杂志》，1989年，1161页。

〔22〕 对此亦参比希纳（Buchner）与胡布曼二氏之上揭著；K·施密特，《商法》，§7，以及载《法学教育》，1993年，985页；v·吉尔克/桑德洛克，§15；拉伦茨/卡纳里斯，卷II/2，§81；慕尼黑德国民法典/米尔滕斯，第823条，边码484以下。

〔23〕 关于司法判例之发展，首参拉伦茨/卡纳里斯，上揭氏著，与芬肯切尔，§103，II（及其引证），及《联邦最高法院民事判例集》，第86卷，152、156页；此外亦参施蒂尔纳，《第58届德国法学工作者大会鉴定书》，1990年，A部分，84页以下，及其引证。

利”,从而远远超越了通过姓名权与商号权保护(民法典第12条、《德国商法典》第37条第2款、《反不正当竞争法》第16条)以及通过民法典第824条、第826条、《反不正当竞争法》第1条之救济方式。而且,这种保护所针对者,不仅为对企业存续上的侵害与妨害,还包括对企业影响力、企业“经营活动”的侵害与妨害。[24] 再者,这一保护,不仅针对已发生的对企业的损害,而且还通过所谓预防性不作为之诉,[25]针对将来有威胁之妨害进行保护,并排除已发生且其作用仍持续存在的侵害。另外,针对具有征收性质的干预,亦对企业施与保护。

如果比较一下民法典第1004条与第823条对所有权所赋予的保护,则上述对企业之保护,与该二条规定的近似性,就跃于眼前。自本质上看,在企业保护中惟一所欠缺的,仅为与民法典第985条相对应的“总括的”所有物返还请求权。 17

本书不适合在这里对这一法律发展趋势进行评论。[26] 仅须指出者,在某些情形中,运用对物上所有权的保护方法,就能达到满意的权利保护效果,比如对营业性侵害,就可以借助相邻关系法上的手段予以排除。因为在这种情形下,所保护者,并非物之所有权本身,而恰恰是服务于特定目的之所有权。

例如:E在其土地上,经营一家供膳宿的小旅馆。与其结仇的邻人 18

---

〔24〕 对此尤参《联邦最高法院民事判例集》,第3卷,270页(损害营业性的价值评判);第8卷,142页(损害营业性的事实报道);第24卷,100页(宣布经济封锁);第29卷,65页;第41卷,123页(中断供电);BAG,《新法学周刊》,1989年,61页(经营封锁)。

〔25〕 对此参见拉伦茨/卡纳里斯,卷II/2,§ 86以下;鲍尔,载《法学者报》,1966年,381页(=鲍尔,《论文集》,卷II,146页),以及上揭著,§ 12,边码3;施泰因多尔夫(Steindorff),载《法学者报》,1960年,583页;措伊纳,载《法学者报》,1961年,41、45页。

〔26〕 参见拉伦茨/卡纳里斯,卷II/2,§ 81,IV;胡布曼,上揭氏著;K·施密特,《商法》,§ 7,V,2。

N——N 不是 E 的营业竞争者——,每天一大早把几条狗放在自家花园里,使其冲着 E 旅馆,不停蹦跳狂吠,驱赶 E 的客人。此时,民法典第 1004 条就可提供直接的保护。

但是,在"以竞争为目的"之行为(《反不正当竞争法》第 1 条),与物上所有权侵害之间,还存留一些侵害情形。对这一漏洞的填补,可借助于对已设立并已经营之营业上权利的学说,或者——假如可如此简略表达的话——企业上权利的学说。关于各具体的案例群,参见 v · 吉尔克/桑德洛克, § 15, II,4;K · 施密特,《商法》, § 7, V, 4, 以及载《法学教育》,1993 年,985、988 页;拉伦茨/卡纳里斯,卷 II,2, § 81;梅迪库斯,《民法》,边码 611 以下(及其所引资料);以及本书第 10 章末之表 5。

关于通过《雇员参与法》而对企业所有权予以干预在宪法上的评价,参见《联邦行政法院判例集》,第 50 卷,287、339 页。

第二十九章 “住宅”:住宅所有权——地上权——物权性居住权——住宅使用租赁权——时间分配式共有

第一节 概 述

一、土地与建筑物在物权法上的统一性

民法典第94条之规定,排除了对建筑物所有权进行平面分割。[1]这就意味着,仅只有那些买得起土地,并能建造(或取得)房屋的人,才能居住于“自己的家”中。但这些人毕竟只是少数,故而绝大多数人,必须通过租赁而居住于别人的房屋中。这一状态(即“所有权分散,Eigentumsstreuung”),自社会根源上看,也不能令人满意,故必须有所改变。因此,立法者也一直致力于推进“拥有自己之家”的发展趋势,并采取了各种不同的法律形式。 1

二、创设住宅所有权与地上权以作为例外

住宅所有权(本章下述边码5以下)与地 2

〔1〕 关于法政策上的发展趋势,参见施蒂尔纳,载《民法实务档案》,第194卷,265页以下、276页;同氏著,载《法学者报》,1993年,1074页以下。

上权(下述边码28以下),这两种法律形式,旨在使经济弱小的社会阶层,也能取得住宅上的所有权:通过住宅所有权形式,法律创设了在一个独立住宅上所能享有的真正所有权;而地上权,则赋予其权利人在他人土地上建造自己房屋的可能性。故而,这两种情形,均突破了民法典第94条所确定的原则(附着于土地之物构成土地之一部分,superficies solo cedit)。

三、居住人地位(Wohnungsinhaberschaft)其他的物权化形式

3 其他法律形式,所谋求的不是创设所有权,而是试图强化居住人的法律地位,使其"物权化"。属于这类形式的,不仅体现为各种形式的物权性居住权(下述边码45以下),还包括住宅使用租赁权。后者之物权化倾向,着重表现在最近的一些立法中;这在前面我们已经提及(本书第6章边码4以下),本章还将作进一步阐述(下述边码60以下)。

上述所有形式,常被简括为"社会性居住权(soziales Wohnrecht)"。而究其实质,几乎所有这些法律形式的主题思想,体现为在"住宅经济"中,创造良性的社会关系。但在一些新的尝试中,亦即谋求对度假寓所的分配("时间分配式共有,Time - Sharing")中,这种思想体现较少(下述边码84以下);但无论如何,这些新尝试所涉及者,仍是对"度假寓所所有权"进行更广泛的分配,因而也就是富裕水平上的社会分配。

四、住宅统计数字

4 撇开居住人地位,是所有权人、承租人还是其他权利人这一因素,以1000个居民为单位,其可支配的住宅,在1939年为280套;在原西德各州,1979年为398套,1989年为424套。在新联邦州,1989年每1000个居民,拥有住宅426套——但各建筑状况有天壤之别!两德统一后,1994年每1000

个居民可支配的住宅为436套。每套住宅的平均面积,在原西德各州,1965年为68.6平方米,1989年为86.4平方米。1994年在统一后的德国,每套住宅的平均面积为82.5平方米。居民人均住房面积,在原西德地区,1965年为22.3平方米,1989年为36.7平方米,而在统一后的1994年为36.0平方米。1993年在德国,所有住宅楼的所有权,约92%归私人享有,4.3%属于各种形式的住宅企业,3.7%为国家所有。在统一后,新联邦州中的住宅所有权关系改造,至今仍在进行;《两德统一条约》(第22条第4款)规定,原全民所有的住宅转归各乡镇所有,由各乡镇将这些住宅推进市场化的住宅经济,并加快促进私有所有权的形成(参见本书第63章边码2以下、21以下)。其他的统计数字,参见本书下述第36章边码37。统计资料来源:《1996统计年鉴》,250页以下;《建筑业与住宅》,1993年1%的抽样统计,第2册,29页。

第二节　住宅所有权（Wohnungseigentum）〔2〕

一、历史沿革及其推广

5　住宅所有权这一法律制度，旨在满足居住人对一幢建筑物，在财产法上进行分配，以享有真正所有权之权利的需求。简要地说：居住人通过购买其住宅，应能够成为该住宅的所有权人。在众多的外国法律制度中——主要以

〔2〕 参考文献提示：其法律评注，参见贝尔曼（Bärmann）/皮克（Pick）/默勒（Merle），1997 年 7 版；贝尔曼/皮克，1994 年 13 版；亨克斯（Henkes）/尼德尔弗尔（Niederführ）/舒尔策（Schulze），1995 年 3 版；绍恩，1995 年 2 版；魏特瑙尔，1995 年 8 版；泽格尔/施蒂尔纳，卷 6，《住宅所有权法》，1990 年 12 版；慕尼黑德国民法典评注/勒尔，卷 4，1997 年 3 版，《住宅所有权法》。其他文献：米勒，边码 2219 以下；威廉，边码 1043 以下；曼弗雷德·沃尔夫，边码 112 以下；贝尔曼，载《新法学周刊》，1989 年，1057 页（关于住宅所有权之理论）；同氏著，《住宅所有权》，1991 年版；贝尔曼/佐伊斯，《住宅所有权实务》，1980 年 3 版；布林格（Böhringer），《住宅所有权法律的现实问题》，载《巴登－符滕堡州公证杂志》，1993 年，153 页；贝尔纳（Börner），《住宅所有权与民法中的物的概念》，载《德勒（Dölle）祝寿文集》，1963 年，卷 I，201 页；欧根·胡贝尔（Eugen Huber），《瑞士私法中的的所有权分割》，载《瑞士法论坛》，第 58 卷，1 页以下；雅根堡（Jagenburg），《1989/90 年以来建筑信托法、建筑承担人法与住宅所有权法的发展》，载《新法学周刊》，1992 年，282 页；耶内森（Jenniβen），《1994 年与 1995 年住宅所有权法的发展》，载《新法学周刊》，1996 年，696 页；容克尔（Junker），《住宅所有权法上的社团》，1993 年版（对此批评性的书评，参见魏特瑙尔，《住宅所有权》，1994 年，33 页）；利弗，《作为楼层所有权基础的共同所有权》，载《马克瑟（Marxer）纪念文集》，1963 年；米尔，《民法体系中的住宅所有权》，1979 年版；保利克（Paulick），《关于住宅所有权的理论问题》，载《民法实务档案》，第 152 卷，420 页；霍尔斯特·米勒（Horst Müller），《住宅所有权的实践问题》；勒尔，《住宅所有权人与管理人手册》，1994 年 6 版；同氏著，载《德国公证杂志》，1982 年，334 页（改革问题）；弗里德里希，《楼层所有权（瑞士法）》，1965 年版。

《法国民法典》第 664 条之规定为蓝本——,这早已成为可能。[3] 而在 1900 年之前的德国,州法律也曾以楼层所有权(Stockwerkseigentum)形式,对此加以确认;只是在《德国民法典》之后,才在其第 93 条并《〈德国民法典〉施行法》第 182 条中,禁止新设立楼层所有权。其原因,既有理论上的考虑,也基于这样的经验事实,即采取楼层所有权方式的楼房,常是"是非之窝(Streithäuser)"。二战之后,由于下述因素,推行住宅所有权的要求,才变得日趋激烈:住房紧张局面,也要求小资本投入住房市场(带有建筑造价补贴之租赁的法律形式,不能给承租人提供充分的保障);住宅上所有权之广泛分散,有其良好的社会效应(同一时期出现的雇员为企业伙伴之思想,亦并非偶然现象!);国家为住宅建设所提供的金钱,不能流入少数人,尤其是住宅建筑企业的腰包;特别是通过住宅所有权,可更好地利用在城市里尤为紧缺的土地。

1951 年 3 月 15 日之《住宅所有权与长期居住权法》(简称《住宅所有权法》,联邦法律公报. ,I,175),[4] 即为上述因素,在立法上的体现。通过该项立法,就创设了住宅所有权制度。相同的法律制度,在非住宅性的,即主要是营利性使用的房屋空间上,被称为部分所有权(Teileigentum)。

此项立法,使住宅所有权形式受到广泛欢迎:依联邦统计局推测,在 6
1993 年时,采住宅所有权形式的住宅,就约有 230 万套(参见《建筑业与住宅,1993 年 1% 的抽样统计》,第 2 册,88 页以下)。若看看建筑业的蓬勃发展趋势,则到现在,估计能达 300 万套。值得注意的有趣现象是,部分土地所有权人,将原使用出租的住房,改造成住宅所有权式的住房,并予以出让(由于存在使用承租人保护之规定,使得使用出租中的利润率极低)。在这种改造中,国家一方面通过已改善的租赁契约终止保护(民法典第 564b 条第 2 款

---

[3] 对此参见魏特克(Wietek),《法国之住宅所有权》,1976 年版;利弗(Liver),上揭氏著;关于楼层所有权之详细论证及所引之大量资料,参见图梅尔(Thümmel),载《法学者报》,1980 年,125 页,以及载《巴登 - 符滕堡州公证杂志》,1980 年,97 页,1984 年,5 页。

[4] 对其予以修改与补充的立法有 1957 年 7 月 26 日之立法、1973 年 5 月 30 日与 7 月 30 日之立法、1990 年 12 月 17 日之立法、1991 年 3 月 22 日之立法、1994 年 6 月 24 之立法。

第2项[5]与第3项,以及1993年4月22日《简便投资与住宅建筑用地法》之14条,联邦法律公报.,I,466),另一方面最近又通过住宅所有权设立中的先买权制度(民法典第570b条),[6]而对使用承租人的地位进行保护。除此之外,在公共资助的住房改造中,还存在通知义务与公告义务(《住宅约束法》第2a条),并存在先买权(《住宅约束法》第2b条)。更为有趣的是,在所有住房中,"所有权人比率"(等于单独所有权加上住宅所有权),1993年已达到38.8%(《1996年统计年鉴》,251页)。

二、法律构造上的基本问题

7 住宅所有权在法律上的构造形式,涉及下列三项问题:

对土地以及不属于某一住宅所有权人单独所有的建筑物部分(如沉重建筑物之钢筋结构),如何构造其所有权?——对此参见本章下述边码8以下。

住宅上的权利应为真正的所有权?——下述边码10以下。

应如何规范住宅所有权人彼此间的法律关系?——下述边码13以下。

(一)共同所有权与特别所有权之结合

8 住宅所有权,乃对共同之土地上的共同所有权(为按份共有,非共同共有),与对住宅之特别所有权,二者之相互结合(《住宅所有权法》第1条第2、3款)。[7]

---

〔5〕 最近之限制,参见联邦最高法院,《新法学周刊》,1994年,2542页。

〔6〕 对此参见莱茵河畔法兰克福AG,《德国司法》,1995年,350页,并附朗海姆(Langheim)之批评性评论;同氏著,载《德国公证杂志》,1993年,650页;科米绍(Commichau),载《新法学周刊》,1995年,1010页。对使用承租人之保护,最近又通过《建筑法典》第172条之获得许可义务("维持章程")而予以补充,对此参见格罗舒普夫,载《新法学周刊》,1998年,418、421页以下。

〔7〕 有争议;对此参见米尔勒(Merle),《民法体系中的住宅所有权》,1979年版;魏特瑙尔,载《佐伊斯(Seuss)祝寿文集》,1987年;此外参见本节开始之参考文献提示。

属于共同所有权者,主要为土地(同法第1条第5款)、所有的建筑物“沉重”结构部分以及公共设施(同法第5条第2款)。[8]

属于特别所有权者,为住宅及其成分,但以该成分不是建筑物沉重结构为限(如房间里的地板、房顶以及不属于沉重墙之房墙)。[9]

由此可见,具有重要经济意义的,常常是共有权部分。故而,在法律上 9
(对住宅之)特别所有权,也不可分地包含于对共同所有权之共有份中(同法第6条第1款);在共同所有权上所成立之权利,也及于特别所有权(同法第6条第2款),而对特别所有权之废止,不影响共同所有权之存续(同法第4条)。因此,在法律上共同所有权占支配地位,而特别所有权仅为共同所有权之“附属物”(同说者《联邦最高法院民事判例集》,第49卷,250页[=鲍尔,E. Slg.,案例40];《联邦最高法院民事判例集》,第50卷,56页;第90卷,174页;第91卷,343页;第108卷,156页)。另外一些学者(如伯尔纳(Börner),载《德勒(Dölle)祝寿文集》,201页以下),视特别所有权为“主物,而共有份为该主物的重要成分”。此虽不失为一种理论可能性,但并未为我们的立法者所采纳(参见同法第3条第1款、第6条、第7条第1款、第8条;详参泽格尔/施蒂尔纳,《住宅所有权法第》1条,边码2-2b;魏特瑙尔,《住宅所有权法》,第1条之前,边码21以下、25)。

(二)作为真正所有权之住宅所有权

1. 住宅所有权人的权利

住宅所有权,为真正的所有权(民法典第903条;《联邦最高法院 10
民事判例集》,第116卷,392页)。由此而得出的结论,则是在所有权

[8] 关于有瑕疵地创设特别所有权时“被孤立之”共有权份额问题,参见《联邦最高法院民事判例集》,第109卷,179、183页;第130卷,159、169页。

[9] 魏特瑙尔,§5,边码2以下;泽格尔/施蒂尔纳,《住宅所有权法》,§5,边码3。例案:联邦最高法院,《新法学周刊》,1979年,2391页:集中供暖设施不属于特别所有权;关于特别所有权之确定性/可确定性问题,参见巴伐利亚州最高法院,《德国司法》,1994年,294页,以及伯林格(Böhringer),载《巴登-符滕堡州公证杂志》,1993年,154页;关于卡车停车位是否具有特别所有权之客体能力,参见伯林格,上揭氏著,155页及其引证。

受到侵害时,得产生民法典第823条、第985条、第1004条上的请求权;但在住宅所有权人彼此间的关系中,这些请求权因《住宅所有权法》第14条、第15条之规定,而受到限制。作为真正的所有权,住宅所有权可自由出卖,可自由让与(须符合民法典第313条以及第873条、第925条之形式要求:《住宅所有权法》第4条)。

但与民法典第137条之规定不同,此时可以约定"具有物权效力"之让与禁止,并登记于土地登记簿(《住宅所有权法》第12条)。其理由为:保护其他住宅所有权人,免受不受欢迎的取得人之闯入。[10]

对住宅所有权,可设定负担,可予以强制执行,可进行使用出租或用益出租(《住宅所有权法》第13条第1款),在继承中可移转于一个或数个继承人。

2. 对住宅所有权设定负担

11 如同对土地之一般共有份,对住宅所有权,亦可设定负担(如参民法典第1095条、第1114条)。就设定不动产担保物权这一重要情形而言,在每个住宅所有权上——比如既可为了担保提供给某一住宅所有权人之借贷债权,也可为了担保提供给所有的住宅所有权人,但又已分配给各住宅所有权人的借贷债权——均可设定担保物权负担(这是住宅所有权人所希望的担保方

〔10〕 其他住宅所有权人,仅允许在有重大事由时,才可对住宅所有权让与行为拒绝同意(《住宅所有权法》第12条第2款第1句);在住宅所有权人间对此产生争议时,法院依该法第43条第1款第1项而裁决。例案:《联邦最高法院民事判例集》,第37卷,203页;第49卷,250页[=鲍尔,E. Slg.,案例40]。通说观点在长时间里曾认为,该同意表示,即使在无明确之例外约定时,对第一让与行为来说并非必要;但这一看法最终被联邦最高法院(《新法学周刊》,1991年,1613页)所驳斥;现在的做法是,欠缺同意之瑕疵,可通过《住宅所有权法》第61条而补正(亦参保泽,载《新法学周刊》,1994年,501页;对该法第61条最近的限制,参见柏林市高等法院,《德国司法》,1995年,17页)。

式,因为每个住宅所有权人只为其自己承担风险!);但也可通过所有的住宅所有权人之处分行为,而对土地之整体设定负担,此时成立各共有份上的连带担保物权(民法典第1132条:这种方式有利于借贷债权人,但对各住宅所有权人却有危险性)。[11] 须强调者,在共同建造某一住宅所有权设施时,各住宅所有权人仅按其份额承担责任;反之,因居住设施管理而产生的债务,各住宅所有权人原则上应负连带债务人责任(《联邦最高法院民事判例集》,第67卷,235页;第75卷,26页;第76卷,90页)。

3. 对住宅所有权之强制执行

对住宅所有权为强制执行时,其执行方式,如同对土地之强制执行方式,也就是说,通过强制拍卖、强制管理以及强制抵押权之登记(民诉法第864条以下)。须注意者,在强制抵押权之登记时,在登记申请中,须注明所有的住宅所有权人(亚琛LG以及科隆州高等法院,《德国司法》,1994年,496页,及其引证并附绍恩(Sauren)之评注)。 12

(三) 住宅所有权人间的法律关系

1. 住宅所有权人共同体(Wohnungseigentümergemeinschaft)及其机关

因其性质使然,住宅所有权人间的法律关系,较之通常的按份共有关系,更为紧密。 13

即使在通常之按份共有中,法律虽以按份共有人彼此间相互独立,不必通过人身关系或契约关系而相互连接,这一假定为其规范出发点,但也不得不就涉及共有人共同体的一些最低事项予以规范(比如使用权:民法典第743条第2款、第1010条;共有物之管理:民法典第744－746条、第1010条)。

---

[11] 关于住宅所有权变更时其负担问题的处理,参见施特罗伊尔,载《德国司法》,1992年,181页。

与一般按份共有相反,《住宅所有权法》在其第一部分第二章(即第10条以下),径以“住宅所有权人之共同体”为其章名,从而清楚地表明,该共同体并非共有人间单纯的联合体。该共同体虽无权利能力(联邦最高法院,《新法学周刊》,1977年,1686页;石勒苏益格州高等行政法院,《新法学周刊—司法判例报告,民法》,1992年,457页),且依司法判例之看法,也无不动产登记簿上的登记能力(巴伐利亚州最高法院,《德国公证杂志》,1985年,428页;有争议),但却具有社团之性质。[12] 该共同体之机关,包括住宅所有权人大会(《住宅所有权法》第23条以下),[13] 以及——永远必备的(《住宅所有权法》第20条第2款)——管理人(《住宅所有权法》第26-28条)。[14] 该二机关,负责对共同之所有权进行管理(《住宅所有权法》第20条),其中前者基本上为决议机关,而后者

〔12〕 有争议;参见贝尔曼,《住宅所有权人共同体》,1986年版,以及载《新法学周刊》,1989年,1057、1060页;魏特瑙尔,载《佐伊斯祝寿文集》,1987年;泽格尔/施蒂尔纳,《住宅所有权法》第1条,边码2b。关于“成长中的住宅所有权人”(即介于因买卖契约而占有住宅与嗣后登记于土地登记簿之间的状态),参见勒尔(Röll),载《新法学周刊》,1989年,1070页;同氏著,载《德国公证杂志》,1993年,315页;以及《联邦最高法院民事判例集》,第106卷,113页;第107卷,285页;详参泽格尔/施蒂尔纳,《住宅所有权法》第10条,边码2-5,及其引证。

〔13〕 住宅所有权人大会之决议方法,为多数决(该法第25条)。弃权票无效,参见《联邦最高法院民事判例集》,第106卷,179页。由第三人代理表决者,仅允许由特定的人代理,参见《联邦最高法院民事判例集》,第99卷,90页;《有价证券法通讯》,1993年,656页。

〔14〕 对此参见克雷布斯(Krebs),《住宅所有权管理之理论与实务》(蒂宾根,博士学位论文,1975年);关于通过共同体决议而对管理人主张请求权,参见《联邦最高法院民事判例集》,第106卷,222页(对此埃曼(Ehmann),载《法学者报》,1991年,222页),与《新法学周刊》,1992年,182页(对此魏特瑙尔,载《法学者报》,1992年,1054页)。依照《住宅所有权法》,法人与人合公司可作为管理人,而民法上的合伙或数个自然人,则不能成为其管理人;参见泽格尔/施蒂尔纳,《住宅所有权法》第26条,边码3,《联邦最高法院民事判例集》,第107卷,268页,以及柏林市高等法院,《德国司法》,1995年,17页。

为执行机关,并对外代表共同体。

2. 对特别所有权之共同体约束

与共同的所有权管理应相区别者,是对特别所有权之管理:每一住宅所有权人——如同普通所有权人——对其特别所有权,原则上可自由管理。但不可忽视的是,对特别所有权之使用,亦不得影响其他住宅所有权人之利益(如浴缸漏水,而住宅所有权人对其不进行修理)。基于这一点也就不难理解,一方面该法第14条规定了一系列的义务,另一方面又准许住宅所有权人自己确定彼此间的权利义务内容(该法第15条、第21条第5款),且尤为重要的是,住宅所有权人自己所确定的权利义务,不仅仅涉及共同的所有权,还涉及特别所有权。 14

3. 管理共同事项之手段

对共同事项之管理,《住宅所有权法》确认了两种不同的手段:对通常管理与“日常事务”,采住宅所有权人多数决方式(同法第15条第2款);比如关于霜冻时关闭窗户、在通常范围内的娱乐时间、废旧卡车的停放(柏林市高等法院,《新法学周刊—司法判例报告,民法》,1996年,586页)等等事项,均采此种决议方法。而就共有物之基础性使用规则,比如关于营利性使用禁止之规则等等,则必须通过住宅所有权人协议或分割表示(本章下述边码20以下),而达成所谓共同规章形式,并使其构成特别所有权之内容(同法第15条第1款);〔15〕通过此种方式,亦可创设单个住宅所有权人,对共同之所有权的特别使用权,比如关于卡车停车位(《联邦最高法院民事判例集》,第73卷,145页以下;详参泽格尔/施蒂尔纳,《住宅所有权法》第15条,边码3-6; 15

〔15〕 关于由不可撤销之多数决而取代住宅所有权人协议,参见《联邦最高法院民事判例集》,第54卷,65页;第127卷,99页;第129卷,329页;杜塞尔多夫州高等法院,《新法学周刊—司法判例报告,民法》,1994年,1426页;绍恩(Sauren),载《新法学周刊》,1995年,178页,及其引证;亦参桑多维格,载《巴登-符滕堡州公证杂志》,1995年,29页;应除外者,为干涉至“物权核心范围”的多数决。

亦参联邦最高法院,《法学者报》,1992 年,368 页;W·施奈德,载《德国司法》,1998 年,9、53 页)。共同规章须在登记人土地登记簿后,才能对权利继受人产生法律效力(同法第 10 条第 2 款)。在实践中,共同规章就是住宅所有权人共同体的"宪法",通常包括了所有的重要性规则(如住房地段的基本特征、共同所有权之管理、对使用出租之同意、与管理人之关系、住房管理费用、表决权、对违反行为的"罚金"等等)。新的有趣例案:联邦最高法院,《新法学周刊》,1991 年,2637 页(多数决未确定住房补贴迟延支付时的迟延利息);柏林市高等法院,《州高等法院民事判决集》,1994 年,273 页(多数决未确定实物差役义务)。

4. 住宅所有权人的权利主张

16 主张因侵害共同所有权而生之请求权时,原则上以住宅所有权人之决议为前提条件(《联邦最高法院民事判例集》,第 121 卷,22 页 =《新法学周刊》,1993 年,727 页);《住宅所有权法》第 21 条第 1 款,排除民法典第 1011 条规定之适用。仅就侵害特别所有权而生的请求权,住宅所有权人可单独进行主张。

在承揽工作成果瑕疵中,尤难划分共同体与单个住宅所有权人所享有之权限。仅涉及特别所有权的瑕疵权利,任何住宅所有权人均可单独地主张。就共同所有权上的瑕疵权利,在住宅所有权人大会作出决议之前,各单独住宅所有权人可主张该瑕疵权利中的主瑕疵担保请求权(如除去瑕疵、费用偿还、费用预付);而就减酬请求权或"小额"损害赔偿请求权之行使,原则上须由全体住宅所有权人共同体来予以决定,除非瑕疵为不能除去之瑕疵。此外,可通过授权方式与意定诉讼代位(gewillkürte Prozeβstandschaft)方式,由单个住宅所有权人或第二取得人,来行使请求权(其整个问题,参见《联邦最高法院民事判例集》,第 110 卷,258 页以下;第 114 卷,383 页及其引证,并附埃曼(Ehmann)/布赖特费尔德(Breitfeld)之评注,载《法学者报》,1992 年,318 页;联邦最高法院,《新法学周刊》,1992 年,978 页;1993 年,727 页;保泽,载《新法学周刊》,1993 年,553 页;最近判例联邦最高法院,《德国法月刊》,1997 年,542 页 =《联邦最高法院裁判汇编》,民法典第 633 条,97/98

号)。由此可见,在请求权分配上,上述规则极其精细!

5. 费用负担

各住宅所有权人所享有的使用权利,与其所承担的费用义务,恰相呼应(同法第16条第2款;关于对建筑改变上的限制,见该条第3款,并参桑多维格(Sandweg),载《德国公证杂志》,1993年,707页)。每年由管理人作出费用结算,并经住宅所有权人多数决作出决议(同法第28条第3款与第5条);该费用之结算,即意味着住宅所有权人费用支付义务之届期(《联邦最高法院民事判例集》,第104卷,197、199页以下)。而费用之催收,由共同体或经共同体授权或委托的管理人或某住宅所有权人进行(《联邦最高法院民事判例集》,第111卷,148页及其引证)。由管理人所制订之年度经济计划,规定以住房管理费用形式,定期交纳预付费用,并建立公积金(同法第21条、第28条);对该计划之通过,亦以住宅所有权人多数决形式进行决议。 17

6. 开除

法律极其看重住宅所有权人间的和睦相处,并为此而创设了在一住宅所有权人严重违反其义务时,得强制其出让住宅所有权的可能性(同法第18、19条——对此,可与《德国商法典》第140、142条有关基于重大理由而立即终止公司法律关系之权利或开除之诉的规定相参照,对此参见格特(Götte),《巴登-符腾堡州公证杂志》,1992年,105页),并且,甚至有时在住宅所有权人无过错时,也可对其主张住宅所有权之强制出让(联邦宪法法院,《新法学周刊》,1994年,241页;反之,在土地共有关系中,仅只能适用民法典第749条第2款第1句之规定,参见联邦最高法院,《新法学周刊—司法判例报告,民法》,1995年,334页)。在一住宅所有权人对另一住宅所有权人造成妨害时,除存在强制出让之可能外,还成立基于共同体关系或民法典第862条、第1004条而产生的请求权(法兰克福州高等法院,《德国法月刊》,1982年,151页;泽格尔/施蒂尔纳,《住宅所有权法》第14条,边码6)。 18

三、住宅所有权之成立、转让、废止

(一) 成立

19 住宅所有权之成立,可通过

1. 共同所有权人间的契约,以及土地登记簿中的登记(同法第3、4条;要式契约:民法典第313条、第925条)。

具有极重要实践意义的是,该契约[16]在建筑物建造之前(…“或者就将建造之建筑物…”),甚至在存在公法上的建筑禁止时[17],就可以订立,并登记入土地登记簿(同法第3条第1款、第7条第4款;参见泽格尔/施蒂尔纳,《住宅所有权法》第3条,边码5)。[18]

20 2. 或者由所有权人分割其所有权,并同时设定特别所有权(同法第8条),亦即所谓的现存建筑物分割(Vorratsteilung,直译为:存货分割)。[19]

故而,所有权人可不依通常之法律规则,而可将其完全所有权予以分割,

---

〔16〕 关于住宅所有权创设瑕疵问题的处理,参见泽格尔/施蒂尔纳,《住宅所有权法》第3条,边码9-12,以及《联邦最高法院民事判例集》,第109卷,179页(对此参见齐默尔曼(Zimmermann),载《德国公证杂志》,1991年,153页);第130卷,159、168页。

〔17〕 《联邦最高法院民事判例集》,第110卷,36页=《新法学周刊》,1990年,1111页。

〔18〕 关于其他法律上的构造可能,参见《联邦最高法院民事判例集》,第86卷,393页(对此参见施蒂尔纳/韦伯,载《法学者报》,1983年,616页;莫里茨(Moritz),载《法学者报》,1985年,216页)。

〔19〕 泽格尔/施蒂尔纳,《住宅所有权法》第8条,边码2;关于住宅所有权之分割,《联邦最高法院民事判例集》,第49卷,250页=鲍尔r,E. Slg.,案例40,以及卢多维希,载《德国公证杂志》,1993年,158页。

并将各共有权份额(=此处的住宅所有权份额),保留在自己手中。[20]

21 其缘由为:一方面,住宅建筑企业应拥有按照市场需求,而出让各个住宅的可能。另一方面,所有权人在让与住宅所有权之前,就可事先划定共同所有权与特别所有权之界限,并将未来住宅所有权人间的关系,规定进共同规章(本章上述边码15;同法第8条第2款并第5条第3款、第4条、第10条第2款、第20条以下)。[21] 这一做法,要比由数当事人对此达成契约上的合意,或由各住宅所有权人事后对此应作出决议,来得简单。但是,对已划分的住宅所有权份额,所有权人并无必须出让的义务:所有权人也可以采取此种方式,为其继承人将来的分割作准备(但还须补以遗嘱上的分割命令)。

22 设立住宅所有权之前,土地上已负担有土地担保物权时,住宅所有权之成立,并不受影响;此外,土地担保物权债权人之同意,亦非为其成立要件。在住宅所有权的这两种成立方式中(即依同法第3条与第8条),此时均成立连带不动产担保物权(民法典第1132条、第1192条;正确意见者,如联邦最高法院,《新法学周刊》,1992年,1390页;泽格尔/施蒂尔纳,《住宅所有权法》第8条,边码10及其引证)。

(二)可转让性

23 对住宅所有权——但不是单独的住宅特别所有权(同法第6条

〔20〕 就《住宅所有权法》第3条第2款所规定之住宅独立封闭型要求,依据现已发布的最高法院审判总庭的决议(《新法学周刊》,1992年,3290页),首先对老建筑物及其分割来说,仅仅依据建筑治安法上的理由,已不能加以拒绝(但以前的做法,如联邦行政法院,《新法学周刊》,1990年,848页;联邦宪法法院,《新法学周刊》,1990年,825页;以及本书前版之阐述。以前实务界为绕开此项难题,而创设了“地下室”概念,参见巴伐利亚州最高法院,《新法学周刊》,1992年,700页;对此参见保泽(Pause),载《新法学周刊》,671页,及哈姆州高等法院,《德国司法》,1993年,445页)。关于该法第3条第2款,亦参巴伐利亚州最高法院,《德国司法》,1994年,498页;科隆州高等法院,《德国公证杂志》,1995年,79页。

〔21〕 对此参见彼得·乌尔默(Peter Ulmer),载《魏特瑙尔(Weitnauer)祝寿文集》,1980年,205页;关于土地登记局对其内容之审查,参见本书第16章,边码63。

第1款)——,可自由让与(但注意本章上述边码10处之阐述)。[22]因此时涉及到土地上的所有权,故应遵守民法典第313条(关于债法上的取得与让与行为)、民法典第873条、第925条(关于土地所有权让与合意)之形式规定(《住宅所有权法》第4条)。

对住宅所有权,也可以设定限制物权负担(尤其是设定土地担保物权、预告登记、先买权、长期居住权负担)(本章上述边码11)。

为描述住宅所有权上的各法律关系,设置有住宅登记簿(Wohnungsgrundbuch,同法第7条),以用来登记住宅所有权、负担以及限制等内容(参见本书第15章边码26)。

(三)住宅所有权人共同体之废止

24 与民法典第749条之规定不同,住宅所有权人共同体关系之废止,仅只能通过(符合《住宅所有权法》第4条所规定之形式的)全体住宅所有权人的一致同意。共同体关系废止所导致的结果是,要么在原各住宅所有权人间,仍存在单纯的共有关系,要么依民法典第752条以下之规定,按份额进行分割。

须注意者,在数项住宅所有权份额,混同于一人身上时,并不导致该部分住宅所有权之废止;这些住宅所有权份额,在法律上仍保持其独立性,并可通过嗣后之让与行为,而再次"活性化"。

四、程序法问题

25 有意思的是,该法就住宅所有权人相互间的争端,选择的是非诉事件管

---

〔22〕 关于住宅所有权取得人对未清偿之负担与费用的责任,参见贝尔曼(Bärmann)以此为标题的著述,1985年;《联邦最高法院民事判例集》,第95卷,118页;第99卷,358页;第104卷,197页;第107卷,285页;《法学者报》,1994年,102页,并附容克尔(Junker)之评论;关于让与人之责任,参见联邦最高法院,《新法学周刊》,1996年,725页。

辖程序(同法第43条以下)。其所体现的基本思想为,通过这一程序中法官迅速、公正且能动的参与(法官职权调查原则:《非诉事件管辖法》第12条),来协调住宅所有权人间的利益(《住宅所有权法》第44条),进而作出一项——有时是形成性的——判决。

因此,比如对另一住宅所有权人(或管理人)所主张的损害赔偿请求权, 26
也适用非诉事件管辖程序(《联邦最高法院民事判例集》,第59卷,58页;《新法学周刊—司法判例报告,民法》,1991年,907页:关于侵权);类似诉争,比如关于特别使用权的争议(《联邦最高法院民事判例集》,第109卷,396页;对此参见本章上述边码15)。适用民事诉讼法上普通程序的,除基于废止共同体关系与剥夺住宅所有权而产生的争议(《住宅所有权法》第43条第1款第1项、第17条、第18条、第19条)外,还包括未为该法第43条第1款第1-4款所列举的所有争议,比如住宅所有权人间关于特别所有权之客体、内容与范围的争议(《联邦最高法院民事判例集》,第130卷,159页),或者与已退出之住宅所有权人间的的争议(《联邦最高法院民事判例集》,第106卷,34页)。

五、新联邦州中的住宅所有权

在新联邦州,自1990年10月3日以后,可成立住宅所有权。原东德法 27
律上的建筑物所有权,在其于物权法清理法之框架内,与土地所有权相统一之前(本书第63章边码7、22、49以下),仍继续存在(《〈德国民法典〉施行法》,第231条第5款、第233条第4款)。但该权利与住宅所有权之共同点,微乎其微。

第三节 地上权(Erbbaurecht)

一、基础

(一)概念与法律性质

地上权制度,自1919年起,规定于1919年1月15日之《地上 28

权条例》(帝国法律公报,I,72、122[23])中。所谓地上权,是指“以在——受负担——土地地面上或地面下,拥有建筑物为内容之可转让并可继承的权利”(《地上权条例》第1条第1款;但请注意该条第2款之规定!)。

29 自土地所有权人角度看,地上权为其土地上所负担的一项限制物权。但该限制物权之自身,在法律上又受到如同土地之对待(同条例第11条):它有自己的登记簿簿页(地上权登记簿),它可以像土地那样,被设定负担(如负担不动产担保物权,设立地上权上抵押权),并受到土地所有权般的保护(如民法典第985条以下、第1004条)。尤其特别者,因行使地上权而建造或已经存在的建筑物,为地上权的重要成分,而不是土地所有权的重要成分(同条例第12条)。

(二)主要适用范围与法律构造

30 地上权之法律特性,已表明其适用范围。在实践中,地上权是城市住宅建筑与城市殖民所运用的一种法律形式。通过设立地上权,建筑意向者自土地所有权人(常常是国家)处,获得一块建筑用地。[24] 这对地上权人来说,不必去筹集土地买价,但须对所有权人,支付通常体现为继续性给付之报酬,亦即支付地上权租金(同条例第9条)。由于地上权自身可得设定负担,将要建造之房屋,亦为地上权自身之重要成分,故而建筑意向者亦可如同所有权

---

〔23〕 对其予以修改与补充的立法有:1973年5月30日之立法、1973年7月30日之立法、1974年1月8日之立法、1983年3月29日之立法、1988年6月8日之立法、1993年12月20日之立法、1994年9月21日之立法与1994年10月5日之立法。关于该条例之评注:英根施陶(Ingenstau),1994年7版;克诺特(Knothe),1987年版;林德(Linde)/里希特(Richter),1987年版;冯·奥费勒/温克勒(Winkler),1995年2版;雷夫勒(Räfle),1986年版。其他文献,如芬格尔(Finger),载《土地法、建筑法与住宅法公报》,1983年,221页(适用范围);温克勒,载《新法学周刊》,1992年,2514页。

〔24〕 也可以设定于待建土地上,但就有长期建筑禁止之土地,不得设定地上权(《联邦最高法院民事判例集》,第101卷,143页;第96卷,385、388页)。

人,以地上权为客体,筹集建房所必要之资金。

31 而且,地上权所体现出的优点,并不局限于地上权人方面。[25] 土地所有权人虽在开始时,不能获得他在出卖土地时应获得的土地对价,但一方面他仍是土地之所有权人,仍享受土地之增值利益,另一方面他所获得的地上权租金,在最终结果上往往超出了土地买价。除此之外,地上权大多在经过一定期限后(66、70、99 年不等),归于消灭,此时地上建筑物就转归土地所有权人;对此他虽须支付一定的补偿,但该补偿额不必是建筑物之实价(《地上权条例》第 27 条)。故而,对土地设定地上权负担——顺便提及,该地上权负担仅只能设定于第一顺位(同条例第 10 条;对此参见《联邦最高法院民事判例集》,第 51 卷,50 页)——,对土地所有权人来说,也完全是有利可图;尤其是在所有权人依据契约,享有经过一定之时间,可请求地上权人购买其土地之权利(所谓的强制购买条款,Kaufzwangklausel)时,[26] 土地所有权人之利益,就体现得更为明显。

(三)地上权租金

32 依据《地上权条例》原第 9 条第 2 款第 1 句之规定,对物权性的、等同于实物负担的地上权租金请求权,须“就整个地上权存续期间,事先确定其支付时间与数额”。[27] 故而,与关于实物负担的规则不同(参见该条例第 9 条第 1 款第 1 句),若地上权租金仅有可确定性,则尚不足以成立其请求权。由此就产生出价值担保问题。而对该问题的解决方式,则为在债法上(债法上

〔25〕 参见施塔尔哈克(Stahlhake),《创建新地上权制度的建议》,1962 年 2 版。

〔26〕 对该条款原则上允许! 关于其界限(民法典第 138 条、第 242 条;《一般交易条件法》第 3 条、第 9 条),参见《联邦最高法院民事判例集》,第 75 卷,15 页;《新法学周刊》,1989 年,2129 页;1991 年,2141 页;德默尔(Demmer),载《新法学周刊》,1983 年,1636 页。

〔27〕 大多是约定土地价值 4% -7% 间的一个百分比。

本来就不要求有确定性[28])就租金调整达成协议,并通过预告登记方式,来担保请求就所提高之租金来登记一项实物负担的请求权(参见本书前版以及泽格尔/施蒂尔纳,《地上权条例》第9条,边码10)。

33 随对《地上权条例》第9条第2款之修改,[29]上述这种转弯抹角的解决方式,已成多余:确定性要求被废除,且在保障地上权租金内容可确定性的前提下,随情势之改变而调整租金之义务可物权化。[30]

《地上权条例》第9a条之规定,遏制了以协议方式——尤其是因为土地大幅增值——而过度提高地上权租金之现象(对此如参《联邦最高法院民事判例集》,第75卷,279页;第87卷,198页;联邦最高法院,《新法学周刊—司法判例报告,民法》,1989年,138页;法尔克(Falk),载《新法学周刊》,1992年,540页)。

34 在"货币贬值"时,即使当事人无相应协议,司法判例亦根据法律行为基础丧失原则,保障对地上权租金进行相应调整(对此参见泽格尔/施蒂尔纳,《地上权条例》第9条,边码8;《联邦最高法院民事判例集》,第91卷,32页;第94卷,257页;第96卷,371页;第97卷,171页;第111卷,214、216页;第119卷,220页;可忍受之货币贬值的比例界限:约为3/5!)。该调整请求权,为债权性质的请求权,以债法上的地上权设定契约为基础(《联邦最高法院民事判例集》,第111卷,214页:关于地上权让与之情形)。

---

〔28〕 最近判决,参见联邦最高法院,《新法学周刊》,1992年,2088页;1995年,1360页;慕尼黑州高等法院,《新法学周刊—司法判例报告,民法》,1994年,469页;哈姆州高等法院,《新法学周刊—司法判例报告,民法》,1996年,268页,以及泽格尔/施蒂尔纳,《地上权条例》第9条,边码5以下。

〔29〕 1994年9月21日之《物权法修改法》,于1994年10月1日生效。对此参见科拉维科夫斯基(Klawikowski),载《德国司法》,1995年,145页;艾歇尔(Eichel),载《莱茵河公证人协会通讯》,1995年,193页;奥费勒(von Oefele),载《德国公证杂志》,1995年,643页;维尔克(Wilke),载《德国公证杂志》,1995年,654页。

〔30〕 关于地上权租金的新规则,参见莫尔布特(Mohrbutte)/莫尔布特,载《经济法杂志》,1995年,806页;巴伐利亚州最高法院,《新法学周刊》,1997年,468页。亦须注意《地上权条例》第9条第3款对强制拍卖情形的新规定,对此参见韦伯,载《德国司法》,1998年,5页。

(四)“在工业上的”适用范围

地上权的适用范围,并不仅限于住房之建筑。以许可建造“符合建筑规章之各种形式的建筑物”,为其一般性内容的地上权,亦允许设定(《联邦最高法院民事判例集》,第101卷,143、146页;第126卷,12页)。因此,城镇为吸引工业来定居,常常也采取地上权设定方式,给予工业用地。即使其内容为建设高尔夫球场设施,亦允许设定地上权(《联邦最高法院民事判例集》,第11卷,19页=《经济法与银行法判决集》,IV,E.,《地上权条例》第1条,1.92,并附施蒂尔纳/布伦斯之评注)。 35

二、地上权之设立、转让、设定负担以及消灭

(一) 设立

作为地上权设定或取得基础之债权契约,须符合民法典第313条之形式规定(《地上权条例》第11条第2款),而其设定行为本身,则须包括——非要式的[31]——物权合意与登记(《地上权条例》第11条第1款并民法典第873条)。[32] 36

与民法典第925条第2款相反,地上权之设定,可附期限(此为通常情形),也可附迟延条件,但——为地上权人及其债权人之利益计——不得附解除之条件(《地上权条例》第1条第4款;联邦最高法院,《企业顾问》,1961年,430页)。[33]

但《地上权条例》第2条,又为所有权人对行使地上权施加某种特定的 37

---

〔31〕 但注意《土地登记条例》第29条第1款之规定!

〔32〕 关于在物权合意与登记中对“建筑物”之说明,参见《联邦最高法院民事判例集》,第47卷,190页[=Baur,E. Slg.,案例41];《联邦最高法院民事判例集》,第101卷,143页;第126卷,12页=《新法学周刊》,1994年,2024页。

〔33〕 关于原因行为与地上权之物权性设定行为间的关系,参见《联邦最高法院民事判例集》,第96卷,371与385页;武夫卡(Wufka),载《德国公证杂志》,1985年,651页。

影响,提供了可能性;通过约定而使地上权人所承担的义务(如始终妥善地保持房屋完整),在登记入土地登记簿时(也可仅是民法典第874条之援引方式),即构成地上权之内容。[34] 具有特别意义者,为《地上权条例》第2条第4项、第3条、第4条所规定之所有权人回复让与请求权(Heimfallanspruch);通过该项请求权,所有权人亦可对地上权人施加压力,迫使其正确仔细地履行其他义务;当然,回复让与权利之行使,不得违背诚信原则。

38 依据该回复让与请求权,成立一项请求将地上权,回复转让给所有权人的请求权,而所有权人对此须予以补偿(《地上权条例》第32条)。[35] 所有权人依此可取得地上权,而地上权上的负担,通常仍继续存在(《地上权条例》第33条)。

所有权人也可为自己设定地上权(所有权人地上权,联邦最高法院,《新法学周刊》,1982年,2381页)。也可以设定下级地上权(Untererbbaurecht,即在地上权上所设定的地上权;参见《联邦最高法院民事判例集》,第62卷,179页)。关于连带地上权(Gesamterbbaurecht),参见联邦最高法院,《新法学周刊》,1976年,519页;巴伐利亚州《巴伐利亚州最高法院民事判决集》,1995年,379页;《德国公证杂志》,1985年,375页;科隆州高等法院,1988年,355页。

(二)转让

39 地上权可依民法典第873条(民法典第313条——《土地登

[34] 《地上权条例》第2条、第5条、第27条第1款第2句、第32条第1款第2句,穷尽性地列举了可允许约定之地上权内容,对此参见《联邦最高法院民事判例集》,第109卷,230、233页。

[35] 关于回复让与时的补偿请求权及其产生,参见《联邦最高法院民事判例集》,第111卷,154页;关于该回复让与之补偿的数额,参见《联邦最高法院民事判例集》,第116卷,161页 =《新法学周刊》,1992年,1454页。

记条例》第20条)予以转让。

依《地上权条例》第5条第1款,可将地上权让与须得到土地所有权人之同意,约定为地上权之内容,但此时并不包括先买权设定情形(不伦瑞克州高等法院,《德国司法》,1992年,193页)。所有权人——与《住宅所有权法》第12条第2款相类似——不得随意拒绝同意,且该同意表示,得以诉的方式予以取代(《地上权条例》第7条)。例如:《联邦最高法院民事判例集》,第33卷,76页;第100卷,107页。

(三)设定负担

地上权如同土地,可得设定负担。该负担主要为不动产担保物权负担,其他负担之设定,亦为可能,但不得越出地上权人之权限范围。 40

比如对以住宅建筑物为内容之地上权,就不得登记设定一项以赋予他人在土地上建造加油站之权利,为其内容的役权(巴伐利亚州最高法院,《德国法月刊》,1958年,691页);但可为供电企业,设定一项以建立电线网站为内容之限制的人役权(柏林市高等法院,《新法学周刊—司法判例报告,民法》,1992年,214页)。

某些信贷机构依照法律或其章程,仅允许接受绝对可靠的土地担保物权(=第一顺位的、在一定担保放款额之内的抵押权或土地债务)而放款。但在地上权中,由于其担保物权之担保责任客体,并不及于土地,故而在其绝对可靠性之确定上,存在着困难;《地上权条例》第18-21条之规定,即用来解决此一难题。 41

为能使土地所有权人,对地上权人之经营行为施加一定的影响,双方也可以将地上权人设定担保物权负担须获得土地所有权人之同意,约定为地上权之内容(《地上权条例》第5条第2款)。例案:《联邦最高法院民事判例集》,第98卷,362页;《新法学周刊》,1963年,36页;《新法学周刊》,1994年,1159页;哈姆州高等法院,《新法学周刊—司法判例报告,民法》,1995年,399页。 42

(四) 消灭

43 地上权之消灭原因,除不很常见的权利人废止地上权[36]之情形外(民法典第875条、《地上权条例》第26条),主要为所约定地上权存续期限之届满。

此时,地上权人对建筑物无取回权(《地上权条例》第34条),但有补偿请求权;且对该补偿请求权之内容,当事人可事先予以约定(《地上权条例》第27条第1款第2句)。就该补偿请求权之数额,仅在"地上权之设定,是为了满足贫困阶层之住房需求时",该条例规定有如何确定之依据(《地上权条例》第27条第2款)。而在欠缺法律规定以及当事人约定之其他情形,土地所有权人须对地上权人,补偿建筑物之实价。须注意的是,地上权可得续展(《地上权条例》第31条、第27条第3款)。还须注意者,地上权不因下列原因而消灭:地上权与所有权发生混同(民法典第889条),尤其是基于行使回复让与请求权(《地上权条例》第32、33条)而生之混同;建筑物灭失(如因火灾;《地上权条例》第13条);对土地进行强制拍卖(《地上权条例》第25条:地上权不应受土地法律命运的影响!)。

(五) 新联邦州中的地上权

44 在新联邦州,地上权之设定,自1990年10月3日以后,再次成为可能。但在该地区,地上权也可能体现为"古老权利"(本书第63章边码10;对此参见弗雷克(Flik),《两德法律杂志》,1997年,146页)。而在物权法清理法范畴内,建筑物所有权如何过渡至《德国民法典》所规定之法律形式,地上权则在其中,充当非常重要的角色(本书第63章边码54以下)。

---

〔36〕 例案:巴伐利亚州最高法院,《德国公证杂志》,1985年,372页。

第四节 居住权(Wohnrecht)

一、居住权之种类——适用范围

住宅之居住人,对一项尽可能可靠稳定法律地位之需求,其合理性,自无需待说。其中,迎合此一倾向的住宅所有权制度,虽极为重要,但并非法律上的惟一可能。在许多方面,一项物权性的使用权,即可以使居住人获得不依附于最初订约相对人——也就是物权性——之法律地位。 45

此种“物权化”追求,尤其在居住人将其营业交付给其继受人后,希望获得晚年生活之保障(居住权为所谓终老财产之组成部分),或在居住人通过自己之付出,才使建筑物得以建成(建筑造价补贴! Baukostenzuschuβ)时,体现得最为活跃,亦最有其合理性。

法律为满足这一需求,设计了各种形式的居住权,以供选择;当然,这种设计上的叠合,是否有其合理性,颇值怀疑。

(一)《德国民法典》中的居住权

《德国民法典》中的居住权,为一项限制的人役权,是指权利人所享有的,“将建筑物或建筑物之一部分当作住宅予以使用,并具有排除所有权人之效力”的权利(民法典第 1093 条);参见本章下述边码 49 以下。 46

作为限制人役权的民法典中的居住权,既不得予以继承,也不得予以转让(民法典第 1092 条第 1 款);即使是使用出租,也仅在得到所有权人之同意时,才有可能(民法典第 1092 条第 1 款第 2 句)。在终老财产范围内,这种时间上以及人身上的限制,当然完全有其意义。但在居住权某种程度上体现为投入建筑资金之对待给付时(建筑造价补贴),应另当别论;此时居住权之不得转让性与不得使用出租性,为一项不合理的缺陷。

（二）《住宅所有权法》上的长期居住权与长期使用权

47 由于上述原因，《住宅所有权法》（第 31－42 条），就创设了所谓的长期居住权（Dauerwohnrecht）。该权利在非住宅用房中，被称为长期使用权（Dauernutzungsrecht，《住宅所有权法》第 31 条第 2 款）。与《德国民法典》中的居住权一样，长期居住权也是以住宅为标的之一项物权性使用权；而其区别在于，长期居住权可得让与与继承，且长期居住权人有权进行任何合理的用益，尤其是有权使用出租与用益出租（《住宅所有权法》第 31 条第 1 款第 1 句："…或者以其他方式进行使用…"）；参见本章下述边码 54 以下。

长期居住权的权利基础，也可为住宅所有权或一项地上权。

例如：M 给予地上权人 ER 一笔数额巨大的建筑造价补贴，ER 就为 M 设定一项对 ER 房屋中一间住房的长期居住权。

长期居住权与长期使用权相互结合的例案，参见巴伐利亚州最高法院，《德国公证杂志》，1960 年，596 页。

（三）住宅地上权（Wohnungserbbaurecht）

48 与在地上权上设定长期居住权应相区别者，为住宅地上权：后者相当于住宅所有权，其与住宅所有权的区别仅在于，各住宅地上权人所按份享有的，为地上权（而不是土地所有权！）。

住宅地上权的功能，可以下例来说明：

城市 E 以地上权设定方式，交付给住宅建筑合作社 W 有限责任公司一块土地，用于建造 11 层的住宅楼（因采取设定地上权方式，该合作社可节省土地买价的筹集）。通过分割（《住宅所有权法》第 30 条第 2 款），W 按照住房数目将其地上权划分为 11 份住宅地上权，每份包括对住房的特别所有权与 1/11 的对地上权之共有权。然后，W 将各住宅地上权出让给感兴趣者。有趣判决：巴伐利亚州最高法院，《德国司法》，1989 年，503 页（成立于附有让与限制之连带地上权上的住宅地上权;关于住宅地上权的其他问题,亦参雷特迈尔(Rethmeier),载《莱茵河公证人协会通讯》,1993 年,145 页)。

二、民法典第 1093 条所规定之居住权——概览

(一) 法律性质

上述已提及,此居住权是作为役权看待的限制物权,其内容为将所有权人排除在外,而对建筑物或建筑物之一部(一套住房,甚至仅是一间房间)进行使用(民法典第 1093 条;亦见本章上述边码 46)。 49

若不排除所有权人之共同使用,则此时成立民法典第 1090 条上普通的限制人役权(巴伐利亚州最高法院,《德国司法》,1981 年,353 页)。居住权与*同屋居住权*(Mitbewohnungsrecht),也可以发生并存,比如“终老财产权人”对两间房间享有排他的居住权,而对第三间房间享有同屋居住权。尽管所有权人被排除其所有权人身份,但除民法典第 1093 条之规定外,仍有可能依民法典第 1090 条,就相同房间设定同顺位的所有权人同屋居住权(萨尔布吕肯州高等法院,《德国司法》,1992 年,16 页)。居住权也可为另一(共同)所有权人设定,且对此不必要求有特殊之法律利益(巴伐利亚州最高法院,《德国司法》,1992 年,191 页)。

(二) 不可转让性

作为役权,该居住权不得让与,也不得继承(民法典第 1090 条第 2 款、第 1061 条),且仅在获得所有权人之同意时,才能为使用上的转让(民法典第 1092 条第 1 款第 2 句、第 1093 条第 2 款;对此参见《联邦最高法院民事判例集》,第 84 卷,36 页:接纳“非婚伴侣”同住;对此判决之批评,参见施蒂尔纳,载《泛亲属法杂志。公法与私法中的婚姻与家庭》,1982 年,775 页,以及埃克哈特(Eckhart),载《泛亲属法杂志。公法与私法中的婚姻与家庭》,1982 年,763 页;依据诚实信用原则,所有权人可能会负有同意之义务,科隆州高等法院,《新法学周刊—司法判例报告,民法》,1995 年,1385 页)。居住权之设定,可适用民法典第 1365 条之规定(联邦最高法院,《新法学周刊》,1990 年, 50

112 页)。

(三)居住权之内容与可适用的规定

51 在内容上看,居住权与用益权极其相似,因为用益权的重点,也在于一项排除所有权人之使用(《联邦最高法院民事判例集》,第 46 卷,253、259 页;第 59 卷,51 页;对此鲍尔,载《法学者报》,1972 年,630 页)。故而,民法典第 1093 条第 1 款第 2 句,列明一系列可准用的关于用益权之规定:

其重要者,为民法典第 1036 条第 1 款(物权性占有权)、第 1041 条(对住房之通常维持,由居住权人承担其维修费用;对此参见巴伐利亚州最高法院,《德国司法》,1980 年,385 页,以及《德国公证杂志》,1981 年,124 页;关于对此作不同的物权性约定,参见石勒苏益格州高等法院,《新法学周刊—司法判例报告,民法》,1994 年,1359 页)、第 1050 条(就住房通常之变更或毁损,居住权人不负赔偿义务)。但民法典第 1047 条不得准用:居住权人不承担负担(参见巴伐利亚州最高法院,《新法学周刊—司法判例报告,民法》,1989 年,14 页)。居住权人所享有的使用权限,也可及于建筑物之外,且为居住权人所依赖的土地部分(如供应管道与排放管道;巴伐利亚州最高法院,《德国司法》,1992 年,57 页)。

(四)消灭

52 除废止(民法典第 875 条)、所约定存续期限之届满或解除条件之成就(巴伐利亚州最高法院,《德国司法》,1983 年,61 页;《德国公证杂志》,1998 年,299 页)外,居住权得因权利人之死亡而消灭;在居住权为一对配偶而设定时,得随最后生存者之死亡而消灭。

在负担居住权之建筑物遭毁坏时,如何处理此时之法律关系,颇有争议。这一问题在战后显得尤为重要,其时之通说(《联邦最高法院民事判例集》,第 7 卷,268 页;第 8 卷,58 页)认为,在建筑物全部遭毁坏时,居住权消灭,且所有权人也不负有重建建筑物,或在再建之房屋上重新赋予居住权的义务(此学说不能令人满意! 这与对用益权与地役权之处理不同,关于用益权参见联邦最高法院,《德国法月刊》,1964年,493页,关于地役权[地下室权利],参见巴伐利亚州最高法院,《德国法月刊》,1968年,324页)。在居住权人需要长期住院就医时(科隆州高等法院,《新法学周刊—司法判例报告,民法》,1995年,1358页),其居住权并不当然消灭,此时所有权人可能负有允许使用出租之义务(本章上述边码50)。

(五)以前的居住占有住宅与无偿让与

现已被废除的所谓居住占有住宅(Wohnbesitzwohnung)形式,非为物权性的居住权。[37] 在性质上,该权利实际上是对某一住宅的债权性长期居住权,而所有权人对该权利,仅在例外的情形下才能予以终止。它可得“转让”,但须获得所有权人(=建筑承担人)之同意。对权利人所享有的权利,须开具居住占有证书。 53

同样,(未登记入土地登记簿的)住宅之无偿让渡(unentgeltliche Überlassung einer Wohnung),也仅有债权性质:《联邦最高法院民事判例集》,第82卷,354页;联邦最高法院,《新法学周刊》,1985年,1355页;参见本章边码82。

三、《住宅所有权法》上的长期居住权

(一)不受限制的可转让性

我们已谈过,《住宅所有权法》第31-42条所创造的长期居住权制度,与《德国民法典》上居住权的主要区别点,在于前者不需所有权人之同意,即可转让、继承,并可通过使用租赁或用益租赁而予以用益(本章上述边 54

[37] 由于该法律制度在实践中并未得到贯彻(此即为联邦政府官方理由,参见其印刊第10/2913号,12页),故1980年7月30日之《住宅建筑法》原第12a条、第62a条以下II(联邦法律公报.,I,1086),被1985年7月11日之《住宅权简化法》第1条第3项(联邦法律公报.,I,1277)所废除。关于住宅占有,参见皮克,载《新法学周刊》,1976年,1049页。

码47)。

(二)使用规则与回复让与

55 使用之具体规则——这在民法典之居住权中,乃参照用益权法而予以规范——,则完全由当事人间具有物权效力之约定来规定(《住宅所有权法》第33条第4款),且该约定之达成,得通过土地登记局而间接地予以强制(《住宅所有权法》第32条第3款)。长期居住权也可能由数权利人按份共有(民法典第741条以下),此时各权利人之使用,在时间上的先后关系,依据其内部规则而定(民法典第745条、第746条);该内部规则是否具有土地登记簿之登记能力,至今仍有争议(《联邦最高法院民事判例集》,第130卷,150、157－159页;《新法学周刊—司法判例报告,民法》,1996年,1034页;关于"时间分配式共有",参见本章下述边码84以下)。

为担保所有权人对长期居住权之影响,此时——如同在住宅所有权之中——所有权人享有两种权利,即所有权人保留对让与长期居住权的同意权(《住宅所有权法》第35条),以及保留在长期居住权人未合理使用住房时,对长期居住权的回复让与请求权(《住宅所有权法》第36条)。

由此可看到一个有趣的现象,即在所有源于社会权衡思想而产生之新的法律形式(地上权、住宅所有权、长期居住权)中,一旦权利人未正确合理地行使其权利,就存在丧失其权利之可能(权利之回复让与、权利被剥夺)。恰恰在这一点上,人们可以称其为"所有权负有义务"思想在私法上的构造。

(三)权利继受

56 应注意者,为《住宅所有权法》第38条之规定。依据该条,在让与长期居住权或者土地时,即使原法律关系中不含有物权性效力之约定,也发生——与民法典第571条之规范思想相呼应的——权利继受效力(极具争议!)。举例来说,若长期居住权人负有每月支付200马克报酬的义务,则该债权性约定,对最初缔约人之各权利继受人,亦具有约束力。

（四）在强制拍卖中的长期居住权

与地上权不同,长期居住权不必设定于第一顺位。由此就产生出在强制拍卖情形中,长期居住权——特别是其顺位在后时——会面临消灭之危险。对此《住宅所有权法》第 39 条,意图通过相应的约定而予以避免,当然该约定须获得先顺位与同顺位权利人之同意。 57

另一方面,即使约定有长期居住权在强制拍卖情形下也应继续存在,该约定效力之发生,在一定程度上,仍取决于长期居住权人所表现的正派举止行为,参见《住宅所有权法》第 39 条第 3 款!

（五）对土地担保物权债权人的保护

在土地不是被使用出租,而是负担有长期居住权时,可能会给不动产担保物权债权人带来不利,因为在前一情形下,依据民法典第 1123 条,其担保物权效力亦及于使用租金债权。故而《住宅所有权法》第 40 条规定,因长期居住权所给付之报酬,负有类似的担保责任。 58

（六）消灭

长期居住权,因所约定期限之届满,或因被废止(民法典第 875 条)而消灭。反之,长期居住权不因——与民法典之居住权不同——权利人之死亡而消灭,也不得——与使用租赁不同——通过终止表示,而使其消灭。此外,法律对其也未规定有所谓的特别终止权;但特别终止之效果,可通过约定的回复让与请求权而达到(《住宅所有权法》第 36 条)。 59

第五节　住宅使用租赁权

60 在“物权法”教科书中，读者自然不可能期待对使用租赁权有完整的阐述。〔38〕故而，本节内容仅只揭示一些——私法与公法上的——规范，说明它们越来越使使用租赁权，具有物权化的发展趋势。〔39〕在本书其他章节，我们已经觉察到了这一发展趋势（参见本书上述第2章边码5，第6章边码4以下），本节须对此进行——简要地——总结。使用租赁权上的“疑难”，其——如杜尔凯特氏（上揭氏著，10页）所正确指出的——“所导致的问题，为在现行财产法体系中，是否存在这样的债权，它们虽然最终被归为债权，但又具有物权的一些性质。”

一、法律性质

61 随使用租赁契约之缔结，在使用出租人与使用承租人间，即成立一项债权法律关系。其权利义务，仅存在于该双方当事人间，不具有物权性。使用租赁权，亦无对外效力。使用租赁权——即使所约定之存续期限很长——不具有土地登记能力，而且，自登记簿中被错误登记为所有权人之使用出租人处，不存在善意取得使用租赁权之可能。

尽管立法者如此确定无疑地将使用租赁权定位为债权，但在

〔38〕对此参见债法教科书：埃默里希/松嫩沙因（Sonnenschein），《使用租赁》，1991年6版；吉特，《使用让与契约》，1988年版；格拉姆里希（Gramlich），《使用租赁法》，1995年6版；科勒（Köhler）/科斯曼（Kossmann），《住房使用租赁手册》，1996年4版；施密特·伏特尔（Schmidt - Futterer）/布兰克（Blank），《住房保护法》，1988年6版；施特内尔（Sternel），《使用租赁法》，1988年3版；关于住房使用租赁法的理论问题，如参帕施克（Paschke），《住房使用租赁之继续性债权关系》，1991年版。

〔39〕对此参见杜尔凯特，《债权之物权化》，1951年版，11页以下、20页以下；卡纳里斯，《债权之物权化》，载《弗卢梅祝寿文集》，卷I，1978年，372页；勒宁（Löning），《土地使用租赁权作为物权性权利》，1930年版；以及本书第3章边码47、第6章边码4以下。

另一方面,若作更深入地考察,尤其在考察使用租赁地位因对物之直接占有而得以强化时,则使用租赁权所具有的物权性质,又是如此地显而易见:在针对第三人侵害使用承租人之法律地位,而对使用租赁权进行保护时,使用租赁权显示出其准物权之绝对权特征(本章下述边码62以下);在对使用出租人及其权利继受人的关系上,使用租赁权也显示出其稳固性(下述边码64以下)。

二、使用承租人针对第三人的法律地位

(一) 占有上的保护

使用承租人作为土地上的占有人(部分占有人),享受民法典第859条以下所规定之占有保护权。我们在前述内容中,已认识到民法典第861条之占有侵夺之诉,与民法典第862条之占有妨害之诉,为所有权人所享有请求权(民法典第985条、第1004条)之“缩影”,而且还认识到,这两项诉权,仅只能针对已实施或正实施禁止之私力行为的人提起;反之,所有物返还请求权(rei vindicatio)——在本书第11章边码24以下所阐述之范畴内——,得针对任何非法占有人而主张。 62

至少土地使用租赁中常被运用的民法典第862条之保护方式(占有妨害之诉),在其范围上,几乎(参见民法典第862条第2款、第864条之限制性规定)与依据民法典第1004条对所有权之保护,具有同样的广泛性;且该占有保护方式,通过对民法典第904条以下规定之准用,从而在其构造上,也得以具体化与精确化(参见本书上述第9章)。

须注意者,民法典第1007条之规定——对该条之运用,尤其显示着物权化之发展趋势——仅只能适用于动产占有(但请参见《联邦最高法院民事判例集》,第7卷,208页!)。

(二) 侵权法上的保护

已受让直接占有的土地使用承租人,针对对其占有与使用范围的有过错侵害,得享受民法典第823条第1款与民法典第823 63

条第2款(并民法典第858条)上的保护。但此时他不是以使用承租人之身份,而是——依据通说观点——以占有人身份出现,因为他享有的合法占有,被视为民法典第823条第1款意义上的"其他权利"(参见本书上述第9章边码31以下)。

例如:M使用承租一家花园酒店。与其不友善的邻人N,以圆锯噪音而驱赶M的客人。此时——若该噪音超出民法典第906条所规定之范围——M可依据民法典第862条之规定,诉请不作为,依据民法典第823条之规定,诉请损害赔偿。即使在N为M的出租人时,这两项诉权仍得成立,当然M此时也可以主张违约责任。

三、针对使用出租人及其权利继受人的使用承租人法律地位

64 在对使用出租人及其权利继受人的关系上,使用承租人法律地位所得到的强化,导源于极为明显的社会衡量思想,此时恰可以称之为使用承租人所享有的状态保护。[40] 这一点,更因联邦宪法法院第一庭,现在将使用承租人所享有之使用租赁契约上的使用租赁权,列入《基本法》第14条第1款第1句规范意义上的所有权范畴中,并使之与使用出租人的所有权人地位相抗衡,而尤为显

〔40〕 F·鲍尔,载《法学年鉴》,第8卷,25页;格内乌斯(Genius),《至自然法法典化时期使用租赁关系状态保护的历史发展》,1972年版;洪泽尔,《私法自治与住房使用租赁》,载《民法实务档案》,第186卷,114页(对使用承租人保护提出批评);松嫩沙因,载《新法学周刊》,1982年,1249页;沃尔特(Wolter),《使用租赁法上的状态保护》。关于使用承租人保护在宪法上的评价,参见亨舍尔(Henschel),载《新法学周刊》,1989年,937页;勒莱克(Roellecke),载《新法学周刊》,1992年,1649页。对联邦宪法法院有关使用租赁法判决的梳理,参见松嫩沙因,载《新法学周刊》,1993年,161页。

著。[41] 但这种依据基本法上的基本权利，而对使用承租人提供保护，是否为正确的选择，颇值怀疑，因为这极易导致此种误解，即这两边的所有权地位应完全平等。更好的解决方法，或许是应将对使用承租人的保护，置于《基本法》第 2 条之规定中，使使用承租人所享有的对适当生存空间之一般性基本权利，可阻却所有权人/使用出租人之特别性基本权利，从而亦可更好地确定其决定性的衡量标准。

(一) 对使用租赁契约终止之保护(Kündigungsschutz)

使用租赁契约为继续性债权关系(Dauerschuldverhältnis)，通 65
常情形下，契约当事人均可使契约关系予以终止。遵照法律或契约所规定之终止期限，而终止契约者，为契约之普通终止(民法典第 564 条第 2 款、第 565 条)；因出现特别事由，而不必遵照普通终止期限对契约予以终止者，则为契约之特别终止(如民法典第 542 条、第 553 条、第 554 条之规定)。

使用租赁契约终止规则所依据的思想是，即使在住房市场中，其供求关系一般也会保持平衡，也就是说被驱逐出的使用承租人，能很快在市场中重新找到其归宿。

至少就价格低廉的住房来说，该思想在德国——随时间与地点的变 66
化——，并不总是合乎实际。其原因很显然：第一次经济危机时的资本短缺、1933 年以后的军备竞赛、战争摧毁及其所引起的逃亡运动与此后来自东欧

[41] 《新法学周刊》，1993 年，2035 页；此项判决遭到理论界压倒性批评：德彭霍伊尔(Depenheuer)，载《新法学周刊》，1993 年，2561 页；吕特尔斯(Rüthers)，载《新法学周刊》，1993 年，2587 页；施特内尔，载《德国法月刊》，1993 年，728 页；博伊尔曼(Beuermann)，载《土地所有权杂志》，1993 年，781 页；弗兰克(Franke)，载《德国住宅经济》，1993 年，281 页；芬格尔(Finger)，载《租赁法杂志》，1993 年，545 页；森德勒(Sendler)，载《新法学周刊》，1994 年，709 页；勒莱克，载《法学者报》，1995 年，74 页；持不同意见者，亦参联邦宪法法院，载《住宅经济与租赁法》，1991 年，466 页(第二审判庭)。

国家的人口迁徙剧增（"后期人口迁徙"）、以及今天已入籍的"外籍劳工"、申请政治避难者等等。故而，国家必须制订使用承租人保护法律；这一法律目前基本上由契约终止保护与租金保护组成。而二战后在德国推行的住房管制，随1966年6月23日之立法（《消除法》，联邦法律公报.，I，389），而逐渐被取消。

67 本章感兴趣的，主要是对使用租赁契约终止之保护。该保护规则，现已被《德国民法典》所采纳，从而成为一项固定法律（Dauerrecht）。其主要内容体现为，依据社会性使用租赁法思想，对使用出租人所享有的终止权限，进行限制。[42] 最近一段时间，联邦宪法法院试图在社会性的使用承租人保护思想与使用出租人利益间，进行适当的协调。自上述联邦宪法法院之判决（《新法学周刊》，1993年，2035页）以来，在这两方当事人之间，存在着《基本法》第14条第1款意义上的所有权地位之对抗，但这一观点至今还未获得有利于使用承租人保护的效果。

1. 普通终止

68 普通终止权，原则上仅在使用出租人，对终止使用租赁法律关系有正当利益时（如使用承租人有过错地违反契约、使用出租人之自用需求、对土地之经济利用受到阻碍[43]），才允许行使。

在（常见的）因自用需求而终止[44]之情形中，使用出租人利益，原则上可构成充分的终止理由（《联邦行政法院判例集》，第68卷，361页）；对该终止权之行使，只限于审查自用需求理由，是否为"合情合理"。但对所有权人

---

〔42〕 关于合宪性问题，参见《联邦宪法法院判例集》，第37卷，132页；第38卷，348页；第68卷，361页。

〔43〕 联邦宪法法院，《新法学周刊》，1989年，972页；1991年，3270页；1992年，105、361、2752页。

〔44〕 关于联邦宪法法院判决上的新发展，参见拉梅尔（Lammel），载《新法学周刊》，1994年，3320页，以及此前的科赫（Koch），载《德国法月刊》，1992年，201页。

居住需求与愿望进行规定,并非法官的任务。〔45〕然而,在契约终止上具有如此决定性意义的自用目的,对其所进行的限制,仅存在于通过极其严格之解释而得出的权利滥用与否〔46〕(如过高的居住需求〔47〕、不适当的主观自用愿望、有可供选择的其他住房〔48〕),以及自用目的之严肃性与否〔49〕之中。尽管如此,使用出租人仍应保留有广泛的经济处分自由,即使在该处分涉及他的其他所有权客体时,亦是如此。故而,使用出租人原则上不负有为使用承租人提供替代住房,或由自己住进替代住房的义务。〔50〕新修订的民法典第564b条第2、4、7款(通过1990年5月17日之立法/联邦法律公报.,I,926,与1990年7月20日之立法/联邦法律公报.,I,1456,而修改),虽然一方面对使用承租人保护有所限制,比如就用于公法目的之住房,或者将附属房间

〔45〕 对此项问题,联邦宪法法院作出有大量丰富的判决,其主要者参见《新法学周刊》,1988年,1075页;1989年,3007页;1993年,1637页;1994年,309、994、995页;《新法学周刊——司法判例报告,民法》,1993年,1357页;1994年,333页;以及《联邦最高法院民事判例集》,第103卷,91页。关于他益的自用需求之契约终止,参见联邦宪法法院,《新法学周刊》,1988年,2233页;1991年,157、158页。关于使用出租人的证明义务,参见联邦宪法法院,《新法学周刊》,1992年,1379、1877、2752页;1994年,310页(对此予以限制者,吉森州法院,《新法学周刊——司法判例报告,民法》,1994年,1290页)。关于在诉讼程序中的理由补充,参见民法典第564b条第3款,以及联邦宪法法院,《新法学周刊》,1994年,308页。

〔46〕 自己故意导致的自用需求,并非无条件地使自用需求之契约终止,不产生效力:联邦宪法法院,《新法学周刊》,1992年,3032页;亦参联邦宪法法院,《新法学周刊》,1988年,1075页;1989年,970页;1994年,994页。

〔47〕 此时大多导致对终止权行使的拒绝,参见联邦宪法法院,《新法学周刊》,1989年,970页;1993年,1637页;1994年,995、2605页。

〔48〕 同样,大多导致对终止权行使的拒绝,参见联邦宪法法院,《新法学周刊》,1989年,970页;1991年,157、158、2273页。

〔49〕 联邦宪法法院,《新法学周刊》,1990年,3259页;以及载《住宅经济与租赁法》,1991年,146页;但对自用目的之证明,较为容易,参见联邦宪法法院,《新法学周刊》,1990年,3259页;1993年,2165页;《新法学周刊——司法判例报告,民法》,1995年,392页。

〔50〕 联邦宪法法院,《新法学周刊》,1990年,309页;1992年,1220页;1994年,435页;关于需求预测的必要性,参见联邦宪法法院,《新法学周刊》,1992年,3032页;1993年,2166页;《新法学周刊——司法判例报告,民法》,1993年,1357页。

改建为住房之情形;[51]但在另一方面,在将出租住宅转变为住宅所有权式住宅时,又强化对使用承租人的保护(参见本章上述边码5以下)。而民法典第565条之终止期限延长之规定,也保障了使用承租人的状态保护。也就是说,虽然在交付住房后的第一个5年内,应最迟于一个历月的第三个工作日,才允许通知再下一个月结束时终止契约;但在住房交付后满5年、8年、10年时,终止期限每次得延长3个月,这样在使用租赁时间经过10年时,终止期限实际上就为1年(民法典第565条第2款第1句、第2句;其例外情形,参见民法典第565条第3款)。[52] 该终止期限的延长,不仅适用于使用出租人,也适用于使用承租人!

69 使用租赁权的进一步物权化,还特别体现在新修订的两条规定中,即民法典第549a条(因1993年7月21日之第4次《使用租赁权修改法》而修订,联邦法律公报.,I,1257)规定在营业性转租(gewerbliche Zwischenmiete)中,转使用承租人也享受针对主使用出租人的状态保护,[53]以及民法典第570b条赋予使用承租人在对使用出租之住房设立住宅所有权时,享有先买权(参见本章上述边码6)。

70 另一项对使用承租人的保护,体现为民法典第556a-556c条所规定的契约关系继续请求权(Fortsetzungsanspruch);该请求权对契约

〔51〕 关于依据民法典第564b条第2款第4项,为自用而改建附属房间时的部分终止,参见联邦宪法法院,《新法学周刊》,1992年,494、1498页;关于排除部分住房自用需求之终止权的合宪性问题,参见联邦宪法法院,《新法学周刊》,1994年,308页。

〔52〕 亦参民法典第566条第2句之后半句:在非要式之使用租赁契约中,有一年的终止权排除期,对此参见《联邦最高法院民事判例集》,第99卷,54;通说观点认为该终止期限,亦适用于使用承租人,反之,Looschelders/罗特认为应作合宪性的限缩解释,参见氏著,载《法学者报》,1995年,1034页。

〔53〕 参见加特纳(Gärtner),载《法学者报》,1994年,440页;关于旧有的法律关系,参见联邦宪法法院,《新法学周刊》,1991年,2272页(对此有朗根贝格(Langenberg)之评论,载《德国法月刊》,1993年,102页);《新法学周刊》,1993年,2601页;联邦最高法院,《新法学周刊》,1991年,1815页;舍夫勒(Scheffler),载《新法学周刊》,1992年,477页;许雷恩(Schüren),载《法学者报》,1992年,79页;关于营利性转租的一般阐述,参见海因茨曼(Heintzmann),载《新法学周刊》,1994年,1177页。

终止保护,起附属补充作用。

在使用出租人依普通终止权而终止使用租赁关系时,若该终止给使用承租人或其家庭带来困难,且在对使用出租人之正当利益进行全部评价,此种困难也证明使用出租人的利益为非正当时,比如使用承租人因生病而不可能指望其立即搬家,则使用承租人可对终止提出异议,并可请求使用出租人继续使用租赁法律关系(民法典第556a条第1款;所谓的社会性法律条款)。[54] 为明确其法律关系,使用承租人的意思表示,须采取书面形式(民法典第556a条第5款);且该表示还须在使用租赁关系结束前的一定时间内,到达使用出租人(民法典第556a条第6款)。

但在使用承租人自己为终止,或者存在特别终止事由时,使用承租人之异议权不成立(民法典第556a条第4款)。民法典第556a条第8款(因1990年5月17日之立法而修改,联邦法律公报.,I,926),还就新修订之民法典第564b条第7款第1项、第2项、第4项与第5项所规定之情形,排除异议权之成立。

2. 特别终止

在特别终止中,使用承租人也受到保护:依据民法典第554条,使用出租人仅在出现法律所明定之事由时,才允许立即终止使用租赁关系。 71

作为法律所明定之“重大事由”,如可为:对租赁物进行违反契约之使用(民法典第553条;关于宪法上对因超员居住而立即终止契约的限制,参见联

---

〔54〕 关于“困难(Härte)”之概念,参见联邦宪法法院,《新法学周刊——司法判例报告,民法》,1993年,1358页。民诉法第721条、第794a条之规定,在强制执行程序中,补充性地保障使用承租人享有一定的迁出期限;类似者,亦参见民诉法第765a条之规定(联邦宪法法院,《新法学周刊》,1991年,3207页;1994年,1719页)。民诉法第940a条提供针对假处分的保护,但依该规定,仅在发生禁止之私力行为时,才允许强制迁出房屋。关于迁出诉讼程序中的法律上听审,参见联邦宪法法院,《新法学周刊——司法判例报告,民法》,1993年,463页;1995年,1093页。

邦宪法法院,《新法学周刊》,1994 年,41 页)、使用承租人迟延支付租金,[55]以及其他因有过错地违反义务,而使使用租赁关系之继续成为不可期待的情形(民法典第 554a 条)。

3. 提高租金

72 租金之提高,非为契约终止之理由(《租金提高法》第 1 条)。相反,在一定条件下,对提高租金,使用出租人反而享有请求权(如当地通行的比较租金已提高、[56]建筑改变、经营管理费用上涨、约定有"递增租金"等等,参见《租金提高法》第 2 条以下)。有意思的是,联邦宪法法院在这里也必须使专业法院改变敌视使用出租人的实践做法(《联邦行政法院判例集》,第 79 卷,80 页及其引证:对授予租金提高请求权,不存在过度要求)。[57]

(二) 针对取得人而对使用承租人的保护

73 使用出租人让与其土地时,即面临如何构造使用承租人法律地位之问题;此项问题,在制订《德国民法典》时,就已存在。假如将使用租赁仅视为使用出租人与使用承租人间的债务约束关系,则土地之取得人,可向使用承租人请求土地之返还,而使用承租人的权利,此时仅限于对使用出租人的追偿请求权(民法典第 541 条)。在此前提下,法律就可能会仅满足于——如同就动产之民法典第 986 条第 2 款之规定——这一结果,即允许使用承租人针

---

〔55〕 参见《联邦宪法法院判例集》,第 80 卷,48 页:即使无先行的支付之诉,也成立迁出请求权。

〔56〕 司法实务中的通行做法,是依据所谓的"租金参照镜(Mietspiegeln)",而计算出当地通行的租金。此一做法,按照联邦宪法法院(联邦宪法法院,《新法学周刊》,1992 年,1377 页之)判决,乃符合宪法规定;但对此亦参莱茵河畔法兰克福州高等法院,《新法学周刊——司法判例报告,民法》,1994 年,1233 页。关于可比较住宅的证明,参见联邦宪法法院,《新法学周刊》,1994 年,717 页;1995 年,40 页。

〔57〕 亦参联邦宪法法院,《新法学周刊——司法判例报告,民法》,1993 年,1485 页。

对土地取得人主张其占有权。但《德国民法典》未采取这一做法,而是在其第571条规定,取得人加入已存在的使用租赁关系(“买卖不破租赁! Kauf bricht nicht Miete”,更好的说法应是:“让与不破租赁! Veräuβerung bricht nicht Miete”);[58]但与此同时,在土地(住房)已交付给使用承租人时,占有法律关系仍发挥其作用(民法典第571条第1款;《联邦最高法院民事判例集》,第65卷,137页)。

此种规则的意义,体现于不同的视角中:

1. 契约承受

此时发生所谓的契约承受(Vertragsübernahme),而且为立法者所直接规定之契约继受(对此参见内尔,《权利继受》,246页以下、266页以下)!须注意的是,依据后来联邦最高法院所作之判决(《联邦最高法院民事判例集》,第95卷,88页;第96卷,302、307页),约定性的契约承受,也普遍得到认可! 74

有趣例案:联邦最高法院,《新法学周刊》,1998年,896页(契约加入前,亦即在因登入土地登记簿而取得所有权前,就已对买受人授予契约终止权)。

2. 让与人的责任

原使用出租人,居于保证人之地位(民法典第571条第2款);故而,他在一定程度上,应对通过土地让与,而强使使用承租人接受一个新的使用出租人负责任。 75

〔58〕 关于营业性转租,现参民法典第549a条第1款第2句之规定。

3. 针对民法典第571条无善意保护

76 取得人对使用租赁关系存在的知与不知,不影响民法典第571条效力之发生。假如使用租赁权为一项限制物权,并因此在土地登记簿中具有登记能力的话,则取得人可主张对土地登记簿沉默之信赖(民法典第892条)。但在《德国民法典》中,使用租赁权之性质为债权,对该权利,由占有关系取代土地登记簿之功能(故而民法典第571条第1款要求有交付:不是土地登记簿,而是对土地之占有,向取得人说明真相!)。

77 有趣例案:《联邦最高法院民事判例集》,第49卷,350页:对因租赁物损害而产生之赔偿请求权,即使该请求权对其权利前手就已成立,土地取得人亦须负责;但对费用赔偿请求权,取得人不负责任(联邦最高法院,《新法学周刊》,1965年,1225页;对此之批评皮克尔,载《新法学周刊》,1982年,8页);另一方面,取得人对使用承租人,也不享有以前就已成立的损害赔偿请求权(联邦最高法院,《新法学周刊》,1989年,451页)。

关于土地所有权让与合意预告登记与民法典第571条间的关系,参见本书上述第20章边码41。

(三)在强制拍卖中对使用承租人的保护

78 与民法典第571条之法律行为方式让与相类似之规则,体现于《强制拍卖法》第57、57a－57d条关于强制拍卖之规定。

但《强制拍卖法》第57a条,又赋予拍卖取得人一项权利,即尽管有使用租赁契约之承受,拍卖取得人得依法定之终止期限,而终止使用租赁关系;其目的,在于预防对拍卖感兴趣的人,自始就失去参与竞买的兴趣。另一方面,民法典第556a条与民法典第564b条之终止保护规定,对此仍得适用(《联邦最高法院民事判例集》,第84卷,90、100页;巴伐利亚州最高法院,《德国司法》,1992年,531页;哈姆州高等法院,《新法学周刊—司法判例报告,民法》,1994年,1496页,但对该判决有争议;维廷里希(Witthinrich),载《德国司法》,1987年,98页),这样又大大限制了拍卖取得人之终止权!此外,在使用承租人自己对住房建造有经济上资助(建筑造价补贴)时,《强制拍卖法》

第 57c 条也对终止权之行使,规定有限制。[59] 有趣例案:联邦最高法院,《新法学周刊》,1982 年,221 页(贷款之偿还)。

(四) 在破产/支付不能时,对使用承租人的保护

在对使用出租人之财产,宣告破产或支付不能程序时,适用与民法典第 571 条、《强制拍卖法》第 57 条相应的规则;而且使用承租人,不仅可针对破产管理人(《破产法》第 21 条第 1－3 款/《支付不能法》第 108 条、第 110 条),还可针对其他自破产管理人处取得土地的人(《破产法》第 21 条第 4 款/《支付不能法》第 111 条),主张其权利。[60] 79

(五) 对使用承租人生存家属的保护

民法典第 569a 条就使用承租人方面,亦规定有契约承受:使用承租人之生存配偶、家属甚至非婚同居者,[61] 随使用承租人之死亡,而自动加入使用租赁关系,享受并承担其一切权利义务(民法典第 569a 条第 1 款第 1 句)。若他们不愿意加入该使用租赁关系,则他们必须对使用出租人为不愿加入之表示(民法典第 569a 条第 1 款第 2 句);此时不发生使用租赁关系加入的效力。准此而言,民法典第 569a 条之规定(民法典第 569b 条亦是如此),乃将使用租赁关系不拘泥于最初缔约人,进而使之物权化之思想的进一步发展。 80

---

〔59〕 参见本书下述第 39 章边码 55 以下,以及鲍尔/施蒂尔纳,卷 I,《特别执行法》,边码 36.31。

〔60〕 参见鲍尔/施蒂尔纳,卷 II,《支付不能法》,边码 9.58。

〔61〕 联邦宪法法院,《新法学周刊》,1990 年,1593 页;联邦最高法院,《新法学周刊》,1993 年,999 页(对此案亦参施廷青(Stintzing),载《法学教育》,1994 年,550 页)类推适用合宪性标准:但因欠缺对非婚同居生活的清晰特征描述,故对该标准,极有争议。另依联邦最高法院上揭判决(1001 页)的看法,该条规定不适用于同性同居者;但持不同意见者,参见柏林－威丁区 AG,《新法学周刊—司法判例报告,民法》,1994 年,524 页。

四、小结

81 总而言之，使用租赁权在性质上，非常接近于一项限制物权性的使用权。民法典第861条、第862条以及第823条之规定，使其获得对外之绝对保护效力；民法典第571条、《强制拍卖法》第57条、《破产法》第21条/《支付不能法》第108条、第110条、第111条之规定，则使其获得针对取得人的保护。而使用租赁权的真正弱点，存在于对使用出租人的关系上（但此项缺陷，在今天也因使用租赁契约终止保护之规则，而得到极大弥补），以及被排除对民法典第892条、第893条规定的适用上（自无权利人处不成立使用租赁“权”之取得！）。

五、使用借贷

82 使用借贷（Leihe），是指无偿让与对住房的使用（《联邦最高法院民事判例集》，第82卷，354页；联邦最高法院，《新法学周刊》，1985年，1355页）。

六、新联邦州中的住房使用租赁权

83 自1990年10月3日起，新联邦州原则上适用《德国民法典》关于终止权的规定（《〈德国民法典〉施行法》，第232条第2款第1项）；但《〈德国民法典〉施行法》第232条第2款废弃了前东德时，由国家所操纵的使用承租人特权，[62]使之转变为《德国民法典》中的使用承租人与使用出租人利益相互协调的关系。经如此改革后，至1995年12月31日，发生基于自用需求之终止，极为罕见，而因困难情形之终止倒有可能（《〈德国民法典〉施行法》，第232条第2款第3项）；附属房间改建中的终止（民法典第564b条第4款），

〔62〕 参见原《民主德国民法典》第94条第1款、第97条第1款：对住房的权利，受国家控制，并受租金约束（该法第103条），而且使用出租人之终止权，仅限于自用需求与使用承租人重大违约之情形（该法第121条、第122条）。

也极为有限(《〈德国民法典〉施行法》,第232条第2款第3项第3句);基于土地经济利用受妨碍之终止理由(民法典第564b条第2款第3项),根据《〈德国民法典〉施行法》第232条第2款第2项之规定,目前暂时被排除。就1990年10月3日以后新建造且无租金限制之住房,对其租金保护,只需按照《租金提高法》之规定(参见《租金提高法》第11条)。其他于1990年10月3日已成立之使用租赁关系,受有特别的租金提高限制规定(《租金提高法》第12-17条)。

第六节 时间分配式共有(Time-Sharing)[63]或“度假寓所所有权(Ferieneigentum)”

一、目的及推广适用

在西方文明国家,一年中享有多次度假或者休假逗留,属于生活质量标准之一。用于度假目的的投资,也就愈见流行(“度假寓所所有权”)。但以单独所有权形式,投资购买一块土地或一幢房屋,以用于度假,其成本对单个人来讲,显然不是个小数目。而时间分配式共有的基本理念就是,通过众多人的共同投资,使每个使用者,获得对度假寓所一段时间的使用可能,比如每年三个星期,从而降低每个使用者所负担的成本。与单独的度假寓所所有权不同,通过这种时间分配式共有方式,也可能出现多种的使用参与, 84

〔63〕 重要参考文献(专著类):格拉克,《度假房屋与度假寓所中的时间分配式共有》,1986年版;科尔黑普(Kohlhepp),《对度假寓所的时间分配式所有权》,1989年版;弗伦策(Fränzer),《度假房屋中的时间分配式共有》,1990年版;马丁内克(Martinek),《现代契约类型》,卷III,1993年,260页;卡普斯(Kappus),载《威斯特法伦地区,契约法与一般交易条件法工具书》(1995年版);希尔登布兰德(Hildenbrand),《时间分配式共有中的契约形式与消费者保护》,1997年版。重要参考文章:希尔登布兰德,载《新法学周刊》,1994年,1992页;1996年,3249页;滕内斯(Tönnes),载《国际经济法》,1996年,124、409页;梅施,载《欧洲经济法杂志》,1995年,8页以下;载《德国公证杂志》,1997年,180页以下;朔梅鲁斯(Schomerus),载《新法学周刊》,1995年,359页以下;1996年,3269页以下;马丁内克,载《新法学周刊》,1997年,1396页以下。

以保证对寓所使用用途的相互调剂。但在实践中,这一形式与使用租赁颇类似,因为使用人与使用承租人一样,不能如同所有权人而自由地处分与使用其寓所;其区别于使用承租人者,乃使用人在事先就须作长期的投资。

85 在世界范围内看,度假寓所业,乃一行情看涨的行业。1994 年,其行业投资额,几乎达到 50 亿美元;而在德国,1994 年至少有80,024个时间分配式共有人。但就德国来说,度假寓所绝大部分位于国外(西班牙、中美洲、佛罗里达、东亚等等);在德国本土,大约有 43 家度假寓所设施,分属约20,000个国内外客户,而其中德国的时间分配式共有人仅约占 10%。下面就介绍德国的时间分配式共有法,但这一领域的发展,至今仍非常薄弱。

二、法律性质与法律上的构造

86 在德国法中,还没有统一的时间分配式共有模式。在法律构造上,倒存在一些选择可能性,但这些选择可能,在对时间分配式共有人与共有客体关系之构造上,又极其不同。

(一) 物权性的权利

1. 住宅所有权按份共有

87 时间分配式共有人,可取得对寓所按份共有式的住宅所有权(民法典第 741 条以下、第 1008 条以下),各人所享有的时间上的使用权,规定于使用约定中(民法典第 745 条、第 749 条第 2 款),并作为按份共有权之内容,登记于土地登记簿中(民法典第 746 条、第 1010 条)。但其困难存在于,如何在住宅所有权人大会中,由统一的利益代表行使表决权(《住宅所有权法》第 25 条第 2 款第 2 句),以及如何行使共有关系废止请求权(民法典第 749 条第 2 款、第 751 条第 2 句)。

2. 长期居住权

88 与上述相类似的法律构造,就是对长期居住权的按份共有权(《住宅所有权法》第31条),且这一做法已为联邦最高法院[64]所践行。

例如:在(德国)黑林山地区的一块土地上,建有一度假寓所,而该寓所由20个单位的住宅所有权或长期居住权构成。各住宅所有权人或长期居住权人,为各个按份共有共同体的成员(民法典第741条以下、第1008条以下),其中每个按份共有共同体又大约有20个成员。其使用规则是,各按份共有共同体的每个成员,享有对按份共有住宅每年2-3个星期的使用权——其时间划分,大多依时令之循环。

假如使每个时间分配式共有人均享有自己的一定时间段的长期居住权,则自然会强化其法律地位。但对此一方面理论界争吵不休,另一方面联邦最高法院仍未有定论。[65] 89

那种认为长期居住权概念,不能涵括一周或两周居住权的观点,并无最终说服力。更值得认真考虑的,倒是对所造成的土地登记簿混乱的担忧。比如在带有20个住宅所有权单位的土地上,就需要对大约1000个不同的长期居住权进行登记。但是,假如这种琐碎的划分登记,完全符合当事人之经济需求,那么这种担忧也是不值得考虑的。恰恰要提出质疑的,应是这一事实:不同时间段的价值意义,在德国范围内来说,随季节变换也极有差异;而要对如此的时间变换予以物权化,恰恰是不可能的。就此点而言,按份共有模式

---

〔64〕《联邦最高法院民事判例集》,第130卷,150、157-159页;《新法学周刊—司法判例报告,民法》,1996年,1034页;并参本章上述边码55。

〔65〕持反对意见者,斯图加特州高等法院,《新法学周刊》,1987年,2023页;科隆州高等法院,《新法学周刊—司法判例报告,民法》,1992年,1333页;魏特瑙尔/豪格(Hauger),《住宅所有权法》,1995年8版,第31条之前,边码11;泽格尔/施蒂尔纳(1990年12版),《德住宅所有权法》第31条,边码2;慕尼黑德国民法典评注/勒尔,1997年3版,《德住宅所有权法》第31条,边码15a;普罗伊斯(Preuβ),载《法学者报》,1996年,371、373页。持赞同意见者,格拉尔卡(Gralka),载《新法学周刊》,1987年,1997页;梅施(Mäsch),载《德国公证杂志》,1997年,184页。对此未表态者,《联邦最高法院民事判例集》,第130卷,150页;《新法学周刊—司法判例报告,民法》,1996年,1034页。

仍有其显著优点,故我们还是要保留该制度。

3. 实物负担

90 还有可能的模式,就是以物权性担保方式,设定限于一定时间的实物负担(民法典第 1105 条第 1 款,参见本书下述第 35 章)。但住宅实物负担形式,极为罕见,且就其是否允许设立,存在着争议;此外各州法上所存在的行使销除权之可能性,也削弱了这一法律制度的作用。

(二) 信托

91 假如将物权性的法律地位(住宅所有权、长期居住权、完全所有权),赋予给信托性的承受公司,再由该公司按照债权性的约定,分配对度假寓所的使用,则可避免上述物权法构造上的复杂性。在这种信托式构造中,各时间分配式共有人,针对信托公司之债权人对度假寓所所采取的法律措施,虽能享有物权性的担保(取回权、民法典诉法第 771 条之第三人异议之诉),但针对信托公司本身,各共有人最终仅享有债法上的请求权,他们不享有"真正的"度假寓所所有权。

92 例如(采自《联邦最高法院民事判例集》,第 130 卷,150 页;《新法学周刊—司法判例报告,民法》,1996 年,1034 页):出卖人出卖"对度假寓所设施的居住权"。度假管理公司(有限责任公司)作为信托式的权利人,应享有一项长期居住权,而买受人购买了该长期居住权的 3/52。买受人虽已登记于"共同体登记簿"中,但自土地登记簿中,不能明确看出对长期居住权依按份共有所作的分割。联邦最高法院认为,这一法律构造形式是"不透明的",宣布其部分无效(参见《一般交易条件法》第 3 条、第 6 条第 1 款),并判决出卖人应将对居住权的按份共有人资格转让给买受人,也就是将不透明的信托方式,转化为物权性的按份共有方式(本章上述边码 87)。但是,假如是完全透明的,则对信托方式,也就不会有什么争议了。

(三) 社团成员资格或合作社成员资格

还有可能的法律构造,就是将物权性的完全权利或居住权,转让给一个法人,而各时间分配式共有人,成为该法人的成员,并按照法人章程享有使用权。但对此,在德国法中缺少合适的社团形式,因为德国法通常规定社团的目的,应为经济上的营利事业(民法典第 22 条;巴伐利亚州《巴伐利亚州最高法院民事判决集》,1989 年,124 页)。德国的股份有限公司法,也很少适合于这类的构造目的(总结性阐述者,参见梅施(Mäsch),载《德国公证杂志》,1997 年,187、188 页)。故而剩下的,就仅有合作社形式。 93

(四) 债权性的使用约定

与"度假寓所所有权"很少有共同点者,为以债权方式所成立之长期使用权。该使用权之性质,与在时间上进行分割之长期使用租赁契约,颇相类似。在此种法律构造形式中,其法律行为具有明显的"第二级使用租赁"特征,使用租金须预先支付,且带有极高的支付不能风险。这一解决方案虽可行,但容易使度假寓所模式,在市场上丧失其魅力(再参梅施,载《德国公证杂志》,1997 年,188/188 页)! 94

三、时间分配式居住权法与关于时间分配式共有的欧盟指令

(一) 产生历史

在欧盟内部,与度假者所签订的时间分配式共有契约,非常缺乏可靠性,其内容亦不妥适;而且在法律管辖上,多适用度假地所在国之法律,尤其是西班牙的法律。因此应各政府(英国,也包括德国)的要求,欧盟发布一项关于时间分配式共有的指令。〔66〕 为履行该指令,1997 年德国制订《时间分配式 95

---

〔66〕《欧共体条约》第 3 条第 s 项、第 7a 条、第 100a 条、第 129a 条、第 189b 条;《欧共体指令第 94/47 号》,载《1994 年 10 月 29 日 280 号欧共体工作报告》,83 页(=《新法学周刊》,1995 年,375 页)。

居住权法》[67]——更准确地说:将该指令中不同于欧洲共同体条约的详细规则,[68]转换为德国国内法。

(二)内容

96 鉴于欧洲内部时间分配式共有在形式上表现多样,欧盟消费者保护法,仅对契约缔结样式进行规定:须以买受人之本国语言,达成书面契约(《时间分配式居住权法》第3条),并连同其修改,制作成公证文书;须准确说明所取得之法律地位、所提供之服务与设施以及所负担之义务(同法第4条);契约说明书,原则上应作为补充性的契约内容(同法第2条、第3条);须有10天期限的撤回权,并在违反法律时,该撤回权期限得延长至3个月(同法第5条);禁止出卖人受领第一笔支付(同法第7条)。

(三)实践意义

97 欧盟关于时间分配式共有的指令,以及《时间分配式居住权法》,并无直接的物权法意义。在德国范围内,时间分配式共有模式的发展,仍很有限。德国立法者在《时间分配式居住权法》第8条中,试图通过创设一项德国法中消费者保护规定,即使在时间分配式共有客体位于国外时仍应适用之规则,而强调对消费者之保护。故而,在《时间分配式居住权法》之外,依据《一般交易条件法》,尤其是依据该法第3条、第9条所进行的审查,仍继续存在(对此参见《联邦最高法院民事判例集》,第130卷,150页;《新法学周刊—司

---

〔67〕 联邦法律公报,1996,I,2154页;关于"旧案",参见联邦最高法院,《国际私法与程序法实务》,1998年,285页,以及埃布克(Ebke),263页。

〔68〕 《欧共体条约》第189条第3款以及《阿姆斯特丹条约》第249条第3款规定:"指令对其所针对的各成员国,就所要实现之目的事项,具有约束力;但各成员国在其国内,对实现目标之形式与手段,享有自主选择权。"但欧盟机构,也包括欧盟法院,常常超越此项权力限制。对此参见施蒂尔纳/布伦斯(Bruns),《自德国司法判例之角度对与契约有关的消费者保护指令的评价》,载《新的欧洲契约法与消费者保护法》,1998年;同说者,勒贝尔(Löber),载《德国公证杂志》,1998年,319页。

法判例报告,民法》,1996 年,1034 页);而民法典第 138 条,也对隐藏型价格上的过度得利,继续提供救济(联邦最高法院,《新法学周刊》,1994 年,1344、1346 页:每平方米的价格,为 13800 马克)。

第三十章 矿山所有权[1]

一、概述

1 若将民法典第905条之规定,亦适用于埋藏于土壤之矿物,则其结果是,仅土地所有权人,享有开采该矿物的权利。但与一般的所有权利用不同,在矿物开采上,要求有专门的工具手段与知识,故而也就无法想象,若把矿物开采权,简单地交付给土地所有权人,会产生什么样的结果。

矿山所有权关系,与狩猎权很类似。在狩猎法中,

〔1〕 参见沃尔夫/赖泽尔在氏著§95-§98中的阐述(并附有丰富的早期参考文献索引);威廉,边码1150以下;罗伊斯(Reuβ)/格罗特芬德(Grotefend)/达普里希(Dapprich),《矿山法概论》,1959年11版;埃贝尔/韦勒(Weller),《矿山法概论》,1963年版/1969年增补版;韦斯特曼,《企业主与土地所有权人之自由》,1973年,以及载《矿山法杂志》,1975年,84页;施特勒特(Ströter),载《企业顾问》,1979年,1477页(矿产储备开采契约);蔡勒,载《魏特瑙尔祝寿文集》,1980年,229页(矿山损害法)。——关于新的矿山法,参见舒尔特,载《新法学周刊》,1981年,88页;达普里希/罗默曼(Römermann),《联邦矿山法》,1983年版;卡彭(Karpen),载《公法档案》,第106卷,15页,以及载《法学者报》,1984年,297页以下;屈内(Kühne),载《法学教育》,1988年,433页;派因斯(Piens)/舒尔特/格拉夫 菲策图姆(Graf Vitzthum),《联邦矿山法》,1983年版。

若对每个土地所有权人开放狩猎权,则也就意味着,狩猎要走向终结;故如上所述,行猎权与土地所有权要分开。这在矿山法中,也大致如此:在土地所有权人之外,还存在着矿山所有权人,而矿山所有权人所享有之权利,为一项视同为土地之使用(先占)权。

矿山法之历史,向上可溯及至早期的国家(国王)矿山特权,其内容并不 2
仅仅是自己享有开采权,更主要在于对企业授予采矿权。随近代史之开始,该特权逐渐受到遏制,并代之以采矿自由思想,其在立法上的典范,可推1865年6月24日的《普鲁士矿山法》:任何人均有权进行矿物勘探,并在发现矿产时,有权要求赋予矿山所有权;国家则退而享有监督权(即所谓的矿山主权)。

20世纪之初,该发展又有所回逆:国家先是对煤矿与盐矿,后又对石油,废除开采自由,并收归已有。这一发展潮流,符合国家对绝大部分可开采矿藏拥有采矿主权之思想,但并非社会主义化之体现(参见《魏玛宪法》第156条、《基本法》第15条)。

矿山法在长时间里,一直是州法范畴,但通过1980年8月13日之《联邦矿山法》(联邦法律公报.,I,1310;对其最近的修改法为1990年2月12日之立法,联邦法律公报.,I,215),现在已在全联邦内,受统一规范。

下面我们仅就矿山法体现于物权法中的特殊之处,作一些提示。

二、采矿权利("矿山所有权")

(一)许可制(Konzessionssystem)

矿山法的基本原则为,土地所有权不及于所谓的可开采矿藏。而"可开 3
采矿藏",是指依据矿山法而进行开采的矿藏。然而,任何人均有权勘查并开采这种可开采矿藏的原则,已不再适用。相反,任何打算勘查这种矿藏的人,均须获得许可(Erlaubnis);任何打算勘查并开采这种矿藏的人,均须获得同意(Bewilligung),或被授予矿山所有权(许可制)。许可与同意,是针对某一特定的矿区而颁发。许可、准许以及矿山所有权之授予,均为有约束力之行政行为:在不存在拒绝事由(《联邦矿山法》第11-13条)时,主管行政机关就必须作出该行政行为。

属于土地所有权内容的,仅是土地自身之矿藏;其种类,被明定于该法第13条第4款中(如瓷土;反之,砂与砾石并非矿藏——参见该法第3条之定义性规定——,故当然属土地所有权人所有,并能为其所开采,但在开采时,土地所有权人常受到命令性与禁止性规范——如自然保护法规范——的约束!)。

(二)采矿权利人之先占权

4 同意以及矿山所有权之授予,并不是使采矿权利人获得土地之所有权,而是使其获得一项在同意或授予之范围内,具有排除土地所有权人效力的类似于所有权的先占权。土地所有权人对此负有相应的容忍义务。土地所有权人与采矿权利人间所存在的冲突,在土地所有权人通过契约将土地所有权(或一项相应的使用权利,如用益权),转让给采矿权利人时,自会因该契约而自行解决。若当事人间不能达成这样的约定,则采矿权利人可请求进行强制性的土地让与(同法第77条以下)。[2] 此时涉及征收问题;只要服务于公众福祉,则亦可为了私人企业主之利益,而实施征收行为。土地转让的目的,在于赋予采矿权利人使用权(同法第81条第1款);但在土地上已有建筑物,或土地所有权人自己请求对其(完全)所有权进行剥夺时(同法第81条第2款、第82条),土地转让也可以所有权转让为内容。对土地转让,当然要给付赔偿。

5 有趣例案:联邦宪法法院,《新法学周刊》,1991年,1807页(在停止采矿时,土地所有权人针对进行取得行为之采矿企业所享有的州法上的先买权,适用德基本法第14条之规定);《联邦最高法院民事判例集》,第110卷,17页(地下无容器的储藏,作为矿山法上的调节器具);联邦行政法院,《法学者报》,1990年,133页,并附屈内之评注(对土地所有权人侵害的适当性);其他"旧案例",参见《联邦最高法院民事判例集》,第19卷,209页以下。

---

〔2〕 该程序也允许对土壤预先进行调查。例案:《联邦宪法法院判例集》,第77卷,130页,与第80卷,360页("卡喷山城堡")。

三、矿山损害

6 因采矿而造成人身伤亡或物之损害，享有采矿权之企业主，则对此应承担危险责任[3]（同法第114条以下）。该规则之目的，在于保护土地所有权人、使用权人、家属等的利益。为防止矿山损害的发生，该法显然也在谋求一些预防性措施，比如主管机关须使企业主负担一定的义务；另一方面将来有可能受到危险之建筑物业主，也负有采取预防措施（如采用钢筋结构）的义务，而业主因此所支出之费用，则仍由享有采矿权之企业主承担。[4]

四、矿山权利登记簿（Berechtsamsbuch）

7 许可、同意以及矿山所有权，均应登记于矿山权利登记簿与——在一定程度上如同地籍册之——*矿山权利登记卡*（Berechtsamskarte）中。矿山权利登记簿与土地登记簿的相同点，仅在于任何具有正当利益的人，对登记簿均享有查看权（同法第75条以下）。

五、新联邦州中的矿山法

8 在新联邦州，《联邦矿山法》自1990年10月3日起，亦生效力。《两德统一条约》（附件1，第5章，事项D，第3节之1）规定有过渡规则，使受前东德1969年5月12日《矿山法》所调整之原权利状态，适应联邦法律。目前该过渡规则已被废除，这样《联邦矿山法》现在已无保留地适用于原东德地区。但是，依据原法律而获得的采矿权利，仍继续有效（详参1996年4月15日之立法；对此菲利普（Philipp）/科洛恩克（Kolonko），载《新法学周刊》，1996年，2694页）。

---

〔3〕 该责任并非基于特别牺牲思想，因为请求权人有可能不是土地所有权人。

〔4〕 例案：《联邦最高法院民事判例集》，第111卷，263页。亦参蔡勒，载《企业》，1986年，417页。

第三十一章　船舶所有权

参考文献提示：亚伯拉罕(*Abraham*)，《海洋法》，*1974* 年 *4* 版；保泽，《船舶信贷法》，*1979* 年 *3* 版；普吕斯曼(*Prüssmann*)/拉贝(*Rabe*)，《海商法》，*1992* 年 *3* 版；沙普斯(*Schaps*)/亚伯拉罕，《联邦德国海洋法》，卷 *I* 与卷 *II*，*1978* 年版；泽格尔/温特(*Winter*)，《“德关于对登记船舶与建造中的船舶的权利的法律”评注》，卷 *6*，*1990* 年年版。

一、概述

(一) 法政策上的背景

1 船舶为交通运输工具，在性质上应为动产。若以此为出发点，则无理由对船舶在法律上作特别处理。但在另一方面，船舶建造，在许多方面——也包括经济角度——与房屋建造，具有共同点，而船舶对船舶上的人来说，虽停留时间或长或短，但在此时间段内，船舶就是自己的家。这一观念也越来越对立法产生影响，导致在法律上将船舶与土地——尽管不是完全地——同等对待，并最终体现于《关于对登记船舶与登记之建造中船舶的权利的法律》(以下简称《船舶法》，1940 年

11月15日,帝国法律公报.,I,1499)。[1]

(二)不动产物权法基本原则的可适用性

下列不动产物权法所特有的基本原则,也适用于对船舶在法律上的处理: 2

1. 登记

船舶以及成立于船舶上的权利,登记于可与土地登记簿相对照的船舶登记簿中:海洋船舶登记簿——内河船舶登记簿——建造中的船舶登记簿。

对具备一定型号的海洋船舶与内河船舶,实行登记强制规则;而对建造中的船舶,通常采取依申请而登记的原则。

2. 对船舶上的限制物权种类,实行物权法定原则

在船舶以及建造中的船舶上所能成立的权利种类,要少于土地物权。船 3
舶上的物权种类,仅可能为:所有权、船舶抵押权(且仅为保全抵押权)以及用益权(《船舶法》第8、9条)。

此外,预告登记制度也可以适用于船舶。但其适用结果,则是一项债权,比如一项债权性的先买权,可因预告登记而物权化(《船舶法》第10-14条、第22条),而真正物权性的先买权,却反而不能成立。

---

〔1〕 还包括1994年5月26日之《船舶登记条例》(联邦法律公报.,I,1133),以及1980年11月24日实施、1994年11月30日修订之《船舶登记实施细则》(联邦法律公报.,I,3631)(对此参见霍尔农,载《德国司法》,1981年,271页)。

3. 物权公示原则

4 与民法典第 891 条相应,船舶登记簿之内容,在其正确性与完整性上,具有积极与消极的推定作用(《船舶法》第 15 条)。

与民法典第 892 条、第 893 条相应,善意第三人对船舶登记簿内容之信赖,亦受保护(《船舶法》第 16、17 条)。

若船舶登记簿不正确,则真正权利人对此享有登记簿更正请求权(《船舶法》第 18 条——与民法典第 894 条相对照),且该请求权可通过异议,而获临时的担保(《船舶法》第 21 条)。

二、船舶所有权

(一) 建造中的船舶(Schiffsbauwerk)上的所有权

5 对建造中的船舶的所有权,首先按照物权法上的一般原则而定(民法典第 947 条、第 950 条)。让与建造中的船舶所有权,应依据民法典第 929 条以下之规定。然而,一旦在建造中的船舶上,设定有船舶抵押权(此以登记于建造中的船舶登记簿为前提条件),则其所有权之转让,就须符合所有权让与合意与登记这两项要件(《船舶法》第 78 条、第 3 条)。

(二) 船舶所有权让与

6 如果以船舶物权法应尽可能对应于不动产物权法,为理解船舶物权法之出发点,则人们或许会认为,这项对应原则,也应贯彻于船舶所有权让与中。然而,事实却恰恰不是这样:

1. 海洋船舶

7 让与登记于海洋船舶登记簿中的船舶所有权,仅需要有所有权让与合意,而不需要进行(如同民法典第 873 条、第 925 条所要求之)登记,也不需要有（如同民法典第929条所要求之）占有移转，参见《船舶法》第2条第1款之规定。

当然，对海洋船舶所有权让与，亦可以进行登记；而且因为有物权公示之规定（《船舶法》第15－17条），故为稳妥起见，最好去办理登记；但此时登记之效力，仅为登记簿之更正。

这项——对登记原则以及交付原则予以突破的！——规则，目的在于简化海洋船舶所有权让与程序。

这项所有权让与上的纯合意原则，也适用于未登记的海洋船舶（民法典第929a条）。

2. 内河船舶

反之，就已登记之内河船舶而言，其所有权让与，应遵循不动产物权法上的基本原则，即需要有所有权让与合意与登记（《船舶法》第3条第1款）。 8

若内河船舶未登记，则其所有权让与，依据民法典第929－931条之规定。

3. 船舶登记簿之公信力

有意思的是，在上述两种情形（即1与2）中，船舶登记簿仍产生公信力； 9
也就是说，即使在所有权取得仅仅依据所有权让与合意，而并无登记簿中的登记行为——如同第1种情形——时，船舶登记簿在其正确性与完整性上，仍具有公信力。〔2〕

例如：E将登记于海洋船舶登记簿中的货船“艾利丝号（Elise）”，出卖给 10
K，并对K为所有权让与表示（《船舶法》第2条第1款）。但K一直未在海洋船舶登记簿中进行——更正性的——登记。对上述交易不知情之E的经

〔2〕《联邦最高法院民事判例集》，第112卷，4页：对登记船舶之善意取得，仅只能依据《船舶法》第15、16条之规定，而不得适用民法典第932条以下、德商第366条第1款之规定。

理人,又将船舶出让给D。此时D成为所有权人,因为E在登记簿中,仍被登记为所有权人;——即使在D根本就未查看登记簿时,其结果亦同。

三、船舶抵押权

(一)保全抵押权

11 在已登记之船舶与建造中的船舶(以及浮船坞)上,可设定船舶抵押权(《船舶法》第8条、第24条以下)。此项权利,为以民法典中的抵押权为蓝本而设计的登记质权(Registerpfandrecht)。

但民法典中不动产担保物权的形式多样性(流通抵押权、保全抵押权、土地债务等等),《船舶法》并未完全接受:该法仅规定了与被担保债权紧密相联的(即有附随性的)保全抵押权(《船舶法》第8条第1款第3句),且该抵押权仅只能以登记抵押权(也就是不能通过签发抵押权证书)形式设立。

(二)以所有权人之替代权(Ersetzungsbefugnis),取代所有权人土地债务

12 船舶抵押权的具体内容,可见于民法典中的抵押权规定。惟一的重要区别,在于《船舶法》未规定民法典第1163条、第1168条、第1177条之所有权人土地债务,而是规定所有权人在抵押权于登记簿中被注销之前,有权以一项新的抵押权取代已消灭的抵押权(《船舶法》第57条、第64条)。

(三)基于抵押权之强制执行

13 对船舶抵押权的强制执行,依据不动产物权法上的基本原则;其强制执行方法,可为强制拍卖(民诉法第870a、864条)。对金钱债权执行名义,则通过船舶强制抵押权之登记或通过强制拍卖来执行(民诉法第870a条、第866条第2、3款、第867条)。

四、新联邦州中的船舶所有权

自1990年10月3日起,《船舶法》适用于新联邦州;对其法律过渡,《两德统一条约》(附件I,第3章,事项B,第3节,10)规定参照《〈德国民法典〉施行法》第233条第1-3子条。对船舶登记制度的过渡规则,规定于《两德统一条约》附件I,第3章,事项B,第3节之6。 14

第四编

土地上的用益物权

第三十二章 用益权(Nieβbrauch)

参考文献提示:弗里克(*Frick*),《自民法与税法角度考察用益权》,霍亨海姆,博士学位论文,*1973* 年;弗里德里希,《新外表下的用益权》,载《新法学周刊》,*1996* 年,*32* 页;扬森/扬森,《民法与税法中的用益权》,*1993* 年 *5* 版;梨弗(*Liver*),《德国、法国与意大利法律史上所有权制度与所有权学说中的役权》,载《瑞士法杂志》,*1996* 年(第 *85* 卷),*297* 页;努斯鲍曼(*Nuβbaum*),《德国民法典中的用益权》,*1919* 年版;佩佐尔特(*Petzoldt*),《保留用益权之土地所有权转让》,*1993* 年 *5* 版;皮卡罗,《农业法中的用益权》,载《德国公证杂志》,*1971* 年,*389* 页;赖夫(*Reiff*),《保留用益权之赠与的理论》,*1989* 年版;罗尔夫,《作为遗嘱执行人的用益权人与先位继承人》,载《德国公证杂志》,*1971* 年,*518* 页;席佩斯(*Schippers*),《公证实践中土地用益权的现实问题》,载《莱茵河公证人协会通讯》,*1996* 年,*197* 页;施恩(*Schön*),《物上用益权》,*1992* 年版;舍纳(*Schöner*),《役权与用益权的区分》,载《德国公证杂志》,*1982* 年,*416* 页;施蒂尔纳,《役权在现代》,载《民法实务档案》,第 *194* 卷,*265* 页;维斯特(*Wüst*),《利益共同体,私法中的一项制度原则》,*1958* 年版,*145* 页以下;瓦克,《用益权人或先位继承人或者无权利人之使用租赁与用益租赁》,载《格恩胡贝尔祝寿文集》,*1993* 年,*489* 页以下;韦格曼,《土地使用之转让》,*1994* 年版。其他文献,参见文中所引。具有丰富文献提示者,参见慕尼黑德国民法典评注/佩佐尔特,民法典第 *1030* 条之前,以及泽格尔/施蒂尔纳,民法典第 *1030* 条之前。

一、基础——适用范围

(一) 概念

1 用益权,为收取物之收益之权利,且原则上不得转让与继承(民法典第 1030 条、第 1059 条、第 1061 条)。

因此,这一限制物权的特征,体现为全面的用益权利,且该权利仅限于权利人本人享有。这两项特征间,存在着内部关联:正因为所有权人在其用益权利与占有权利上被剥夺,故而所有权人的"伙伴",应仅只能是所有权人所准许的用益权人,而不能是该用益权人的权利继受人。但是对用益权之行使,可以债权方式转让给他人(民法典第 1059 条第 2 句)。

用益权之标的,并不仅限于土地,还包括动产(民法典第 1030 条),甚至包括可让与(民法典第 1069 条第 2 款)的权利(民法典第 1068 条)。

2 例如:G 提供给土地所有权人 E1、E2 与 E3 利息为 8% 的贷款,而对该贷款债权,设定有抵押权担保。G 在该受抵押权担保之债权上为,其妻子 F 设定用益权。这就意味着,F 享有其利息请求权。

民法典第 1085 条前之第三目标题称"财产上的用益权",但这并不表示,此项规定已废弃物权法上的特定性原则;相反,民法典第 1085 条明确指出,即使是财产上的用益权,其设立仍须就各财产客体而分别为之(但这在实践中常未得到遵循!)。

（二）用益权之设定

由于用益权包含了全面性用益权能，因此用益权之设定，为一项对完全权利的部分转让。故而，在土地上设定用益权，适用民法典第 873 条以下之规定；在动产上设定用益权，适用民法典第 929 条——第 936 条之规定（民法典第 1032 条）；在权利上设定用益权，适用关于权利让与之规定（民法典第 1069 条第 1 款）。 3

如在上举例中，假设抵押权为证书抵押权，则在该抵押权上设定用益权，就需要有：当事人关于用益权设定之物权合意，其中抵押权人之意思表示须为书面形式，或在土地登记簿中进行登记；以及抵押权证书之交付（民法典第 1069 条第 1 款并第 1154 条）。

在实践中，父母常常——就收入甚丰之标的因纳税上的考虑（本章下述边码 8）而——为其未成年子女设定用益权，或采取“保留用益权的赠与”。但这种为无行为能力或限制行为能力子女设定用益权的方式，至少就土地而言，会为其带来法定义务关系（本章下述边码 20 以下）中的法律上不利益（民法典第 107 条；民法典第 1629 条、第 1795 条第 2 款、第 181 条、第 107 条），故而，该行为在无补充性保佐人时，不生效力（最近之判决，参见 BFH，《新法学周刊—司法判例报告，民法》，1990 年，1035 页，及其引证；泽格尔/施蒂尔纳，民法典第 1030 条，边码 2a；对此未表态者联邦最高法院，《联邦最高法院裁判汇编》，民法典第 107 条，7 号），也不得视做作为基础行为之纯获利益赠与行为的履行行为（对此参见《联邦最高法院民事判例集》，第 78 卷，28、33 页以下）。反之，父母可依民法典第 107 条或依民法典第 1629 条、第 1795 条第 2 款、第 181 条、第 107 条之规定，对其未成年子女以赠与方式，让与设定有用益权负担之标的的所有权，因为物权性的负担，并不属于民法典第 107 条所规定之法律上不利益（泽格尔/施蒂尔纳，民法典第 1030 条，边码 2b，及其引证；慕尼黑德国民法典评注/佩佐尔特（Petzold），民法典第 1030 条之前，边码 27）；这一规则同样适用于未成年人之所有权取得与负担设定行为同时进行之情形，但不适用于负有事后设定用益权义务之情形（民法典第 286 条第 1 款！就此全面阐述者，亦参梅迪库斯，《民法》，边码 172；巴伐利亚州《巴伐利亚州最高法院民事判决集》，1979 年，49、54 页以下）。 4

（三）用益权之形式

5 用益权在实践中，主要体现为两种形式：

1. 供养用益权（Versorgungsnieβbrauch）

所谓的供养用益权，可在所有权人生前或者死后设定。

比如被继承人将他的两个儿子指定为继承人，但又对其妻子遗赠遗产上的用益权（在发生继承后，该用益权须由两个继承人就各遗产标的，分别设定）。此种形式的用益权，与先位继承制度（民法典第2100条以下）相类似。二者的区别在于，在先位继承中，先位继承人虽成为整个遗产的所有权人，但对遗产之核心财产，在处分与管理上受有限制（民法典第2112条以下），故而在结果上，先位继承人仅享有用益权；反之，在供养用益权中，用益权人对财产无处分权限（不存在“处分型用益权，Dispositionsnieβbrauch”！），[1]其权限自始就被限定在用益上：这是就同一生活事实，存在两项法律规则，但其作用又相同的例证！用益权遗赠方式相较于先位继承而更受青睐，在长时间里有其继承税上的原因（本章下述边码8）。[2] 若在生前赠与中就设定供养用益权，则该用益权阻却民法典第2325条上特留份补足请求权期限之届满（《联邦最高法院民事判例集》，第125卷，398页；尧尔尼希/施蒂尔纳，民法典第2325条，边码8及其引证）。

2. 担保用益权（Sicherungsnieβbrauch）

6 担保用益权，尤其体现于再为不动产担保物权债权人，设立一项用益权之情形。通过这种方式，担保物权债权人可立即（即不必等到实行扣押之后）享受对土地之收益（如使用租金之收取）。

---

〔1〕 对此有部分不同意见者，弗里德里希，载《新法学周刊》，1996年，32页；亦参本章下述边码14。

〔2〕 亦参本书第61章边码1以下关于企业用益权与企业份额用益权的阐述及其所提示的大量参考文献。

这实际上就使债权人，获得了一项《德国民法典》在土地担保物权中，并未采纳的用益担保物权(Antichrese)。这一形式的用益权，虽为司法实践所许可(《帝国最高法院民事判例集》，第67卷，378页)，但仍受质疑。

3. 所有权人用益权(Eigentümernieβbrauch)

7 按照绝对的通说观点，在土地上可以设立所有权人用益权(参见冯·吕布托夫，载《新法学周刊》，1962年，275页，及其所引资料；魏特瑙尔，载《德国公证杂志》，1958年，352页，1964年，716页；威廉，边码975；泽格尔/施蒂尔纳，民法典第1030条，边码3；慕尼黑德国民法典评注/佩佐尔特，民法典第1030条，边码21；亦参本书第29章边码49，与第54章边码4)。

(四) 用益权在税法中

8 在实践中，当事人设定用益权，其动机常常是基于纳税考虑。其中在遗产税上，其节税效果(泽格尔/施蒂尔纳，民法典第1030条之前，边码36)，目前已受到部分(《遗产税法》第25条)削弱。而在所得税上，设定用益权，适合于将财产之收益收入移转至收入微弱的用益权人(如孩子)身上，但同时，收入维持费用(Werbungskosten)，原则上亦应自用益权人之收入中扣除。比如说，高收入的父母为其孩子设定对已使用出租土地的用益权时，虽然孩子的收入是以较低的税率纳税，但建筑物之费用开支以及折旧费，在通常情况下一样要自孩子的收入中扣除(不存在所谓的"毛收入用益权，Bruttonieβbrauch")。此外，由于债权性的用益权利，也能达到同样的节税效果，故该债权用益权利之设立，也影响了物权性用益权的作用(详参泽格尔/施蒂尔纳，民法典第1030条之前，边码25以下；布兰迪斯(Brandis)，载《法学教育》，1989年，784页；佩佐尔特，载《德国公证杂志》，1984年，294页，1985年，66页；同氏著，《保留用益权之土地所有权转让》，1993年5版；施皮格尔贝格尔(Spiegelberger)，载《继承法与财产继受》，1994年，214页以下)。

(五)本章之阐述方法

9 用益权在法律上,基本体现为两大问题:其一是用益权人的物权性法律地位问题(本章下述边码10以下),其二是作为法定债权关系而构造的用益权人与所有权人间的关系问题(下述边码20以下)。下面就对这两个问题予以基本地——但不是详尽周到地——阐述。

二、用益权人的法律地位

(一)用益权利(Nutzungsrecht)——内容与范围

1. 孳息之收取

10 用益权最本质的内容,就是用益权人所享有的用益权利(民法典第1030条第1款、第1068条第2款)。该权利不仅包括对物之孳息的收取,

物之孳息随其与原物之分离,而归属于用益权人所有;这在用益权人不是原物之占有人时(民法典第954条),或者所收取之孳息是所谓的过度孳息时,均不影响用益权人之所有权取得;只是在后一情形中,用益权人在内部关系上,须对所有权人负赔偿责任(民法典第1039条;对此之例举,参见本书第3章边码22,以及第53章边码45以下)。

11 还包括权利孳息,比如使用租金;而且房屋是在用益权设定时就已使用出租,还是嗣后由用益权人使用出租,均不影响用益权人租金请求权之成立(参见民法典第100条、第99条)。

在第一种使用租赁情形,使用租金请求权随用益权之设定,而移转于用益权人,不需所有权人对此另外进行租金请求权让与行为。当然,也不排除就租金请求权,单独进行让与或扣押行为;而且,这一点因民法典第1124条第2款之规定,有其重要意义(对此参见本书下述第39章边码57,以及沃尔夫/赖泽尔,§ 116,注4)。

2. 对用益权利的限制

依据通说观点,用益权内容不得仅限于某一个别的使用收益(这仅只能存在于用益租赁形式中,在限制的人役权中也有可能!例如:巴伐利亚州最高法院,1980年,17页)。但是,在全部之用益范围中,可排除某一个别的用益(民法典第1030条第2款);且此种限制具有物权效力。在判断是存在一项役权(民法典第1018条、第1090条),还是成立一项用益权时,依据通说观点,应以所有权人在多大范围内,还保留有重要的用益权能为准:若用益可能的重心,存在于所有权人手中,则成立役权;若其重心存在于用益权人手中,则成立有限制的用益权(即"实质的区分标准":泽格尔/施蒂尔纳,民法典第1018条,边码12;慕尼黑德国民法典评注/佩佐尔特,民法典第1030条之前,边码7)。但更值得推崇的,或许是与通说观点相异的形式区分标准说。依该观点,到底是成立"用益权形式的役权"还是"役权形式的用益权",应让诸当事人自由选择,而物权法中物权法定原则所主要追求的法律关系清晰性目的,也因当事人之选择而获得了充分保障(详参施蒂尔纳,载《民法实务档案》,第194卷,265页以下、282页;同说者参见舍纳,载《德国公证杂志》,1982年,416页以下;并参本书第33章边码31)。 12

例如:被继承人留下的遗产,为一幢已使用出租的房屋与一个大花园。他将他的儿子S指定为单独继承人。此时,被继承人还完全可以对其孀妻F,遗赠不包括花园使用权在内的房屋土地用益权。而被继承人的指示,即用益权不包括每月超过2000马克以上部分的使用租金,或者用益权内容仅限于使用租金收入的某一份额("份额用益权"),应具有什么样的效力,则颇有疑问:少数派观点否认其具有物权效力,认为该指示仅使用益权人F,负有将超过(2000马克)部分的收益,返还给继承人的义务;而更为通说的观点,允许该份额用益权具有物权效力——但其法律效果却极为复杂(泽格尔/施蒂尔纳,民法典第1030条,边码10,及其引证;最近判决,可参乌珀塔尔LG,《德国司法》,1995年,209页)。 13

3. 不存在处分型用益权

用益权人之用益权能,不包括对用益权标的之本体(但可对 14

其孳息!)的处分权限,也就是说不存在处分型用益权。[3]

若以法律行为方式,授予用益权人以处分权限(如联邦最高法院,《新法学周刊》,1982年,31、32页),则此时并非是对用益权内容的物权性扩展,而是在用益权人与所有权人间,存在一项——可允许的——债权性的约定(如民法典第137条第2句,民法典第185条、第164条、第167条等等)。

但民法典第1048条就土地之附属物,对上述规则作有一项例外;其原因为,在这种情形下,对土地从物之时取时换,是土地用益本身之性质使然(亦参民法典第1074条)。

由于用益权之客体为土地之本身,而非其上的建筑物,故即使在建筑物遭毁损与重建时,用益权仍继续存在(联邦最高法院,《德国法月刊》,1964年,493页)。

(二)占有权利

15 为使用益权人能够行使对标的之用益权利,民法典第1036条第1款规定,用益权人享有占有之权利。

(三)对用益权之保护

16 对用益权的保护,对应于对所有权之保护(民法典第1065条并第985条、第1004条,此外民法典第823条、第812条、第816条);除此之外,还可适用关于占有保护之规定(民法典第858条以下)。

例如:几个小偷闯进N享有用益权的土地,正在将已收获的谷物运走:N是谷物的所有权人(民法典第954条),故可直接适用民法典第985条之规定,请求返还谷物;而土地之返还,N可依据民法典第1065条并第985条而请求。

---

〔3〕 参见泽格尔/施蒂尔纳,民法典第1030条,边码19;持部分不同意见者,弗里德里希,载《新法学周刊》,1996年,32页。

（四）不可转让性

1. 原则

用益权原则上不得让与（民法典第1059条），并不得继承（民法典第1061条）；[4]仅在对用益权之行使，用益权人可依债权方式转让给他人（民法典第1059条第2句）。 17

该规则的理由在于，用益权既然已排除了所有权人对客体之用益——即排除了所有权的首要内容——，那么这种被排除状态，就不应再通过让与或继承，而得以“永久化”。但债权方式的让度对用益权之行使，却为法律所允许（民法典第1059条第2句）；当然，用益权人的这种让度权限，得因约定与登记而被排除（《联邦最高法院民事判例集》，第95卷，99页）。与债权方式的用益权行使转让，应相区别者，为单纯的使用出租或用益出租：用益权人使用出租标的物，为对用益权的自己行使行为，故而以自己名义为使用出租行为之用益权行使人，并非转租行为中的主使用承租人，而是普通的使用出租人（《联邦最高法院民事判例集》，第109卷，111、115页）。

有争议者，为对用益权的扣押问题，细说如下： 18

（1）在用益权之行使被转让时，对其报酬请求权，无疑可予以扣押。

（2）按照联邦最高法院在《联邦最高法院民事判例集》，第62卷，133页判决中的看法，对用益权之本身，也可以实行扣押（相同看法者，巴伐利亚州最高法院，《德国公证杂志》，1998年，302页；批评意见者泽格尔/施蒂尔纳，民法典第1059条，边码9与9a；鲍尔/施蒂尔纳，卷I，《特别强制执行法》，边码25.10；并参本书第60章边码4，注2）。

（3）依照联邦最高法院在《联邦最高法院民事判例集》，第95卷，99页判决中的看法，当事人所约定的行使转让禁止，（在逻辑上）并不阻碍扣押可能性。

---

〔4〕　关于用益权人死亡后在土地登记簿中的注销，参见《土地登记条例》第23条，以及吕尔斯多夫（Lülsdof），载《莱茵河公证人协会通讯》，1994年，129页。在新联邦州中，就用益权因届期而消灭，规定于《土地登记簿清理法》第5条以下；亦参本书第16章边码12、第34章边码1、第63章边码49以下。

2. 法人与“具有权利能力之人合公司”作为用益权人

19 用益权可为法人或“具有权利能力之人合公司”(民法典第1059a条第2款:如无限责任公司、两合公司、合作关系、欧洲经济利益联合体等)而设定,并可因此而“永久化”。而且民法典(民法典第1059a条至第1059e条)[5]还规定,若法人或人合公司发生组织变更或营业转让,亦可导致用益权之转让或移转,并且用益权不可转让性上的这种特例,甚至可扩及适用于债权性的用益权设定请求权(民法典第1059e条)。

三、所有权人与用益权人间的法定债权关系

20 用益权设定后,常常存续很长时间——如在供养用益权中,要直至被供养人之死亡或再婚——。而土地所有权人也常会——如因对土地之继承或出让——发生变更,这样就可能使用益权设定人与用益权人间的债权性约定,不能继续发生效力。由此就产生出下列问题:谁应负担对用益权标的物进行必要的修缮?土地上的税负,须由谁来承担?对此,法律必须给出明确的答复。

21 法律解决这一问题的思路是,在土地所有权人与用益权人间,成立由法律规定其内容的法定债权关系,而当事人可通过约定,对该法定债权关系的内容进行修改;[6]但该当事人之约定——为能对土地所有权人之权利继受人产生效力——须登记于土地登记簿(民法典第873条)。

(一)维持义务

22 用益权人负有保持标的物之经济用途,按通常之经营规则用

---

〔5〕 例案:《联邦最高法院民事判例集》,第50卷,307、310页(旧法);此外韦泽尔(Wessel),载《企业》,1994年,1605页;塞伯特(Seibert),载《法学者报》,1996年,785页。

〔6〕《联邦最高法院民事判例集》,第95卷,99、100页;对此有部分之批评者,参见施蒂尔纳,载《民法实务档案》,第194卷,265、280页以下。

益标的物(民法典第1036条第2款、第1041条),并对标的物进行保险(民法典第1045、1046条)之义务。由此也产生出一项禁止,即不得对标的物进行重大改造(民法典第1037条)。[7]

此项维持义务的内容,为维持标的物之本体,或者——如民法典(民法典第1041条第1句)所言——为"维持标的物的经营状况"!比如包括树木伐光后重新植树义务;即使该采伐为所有权人所同意,亦不影响该义务之成立(巴伐利亚州最高法院,《德国司法》,1977年,407页,有争议)。

(二)承担负担的义务

23 标的物上通常的公共负担与私法负担,由用益权人承担(民法典第1047条)。

原因:即使在所有权人自己也享有用益之权利时,这些负担在一般情况下,亦被用益权人所收取之收益所抵补。依此而言,即使在对外关系中债务人仍为所有权人,用益权人也应承担诸如土地税捐与抵押权利息债务等项负担(注意民法典第1047条之措辞:"…对所有权人负有…"!)。[8]

(三)毁损与费用赔偿时的请求权

24 用益权人利用标的物时,其草率或不计后果的行为——尽可能多地自标的物中"攫取利益"之行为,亦包括在内——,会严重危及所有权人财产法上的地位。故而,法律对此采取一系列预防措施,比如所有权人的担保提供请求权(民法典第1051条),针对违警之使用行为的不作为请求权(民法典第1053条),甚至通过

---

〔7〕 依据通说观点,对民法典第1037条,不得以具有物权效力之约定而排除适用(对此柏林市高等法院,《德国公证杂志》,1992年,675页,并附弗兰克(Frank)之评论)。

〔8〕 对此参见巴伐利亚州最高法院,《德国司法》,1988年,523页。

法院管理措施（＝将用益权之行使，转让给由法院所指定的管理人，民法典第1052、1054条），来对所有权人提供保护。在有过错地使标的物毁损或灭失时，用益权人负有（基于有过错地违反法定债权关系，或基于民法典第823条第1款而成立的）损害赔偿责任；但是，对标的物用益损耗上的通常毁损，用益权人不承担赔偿责任（民法典第1050条）。

25 另一方面，用益权人对超出“通常维持范围”（民法典第1041条第2句）的费用支出，也可请求偿还；但该费用偿还请求权，仅在当事人对此有——可登记于土地登记簿的——约定时（巴伐利亚州最高法院，《德国公证杂志》，1986年，151页），或在符合无因管理之构成要件时（民法典第1049条），才能成立。

26 例如：在设定有用益权之房屋的屋顶上，一些砖瓦有腐烂迹象，则用益权人必须以自己之费用，对此予以更换。若整个屋顶必须重新翻盖，则属于所有权人的义务范围，但对此用益权人不能强制所有权人采取措施！（这与民法典第536条对使用租赁、第581条第2款对用益租赁之规定不同！）。若用益权人以自己之费用翻盖了屋顶，则仅在民法典第683条、第684条第2句并第670条所规定之要件成立时，他才能向所有权人请求费用之偿还。

（四）用益权之终止

27 在用益权终止后，用益权人（或其继承人）须将土地返还给所有权人（民法典第1055条）。若土地为农地，则用益权人除此之外，还负有如同用益承租人在用益租赁期限届满时，将用益租赁土地返还给用益出租人时，所负的相同义务（民法典第1055条第2款并第596条以下）。

（五）使用租赁关系

28 用益权人所成立之使用租赁关系，在用益权终止时，则连同法定终止期限之规定，转由所有权人承受（民法典第 1056 条）。若因使用租赁房屋未交付，致使不能适用民法典第 1056 条、第 571 条以下之规定，则用益权人与其继承人所负之使用租赁契约上的责任，仍继续存在（有趣的例子：《联邦最高法院民事判例集》，第 109 卷，111 页以下）。若用益权例外地为可转让（民法典第 1059a 条以下；对此参见本章上述边码 19），则为使用承租人之利益，适用民法典第 571 条以下之规定（民法典第 1059d 条）。

四、新联邦州中的用益权

在新联邦州，存在 1990 年 10 月 3 日之后新设定的土地用益权与建筑物所有权用益权，以及在原《民主德国民法典》施行之前的旧法上的用益权。而原《民主德国民法典》第 321 条以下所规定之共同使用权，在性质上更接近于役权，故与用益权制度不同（对此内容及其过渡法律，参见本书第 63 章，边码 10、49 以下）。 29

第三十三章　地役权

参考文献提示：普律廷，载《迪特里希·舒尔茨纪念文集》，*1988* 年，*287* 页（竞业役权）；瓦尔特/迈尔，载《新法学周刊》，*1988* 年，*377* 页（对订购义务与提取义务的担保），以及这两篇文章所引（也包括对制度的历史背景）资料。其他文献，参见：安曼，载《德国公证杂志》，*1986* 年，*578* 页（担保役权）；同氏著，载《德国公证杂志》，*1989* 年，*531* 页以下（役权中的给付义务与给付请求权）；明希，《担保役权在营利事业法与卡特尔法上的区别》，载《泛商法与经济法杂志》，*1993* 年，*559* 页以下；施蒂尔纳，《役权在现代》，载《民法实务档案》，第 *194* 卷（*1994* 年），*265* 页；贝格特（*Baetge*），《限制竞争的役权在欧洲》，载《拉贝尔外国私法与国际私法杂志》，第 *59* 卷（*1995* 年），*645* 页以下。

一、基础——适用范围

（一）基本概念

1. 地役权与限制的人役权

1 除全面性用益物权之用益权外，民法典还承认有地役权（民法典第 1018 - 1029 条）与限制的人役权（民法典第 1090 - 1093 条）这两种用益物权。这两种用益物权的共同点为，权利人对受负担之土地，允许“在特定方面(in einzelnen Beziehungen)”(民法典第1018条)进行使用，也就是说，不能像用益权那样，对土地为全面之使用。二者的区别在于，地役权之享有人，为一土地(人们称其为“需役地，herrschendes Grundstück”)之每个所有权人(jeweiliger Eigentümer)；而限制的人役权，只能由某一特定的人享有，[1]且——如同用益权——不得让与和继承。

2．役权(Dienstbarkeit)与“特许权(Gerechtigkeit)”

2 关于役权概念，可总结为一句话：《德国民法典》将地役权、用益权以及限制的人役权，总称为役权。从字面上来理解役权概念，则为：使受负担之土地，“役于”他人或某一特定人(Dienstbarkeit 为拉丁语 servitus[役权]的德语翻译)。旧德意志法律自权利人立场强调其权限，并称为特许权；而且在其形式多样化方面，也远比今天所准许的役权形式，更为丰富。《德国民法典》对役权种类进行限制，其原因在于废除对土地所有权各种各样的压迫性负担(农地改革！废除劳役与徭役！)

3．役权与建筑负担(Baulast)

3 建筑负担，为与地役权颇相类似的一项公法制度。有关建筑负担的立法权限，属于联邦各州(联邦行政法院，《新法学周刊》，1991年，713页以下)。建筑负担制度之目的，乃保障建筑规章法所确定之要求，不因土地所有权人将来之变更，而受到影响(对此参见联邦行政法院，《新法学周刊》，1991年，713页以下；汉堡 OVG，《新法学周刊》，1987年，915页；洛雷(Lohre)，载《新法学周刊》，1987年，877页；希尔格斯(Hilgers)，载《新法学周刊》，1988年，

---

[1] 此时，一项已设定的限制的人役权，不得“转换”为一项地役权；在必要时，应进行重新设定；对此以及善意取得问题，参见哈姆州高等法院，《德国司法》，1989年，448页。

1366页)。建筑负担在原则上,不包含私法上的使用请求权(《联邦最高法院民事判例集》,第88卷,97、99页;第94卷,160、164页;对此未表态者《联邦最高法院民事判例集》,第79卷,201、207页以下);但在所有权人以违反建筑负担规定之方法行使其权利时,则可例外地成立对诚实信用原则之违反(《联邦最高法院民事判例集》,第79卷,201、210页)。反之,负担有保障建筑规章实现之地役权的供役地,其所有权人应依民法典第242、1018条以下之规定,负有为实现建筑方案而承受一项建筑负担的义务(《联邦最高法院民事判例集》,第106卷,348页以下;《德国公证杂志》,1991年,250页;《新法学周刊》,1992年,2885页;对此有限制者联邦最高法院,《新法学周刊》,1994年,2757页,以及《新法学周刊—司法判例报告,民法》,1995年,15页),但以主管行政机关就建筑规划之保障,对提供一项役权担保方式表示不满意时为限(对此参见联邦行政法院,《新法学周刊》,1991年,713、714页)。有时对建筑负担设定行为的处理,类似于对私法处分行为的处理(石勒苏益格-荷尔斯泰因VG,《德国公证杂志》,1986年,95页:民法典第2113条;关于预告登记后的建筑负担之效力,参见本书第20章边码44)。〔2〕

4. 法定特殊形式

4 地役权的法定特殊形式,为必要通行权(民法典第917条以下),或者各州法上的必要管线导引权(比如《巴登-符腾堡州相邻关系法》第7e条)(对此参见本书第25章边码15)。对法定特殊地役权,部分准用民法典第1018条以下之规定(对民法典第1020条第1句之适用:联邦最高法院,《新法学周刊》,1991年,176、178页)。

(二) 适用范围

5 要想了解地役权的适用范围,首先就可想想这些提示语:“通

---

〔2〕 关于强制执行中的建筑负担问题,参见德里施勒(Drischler),载《德国司法》,1986年,289页;对建筑负担自民法角度的一般论述,参见马斯洛赫(Masloh),载《新法学周刊》,1995年,1993页;劳伦茨(Lorenz),载《新法学周刊》,1996年,2612页。

行权”、“摆渡权”、“引水权”等等。

谁要是为自己的房屋，以必须经过他人土地之管道而引水的话，自不会仅满足于向该他人土地之现时所有权人，请求水管通行之同意。因为此种同意，对他土地之权利继受人，可能不发生约束力；反过来说，引水人之权利继受人，有可能不能主张该同意之约定。故而，此时就需要有一种权利的出现，使对“契约两造”，均发生主观的与客观的物权效力；这种权利就是地役权。通过设定地役权，可使权利义务内容得以“永久化”（参见本章下述边码22）。

地役权之适用范围，可具体概括为：第一类的地役权，是指对他人土地，真正的而且在外部有某种表现的使用，包括通行权、砾石采取权、取水权等。第二类的地役权，为外部不表现的地役权，常是对相邻关系某内容的特别构造（如负担土地之所有权人，不得建造超出某一高度的建筑物，对此参见本书上述第 25 章边码22）。其第三类适用范围，也是越来越重要的一类，就是借助于地役权制度，来解决营业竞争问题。 6

例如：百货商店的所有权人与其所有的邻居，约定一项——大多数情况下为有偿之——地役权，其内容为，在受负担之土地上，任何时候均不得建造百货商店。 7

在下述内容中，我们将看到，就是否允许设定这种（第三类）地役权，尤其存在疑问。其原因在于，法律以强行法形式，规定有地役权成立之条件，即地役权之设定，须为需役地自身之利益，而不是为需役地各时特定的且具有不同需求的所有权人之利益（民法典第 1019 条：有利于土地，praedio utilis）。

二、地役权之内容[3]

8 《德国民法典》未采取确定各种不同种类地役权(通行权、引水权等等)的立法方式,而仅是一般性地规定地役权可允许之内容,并为排除对供役地所有权人造成过于泛滥的负担,规定地役权之内容,仅限于对供役地特定方面的使用可能性(民法典第1018条),使用应对需役地本身有利(民法典第1019条),最后还规定地役权人必须保全性地行使地役权(民法典第1020条)。

(一)法定内容

9 地役权之内容可为:

1. 使用供役地的权利

需役地所有权人,可对供役地"在特定方面予以使用"(民法典第1018条第1种情形)。

至于该使用,是对物的特定使用,或为一项使用利益,则在所不问。故属于该使用权利者,如在他人土地上碎石(斯图加特州高等法院,《司法》,1964年,285页)、自他人土地中采取木材、围住泉水并引导泉水,[4]以及上面已提及的通行地役权、引水地役权、排水管道地役权。

此时供役地所有权人,负容忍义务(pati)。

2. 供役地使用之禁止

10 受负担人对其土地,不得实施依民法典第903条他本可实施的某些行为(不作为,non facere;民法典第1018条第2种情形)。

---

〔3〕 参见胡布,《役权之内容》(蒂宾根,博士学位论文,1966年);普律廷以及瓦尔特/迈尔,上揭著,及其引证。——关于地役权与用益权之区分,参见本章下述边码31以及本书第32章边码12。

〔4〕 例如:巴伐利亚州最高法院,《德国公证杂志》,1960年,308页;联邦最高法院,《德国公证杂志》,1989年,562页以下。

比如他在自己土地上,不得为建筑或不得建造工厂(策勒州高等法院,《新法学周刊》,1958 年,1096 页;巴伐利亚州最高法院,《法学者报》,1965 年,645 页);或者他所建造之建筑物,脊高不得超出 15 米(观望:对此联邦最高法院,《企业》,1967 年,726 页);或者两邻人设定相互的地役权,规定对两边土地之某部分不得进行建筑,即“完全的建筑禁止”(诺伊施塔特州高等法院,《新法学周刊》,1958 年,635 页),或规定在土地上仅只能建造某种类型的建筑物(如“别墅风格”,此即“有限制的建筑禁止”:联邦最高法院,《法学者报》,1967 年,322 页);或者规定住宅所有权人,不得自己住进其住宅中(拉文斯堡 LG,《德国司法》,1992 年,192 页);或者规定为相邻住宅所有权人之利益,不得打开某一扇窗户(《联邦最高法院民事判例集》,第 107 卷,289 页以下:住宅所有权作为需役“地”与供役“地”;对此参见安曼,载《德国公证杂志》,1990 年,498 页);或者一土地仅只能使用于旅游业目的(巴伐利亚州最高法院,《新法学周刊》,1985 年,2485 页,以及《新法学周刊》,1982 年,1054 页);或者一土地仅只能由农民终老财产者使用(巴伐利亚州最高法院,《德国司法》,1989 年,401 页以下,并附夸克之评注:作为“居住分配权”特别形式的“终老财产役权”[5])。上述以及类似形式的地役权,可对公法上的建筑规章,进行私法上的补充(对此联邦最高法院,《新法学周刊》,1984 年,924 页;《联邦最高法院民事判例集》,第 90 卷,181 页;夸克,载《德国司法》,1979 年,281 页;鲍尔,载《米尔祝寿文集》,1981 年,71 页)。关于竞争限制性的地役权,见本章下述边码 13 以下。

若对法律上已规定之限制,对其适用效力或范围存在疑问,则仍不妨将该限制,约定为地役权之客体(策勒州高等法院,《新法学周刊》,1958 年,1096 页)。

3. 排除基于所有权而生之权利的行使

受负担人针对需役地所有权人,不得行使他基于民法典第 11

---

〔5〕 对此亦参本书第 34 章边码 7 以下,详述见泽格尔/施蒂尔纳,民法典第 1090 条,边码 12 以下。

903 条并第 1004 条本应享有之权利(民法典第 1018 条第 3 种情形)。

比如来自需役地之烟气与炭黑,即使超出了民法典第 906 条所规定之容忍义务范围,受负担人也不得提起不作为之诉。由这个例子可看出,此种地役权,为契约方式所确定的具有物权效力的相邻权。

再例如,一家新建立的工业企业,针对其邻人可能提起的不作为之诉(或损害赔偿之诉,《侵入防治法》第 14 条),通过约定为自己登记了一项对邻人土地具有相应内容——通常须支付补偿——的地役权。或如,在一项地役权中,受负担人放弃因邻地"树木弯曲"妨害而享有的全部权利——亦包括损害赔偿请求权——(巴伐利亚州最高法院,《德国公证杂志》,1991 年,253 页)。其他例子:巴特-克罗依茨纳哈 LG,《德国司法》,1989 年,448 页(对来自铁路运营之侵扰的容忍);科隆 LG,《德国司法》,1994 年,56 页(放弃对行政机关之裁决采取法律救济措施)。

(二) 有利于需役地

12 在所有的地役权种类中,均要求地役权负担,须"有利于权利人土地之使用"(有利于土地,praedio utilis),参见民法典第 1019 条。[6]

这一规定之目的,一方面可使地役权内容,具有尽可能的精确性与长期确定性,另一方面也保障受负担人,免受——随需役地上所有权关系变化而——不断变更之需求的影响。

对需役地之有利,不必是财产价值上的有利,精神上的、美观上的利益,亦无不可(对观望之保护! 对安宁享受之保护!);联邦最高法院,《德国公证杂志》,1968 年,28 页。

---

〔6〕 参见欣德龄(Hinderling),《论文选》,1982 年版,237 页;亦参威灵,§ 25,I,2,c;威廉,边码 997 以下;米勒,边码 1340 以下。

地役权不得以某一所有权人之特殊利益，为其内容；对此种利益，仅只能登记设立一项限制的人役权。故而，只要所设定者，为一项地役权形式的权利，则其内容之约定，就必须为土地之利益。

（三）竞业上的役权（wettbewerbliche Dienstbarkeit）

1．是地役权，还是限制的人役权？

就对竞业禁止或销售约束之担保，其正确的法律形式，为地役权还是限制的人役权，应以是否有利于需役地，为其判断标准。比如在一土地上建立一家百货商店，则可在邻地上登记一项禁止建造百货商店为内容之地役权；反之，若需役地为住宅土地，所有权人在其住宅之一层经营一家会计师事务所时，则不能设定具有相应内容之地役权（参见慕尼黑州高等法院，《新法学周刊》，1957 年，1765 页；联邦最高法院，《德国公证杂志》，1956 年，40 页）。在后一情形中，仅只能设立一项限制的人役权，因为在限制的人役权中，其内容以权利人之特殊使用为标准（但参见联邦最高法院，《新法学周刊》，1983 年，115 页）。 13

2．关于可允许设定之地役权内容的司法判例

通过设定地役权或限制的人役权，而获得物权性担保之竞业禁止、销售约束等，其现代化形式，体现为啤酒订购役权、加油站役权〔7〕远距离供暖役权。在这些类型的役权中，供货人的利益体现为，他们希望其产品销售获得永远的担保。但是，对这一利益及其实现，存在着法律构造上的困难。因为一方面，役权原则上不得以受负担所有权人之作为，为其内容（民法典第 1018 条；对此参见本章下述边码 29 以下）；而另一方面，一揽子禁止，却可能强制所有权人为一定之作为。那么，如何确定其合理界线呢？依据通说观点，役权所限制者，必须是受负担土地所有权人对土地之事实上的使用，而不 14

〔7〕 参见约斯特（Joost），载《新法学周刊》，1981 年，308 页，及其所引资料。对所有案例群之概括，参见慕尼黑德国民法典评注/法尔肯贝格（Falckenberg），第 1018 条，边码 25 以下；泽格尔/施蒂尔纳，民法典第 1018 条，边码 15 以下、25 以下。

限制其对土地为法律上的自由处分。那么这在上述之现代表现形式中,又应任何界定呢?所有这些疑难,也反映在司法判例中:

15 (1)可允许设定的役权内容为:对所有权人所为之禁止,亦即所有权人不得在受负担之土地上,经营餐馆或加油站,或不得贮存或销售某种产品(如啤酒等)(《联邦最高法院民事判例集》,第29卷,244、249页;第74卷,293、296页;《新法学周刊》,1988年,2362页;1988年,2364页;《德国公证杂志》,1990年,169页;巴伐利亚州最高法院,《德国公证杂志》,1998年,122页)。——但以禁止所有权人在受负担之土地上,销售役权权利人产品之外的其他产品之约定,不得设定为役权内容(《联邦最高法院民事判例集》,第29卷,244页=鲍尔,E. Slg.,案例42;第74卷,293、296页)。

16 (2)可允许的内容:仅役权权利人享有在受负担土地上,经营一家餐馆或加油站的独断性权利(《联邦最高法院民事判例集》,第29卷,244、246页;第35卷,378页;联邦最高法院,《新法学周刊》,1980年,179页;1985年,2474页)。

17 (3)就远距离供暖役权来说,可允许的内容为:禁止建造产暖之设施(联邦最高法院,《有价证券法通讯》,1984年,820页;杜塞尔多夫州高等法院,《德国司法》,1979年,304页;巴伐利亚州最高法院,《德国司法》,1989年,230页)。——不允许之内容,比如禁止天然气之外其他任何形式的能源供应(巴伐利亚州最高法院,《德国司法》,1980年,279页,及其引证;关于远距离供暖之实物负担,参见本书第35章边码12)。

3. 担保役权(Sicherungsdienstbarkeit)

18 由上可看出,司法判例所允许的役权内容,为物权性的完全禁止(Totalverbot)或物权性的完全要求(Totalgebot),而不允许将受负担人的行为,物权性地选择并确定在惟一的可能性上。而这一构造所体现的,则是担保役权思想[8]:通过与物权性权利相结合,可使具有下述内容的债权性约定,获得物权的强大效力,亦即依该约定,所有权人在债法上,可以在其餐馆或加油站中,出卖特定的商品,或允许经营特定的供暖设施,换言之,可以按役权权利人之供货条件,销售役权权利人所供应之商品。但是,这种债权性契约,在其有效期为15－20年时,要受到民法典第138条第1款之审查,在其有效期超出此时间段时,会导致部分无效(民法典第139条)。[9] 此外,依《反对限制竞争法》第1条、第18条、第34条之规定(对此参见联邦最高法院,《新法学周刊》,1988年,2364、2365页),以及《欧共体条约》第85条与《阿姆斯特丹条约》第81条之规定(对此参见EuGH,《新法学周刊》,1991年,2204页[LS]=《欧洲经济法杂志》,1991年,376页;耶勒(Jehle),载《欧洲经济法杂志》,1991年,372页;埃本罗特(Ebenrozh)/拉普(Rapp),载《法学者报》,1991年,962页以下;联邦最高法院,《新法学周刊》,1992年,2145页;《新法学周刊—司法判例报告,民法》,1992年,595页),该契约还受到卡特尔法上的审查。但是根据物权行为无因性原则(本书第5章边码40以下及其引证),该审查范围一般情况下不及于物权行为,故而原因行为之违反善良风俗,仅在极例外的情形下(条件性、法律行为之统一性),其效力才扩及于物权性的地役权设定行为(联邦最高法院,《新法学周刊》,1988年,2362与2364页;《德国公证杂志》,1990年,169页,及其引证;联邦最高法院,《新法学周刊—司法判例报告,民法》,1992年,593页);但无论如何,均不成立土地登记簿之更正请求权(民法典第894条),而仅只能成立债权性的注销请求权,或债权性的有期限地设定地役权之请求权。卡特尔法上的审查,仅在地役权之担保效果,对竞争产生持久的影响时,才对地役权本身发生效力;但这一前提根本上就不可能发生,其原因是,一旦而且只要限制竞争之债权契

〔8〕 对此尤参《联邦最高法院民事判例集》,第74卷,293、296页;《新法学周刊》,1985年,2474页;1988年,2362页;《德国公证杂志》,1990年,169页;普律廷,载《舒尔茨纪念文集》,287页以下;瓦尔特/迈尔,载《新法学周刊》,1988年,377页;施蒂尔纳,载《民法实务档案》,第194卷,265、275页以下、283页;亦参威灵,§25,I,2,c,bb;威廉,边码1010;曼夫雷德·沃尔夫,边码737。

〔9〕 详参联邦最高法院,《新法学周刊》,1988年,2362页及其引证;《新法学周刊》,1992年,2145页。

约不生效力,就可以以债权性的担保约定,来反驳地役权之担保效力(施蒂尔纳,载《民法实务档案》,第194卷,265、286页以下;未表态者联邦最高法院,《新法学周刊—司法判例报告,民法》,1992年,593、595页;能源供应企业所享有的非物权性道路使用权,则与上述不同,正确意见者参见联邦最高法院,《新法学周刊》,1992年,2888页)。

19 尽管存在批评意见,但必须承认,近来司法判例上的这种发展趋势,有其积极性效果(持另说者施瓦布/普律廷,§ 77,VII,3;对此极为详尽之阐述者,慕尼黑德国民法典评注/约斯特,民法典第1090条,边码9–20)。其中,司法判例坚持物权担保之无因性传统,并绕开物权各具体构造形式在效力上争议的做法,尤其是就难以预测的欧共体竞争法之发展趋势来看,亦显得非常正确。在营利事业领域,完全禁止或者完全要求役权,虽会成立间接的行为强制,但不会导致无法预见的使个别营业行为物权化后果,而是保障了为土地交易所必要的物权种类强制原则。

(四) 事实关系之内容与变化

20 如上所述,地役权在其内容以及范围上,须有利于需役地(民法典第1019条第2句)。与此项法律命令相联系的,是另一个问题,即就需役地以及供役地之事实关系,若发生变化,则如何决定该变化所生之法律效果。

21 例如:在通行权设定之时,需役地所有权人所经营的,是拥有6匹马的搬运公司。而如今他孙子经营的,是拥有5辆拖斗卡车的搬运公司。或者反过来:在同例中,通行权设定时,供役地所有权人经营的是一个小马车夫酒馆,如今他孙子经营的,是一家供住宿与早餐的饭店(Hotel garni)!

司法判例中的例子:《联邦最高法院民事判例集》,第92卷,351页。

此时适用下列原则:

1. 地役权原则上继续存在

22 地役权为"永存";也就是说,只要依原所确定之地役权内容,对地役权仍可以进行行使,则在需役地或供役地上发生事实关系之变化时，该变化不影响地役权之存续。

如在上例中，供役地所有权人针对搬运公司，不得以他现在经营的是一家 garni 饭店，通行权之存在会影响其客源为理由，要求通行权消灭。但是，倘若在需役地上推倒原搬运公司，而新建成一家电影院，且该电影院临供役地方向，根本就无出口，则供役人可请求注销——在实体法上已消灭的——地役权，因为此时需役地上的利益，已永久灭失（参见本章下述边码 39 以下；联邦最高法院，《新法学周刊》，1984 年，2157 页）。

2. 应调整而适应地役权人已变化的需求？

与上述问题应予以区别者，乃在需役地上的事实关系发生某一变化时，供役地所有权人是否应承受因此而造成的负担。 23

还是在上例中：应容忍拖斗卡车通行之使用？

对这一问题，原则上应予以肯定回答；地役权范围之确定，是以地役权人各时之需求为准，而不是以地役权设定之时的情势为准。[10] 但是，若需役地上事实关系之变化，因权利人之任意而引起，或对变化完全无法预见，则就该变化而产生的对供役地之使用，供役人不须忍受。[11] 24

故而，供役人对搬运公司拖斗卡车之通行，必须容忍，因为在需役地上经营之营业，就其类型来说仍保持同一性。反之，若在需役地上建立了一家大型停车场时，则供役人对其通行，无需忍受（就此之意见过于宽泛者，参见卡 25

---

〔10〕 参见联邦最高法院，《新法学周刊》，1960 年，673 页；《新法学周刊—司法判例报告，民法》，1995 年，15、16 页 r. Sp. 。

〔11〕 《联邦最高法院民事判例集》，第 44 卷，171 页（＝鲍尔，E. Slg.，案例 43）；第 106 卷，350 页；联邦最高法院，LM，民法典第 1018 条，23 号；《德国公证杂志》，1989 年，562、564 页；《新法学周刊—司法判例报告，民法》，1995 年，15、16 页 r. Sp. 。

尔斯鲁尔州高等法院,《新法学周刊—司法判例报告,民法》,1990 年,663 页)。

须注意的是,在土地登记簿中或登记同意书所明确包含的限制(如“马车之通行权”),永远为其判断标准。未登记于土地登记簿中的地役权内容或范围之变更,仅具有债法上的意义(联邦最高法院,《新法学周刊》,1963年,1247 页;《新法学周刊—司法判例报告,民法》,1991 年,457、458 页)。

3. 地役权保全性行使的义务

26 对地役权,永远要求尽可能保全性地加以行使(民法典第 1020 条第 1 句)。故而在发生事实关系变化时,供役人依其情势,可请求地役权行使之变更(Verlegung,民法典第 1023 条)。

如在上例中,供役人(=饭店的所有权人)若将通路改移至其房屋的另一侧,可减少对其房客的侵扰,且完全不影响地役权人之通行,则可请求该通行之迁移。在泉水地役权中,若供役地所有权人打算围泉成井,则该地役权可转换成井水汲取权(联邦最高法院,《德国公证杂志》,1989 年,562、564 页)。

27 民法典第 1020 条在地役权人与所有权人间创设一项法定债权关系(《联邦最高法院民事判例集》,第 95 卷,144 页;第 106 卷,350 页)。若地役权人(或其用益承租人等等)有过错地超越其权限,则对所有权人负损害赔偿责任(《联邦最高法院民事判例集》,第 95 卷,144 页)。此时供役地所有权人还可依据民法典第 1004 条之规定,对地役权人采取法律措施(联邦最高法院,《法学者报》,1965 年,361 页;全面之阐述者,参见米勒,边码 1355 以下,及其引证)。

4. 土地分割

28 需役地或供役地分割时的法律效果,参见民法典第 1205、1206 条之规定。

(五) 承担积极作为之义务,不得成为地役权之内容

29 自民法典第 1018 条关于地役权内容之确定可得出(亦参本章

上述边码14以下)，地役权不得以供役人之作为为其内容(对早期的劳役与徭役制，惊恐尤存!)，即如法谚所云：于作为不成立役权(servitus in faciendo consistere nequit)!

仅是某些以作为为内容的附随义务(Nebenpflichten;《联邦最高法院民事判例集》，第106卷，348、350页)，可依契约约定(民法典第1021条)或依法律规定(民法典第1022条)，而使供役人承担。

例如：在供役地上为地役权人设定一项通行权，则供役地上的 30
交通安全担保义务，可由地役权人承担(民法典第1021条;巴伐利亚州最高法院，《德国公证杂志》，1991年，257页;对此之完整阐述者，参见安曼，载《德国公证杂志》，1989年，531页以下)。

依一项地役权，水厂可以在邻地上围井并引水，则就其所必要的设施，水厂自己负有维持义务(民法典第1020条第2句;对此种维持义务作过宽解释者，参见科隆州高等法院，《新法学周刊—司法判例报告，民法》，1990年，1165页)。但也可以约定，由邻人来维持该设施;该约定的义务，因登记而物权化(民法典第1021条)。若约定邻人在必要时应负有凿深泉井的义务，则就必须要采取设定实物负担的形式。[12]

反过来，若约定需役地所有权人负有定期支付报酬的义务，则只能采取设定实物负担(民法典第1105条)或定期金土地债务的形式——与实物负担(民法典第1105条第2款!)不同，该定期金土地债务，不得设定为主观物权性的权利——。

(六)与用益权之区分

如果他人对土地所享有的用益，已完全占据对土地所有的用益可能性， 31

〔12〕 安曼，载《德国公证杂志》，1982年，396页。

换言之,所有权人对土地已不再拥有任何意义上的用益可能性,则依通说观点,此时应为用益权之设定(对此参见本书上述第 32 章边码 12,及其引证)。例如在一土地上,建造覆盖地面的沥青搅拌设施(巴伐利亚州最高法院,《德国公证杂志》,1991 年,254 页)。按照联邦最高法院在联邦最高法院,《新法学周刊》,1992 年,1101 页判决中的看法,一项已耗尽使用可能性的地役权,若仅负担于供役地之一部分时,则该地役权之设定仍应允许(持另说者,巴伐利亚州最高法院,《德国法月刊》,1986 年,673 页;柏林市高等法院,《德国法月刊》,1992 年,52 页;亦持批评意见者绍赫(Schoch),载《德国司法》,1992 年,338、339 页)。但在登记时,土地登记局是几乎不可能进行这种区分的,因为如此确定清晰的事实关系,极为少见;就地役权之登记申请,土地登记局也不得予以拒绝(巴伐利亚州最高法院,《德国公证杂志》,1991 年,254 页及其引证;另参本书第 16 章边码 59 以下关于土地登记法官审查义务的阐述)。其他这种区分的例子:巴伐利亚州最高法院,《德国公证杂志》,1982 年,438 页;柏林市高等法院,《德国司法》,1991 年,411 页。相反,更值得推崇的,是形式区分的观点,即采取哪一种法律形式,让诸当事人自由选择(施蒂尔纳,载《民法实务档案》,第 194 卷,265 页以下、282 页;本书第 32 章边码 12)。

三、地役权之设定与消灭

(一) 设定及其效力

1. 物权合意与登记

32 地役权之成立,通过物权合意与登记(民法典第 873 条)于供役地之登记簿簿页;在需役地之登记簿中,可为地役权之登记(《土地登记条例》第 9 条),但该登记非为地役权之成立所必需,且对民法典第 892 条之规定,也不生意义。[13] 随地役权之成立,地役权就成为需役地之成分,并随需役地而一同移转于权利继受

---

〔13〕 例如:巴伐利亚州《巴伐利亚州最高法院民事判决集》,1987 年,101 页(对此案吕克(Lüke),载《法学教育》,1988 年,524 页,以及 K·施密特,载《法学教育》,1988 年,153 页);亦参本书第 23 章边码 12 以下。

人(民法典第96条);至于地役权是否已在需役地登记簿中附注,对该移转不生影响。

2. 数个权利人

享有地役权者,原则上为需役地之每个所有权人(主观物权性的权利)。 33
但为数块土地之所有权人,设定一项由各所有权人以连带权利人方式(民法典第428条)享有的地役权,亦无不可(巴伐利亚州最高法院,《新法学周刊》,1966年,56页;赫格特(Herget),载《新法学周刊》,1966年,1060页;亦参《联邦最高法院民事判例集》,第46卷,253页,以及联邦最高法院,《德国司法》,1980年,464页);为共同所有权人或数住宅所有权人,亦可设定类似的地役权(巴伐利亚州最高法院,《德国司法》,1983年,434页;斯图加特州高等法院,《新法学周刊—司法判例报告,民法》,1990年,659页;科隆州高等法院,《新法学周刊—司法判例报告,民法》,1993年,982、983页)。

3. 所有权人地役权

在需役地与供役地属于同一所有权人所有时,亦允许设定地役权(所谓 34
的所有权人地役权)。[14] 与德意志普通法时期的原则:"于自己之土地不成立地役权(nemini res sua servit)"不同,通说观点——自《帝国最高法院民事判例集》,第142卷,234页判决之后——通过类推适用民法典第1196条之规定,承认所有权人地役权制度(《联邦最高法院民事判例集》,第41卷,209页;《新法学周刊》,1988年,2363页)。这在由垦荒企业等将土地划分成小地块时,具有极其重要的意义:在事先可一劳永逸地为各个土地之负担与利益,而物权性地确定建筑物高度、建筑式样、屋顶倾斜度、篱笆等等事项(例如:联邦最高法院,《德国法月刊》,1971年,657页)。

---

〔14〕 施密特-林普勒,《所有权人役权》,1911年版。

4. 对需役地设定负担与使用租赁

35 在需役地上所设定的负担,其效力亦及于地役权(如所设定的用益权、抵押权)。在将需役地转让给他人使用时(如以使用租赁或者用益租赁方式),亦许可该他人行使地役权。故而在不违反对地役权所确定之内容时,使用承租人亦可行使作为地役权之通行权(参见联邦最高法院,《新法学周刊》,1967年,246页)。

5. 旧法上的地役权

36 具有重要意义,同时也大量存在的,是所谓旧法上的地役权,亦即在土地登记簿制度建立之前,就已存在的地役权(参见《〈德国民法典〉施行法》第184条、第187条)。例案:《联邦最高法院民事判例集》,第104卷,139页=《新法学周刊》,1988年,2037页;巴伐利亚州最高法院,《德国公证杂志》,1990年,106页;1993年,598页;《新法学周刊—司法判例报告,民法》,1991年,1172页;杜塞尔多夫州高等法院,《德国公证杂志》,1990年,109页;石勒苏益格州高等法院,《新法学周刊—司法判例报告,民法》,1992年,465页。在联邦州之州法对此未另作规定时,这些地役权即使未登记,仍继续存在;[15]但当事人可请求进行登记(关于善意取得问题,参见本书第23章边码12以下)。

6. 义务行为

37 地役权之设定,通常以——非要式的——原因行为(联邦最高法院,《新法学周刊—司法判例报告,民法》,1993年,1035页)为其基础。此时当事人可通过约定,使地役权在效力上,依赖于该原因法律关系之存续(联邦最高

---

〔15〕 对新联邦州中旧法上地役权的消灭,规定于《土地登记簿清理法》第8条之中;亦参本书第16章边码12、第32章边码17以下、第34章边码1、第63章边码49以下。

法院,《新法学周刊》,1974年,2123页,以及K·施密特,载《法学教育》,1989年,667页;但注意巴伐利亚州最高法院,《德国司法》,1985年,488页之判决:“充分地确定”;关于其例外性特征,亦参本章上述边码18以下及其引证)。再者,在物权性地地役权之外,还可补充性地成立债权性使用权,且可将该债权性使用权,约定为地役权存续之条件(巴伐利亚州最高法院,《新法学周刊—司法判例报告,民法》,1990年,208页)。

7. 登记之内容

在登记中,须简短但又充分确定地(巴伐利亚州最高法院,《德国司法》,1995年,13页;《德国公证杂志》,1991年,258页;哈姆州高等法院,《新法学周刊—司法判例报告,民法》,1995年,914页;杜塞尔多夫州高等法院,《新法学周刊—司法判例报告,民法》,1996年,15页)标明地役权的内容(如“通行权”);此外,就地役权之内容,可援引登记同意书中的记载(《联邦最高法院民事判例集》,第35卷,378页;第59卷,11页;联邦最高法院,《新法学周刊》,1981年,1781页:在设定地役权负担之土地部分,还未作为独立的土地而登记于土地登记簿时,可援引附于登记同意书中的地形图)。 38

关于对地役权范围的解释,参见联邦最高法院,《新法学周刊》,1976年,417页;1982年,1039页;《新法学周刊—司法判例报告,民法》,1991年,457页;《联邦最高法院民事判例集》,第90卷,181页(设定管线导引权内容之地役权,但该权利之行使,仅限于土地的某一实体部分);另参本书第16章边码28,及其引证。

(二) 消灭

首先,地役权可因法律行为方式的废止而消灭(民法典第875条、第876条);其次,在妨害地役权行使之设施,存续达30年时,则地役权——即使其已登记(民法典第902条)!——也归于消灭(民法典第1028条): 39

如供役人越界在通路上为建筑;通路被市政收购,并被用于公共道路。

在此种情形下,事实胜于土地登记簿之效力!(民法典第 1028 条第 2 款)。〔16〕

40 再次,地役权还因需役地之利益永久性丧失而消灭。

参见本章上述边码 22 处之例举;其他例案,如联邦最高法院,《新法学周刊—司法判例报告,民法》,1988 年,1229 页(严格要求!)。若在需役地上所建立之营利企业受毁坏,并暂时不能使用供役地,则地役权在存续上,不受影响(联邦最高法院,《德国公证杂志》,1956 年,40 页;《新法学周刊—司法判例报告,民法》,1991 年,457 页)。但在另一方面,供役地所有权人不负有重建义务,以使地役权之继续行使成为可能(联邦最高法院,《新法学周刊》,1980 年,179 页;巴伐利亚州最高法院,《德国司法》,1988 年,246 页;亦参本书上述第 29 章边码 52)。

41 最后,某一条件之成就或期限之届至,也可为地役权之消灭原因(巴伐利亚州最高法院,《新法学周刊—司法判例报告,民法》,1990 年,208 页)。

在地役权消灭后,成立土地登记簿之更正请求权(民法典第 894 条;有时依据《土地登记条例》第 22 条第 1 款)。

四、对役权的保护

(一) 防御请求权与损害赔偿请求权

42 地役权人在其使用权受到妨害时,如同所有权人,享有妨害排除请求权(民法典第 1027 条)。而且,妨害是由供役人所为,还是由其他第三人所实施,均不影响地役权人该权利之成立。在妨害行为有过错时,得成立民法典第 823 条所规定之损害赔偿请求权,或成立基于供役人与地役权人间法定债权关系而生的损害赔偿请

〔16〕 关于《土地登记簿清理法》在新联邦州中的适用问题,亦参本章上述边码 36 处之注释。

求权(参见本章上述边码27)。

例如:D在邻人E之土地上,享有排他性的采取砾石之地役权。E自己(或某X,或X与E一起)偷偷运走砾石。此时D得提起不作为之诉(民法典第1027条)与损害赔偿之诉。

（二）占有保护请求权

民法典第1029条规定了一种权利占有(Rechtsbesitz)[17]之情形,并宣布关于占有保护之规定,准用于权利占有。 43

例如:如在上例中,D将土地连同砾石采取权,用益租赁给P,则在受妨害之情形中,P也享受保护,而且所享受的,是对占有的保护。此虽为民法典第1029条所明确规定,但同时对占有保护之适用,又附有限制条件,即P必须在妨害行为发生前之一年内,至少已行使过一次地役权。

若在该例中,P对供役地享有共同占有,则应直接适用民法典第858条以下之规定,而不必具备民法典第1029条上所称之"行使条件"(持此正确看法者,黑克,上揭氏著)。

五、新联邦州中的役权

在新联邦州,《德国民法典》上的役权,可为(1990年10月3日之后)新设定的役权,也可能为原《民主德国民法典》生效前已成立之役权。关于原《民主德国民法典》中使用权的过渡,参见本书第63章边码10、49以下;另参本书前版第34章、五。 44

〔17〕 尤参黑克,§ 16;此外参见本书第7章边码8以下;批评意见者米勒,边码1395以下。

第三十四章　限制的人役权(die beschränkte persönliche Dienstbarkeit)

一、概念与适用范围

(一)与用益权以及地役权的区别

1 限制的人役权,为介于地役权与用益权间的中间权利状态:与地役权相比,它们有内容上的共同性,即均以特定方面的使用为内容;而与用益权相较,其共同点为,权利之享有与特定的人相联系,也就是说,原则上权利不得转让与不得继承(民法典第1090条、第1092条)。

故而在立法上,限制的人役权在内容方面,参照关于地役权之法律规定(民法典第1090条)。

与用益权一模一样,限制的人役权也可以为法人而设定,并因此也同样地得以"永久化",从而在实践中达到与地役权相同的结果。在法人组织变更以及营业转让中,如同对用益权,民法典第1092条第2款并第1059a条至第1059d条,也创设了关于限制人役权转让的规定。民法典第1092条第3款就供应管道设施、电信设施、交通设施等等,甚至允许限制人役权之单独转让，或者相应之设定请求权的单独转让。[1] 此时存在对"公益性"役权所设之特殊例外。

为数个连带权利人（民法典第428条），可以设定一项限制的人役权（参见《联邦最高法院民事判例集》，第46卷，253页）；同样，也可以以连带负担之形式，在数个土地上设定限制的人役权（巴伐利亚州最高法院，《德国公证杂志》，1991年，254页）。

此外，限制人役权之设定，也可以服务于公共利益（联邦最高法院，《德国司法》，1983年，478页，以及《新法学周刊》，1984年，924页；鲍尔，载《米尔祝寿文集》，1981年，71页；并参本书第33章边码10）。

（二）内容

限制的人役权的内容，可与地役权的内容相同；其区别仅在于，在限制的人役权中，不存在所谓的"土地利益"（"有利于土地，praedio utilis"，民法典第1019条）要求。具体言之： 2

1. 义务负担之种类

如同地役权，限制的人役权可包括下列内容： 3

（1）单项的使用

如引水权与汲水权、采取砾石、建造加油站（《联邦最高法院民事判例集》，第35卷，378页）、树木使用收益权——与用益权的区别（巴伐利亚州最高法院，《德国司法》，1981年，439页）。

人役权权利人之"单项的使用"：依据通说观点，对业余活动中心之使用，若导致所有权人不再享有任何使用可能，则非为此处所指之"单项使用"（科隆州高等法院，《德国司法》，1982年，61页；同说者，巴伐利亚州最高法院，《德国司法》，1986年，255页）。若所有权人已无任何使用可能性，依通

---

[1] 关于新规则，参见巴森格，载《新法学周刊》，1996年，2777页；塞伯特，载《法学者报》，1996年，785页；尤参本书第32章边码19。一家有限责任公司丧失其所有财产时，关于该公司之役权的注销，参见杜塞尔多夫州高等法院，《德国公证杂志》，1993年，399页。

说观点,应为用益权之设定(对此参见巴伐利亚州最高法院,《德国公证杂志》,1991 年,254 页;此外亦参本书第 32 章边码 12、第 33 章边码 31)。但形式区分观点,亦即让诸当事人自己选择其权利形式,此时或许更为可取(施蒂尔纳,载《民法实务档案》,第 194 卷,265 页以下、282 页)。

4 (2) 在受负担之土地上,不为某一行为

如禁止建筑高楼(亦参本书第 33 章边码 10)。

5 (3) 在受负担之土地上,排除所有权人之某权能

比如对来自权利人土地上过度不可量物侵入之容忍、对矿山损害之容忍(亦参本书第 33 章边码 11)。

2. 自己的或他人值得保护之利益

6 由于役权须有利于土地之原则,不适用于限制的人役权,人们或许就会认为,限制的人役权之设定,应须服务于权利人某一种人的利益。然而,民法典就限制的人役权,并未规定此种前提条件,而是规定任何自己的或者他人值得保护的利益,均可成为限制的人役权之内容,并且该利益不必是财产价值形式的利益。[2] 仅在有疑问时,对限制人役权内容范围之确定,才以人役权权利人之个人需求为标准(民法典第 1091 条)。

例如:X 制袜股份有限公司,捐献 100 万马克,以建造养老院。受赠城市 A 应 X 公司之要求,为 X 公司登记了一项限制的人役权,其内容为,该养老院禁止接受 A 城市以外的公民(参见《帝国最高法院民事判例集》,第 111

〔2〕《联邦最高法院民事判例集》,第 41 卷,209 页;《新法学周刊》,1985 年,1025 页。

卷,384、392 页)。——但人役权之行使,在客观上长久地为不可能时,则其设定不生效力(联邦最高法院,《新法学周刊》,1985 年,1025 页)。

(三) 适用范围

因限制人役权之内容与地役权相同,故其适用范围,与地役权之适用范围,基本一致(《联邦最高法院民事判例集》,第 41 卷,209 页)。但另一方面,由于对限制人役权无"土地利益"之要求,故其适用范围,又更为广泛。这体现为: 7

1. 使用权利,且不仅包括各种类的采取权利,还包括各种类的管线导引权利。[3] 8

比如铺设高压线与高压电线杆、油管(其适例为巨型"油气管道,pipe-

〔3〕 供应管线本身,依据民法典第 95 条第 1 款第 2 句之规定,通常是土地之表见成分,故作为从物(民法典第 97 条以下)而属于安装该管线的企业所有(详参《联邦最高法院民事判例集》,第 37 卷,353 页以下;《新法学周刊》,1994 年,999 页;亦参本书第 3 章边码 15)。役权与管线导引权之赋予,可能会引起在竞争法上受到质疑的垄断情形,故德国《能源竞争法》与欧盟法,对因供应权与导引权而引起的竞争者的垄断,采取了预防措施(对此参见施蒂尔纳,载《民法实务档案》,第 194 卷,265 页以下、292 页,及其引证;屈内/朔尔特卡(Scholtka),载《新法学周刊》,1998 年,1902 页以下;鲍尔/莫拉英(Moraing),《对电业调控的法律问题》,1994 年,59 页以下;伯尔纳,载《国际经济法》,1997 年,475 页以下;亦参《联邦最高法院民事判例集》,第 119 卷,335 页;联邦最高法院,《新法学周刊》,1996 年,3005 页;雷宾德(Rehbinder),载《新法学周刊》,1996 年,564 页)。

lines”)、[4]各种型号的水管,[5]并使受负担土地对此负容忍义务。

9 ## 2. 使受负担土地上承担某种行为之不作为义务

比如垦荒企业在划分小地块并出卖各地块之前,为自己之利益登记了限制的人役权,则该限制人役权之内容,可为各土地只能以某一种风格,而不能以其他风格进行建筑(参见《联邦最高法院民事判例集》,第41卷,209页);或者为,各土地间不得建造界篱(篱笆);或者为,不得将住宅转让给权利人所建议以外的人使用(居住分配权:柏林市高等法院,《新法学周刊》,1954年,1245页;斯图加特州高等法院,《德国法月刊》,1956年,679页;《帝国最高法院民事判例集》,第111卷,384、396页;对此采拒绝意见者,杜塞尔多夫州高等法院,《新法学周刊》,1961年,176页;对此认为存在“束缚手脚性情形,Knebelungsfall”者,参见巴伐利亚州最高法院,《德国司法》,1982年,273页;亦参本书第33章边码10,并详参泽格尔/施蒂尔纳,民法典第1090条,边码12以下);或者为,所有权人不得将其土地,用于为残疾人建造手工营业以外的目的(巴伐利亚州最高法院,《德国司法》,1986年,10页);此外,限制人役权之内容,还可包括竞业禁止与远距离供暖役权等(对此已见本书上述第33章边码13以下)。

---

〔4〕 参见布林格,《远程石油管道》,1962年版;韦斯特曼,《对远程石油管道之现实权利以及成长中的权利》,1964年版;金德曼(Kindermann),《建造与经营远程石油管道中的法律问题》,1965年版。

〔5〕 对某些供应管道,依据法律规定须予以容忍,而不需另行设立役权(对此参见基米尼希(Kimminich),载《新法学周刊》,1983年,2785页;联邦最高法院,《新法学周刊》,1994年,999页)。许多能源供应企业,将邻人等对供应管道的容忍义务,列入其一般交易条件之中。对征收性的设定或为免除征收性的设定,须负赔偿义务(较新判决:联邦最高法院,《新法学周刊》,1993年,457页以下)。

3. 最后,排除基于受负担土地之所有权而生的权利 10

如同地役权,具有此种内容之限制人役权,尤其体现为当事人对相邻关系之特别约定。比如在上例中,垦荒企业可为自己登记一项限制的人役权,其内容为,在嗣后所出卖之土地上,不得经营营利性企业(联邦最高法院,《新法学周刊》,1984 年,924 页;亦参本书第 33 章边码 10、13 以下)。

(四) 积极作为义务不得成为限制人役权之内容

如同地役权,限制的人役权之内容,一方面也不得包含受负担土地所有权人之某一行为,但另一方面,同样可以使受负担人承担其土地上所建造之设施的维持义务(对此参见本书上述第 33 章边码 29 以下)。 11

如在一土地上(为水厂)设定引水权之限制人役权时,即可约定受负担土地所有权人负有义务,对敷设于其土地上属于水厂所有之管道进行维持,也就是在发生管道报废时,须以自己费用予以更新。

二、可适用的规定

就限制的人役权的成立、消灭以及保护,准用关于地役权之规定。另外,由于限制的人役权是为特定的权利人而设定,故在原则上限制的人役权不得转让与不得继承(民法典第 1092 条、第 1090 条第 2 款并第 1061 条)。[6] 12

但当事人可约定,对限制人役权之行使,可转让给他人;此种由人役权权利人所进行的权利行使上的转让,乃采取订立债权性契约之方式(参见本书第 32 章边码 17)。 13

---

〔6〕 例案:联邦最高法院,《新法学周刊》,1963 年,2319 页;1964 年,2296 页;亦参本章上述边码 1。

依此而言，比如设定人在限制人役权设定之时或嗣后，准许人役权权利人可将砾石采取权，交由砾石厂之用益承租人来行使。不同于用益权（民法典第1059条第2句）者，人役权权利人这种许可他人行使之权利，并非限制人役权本身之应有之义，而须由设定人明确授予（民法典第1092条第1款第2句）。

14 若限制人役权权利人为自然人，且在行使限制人役权过程时支出巨大费用，比如建造了采取砾石的设施，则限制人役权所具有的不可继承性，会造成一些实际的法律难题。对此，在实践中常在限制的人役权之外，还成立一项债权性的请求权，以请求在将来为现人役权权利人所有的或其中某个权利继受人，设定一项限制的人役权；且该请求权可通过预告登记而获得担保（例案：《联邦最高法院民事判例集》，第28卷，99页；对此持否定意见者，威廉，边码1014）。而在法人或“具有权利能力之人合公司”中，此项难题可依民法典第1092条第2款、第1059a条至第1059d条以及第1092条第3款之规定，而予以解决（参见本章上述边码1）。

关于所有权人人役权，参见本书上述第33章边码34；《联邦最高法院民事判例集》，第41卷，209页；魏特瑙尔，载《德国公证杂志》，1964年，716页。

三、物权性的居住权

15 限制人役权中的一个特殊情形，为物权性的居住权；对此可参阅本书第29章边码45以下之所述。

四、新联邦州中的限制的人役权

16 新联邦州所出现的《德国民法典》意义上的限制人役权，仅为（1990年10月3日之后）依新法所设定的限制人役权，或者为原《民主德国民法典》生效之前的旧法上的役权。对“已过时的”役权，《土地登记簿清理法》（该法第5条以下）规定了更简便的注销程序；而对供应管道之必要的役权，也规定了简便的特别规则（《土地登记簿清理法》第9条并《物权法实施条例》之规定；亦参本书第63章边码49以下）。原《民主德国民法典》第321条、第322条所规定之共同使用权及其在两德统一后的过渡，参见本书第63章边码10、49以下（并参本书前版第34章、IV）。

第三十五章　实物负担(Reallast)[1]

一、概念与适用范围

(一)概念

依据民法典第1105条之定义性规定,实物负担是指对(实物负担这一限制物权之)权利人,“支付来自土地的继续性给付”。 1

实物负担这一法律制度的基本特征,体现于其最主要的适用情形,亦即所谓的终老财产权利(Altenteilsrecht,其他称呼如Leibgeding、Auszug、Leibzucht):老农将其农庄移交给其继受人,同时又给自己设定终老财产权;为使该权利能对权利继受人产生效力,就必须使其“物权化”。终老财产通常包括一项居住权(可采取民法典第1093条之限制的人役权方式,而使之物权化)、按照终老财产人之需求供给实物与农庄的出产物(比如“过圣马丁节时送只鹅来”*!)、 2

---

〔1〕 关于实物负担的法律性质(在法律体系中的地位)问题,尤参黑克,§109;冯.吕布托夫,载《莱曼(Lehmann)祝寿文集》,卷I,1956年,352页以下;慕尼黑德国民法典评注/约斯特,第1105条,边码4-6;此外参见巴伐利亚州最高法院,《德国法月刊》,1960年,50页(=鲍尔,E. Slg.,案例45);联邦最高法院,《法学者报》,1978年,348、349页;《新法学周刊》,1995年,2780、2781页l. Sp.(物权性的变价权)。

* 过此节日时,有吃鹅之习惯。——译者注

支付每月的养老金、"终老财产人生病时要对其服侍"等等。这些实物给付、金钱给付以及劳务给付,均可通过实物负担形式来加以担保,并使之物权化。例案:联邦最高法院,《新法学周刊》,1962 年,2249 页;1981 年,2568 页;1990 年,3018、3019 页;1994 年,1158 页;1995 年,2780 页(关于终老财产契约,详参泽格尔/施蒂尔纳,民法典第 1105 条,边码 26 - 28)。终老财产权虽不是一项独立的物权,但依《德土地登记条例》第 49 条之规定,可以该权利之名义而登入土地登记簿。此外,终老财产权之内容,深受联邦各州州法特别规定之影响(参见《〈德国民法典〉施行法》第 96 条),从而与联邦法律间,常产生较大差异。正因为这一点,在适用该法律制度时,须特加注意!(关于其责任问题,参见极富意义的例案:联邦最高法院,《新法学周刊》,1991 年,2759 页)

1. 继续性的给付(wiederkehrende Leistungen)

3 实物负担的特征就是,对权利人支付"来自土地的"继续性给付。与定期土地债务(Rentenschuld,民法典第 1199 条)不同,该给付不限于金钱给付,还可以为物的给付或劳务给付;此外,该继续给付亦不必是定期性的(nicht regelmässig)。而且也与役权(用益权、地役权、限制的人役权)相反,实物负担并不赋予权利人对受负担土地之使用施加影响的权利,而是由受负担人自己决定,他怎样自土地中获取利益,以用于支付他应当提供的给付。

4 例如:E 打算给予 K 一项供应砾石的权利。对此,E 可为 K——如上所述——设定一项限制的人役权;其结果是,K 有权在 E 的土地上,以自己的——即K 的——费用采取砾石。E 也可以为 K 设定一项实物负担;而一旦设定一项实物负担,则意味着,E 必须以自己的费用采取砾石(也就是说 K 对 E 的土地不能有所作为!),并将砾石送交给 K。

2. 来自土地的给付(Leistungen aus dem Grundstück)

5 "来自土地"这一表述,可能会引起这种误解,即此项给付,似乎应是由土地所生产(produziert)之产物。但上述所提及之劳务给付(Leistung von Diensten),已表明不能作如此理解。

例如:若E为城镇G设定一项实物负担,其内容为E(或其权利继受人)应对沿毗邻田间小路流向的排水渠,负有清理义务,则对该劳务的"履行,就并非来自土地"。 6

故而该表述所指者,乃受负担土地所有权人未履行其给付时,实物负担权利人得就该土地申请强制执行(参见民法典第1107条并第1147条!)。

3. 法律体系地位的界定

由上述可知,实物负担乃介于土地用益物权与土地担保物权间,具有独立中间地位的法律制度:如果实物负担的内容,是受负担土地所生产之给付,则就其重点看,该实物负担为用益物权;若非如此——尤其在以金钱给付为内容之实物负担中——,则该实物负担自始就侧重于担保目的。[2] 7

（二）适用范围

直至19世纪初的更替立法(Ablösungsgesetzgebung)时期,实物负担制度之适用范围,极其广泛。其时该制度之主要目的,乃将各种内容的实物给付义务与劳务给付义务,予以物权化;只要回忆一下这些概念:"什一税"、"徭役"、"手工役与使役牲畜的义务劳役"、在城市出现的"定期金买卖"等等,就可以想象得出,这些依附于土地之义务的各种各样表现形式。后来的农民解放运动,导致这些特许权形式的瓦解,因为它们阻碍了农民阶层的人格自由发展与经济发展。 8

尽管如此,《德国民法典》仍将实物负担纳入可允许的限制物权范畴中。但在另一方面,民法典又准许各州法有权拒绝或限制实物负担之设立,或者

〔2〕 对此亦持正确观点者,维亚克尔,《土地法》,234页。

更具体地界定实物负担可允许之范围与内容(《〈德国民法典〉施行法》第 113 - 115 条)。[3]

9 在当代,实物负担制度已受到限制,其适用范围,首先体现为——如上所述——农民关系中终老财产权的主要部分;[4]其次,它适用于对继续性金钱给付的担保,且常常与契约中的保值条款联系在一起(《联邦最高法院民事判例集》,第 111 卷,324 页,及其引证:定期金实物负担);[5]最后,它以所谓的工业实物负担(Industriereallast,黑克氏语)形式,在技术范畴中也占有一席之地。[6]

10 例如:K 自 V 处获得一块土地,其条件除支付 5000 马克外,并承诺在 V 有生之年,每月支付给 V 250 马克的终生年金。作为其担保,K 为 V 设定一项实物负担(联邦最高法院,《新法学周刊》,1972 年,814 页)。

---

〔3〕 其概括参见慕尼黑德国民法典评注/约斯特,民法典第 1105 条,边码 49。例案:杜塞尔多夫州高等法院,《德国司法》,1986 年,366 页,附有迈尔·施托尔特(Meyer - Stolte)之批评性评论;科隆州高等法院,《德国司法》,1996 年,190 页。

〔4〕 例如:巴伐利亚州最高法院,《德国公证杂志》,1985 年,41 页:"供给伙食、住房、供暖、医疗护理、零花钱",但也可为:"与身份相称之葬礼费用、墓碑、祭墓"(类似内容者,参见哈姆州高等法院,《德国司法》,1988 年,247 页),或者为"供给有生之年无论健康与否时的伙食、照料与护理"(联邦最高法院,《新法学周刊》,1990 年,3018、3019 页),或者为"提供…在职业与家庭关系之考虑下…可期待的"照管(联邦最高法院,《新法学周刊》,1995 年,2780 页)。其他新的例案:茨魏布吕肯州高等法院,《德国法月刊》,1994 年,104 页;巴伐利亚州最高法院,《德国司法》,1993 年,443 页;《德国公证杂志》,1994 年,180、869 页;科隆州高等法院,《德国司法》,1992 年,431 页等等。

〔5〕 对此参见泽格尔/施蒂尔纳,民法典第 1105 条,边码 13、14;《联邦最高法院民事判例集》,第 22 卷,54、58 页(公务员退休金);法兰克福州高等法院,《德国司法》,1988 年,247 页;奥尔登堡州高等法院,《德国司法》,1991 年,450 页,以及巴伐利亚州最高法院,《德国司法》,1993 年,485 页("依据民诉法第 323 条予以调整"的不确定性)。对地上权租金之本身,以前因《地上权条例》第 9 条第 2 款第 1 句之规定,不能进行调整(《联邦最高法院民事判例集》,第 111 卷,324、328 页),故而仅只能对请求调整实物负担之债权性请求权,进行预告登记(《联邦最高法院民事判例集》,第 61 卷,209、211 页)。关于其新规则,详参本书第 29 章边码 32 以下,以及巴伐利亚州最高法院,《新法学周刊》,1997 年,468 页。

〔6〕 亦参弗兰茨·拜尔勒(Franz Beyerle),《作为物权性权利的利润分配》,载《法学者报》,1955 年,257 页。

铝制造业为极其“耗电”的行业。故 R 在建造一铝制造厂之前,为自己登记了一项在发电厂 E 土地上的实物负担,其内容为,E 每天必须供应一定最低数量的电源(关于对能源订购与热水订购的实物负担,参见巴伐利亚州最高法院,《新法学周刊—司法判例报告,民法》,1993 年,530 页)。 11

为远距离供暖企业 F,在登记簿中登记如下内容的远距离供暖实物负担:“土地之每个所有权人,就室内供暖、空调、工业用水之配置等所需之供暖或能源供给,除在性质上仅为短期产暖之能源外,均须自远距离供暖企业中订购”(策勒州高等法院,《法学者报》,1979 年,268 页;对此持否定意见者约斯特,载《法学者报》,1979 年,467、468 页;持赞同看法者泽格尔/施蒂尔纳,民法典第 1105 条,边码 24,及其引证)。但在实践中,由于存在州法上的障碍(如销除权、对实物负担内容之限制等等),更多的是采用远距离供暖地役权形式(本书第 33 章边码 17)。 12

二、实物负担之成立、转让以及消灭

(一) 成立

实物负担因物权合意与登记而成立。且实物负担可以下列形式而设立: 13

1. 作为可继承与可转让的权利;只要自土地登记簿中不能推导出相反之约定,则所设定之实物负担,均视为可继承与可转让的实物负担(巴伐利亚州最高法院,《德国公证杂志》,1989 年,567 页);

2. 作为不能继承与不能转让的权利,也就是系于权利人之人身的权利(参见民法典第 1111 条第 2 款,以及科隆州高等法院,《德国司法》,1994 年,292 页);

3. 作为主观的物的权利(subjektiv-dingliches Recht;民法典第 1105 条第 2 款、第 1110 条);对此种权利,仅只能与需役地所有权一同转让。例如:巴伐利亚州最高法院,《德国司法》,1990 年,507 页(主观的物的地上权租金实物负担)。

如同地役权,也可以设定所有权人实物负担。比如在本书第 34 章边码 9 处之例子中,垦荒企业在出卖各地块之前,也可以通过设定实物负担,而事先一劳永逸地对垦荒内部人行道的清理问题进行规定。[7]

（二）原因行为

14 实物负担之设定，以一项原因行为（causa）为其基础（如买卖契约、交付契约、赠与契约或其他约定，如对共同供暖设施之经营进行担保的契约等；参见卡尔斯鲁尔州高等法院，《新法学周刊—司法判例报告，民法》，1992 年，722 页）。若原因行为欠缺或丧失，则可依不当得利之规则，请求实物负担之废止。此时若为担保一项债权而设定该实物负担，则不得准用民法典第 1163 条之规定（有争议）。

（三）转让

15 在实物负担非为主观的物的权利，也不是依附于权利人之人身时，则可依民法典第 873 条之规定，而转让于他人。与此不同者，乃对已届期之单项给付的转让；对此种给付之让与，应依民法典第 398 条以下之规定（民法典第 1107 条并第 1159 条）。此外还须予以区别的，是在为 A 设定实物负担时，同时又为 A 死亡时为 B 设定实物负担之情形（科隆州高等法院，《州高等法院民事判决集》，1966 年，231 页）。

（四）消灭

16 实物负担消灭（参见民法典第 875 条）之一项特殊原因，为各州法上所规定的——任何时候均允许的——销除权（Ablösungsrecht）之行使。

---

〔7〕 关于实物负担可否为第三人之利益而设定，参见联邦最高法院，《企业》，1965 年，660 页；《新法学周刊》，1993 年，2617 页，以及本书上述第 5 章边码 28。

三、对实物负担的责任〔8〕

（一）问题之起点

就实物负担中的责任问题，立法所作之规定，初看之下较为混乱。其原因是，在讨论其责任问题时，必须要对下列各事实要件进行区分： 17

1. 实物负担之自身；
2. 自实物负担中所产生的以单项给付为内容的请求权；
3. 自基础债权关系中可能产生的请求权。

例如：在一份终老财产契约中，农庄承受人 S，负有每月对其父亲 V 支付 1000 马克的义务。为此登记设定了一项实物负担。此时，由该实物负担产生出对土地的——谁为受负担土地之所有权人，则在所不问——物权性变价权（民法典第 1107 条），以及针对土地所有权人的以每月支付 1000 马克为内容的对人的请求权（民法典第 1108 条第 1 款）。独立于这两项权利而存在的，还有基于交付契约而产生的以每月支付 1000 马克为内容的债权性请求权，但该请求权仅只能针对儿子 S，而不能针对农庄之另一取得人而主张。

（二）对母权（Stammrecht）的责任

土地对作为整体之实物负担（“母权”）所承担的责任，仅在发生约定性或法定性销除，或发生强制拍卖时，才得以产生（《强制拍卖法》第 92 条）。 18

在整体权利受侵害时，依民法典第 1107 条并第 1134 条之规定，对实物负担予以保护！

（三）对基于实物负担所产生的单项请求权的责任

对基于实物负担所产生的单项请求权，应 19

1. 一方面由土地来承担责任，且其承担责任的方式，依关于抵押权利息

---

〔8〕 参见德里施勒，载《支付不能法杂志：破产——信托——重整》，1971 年，145 页；安曼，载《德国公证杂志》，1993 年，222 页。

之规定(民法典第1107条)。

如在上例中,V就可以对土地以及依民法典第1120条以下规定应承担共同责任的客体,申请强制拍卖与强制管理;其详细内容,参见本书下述第40章。

有趣例案:巴伐利亚州最高法院,《新法学周刊—司法判例报告,民法》,1991年,407页(对单项请求权予以执行时母权消灭,《强制拍卖法》第41条第1款、第12条——母权效力优于已登记之物权内容)。

20 2. 此外,依据民法典第1108条之规定,土地每个所有权人,对其享有所有权期间已届期之单项给付,也要负人的责任。〔9〕

依此而言,只要V所主张之各期给付在S的所有权期间已届期,则即使在主张时,S已将农庄出卖给K,V仍有权就S的其他财产,如银行户头等予以执行(参见联邦最高法院,《新法学周刊》,1990年,2380、2381页 r. Sp.)。而针对K,V也可以就在K取得前已存在之请求权,以土地强制执行之方式予以执行!

(四)对基于原因行为而生的请求权的责任

21 对基于债权性原因行为而生的请求权,仅由契约相对人承担责任;土地之取得人对此不负责任,除非他已承担此项债务。

例如:K将其土地出卖给B,并在对B为土地所有权让与合意与登记时,为自己设定了一项实物负担,以担保每月支付2500马克的定期金请求权("定期金基础上的买卖")。B将土地出卖并让与给F,并由F承受B的定期金债务(民法典第414条、第415条);但对该项承受,K未表示同意。在F陷入经济危机时,通过拍卖,由E拍定该土地;此时强制拍卖法上"最低报价"规则之效力,及于K的实物负担权利,也就是说该实物负担仍继续存在(《强制拍卖法》第44条第1款、第52条第1款、91条第1款)。若K向有支付能

〔9〕 故而对受负担之土地,不成立民法典第107条规定上的未成年人的取得(首参慕尼黑德国民法典评注/吉特,民法典第107条,边码11;施蒂尔纳,载《民法实务档案》,第173卷,402、430页)。

力之E请求给付,且E亦依此而支付定期金,则在E打算向B追偿时,民法典第426条第1款以及第1108条、第426条第2款第1句之规定,支持E的此种追偿请求。其原因为,F未能有效地承受定期金债务,故B仍是该买卖价金定期金之债务人;也就是说B与E为连带债务人,且在内部关系中原则上是按份地承担责任。而B又必须依据买卖契约才能在F处获得补偿(民法典第415条第3款第2句)。就此项全部问题,参见联邦最高法院,《新法学周刊》,1991年,2899页;《联邦最高法院民事判例集》,第58卷,191页;关于无中间取得时拍定人的单独责任,参见最新判决《联邦最高法院民事判例集》,第123卷,178页(《强制拍卖法》第56条第2句之规定,为民法典第426条第1款之特别法[lex specialis])。

四、新联邦州中的实物负担

在新联邦州,存在原《民主德国民法典》生效之前所成立的旧法上的实物负担,以及1990年10月3日之后新设定的实物负担。原《民主德国民法典》第321条、第322条所规定之共同使用权,类似于《德国民法典》上的役权制度,而与实物负担有根本性差异(参见本书第63章边码10、4 9以下)。《土地登记簿清理法》第5条以下之规定,可使旧法上的实物负担之消灭,更为简便。 22

表格目录

附　　录

通常情况下物的登记簿样本

样本[1]
（正面）

科隆地方法院

沃林根（Worringen）区

土地登记簿

土地登记簿簿页号码:0100

〔1〕 本登记簿为依据《土地登记命令》第22条附件1所制作之官方样本。有关土地登记簿设置之法律基础,参见本书第14章与第15章之阐述(尤参第15章边码44以下)。

Amtsgericht köln **Grundbuch von** Worringen **Blatt** 0100 **Bestandsverzeichnis** 1

Laufende Nummer der Grundstücke	Bisherige laufende Nummer der Grundstücke	Bezeichnung der Grundstücke und der mit dem Eigentum verbundenen Rechte					Größe		
		Gemarkung (Vermessungsbezirk)	Karte Flur	Flurstück	Liegenschaftsbuch	Wirtschaftsart und Lage			
		a	b		c/d	e	ha	a	m^3
1	2	3					4		
1		Worringen	1	100		Freifläche Alte Neuβer Landstraβe		10	10
2	1	Worringen	1	101		Weg Alte Neuβer Landstraβe			90
3	1	Worringen	1	102		Gebäude – und Freifläche Alte Neuβer Landstraβe 100		9	10
4		Worringen	1	200		Landwirtschaftsfläche Alte Neuβer Landstraβe		5	00
5		Worringen	1	310		Gartenland		2	00
6	3, 5	Worringen	1 1	102 310		Gebäude – und Freifläche Alte Neuβer Landstraβe 100 Gartenland		11	10
7 -------- zu 6		1/10 Miteigentumsanteil Worringen	1	an dem 110	Grundstück	Weg Alte Neuβer Landstraβe		1	00

科隆地方法院　沃林根区土地登记簿　登记簿簿页 0100　状态目录 1

土地之顺序编号	土地之以前的顺序编号	土地之标记以及与所有权相关之权利					面积		
		边界（测量区域）	地形图		公土地登记簿	经营种类与方位			
			地段	地籍单位					
		a	b		c/d	e	公顷	公亩	平米
1	2	3					4		
1		沃林根	1	100		空地 旧诺伊塞尔·兰德大街		10	10
2	1	沃林根	1	101		道路 旧诺伊塞尔·兰德大街			90
3	1	沃林根	1	102		建筑用地与空地 旧诺伊塞尔·兰德大街 100 号		9	10
4		沃林根	1	200		农地 旧诺伊塞尔·兰德大街		5	00
5		沃林根	1	310		园地		2	00
6	3，5	沃林根	1 1	102 310		建筑用地与空地 旧诺伊塞尔·兰德大街 100 号 园地		11	10
7 -------- zu 6		对土地 1/10 份额之 沃林根	共有权 1	110		道路 旧诺伊塞尔·兰德大街		1	00

Bestand und Zuschreibungen		Abschreibungen	
Zur laufenden Nummer der Grundstücke		Zur laufenden Nummer der Grundstücke	
5	6	7	8
1	Aus Blatt 0200 am 5. Januar 1993. Neumann Götz	2	Nach Blatt 0001 am 15. April 1993. Neumann Götz
1,2,3	Lfd. Nr. 1 geteilt und fortgeschrieben gemäß VN Nr. 100/93 in Nrn. 2 und 3 am 15. April 1993. Neumann Götz		
4,5	Aus Blatt 0250 am 10. Mai 1993. Neumann Götz		
3,5,6	Lfd. Nr. 5 der Nr. 3 als Bestandteil zugeschrieben und unter Nr. 6 neu eingetragen am 9. Juni 1993. Neumann Götz		
7 -------- zu 6	Aus Blatt 0300 am 12. Juli 1993. Neumann Götz		

状态与增记		划　　记	
被增记之土地序号		被划记之土地序号	
5	6	7	8
1	1993 年 1 月 5 日由来自登记簿簿页 0200 号之土地而增记。 登记员:诺伊曼 与 格茨	2	1993 年 4 月 15 日划向登记簿簿页 0001 号。 登记员:诺伊曼 与 格茨
1,2,3	1 号土地被分割,并依 100/93 号土地登记命令,于 1993 年 4 月 15 日分割登记为 2 号与 3 号土地。 登记员:诺伊曼 与 格茨		
4,5	1993 年 5 月 10 日由来自登记簿簿页 0250 号之土地而增记。 登记员:诺伊曼 与 格茨		
3,5,6	5 号土地被作为成分而增记入 3 号土地中从而成立 6 号土地,并于 1993 年 6 月 9 日进行新登记 登记员:诺伊曼 与 格茨		
7 -------- zu 6	1993 年 7 月 12 日由来自登记簿簿页 0300 号之土地而增记。 登记员:诺伊曼 与 格茨		

Laufende Nummer der Eintragungen	Eigentümer	Laufende Nummer der Grundstücke im Bestandsverzeichnis	Grundlage der Eintragung
1	2	3	4
1	M ü l l e r, Friedrich, geb. am 5. Juli 1944, Alte Neuβer Landstraβe 100, 5000 Köln 71	1	Aufgelassen am 14. Oktober 1992, eingetragen am 5. Januar 1993. Neumann Götz
		4,5	Aufgelassen am 11. November 1992, eingetragen am 10. Mai 1993. Neumann Götz
		7/zu 6	Das bisher in Blatt 0300 eingetragene Eigentum aufgrund Auflassung vom 15. April 1993 und Buchung gemäβ § 3 Abs. 3 GBO hier eingetragen am 12. Juli 1993. Neumann Götz
2a)	S c h u m a c h e r, Ute geb. Müller, geb. am 12. Mai 1966, Grundermühle 7, 51515 Kürten	4,6,7	Erbfolge (33 VI 250/94 AG Köln), eingetragen am 7. Dezember 1994. Neumann Götz
b)	M ü l l e r, Georg, geb. am 6. März 1968, Kemperbachstraβe 48, 51069 Köln – in Erbengemeinschaft –		

登记之 顺序编号	所有权人	状态目录中 土地的 顺序编号	登记之基础
1	2	3	4
1	弗里德里希·米勒 生于1944年7月5日, 旧诺伊塞尔·兰德大街, 5000 科隆 71	1	1992年10月14日进行土地所有权让与合意, 1993年1月5日办理登记 登记员:诺伊曼 与 格莰
		4,5	1992年10月14日进行土地所有权让与合意, 1993年5月10日办理登记 登记员:诺伊曼 与 格莰
		7/增记于6	原登记于登记簿簿页0300号之所有权 基于1993年4月15日之土地所有权让与合意,并依据《土地登记条例》第3条第3款所规定之登记方法,于1993年7月12日登记于本登记簿簿页。 登记员:诺伊曼 与 格莰
2a)	乌特·舒马赫, 娘家姓米勒,1966年5月12日出生 格伦德米勒街7号,屈滕 51515	4,6,7	因继承(科隆地方法院)而取得权利, 于1994年12月7日办理登记 登记员:诺伊曼 与 格莰
b)	格奥尔格·米勒, 1968年3月6日出生 肯佩巴赫街48号,科隆 51069 ——为继承人共同体——		

Laufende Nummer der Eintragungen	Eigentümer	Laufende Nummer der Grundstücke im Bestandsverzeichnis	Grundlage der Eintragung
1	2	3	4

登记之顺序编号	所有权人	状态目录中土地的顺序编号	登记之基础
1	2	3	4

Amtsgericht köln **Grundbuch von** Worringen **Blatt** 0100 **Zweite Abteilung** 1

Laufende Nummer der Eintragungen	Laufende Nummer der betroffenen Grundstücke im Bestandsverzeichnis	Lasten und Beschränkungen
1	2	3
1	4,6,7	Nieβbrauch für Müller, Gerhard, geb. am 23. April 1918, Alte Neuβer Landstraβe 100, 50769 Köln, befristet, löschbar bei Todesnachweis. Unter Bezugnahme auf die Bewilligung vom 15. April 1993 – URNr. 400/93 Notar Dr. Schmitz in Köln – eingetragen am 12. Juli 1993. Neumann Götz
2	4,6	Widerspruch gegen die Eintragung des Eigentums des Friedrich Müller zugunsten des Josef Schmitz, geb. am 26. Juli 1940, Rochusstraβe 300, 50827 Köln. Unter Bezugnahme auf die-einstweilige Verfügung des Landgerichts Köln vom 30. Juli 1993 – 10 O 374/93 – eingetragen am3. August 1993. Neumann Götz
3	4	Dienstbarkeit (Wegerecht) für den jeweiligen Eigentümer des Grundstücks Flur 1 Nr. 201 (der – zeit Blatt Nr. 0250). Unter Bezugnahme auf die Bewilligung vom 11. November 1992 – URNr. 2231/92Notar Dr. Schneider in Köln – eingetragen am 4. August 1993. Neumann Götz

科隆地方法院　　**沃林根区土地登记簿**　　登记簿簿页 0100　　第二栏　　1

登记之顺序编号	被涉及土地在状态目录中的顺序编号	负担与限制
1	2	3
1	4,6,7	为格哈德·米勒(生于 1918 年 4 月 23 日,住旧诺伊塞尔·兰德大街 100 号,科隆 50769)设定一项附期限的、得因死亡(由死亡证书证明)而可注销的用益权。该用益权基于 1993 年 4 月 15 日之登记同意——见科隆公证员施米茨博士所制作之 400/93 号文书——,而于 1993 年 7 月 12 日办理登记。 登记员:诺伊曼 与 格茨
2	4,6	为约瑟夫·施米茨(生于 1940 年 7 月 26 日,住罗胡斯街 300 号,科隆 50827)之利益,针对弗里德里希·米勒之所有权登记,登记一项登记异议。该异议乃依据科隆中等法院 1993 年 7 月 30 日之假处分命令——即 10 O 374/93 号——,而于 1993 年 8 月 3 日办理登记。 登记员:诺伊曼 与 格茨
3	4	为(登记于登记簿簿页 0250 之)地段 1 序号为 201 之各时所有权人之利益,设定一项役权(通行权)。该役权基于 1992 年 11 月 11 日之登记同意——见科隆公证员施奈德博士所制作之 2231/92 号文书——,而于 1993 年 8 月 4 日办理登记。 登记员:诺伊曼 与 格茨

Veränderungen		Löschungen	
Laufende Nummer der Spalte 1		Laufende Nummer der Spalte 1	
4	5	6	7
		2	Gelöscht am 31. August 1993. Neumann Götz

变动		注销	
第1子栏中的顺序编号		第1子栏中的顺序编号	
4	5	6	7
		2	1993年8月31日被注销 登记员:诺伊曼 与 格茨

Amtsgericht köln **Grundbuch von** Worringen **Blatt** 0100 **Dritte Abteilung** 1

Laufende Nummer der Eintragungen	Laufende Nummer der belasteten Grundstücke im Bestandsverzeichnis	Betrag	Hypotheken, Grundschulden, Rentenschulden
1	2	3	4
1	3,4,5,6	10.000,00 DM 5.000,00 DM	Grundschuld – ohne Brief – zu zehntausend Deutsche Mark für die Stadtsparkasse Köln in Köln; 18% Zinsen jährlich; vollstreckbar nach § 800 ZPO. Unter Bezugnahme auf die Bewilligung vom 19. April 1993. Gesamthaft: Blätter 0100 und 0550. Neumann Götz
2	4,6	20.000,00 DM –5.000,00 DM ------------------- 15.000,00 DM	Hypothek zu zwanzigtausend Deutsche Mark für Bundesrepublik Deutschland (Wohnungsfürsorge); 12% Zinsen jährlich; 2% bedingte Nebenleistung einmalig. Unter Bezugnahme auf die Bewilligung vom 6. Oktober 1993 – URNr. 1300/93Notar Dr. Schmitz in Köln –. Vorrangsvorbehalt für Grundpfandrechte bis zuDM 100.000,00; bis 20% Zinsen jährlich; bis 10% Nebenleistungen einmalig; inhaltlich beschränkt. Eingetragen am 15. November 1993. Neumann Gätz
3	4,6,7	100.000,00 DM	Grundschuld zu einhunderttausend Deutsche Mark für Inge Müller geb. Schmidt, geb. am 12. Mai 1952, Alte Neußer Landstraße 100, 50769 Köln, 18% Zinsenjährlich. Unter Bezugnahme auf die Bewilligung vom 3. Januar 1994 – URNr. 2/94 Notar Dr. Klug in Köln –; unter Ausnutzung des Rangvorbehalts mit Rang vorIII/2. Eingetragen am 17. Januar 1994. Neumann Götz

科隆地方法院　　沃林根区土地登记簿　　登记簿簿页 0100　　第三栏　1

登记之顺序编号	受负担土地在状态目录中的顺序编号	被担保之债权数额	抵押权、土地债务、定期金债务
1	2	3	4
1	3,4,5,6	10.000,00 马克 5.000,00 马克	为科隆之科隆城市储蓄银行设定壹万马克之——无证书——土地债务；年利率 18%；依民诉法第 800 条可得强制执行。该土地债务基于 1993 年 4 月 19 日之登记同意——见科隆公证员施米茨博士所制作之 420/93 号文书——，而于 1993 年 7 月 9 日办理登记。连带担保责任：登记簿簿页 0100 号与 0550 号 登记员：诺伊曼 与 格茨
2	4,6	20.000,00 马克 -5.000,00 马克 ------------ 15.000,00 马克	为联邦德国（因住宅救济金）设定贰万马克之抵押权；年利率 12%；2% 一次性的附条件从给付。就该抵押权得援引 1993 年 10 月 6 日之登记同意——见科隆公证员施米茨博士所制作之 1300/93 号文书——。为此后之担保额不超过 100.000,00 马克、年利率不超过 20%、一次性从给付不超过 10% 以及服务于特定担保目的之土地担保物权，保留其优先顺位。上述于 1993 年 11 月 15 日办理登记。 登记员：诺伊曼 与 格茨
3	4,6,7	100.000,00 马克	为英格·米勒（娘家姓施密特，生于 1952 年 5 月 12 日，住旧诺伊塞尔·兰德大街 100 号，科隆 50769）设定拾万马克之土地债务；年利率为 18%。就该土地债务得援引 1994 年 1 月 3 日之登记同意——见科隆公证员克卢格博士所制作之 2/94 号文书——；该土地债务乃对顺位保留之利用，故在顺位上位于本登记簿簿页第三栏第 2 号登记之前。上述于 1994 年 1 月 17 日办理登记。 登记员：诺伊曼 与 格茨

Veränderungen			Löschungen		
Laufende Nummer der Spalte 1	Betrag		Laufende Nummer der Spalte 1	Betrag	
5	6	7	8	9	10
2	20.000,00 DM	Dem Recht Abt. III Nr. 3 ist der vorbehaltene Vorrang eingeräumt. Eingetragen am 17. Januar 1994. Neumann Götz	2	5.000,00 DM	Fünftausend Deutsche Mark gelöscht am 4. Oktober 1994. Neumann Götz
3	100.000,00 DM	Gepfändet mit den Zinsen seit dem 30. Juni 1994 für die Haftpflicht – Versicherungs – Aktiengesellschaft in Köln wegen einer For – derung von DM 65.800,00 mit 9% Zinsen aus DM 59.600,00 seit dem 18. Juni 1992. Gemäß Pfändungs – und Überweisungsbeschluß des Amtsgerichts Köln vom 15. Juni 1994 – 183 M 750/94 – eingetragen am 20. Juni 1994. Neumann Götz	3 3a 3b	20.000,00 DM 60.000,00 DM 20.000,00 DM	Pfändungsvermerk vom 26. Juli 1994 gelöscht am 4. Oktober 1994. Neumann Götz
1	5.000,00 DM	Das Recht ist gemäß § 1132 Abs. 2 BGB derart verteilt, daß die hier eingetragenen Grundstücke nur noch haften für fünftausend Deutsche Mark. Die Mithaft in Blatt 0550 ist erloschen. Eingetragen am 1. Juli 1994. Neumann Götz			

变动			注销		
第1子栏中的顺序编号	被担保之债权数额		第1子栏中的顺序编号	被担保之债权数额	
5	6	7	8	9	10
2	20.000,00 马克	本登记簿簿页第三栏第3号登记享有所保留之顺位,并于1994年1月17日办理登记。 登记员:诺伊曼 与 格茨	2	5.000,00 马克	伍仟马克之被担保债权,于1994年10月4日被注销。 登记员:诺伊曼 与 格茨
3	100.000,00 马克	为(科隆)责任保险股份公司之65.800,00马克债权,其中包括自1992年6月18日起对59.600,00马克之9%的利息债权,自1994年6月30日起对该土地债务实施扣押。 依据科隆地方法院1994年6月15日之扣押与转付决议——183 M 750/94号决议——,上述登记于1994年6月20日。 登记员:诺伊曼 与 格茨	3 3a 3b	20.000,00 马克 60.000,00 马克 20.000,00 马克	1994年7月26日之扣押附注,于1994年10月4日被注销 登记员:诺伊曼 与 格茨
1	5.000,00 马克	依据德民第1132条第2款,该权利被分割,亦即登记于本登记簿簿页之土地,仅负担伍仟马克之担保。登记簿簿页0550号中的土地,其连带担保责任被注销。上述登记于1994年7月1日。 登记员:诺伊曼 与 格茨			

Amtsgericht köln **Grundbuch von** Worringen **Blatt** 0100 **Dritte Abteilung** 1

Laufende Nummer der Eintragungen	Laufende Nummer der belasteten Grundstücke im Bestandsverzeichnis	Betrag	Hypotheken, Grundschulden, Rentenschulden
1	2	3	4
4	4	8.200,00 DM	Zwangssicherungshypothek zu achttausendzweihundert Deutsche Mark für die Schmidt & Müller oHG, Köln, Wienerplatz 2, 51065 Köln, mit 8% Zinsen jährlich aus DM 7.180,00 seit dem 20. Oktober 1994. Gemäß Urteil des Amtsgerichts Köln vom 2. November 1994 – 115 C 1500/94 – eingetragen am 1. Dezember 1994. Neumann Götz
5	4,5,6	30.000,00 DM	Sicherungshypothek zum Höchstbetrag von dreißigtausend Deutsche Mark für die Stadt Köln – Amt für Wohnungswesen. Unter Bezugnahme auf die Bewilligung vom3. November 1994 – URNr. 1400/94 Notar Dr. Schmitz in Köln – eingetragen am5. Dezember 1994. Neumann Götz

登记之顺序编号	受负担土地在状态目录中的顺序编号	被担保之债权数额	抵押权、土地债务、定期金债务
1	2	3	4
4	4	8.200,00 马克	为科隆的施密特/米勒无限责任公司(维也纳广场 2 号,科隆 51065)负担担保额为捌仟贰佰马克之强制保全抵押权,其中包括自 1994 年 10 月 20 日起对 7.180,00 马克之年利率为 8% 的利息债权。上述登记依据科隆地方法院 1994 年 11 月 2 日之判决——115 C 1500/94 号——,于 1994 年 12 月 1 日办理。 登记员:诺伊曼 与 格茨
5	4,6,7	30.000,00 马克	为科隆市——住宅管理局——设定最高担保额为叁万马克之保全抵押权。该抵押权基于 1994 年 11 月 3 日之登记同意——见科隆公证员施米茨博士所制作之 1400/94 号文书——,而于 1994 年 12 月 5 日办理登记。 登记员:诺伊曼 与 格茨

Veränderungen			Löschungen		
Laufende Nummer der Spalte 1	Betrag		Laufende Nummer der Spalte 1	Betrag	
5	6	7	8	9	10
		Das Recht ist geteilt in			
3	100.000,00 DM	zwanzigtausend Deutsche Mark erstrangig –,			
3	20.000,00 DM	sechzigtausend Deutsche Mark zweitrangig –,			
3a	60.000,00 DM	zwanzigtausend Deutsche Mark drittrangig –.			
3b	20.000,00 DM	Eingetragen am 1. August 1994. Neumann Götz			
3a	60.000,00 DM	Abgetreten mit den Zinsen seit dem 17. Januar 1994 an die Kölner Bausparkasse Aktiengesell schaft in Köln. Eingetragen am 1. August 1994. Neumann Götz			

Fortsetzung auf Einlegebogen

变动			注销		
第1子栏中的顺序编号	被担保之债权数额		第1子栏中的顺序编号	被担保之债权数额	
5	6	7	8	9	10
		该权利被分割成:			
3	100.000,00 马克	贰万马克,第一顺位;			
3	20.000,00 马克	陆万马克,第二顺位;			
3a	60.000,00 马克	贰万马克,第三顺位。			
3b	20.000,00 马克	上述登记于 1994 年 8 月 1 日。 登记员:诺伊曼 与 格茨			
3a	60.000,00 马克	与起自 1994 年 1 月 17 日之利息,一同让与给科隆之科隆建筑储蓄股份公司。上述登记于 1994 年 8 月 1 日。 登记员:诺伊曼 与 格茨			

下接附页

对“标题”之说明

《土地登记条例》与《德国民法典》意义上的“土地登记簿”，即为土地登记簿簿页。该簿页由标题、状态目录以及三项栏目组成。

登记簿簿页之始，即为标题。由标题可得知：

土地登记局(科隆地方法院)

土地登记辖区(沃林根)

土地登记簿簿页号码(第0100号)

须注意者，本附录1虽标以“物的登记方法”，但其特征并不明显。自较狭义之角度看，仅在就一宗土地而设置一项登记簿簿页时，才能称得上物的登记方法。本附录1乃就一所有权人之数宗土地为共同登记，故与严格意义之物的登记方法不相符合。尽管如此，本附录1仍不妨以——广义上的——物的登记方法称之，盖与人的登记方法(参见附录2)不同，本附录1之土地登记簿簿页之构造核心，乃为土地，而非所有权人(亦参本书第15章边码52)。

对状态目录与“第一栏”之说明：

状态目录提供有关土地之状态、丈量数据以及土地大小等情况。

第一栏说明所有权关系。

要想了解所有权关系，就必须查看该状态目录与第一栏内容。

1. “位于旧诺伊塞尔·兰德大街100号之建筑物与空地”与增记于该土地之“园地”，以及“位于旧诺伊塞尔·兰德大街”之农地，其现时所有权人均为作为继承人共同体之乌特·舒马赫(Ute Schumacher)与格奥尔格·米勒(Georg Müller)。此外，他们亦为公共道路之1/10的共有人。一般而言，就处于共有所有权下之土地，需设置独立之土地登记簿簿页；但就“辅助性”土地，比如共同性的通往农庄之通道、道路等等,《土地登记条例》第3条第4款至第9条,设有例外性规定。

2. 依第一栏之登记情况,可了解该土地所有权关系的发展过程。但需注意者,就已注销之登记,不适用土地登记簿之推定效力与善意取得效力。

前所有权人弗里德里希·米勒(Friedrich Müller)于1993年1月5日,通过土地所有权让与合意与登记,取得面积为10.1公亩之空地(第1号)的所有权;但该所有权取得之具体过程,须查阅土地卷宗后方能得知。但该宗土地于1993年4月15日,被分割成一块面积为0.9公亩的道路用地(第2号)与一块面积为9.1公亩的建筑用地与空地(第3号)。该面积为0.9公亩的道路用地(第2号),同时又被转记于另一土地登记簿簿页,即此后由该登记簿簿页来提供有关其法律命运之信息(比如公共交通地面等等情况)。此外于1993年5月10日,弗里德里希·米勒同样通过土地所有权让与合意与登记,取得面积为5.0公亩之农地(第4号)以及面积为2.0公亩之园地(第5号)的所有权。该园地(第5号)后又于1993年6月9日,增记于建筑用地与空地(第3号)之中,由此而产生一宗面积为11.1公亩之"附带园地的建筑用地与空地"的新土地(第6号)。而对公用道路用地之份额,亦即1/10之共有所有权,也就从属于该宗主土地。依登记簿内容,该共有份额可能产生于1993年4月15日对面积为10.1公亩之空地(第1号)的分割;而在该分割中尚余留有0.1公亩的土地,后被并入对公用道路用地之共有份额中;所称对《土地登记条例》第3条第3款之适用,乃当时之立法情况,如今应为适用同法第3条第4款与第5款。

在因继承而取得所有权后,现时所有权人于1994年12月7日被登记为该三宗土地(5.0公亩之农地、11.1公亩之附带园地的建筑用地与空地、1/10之道路所有权共有份额)之所有权人。

对“第二栏”之说明：

依据第二栏之登记内容，可了解土地上所设置的所有负担(但土地担保物权除外，盖土地担保物权登记于第三栏)、针对所有权人的处分限制以及涉及土地所有权的预告登记与异议。

1. 该三宗土地，均负担有一项以格哈德·米勒(Gerhard Müller)为受益人的用益权；就该用益权，于1993年4月15日作成登记同意表示，并于1993年7月12日登入登记簿。——该用益权可能为一项以年长亲属为受益人的用益权。

2. 针对弗里德里希·米勒之所有权的异议，乃基于一项假处分命令(参见德民第899条、民诉法第938条)；该项异议登记于1993年8月3日，但已于1993年8月31日被注销。

3. 5.0公亩之农地(第4号)——且仅是此块土地——，负担有一项以通行权为内容的地役权。

对“第三栏”之说明：

第三栏登记提供有关土地担保物权之内容。阅读该栏内容时，须着重指出者，乃应时时紧跟各“顺序编号”(比如第1号)之变化，并自第2子栏之登记中观察，那块土地上附有负担。

1. 我们先来看序号1。担保额为10,000,—马克的土地债务，为成立于1993年6月9日，并以登记于第0100号与第0550号土地登记簿簿页之序号为3、4、5之土地以及其他土地为标的的连带土地债务。因第5号土地被增记于第3号土地，并同时于1993年6月9日使第6号土地得以产生，故而该连带土地债务之效力，也就及于第0100号与第0550号土地登记簿簿页之序号为4、6之土地以及其他土地。1994年7月1日基于责任免除而就担保责任进行分配，故而第4号与第6号土地，现仅须就5000,—马克之债权额负担保责任。

2. 序号2,亦即担保额为20,000,—马克的抵押权,于1993年11月15日登入土地登记簿,但同时该抵押权又为担保额不超过100,000,—马克之土地债务保留其优先顺位。1994年1月17日所保留的优先顺位被利用,亦即在该优先顺位上等级入序号3之土地债务。1994年10月4日其中所担保的5000,—马克之债权额被注销(比如因该项贷款额并未贷出、清偿等等)。故而,现剩余15,000,—马克之担保债权额。

3. 变动频繁的是序号3,亦即在第4号、第6号以及第7号土地上所成立之担保额为100,000,—马克的土地债务;该土地债务登记于1994年1月17日,且拥有优先于序号2之顺位。为责任保险股份有限公司之利益,该土地债务后被扣押,且扣押附注亦于1994年6月20日登入土地登记簿。1994年8月1日,该担保额为100,000,—马克之土地债务,被分割登记成担保额分别为20,000,—马克(序号3)、60,000,—马克(序号3a)与20,000,—马克(序号3b)之三项土地债务,但扣押附注仍继续存在于该三项土地债务之上。就在分割登记之同日,受序号3a之土地债务所担保的债权人,将该项已被扣押的土地债务让与给科隆建筑储蓄股份有限公司,并于同日办理了登记。就所有三项土地债务上所登记之扣押附注,最终于1994年10月4日被注销。

4. 序号4乃担保额为8200,—马克之强制保全抵押权,且仅负担于农地(第4号)之上,登记时间为1994年12月1日。

5. 序号5乃以科隆市为权利人之保全抵押权,但其标的确又及于全部土地以及对土地之共有份,登记时间为1994年12月5日。

6. 现时各物权间的顺位关系,即为:

就“附带园地的建筑用地与空地”(第6号):

第一顺位:科隆城市储蓄银行所享有的担保额为5000,—马克之土地债务

第二顺位:英格·米勒(Inge Müller)所享有的担保额为

20,000,—马克之土地债务

第三顺位：科隆建筑储蓄股份有限公司所享有的担保额为60,000,—马克之土地债务

第四顺位：英格·米勒所享有的担保额为20,000,—马克之土地债务

第五顺位：联邦德国所享有的担保额为15,000,—马克之抵押权

第六顺位：科隆市所享有的担保额为30,000,—马克之保全抵押权

就“农地”(第4号)：

第一顺位：科隆城市储蓄银行所享有的担保额为5 000,—马克之土地债务

第二顺位：英格·米勒所享有的担保额为20,000,—马克之土地债务

第三顺位：科隆建筑储蓄股份有限公司所享有的担保额为60,000,—马克之土地债务

第四顺位：英格·米勒所享有的担保额为20,000,—马克之土地债务

第五顺位：联邦德国所享有的担保额为15,000,—马克之抵押权

第六顺位：担保额为8200,—马克之强制保全抵押权

第七顺位：科隆市所享有的担保额为30,000,—马克之保全抵押权

就道路所有权之共有份额(第7号)：

第一顺位：英格·米勒所享有的担保额为20,000,—马克之土地债务

第二顺位：科隆建筑储蓄股份有限公司所享有的担保额为60,000,—马克之土地债务

第三顺位：英格·米勒所享有的担保额为20,000,—马克之土地债务

第四顺位：科隆市所享有的担保额为30,000马克之保全抵押权

通常情况下人的登记簿样本

人的登记方法——以符腾堡地区旧法上的登记簿为样本[1]

图宾根地方法院辖区

图宾根土地登记局

土地登记簿簿册

号码:35

所有权人:辛纳·约翰内斯,图宾根的葡萄农

1924年4月24日

登记员:迈尔(Maier)

页数:第5页

1924年4月24日

登记员:迈尔

---

[1] 巴登-符腾堡州的土地登记簿,现已按照前述附录之样本,而进行了重新设置;对此亦参本书第15章边码52处之阐述。

AbteilungI **Verzeichnis der Grundstücke**

Abteilung II
Lasten und Beschränkungen des Eigentums

Lfd. Nr.	Aktennach – weisung	Markung		Bezeichnung des Grundstücks				Zeit u. Grund des Erwerbs	Erwerbspreis und sonstige Wertangaben	Rechte, die dem jeweiligen Eigentümer des Grundstücks zustehen	Ände – rungen und Lösch – ungen	Art der Belastung Mitbelastete Grundstücke	Ände – rungen und Lösch – ungen
				Benütz- ungs – oder Kulturart; Lage	Flächengehalt								
					ha	a	qm						
1	2	3		4	5			6	7	8	9	1	2
1	Güterbuch 33 Bl. 347 Meßurkunde 1866/67 Nr. 1	Tbg XV	3298	Weilerh- alde Weinberg, Öde und Baumland		26	28	a) Auflassung und Kaufvertrag vom 9. April 1924 Den 24. April 1924 Maier.	a) Am 9. April 1924, Kaufpreis 250, – RM Den 24. April 1924 Maier. b) Schätzung vom 27. Mai 1925 300, – RM Den 7. Juni 1925 Maier.	a) Überfahrtsrecht an Parzelle 847/8 s. Serv. Bd. I 29. Den 24. April 1924 Maier.		a) Persönliche Dienstbarkeit zugunsten der Stadtgemeinde Tübingen betreffend Dulden einer Elektrizitätsleistung. Unter Bezugnahme auf die Bewilligung vom 2. Mai 1927, GA 35/21 Den 30. August 1927 Maier.	
2	Heft 506 I 4 Meßurkunde 1903 Nr. 3	Tbg II	847/3	Königs- traße Bauplatz		18	77	a) Auflassung vom 10. Februar 1925 auf Grund Tauschvertrags vom 8. Februar 1925. Den 25. Februar 1925 Maier.	a) Schätzung vom 27. Mai 1925 500, – RM Den 7. Juni 1925 Maier.				

附录 2

第一栏

土地状况目录

第二栏

对所有权之负担与限制

顺序编号	登记卷宗出处说明	边界		土地标记				取得之时间与原因	取得价金与其他价值说明	土地之各时所有权人所享有之权利	变动与注销	负担之种类共同受负担之土地	变动与注销
				使用或经营种类:方位	面积								
					公顷	公亩	平米						
1	2	3		4	5			6	7	8	9	1	2
1	财产簿 33 簿页 347 丈量证 1866/67 第 1 号	图宾根 XV	3298	魏勒哈特街尔 葡萄园，荒地与林地		26	28	a）1924 年 4 月 9 日之土地所有权让与合意以及买卖契约。1924 年 4 月 24 日办理登记 登记员:迈尔。	a）1924 年 4 月 9 日，买卖价金 250，-帝国马克。1924 年 4 月 24 日办理登记 登记员:迈尔。 b）1925 年 5 月 27 日，估价 200，-帝国马克 1925 年 6 月 7 日办理登记 登记员:迈尔。	a）对地籍块 847/8 之摆渡权，参见役权登记册，卷 1，页 29。 1924 年 4 月 24 日办理登记 登记员:迈尔。		a）以图宾根市为受益人并以电线通行为内容的人役权。此人役权得援引 1927 年 5 月 2 日之登记同意书土地卷宗号 35/21。 1927 年 8 月 30 日办理登记 登记员:迈尔。	
2	簿册号 506 I 4 丈量证 1903 第 3 号	图宾根 II	847/3	柯尼希街 建筑用地		18	77	a）依据 1925 年 2 月 25 日之互易契约，于 1925 年 2 月 10 日达成土地所有权让与合意。1925 年 2 月 25 日办理登记 登记员:迈尔。	a）1925 年 5 月 27 日，估价 500，-帝国马克 1925 年 6 月 7 日办理登记 登记员:迈尔。				

Abteilung III. Hypotheken Grundschulden, Rentenschulden

Lfd. Nr.	Betrag		Bezeichng. der belasteten Grundstücke nach der lfd. Nr. der Abtlg. I Mitbelastete Grundstücke	Art der Belastung (Hypothek, Grund – oder Rentenschuld)	Veränderungen				Löschungen zu Spalte 1 bis 4		
					Betrag		Eintra – gung von Verän – derungen	Lö – schung von Verän – derungen	Betrag		Eintra – gung
	RM	Rpf			RM	Rpf			RM	Rpf	
1	2		3	4	5		6	7	8		9
1	2 5000	–	Nr. 1 und 2	Hypothek für eine Darlehensforderung des Wilhelm Müller, Kaufmann in Stuttgart im Betrage von fünftausend Reichsmark verzinslich zu 4%, sofort vollstreckbar gegen den jeweiligen Eigentümer. Unter Bezugnahme auf die Eintragungsbewilligung vom 2. Januar 1928, GA 35/22. Den 15. Februar 1928 Maier.							

附录 2

第三栏　抵押权，土地债务，定期金债务

顺序编号	数额		受负担之土地，其标记依第一栏之顺序编号：共同受负担之土地	负担种类（抵押权，土地债务或定期金债务）	变动				第1至第4子栏中的注销		
					数额		变动之登记	变动之注销	数额		登记
	帝国马克	芬尼			帝国马克	芬尼			帝国马克	芬尼	
1	2		3	4	5		6	7	8		9
1	2 5000	-	第1号与第2号	为威廉·米勒（斯图加特的商人）之借贷债权，设定担保额为伍仟帝国马克并附4%利息之抵押权，该抵押权可针对土地之各时所有权人而立即实现。对该抵押权，可援引1928年1月2日之登记同意书，土地卷宗号为35/22。 1928年2月15日办理登记 登记员：迈尔。							

法律条文索引表

说明:1. 本索引表以本书1998年春第17版修订时的德国立法状况为准,故本索引表中有时提及的“原条文”,简称为“原”比如581(原),仅指此前的德国立法修订情况;其后至本中文译稿定稿时的德国立法修订情况,参见本表后的“新旧法律条文对照表”。2. 各法律名称下左列之“ § ”符号,为条文符号;比如《德国民法典》下之“ § 12 ”,即表示《德国民法典》第12条,而“ § § 90 ff. ”则表示第90条以下若干条。3. 各法律名称下右列之数字,表示章数与边码数,比如“12. 3”表示“第12章边码3”,“3. 8 ff. ”表示“第3章边码8以下数段”,“29. 1 f. ”则表示“第29章边码1至边码2”;而括号中的“注释”,比如“34. 8(注释)”,表示第34章边码8所对应的注释中提到的法条。

《德国民法典》

新旧法律条文对照表

说明:1. 本表为新旧法律条文对照表,反映本书原著 1998 年春第 17 版修订后至本中文译稿定稿时德国立法之修订情况。2. 在此期间之德国法律修改——以涉及本书内容者为限——主要体现为四项:2001 年 6 月 19 日之《关于重新划分、简化以及改革使用租赁法之立法》(简称:《使用租赁法改革法》)、2001 年 6 月 25 日之《关于诉讼程序中送达程序改革之立法》、2001 年 7 月 27 日之《关于改革民事诉讼程序之立法》以及 2001 年 11 月 26 日之《债法之现代化法》。3. 本表中法律名称下之左列,为原条文,亦即本书所参引之条文;右列为原条文内容经修订后,在各法律中的新条文数目。4. 条文中的罗马数字表示“款”,比如“§ 275 I”即表示“第 275 条第 1 款”;款后的“Nr.”表示“项”,比如“§ 197 I Nr. 1”即表示“第 197 条第 1 款第 1 项”。

《德国民法典》(德文缩写为:BGB)

§ 195:	§ § 195, 196; § 197 I Nr. 1,2
§ 241:	§ 241 I
§ 275 I:	§ 275 I
§ 275 II:	§ 275 II
§ 275 III:	§ 275 III
§ 280:	§ § 281, 283
§ 281:	§ 285
§ 283:	废除
§ 284:	§ 286 I, II, III
§ 286:	§ § 280, 281, 286

§ 313：	§ 311 b I
§ 314：	§ 311 c
§ 323 I：	§ 326 I 1
§ 323 II：	§ 326 III
§ 323 III：	§ 326 IV
§ 325：	§ § 283, 326
§ 326：	§ § 281, 323
§ 327：	废除
§ 346：	§ 346 I
§ 434：	§ 433 I 2, § 435 S. 1
§ 435：	§ 435 S. 2, § § 452, 453 I
§ 439：	§ 442
§ 440：	废除
§ 455：	§ 449
§ 459：	§ 434
§ 463：	§ 437 Nr. 3
§ 468：	§ 434
§ 477：	§ 438, § 204 I Nr. 7
§ 504：	§ 463
§ 505：	§ 464
§ 506：	§ 465
§ 510：	§ 469
§ 514：	§ 473
§ 536：	§ 535
§ 541：	§ 536 III
§ 542：	§ 543
§ 547 I：	§ 536 a II
§ 547 II：	§ 539 I

§ 549 a:	§ 565
§ 550:	§ 541
§ 553:	§ 543 II
§ 554 I:	§ 543 II
§ 554 II:	§ 569 III, IV
§ 554 a:	§ § 543 I, 569 II, IV
§ 554 b:	§ 569 V
§ 556 I, III:	§ 546
§ 556 II:	§ § 570, 578 I
§ 556 a I, IV, VII:	§ 574
§ 556 a II, III:	§ 574 a
§ 556 a V, VI:	§ 574 b
§ 556 a VIII:	§ 549 II
§ 564:	§ 542
§ 564 b I – III:	§ § 573, 573 a, 573 b, 577 a
§ 564 b VII:	§ 549 II, III
§ 565 I, Ia, IV, V:	§ 580 a
§ 565 II, III:	§ 573 c
§ 565 V:	§ § 573 d I, II, 580 a IV
§ 566:	§ 550
§ 569 a:	§ § 563, 563 b
§ 569 b:	§ 563 a
§ 570 b:	§ 577
§ 571:	§ § 566, 578
§ 633 I § 633	§ 633 II § 634 Nr. 1, § 635
§ 633 III § 634 Nr. 2, § 637	§ 638:
§ 634 a	§ 852:

§ § 203, 852

《一般交易条件法》

概述：

§ 1：	§ 305 I BGB
§ 2：	§ 305 II, III BGB
§ 3：	§ 305 c I BGB
§ 6：	§ 306 BGB
§ 8：	§ 307 III 1 BGB
§ 9：	§ 307 I, II BGB
§ 10：	§ 308 BGB
§ 11 Nr. 1 –4：	§ 309 Nr. 1 –4 BGB
§ 11 Nr. 7：	§ 309 Nr. 7 BGB
§ 11 Nr. 10：	§ 309 Nr. 8b BGB
§ 11 Nr. 11：	废除
§ 11 Nr. 15：	§ 309 Nr. 12 BGB
§ 23 I：	§ 310 IV BGB
§ 23 II Nr. 1：	§ 305 a Nr. 1 BGB
§ 23 II Nr. 1a：	§ 305 a Nr. 2b BGB
§ 23 II Nr. 1b：	§ 305 a Nr. 2a BGB
§ 23 II Nr. 2：	§ 310 II BGB
§ 23 II Nr. 3：	§ 309 Nr. 7,8 BGB
§ 23 II Nr. 4：	§ 309 Nr. 7 BGB
§ 23 II Nr. 5：	§ 308 Nr. 5, § 309 Nr. 8b (ff) BGB
§ 23 II Nr. 6：	§ 309 Nr. 9 BGB
§ 23 III：	废除
§ 24：	§ 310 I BGB
§ 24 a：	§ 310 III BGB

《租金提高法》

§ 1:　§ § 557 III, 573 I BGB

§ § 2 ff.　§ § 558 ff.　§ § 11 ff.:

BGB

废除

《时间分配式居住权法》

§ 2:　§ § 482, 483 I BGB

§ 3:　§ § 483, 484 BGB

§ 4:　§ 484 I 5 BGB

§ 5:　§ 485 BGB

§ 7:　§ 486 BGB

§ 8:　废除

《民事诉讼法》

§ 139 I 1:　§ 139 I 2

§ 139 I 2:　§ 139 I 1

§ 139 II:　§ 139 III

§ 139 III:　§ 136 II 2

§ 546:　§ 543

§ 793 I:　§ 793

§ 793 II:　废除

术 语 索 引

本索引第三栏所示数字，表示本书各章之数字及其边码（如“30.1”表示第 30 章边码 1，“30.1 f.”表示第 30 章边码 1 至 2，而“30.1 ff.”则为第 30 章边码 1 以下数段）。边码亦包括所属之注释。术语在本书中所涉及之主要出处，其章数与边码数均以黑体印出。

作者简介

弗里茨·鲍尔：

弗里茨·鲍尔(Fritz Baur,1919—1992),生于迪林根/巴伐利亚。1930—1933 年于慕尼黑与图宾根学习法律,1934 年取得博士学位,1940 年取得教授资格,1956—1977 年退休。在职期间一直在图宾根大学任正职法学教授,其教席为:“民法与诉讼法”;其间多次拒绝德国其他大学的聘任。

弗里茨·鲍尔平生治学,虽重在物权法与诉讼法两块(学界祝贺其 70 寿辰的文集,亦大多为此两领域),但涉猎极广,著作满架(至 1981 年 5 月 1 日,仅其著作目录,竟达 13 页之多)。所撰多种教科书,均为经典性著作,其去世后,由其弟子不断修订,沿用至今。弗里茨·鲍尔一生学术头衔众多,并多次获荣誉博士学位。

于尔根·F·鲍尔：

于尔根·F·鲍尔(Jürgen F. Baur,1937—　　),生于图宾根。弗里茨·鲍尔之子,故有深厚家学渊源。早年在图宾根、格丁根与慕尼黑学习法律,并以优异成绩先后通过第一次与第二次国家司法考试。1962 年在图宾根取得法学博士学位,并如人们所预期,开始其学者生涯。1971 年在慕尼黑通过教授资格论文,取得教授资格。其教授资格论文题为《德国卡特尔法上的滥用》,至今仍为该领域开创性(grundlegend)的论文。1972 年起在汉堡大学任正职法学教授。1988 年至今专任科隆大学法学教授,其教席名称为:“民法、经济法与欧洲法”。

于尔根·F·鲍尔治学极广,近年以能源法与欧洲法为其重点,并有多项学术兼职。其 60(1997 年)与 65(2002 年)大寿时,学生及学界友人即撰文成集,以示庆贺。这在德国法学界实为少见，其学术影响由此可见一斑。

罗尔夫·施蒂尔纳：

罗尔夫·施蒂尔纳（Rolf Stürner, 1943— ），生于斯图加特。现为弗莱堡大学法学教授，德国与比较民事诉讼法研究所主任，意大利民诉法学者协会荣誉会员，“国际统一私法协会”以及美国“跨国民事诉讼原则与规则”法律研究所欧洲通讯员，德国巴登—符腾堡州高等法院法官。曾任奥地利、瑞士与德国民诉法学者协会主席，在任教德国康斯坦茨大学期间，曾兼任瑞士日内瓦大学的客座教授。2001 年与 2003 年曾受聘担任美国哈佛大学客座教授。

施蒂尔纳教授研究领域广泛，涉及物权法、支付不能法、民事诉讼法、国际民事诉讼法等，注重比较法之研究方法，所撰法律教科书及法律评论等均为该领域的权威著作。

译者简介

张双根 1969年10月生于安徽潜山。1988年9月——1992年7月就读于中国政法大学法律系,获法学学士学位。1992年9月——1995年7月就读于中国人民大学法学院民商法专业,获法学硕士学位。1995年7月留校任教于该法学院民商法教研室。1998年12月——1999年12月,获“中欧高等教育合作项目”奖学金,赴德国进修。2000年6月至今,在德国柏林洪堡大学法学院攻读法学博士学位。

当代德国法学名著计划书目

法哲学·法律理论·法律史

1. 恩吉施:法律思维导论
K. Engisch: Einführung in das juristische Denken
2. 哈腾豪尔:德国法的思想史基础
H. Hattenhauer: Die geistsgeschichtlichen Grundlagen des deutschen Rechts
3. 雅科布斯:规范·人格体·社会——法哲学前思
G. Jakobs: Norm, Person, Gesellschaft: Vorüberlegungen zu einer Rechtsphilosophie
4. 耶林:为权利而斗争
R. v. Jhering: Der Kampf ums Recht
5. 考夫曼:后现代法哲学——告别演讲
A. Kaufmann: Rechtsphilosophie in der Nach-Neuzeit
6. 考夫曼/哈斯默尔:当代法哲学和法律理论导论
A. Kaufmann/W. Hassemer: Einführung in Rechtsphilosophie und Rechtstheorie der Gegenwart
7. 帕瓦洛夫斯基:法律方法论
H-M. Pawlowski: Methodenlehre für Juristen
8. 拉德布鲁赫:社会主义文化论
G. Radbruch: Kulturlehre des Sozialismus
9. 韦森贝格/韦森纳:晚近德国私法史
G. Wessenberg/G. Wesener: Neuere deutsche Privatrechtsgeschichte
10. 维亚克尔:近代欧洲私法史——以德国发展为主要考察对象

F. Wieacker: Privatrechtsgeschichte der Neuzeit unter besonderer Berücksichtigung der deutschen Entwicklung

民商法·经济法

11. 鲍尔/施蒂尔纳:德国物权法(上、下册)
F. Baur/R. Stürner: Sachenrecht
12. 卡纳里斯:德国商法
C. W. Canaris: Handelsrecht
13. 弗卢梅:法律行为论
W. Flume: Allgemeiner Teil des Bürgerlichen Rechts, zweiter Band, Das Rechtsgesch!? ft
14. 卡泽尔/克努特尔:罗马私法
M. Kaser/R. Knütel: Rømisches Privatrecht
15. 克茨:欧洲合同法(上卷)
H. Køtz: Europ!? isches Vertragsrecht
16. 屈布勒:德国公司法
F. Kübler: Gesellschaftsrecht
17. 拉伦茨:德国民法通论
K. Larenz: Allgemeiner Teil des Deutschen Bürgerlichen Rechts
18. 梅迪库斯:德国民法总论
D. Medicus: Allgemeiner Teil des BGB
19. 梅迪库斯:德国债法总论
D. Medicus: Schuldrecht I (Allgemeiner Teil)
20. 梅迪库斯:德国债法分论
D. Medicus: Schuldrecht II (Besonderer Teil)
21. 施密特:公司法
K. Schmidt: Gesellschaftsrecht
22. 施瓦布:德国民法导论
D. Schwab: Einführung in das Zivilrecht
23. 齐默尔曼:债法——民法传统的罗马法基础

R. Zimmermann: The Law of Obligations

——Roman Foundation of the Civilian Tradition

刑法·行政法·国家法·宪法

24. 黑塞:联邦德国宪法概论

    K. Hesse:Grundzüge des Verfassungsrechts der Bundesrepublik Deutschland

25. 毛恩茨/齐佩利乌斯:德国国家法

    T. Maunz/R. Zippelius: Deutsches Staatsrecht

26. 毛雷尔:行政法学总论

    H. Maurer:Allgemeines Verwaltungsrecht

27. 韦塞尔斯:德国刑法总则

    J. Wessels:Strafrecht, Allgemeiner Teil

28. 施莱希/克里奥特:德国宪法法院——地位、程序、判决

    K. Schlaich/S. Korioth: Das Bundesverfassungsgericht: Stellung, Verfahren, Entscheidung

背景系列

29. 奥珀曼:欧盟法

    T. Oppermann:Europ!? isches Gemeinschaftrecht

30. 雅科布斯:十九世纪德国民法科学与立法

    H. H. Jakobs: Wissenschaft und Gesetzgebung im bürgerlichen Recht nach der Rechtsquellenlehre des 19. Jahrhunderts

31. 克斯勒:马克斯·韦伯的生平、著述及影响

    D. K!? sler:Einführung in das Studium Max Webers

32. 考夫曼:古斯塔夫·拉德布鲁赫传

    ——法律思想家、哲学家和社会民主主义者

    A. Kaufmann:Gustav Radbruch——Rechtsdenker, Philosoph, Sozialdemokrat

33. 克莱因海尔/施罗德:九百年来德意志与欧洲法学家

G. Kleinheyer/ J. Schrøder:Deutsche und Europ!?ische Juristen aus neun Jahrhunderten

34. 克尼佩尔:法律与历史——论《德国民法典》的形成与变迁

R. Knieper:Gesetz und Geschichte:Ein Beitrag zu Bestand und Ver!?nderung des Bürgerlichen Gesetzbuches

图书在版编目(CIP)数据

德国物权法. 上册/(德)鲍尔、施蒂尔纳著;张双根译. 北京:法律出版社,2004.1 (2022.7 重印)

(当代德国法学名著)

ISBN 978-7-5036-4674-4

Ⅰ. 德… Ⅱ. ①鲍…②施…③张… Ⅲ. 物权法—德国 Ⅳ. D951.63

中国版本图书馆 CIP 数据核字(2003)第 113788 号

SACHENRECHT, Dr. Dr. h. c. mult. Fritz Baur/Dr. Jürgen F. Baur/Dr. Rolf Stürner, 17., neubearbeitete Auflage, C. H. BECK'SCHE VERLAGSBUCHHANDLUNG, MÜNCHEN 1999

著作权合同登记号:图字 01-2003-8865

德国物权法(上册)
DEGUO WUQUANFA(SHANGCE)

[德]鲍尔、施蒂尔纳 著
张双根 译

责任编辑 韩满春
装帧设计 李 瞻

出版发行 法律出版社
编辑统筹 学术·对外出版分社
责任校对 杨锦华
责任印制 陶 松
经　　销 新华书店

开本 850 毫米×1168 毫米 1/32
印张 32.625 **字数** 869 千
版本 2004 年 2 月第 1 版
印次 2022 年 7 月第 4 次印刷
印刷 三河市兴达印务有限公司

地址:北京市丰台区莲花池西里 7 号(100073)
网址:www.lawpress.com.cn
投稿邮箱:info@lawpress.com.cn
举报盗版邮箱:jbwq@lawpress.com.cn

销售电话:010-83938349
客服电话:010-83938350
咨询电话:010-63939796

书号:ISBN 978-7-5036-4674-4
定价:118.00 元

凡购买本社图书,如有印装错误,我社负责退换。电话:010-83938349